500 Spanish Verbs FOR DUMMIES®

by Cecie Kraynak, MA

Author, *Spanish Grammar For Dummies*

WILEY

John Wiley & Sons, Inc.

500 Spanish Verbs For Dummies®

Published by
John Wiley & Sons, Inc.
111 River St.
Hoboken, NJ 07030-5774
www.wiley.com

Published by John Wiley & Sons, Inc., Hoboken, New Jersey

Published simultaneously in Canada

For general information on our other products and services, please contact our Customer Care Department within the U.S. at 877-762-2974, outside the U.S. at 317-572-3993, or fax 317-572-4002.

For technical support, please visit www.wiley.com/techsupport.

Wiley publishes in a variety of print and electronic formats and by print-on-demand. Some material included with standard print versions of this book may not be included in e-books or in print-on-demand. If this book refers to media such as a CD or DVD that is not included in the version you purchased, you may download this material at http://booksupport.wiley.com. For more information about Wiley products, visit www.wiley.com.

Library of Congress Control Number: 2012930549

ISBN: 978-1-118-02382-2 (pbk); ISBN: 978-1-118-22205-8 (ebk); ISBN: 978-1-118-23625-3 (ebk); ISBN: 978-1-118-26066-1 (ebk)

Manufactured in the United States of America

10 9 8 7 6 5 4 3 2 1

WILEY

About the Author

While some people get revved up at car races and others ride the wild waves of the stock market, **Cecie Kraynak** gets her jollies traveling to Spanish-speaking countries, chatting it up with complete strangers, and haggling with the local merchants.

Cecie inherited her love of the Spanish language and culture from her mother, Jo Anne Howard, also a Spanish major, who cultivated Cecie's innate interest and encouraged her to travel and study abroad. From the heartland of Crawfordsville, Indiana, Cecie first set out to study at the University of the Americas in Cholula, Mexico, and later spent her junior year abroad at the Universidad Complutense in Madrid, Spain. She earned her bachelor's degree in Spanish and secondary education in 1980 and her master's degree in Spanish literature in 1983 from Purdue University. During her grad school years, Cecie taught Spanish to undergraduates and served as the graduate assistant for Purdue's summer study program in Mexico City.

After graduating in 1983, Cecie began what was to become a 20-year career teaching Spanish to junior high and high school students. She continues to teach and travel and has served as a consultant on several Spanish learning guides, including *Spanish For Dummies* and *Spanish All-in-One For Dummies*.

Dedication

In memory of my father, Frank Howard, who never lost his sense of adventure.

Author's Acknowledgments

Thanks to acquisitions editor Erin Calligan Mooney for choosing me to work on 500 Spanish Verbs For Dummies and working closely with me during the initial stages to formulate the vision for this book. Thanks also go to project editor Chad Sievers for carefully shaping the manuscript and shepherding the text through production and for using his knowledge of Spanish to make this book all that much better. Thanks also to the technical reviewers, Bill Malle and Brian Hunter, for their expertise and careful attention to detail. Last but not least, thanks to my husband, Joe, who assisted in preparing the manuscript.

Publisher's Acknowledgments

We're proud of this book; please send us your comments at http://dummies.custhelp.com. For other comments, please contact our Customer Care Department within the U.S. at 877-762-2974, outside the U.S. at 317-572-3993, or fax 317-572-4002.

Some of the people who helped bring this book to market include the following:

Acquisitions, Editorial, and Vertical Websites

Project Editor: Chad R. Sievers

Acquisitions Editor: Erin Calligan Mooney

Copy Editor: Chad R. Sievers

Assistant Editor: David Lutton

Editorial Program Coordinator: Joe Niesen

Technical Editors: Brian Hunter, MA, Bill Malle, MA

Vertical Websites: Laura Moss-Hollister

Editorial Manager: Michelle Hacker

Art Coordinator: Alicia B. South

Cover Photos: © Stockphoto.com/ Vaide Seskauskiene

Cartoons: Rich Tennant (www.the5thwave.com)

Composition Services

Project Coordinator: Bill Ramsey

Layout and Graphics: Sennett Vaughan Johnson, Mark Pinto, Erin Zeltner

Proofreaders: Melissa Cossell, Tricia Liebig

Publishing and Editorial for Consumer Dummies

Kathleen Nebenhaus, Vice President and Executive Publisher

Kristin Ferguson-Wagstaffe, Product Development Director

Ensley Eikenburg, Associate Publisher, Travel

Kelly Regan, Editorial Director, Travel

Publishing for Technology Dummies

Andy Cummings, Vice President and Publisher

Composition Services

Debbie Stailey, Director of Composition Services

Contents at a Glance

Introduction

Conceptually, verbs are simple enough. They tell you what someone or something is doing, was doing, will be doing, and so on. They convey states of being, such as "They were very happy at the fair." or "She was upset about her grade on the test." And they link the subject of a sentence with a phrase that describes the subject, as in "He is my brother." and "She was a teacher for thirty years." In practice, however, verbs get complicated, especially when you're dealing with verbs in an unfamiliar language. Verb forms change depending on the relative time the action occurred; the number of beings performing the action; whether the action is a statement, question, or command; and the likelihood of the action or condition occurring.

In your native language, you automatically select the correct verb form without thinking twice about it. When you're picking up a new language, you need to know how to *conjugate* the different verb types so the verb agrees with the subject of the sentence — I; you (singular); he, she, it; we; you (plural); or they — and to express the action in the right tense — past, present, or future, for example. Spanish has a total of 14 commonly used tenses — seven simple and seven compound tenses. And if that's not overwhelming enough, some Spanish verbs even change their spellings as they're conjugated just to sound better in context.

Fortunately, *500 Spanish Verbs For Dummies* is here to help. This book brings you up to speed on the basics of Spanish verb forms and conjugations and presents 500 verbs along with each verb's 14 conjugations ... plus the conjugation for the *imperative* (command) form of the verb.

About This Book

500 Spanish Verbs For Dummies is a compilation of 500 verbs and their conjugations designed to facilitate Spanish verb knowledge and usage. As you study a foreign language, you're constantly acquiring new knowledge and memorizing new vocabulary, verb forms, and usage rules. The problem is that you don't always have the opportunity to practice enough to permanently incorporate all you've learned into your long-term memory. That's where this book comes in. It's a wonderful resource to use any time you need to look up a verb in any form or a conjugation in any tense. It presents each verb in a clear and structured format that not only makes it easy to read, but also provides an easily accessible snapshot of each verb's forms and conjugations.

Foolish Assumptions

When writing this book, I made the following foolish assumptions about you:

- You already have a background in Spanish, have studied all of the verb tenses, and are looking for an opportunity to review what you already know or need a quick refresher for certain verbs. If you're a rank beginner, I suggest you start with *Spanish For Dummies.*
- You're boning up on Spanish verbs for your own edification.
- Your son, daughter, grandson, granddaughter, niece, nephew, or other someone special is taking Spanish, and you want to help but haven't looked at a verb conjugation for years.
- You love Spanish (like me!) and actually enjoy conjugating verbs . . . Okay, that may be pushing it just a little.

Conventions Used in This Book

The big convention in this book is that it displays a snapshot of each verb on a single page, as shown in Figure 1. At the very top of the page is the infinitive form of the verb, its meaning in English, and its gerund and past participle forms, as explained in Chapter 1:

- **Infinitive:** The infinitive form of a verb in English is preceded by the preposition "to." Some examples are *to eat, to run, to sleep,* and so on. In Spanish, infinitives all end in –ar, –er, or –ir. The part of the verb that's not its ending is its *stem*; for example, for the verb *explicar* (to explain), *explicar* is the infinitive made up of the stem *explic* and the ending *–ar*. In the infinitive, nobody is doing the action, so it's not conjugated.
- **Present participle (gerund):** The present participle (or gerund) in English is the "–ing" form of the verb. Some examples in English are *singing, talking,* and *eating*. For example, the present participle of *explicar* is *explicando*. Chapter 1 explains how to form the present participle in Spanish.
- **Past participle:** The past participle in English is the "–ed" or "–en" form of the verb, such as *ached, used,* or *eaten*. For example, in Spanish, the past participle of *explicar* is *explicado*. Refer to Chapter 1 for how to form the past participle in Spanish.

> English also has some irregular forms; for example, the past participle of "to leave" is "left" not "leaved" or "leaven." Having irregular forms is a normal part of any language, and as you discover the rules for any formation, you'll also usually find exceptions to that rule.

ESSENTIAL VERB **#113**

cantar

(to sing)

Gerund: cantando • **Past Participle:** cantado

Regular -ar verb

Present Indicative		*Present Perfect*	
canto	cantamos	he cantado	hemos cantado
cantas	cantáis	has cantado	habéis cantado
canta	cantan	ha cantado	han cantado
Imperfect		*Pluperfect*	
cantaba	cantábamos	había cantado	habíamos cantado
cantabas	cantabais	habías cantado	habíais cantado
cantaba	cantaban	había cantado	habían cantado
Preterite		*Preterite Perfect*	
canté	cantamos	hube cantado	hubimos cantado
cantaste	cantasteis	hubiste cantado	hubisteis cantado
cantó	cantaron	hubo cantado	hubieron cantado
Future		*Future Perfect*	
cantaré	cantaremos	habré cantado	habremos cantado
cantarás	cantaréis	habrás cantado	habréis cantado
cantará	cantarán	habrá cantado	habrán cantado
Conditional		*Perfect Conditional*	
cantaría	cantaríamos	habría cantado	habríamos cantado
cantarías	cantaríais	habrías cantado	habríais cantado
cantaría	cantarían	habría cantado	habrían cantado
Present Subjunctive		*Present Perfect Subjunctive*	
cante	cantemos	haya cantado	hayamos cantado
cantes	cantéis	hayas cantado	hayáis cantado
cante	canten	haya cantado	hayan cantado
Imperfect Subjunctive		*Pluperfect Subjunctive*	
cantara	cantáramos	hubiera cantado	hubiéramos cantado
cantaras	cantarais	hubieras cantado	hubierais cantado
cantara	cantaran	hubiera cantado	hubieran cantado
OR			
cantase	cantásemos		
cantases	cantaseis		
cantase	cantasen		

Imperative

canta	cantad
cante	canten

Verb in Action

Cantaron el himno nacional. *(They sang the national anthem.)*
Pídele a él que cante algo de los Beatles. *(Ask him to sing something by the Beatles.)*
Ella canta en el coro del colegio. *(She sings in the school choir.)*

Figure 1: Verb conjugation page.

Following the verb's infinitive, meaning, and past and present participles are the verb's 14 conjugations: the seven simple tenses on the left and the seven compound tenses on the right. The simple tense on the left always corresponds with the compound tense on the right. (Chapter 2 explains simple and complex tenses.)

Following the 14 conjugations is the conjugation for the imperative form of the verb, which you use to give commands. At the very bottom of the page are sentences using this verb.

I also identify 50 Essential Verbs indicated by the icon at the top of the verb table. These verbs are important ones for you to know in daily conversation.

What You Don't Have to Read

500 Spanish Verbs For Dummies is a reference book, so read only what you need. It includes several chapters that bring you up to speed on the basics or refresh what you already know, but the bulk of the book are the verb tables. Skip to the verb you want, and then dive in to the table to find the conjugation you need.

How This Book Is Organized

500 Spanish Verbs For Dummies is divided into four parts. These sections introduce the parts and describe the contents of each.

Part I: An Introduction to Spanish Grammar and Verbs

The chapters in Part I very briefly cover Spanish grammar and then explain everything you need to know to get up and running with Spanish verbs:

- Chapter 1 defines essential verb and grammar terminology and then explains how to use the infinitive, conjugate verbs, and form the present and past participles, which you use to form the seven complex tenses.
- Chapter 2 explains how to form the seven simple and seven complex tenses, tells you when to use each tense and how, and provides examples that show the different tenses in action.
- Chapter 3 is a quick tutorial on pronunciation, so when you're speaking Spanish, you can sound a little more like a native speaker.

Part II: 500 Verb Tables

The verb tables contribute the most to this book's bulging waistline. Each page in this part showcases a single verb, presenting its English equivalent, infinitive, past and present participle, and seven simple and seven complex tenses. You also get to see examples of each verb used in a sentence.

Part III: The Part of Tens

No *For Dummies* title is complete without a Part of Tens. In this particular Part of Tens, you can find ten common verbs for travelling to Spanish-speaking countries and ten verbs for eating out, which is a lot of what you'll do when travelling in those Spanish-speaking countries.

Part IV: Verb Indexes

The 500 verbs in Part II are just appetizers. Part IV serves up the main course — more than 1,300 Spanish verbs! This part, however, doesn't devote a full page for each verb. Instead, it provides the verb and its English equivalent and then references a verb in Part II that conjugates just like it. Part IV presents these words in two indexes: English to Spanish and Spanish to English, so you can easily find the verb you're looking for in Spanish or English.

Where to Go from Here

If you need a refresher course on the bare basics of Spanish grammar and verb formation, check out Chapter 1. To see how to conjugate a verb into its 14 tenses, skip to Chapter 2. Having trouble figuring out how to pronounce a word in Spanish, flip to Chapter 3.

If you're already a pro at conjugating verbs and want to add a few more verbs to your working vocabulary or check how a certain verb is conjugated, simply look it up. Verbs are presented in alphabetical order, so just pretend you're looking something up in a dictionary. If you don't find the verb in Part II, look for it in Part IV.

Part I

An Introduction to Spanish Grammar and Verbs

The 5th Wave By Rich Tennant

"We have verbs from the past and present, but so far, nothing else.

In this part . . .

The chapters in this part serve as a quick refresher on conjugating and using Spanish verbs, just in case you dozed off in class the day the teacher explained a certain verb-related concept or the lesson didn't stick to your brain cells.

Here you discover Spanish verb fundamentals, including what an infinitive is, how to get the subject and verb to agree, how to form the present and past participles, and how to conjugate verbs into simple and complex tenses.

As an added bonus, I bring you up to speed on English grammar terms that will come in handy as you study Spanish and provide you with a handy pronunciation guide, so you can sound more like a native speaker.

Chapter 1

Putting Verbs into Action

In This Chapter

- Grasping the meaning of essential terms and concepts
- Recognizing and utilizing the infinitive verb form
- Meeting the subject pronouns
- Conjugating Spanish verbs
- Forming and using the present and past participles

This book primarily is a Spanish verb reference book, but to put that reference material to good use, you need to be able to use those verbs in a sentence. This chapter covers basic verb and grammar terminology, introduces subject pronouns and explains how to use them, and shows you how to conjugate verbs so they make sense in the context of a sentence.

Defining Verb and Grammar Terms

When I tell you to conjugate a verb or when I reference different verb terms, you need to know what I'm talking about to fully understand.

REMEMBER

Most of these definitions are used when studying English grammar too, so they should be somewhat familiar to you. I just want to stress that having an awareness of these definitions makes learning a new language easier because you can link information about the new language to concepts you already understand in your native language.

The following are some key terms you need to brush up on in preparing to work with Spanish verbs:

- **Subject:** The person, place, or thing that's performing the action in a sentence.
- **Verb:** A word that expresses action (like "to run" or "to read") or a state of being (such as "to believe" or "to be").

- **Verb stem:** The part of the verb that's left after you remove its –ar, –er, or –ir ending from the infinitive form of the verb. (Check out the next section for what an infinitive is.)
- **Verb ending**: When a verb is in its infinitive form, it has only three possible endings: **–ar**, **–er**, or **–ir**. Also, the ending of a conjugated verb indicates who or what the subject of the verb is and shows what tense the verb is in.
- **Conjugation:** A verb form that expresses who is doing the action (subject) and when they're doing it (tense).
- **Tense:** The time when the action or the state of being takes place.
- **Simple tense:** A verb form that uses the verb stem and the appropriate conjugated ending, based on the subject of the sentence.
- **Compound or complex tense:** A verb form that uses the helping verb **haber** (*to have*) and the past participle of the verb.
- **Present progressive:** A verb form that uses the verb **estar** (*to be*) and the present participle form of the verb to express action in progress.
- **Mood or mode:** A verb form that reflects the subject's state of mind or feeling, such as the imperative mood, which is used to issue commands.
- **Indicative mood:** A statement or question related to an objective fact — an event that has, is, or will occur.
- **Conditional mood:** A statement or question that uses the term "would," where the action hinges on the occurrence of another event.
- **Subjunctive mood:** A statement or question related to the feeling about an action (such as desire, doubt, fear, regret, or joy) rather than referring to a factual occurrence.

Using the Infinitive

The *infinitive* form of the verb is pure action or being, when nobody's doing it or being it and time doesn't matter — in other words, the verb without a subject or tense, such as past, present, or future. In English, you form the infinitive by adding "to" before the verb; for example, *to run*, *to skip*, *to jump*. In Spanish, the infinitive forms end in –ar, –er, or –ir.

When you conjugate a verb, you start with the infinitive form and drop the ending and add the appropriate conjugated ending according to the subject of the sentence and the tense that you're using. (See "Conjugating Verbs to Agree with the Subject" later in this chapter for details.)

The infinitive is often used directly after another conjugated verb in a Spanish sentence, such as **Quiero leer su libro** (*I want to read his book*). In this case, **Quiero** (*I want*) is the conjugated verb followed by the infinitive **leer** (*to read*).

REMEMBER

Certain verbs require a preposition after the conjugated form in order to be followed by an infinitive. Here's a sample of those verbs:

acabar de: *to have just (finished)*

consistir en: *to consist of*

olvidarse de: *to forget about*

pensar en: *to think about*

terminar de: *to finish*

Unfortunately, Spanish has no rule for determining which verb requires a preposition after the conjugated form in order to be followed by an infinitive. You just have to memorize them.

One of the most common verb combinations is the verb **ir** (*to go*) followed by the preposition **a** (*to*) and then an infinitive. This formation is sometimes referred to as the *proximate future* (near future) because it describes an action that is about to occur. Here are a couple of examples:

Voy a estudiar esta noche. (*I'm going to study tonight.*)

Ellos van a llegar esta tarde. (*They are going to arrive this afternoon.*)

Presenting the Subject Pronouns

To know which conjugated verb form to use, you need to know the subject of the verb — whatever or whoever is performing the action — because the verb must agree with the subject in both person (for example, I, you, or he) and number (for example, "I" is singular and "We" is plural). When conjugating verbs, however, you often use subject pronouns to substitute for actual nouns.

In Spanish and English, you typically use a subject pronoun so you don't have to keep repeating the subject. For example, instead of saying *Juno likes to climb up trees, but Juno doesn't like to climb down*, you'd say *Juno likes to climb trees, but she doesn't like to climb down.* The Spanish subject pronouns are:

Spanish Pronoun	***English Translation***
yo	*I*
tú	*you* (singular, informal)
él	*he*
ella	*she*
usted (abbreviated **Ud.**)	*you* (singular, formal)
nosotros	*we* (masculine or mixed group)
nosotras	*we* (feminine)
vosotros	*you* (plural, informal) (masculine or mixed group)
vosotras	*you* (plural, informal) (feminine)
ellos	*they* (masculine or mixed group)
ellas	*they* (feminine)
ustedes (abbreviated **Uds.**)	*you* (plural, formal)

Spanish has no equivalent for the English word "it." If "it" is the subject of the sentence, then it's simply implied by the third person singular form of the verb and the context of the sentence.

Conjugating Verbs to Agree with the Subject

You conjugate verbs to agree with the subject that's performing the action and to indicate *tense* — when the action has been, is, or will be performed. Chapter 2 explains how to conjugate verbs to express tense. For now, focus on conjugating verbs in the present tense to agree with the subject in person and number.

Spanish conjugates all verbs into six *forms* or *conjugations,* as shown in Tables 1-1 and 1-2. Notice that the conjugations are divided into singular and plural sides, and that each side has a 1st, 2nd, and 3rd person form. Also, note that even though **usted** and **ustedes** are actually a second person subject they're included in the 3rd person conjugation slot because they use the same form as these subjects.

Table 1-1 lays out the subject pronouns in the six conjugations while Table 1-2 shows a complete conjugation for the verb, **nadar** (*to swim*).

Table 1-1 Subject Pronouns in Conjugating Verbs

Person	*Singular*	*Plural*
1st	**yo** (*I*)	**nosotros, nosotras** (*we*)
2nd	**tú** (*you* singular informal)	**vosotros, vosotras** (*you* plural informal)
3rd	**él, ella, usted** (*he, she, you* singular formal)	**ellos, ellas, ustedes** (*they, you plural formal*)

Table 1-2 A Complete Conjugation Table

Person	*Singular*	*Plural*
1st	**nado** (*I swim*)	**nadamos** (*we swim*)
2nd	**nadas** (*you swim*)	**nadáis** (*you swim*)
3rd	**nada** (*he, she swims, you swim*)	**nadan** (*they, you swim*)

In Spanish unlike English you can usually tell who the subject of the sentence is just by looking at the verb ending, thus Spanish allows you to drop the subject out of your sentence when it's unnecessary. Only two forms may be ambiguous — the 3rd-person singular and the 3rd-person plural. These two forms represent more than one possible subject, therefore you have to first establish who the subject is, and then you don't need to state it anymore.

Forming and Using the Present Participle

Spanish uses the *present participle* primarily in the present progressive structure with the verb **estar** (*to be*) to describe an action that's in progress right now. In English, the present participle is the *–ing* form of the verb. For example: the present participle of the verb *play* is *playing.*

TIP

To form the present participle of regular verbs, drop the infinitive ending of the verb and add **–ando** for –ar verbs and **–iendo** for –er and –ir verbs. For example, for **hablar** (*to talk*), you drop the –ar, so you have the verb stem **habl** and then add **–ando** to get **hablando**.

Here's an example of the present progressive used in a sentence:

Ellos están comiendo ahora. (*They are eating now.*)

You may also use the present participle in a participial phrase without a helping verb, as in the following example:

Los estudiantes, estudiando en la biblioteca, están preocupados por el examen. (*The students, studying in the library, are worried about the test.*)

Forming and Using the Past Participle

Spanish uses the past participle primarily in the compound tenses with the helping verb **haber** (*to have*). For example, **Ella ya ha preparado la cena.** (*She already has prepared dinner.*) In English, you usually form the past participle by adding either *–ed* or *–en* to the end of the verb. For example: the past participle of *play* is *played*, and the past participle of *take* is *taken*. English also has some irregular past participles that don't use the usual *–ed*, *–en* endings. For example: the past participle of *go* is *gone*.

TIP: To form the past participle of a regular verb in Spanish, drop the infinitive ending and add **–ado** to –ar verbs and **–ido** to –er and –ir verbs. For example, for the –ar verb **hablar** *(to speak)*, you drop the –ar, so you have the verb stem **habl** and then add **–ado** to get **hablado** *(spoken)*.

Use the past participle with **ser,** (*to be*), to form the passive voice, as in this sentence:

Sus pinturas son admiradas por mucha gente. (*His paintings are admired by many people.*)

You may also use the past participle with the verb **estar** (*to be*), when giving a description of a condition that's the result of a previous action, such as:

Después de trabajar por diez horas por fin él está terminado. (*After working for ten hours he is finally finished.*)

Chapter 2

Forming and Using Simple and Complex Tenses

In This Chapter

- Forming simple tenses, including present and future
- Forming complex, "perfect" tenses
- Seeing the different verb tenses in action

In Spanish, you can group verb tenses into two categories: simple and complex. *Simple tenses* are verb forms that don't require a helping verb; for example, **Salgo el sábado.** (*I leave on Saturday.*) Conversely, *complex tenses* are verb forms that do require a helping verb; for example, **Yo he comido un sandwich.** (*I have eaten a sandwich.*) The helping verb in this case is **he** (*have*).

If you're just getting started, stick to the simple tenses, begin with the simple present tense, master it, and then continue down through the remaining simple tenses in the order they're presented.

Using the Simple Tenses

The simple tenses include the present, imperfect, preterit, future, conditional, present subjunctive, imperfect subjunctive, and imperative. Except for the subjunctive, these are the tenses you use most on a daily basis to discuss action in the past, present, and future; specify actions that rely on other actions; and give commands, such as **Por favor, ¡Pase la salsa picante!** (*Please pass the hot sauce!*). The following sections give you a brief overview of these simple tenses.

Present

The *present tense* is probably the first tense you studied in your Spanish class because it's the easiest. The present tense describes action or being in the here and now. Use the present tense to do the following:

- Describe an action or state of being that's happening right now. (These expressions often translate into English with the present progressive (-ing) form of the verb.)

  Hablo por teléfono. (*I'm talking on the phone.*)

- Describe habitual or regular actions.

  Mi familia come pizza los viernes. (*My family eats pizza on Fridays.*)

- State a general fact or universal truth.

  Hay veinticuatro horas en un día. (*There are twenty-four hours in a day.*)

- Talk about a near future occurrence.

  Salgo por Africa el sábado. (*I leave for Africa on Saturday.*)

- Describe an action or state of being which started in the past and continues into the present. Spanish uses, **hace** (*it makes*) + amount of time +**que** (*that*) + present tense to express how much time has elapsed.

  Hace dos horas que estudio. (*I have been studying for two hours.) (It makes two hours that I study.*)

- Exaggerate or highlight a past occurrence.

  Después de luchar por tres días, ganan la batalla. (*After fighting for three days, they win the battle.*)

- Describe an action when *almost* **casi** (*almost*) or **por poco** (*nearly*) happened.

  Mi madre por poco se desmaya. (*My mother nearly fainted.*)

Imperfect

The *imperfect tense* is vague and imprecise, the equivalent to *used to* or *always* in English, as in **Yo solía ir a las corridas de toros.** (*I used to go to the bullfights.*) The action occurred in the past, but I'm not exactly pinning down when it occurred. Use the imperfect tense to describe the following:

- A habitual past action.

  Cuando ella era joven jugaba en el parque todos los días. (*When she was young she played (used to play) in the park everyday.*)

- Two or more simultaneous, ongoing past actions.

  Mientras mi mamá cocinaba, mi padre leía el periódico. (*While my mom was cooking, my father was reading the newspaper.*)

- An action that was ongoing in the past when another action occurred. The second action is described using the preterit (see the next section for more information on the preterit).

  Nosotros mirabamos la televisión cuando ellos llegaron. (*We were watching the television when they arrived.*)

- Mental states of being in the past, such as **querer** (*to want*), **creer** (*to believe*), **pensar** (*to think*), **saber** (*to know*), and **preferir** (*to prefer*).

  Ellos querían salir pronto. (*They wanted to leave soon.*)

- How someone was feeling using the verb **estar** (*to be*).

  Estabas triste cuando salieron. (*You were sad when they left.*)

- Physical conditions or qualities using the verb **ser** (*to be*).

  Su abuelo era muy alto y fuerte. (*His grandfather was very tall and strong.*)

- The time of day in the past.

  ¿Qué hora era? (*What time was it?*)

  Eran las ocho de la mañana. (*It was eight a.m.*)

Preterit

The *preterit tense,* also known as the past tense, is a bit more cut and dry compared to the imperfect (refer to the previous section). The preterit expresses a completed or finite past action. Use the preterit, like the past tense in English as shown in this example:

Ustedes salieron a las nueve. (*You (plural) left at nine.*)

Future

The *future tense* tells what *will* or *might* happen. Use the future tense to . . .

- Describe an action or a state of being that will occur in the future.

  Yo limpiaré la casa este fin de semana. (*I will clean the house this weekend.*)

- Express probability or conjecture in the present. In English this is expressed with such terms as *I wonder, could it be, must be,* or *probably.*

  ¿Serán ya las diez? (*Could it already be ten?*)

TIP

Another way to talk about the *near future* (an action that'll occur within the week) you can use the *proximate future*. To form the proximate future, use the present tense forms of the verb **ir** + **a** + **verb infinitive** of the action that'll be happening. For example: if you want to say that you'll be leaving soon you would say, **Yo voy a salir pronto** (*I'll be leaving soon*). You don't need the regular future tense in this kind of expression. This is a very handy construction to know, but remember to use it only for actions that will be completed within a week.

Conditional

The *conditional tense* describes what will or would happen *if* . . . something else occurs. Use the conditional to . . .

- Describe an action that you (or someone) would do based on the existence of another outcome.

  Ella dijo que vendría si encontrara a alguien a cuidar su perro. (*She said that she would come if she could find someone to take care of her dog.*)

- Express probability or conjecture regarding a past event.

  No sé quien mandaría la carta. (*I don't know who might have sent the letter.*)

- Express probability regarding a past action.

  Serían mis padres quienes me llamaron. (*It must have been my parents who called me.*)

Present subjunctive

Subjunctive isn't unique to Spanish. In fact, English has subjunctive, but it's rarely used and often incorrectly. *Subjunctive* basically describes actions that may happen or are influenced by the mood or attitude of the subject. Use the present subjunctive in sentences that contain two clauses when the verb in the main clause is in the present, present perfect, future, or imperative, and . . .

- When the subject of the main clause expresses doubt, desire, a wish, a preference, and so on. The dependent clause must have a different subject and be introduced by the conjunction **que** (*that*).

  Ellos no creen que el tren llegue a tiempo. (*They don't believe that the train will arrive on time.*)

- After impersonal expressions that express doubt, emotion, denial, necessity, uncertainty, and so forth. The subjunctive clause is introduced by **que** (*that*).

  Es necesario que vengan temprano. (*It is necessary that they come early.*)

- In adverb clauses that are introduced by the conjunctions: **a condición de que** (*on the condition that*), **antes (de) que** (*before*), **a fin de que** (*so that*), **para que** (*so that*), **en caso de que** (*in case*), **sin que** (*without*), and **con tal que** (*provided that*).

  Iremos a la playa con tal que haga buen tiempo. (*We'll go to the beach provided that the weather is good.*)

- In adverb clauses that are introduced by a conjunction of time such as **en cuanto** (*as soon as*), **hasta que** (*until*), **luego que** (*as soon as*), **después de que** (*after*), **cuando** (*when*), and **tan pronto como** (*as soon as*), when the main clause expresses the future or is a command.

  Saldremos en cuanto ellos lleguen. (*We'll leave as soon as they arrive.*)

- In adjective clauses when the person, place, or thing being described isn't part of reality, is indefinite, negative, undetermined, or nonexistent.

  Ellos buscan un restaurante mexicano que sea bueno. (*They are looking for a good Mexican restaurant.*)

- In a clause introduced by **aunque** (*although*), if the action hasn't happened yet.

  Aunque sirvan buena comida, yo no voy a aquel restaurante. (*Although they (may) serve good food, I'm not going to that restaurant.*)

Imperfect subjunctive

The *imperfect subjunctive* conveys a sense of uncertainty about the past action it describes. Use the imperfect subjunctive in Spanish for the same reasons as listed in the preceding section for the present subjunctive. The difference is that for the present subjunctive the verb in the main clause is in the present, future, present perfect, or imperative. Whereas you use the imperfect subjunctive if the verb in the main clause is in the imperfect, preterit, conditional, or pluperfect. Following are examples of the imperfect subjunctive in action:

> **Él dudaba que ella llegara a tiempo.** (*He doubted that she would arrive on time.*)
>
> **Ellos insistieron que nosotros viniéramos.** (*They insisted that we come.*)

Yo iría si tuviera bastante tiempo. (*I would go if I had enough time.*)

El profesor había pedido que los estudiantes entregaran sus tareas el viernes. (*The professor had requested that the students turn in their assignments on Friday.*)

Convenía que nosotros leyéramos el libro antes del examen. (*It was advisable that we read the book before the exam.*)

You may also use the imperfect subjunctive to express a condition that's contrary to fact when used after **como si** (*as if*): **Nos miran como si nunca nos vieran antes.** (*They are looking at us as if they had never seen us before.*)

Use the imperfect subjunctive form of the verb **querer** (*to want*) to politely express a wish or a desire. For example, **Quisiera tener una limonada por favor.** (*I would like to have a lemonade please.*)

Imperative

Use the *imperative* mood to give commands — to tell someone else what to do or not do. Because you're usually talking directly to the person you're commanding, you almost always use this verb in one of the "you" forms, either **tú** (*you* singular, informal), **usted** (*you* singular, formal), **vosotros/as** (*you* plural, informal), or **ustedes** (*you* plural, formal). Use the **nosotros** (*we*) form of the imperative as a suggestion or "*Let's* ..." command.

To change a positive command into a negative command, simply add a **no** (*no*) in front of the verb. All of the command forms follow their corresponding present subjunctive forms, except for the affirmative **tú** and **vosotros** forms. Following are some examples:

Traiga (Ud.) el libro aquí. (*Bring the book here.*)

No traiga el libro aquí. (*Don't bring the book here.*)

Limpien (Uds.) la casa hoy. (*Clean the house today.*)

No limpien la casa hoy. (*Don't clean the house today.*)

Abre (tú) la ventana. (*Open the window.*)

No abras la ventana. (*Don't open the window.*)

Corred (vosotros) más rápido. (*Run faster.*)

No corráis (vosotros) más rápido. (*Don't run faster.*)

Salgamos (nosotros) temprano. (*Let's leave early.*)

No salgamos temprano. (*Let's not leave early.*)

Using the Complex Tenses

The *complex tenses* (also referred to as *compound tenses*) add the verb **haber** to the main verb, so a verb in the past tense can be more past, a conditional statement can be completed, and a future action can be finished. Complex tenses are comprised of two elements — the helping verb **haber** (*to have*) along with a past participle of the action being described:

- **Helping verb:** All complex tenses require a *helping verb* (also referred to as an *auxiliary verb*) — the verb **haber** (*to have*).

  Don't confuse this verb with **tener** (*to have*), as in having or possessing something.

- **Past participle of the action verb:** All complex tenses have the past participle, or the "ed/en," form of the verb whose action has or had been done. In Spanish, you form the past participle by adding –ado or –ido to the end of the verb's stem:

  - For an –ar verb drop the –ar and add –ado.
  - For an –er and –ir verb drop the –er and add –ido.

The following sections explain what the different complex tenses are and how you form them.

Present perfect

The *present perfect* describes actions that *have* happened. To form the present perfect, use the present tense of the verb **haber** plus the past participle of the action verb. The forms of **haber** in the present tense are as follows:

Person	*Singular*	*Plural*
1st	**he** (*I have*)	**hemos** (*we have*)
2nd	**has** (*you have*)	**habéis** (*you have*)
3rd	**ha** (*he, she has, you have*)	**han** (*they, you have*)

Use the present perfect to describe the following:

- A recently completed action.

  Yo he comido un sandwich. (*I have eaten a sandwich.*)

- A past action that remains true.

  Yo he comido aquí todos los sábados desde hace cinco años. (*I have eaten here every Saturday for five years.*)

Pluperfect

The *pluperfect* describes an action that happened in the past before another past action. It's the same as saying that something *had happened* in English. To form the pluperfect, use the imperfect tense of the verb **haber** plus the past participle of the action verb. The forms of **haber** in the pluperfect are:

Person	*Singular*	*Plural*
1st	**había** (*I had*)	**habíamos** (*we had*)
2nd	**habías** (*you had*)	**habíais** (*you had*)
3rd	**había** (*he, she, you had*)	**habían** (*they, you had*)

Use the pluperfect to describe a past action that *had happened* prior to a specific point in time; for example:

> **Ellos habían comido antes de llegar.** (*They had eaten before arriving.*)

Preterit perfect

The *preterit perfect* describes an action that *had happened.* Preterit perfect differs from the pluperfect in that you use the preterit perfect in formal writing or speaking after conjunctions of time, such as **apenas** (*hardly*), **cuando** (*when*), **en cuanto** (*as soon as*), **después que** (*after*), and **luego que** (*after*).

To form the preterit perfect, use the preterit tense of the verb **haber** plus the past participle of the action verb. The forms of **haber** in the preterit are:

Person	*Singular*	*Plural*
1st	**hube** (*I had*)	**hubimos** (*we had*)
2nd	**hubiste** (*you had*)	**hubisteis** (*you had*)
3rd	**hubo** (*he, she, you had*)	**hubieron** (*they, you had*)

Here's an example of the preterit perfect in action:

> **Cuando hubieron terminado salieron.** (*When they had finished they left.*)

Future perfect

The *future perfect* describes an action that *will have* happened. To form the future perfect, use the future tense of the verb **haber** plus the past participle of the action verb. The forms of **haber** in the future are:

Person	Singular	Plural
1st	**habré** (*I will have*)	**habremos** (*we will have*)
2nd	**habrás** (*you will have*)	**habréis** (*you will have*)
3rd	**habrá** (*he, she, you will have*)	**habrán** (*they, you will have*)

Use the future perfect to describe the completion of a future action or what *will have occurred* by a particular time in the future.

> **Yo habré limpiado la casa antes de las diez de la mañana.** (*I will have cleaned the house by 10:00 a.m.*)

Perfect conditional

The *perfect conditional* describes an action that *would have* happened if something else had happened. To form it, use the conditional of the verb **haber** plus the past participle of the action verb. The forms of **haber** in the perfect conditional are:

Person	Singular	Plural
1st	**habría** (*I would have*)	**habríamos** (*we would have*)
2nd	**habrías** (*you would have*)	**habríais** (*you would have*)
3rd	**habría** (*he, she, you would have*)	**habrían** (*they, you would have*)

Use the perfect conditional to . . .

- Describe a past action that didn't happen due to some specified or implied condition.

  Yo habría llamado pero no tenía el tiempo. (*I would have called, but I didn't have the time.*)

- Express conjecture or probability about a remote past action.

  ¿Qué habrían hecho? (*What could they have done?*)

  Habrían salido temprano. (*They must have left early.*)

Present perfect subjunctive

The *present perfect subjunctive* describes an action that *may have* happened. To form the present perfect subjunctive, use the present perfect subjunctive of the verb **haber** plus the past participle of the action verb. The forms of **haber** in the present perfect subjunctive are:

Person	Singular	Plural
1st	**haya** (*I may have*)	**hayamos** (*we may have*)
2nd	**hayas** (*you may have*)	**hayáis** (*you may have*)
3rd	**haya** (*he, she, you may have*)	**hayan** (*they, you may have*)

Use the present perfect subjunctive in place of the present perfect in a sentence that requires the subjunctive to state that something *may have occurred.* The main clause is in the present or present perfect tense.

Es dudoso que ella se haya mudado a otra ciudad. (*It's doubtful that she may have moved to another city.*)

When using a direct, indirect, or reflexive object pronoun with the complex tenses, place the pronoun in front of the conjugated form of **haber,** as shown in the previous example with the reflexive object pronoun **se** (*herself*).

Pluperfect subjunctive

The *pluperfect subjunctive* describes an action that *might have* happened. To form the pluperfect subjunctive, use the pluperfect subjunctive of the verb **haber** plus the past participle of the action verb. The pluperfect subjunctive has two conjugation options. The first shown here is more common:

Person	*Singular*	*Plural*
1st	**hubiera** (*I might have*)	**hubiéramos** (*we might have*)
2nd	**hubieras** (*you might have*)	**hubierais** (*you might have*)
3rd	**hubiera** (*he, she, you might have*)	**hubieran** (*they, you might have*)

Person	*Singular*	*Plural*
1st	**hubiese** (*I might have*)	**hubiésemos** (*we might have*)
2nd	**hubieses** (*you might have*)	**hubieseis** (*you might have*)
3rd	**hubiese** (*he, she, you might have*)	**hubiesen** (*they, you might have*)

Use the pluperfect subjunctive in Spanish in place of the pluperfect in a sentence that requires the subjunctive to convey a sense of uncertainty. Use it when the main clause is in the preterit or the imperfect and describes an action that *possibly had occurred*:

Yo dudaba que él me hubiera llamado. (*I doubted that he had called me.*)

Esperabamos que el avión hubiera salido a tiempo. (*We hoped that the plane had left on time.*)

Chapter 3

Quick Tutorial on Pronunciation

In This Chapter

- Pronouncing consonants in Spanish — rules and exceptions
- Pronouncing Spanish vowels, not including "y"
- Stressing the right syllable

When you're acquiring a second language, you're likely to read it first, write it next, then listen and understand it, and last but definitely not least speak it. Of course, the best case scenario is to have a Spanish-speaking person model the spoken language for you and listen to recordings. You may not have that advantage. If not, seeing the pronunciation of a language is also helpful, especially when a language is as wonderfully phonetic as Spanish. This chapter "shows" you how to pronounce Spanish consonants and vowels and how to tell which syllable to stress.

Pronouncing the Spanish Consonants

Spanish, just like English, French, and nearly every other language, has consonants. (If you don't remember what consonants are, they're the letters that come between a, e, i, o, u, and sometimes y.) When studying Spanish, you need to be aware of how consonants sound because they make up most of nearly every word that you'll be pronouncing.

The good news: The majority of the Spanish consonants have the same sound as their English counterparts. The following consonants are exceptions:

c = k when in front of a, o, and u (**cuatro**)

c = s when in front of e and i (**cilantro**)

g = g when in front of a, o, and u (**Guatemala**)

g = h when in front of e and i (**geometría**)

h = silent (**hola**)

j = h (**jamón**)

ñ = nio as in the word "onion" (**niño**)

q = k when combined with u as in qu (**quien**)

r = as the double "dd" in the word "ladder" (**oro**)

v = "soft" b (**huevo**)

z = s (**zapato**)

Spanish has the following double letter sounds:

ch = ch, just as in English (**chile**)

ll = y (**llama**)

rr = trilled r (**terremoto**)

You produce this sound by placing your tongue against the roof of your mouth, and then blowing air over it causing the tongue to vibrate against the roof of the mouth.

Vocalizing the Spanish Vowels

Spanish has five vowels (a, e, i, o, and u), because it excludes the letter "y." Knowing how to pronounce the vowels is important when speaking Spanish because vowels connect the consonants and give the sway to the word, so to speak. In other words a consonant usually begins or ends (or both begins and ends) a word but it's a vowel that determines what goes on in between. Of course some words consist of only a vowel, but usually you'll be dealing with words that have both and you really can't speak properly without having a firm grasp of how each is pronounced.

The vowel sounds are easy to pick up, because each vowel has only one possible sound:

a = ah, as in *father*

e = eh, as in *bet*

i = ee, as in *seen*

o = long o, as in *old*

u = ooh, as in *moo*

Spanish considers *a, e,* and *o* to be the *strong* vowels and *i* and *u* to be the *weak* vowels. This plays a part in pronunciation when two vowels are next to one another. Following are the rules that govern pronunciation of neighboring vowels:

- The two vowels almost always form a single syllable, such as **bailar.**
- When one vowel is strong and the other is weak and unaccented, the stronger vowel gets the stronger sound, such as **bien.**
- If one vowel is strong and the other is weak but accented, the weak vowel gets the stronger sound, such as **bahía.**
- If both vowels are weak, stress the second vowel, such as **viuda.**
- If both vowels are strong, pronounce each of them as a separate syllable, such as **creo.**

Spotting Which Syllable to Stress

Knowing which syllable to stress in Spanish is also a pretty cut and dry affair. If you know how to sound out the consonants and the vowels, but don't know which syllable to stress, the word can sound so different that you may not be understood. These three simple rules are all the guidance you need:

- If a word ends in a vowel or "n" or "s," stress the next to the last syllable.
- If a word ends in any consonant except "n" or "s," stress the last syllable.
- If the word doesn't follow one of these two rules, then stress the syllable that has the accent mark.

If you don't stress the correct syllable, you can even change the meaning of a word as shown in the following examples:

> **hablo** = *I speak* vs. **habló** = *he, she* or *you,* formal, singular *spoke*
>
> **preparo** = *I prepare* vs. **preparó** = *he, she, you,* formal, singular *prepared*

Part II

500 Verb Tables

In this part . . .

Welcome to the verb tables — what you really bought this book for. Each page in this part showcases a single verb. You see the verb itself along with its English equivalent, infinitive, past and present participle, and seven simple and seven complex tenses and the imperative. I also provide some examples of each verb used in a sentence and, if the verb bends the standard rules that govern verb behavior, some notes to explain its peculiarities.

abandonar

(to leave, to abandon)

Gerund: abandonando • **Past Participle:** abandonado
Regular -ar verb

Present Indicative		*Present Perfect*	
abandono	abandonamos	he abandonado	hemos abandonado
abandonas	abandonáis	has abandonado	habéis abandonado
abandona	abandonan	ha abandonado	han abandonado
Imperfect		*Pluperfect*	
abandonaba	abandonábamos	había abandonado	habíamos abandonado
abandonabas	abandonabais	habías abandonado	habíais abandonado
abandonaba	abandonaban	había abandonado	habían abandonado
Preterite		*Preterite Perfect*	
abandoné	abandonamos	hube abandonado	hubimos abandonado
abandonaste	abandonasteis	hubiste abandonado	hubisteis abandonado
abandonó	abandonaron	hubo abandonado	hubieron abandonado
Future		*Future Perfect*	
abandonaré	abandonaremos	habré abandonado	habremos abandonado
abandonarás	abandonaréis	habrás abandonado	habréis abandonado
abandonará	abandonarán	habrá abandonado	habrán abandonado
Conditional		*Perfect Conditional*	
abandonaría	abandonaríamos	habría abandonado	habríamos abandonado
abandonarías	abandonaríais	habrías abandonado	habríais abandonado
abandonaría	abandonarían	habría abandonado	habrían abandonado
Present Subjunctive		*Present Perfect Subjunctive*	
abandone	abandonemos	haya abandonado	hayamos abandonado
abandones	abandonéis	hayas abandonado	hayáis abandonado
abandone	abandonen	haya abandonado	hayan abandonado
Imperfect Subjunctive		*Pluperfect Subjunctive*	
abandonara	abandonáramos	hubiera abandonado	hubiéramos abandonado
abandonaras	abandonarais	hubieras abandonado	hubierais abandonado
abandonara	abandonaran	hubiera abandonado	hubieran abandonado
OR			
abandonase	abandonásemos		
abandonases	abandonaseis		
abandonase	abandonasen		

Imperative

abandona	abandonad
abandone	abandonen

Verb in Action

Ella abandonó a su marido y sus hijos y se fue a vivir con él. *(She abandoned her husband and children and went to live with him.)*
Él había abandonado los estudios. *(He had abandoned his studies.)*
Nunca te abandonaré. *(I'll never leave you.)*

abarcar

(to cover, to include)

Gerund: abarcando • **Past Participle:** abarcado
Regular -ar verb with spelling change: c becomes qu before e

Present Indicative

abarco	abarcamos
abarcas	abarcáis
abarca	abarcan

Imperfect

abarcaba	abarcábamos
abarcabas	abarcabais
abarcaba	abarcaban

Preterite

abarqué	abarcamos
abarcaste	abarcasteis
abarcó	abarcaron

Future

abarcaré	abarcaremos
abarcarás	abarcaréis
abarcará	abarcarán

Conditional

abarcaría	abarcaríamos
abarcarías	abarcaríais
abarcaría	abarcarían

Present Subjunctive

abarque	abarquemos
abarques	abarquéis
abarque	abarquen

Imperfect Subjunctive

abarcara	abarcáramos
abarcaras	abarcarais
abarcara	abarcaran

OR

abarcase	abarcásemos
abarcases	abarcaseis
abarcase	abarcasen

Present Perfect

he abarcado	hemos abarcado
has abarcado	habéis abarcado
ha abarcado	han abarcado

Pluperfect

había abarcado	habíamos abarcado
habías abarcado	habíais abarcado
había abarcado	habían abarcado

Preterite Perfect

hube abarcado	hubimos abarcado
hubiste abarcado	hubisteis abarcado
hubo abarcado	hubieron abarcado

Future Perfect

habré abarcado	habremos abarcado
habrás abarcado	habréis abarcado
habrá abarcado	habrán abarcado

Perfect Conditional

habría abarcado	habríamos abarcado
habrías abarcado	habríais abarcado
habría abarcado	habrían abarcado

Present Perfect Subjunctive

haya abarcado	hayamos abarcado
hayas abarcado	hayáis abarcado
haya abarcado	hayan abarcado

Pluperfect Subjunctive

hubiera abarcado	hubiéramos abarcado
hubieras abarcado	hubierais abarcado
hubiera abarcado	hubieran abarcado

Imperative

abarca	abarcad
abarque	abarquen

Verb in Action

El curso abarca una gran variedad de temas. *(The course covers a wide variety of topics.)*
El imperio abarcó una zona muy extensa. *(The empire extended over a very wide area.)*
Quien mucho abarca poco aprieta. *(Beware of biting off more than you can chew.)*

abastecer

(to supply)

Gerund: abasteciendo • **Past Participle:** abastecido
Regular -er verb with spelling change: c becomes zc before a or o

Present Indicative

abastezco	abastecemos
abasteces	abastecéis
abastece	abastecen

Imperfect

abastecía	abastecíamos
abastecías	abastecíais
abastecía	abastecían

Preterite

abastecí	abastecimos
abasteciste	abastecisteis
abasteció	abastecieron

Future

abasteceré	abasteceremos
abastecerás	abasteceréis
abastecerá	abastecerán

Conditional

abastecería	abasteceríamos
abastecerías	abasteceríais
abastecería	abastecerían

Present Subjunctive

abastezca	abastezcamos
abastezcas	abastezcáis
abastezca	abastezcan

Imperfect Subjunctive

abasteciera	abasteciéramos
abastecieras	abastecierais
abasteciera	abastecieran

OR

abasteciese	abasteciésemos
abastecieses	abastecieseis
abasteciese	abasteciesen

Present Perfect

he abastecido	hemos abastecido
has abastecido	habéis abastecido
ha abastecido	han abastecido

Pluperfect

había abastecido	habíamos abastecido
habías abastecido	habíais abastecido
había abastecido	habían abastecido

Preterite Perfect

hube abastecido	hubimos abastecido
hubiste abastecido	hubisteis abastecido
hubo abastecido	hubieron abastecido

Future Perfect

habré abastecido	habremos abastecido
habrás abastecido	habréis abastecido
habrá abastecido	habrán abastecido

Perfect Conditional

habría abastecido	habríamos abastecido
habrías abastecido	habríais abastecido
habría abastecido	habrían abastecido

Present Perfect Subjunctive

haya abastecido	hayamos abastecido
hayas abastecido	hayáis abastecido
haya abastecido	hayan abastecido

Pluperfect Subjunctive

hubiera abastecido	hubiéramos abastecido
hubieras abastecido	hubierais abastecido
hubiera abastecido	hubieran abastecido

Imperative

abastece	abasteced
abastezca	abastezcan

Verb in Action

Buscamos alguien que nos abastezca de materia prima. *(We're looking for someone who can supply us with raw material.)*
Su producción no es suficiente para abastecer la demanda. *(Production is not sufficient to meet demand.)*
¿Quién abastecía al grupo terrorista de armas? *(Who was supplying the terrorist group with weapons?)*

#4

abolir

(to abolish)

Gerund: aboliendo • **Past Participle:** abolido
Regular -ir verb

Present Indicative

abolimos	abolís

Note: *Present tense only used in persons shown.*

Imperfect

abolía	abolíamos
abolías	abolíais
abolía	abolían

Preterite

abolí	abolimos
aboliste	abolisteis
abolió	abolieron

Future

aboliré	aboliremos
abolirás	aboliréis
abolirá	abolirán

Conditional

aboliría	aboliríamos
abolirías	aboliríais
aboliría	abolirían

Present Subjunctive

Note: Not used

Imperfect Subjunctive

aboliera	aboliéramos
abolieras	abolierais
aboliera	abolieran

OR

aboliese	aboliésemos
abolieses	abolieseis
aboliese	aboliesen

Present Perfect

he abolido	hemos abolido
has abolido	habéis abolido
ha abolido	han abolido

Pluperfect

había abolido	habíamos abolido
habías abolido	habíais abolido
había abolido	habían abolido

Preterite Perfect

hube abolido	hubimos abolido
hubiste abolido	hubisteis abolido
hubo abolido	hubieron abolido

Future Perfect

habré abolido	habremos abolido
habrás abolido	habréis abolido
habrá abolido	habrán abolido

Perfect Conditional

habría abolido	habríamos abolido
habrías abolido	habríais abolido
habría abolido	habrían abolido

Present Perfect Subjunctive

haya abolido	hayamos abolido
hayas abolido	hayáis abolido
haya abolido	hayan abolido

Pluperfect Subjunctive

hubiera abolido	hubiéramos abolido
hubieras abolido	hubierais abolido
hubiera abolido	hubieran abolido

Imperative

abolid

Verb in Action

Ellos habían abolido la pena de muerte. *(They had abolished the death penalty.)*
Ellos abolieron la esclavitud. *(They abolished slavery.)*
Ellos prometieron que abolirían la censura. *(They promised they'd abolish censorship.)*

abrazar(se)

(to hug)

Gerund: abrazando • **Past Participle:** abrazado
Reflexive regular -ar verb with spelling change: z becomes c before e

Present Indicative		*Present Perfect*	
abrazo	abrazamos	he abrazado	hemos abrazado
abrazas	abrazáis	has abrazado	habéis abrazado
abraza	abrazan	ha abrazado	han abrazado
Imperfect		*Pluperfect*	
abrazaba	abrazábamos	había abrazado	habíamos abrazado
abrazabas	abrazabais	habías abrazado	habíais abrazado
abrazaba	abrazaban	había abrazado	habían abrazado
Preterite		*Preterite Perfect*	
abracé	abrazamos	hube abrazado	hubimos abrazado
abrazaste	abrazasteis	hubiste abrazado	hubisteis abrazado
abrazó	abrazaron	hubo abrazado	hubieron abrazado
Future		*Future Perfect*	
abrazaré	abrazaremos	habré abrazado	habremos abrazado
abrazarás	abrazaréis	habrás abrazado	habréis abrazado
abrazará	abrazarán	habrá abrazado	habrán abrazado
Conditional		*Perfect Conditional*	
abrazaría	abrazaríamos	habría abrazado	habríamos abrazado
abrazarías	abrazaríais	habrías abrazado	habríais abrazado
abrazaría	abrazarían	habría abrazado	habrían abrazado
Present Subjunctive		*Present Perfect Subjunctive*	
abrace	abracemos	haya abrazado	hayamos abrazado
abraces	abracéis	hayas abrazado	hayáis abrazado
abrace	abracen	haya abrazado	hayan abrazado
Imperfect Subjunctive		*Pluperfect Subjunctive*	
abrazara	abrazáramos	hubiera abrazado	hubiéramos abrazado
abrazaras	abrazarais	hubieras abrazado	hubierais abrazado
abrazara	abrazaran	hubiera abrazado	hubieran abrazado
OR			
abrazase	abrazásemos		
abrazases	abrazaseis		
abrazase	abrazasen		

Imperative

abraza	abrazad
abrace	abracen

Verb in Action

Abrázame fuerte. *(Hold me tight.)*
Ella lo abrazó cariñosamente. *(She hugged him affectionately.)*
Él era un idealista que había abrazado la causa popular. *(He was an idealist who had embraced the popular cause.)*

abrigar(se)

(to wrap up, to shelter)

Gerund: abrigando • **Past Participle:** abrigado
Reflexive regular -ar verb with spelling change: g becomes gu before e

Present Indicative

abrigo	abrigamos
abrigas	abrigáis
abriga	abrigan

Present Perfect

he abrigado	hemos abrigado
has abrigado	habéis abrigado
ha abrigado	han abrigado

Imperfect

abrigaba	abrigábamos
abrigabas	abrigabais
abrigaba	abrigaban

Pluperfect

había abrigado	habíamos abrigado
habías abrigado	habíais abrigado
había abrigado	habían abrigado

Preterite

abrigué	abrigamos
abrigaste	abrigasteis
abrigó	abrigaron

Preterite Perfect

hube abrigado	hubimos abrigado
hubiste abrigado	hubisteis abrigado
hubo abrigado	hubieron abrigado

Future

abrigaré	abrigaremos
abrigarás	abrigaréis
abrigará	abrigarán

Future Perfect

habré abrigado	habremos abrigado
habrás abrigado	habréis abrigado
habrá abrigado	habrán abrigado

Conditional

abrigaría	abrigaríamos
abrigarías	abrigaríais
abrigaría	abrigarían

Perfect Conditional

habría abrigado	habríamos abrigado
habrías abrigado	habríais abrigado
habría abrigado	habrían abrigado

Present Subjunctive

abrigue	abriguemos
abrigues	abriguéis
abrigue	abriguen

Present Perfect Subjunctive

haya abrigado	hayamos abrigado
hayas abrigado	hayáis abrigado
haya abrigado	hayan abrigado

Imperfect Subjunctive

abrigara	abrigáramos
abrigaras	abrigarais
abrigara	abrigaran
OR	
abrigase	abrigásemos
abrigases	abrigaseis
abrigase	abrigasen

Pluperfect Subjunctive

hubiera abrigado	hubiéramos abrigado
hubieras abrigado	hubierais abrigado
hubiera abrigado	hubieran abrigado

Imperative

abriga	abrigad
abrigue	abriguen

Verb in Action

Este impermeable no abriga nada. *(This is certainly not a warm raincoat.)*
Dile que se abrigue bien si va a ir al partido. *(Tell him to wrap up warm if he's going to the game.)*
No abrigo ninguna esperanza de que cambie de opinión. *(I don't hold out any hope of his changing his mind.)*

abrir

(to open)

Gerund: abriendo • **Past Participle**: abierto

Regular -ir verb with spelling change: irregular past participle

Present Indicative

abro	abrimos
abres	abrís
abre	abren

Imperfect

abría	abríamos
abrías	abríais
abría	abrían

Preterite

abrí	abrimos
abriste	abristeis
abrió	abrieron

Future

abriré	abriremos
abrirás	abriréis
abrirá	abrirán

Conditional

abriría	abriríamos
abrirías	abriríais
abriría	abrirían

Present Subjunctive

abra	abramos
abras	abráis
abra	abran

Imperfect Subjunctive

abriera	abriéramos
abrieras	abrierais
abriera	abrieran

OR

abriese	abriésemos
abrieses	abrieseis
abriese	abriesen

Present Perfect

he abierto	hemos abierto
has abierto	habéis abierto
ha abierto	han abierto

Pluperfect

había abierto	habíamos abierto
habías abierto	habíais abierto
había abierto	habían abierto

Preterite Perfect

hube abierto	hubimos abierto
hubiste abierto	hubisteis abierto
hubo abierto	hubieron abierto

Future Perfect

habré abierto	habremos abierto
habrás abierto	habréis abierto
habrá abierto	habrán abierto

Perfect Conditional

habría abierto	habríamos abierto
habrías abierto	habríais abierto
habría abierto	habrían abierto

Present Perfect Subjunctive

haya abierto	hayamos abierto
hayas abierto	hayáis abierto
haya abierto	hayan abierto

Pluperfect Subjunctive

hubiera abierto	hubiéramos abierto
hubieras abierto	hubierais abierto
hubiera abierto	hubieran abierto

Imperative

abre	abrid
abra	abran

Verb in Action

Ellos han abierto un nuevo restaurante cerca de aquí. *(They've opened a new restaurant near here.)*

¿Quién abrió la ventana? *(Who opened the window?)*

Ellos abrirán todas las puertas de la catedral. *(They'll open all the doors of the cathedral.)*

aburrir(se)

(to bore)

Gerund: aburriendo • **Past Participle**: aburrido
Reflexive regular -ir verb

Present Indicative

aburro	aburrimos
aburres	aburrís
aburre	aburren

Present Perfect

he aburrido	hemos aburrido
has aburrido	habéis aburrido
ha aburrido	han aburrido

Imperfect

aburría	aburríamos
aburrías	aburríais
aburría	aburrían

Pluperfect

había aburrido	habíamos aburrido
habías aburrido	habíais aburrido
había aburrido	habían aburrido

Preterite

aburrí	aburrimos
aburriste	aburristeis
aburrió	aburrieron

Preterite Perfect

hube aburrido	hubimos aburrido
hubiste aburrido	hubisteis aburrido
hubo aburrido	hubieron aburrido

Future

aburriré	aburriremos
aburrirás	aburriréis
aburrirá	aburrirán

Future Perfect

habré aburrido	habremos aburrido
habrás aburrido	habréis aburrido
habrá aburrido	habrán aburrido

Conditional

aburriría	aburriríamos
aburrirías	aburriríais
aburriría	aburrirían

Perfect Conditional

habría aburrido	habríamos aburrido
habrías aburrido	habríais aburrido
habría aburrido	habrían aburrido

Present Subjunctive

aburra	aburramos
aburras	aburráis
aburra	aburran

Present Perfect Subjunctive

haya aburrido	hayamos aburrido
hayas aburrido	hayáis aburrido
haya aburrido	hayan aburrido

Imperfect Subjunctive

aburriera	aburriéramos
aburrieras	aburrierais
aburriera	aburrieran
OR	
aburriese	aburriésemos
aburrieses	aburrieseis
aburriese	aburriesen

Pluperfect Subjunctive

hubiera aburrido	hubiéramos aburrido
hubieras aburrido	hubierais aburrido
hubiera aburrido	hubieran aburrido

Imperative

aburre	aburrid
aburra	aburran

Verb in Action

Él aburre a todo el mundo con sus quejas. *(He bores everyone with his grumbling.)*
¿No te aburres de leer siempre al mismo autor? *(Don't you get bored with always reading the same author?)*
Me aburriría mucho en el pueblo si tú no estuvieras. *(I'd get very bored in the village if you weren't there.)*

acabar

(to finish, to end)

Gerund: acabando • **Past Participle:** acabado
Regular -ar verb

Present Indicative		***Present Perfect***	
acabo	acabamos	he acabado	hemos acabado
acabas	acabáis	has acabado	habéis acabado
acaba	acaban	ha acabado	han acabado
Imperfect		***Pluperfect***	
acababa	acabábamos	había acabado	habíamos acabado
acababas	acababais	habías acabado	habíais acabado
acababa	acababan	había acabado	habían acabado
Preterite		***Preterite Perfect***	
acabé	acabamos	hube acabado	hubimos acabado
acabaste	acabasteis	hubiste acabado	hubisteis acabado
acabó	acabaron	hubo acabado	hubieron acabado
Future		***Future Perfect***	
acabaré	acabaremos	habré acabado	habremos acabado
acabarás	acabaréis	habrás acabado	habréis acabado
acabará	acabarán	habrá acabado	habrán acabado
Conditional		***Perfect Conditional***	
acabaría	acabaríamos	habría acabado	habríamos acabado
acabarías	acabaríais	habrías acabado	habríais acabado
acabaría	acabarían	habría acabado	habrían acabado
Present Subjunctive		***Present Perfect Subjunctive***	
acabe	acabemos	haya acabado	hayamos acabado
acabes	acabéis	hayas acabado	hayáis acabado
acabe	acaben	haya acabado	hayan acabado
Imperfect Subjunctive		***Pluperfect Subjunctive***	
acabara	acabáramos	hubiera acabado	hubiéramos acabado
acabaras	acabarais	hubieras acabado	hubierais acabado
acabara	acabaran	hubiera acabado	hubieran acabado
OR			
acabase	acabásemos		
acabases	acabaseis		
acabase	acabasen		

Imperative

acaba	acabad
acabe	acaben

Verb in Action

La película acabó muy tarde. *(The movie ended very late.)*
¡Vas a acabar por hacerme perder la paciencia! *(You're going to end up making me lose my temper!)*
El gobierno estaba decidido a acabar con las guerrillas. *(The government was resolved to eradicate the guerrillas.)*

acceder

(to agree, to gain access)

Gerund: accediendo • **Past Participle:** accedido
Regular -er verb

Present Indicative		*Present Perfect*	
accedo	accedemos	he accedido	hemos accedido
accedes	accedéis	has accedido	habéis accedido
accede	acceden	ha accedido	han accedido
Imperfect		***Pluperfect***	
accedía	accedíamos	había accedido	habíamos accedido
accedías	accedíais	habías accedido	habíais accedido
accedía	accedían	había accedido	habían accedido
Preterite		***Preterite Perfect***	
accedí	accedimos	hube accedido	hubimos accedido
accediste	accedisteis	hubiste accedido	hubisteis accedido
accedió	accedieron	hubo accedido	hubieron accedido
Future		***Future Perfect***	
accederé	accederemos	habré accedido	habremos accedido
accederás	accederéis	habrás accedido	habréis accedido
accederá	accederán	habrá accedido	habrán accedido
Conditional		***Perfect Conditional***	
accedería	accederíamos	habría accedido	habríamos accedido
accederías	accederíais	habrías accedido	habríais accedido
accedería	accederían	habría accedido	habrían accedido
Present Subjunctive		***Present Perfect Subjunctive***	
acceda	accedamos	haya accedido	hayamos accedido
accedas	accedáis	hayas accedido	hayáis accedido
acceda	accedan	haya accedido	hayan accedido
Imperfect Subjunctive		***Pluperfect Subjunctive***	
accediera	accediéramos	hubiera accedido	hubiéramos accedido
accedieras	accedierais	hubieras accedido	hubierais accedido
accediera	accedieran	hubiera accedido	hubieran accedido
OR			
accediese	accediésemos		
accedieses	accedieseis		
accediese	accediesen		

Imperative

accede	acceded
acceda	accedan

Verb in Action

Ella accedió a acompañarnos. *(She agreed to come with us.)*
Dudo que acceda a nuestra petición. *(I doubt if he'll agree to our request.)*
Todo el mundo puede acceder a esta información. *(Anyone can access this information.)*

acentuar(se)

(to accentuate)

Gerund: acentuando • **Past Participle:** acentuado

Reflexive regular -ar verb with spelling change: u becomes ú on stressed syllable (tenses 1, 6, and imperative)

Present Indicative		*Present Perfect*	
acentúo	acentuamos	he acentuado	hemos acentuado
acentúas	acentuáis	has acentuado	habéis acentuado
acentúa	acentúan	ha acentuado	han acentuado
Imperfect		*Pluperfect*	
acentuaba	acentuábamos	había acentuado	habíamos acentuado
acentuabas	acentuabais	habías acentuado	habíais acentuado
acentuaba	acentuaban	había acentuado	habían acentuado
Preterite		*Preterite Perfect*	
acentué	acentuamos	hube acentuado	hubimos acentuado
acentuaste	acentuasteis	hubiste acentuado	hubisteis acentuado
acentuó	acentuaron	hubo acentuado	hubieron acentuado
Future		*Future Perfect*	
acentuaré	acentuaremos	habré acentuado	habremos acentuado
acentuarás	acentuaréis	habrás acentuado	habréis acentuado
acentuará	acentuarán	habrá acentuado	habrán acentuado
Conditional		*Perfect Conditional*	
acentuaría	acentuaríamos	habría acentuado	habríamos acentuado
acentuarías	acentuaríais	habrías acentuado	habríais acentuado
acentuaría	acentuarían	habría acentuado	habrían acentuado
Present Subjunctive		*Present Perfect Subjunctive*	
acentúe	acentuemos	haya acentuado	hayamos acentuado
acentúes	acentuéis	hayas acentuado	hayáis acentuado
acentúe	acentúen	haya acentuado	hayan acentuado
Imperfect Subjunctive		*Pluperfect Subjunctive*	
acentuara	acentuáramos	hubiera acentuado	hubiéramos acentuado
acentuaras	acentuarais	hubieras acentuado	hubierais acentuado
acentuara	acentuaran	hubiera acentuado	hubieran acentuado
OR			
acentuase	acentuásemos		
acentuases	acentuaseis		
acentuase	acentuasen		

Imperative

acentúa	acentuad
acentúe	acentúen

Verb in Action

La crisis internacional ha acentuado el problema. *(The international crisis has accentuated the problem.)*

Ellos intentan evitar que el conflicto se acentúe. *(They are trying to prevent the conflict from becoming more intense.)*

aceptar

(to accept)

Gerund: aceptando • **Past Participle:** aceptado
Regular -ar verb

Present Indicative		***Present Perfect***	
acepto	aceptamos	he aceptado	hemos aceptado
aceptas	aceptáis	has aceptado	habéis aceptado
acepta	aceptan	ha aceptado	han aceptado
Imperfect		***Pluperfect***	
aceptaba	aceptábamos	había aceptado	habíamos aceptado
aceptabas	aceptabais	habías aceptado	habíais aceptado
aceptaba	aceptaban	había aceptado	habían aceptado
Preterite		***Preterite Perfect***	
acepté	aceptamos	hube aceptado	hubimos aceptado
aceptaste	aceptasteis	hubiste aceptado	hubisteis aceptado
aceptó	aceptaron	hubo aceptado	hubieron aceptado
Future		***Future Perfect***	
aceptaré	aceptaremos	habré aceptado	habremos aceptado
aceptarás	aceptaréis	habrás aceptado	habréis aceptado
aceptará	aceptarán	habrá aceptado	habrán aceptado
Conditional		***Perfect Conditional***	
aceptaría	aceptaríamos	habría aceptado	habríamos aceptado
aceptarías	aceptaríais	habrías aceptado	habríais aceptado
aceptaría	aceptarían	habría aceptado	habrían aceptado
Present Subjunctive		***Present Perfect Subjunctive***	
acepte	aceptemos	haya aceptado	hayamos aceptado
aceptes	aceptéis	hayas aceptado	hayáis aceptado
acepte	acepten	haya aceptado	hayan aceptado
Imperfect Subjunctive		***Pluperfect Subjunctive***	
aceptara	aceptáramos	hubiera aceptado	hubiéramos aceptado
aceptaras	aceptarais	hubieras aceptado	hubierais aceptado
aceptara	aceptaran	hubiera aceptado	hubieran aceptado
OR			
aceptase	aceptásemos		
aceptases	aceptaseis		
aceptase	aceptasen		

Imperative

acepta	aceptad
acepte	acepten

Verb in Action

Creo que voy a aceptar su oferta. *(I think I'm going to accept his offer.)*
Dudo de que acepten tu propuesta. *(I doubt if they'll agree to your proposal.)*
Logré que aceptara parte de la culpa. *(I managed to get her to accept some of the blame.)*

acertar

(to get (it) right)

Gerund: acertando • **Past Participle:** acertado
Regular -ar verb with stem change e to ie (tenses 1, 6, and imperative)

Present Indicative		*Present Perfect*	
acierto	acertamos	he acertado	hemos acertado
aciertas	acertáis	has acertado	habéis acertado
acierta	aciertan	ha acertado	han acertado

Imperfect		*Pluperfect*	
acertaba	acertábamos	había acertado	habíamos acertado
acertabas	acertabais	habías acertado	habíais acertado
acertaba	acertaban	había acertado	habían acertado

Preterite		*Preterite Perfect*	
acerté	acertamos	hube acertado	hubimos acertado
acertaste	acertasteis	hubiste acertado	hubisteis acertado
acertó	acertaron	hubo acertado	hubieron acertado

Future		*Future Perfect*	
acertaré	acertaremos	habré acertado	habremos acertado
acertarás	acertaréis	habrás acertado	habréis acertado
acertará	acertarán	habrá acertado	habrán acertado

Conditional		*Perfect Conditional*	
acertaría	acertaríamos	habría acertado	habríamos acertado
acertarías	acertaríais	habrías acertado	habríais acertado
acertaría	acertarían	habría acertado	habrían acertado

Present Subjunctive		*Present Perfect Subjunctive*	
acierte	acertemos	haya acertado	hayamos acertado
aciertes	acertéis	hayas acertado	hayáis acertado
acierte	acierten	haya acertado	hayan acertado

Imperfect Subjunctive		*Pluperfect Subjunctive*	
acertara	acertáramos	hubiera acertado	hubiéramos acertado
acertaras	acertarais	hubieras acertado	hubierais acertado
acertara	acertaran	hubiera acertado	hubieran acertado
OR			
acertase	acertásemos		
acertases	acertaseis		
acertase	acertasen		

Imperative

acierta	acertad
acierte	acierten

Verb in Action

Acertamos el resultado del partido. *(We got the result of the game right.)*
El concursante que acierte la respuesta será el ganador. *(The competitor who gets the answer right will be the winner.)*
Ella no acierta a comprender qué fue lo que pasó. *(She just can't understand what happened.)*

acompañar

(to accompany)

Gerund: acompañando • **Past Participle:** acompañado
Regular -ar verb

Present Indicative

acompaño	acompañamos
acompañas	acompañáis
acompaña	acompañan

Imperfect

acompañaba	acompañábamos
acompañabas	acompañabais
acompañaba	acompañaban

Preterite

acompañé	acompañamos
acompañaste	acompañasteis
acompañó	acompañaron

Future

acompañaré	acompañaremos
acompañarás	acompañaréis
acompañará	acompañarán

Conditional

acompañaría	acompañaríamos
acompañarías	acompañaríais
acompañaría	acompañarían

Present Subjunctive

acompañe	acompañemos
acompañes	acompañéis
acompañe	acompañen

Imperfect Subjunctive

acompañara	acompañáramos
acompañaras	acompañarais
acompañara	acompañaran
OR	
acompañase	acompañásemos
acompañases	acompañaseis
acompañase	acompañasen

Present Perfect

he acompañado	hemos acompañado
has acompañado	habéis acompañado
ha acompañado	han acompañado

Pluperfect

había acompañado	habíamos acompañado
habías acompañado	habíais acompañado
había acompañado	habían acompañado

Preterite Perfect

hube acompañado	hubimos acompañado
hubiste acompañado	hubisteis acompañado
hubo acompañado	hubieron acompañado

Future Perfect

habré acompañado	habremos acompañado
habrás acompañado	habréis acompañado
habrá acompañado	habrán acompañado

Perfect Conditional

habría acompañado	habríamos acompañado
habrías acompañado	habríais acompañado
habría acompañado	habrían acompañado

Present Perfect Subjunctive

haya acompañado	hayamos acompañado
hayas acompañado	hayáis acompañado
haya acompañado	hayan acompañado

Pluperfect Subjunctive

hubiera acompañado	hubiéramos acompañado
hubieras acompañado	hubierais acompañado
hubiera acompañado	hubieran acompañado

Imperative

acompaña	acompañad
acompañe	acompañen

Verb in Action

Si me esperas, te acompaño. *(If you wait for me, I'll accompany you.)*
Nos acompañaron hasta la estación. *(They accompanied us to the station.)*
Ella cantó acompañado al piano por su hermana. *(She sang to her sister's piano accompaniment.)*

aconsejar

(to advise)

Gerund: aconsejando • **Past Participle:** aconsejado
Regular -ar verb

Present Indicative

aconsejo	aconsejamos
aconsejas	aconsejáis
aconseja	aconsejan

Present Perfect

he aconsejado	hemos aconsejado
has aconsejado	habéis aconsejado
ha aconsejado	han aconsejado

Imperfect

aconsejaba	aconsejábamos
aconsejabas	aconsejabais
aconsejaba	aconsejaban

Pluperfect

había aconsejado	habíamos aconsejado
habías aconsejado	habíais aconsejado
había aconsejado	habían aconsejado

Preterite

aconsejé	aconsejamos
aconsejaste	aconsejasteis
aconsejó	aconsejaron

Preterite Perfect

hube aconsejado	hubimos aconsejado
hubiste aconsejado	hubisteis aconsejado
hubo aconsejado	hubieron aconsejado

Future

aconsejaré	aconsejaremos
aconsejarás	aconsejaréis
aconsejará	aconsejarán

Future Perfect

habré aconsejado	habremos aconsejado
habrás aconsejado	habréis aconsejado
habrá aconsejado	habrán aconsejado

Conditional

aconsejaría	aconsejaríamos
aconsejarías	aconsejaríais
aconsejaría	aconsejarían

Perfect Conditional

habría aconsejado	habríamos aconsejado
habrías aconsejado	habríais aconsejado
habría aconsejado	habrían aconsejado

Present Subjunctive

aconseje	aconsejemos
aconsejes	aconsejéis
aconseje	aconsejen

Present Perfect Subjunctive

haya aconsejado	hayamos aconsejado
hayas aconsejado	hayáis aconsejado
haya aconsejado	hayan aconsejado

Imperfect Subjunctive

aconsejara	aconsejáramos
aconsejaras	aconsejarais
aconsejara	aconsejaran
OR	
aconsejase	aconsejásemos
aconsejases	aconsejaseis
aconsejase	aconsejasen

Pluperfect Subjunctive

hubiera aconsejado	hubiéramos aconsejado
hubieras aconsejado	hubierais aconsejado
hubiera aconsejado	hubieran aconsejado

Imperative

aconseja	aconsejad
aconseje	aconsejen

Verb in Action

Te aconsejo que no se lo digas. *(I'd advise you not to tell her.)*
No nos aconsejaron bien. *(They didn't give us good advice.)*
Me aconsejó que consultara con un especialista. *(She advised me to see a specialist.)*

acordar(se)

(to agree, to remember)

Gerund: acordando • **Past Participle:** acordado
Reflexive regular -ar verb with stem change o to ue (tenses 1, 6, and imperative)

Present Indicative

acuerdo	acordamos
acuerdas	acordáis
acuerda	acuerdan

Imperfect

acordaba	acordábamos
acordabas	acordabais
acordaba	acordaban

Preterite

acordé	acordamos
acordaste	acordasteis
acordó	acordaron

Future

acordaré	acordaremos
acordarás	acordaréis
acordará	acordarán

Conditional

acordaría	acordaríamos
acordarías	acordaríais
acordaría	acordarían

Present Subjunctive

acuerde	acordemos
acuerdes	acordéis
acuerde	acuerden

Imperfect Subjunctive

acordara	acordáramos
acordaras	acordarais
acordara	acordaran
OR	
acordase	acordásemos
acordases	acordaseis
acordase	acordasen

Present Perfect

he acordado	hemos acordado
has acordado	habéis acordado
ha acordado	han acordado

Pluperfect

había acordado	habíamos acordado
habías acordado	habíais acordado
había acordado	habían acordado

Preterite Perfect

hube acordado	hubimos acordado
hubiste acordado	hubisteis acordado
hubo acordado	hubieron acordado

Future Perfect

habré acordado	habremos acordado
habrás acordado	habréis acordado
habrá acordado	habrán acordado

Perfect Conditional

habría acordado	habríamos acordado
habrías acordado	habríais acordado
habría acordado	habrían acordado

Present Perfect Subjunctive

haya acordado	hayamos acordado
hayas acordado	hayáis acordado
haya acordado	hayan acordado

Pluperfect Subjunctive

hubiera acordado	hubiéramos acordado
hubieras acordado	hubierais acordado
hubiera acordado	hubieran acordado

Imperative

acuerda	acordad
acuerde	acuerden

Verb in Action

¿Te acuerdas de mi amigo Pablo? *(Do you remember my friend Pablo?)*
No me puedo acordar de cómo se llama su madre. *(I can't remember what his mother's called.)*
Acordaron pagarlo todo a medias. *(They agreed to go halves on everything.)*

acostar(se)

(to put to bed)

Gerund: acostando • **Past Participle:** acostado
Reflexive regular -ar verb with stem change o to ue (tenses 1, 6, and imperative)

Present Indicative

acuesto	acostamos
acuestas	acostáis
acuesta	acuestan

Present Perfect

he acostado	hemos acostado
has acostado	habéis acostado
ha acostado	han acostado

Imperfect

acostaba	acostábamos
acostabas	acostabais
acostaba	acostaban

Pluperfect

había acostado	habíamos acostado
habías acostado	habíais acostado
había acostado	habían acostado

Preterite

acosté	acostamos
acostaste	acostasteis
acostó	acostaron

Preterite Perfect

hube acostado	hubimos acostado
hubiste acostado	hubisteis acostado
hubo acostado	hubieron acostado

Future

acostaré	acostaremos
acostarás	acostaréis
acostará	acostarán

Future Perfect

habré acostado	habremos acostado
habrás acostado	habréis acostado
habrá acostado	habrán acostado

Conditional

acostaría	acostaríamos
acostarías	acostaríais
acostaría	acostarían

Perfect Conditional

habría acostado	habríamos acostado
habrías acostado	habríais acostado
habría acostado	habrían acostado

Present Subjunctive

acueste	acostemos
acuestes	acostéis
acueste	acuesten

Present Perfect Subjunctive

haya acostado	hayamos acostado
hayas acostado	hayáis acostado
haya acostado	hayan acostado

Imperfect Subjunctive

acostara	acostáramos
acostaras	acostarais
acostara	acostaran
OR	
acostase	acostásemos
acostases	acostaseis
acostase	acostasen

Pluperfect Subjunctive

hubiera acostado	hubiéramos acostado
hubieras acostado	hubierais acostado
hubiera acostado	hubieran acostado

Imperative

acuesta	acostad
acueste	acuesten

Verb in Action

¿A qué hora te acuestas? *(What time do you go to bed?)*
Ya es hora de que te acuestes. *(It's time you went to bed.)*
Si pudiera, me acostaría a dormir una siesta. *(If I could, I'd have a siesta.)*

#18

acostumbrar(se)

(to accustom)

Gerund: acostumbrando • **Past Participle:** acostumbrado
Reflexive regular -ar verb

Present Indicative

acostumbro	acostumbramos
acostumbras	acostumbráis
acostumbra	acostumbran

Imperfect

acostumbraba	acostumbrábamos
acostumbrabas	acostumbrabais
acostumbraba	acostumbraban

Preterite

acostumbré	acostumbramos
acostumbraste	acostumbrasteis
acostumbró	acostumbraron

Future

acostumbraré	acostumbraremos
acostumbrarás	acostumbraréis
acostumbrará	acostumbrarán

Conditional

acostumbraría	acostumbraríamos
acostumbrarías	acostumbraríais
acostumbraría	acostumbrarían

Present Subjunctive

acostumbre	acostumbremos
acostumbres	acostumbréis
acostumbre	acostumbren

Imperfect Subjunctive

acostumbrara	acostumbráramos
acostumbraras	acostumbrarais
acostumbrara	acostumbraran
OR	
acostumbrase	acostumbrásemos
acostumbrases	acostumbraseis
acostumbrase	acostumbrasen

Present Perfect

he acostumbrado	hemos acostumbrado
has acostumbrado	habéis acostumbrado
ha acostumbrado	han acostumbrado

Pluperfect

había acostumbrado	habíamos acostumbrado
habías acostumbrado	habíais acostumbrado
había acostumbrado	habían acostumbrado

Preterite Perfect

hube acostumbrado	hubimos acostumbrado
hubiste acostumbrado	hubisteis acostumbrado
hubo acostumbrado	hubieron acostumbrado

Future Perfect

habré acostumbrado	habremos acostumbrado
habrás acostumbrado	habréis acostumbrado
habrá acostumbrado	habrán acostumbrado

Perfect Conditional

habría acostumbrado	habríamos acostumbrado
habrías acostumbrado	habríais acostumbrado
habría acostumbrado	habrían acostumbrado

Present Perfect Subjunctive

haya acostumbrado	hayamos acostumbrado
hayas acostumbrado	hayáis acostumbrado
haya acostumbrado	hayan acostumbrado

Pluperfect Subjunctive

hubiera acostumbrado	hubiéramos acostumbrado
hubieras acostumbrado	hubierais acostumbrado
hubiera acostumbrado	hubieran acostumbrado

Imperative

acostumbra	acostumbrad
acostumbre	acostumbren

Verb in Action

Me acostumbré muy pronto a la nueva rutina. *(I very quickly got accustomed to the new routine.)*
Tienes que acostumbrarte a hablarme en español. *(You must get accustomed to talking to me in Spanish.)*
Él acostumbra dar un paseo después de la cena. *(He usually takes a walk after dinner.)*

actuar

(to act, to work)

Gerund: actuando • **Past Participle:** actuado

Regular -ar verb with spelling change: u becomes ú on stressed syllable (tenses 1, 6, and imperative)

Present Indicative

actúo	actuamos
actúas	actuáis
actúa	actúan

Imperfect

actuaba	actuábamos
actuabas	actuabais
actuaba	actuaban

Preterite

actué	actuamos
actuaste	actuasteis
actuó	actuaron

Future

actuaré	actuaremos
actuarás	actuaréis
actuará	actuarán

Conditional

actuaría	actuaríamos
actuarías	actuaríais
actuaría	actuarían

Present Subjunctive

actúe	actuemos
actúes	actuéis
actúe	actúen

Imperfect Subjunctive

actuara	actuáramos
actuaras	actuarais
actuara	actuaran

OR

actuase	actuásemos
actuases	actuaseis
actuase	actuasen

Present Perfect

he actuado	hemos actuado
has actuado	habéis actuado
ha actuado	han actuado

Pluperfect

había actuado	habíamos actuado
habías actuado	habíais actuado
había actuado	habían actuado

Preterite Perfect

hube actuado	hubimos actuado
hubiste actuado	hubisteis actuado
hubo actuado	hubieron actuado

Future Perfect

habré actuado	habremos actuado
habrás actuado	habréis actuado
habrá actuado	habrán actuado

Perfect Conditional

habría actuado	habríamos actuado
habrías actuado	habríais actuado
habría actuado	habrían actuado

Present Perfect Subjunctive

haya actuado	hayamos actuado
hayas actuado	hayáis actuado
haya actuado	hayan actuado

Pluperfect Subjunctive

hubiera actuado	hubiéramos actuado
hubieras actuado	hubierais actuado
hubiera actuado	hubieran actuado

Imperative

actúa	actuad
actúe	actúen

Verb in Action

Él actuó siguiendo un impulso. *(He acted on impulse.)*
Ha actuado en varias películas. *(He has been in several movies.)*
Yo nunca actuaría así. *(I'd never behave like that.)*

adelgazar

(to lose weight)

Gerund: adelgazando • **Past Participle:** adelgazado
Regular -ar verb with spelling change: z becomes c before e

Present Indicative		*Present Perfect*	
adelgazo	adelgazamos	he adelgazado	hemos adelgazado
adelgazas	adelgazáis	has adelgazado	habéis adelgazado
adelgaza	adelgazan	ha adelgazado	han adelgazado

Imperfect		*Pluperfect*	
adelgazaba	adelgazábamos	había adelgazado	habíamos adelgazado
adelgazabas	adelgazabais	habías adelgazado	habíais adelgazado
adelgazaba	adelgazaban	había adelgazado	habían adelgazado

Preterite		*Preterite Perfect*	
adelgacé	adelgazamos	hube adelgazado	hubimos adelgazado
adelgazaste	adelgazasteis	hubiste adelgazado	hubisteis adelgazado
adelgazó	adelgazaron	hubo adelgazado	hubieron adelgazado

Future		*Future Perfect*	
adelgazaré	adelgazaremos	habré adelgazado	habremos adelgazado
adelgazarás	adelgazaréis	habrás adelgazado	habréis adelgazado
adelgazará	adelgazarán	habrá adelgazado	habrán adelgazado

Conditional		*Perfect Conditional*	
adelgazaría	adelgazaríamos	habría adelgazado	habríamos adelgazado
adelgazarías	adelgazaríais	habrías adelgazado	habríais adelgazado
adelgazaría	adelgazarían	habría adelgazado	habrían adelgazado

Present Subjunctive		*Present Perfect Subjunctive*	
adelgace	adelgacemos	haya adelgazado	hayamos adelgazado
adelgaces	adelgacéis	hayas adelgazado	hayáis adelgazado
adelgace	adelgacen	haya adelgazado	hayan adelgazado

Imperfect Subjunctive		*Pluperfect Subjunctive*	
adelgazara	adelgazáramos	hubiera adelgazado	hubiéramos adelgazado
adelgazaras	adelgazarais	hubieras adelgazado	hubierais adelgazado
adelgazara	adelgazaran	hubiera adelgazado	hubieran adelgazado
OR			
adelgazase	adelgazásemos		
adelgazases	adelgazaseis		
adelgazase	adelgazasen		

Imperative

adelgaza	adelgazad
adelgace	adelgacen

Verb in Action

Me cuesta mucho adelgazar. *(I find it very hard to lose weight.)*
Si no comieras tanto pan, adelgazarías más rápido. *(If you didn't eat so much bread, you'd lose weight faster.)*
Él había adelgazado un montón de kilos. *(He had lost a lot of weight.)*

admirar(se)

(to admire)

Gerund: admirando • **Past Participle:** admirado
Reflexive regular -ar verb

Present Indicative		*Present Perfect*	
admiro	admiramos	he admirado	hemos admirado
admiras	admiráis	has admirado	habéis admirado
admira	admiran	ha admirado	han admirado

Imperfect		*Pluperfect*	
admiraba	admirábamos	había admirado	habíamos admirado
admirabas	admirabais	habías admirado	habíais admirado
admiraba	admiraban	había admirado	habían admirado

Preterite		*Preterite Perfect*	
admiré	admiramos	hube admirado	hubimos admirado
admiraste	admirasteis	hubiste admirado	hubisteis admirado
admiró	admiraron	hubo admirado	hubieron admirado

Future		*Future Perfect*	
admiraré	admiraremos	habré admirado	habremos admirado
admirarás	admiraréis	habrás admirado	habréis admirado
admirará	admirarán	habrá admirado	habrán admirado

Conditional		*Perfect Conditional*	
admiraría	admiraríamos	habría admirado	habríamos admirado
admirarías	admiraríais	habrías admirado	habríais admirado
admiraría	admirarían	habría admirado	habrían admirado

Present Subjunctive		*Present Perfect Subjunctive*	
admire	admiremos	haya admirado	hayamos admirado
admires	admiréis	hayas admirado	hayáis admirado
admire	admiren	haya admirado	hayan admirado

Imperfect Subjunctive		*Pluperfect Subjunctive*	
admirara	admiráramos	hubiera admirado	hubiéramos admirado
admiraras	admirarais	hubieras admirado	hubierais admirado
admirara	admiraran	hubiera admirado	hubieran admirado
OR			
admirase	admirásemos		
admirases	admiraseis		
admirase	admirasen		

Imperative

admira	admirad
admire	admiren

Verb in Action

Admiro tu paciencia. *(I admire your patience.)*
A ella le gusta que la admiren. *(She likes to be admired.)*
Lo que más me admira de ella es su capacidad de trabajo. *(What I admire most about her is her capacity for hard work.)*

#22

admitir

(to admit, to allow)

Gerund: admitiendo • **Past Participle:** admitido
Regular -ir verb

Present Indicative		*Present Perfect*	
admito	admitimos	he admitido	hemos admitido
admites	admitís	has admitido	habéis admitido
admite	admiten	ha admitido	han admitido

Imperfect		*Pluperfect*	
admitía	admitíamos	había admitido	habíamos admitido
admitías	admitíais	habías admitido	habíais admitido
admitía	admitían	había admitido	habían admitido

Preterite		*Preterite Perfect*	
admití	admitimos	hube admitido	hubimos admitido
admitiste	admitisteis	hubiste admitido	hubisteis admitido
admitió	admitieron	hubo admitido	hubieron admitido

Future		*Future Perfect*	
admitiré	admitiremos	habré admitido	habremos admitido
admitirás	admitiréis	habrás admitido	habréis admitido
admitirá	admitirán	habrá admitido	habrán admitido

Conditional		*Perfect Conditional*	
admitiría	admitiríamos	habría admitido	habríamos admitido
admitirías	admitiríais	habrías admitido	habríais admitido
admitiría	admitirían	habría admitido	habrían admitido

Present Subjunctive		*Present Perfect Subjunctive*	
admita	admitamos	haya admitido	hayamos admitido
admitas	admitáis	hayas admitido	hayáis admitido
admita	admitan	haya admitido	hayan admitido

Imperfect Subjunctive		*Pluperfect Subjunctive*	
admitiera	admitiéramos	hubiera admitido	hubiéramos admitido
admitieras	admitierais	hubieras admitido	hubierais admitido
admitiera	admitieran	hubiera admitido	hubieran admitido
OR			
admitiese	admitiésemos		
admitieses	admitieseis		
admitiese	admitiesen		

Imperative

admite	admitid
admita	admitan

Verb in Action

Él admitió que había sido culpa suya. *(He admitted that it had been his fault.)*
Ella esperaba que admitieran a su hija en la guardería. *(She was hoping that her daughter would get a place in the nursery.)*
No creo que lo admitan como socio. *(I don't think he'll be admitted as a member.)*

adquirir

(to acquire, to purchase)

Gerund: adquiriendo • **Past Participle:** adquirido
Regular -ir verb with stem change i to ie (tenses 1, 6, and imperative)

Present Indicative

adquiero	adquirimos
adquieres	adquirís
adquiere	adquieren

Imperfect

adquiría	adquiríamos
adquirías	adquiríais
adquiría	adquirían

Preterite

adquirí	adquirimos
adquiriste	adquiristeis
adquirió	adquirieron

Future

adquiriré	adquiriremos
adquirirás	adquiriréis
adquirirá	adquirirán

Conditional

adquiriría	adquiriríamos
adquirirías	adquiriríais
adquiriría	adquirirían

Present Subjunctive

adquiera	adquiramos
adquieras	adquiráis
adquiera	adquieran

Imperfect Subjunctive

adquiriera	adquiriéramos
adquirieras	adquirierais
adquiriera	adquirieran

OR

adquiriese	adquiriésemos
adquirieses	adquirieseis
adquiriese	adquiriesen

Present Perfect

he adquirido	hemos adquirido
has adquirido	habéis adquirido
ha adquirido	han adquirido

Pluperfect

había adquirido	habíamos adquirido
habías adquirido	habíais adquirido
había adquirido	habían adquirido

Preterite Perfect

hube adquirido	hubimos adquirido
hubiste adquirido	hubisteis adquirido
hubo adquirido	hubieron adquirido

Future Perfect

habré adquirido	habremos adquirido
habrás adquirido	habréis adquirido
habrá adquirido	habrán adquirido

Perfect Conditional

habría adquirido	habríamos adquirido
habrías adquirido	habríais adquirido
habría adquirido	habrían adquirido

Present Perfect Subjunctive

haya adquirido	hayamos adquirido
hayas adquirido	hayáis adquirido
haya adquirido	hayan adquirido

Pluperfect Subjunctive

hubiera adquirido	hubiéramos adquirido
hubieras adquirido	hubierais adquirido
hubiera adquirido	hubieran adquirido

Imperative

adquiere	adquirid
adquiera	adquieran

Verb in Action

Adquiere cada vez mayor importancia. *(It's becoming more important.)*
Con el tiempo él adquirió madurez. *(Over the years he gained maturity.)*
Ella adquiera o no la nacionalidad, podrá permanecer en el país. *(She'll be able to stay in the country whether she gets citizenship or not.)*

advertir

(to warn)

Gerund: advirtiendo • **Past Participle:** advertido
Regular -ir verb with stem change (tenses 1, 3, 6, 7, gerund, and imperative)

Present Indicative

advierto	advertimos
adviertes	advertís
advierte	advierten

Present Perfect

he advertido	hemos advertido
has advertido	habéis advertido
ha advertido	han advertido

Imperfect

advertía	advertíamos
advertías	advertíais
advertía	advertían

Pluperfect

había advertido	habíamos advertido
habías advertido	habíais advertido
había advertido	habían advertido

Preterite

advertí	advertimos
advertiste	advertisteis
advirtió	advirtieron

Preterite Perfect

hube advertido	hubimos advertido
hubiste advertido	hubisteis advertido
hubo advertido	hubieron advertido

Future

advertiré	advertiremos
advertirás	advertiréis
advertirá	advertirán

Future Perfect

habré advertido	habremos advertido
habrás advertido	habréis advertido
habrá advertido	habrán advertido

Conditional

advertiría	advertiríamos
advertirías	advertiríais
advertiría	advertirían

Perfect Conditional

habría advertido	habríamos advertido
habrías advertido	habríais advertido
habría advertido	habrían advertido

Present Subjunctive

advierta	advertamos
adviertas	advertáis
advierta	adviertan

Present Perfect Subjunctive

haya advertido	hayamos advertido
hayas advertido	hayáis advertido
haya advertido	hayan advertido

Imperfect Subjunctive

advirtiera	advirtiéramos
advirtieras	advirtierais
advirtiera	advirtieran

OR

advirtiese	advirtiésemos
advirtieses	advirtieseis
advirtiese	advirtiesen

Pluperfect Subjunctive

hubiera advertido	hubiéramos advertido
hubieras advertido	hubierais advertido
hubiera advertido	hubieran advertido

Imperative

advierte	advertid
advierta	adviertan

Verb in Action

Te advierto que no va a ser nada fácil. *(I must warn you that it won't be at all easy.)*
Las señales advertían del peligro. *(The signs warned of danger.)*
Si advirtiera algún cambio, llámenos. *(If you should notice any change, call us.)*

afectar

(to affect, to upset)

Gerund: afectando • **Past Participle:** afectado
Regular -ar verb

Present Indicative

afecto	afectamos
afectas	afectáis
afecta	afectan

Imperfect

afectaba	afectábamos
afectabas	afectabais
afectaba	afectaban

Preterite

afecté	afectamos
afectaste	afectasteis
afectó	afectaron

Future

afectaré	afectaremos
afectarás	afectaréis
afectará	afectarán

Conditional

afectaría	afectaríamos
afectarías	afectaríais
afectaría	afectarían

Present Subjunctive

afecte	afectemos
afectes	afectéis
afecte	afecten

Imperfect Subjunctive

afectara	afectáramos
afectaras	afectarais
afectara	afectaran

OR

afectase	afectásemos
afectases	afectaseis
afectase	afectasen

Present Perfect

he afectado	hemos afectado
has afectado	habéis afectado
ha afectado	han afectado

Pluperfect

había afectado	habíamos afectado
habías afectado	habíais afectado
había afectado	habían afectado

Preterite Perfect

hube afectado	hubimos afectado
hubiste afectado	hubisteis afectado
hubo afectado	hubieron afectado

Future Perfect

habré afectado	habremos afectado
habrás afectado	habréis afectado
habrá afectado	habrán afectado

Perfect Conditional

habría afectado	habríamos afectado
habrías afectado	habríais afectado
habría afectado	habrían afectado

Present Perfect Subjunctive

haya afectado	hayamos afectado
hayas afectado	hayáis afectado
haya afectado	hayan afectado

Pluperfect Subjunctive

hubiera afectado	hubiéramos afectado
hubieras afectado	hubierais afectado
hubiera afectado	hubieran afectado

Imperative

afecta	afectad
afecte	afecten

Verb in Action

Las nuevas medidas afectan a todos los trabajadores. *(These new measures affect all working people.)*

El suceso afectó seriamente su credibilidad. *(The incident seriously affected his credibility.)*

La muerte de su abuelo afectó a ella mucho. *(She was terribly upset by the death of her grandfather.)*

#26

afeitar(se)

(to shave, to shave oneself)

Gerund: afeitando • **Past Participle:** afeitado
Reflexive regular -ar verb

Present Indicative		*Present Perfect*	
afeito	afeitamos	he afeitado	hemos afeitado
afeitas	afeitáis	has afeitado	habéis afeitado
afeita	afeitan	ha afeitado	han afeitado

Imperfect		*Pluperfect*	
afeitaba	afeitábamos	había afeitado	habíamos afeitado
afeitabas	afeitabais	habías afeitado	habíais afeitado
afeitaba	afeitaban	había afeitado	habían afeitado

Preterite		*Preterite Perfect*	
afeité	afeitamos	hube afeitado	hubimos afeitado
afeitaste	afeitasteis	hubiste afeitado	hubisteis afeitado
afeitó	afeitaron	hubo afeitado	hubieron afeitado

Future		*Future Perfect*	
afeitaré	afeitaremos	habré afeitado	habremos afeitado
afeitarás	afeitaréis	habrás afeitado	habréis afeitado
afeitará	afeitarán	habrá afeitado	habrán afeitado

Conditional		*Perfect Conditional*	
afeitaría	afeitaríamos	habría afeitado	habríamos afeitado
afeitarías	afeitaríais	habrías afeitado	habríais afeitado
afeitaría	afeitarían	habría afeitado	habrían afeitado

Present Subjunctive		*Present Perfect Subjunctive*	
afeite	afeitemos	haya afeitado	hayamos afeitado
afeites	afeitéis	hayas afeitado	hayáis afeitado
afeite	afeiten	haya afeitado	hayan afeitado

Imperfect Subjunctive		*Pluperfect Subjunctive*	
afeitara	afeitáramos	hubiera afeitado	hubiéramos afeitado
afeitaras	afeitarais	hubieras afeitado	hubierais afeitado
afeitara	afeitaran	hubiera afeitado	hubieran afeitado
OR			
afeitase	afeitásemos		
afeitases	afeitaseis		
afeitase	afeitasen		

Imperative

afeita	afeitad
afeite	afeiten

Verb in Action

Él se afeita todos los días. *(He shaves every day.)*
Él se había afeitado el bigote. *(He had shaved off his mustache.)*
Luego de bañarse y afeitarse, él se sintió mejor. *(After bathing and shaving, he felt better.)*

afligir(se)

(to upset, to become upset)

Gerund: afligiendo • **Past Participle:** afligido
Reflexive regular -ir verb with spelling change: g becomes j before a or o

Present Indicative

aflijo	afligimos
afliges	afligís
aflige	afligen

Imperfect

afligía	afligíamos
afligías	afligíais
afligía	afligían

Preterite

afligí	afligimos
afligiste	afligisteis
afligió	afligieron

Future

afligiré	afligiremos
afligirás	afligiréis
afligirá	afligirán

Conditional

afligiría	afligiríamos
afligirías	afligiríais
afligiría	afligirían

Present Subjunctive

aflija	aflijamos
aflijas	aflijáis
aflija	aflijan

Imperfect Subjunctive

afligiera	afligiéramos
afligieras	afligierais
afligiera	afligieran

OR

afligiese	afligiésemos
afligieses	afligieseis
afligiese	afligiesen

Present Perfect

he afligido	hemos afligido
has afligido	habéis afligido
ha afligido	han afligido

Pluperfect

había afligido	habíamos afligido
habías afligido	habíais afligido
había afligido	habían afligido

Preterite Perfect

hube afligido	hubimos afligido
hubiste afligido	hubisteis afligido
hubo afligido	hubieron afligido

Future Perfect

habré afligido	habremos afligido
habrás afligido	habréis afligido
habrá afligido	habrán afligido

Perfect Conditional

habría afligido	habríamos afligido
habrías afligido	habríais afligido
habría afligido	habrían afligido

Present Perfect Subjunctive

haya afligido	hayamos afligido
hayas afligido	hayáis afligido
haya afligido	hayan afligido

Pluperfect Subjunctive

hubiera afligido	hubiéramos afligido
hubieras afligido	hubierais afligido
hubiera afligido	hubieran afligido

Imperative

aflige	afligid
aflija	aflijan

Verb in Action

No te aflijas, pronto se le olvidará él. *(Don't get upset; he'll soon forget about it.)*
Yo no dejo que esas cosas me aflijan. *(I don't let that sort of thing upset me.)*
Es uno de los problemas más graves que afligen a la humanidad. *(It's one of the most serious problems besetting humanity.)*

#28

agarrar(se)

(to grab)

Gerund: agarrando • **Past Participle:** agarrado
Reflexive regular -ar verb

Present Indicative

agarro	agarramos
agarras	agarráis
agarra	agarran

Present Perfect

he agarrado	hemos agarrado
has agarrado	habéis agarrado
ha agarrado	han agarrado

Imperfect

agarraba	agarrábamos
agarrabas	agarrabais
agarraba	agarraban

Pluperfect

había agarrado	habíamos agarrado
habías agarrado	habíais agarrado
había agarrado	habían agarrado

Preterite

agarré	agarramos
agarraste	agarrasteis
agarró	agarraron

Preterite Perfect

hube agarrado	hubimos agarrado
hubiste agarrado	hubisteis agarrado
hubo agarrado	hubieron agarrado

Future

agarraré	agarraremos
agarrarás	agarraréis
agarrará	agarrarán

Future Perfect

habré agarrado	habremos agarrado
habrás agarrado	habréis agarrado
habrá agarrado	habrán agarrado

Conditional

agarraría	agarraríamos
agarrarías	agarraríais
agarraría	agarrarían

Perfect Conditional

habría agarrado	habríamos agarrado
habrías agarrado	habríais agarrado
habría agarrado	habrían agarrado

Present Subjunctive

agarre	agarremos
agarres	agarréis
agarre	agarren

Present Perfect Subjunctive

haya agarrado	hayamos agarrado
hayas agarrado	hayáis agarrado
haya agarrado	hayan agarrado

Imperfect Subjunctive

agarrara	agarráramos
agarraras	agarrarais
agarrara	agarraran

OR

agarrase	agarrásemos
agarrases	agarraseis
agarrase	agarrasen

Pluperfect Subjunctive

hubiera agarrado	hubiéramos agarrado
hubieras agarrado	hubierais agarrado
hubiera agarrado	hubieran agarrado

Imperative

agarra	agarrad
agarre	agarren

Verb in Action

Agarra tus cosas y vete. *(Grab your things and go.)*
Él se agarró de la cuerda que le tiraron. *(He grabbed the rope that was thrown to him.)*

agendar

(to put on the agenda)

Gerund: agendando • **Past Participle:** agendado
Regular -ar verb

Present Indicative

agendo	agendamos
agendas	agendáis
agenda	agendan

Imperfect

agendaba	agendábamos
agendabas	agendabais
agendaba	agendaban

Preterite

agendé	agendamos
agendaste	agendasteis
agendó	agendaron

Future

agendaré	agendaremos
agendarás	agendaréis
agendará	agendarán

Conditional

agendaría	agendaríamos
agendarías	agendaríais
agendaría	agendarían

Present Subjunctive

agende	agendemos
agendes	agendéis
agende	agenden

Imperfect Subjunctive

agendara	agendáramos
agendaras	agendarais
agendara	agendaran

OR

agendase	agendásemos
agendases	agendaseis
agendase	agendasen

Present Perfect

he agendado	hemos agendado
has agendado	habéis agendado
ha agendado	han agendado

Pluperfect

había agendado	habíamos agendado
habías agendado	habíais agendado
había agendado	habían agendado

Preterite Perfect

hube agendado	hubimos agendado
hubiste agendado	hubisteis agendado
hubo agendado	hubieron agendado

Future Perfect

habré agendado	habremos agendado
habrás agendado	habréis agendado
habrá agendado	habrán agendado

Perfect Conditional

habría agendado	habríamos agendado
habrías agendado	habríais agendado
habría agendado	habrían agendado

Present Perfect Subjunctive

haya agendado	hayamos agendado
hayas agendado	hayáis agendado
haya agendado	hayan agendado

Pluperfect Subjunctive

hubiera agendado	hubiéramos agendado
hubieras agendado	hubierais agendado
hubiera agendado	hubieran agendado

Imperative

agenda	agendad
agende	agenden

Verb in Action

Ya tengo algo agendado para el 19. *(I've already got something on the agenda for the 19th.)*
Agendaron el tema para la próxima junta. *(They put the issue on the agenda for the next meeting.)*
Tengo el número agendado en el celular. *(I have the number stored on my cellphone.)*

agotar(se)

(to use up, to exhaust)

Gerund: agotando • **Past Participle:** agotado
Reflexive regular -ar verb

Present Indicative		***Present Perfect***	
agoto	agotamos	he agotado	hemos agotado
agotas	agotáis	has agotado	habéis agotado
agota	agotan	ha agotado	han agotado
Imperfect		***Pluperfect***	
agotaba	agotábamos	había agotado	habíamos agotado
agotabas	agotabais	habías agotado	habíais agotado
agotaba	agotaban	había agotado	habían agotado
Preterite		***Preterite Perfect***	
agoté	agotamos	hube agotado	hubimos agotado
agotaste	agotasteis	hubiste agotado	hubisteis agotado
agotó	agotaron	hubo agotado	hubieron agotado
Future		***Future Perfect***	
agotaré	agotaremos	habré agotado	habremos agotado
agotarás	agotaréis	habrás agotado	habréis agotado
agotará	agotarán	habrá agotado	habrán agotado
Conditional		***Perfect Conditional***	
agotaría	agotaríamos	habría agotado	habríamos agotado
agotarías	agotaríais	habrías agotado	habríais agotado
agotaría	agotarían	habría agotado	habrían agotado
Present Subjunctive		***Present Perfect Subjunctive***	
agote	agotemos	haya agotado	hayamos agotado
agotes	agotéis	hayas agotado	hayáis agotado
agote	agoten	haya agotado	hayan agotado
Imperfect Subjunctive		***Pluperfect Subjunctive***	
agotara	agotáramos	hubiera agotado	hubiéramos agotado
agotaras	agotarais	hubieras agotado	hubierais agotado
agotara	agotaran	hubiera agotado	hubieran agotado
OR			
agotase	agotásemos		
agotases	agotaseis		
agotase	agotasen		

Imperative

agota	agotad
agote	agoten

Verb in Action

Estos niños me agotan la paciencia. *(These children are exhausting my patience.)*
El último de él se agotó en pocos días. *(His last album sold out in a matter of days.)*
Es una promoción limitada, hasta que se agoten las existencias. *(It's a limited promotion while stocks last.)*

agradar

(to please)

Gerund: agradando • **Past Participle:** agradado
Regular -ar verb

Present Indicative		***Present Perfect***	
agrado	agradamos	he agradado	hemos agradado
agradas	agradáis	has agradado	habéis agradado
agrada	agradan	ha agradado	han agradado
Imperfect		***Pluperfect***	
agradaba	agradábamos	había agradado	habíamos agradado
agradabas	agradabais	habías agradado	habíais agradado
agradaba	agradaban	había agradado	habían agradado
Preterite		***Preterite Perfect***	
agradé	agradamos	hube agradado	hubimos agradado
agradaste	agradasteis	hubiste agradado	hubisteis agradado
agradó	agradaron	hubo agradado	hubieron agradado
Future		***Future Perfect***	
agradaré	agradaremos	habré agradado	habremos agradado
agradarás	agradaréis	habrás agradado	habréis agradado
agradará	agradarán	habrá agradado	habrán agradado
Conditional		***Perfect Conditional***	
agradaría	agradaríamos	habría agradado	habríamos agradado
agradarías	agradaríais	habrías agradado	habríais agradado
agradaría	agradarían	habría agradado	habrían agradado
Present Subjunctive		***Present Perfect Subjunctive***	
agrade	agrademos	haya agradado	hayamos agradado
agrades	agradéis	hayas agradado	hayáis agradado
agrade	agraden	haya agradado	hayan agradado
Imperfect Subjunctive		***Pluperfect Subjunctive***	
agradara	agradáramos	hubiera agradado	hubiéramos agradado
agradaras	agradarais	hubieras agradado	hubierais agradado
agradara	agradaran	hubiera agradado	hubieran agradado
OR			
agradase	agradásemos		
agradases	agradaseis		
agradase	agradasen		

Imperative

agrada	agradad
agrade	agraden

Verb in Action

¿Te agrada este color? *(Do you like this color?)*
Nos agradaría mucho que nos acompañaran. *(It would please us a lot if they come with us.)*
Me alegro de que te haya agradado el concierto. *(I'm glad that you liked the concert.)*

agradecer

(to thank, to be grateful for)

Gerund: agradeciendo • **Past Participle:** agradecido

Regular -er verb with spelling change: c becomes zc before a or o

Present Indicative

agradezco	agradecemos
agradeces	agradecéis
agradece	agradecen

Imperfect

agradecía	agradecíamos
agradecías	agradecíais
agradecía	agradecían

Preterite

agradecí	agradecimos
agradeciste	agradecisteis
agradeció	agradecieron

Future

agradeceré	agradeceremos
agradecerás	agradeceréis
agradecerá	agradecerán

Conditional

agradecería	agradeceríamos
agradecerías	agradeceríais
agradecería	agradecerían

Present Subjunctive

agradezca	agradezcamos
agradezcas	agradezcáis
agradezca	agradezcan

Imperfect Subjunctive

agradeciera	agradeciéramos
agradecieras	agradecierais
agradeciera	agradecieran

OR

agradeciese	agradeciésemos
agradecieses	agradecieseis
agradeciese	agradeciesen

Present Perfect

he agradecido	hemos agradecido
has agradecido	habéis agradecido
ha agradecido	han agradecido

Pluperfect

había agradecido	habíamos agradecido
habías agradecido	habíais agradecido
había agradecido	habían agradecido

Preterite Perfect

hube agradecido	hubimos agradecido
hubiste agradecido	hubisteis agradecido
hubo agradecido	hubieron agradecido

Future Perfect

habré agradecido	habremos agradecido
habrás agradecido	habréis agradecido
habrá agradecido	habrán agradecido

Perfect Conditional

habría agradecido	habríamos agradecido
habrías agradecido	habríais agradecido
habría agradecido	habrían agradecido

Present Perfect Subjunctive

haya agradecido	hayamos agradecido
hayas agradecido	hayáis agradecido
haya agradecido	hayan agradecido

Pluperfect Subjunctive

hubiera agradecido	hubiéramos agradecido
hubieras agradecido	hubierais agradecido
hubiera agradecido	hubieran agradecido

Imperative

agradece	agradeced
agradezca	agradezcan

Verb in Action

¿Le agradeciste las flores? *(Did you thank him for the flowers?)*

Te agradezco la invitación pero no voy a poder ir. *(Thank you for the invitation but unfortunately I won't be able to come.)*

Agradezcamos que no les haya pasado nada. *(Let's be grateful that they haven't come to any harm.)*

aguantar

(to bear)

Gerund: aguantando • **Past Participle:** aguantado
Regular -ar verb

Present Indicative

aguanto	aguantamos
aguantas	aguantáis
aguanta	aguantan

Imperfect

aguantaba	aguantábamos
aguantabas	aguantabais
aguantaba	aguantaban

Preterite

aguanté	aguantamos
aguantaste	aguantasteis
aguantó	aguantaron

Future

aguantaré	aguantaremos
aguantarás	aguantaréis
aguantará	aguantarán

Conditional

aguantaría	aguantaríamos
aguantarías	aguantaríais
aguantaría	aguantarían

Present Subjunctive

aguante	aguantemos
aguantes	aguantéis
aguante	aguanten

Imperfect Subjunctive

aguantara	aguantáramos
aguantaras	aguantarais
aguantara	aguantaran

OR

aguantase	aguantásemos
aguantases	aguantaseis
aguantase	aguantasen

Present Perfect

he aguantado	hemos aguantado
has aguantado	habéis aguantado
ha aguantado	han aguantado

Pluperfect

había aguantado	habíamos aguantado
habías aguantado	habíais aguantado
había aguantado	habían aguantado

Preterite Perfect

hube aguantado	hubimos aguantado
hubiste aguantado	hubisteis aguantado
hubo aguantado	hubieron aguantado

Future Perfect

habré aguantado	habremos aguantado
habrás aguantado	habréis aguantado
habrá aguantado	habrán aguantado

Perfect Conditional

habría aguantado	habríamos aguantado
habrías aguantado	habríais aguantado
habría aguantado	habrían aguantado

Present Perfect Subjunctive

haya aguantado	hayamos aguantado
hayas aguantado	hayáis aguantado
haya aguantado	hayan aguantado

Pluperfect Subjunctive

hubiera aguantado	hubiéramos aguantado
hubieras aguantado	hubierais aguantado
hubiera aguantado	hubieran aguantado

Imperative

aguanta	aguantad
aguante	aguanten

Verb in Action

Ya no aguanto este calor. *(I can't bear this heat any longer.)*
Él no pudo aguantar más y se echó a reír. *(He couldn't bear it any longer and burst out laughing.)*

#34

ahorrar(se)

(to save)

Gerund: ahorrando • **Past Participle:** ahorrado
Reflexive regular -ar verb

Present Indicative		*Present Perfect*	
ahorro	ahorramos	he ahorrado	hemos ahorrado
ahorras	ahorráis	has ahorrado	habéis ahorrado
ahorra	ahorran	ha ahorrado	han ahorrado

Imperfect		*Pluperfect*	
ahorraba	ahorrábamos	había ahorrado	habíamos ahorrado
ahorrabas	ahorrabais	habías ahorrado	habíais ahorrado
ahorraba	ahorraban	había ahorrado	habían ahorrado

Preterite		*Preterite Perfect*	
ahorré	ahorramos	hube ahorrado	hubimos ahorrado
ahorraste	ahorrasteis	hubiste ahorrado	hubisteis ahorrado
ahorró	ahorraron	hubo ahorrado	hubieron ahorrado

Future		*Future Perfect*	
ahorraré	ahorraremos	habré ahorrado	habremos ahorrado
ahorrarás	ahorraréis	habrás ahorrado	habréis ahorrado
ahorrará	ahorrarán	habrá ahorrado	habrán ahorrado

Conditional		*Perfect Conditional*	
ahorraría	ahorraríamos	habría ahorrado	habríamos ahorrado
ahorrarías	ahorraríais	habrías ahorrado	habríais ahorrado
ahorraría	ahorrarían	habría ahorrado	habrían ahorrado

Present Subjunctive		*Present Perfect Subjunctive*	
ahorre	ahorremos	haya ahorrado	hayamos ahorrado
ahorres	ahorréis	hayas ahorrado	hayáis ahorrado
ahorre	ahorren	haya ahorrado	hayan ahorrado

Imperfect Subjunctive		*Pluperfect Subjunctive*	
ahorrara	ahorráramos	hubiera ahorrado	hubiéramos ahorrado
ahorraras	ahorrarais	hubieras ahorrado	hubierais ahorrado
ahorrara	ahorraran	hubiera ahorrado	hubieran ahorrado
OR			
ahorrase	ahorrásemos		
ahorrases	ahorraseis		
ahorrase	ahorrasen		

Imperative

ahorra	ahorrad
ahorre	ahorren

Verb in Action

Habían ahorrado lo suficiente como para irse de vacaciones a Europa. *(They had saved enough to go on vacation to Europe.)*

Usando este método, ahorras tiempo. *(By using this method, you can save time.)*

Si me haces caso, te ahorrarás muchos problemas. *(You'll save yourself a lot of problems if you listen to me.)*

aislar(se)

(to isolate, to insulate)

Gerund: aislando • **Past Participle:** aislado

Reflexive regular -ar verb with spelling change: i becomes í on stressed syllable (tenses 1, 6, and imperative)

Present Indicative

aíslo	aislamos
aíslas	aisláis
aísla	aíslan

Imperfect

aislaba	aislábamos
aislabas	aislabais
aislaba	aislaban

Preterite

aislé	aislamos
aislaste	aislasteis
aisló	aislaron

Future

aislaré	aislaremos
aislarás	aislaréis
aislará	aislarán

Conditional

aislaría	aislaríamos
aislarías	aislaríais
aislaría	aislarían

Present Subjunctive

aísle	aislemos
aísles	aisléis
aísle	aíslen

Imperfect Subjunctive

aislara	aisláramos
aislaras	aislarais
aislara	aislaran

OR

aislase	aislásemos
aislases	aislaseis
aislase	aislasen

Present Perfect

he aislado	hemos aislado
has aislado	habéis aislado
ha aislado	han aislado

Pluperfect

había aislado	habíamos aislado
habías aislado	habíais aislado
había aislado	habían aislado

Preterite Perfect

hube aislado	hubimos aislado
hubiste aislado	hubisteis aislado
hubo aislado	hubieron aislado

Future Perfect

habré aislado	habremos aislado
habrás aislado	habréis aislado
habrá aislado	habrán aislado

Perfect Conditional

habría aislado	habríamos aislado
habrías aislado	habríais aislado
habría aislado	habrían aislado

Present Perfect Subjunctive

haya aislado	hayamos aislado
hayas aislado	hayáis aislado
haya aislado	hayan aislado

Pluperfect Subjunctive

hubiera aislado	hubiéramos aislado
hubieras aislado	hubierais aislado
hubiera aislado	hubieran aislado

Imperative

aísla	aislad
aísle	aíslen

Verb in Action

¿Por qué te aíslas de los demás? *(Why do you cut yourself off from other people?)*
La nieve aisló el pueblo durante días. *(The snow isolated the village for days.)*
Lograron aislar el virus. *(They managed to isolate the virus.)*

#36

alcanzar

(to reach)

Gerund: alcanzando • **Past Participle:** alcanzado
Regular -ar verb with spelling change: z to c in front of e

Present Indicative		*Present Perfect*	
alcanzo	alcanzamos	he alcanzado	hemos alcanzado
alcanzas	alcanzáis	has alcanzado	habéis alcanzado
alcanza	alcanzan	ha alcanzado	han alcanzado

Imperfect		*Pluperfect*	
alcanzaba	alcanzábamos	había alcanzado	habíamos alcanzado
alcanzabas	alcanzabais	habías alcanzado	habíais alcanzado
alcanzaba	alcanzaban	había alcanzado	habían alcanzado

Preterite		*Preterite Perfect*	
alcancé	alcanzamos	hube alcanzado	hubimos alcanzado
alcanzaste	alcanzasteis	hubiste alcanzado	hubisteis alcanzado
alcanzó	alcanzaron	hubo alcanzado	hubieron alcanzado

Future		*Future Perfect*	
alcanzaré	alcanzaremos	habré alcanzado	habremos alcanzado
alcanzarás	alcanzaréis	habrás alcanzado	habréis alcanzado
alcanzará	alcanzarán	habrá alcanzado	habrán alcanzado

Conditional		*Perfect Conditional*	
alcanzaría	alcanzaríamos	habría alcanzado	habríamos alcanzado
alcanzarías	alcanzaríais	habrías alcanzado	habríais alcanzado
alcanzaría	alcanzarían	habría alcanzado	habrían alcanzado

Present Subjunctive		*Present Perfect Subjunctive*	
alcance	alcancemos	haya alcanzado	hayamos alcanzado
alcances	alcancéis	hayas alcanzado	hayáis alcanzado
alcance	alcancen	haya alcanzado	hayan alcanzado

Imperfect Subjunctive		*Pluperfect Subjunctive*	
alcanzara	alcanzáramos	hubiera alcanzado	hubiéramos alcanzado
alcanzaras	alcanzarais	hubieras alcanzado	hubierais alcanzado
alcanzara	alcanzaran	hubiera alcanzado	hubieran alcanzado
OR			
alcanzase	alcanzásemos		
alcanzases	alcanzaseis		
alcanzase	alcanzasen		

Imperative

alcanza	alcanzad
alcance	alcancen

Verb in Action

¿Alcanzas al estante de arriba? *(Can you reach the top shelf?)*
Las temperaturas alcanzaron los treinta y cinco grados. *(Temperatures reached thirty-five degrees Celsius.)*
No alcanza a cien gramos. *(It doesn't reach a hundred grams.)*

alegrar(se)

(to cheer up)

Gerund: alegrando • **Past Participle:** alegrado
Reflexive regular -ar verb

Present Indicative		*Present Perfect*	
alegro	alegramos	he alegrado	hemos alegrado
alegras	alegráis	has alegrado	habéis alegrado
alegra	alegran	ha alegrado	han alegrado

Imperfect		*Pluperfect*	
alegraba	alegrábamos	había alegrado	habíamos alegrado
alegrabas	alegrabais	habías alegrado	habíais alegrado
alegraba	alegraban	había alegrado	habían alegrado

Preterite		*Preterite Perfect*	
alegré	alegramos	hube alegrado	hubimos alegrado
alegraste	alegrasteis	hubiste alegrado	hubisteis alegrado
alegró	alegraron	hubo alegrado	hubieron alegrado

Future		*Future Perfect*	
alegraré	alegraremos	habré alegrado	habremos alegrado
alegrarás	alegraréis	habrás alegrado	habréis alegrado
alegrará	alegrarán	habrá alegrado	habrán alegrado

Conditional		*Perfect Conditional*	
alegraría	alegraríamos	habría alegrado	habríamos alegrado
alegrarías	alegraríais	habrías alegrado	habríais alegrado
alegraría	alegrarían	habría alegrado	habrían alegrado

Present Subjunctive		*Present Perfect Subjunctive*	
alegre	alegremos	haya alegrado	hayamos alegrado
alegres	alegréis	hayas alegrado	hayáis alegrado
alegre	alegren	haya alegrado	hayan alegrado

Imperfect Subjunctive		*Pluperfect Subjunctive*	
alegrara	alegráramos	hubiera alegrado	hubiéramos alegrado
alegraras	alegrarais	hubieras alegrado	hubierais alegrado
alegrara	alegraran	hubiera alegrado	hubieran alegrado
OR			
alegrase	alegrásemos		
alegrases	alegraseis		
alegrase	alegrasen		

Imperative

alegra	alegrad
alegre	alegren

Verb in Action

Me alegro mucho de que hayas cambiado de opinión. *(I'm very glad you've changed your mind.)*
La noticia me alegró el día. *(The news cheered up my day.)*
Los nietos le alegran la vida a ella. *(Her grandchildren cheered up her life.)*

#38

alentar

(to encourage)

Gerund: alentando • **Past Participle:** alentado
Regular -ar verb with stem change: e to ie (tenses 1, 6, and imperative)

Present Indicative

aliento	alentamos
alientas	alentáis
alienta	alientan

Imperfect

alentaba	alentábamos
alentabas	alentabais
alentaba	alentaban

Preterite

alenté	alentamos
alentaste	alentasteis
alentó	alentaron

Future

alentaré	alentaremos
alentarás	alentaréis
alentará	alentarán

Conditional

alentaría	alentaríamos
alentarías	alentaríais
alentaría	alentarían

Present Subjunctive

aliente	alentemos
alientes	alentéis
aliente	alienten

Imperfect Subjunctive

alentara	alentáramos
alentaras	alentarais
alentara	alentaran

OR

alentase	alentásemos
alentases	alentaseis
alentase	alentasen

Present Perfect

he alentado	hemos alentado
has alentado	habéis alentado
ha alentado	han alentado

Pluperfect

había alentado	habíamos alentado
habías alentado	habíais alentado
había alentado	habían alentado

Preterite Perfect

hube alentado	hubimos alentado
hubiste alentado	hubisteis alentado
hubo alentado	hubieron alentado

Future Perfect

habré alentado	habremos alentado
habrás alentado	habréis alentado
habrá alentado	habrán alentado

Perfect Conditional

habría alentado	habríamos alentado
habrías alentado	habríais alentado
habría alentado	habrían alentado

Present Perfect Subjunctive

haya alentado	hayamos alentado
hayas alentado	hayáis alentado
haya alentado	hayan alentado

Pluperfect Subjunctive

hubiera alentado	hubiéramos alentado
hubieras alentado	hubierais alentado
hubiera alentado	hubieran alentado

Imperative

alienta	alientad
aliente	alienten

Verb in Action

Mis padres me alentaron a continuar con mis estudios. *(My parents encouraged me to continue with my studies.)*
Ella no tenía quien la alentara a seguir. *(She had no one to encourage her to go on.)*
El Papa alienta el diálogo entre la fe y la ciencia. *(The Pope encourages dialog between faith and science.)*

aliviar(se)

(to alleviate)

Gerund: aliviando • **Past Participle:** aliviado
Reflexive regular -ar verb

Present Indicative		*Present Perfect*	
alivio	aliviamos	he aliviado	hemos aliviado
alivias	aliviáis	has aliviado	habéis aliviado
alivia	alivian	ha aliviado	han aliviado
Imperfect		*Pluperfect*	
aliviaba	aliviábamos	había aliviado	habíamos aliviado
aliviabas	aliviabais	habías aliviado	habíais aliviado
aliviaba	aliviaban	había aliviado	habían aliviado
Preterite		*Preterite Perfect*	
alivié	aliviamos	hube aliviado	hubimos aliviado
aliviaste	aliviasteis	hubiste aliviado	hubisteis aliviado
alivió	aliviaron	hubo aliviado	hubieron aliviado
Future		*Future Perfect*	
aliviaré	aliviaremos	habré aliviado	habremos aliviado
aliviarás	aliviaréis	habrás aliviado	habréis aliviado
aliviará	aliviarán	habrá aliviado	habrán aliviado
Conditional		*Perfect Conditional*	
aliviaría	aliviaríamos	habría aliviado	habríamos aliviado
aliviarías	aliviaríais	habrías aliviado	habríais aliviado
aliviaría	aliviarían	habría aliviado	habrían aliviado
Present Subjunctive		*Present Perfect Subjunctive*	
alivie	aliviemos	haya aliviado	hayamos aliviado
alivies	aliviéis	hayas aliviado	hayáis aliviado
alivie	alivien	haya aliviado	hayan aliviado
Imperfect Subjunctive		*Pluperfect Subjunctive*	
aliviara	aliviáramos	hubiera aliviado	hubiéramos aliviado
aliviaras	aliviarais	hubieras aliviado	hubierais aliviado
aliviara	aliviaran	hubiera aliviado	hubieran aliviado
OR			
aliviase	aliviásemos		
aliviases	aliviaseis		
aliviase	aliviasen		

Imperative

alivia	aliviad
alivie	alivien

Verb in Action

Estas pastillas te aliviarán el dolor. *(These pills will alleviate the pain.)*
Un buen masaje alivia tensiones. *(A good massage will alleviate tension.)*
No han hecho nada para aliviar la pobreza en la región. *(They've done nothing to alleviate poverty in the region.)*

almorzar

(to have lunch)

Gerund: almorzando • **Past Participle:** almorzado
Regular -ar verb with stem change: o to ue (tenses 1, 6, and imperative), and spelling change: z to c in front of e

Present Indicative

almuerzo	almorzamos
almuerzas	almorzáis
almuerza	almuerzan

Imperfect

almorzaba	almorzábamos
almorzabas	almorzabais
almorzaba	almorzaban

Preterite

almorcé	almorzamos
almorzaste	almorzasteis
almorzó	almorzaron

Future

almorzaré	almorzaremos
almorzarás	almorzaréis
almorzará	almorzarán

Conditional

almorzaría	almorzaríamos
almorzarías	almorzaríais
almorzaría	almorzarían

Present Subjunctive

almuerce	almorcemos
almuerces	almorcéis
almuerce	almuercen

Imperfect Subjunctive

almorzara	almorzáramos
almorzaras	almorzarais
almorzara	almorzaran

OR

almorzase	almorzásemos
almorzases	almorzaseis
almorzase	almorzasen

Present Perfect

he almorzado	hemos almorzado
has almorzado	habéis almorzado
ha almorzado	han almorzado

Pluperfect

había almorzado	habíamos almorzado
habías almorzado	habíais almorzado
había almorzado	habían almorzado

Preterite Perfect

hube almorzado	hubimos almorzado
hubiste almorzado	hubisteis almorzado
hubo almorzado	hubieron almorzado

Future Perfect

habré almorzado	habremos almorzado
habrás almorzado	habréis almorzado
habrá almorzado	habrán almorzado

Perfect Conditional

habría almorzado	habríamos almorzado
habrías almorzado	habríais almorzado
habría almorzado	habrían almorzado

Present Perfect Subjunctive

haya almorzado	hayamos almorzado
hayas almorzado	hayáis almorzado
haya almorzado	hayan almorzado

Pluperfect Subjunctive

hubiera almorzado	hubiéramos almorzado
hubieras almorzado	hubierais almorzado
hubiera almorzado	hubieran almorzado

Imperative

almuerza	almorzad
almuerce	almuercen

Verb in Action

¿A qué hora almuerzan ustedes? *(What time do you have lunch?)*
No aceptamos la invitación porque ya habíamos almorzado. *(We didn't accept the invitation because we'd already had lunch.)*
Almorzaron en un restaurante del centro. *(They ate lunch in a restaurant in the center.)*

alquilar

(to rent)

Gerund: alquilando • **Past Participle:** alquilado

Regular -ar verb

Present Indicative		***Present Perfect***	
alquilo	alquilamos	he alquilado	hemos alquilado
alquilas	alquiláis	has alquilado	habéis alquilado
alquila	alquilan	ha alquilado	han alquilado
Imperfect		***Pluperfect***	
alquilaba	alquilábamos	había alquilado	habíamos alquilado
alquilabas	alquilabais	habías alquilado	habíais alquilado
alquilaba	alquilaban	había alquilado	habían alquilado
Preterite		***Preterite Perfect***	
alquilé	alquilamos	hube alquilado	hubimos alquilado
alquilaste	alquilasteis	hubiste alquilado	hubisteis alquilado
alquiló	alquilaron	hubo alquilado	hubieron alquilado
Future		***Future Perfect***	
alquilaré	alquilaremos	habré alquilado	habremos alquilado
alquilarás	alquilaréis	habrás alquilado	habréis alquilado
alquilará	alquilarán	habrá alquilado	habrán alquilado
Conditional		***Perfect Conditional***	
alquilaría	alquilaríamos	habría alquilado	habríamos alquilado
alquilarías	alquilaríais	habrías alquilado	habríais alquilado
alquilaría	alquilarían	habría alquilado	habrían alquilado
Present Subjunctive		***Present Perfect Subjunctive***	
alquile	alquilemos	haya alquilado	hayamos alquilado
alquiles	alquiléis	hayas alquilado	hayáis alquilado
alquile	alquilen	haya alquilado	hayan alquilado
Imperfect Subjunctive		***Pluperfect Subjunctive***	
alquilara	alquiláramos	hubiera alquilado	hubiéramos alquilado
alquilaras	alquilarais	hubieras alquilado	hubierais alquilado
alquilara	alquilaran	hubiera alquilado	hubieran alquilado
OR			
alquilase	alquilásemos		
alquilases	alquilaseis		
alquilase	alquilasen		

Imperative

alquila	alquilad
alquile	alquilen

Verb in Action

Alquilamos bicicletas y nos fuimos a dar una vuelta por el pueblo. *(We rented bicycles and went for a ride around the village.)*

Alquilaron la casa entre ellos. *(They rented the house between them.)*

Te conviene alquilar una camioneta. *(You'd do well to rent a pickup truck.)*

amanecer

(to get light, to wake up)

Gerund: amaneciendo • **Past Participle:** amanecido
Regular -er verb with spelling change: c to zc in front of a and o

Present Indicative

amanezco	amanecemos
amaneces	amanecéis
amanece	amanecen

Present Perfect

he amanecido	hemos amanecido
has amanecido	habéis amanecido
ha amanecido	han amanecido

Imperfect

amanecía	amanecíamos
amanecías	amanecíais
amanecía	amanecían

Pluperfect

había amanecido	habíamos amanecido
habías amanecido	habíais amanecido
había amanecido	habían amanecido

Preterite

amanecí	amanecimos
amaneciste	amanecisteis
amaneció	amanecieron

Preterite Perfect

hube amanecido	hubimos amanecido
hubiste amanecido	hubisteis amanecido
hubo amanecido	hubieron amanecido

Future

amaneceré	amaneceremos
amanecerás	amaneceréis
amanecerá	amanecerán

Future Perfect

habré amanecido	habremos amanecido
habrás amanecido	habréis amanecido
habrá amanecido	habrán amanecido

Conditional

amanecería	amaneceríamos
amanecerías	amaneceríais
amanecería	amanecerían

Perfect Conditional

habría amanecido	habríamos amanecido
habrías amanecido	habríais amanecido
habría amanecido	habrían amanecido

Present Subjunctive

amanezca	amanezcamos
amanezcas	amanezcáis
amanezca	amanezcan

Present Perfect Subjunctive

haya amanecido	hayamos amanecido
hayas amanecido	hayáis amanecido
haya amanecido	hayan amanecido

Imperfect Subjunctive

amaneciera	amaneciéramos
amanecieras	amanecierais
amaneciera	amanecieran
OR	
amaneciese	amaneciésemos
amanecieses	amanecieseis
amaneciese	amaneciesen

Pluperfect Subjunctive

hubiera amanecido	hubiéramos amanecido
hubieras amanecido	hubierais amanecido
hubiera amanecido	hubieran amanecido

Imperative

amanece	amaneced
amanezca	amanezcan

Verb in Action

Ella amanecía de un humor de perros. *(She would wake up in a really bad mood.)*
Saldremos en cuanto amanezca. *(We'll get going as soon as it gets light.)*
Si amanecieras con fiebre, toma una de estas pastillas. *(If you should wake up with a fever, take one of these pills.)*

amenazar

(to threaten)

Gerund: amenazando • **Past Participle:** amenazado
Regular -ar verb with spelling change: z to c in front of e

Present Indicative

amenazo	amenazamos
amenazas	amenazáis
amenaza	amenazan

Present Perfect

he amenazado	hemos amenazado
has amenazado	habéis amenazado
ha amenazado	han amenazado

Imperfect

amenazaba	amenazábamos
amenazabas	amenazabais
amenazaba	amenazaban

Pluperfect

había amenazado	habíamos amenazado
habías amenazado	habíais amenazado
había amenazado	habían amenazado

Preterite

amenacé	amenazamos
amenazaste	amenazasteis
amenazó	amenazaron

Preterite Perfect

hube amenazado	hubimos amenazado
hubiste amenazado	hubisteis amenazado
hubo amenazado	hubieron amenazado

Future

amenazaré	amenazaremos
amenazarás	amenazaréis
amenazará	amenazarán

Future Perfect

habré amenazado	habremos amenazado
habrás amenazado	habréis amenazado
habrá amenazado	habrán amenazado

Conditional

amenazaría	amenazaríamos
amenazarías	amenazaríais
amenazaría	amenazarían

Perfect Conditional

habría amenazado	habríamos amenazado
habrías amenazado	habríais amenazado
habría amenazado	habrían amenazado

Present Subjunctive

amenace	amenacemos
amenaces	amenacéis
amenace	amenacen

Present Perfect Subjunctive

haya amenazado	hayamos amenazado
hayas amenazado	hayáis amenazado
haya amenazado	hayan amenazado

Imperfect Subjunctive

amenazara	amenazáramos
amenazaras	amenazarais
amenazara	amenazaran
OR	
amenazase	amenazásemos
amenazases	amenazaseis
amenazase	amenazasen

Pluperfect Subjunctive

hubiera amenazado	hubiéramos amenazado
hubieras amenazado	hubierais amenazado
hubiera amenazado	hubieran amenazado

Imperative

amenaza	amenazad
amenace	amenacen

Verb in Action

Lo amenazó con denunciarlo a la policía. *(She threatened to report him to the police.)*
No me gusta estar amenzar. *(I don't like being threatened.)*
Esta amenaza la estabilidad política del país. *(This threatens the political stability of the country.)*

#44

ampliar

(to extend, to enlarge)

Gerund: ampliando • **Past Participle:** ampliado

Regular -ar verb with spelling change: i to í on stressed syllable (tenses 1, 6, and imperative)

Present Indicative

amplío	ampliamos
amplías	ampliáis
amplía	amplían

Imperfect

ampliaba	ampliábamos
ampliabas	ampliabais
ampliaba	ampliaban

Preterite

amplié	ampliamos
ampliaste	ampliasteis
amplió	ampliaron

Future

ampliaré	ampliaremos
ampliarás	ampliaréis
ampliará	ampliarán

Conditional

ampliaría	ampliaríamos
ampliarías	ampliaríais
ampliaría	ampliarían

Present Subjunctive

amplíe	ampliemos
amplíes	ampliéis
amplíe	amplíen

Imperfect Subjunctive

ampliara	ampliáramos
ampliaras	ampliarais
ampliara	ampliaran

OR

ampliase	ampliásemos
ampliases	ampliaseis
ampliase	ampliasen

Present Perfect

he ampliado	hemos ampliado
has ampliado	habéis ampliado
ha ampliado	han ampliado

Pluperfect

había ampliado	habíamos ampliado
habías ampliado	habíais ampliado
había ampliado	habían ampliado

Preterite Perfect

hube ampliado	hubimos ampliado
hubiste ampliado	hubisteis ampliado
hubo ampliado	hubieron ampliado

Future Perfect

habré ampliado	habremos ampliado
habrás ampliado	habréis ampliado
habrá ampliado	habrán ampliado

Perfect Conditional

habría ampliado	habríamos ampliado
habrías ampliado	habríais ampliado
habría ampliado	habrían ampliado

Present Perfect Subjunctive

haya ampliado	hayamos ampliado
hayas ampliado	hayáis ampliado
haya ampliado	hayan ampliado

Pluperfect Subjunctive

hubiera ampliado	hubiéramos ampliado
hubieras ampliado	hubierais ampliado
hubiera ampliado	hubieran ampliado

Imperative

amplía	ampliad
amplíe	amplíen

Verb in Action

Yo quisiera ampliar mis conocimientos de informática. *(I'd like to broaden my knowledge of computing.)*

Temen que esto amplíe la brecha entre ricos y pobres. *(They're afraid that this will widen the gap between rich and poor.)*

andar

(to walk, to go)

Gerund: andando • **Past Participle:** andado
Irregular -ar verb (tenses 3 and 7)

Present Indicative		*Present Perfect*	
ando	andamos	he andado	hemos andado
andas	andáis	has andado	habéis andado
anda	andan	ha andado	han andado

Imperfect		*Pluperfect*	
andaba	andábamos	había andado	habíamos andado
andabas	andabais	habías andado	habíais andado
andaba	andaban	había andado	habían andado

Preterite		*Preterite Perfect*	
anduve	anduvimos	hube andado	hubimos andado
anduviste	anduvisteis	hubiste andado	hubisteis andado
anduvo	anduvieron	hubo andado	hubieron andado

Future		*Future Perfect*	
andaré	andaremos	habré andado	habremos andado
andarás	andaréis	habrás andado	habréis andado
andará	andarán	habrá andado	habrán andado

Conditional		*Perfect Conditional*	
andaría	andaríamos	habría andado	habríamos andado
andarías	andaríais	habrías andado	habríais andado
andaría	andarían	habría andado	habrían andado

Present Subjunctive		*Present Perfect Subjunctive*	
ande	andemos	haya andado	hayamos andado
andes	andéis	hayas andado	hayáis andado
ande	anden	haya andado	hayan andado

Imperfect Subjunctive		*Pluperfect Subjunctive*	
anduviera	anduviéramos	hubiera andado	hubiéramos andado
anduvieras	anduvierais	hubieras andado	hubierais andado
anduviera	anduvieran	hubiera andado	hubieran andado
OR			
anduviese	anduviésemos		
anduvieses	anduvieseis		
anduviese	anduviesen		

Imperative

anda	andad
ande	anden

Verb in Action

¿Cómo andas? *(How are you?)*
Ella no sabe andar en bicicleta. *(She doesn't know how to ride a bike.)*
Si anduvieras con más cuidado, no te pasarían esas cosas. *(If you were more careful, this sort of thing wouldn't happen to you.)*

animar(se)

(to cheer up, to encourage)

Gerund: animando • **Past Participle:** animado
Reflexive regular -ar verb

Present Indicative

animo	animamos
animas	animáis
anima	animan

Present Perfect

he animado	hemos animado
has animado	habéis animado
ha animado	han animado

Imperfect

animaba	animábamos
animabas	animabais
animaba	animaban

Pluperfect

había animado	habíamos animado
habías animado	habíais animado
había animado	habían animado

Preterite

animé	animamos
animaste	animasteis
animó	animaron

Preterite Perfect

hube animado	hubimos animado
hubiste animado	hubisteis animado
hubo animado	hubieron animado

Future

animaré	animaremos
animarás	animaréis
animará	animarán

Future Perfect

habré animado	habremos animado
habrás animado	habréis animado
habrá animado	habrán animado

Conditional

animaría	animaríamos
animarías	animaríais
animaría	animarían

Perfect Conditional

habría animado	habríamos animado
habrías animado	habríais animado
habría animado	habrían animado

Present Subjunctive

anime	animemos
animes	animéis
anime	animen

Present Perfect Subjunctive

haya animado	hayamos animado
hayas animado	hayáis animado
haya animado	hayan animado

Imperfect Subjunctive

animara	animáramos
animaras	animarais
animara	animaran
OR	
animase	animásemos
animases	animaseis
animase	animasen

Pluperfect Subjunctive

hubiera animado	hubiéramos animado
hubieras animado	hubierais animado
hubiera animado	hubieran animado

Imperative

anima	animad
anime	animen

Verb in Action

Mis amigos me animaron a solicitar la beca. *(My friends encouraged me to apply for the grant.)*
Con la crisis economica nadie se anima a invertir dinero. *(With the economic crisis, no one feels like investing money.)*
Anímate a ir con ellos, no te vas a arrepentir. *(Make up your mind and go with them; you won't regret it.)*

anochecer

(to get dark)

Gerund: anocheciendo • **Past Participle:** anochecido
Regular -er verb with spelling change c to zc in front of a

Present Indicative
anochece

Imperfect
anochecía

Preterite
anocheció

Future
anochecerá

Conditional
anochecería

Present Subjunctive
anochezca

Imperfect Subjunctive
anocheciera *or* anocheciese

Present Perfect
ha anochecido

Pluperfect
había anochecido

Preterite Perfect
hubo anochecido

Future Perfect
habrá anochecido

Perfect Conditional
habría anochecido

Present Perfect Subjunctive
haya anochecido

Pluperfect Subjunctive
hubiera anochecido

Imperative
Note: *Not used*

Verb in Action

Está anocheciendo. *(It's getting dark.)*
Tienes que estar en casa antes de que anochezca. *(You must be home before dark.)*
Ella quería terminar antes de que anocheciera. *(She wanted to finish before it got dark.)*

#48

anotar(se)

(to note down, to score)

Gerund: anotando • **Past Participle:** anotado
Reflexive regular -ar verb

Present Indicative		*Present Perfect*	
anoto	anotamos	he anotado	hemos anotado
anotas	anotáis	has anotado	habéis anotado
anota	anotan	ha anotado	han anotado

Imperfect		*Pluperfect*	
anotaba	anotábamos	había anotado	habíamos anotado
anotabas	anotabais	habías anotado	habíais anotado
anotaba	anotaban	había anotado	habían anotado

Preterite		*Preterite Perfect*	
anoté	anotamos	hube anotado	hubimos anotado
anotaste	anotasteis	hubiste anotado	hubisteis anotado
anotó	anotaron	hubo anotado	hubieron anotado

Future		*Future Perfect*	
anotaré	anotaremos	habré anotado	habremos anotado
anotarás	anotaréis	habrás anotado	habréis anotado
anotará	anotarán	habrá anotado	habrán anotado

Conditional		*Perfect Conditional*	
anotaría	anotaríamos	habría anotado	habríamos anotado
anotarías	anotaríais	habrías anotado	habríais anotado
anotaría	anotarían	habría anotado	habrían anotado

Present Subjunctive		*Present Perfect Subjunctive*	
anote	anotemos	haya anotado	hayamos anotado
anotes	anotéis	hayas anotado	hayáis anotado
anote	anoten	haya anotado	hayan anotado

Imperfect Subjunctive		*Pluperfect Subjunctive*	
anotara	anotáramos	hubiera anotado	hubiéramos anotado
anotaras	anotarais	hubieras anotado	hubierais anotado
anotara	anotaran	hubiera anotado	hubieran anotado
OR			
anotase	anotásemos		
anotases	anotaseis		
anotase	anotasen		

Imperative

anota	anotad
anote	anoten

Verb in Action

Anota su número de teléfono. *(Take a note of his telephone number.)*
El equipo se anotó otra victoria. *(The team scored another win.)*
Cabe anotar que el escritor murió poco tiempo después. *(It should be noted that the writer died shortly afterward.)*

antojarse

(to feel like, to fancy)

Gerund: antojando • **Past Participle:** antojado
Reflexive regular -ar verb

Present Indicative		*Present Perfect*	
me antojo	nos antojamos	me he antojado	nos hemos antojado
te antojas	os antojáis	te has antojado	os habéis antojado
se antoja	se antojan	se ha antojado	se han antojado

Imperfect		*Pluperfect*	
me antojaba	nos antojábamos	me había antojado	nos habíamos antojado
te antojabas	os antojabais	te habías antojado	os habíais antojado
se antojaba	se antojaban	se había antojado	se habían antojado

Preterite		*Preterite Perfect*	
me antojé	nos antojamos	me hube antojado	nos hubimos antojado
te antojaste	os antojasteis	te hubiste antojado	os hubisteis antojado
se antojó	se antojaron	se hubo antojado	se hubieron antojado

Future		*Future Perfect*	
me antojaré	nos antojaremos	me habré antojado	nos habremos antojado
te antojarás	os antojaréis	te habrás antojado	os habréis antojado
se antojará	se antojarán	se habrá antojado	se habrán antojado

Conditional		*Perfect Conditional*	
me antojaría	nos antojaríamos	me habría antojado	nos habríamos antojado
te antojarías	os antojaríais	te habrías antojado	os habríais antojado
se antojaría	se antojarían	se habría antojado	se habrían antojado

Present Subjunctive		*Present Perfect Subjunctive*	
me antoje	nos antojemos	me haya antojado	nos hayamos antojado
te antojes	os antojéis	te hayas antojado	os hayáis antojado
se antoje	se antojen	se haya antojado	se hayan antojado

Imperfect Subjunctive		*Pluperfect Subjunctive*	
me antojara	nos antojáramos	me hubiera antojado	nos hubiéramos antojado
te antojaras	os antojarais	te hubieras antojado	os hubierais antojado
se antojara	se antojaran	se hubiera antojado	se hubieran antojado
OR			
me antojase	nos antojásemos		
te antojases	os antojaseis		
se antojase	se antojasen		

Imperative

antójate	antojaos
antójese	antójense

Verb in Action

Puedes hacer lo que se te antoje. *(You can do whatever you fancy.)*
A él le compranellos todo lo que se le antoja. *(They buy him anything he wants.)*
Se les antojó ir a la playa a las nueve de la noche. *(They felt like going to the beach at nine in the evening.)*

anunciar

(to announce)

Gerund: anunciando • **Past Participle:** anunciado
Regular -ar verb

Present Indicative		*Present Perfect*	
anuncio	anunciamos	he anunciado	hemos anunciado
anuncias	anunciáis	has anunciado	habéis anunciado
anuncia	anuncian	ha anunciado	han anunciado

Imperfect		*Pluperfect*	
anunciaba	anunciábamos	había anunciado	habíamos anunciado
anunciabas	anunciabais	habías anunciado	habíais anunciado
anunciaba	anunciaban	había anunciado	habían anunciado

Preterite		*Preterite Perfect*	
anuncié	anunciamos	hube anunciado	hubimos anunciado
anunciaste	anunciasteis	hubiste anunciado	hubisteis anunciado
anunció	anunciaron	hubo anunciado	hubieron anunciado

Future		*Future Perfect*	
anunciaré	anunciaremos	habré anunciado	habremos anunciado
anunciarás	anunciaréis	habrás anunciado	habréis anunciado
anunciará	anunciarán	habrá anunciado	habrán anunciado

Conditional		*Perfect Conditional*	
anunciaría	anunciaríamos	habría anunciado	habríamos anunciado
anunciarías	anunciaríais	habrías anunciado	habríais anunciado
anunciaría	anunciarían	habría anunciado	habrían anunciado

Present Subjunctive		*Present Perfect Subjunctive*	
anuncie	anunciemos	haya anunciado	hayamos anunciado
anuncies	anunciéis	hayas anunciado	hayáis anunciado
anuncie	anuncien	haya anunciado	hayan anunciado

Imperfect Subjunctive		*Pluperfect Subjunctive*	
anunciara	anunciáramos	hubiera anunciado	hubiéramos anunciado
anunciaras	anunciarais	hubieras anunciado	hubierais anunciado
anunciara	anunciaran	hubiera anunciado	hubieran anunciado
OR			
anunciase	anunciásemos		
anunciases	anunciaseis		
anunciase	anunciasen		

Imperative

anuncia	anunciad
anuncie	anuncien

Verb in Action

Ella anunció que se mudaba a Miami. *(She announced that she was moving to Miami.)*
No hay nada que anuncie un cambio radical en la política del gobierno. *(There is nothing to indicate that there will be be a radical change in government policy.)*
Lo anuncian constantemente por la radio. *(It's always being announced on the radio.)*

apagar(se)

(to switch off, to put out)

Gerund: apagando • **Past Participle:** apagado

Reflexive regular -ar verb with spelling change g to gu in front of e

Present Indicative

apago	apagamos
apagas	apagáis
apaga	apagan

Imperfect

apagaba	apagábamos
apagabas	apagabais
apagaba	apagaban

Preterite

apagué	apagamos
apagaste	apagasteis
apagó	apagaron

Future

apagaré	apagaremos
apagarás	apagaréis
apagará	apagarán

Conditional

apagaría	apagaríamos
apagarías	apagaríais
apagaría	apagarían

Present Subjunctive

apague	apaguemos
apagues	apaguéis
apague	apaguen

Imperfect Subjunctive

apagara	apagáramos
apagaras	apagarais
apagara	apagaran
OR	
apagase	apagásemos
apagases	apagaseis
apagase	apagasen

Present Perfect

he apagado	hemos apagado
has apagado	habéis apagado
ha apagado	han apagado

Pluperfect

había apagado	habíamos apagado
habías apagado	habíais apagado
había apagado	habían apagado

Preterite Perfect

hube apagado	hubimos apagado
hubiste apagado	hubisteis apagado
hubo apagado	hubieron apagado

Future Perfect

habré apagado	habremos apagado
habrás apagado	habréis apagado
habrá apagado	habrán apagado

Perfect Conditional

habría apagado	habríamos apagado
habrías apagado	habríais apagado
habría apagado	habrían apagado

Present Perfect Subjunctive

haya apagado	hayamos apagado
hayas apagado	hayáis apagado
haya apagado	hayan apagado

Pluperfect Subjunctive

hubiera apagado	hubiéramos apagado
hubieras apagado	hubierais apagado
hubiera apagado	hubieran apagado

Imperative

apaga	apagad
apague	apaguen

Verb in Action

Apaga todas las luces, por favor. *(Please, will you switch off all the lights?)*
Ella se apagó la vela. *(She put out the candle.)*
No apagues la computadora, la quiero usar. *(Don't turn off the computer; I want to use it.)*

aparecer

(to appear, to turn up)

Gerund: apareciendo • **Past Participle:** aparecido
Regular -er verb with spelling change: c to zc in front of a and o

Present Indicative

aparezco	aparecemos
apareces	aparecéis
aparece	aparecen

Imperfect

aparecía	aparecíamos
aparecías	aparecíais
aparecía	aparecían

Preterite

aparecí	aparecimos
apareciste	aparecisteis
apareció	aparecieron

Future

apareceré	apareceremos
aparecerás	apareceréis
aparecerá	aparecerán

Conditional

aparecería	apareceríamos
aparecerías	apareceríais
aparecería	aparecerían

Present Subjunctive

aparezca	aparezcamos
aparezcas	aparezcáis
aparezca	aparezcan

Imperfect Subjunctive

apareciera	apareciéramos
aparecieras	aparecierais
apareciera	aparecieran

OR

apareciese	apareciésemos
aparecieses	aparecieseis
apareciese	apareciesen

Present Perfect

he aparecido	hemos aparecido
has aparecido	habéis aparecido
ha aparecido	han aparecido

Pluperfect

había aparecido	habíamos aparecido
habías aparecido	habíais aparecido
había aparecido	habían aparecido

Preterite Perfect

hube aparecido	hubimos aparecido
hubiste aparecido	hubisteis aparecido
hubo aparecido	hubieron aparecido

Future Perfect

habré aparecido	habremos aparecido
habrás aparecido	habréis aparecido
habrá aparecido	habrán aparecido

Perfect Conditional

habría aparecido	habríamos aparecido
habrías aparecido	habríais aparecido
habría aparecido	habrían aparecido

Present Perfect Subjunctive

haya aparecido	hayamos aparecido
hayas aparecido	hayáis aparecido
haya aparecido	hayan aparecido

Pluperfect Subjunctive

hubiera aparecido	hubiéramos aparecido
hubieras aparecido	hubierais aparecido
hubiera aparecido	hubieran aparecido

Imperative

aparece	apareced
aparezca	aparezcan

Verb in Action

Él apareció casi a medianoche. *(He turned up just before midnight.)*
Buscamos las llaves pero no aparecieron. *(We looked for the keys but they didn't turn up.)*
Dijeron que se les había aparecido la Virgen. *(They said that the Virgin had appeared to them.)*

aparentar

(to look, to feign)

Gerund: aparentando • **Past Participle:** aparentado
Regular -ar verb

Present Indicative		*Present Perfect*	
aparento	aparentamos	he aparentado	hemos aparentado
aparentas	aparentáis	has aparentado	habéis aparentado
aparenta	aparentan	ha aparentado	han aparentado

Imperfect		*Pluperfect*	
aparentaba	aparentábamos	había aparentado	habíamos aparentado
aparentabas	aparentabais	habías aparentado	habíais aparentado
aparentaba	aparentaban	había aparentado	habían aparentado

Preterite		*Preterite Perfect*	
aparenté	aparentamos	hube aparentado	hubimos aparentado
aparentaste	aparentasteis	hubiste aparentado	hubisteis aparentado
aparentó	aparentaron	hubo aparentado	hubieron aparentado

Future		*Future Perfect*	
aparentaré	aparentaremos	habré aparentado	habremos aparentado
aparentarás	aparentaréis	habrás aparentado	habréis aparentado
aparentará	aparentarán	habrá aparentado	habrán aparentado

Conditional		*Perfect Conditional*	
aparentaría	aparentaríamos	habría aparentado	habríamos aparentado
aparentarías	aparentaríais	habrías aparentado	habríais aparentado
aparentaría	aparentarían	habría aparentado	habrían aparentado

Present Subjunctive		*Present Perfect Subjunctive*	
aparente	aparentemos	haya aparentado	hayamos aparentado
aparentes	aparentéis	hayas aparentado	hayáis aparentado
aparente	aparenten	haya aparentado	hayan aparentado

Imperfect Subjunctive		*Pluperfect Subjunctive*	
aparentara	aparentáramos	hubiera aparentado	hubiéramos aparentado
aparentaras	aparentarais	hubieras aparentado	hubierais aparentado
aparentara	aparentaran	hubiera aparentado	hubieran aparentado
OR			
aparentase	aparentásemos		
aparentases	aparentaseis		
aparentase	aparentasen		

Imperative

aparenta	aparentad
aparente	aparenten

Verb in Action

Ella aparenta unos cuarenta años. *(She looks about forty.)*
Ella es tímida, aunque aparente no serlo. *(She's shy, even if she doesn't look it.)*
Les gusta mucho aparentar. *(They love showing off.)*

#54

apenar(se)

(to embarrass, to sadden)

Gerund: apenando • **Past Participle:** apenado
Reflexive regular -ar verb

Present Indicative

apeno	apenamos
apenas	apenáis
apena	apenan

Imperfect

apenaba	apenábamos
apenabas	apenabais
apenaba	apenaban

Preterite

apené	apenamos
apenaste	apenasteis
apenó	apenaron

Future

apenaré	apenaremos
apenarás	apenaréis
apenará	apenarán

Conditional

apenaría	apenaríamos
apenarías	apenaríais
apenaría	apenarían

Present Subjunctive

apene	apenemos
apenes	apenéis
apene	apenen

Imperfect Subjunctive

apenara	apenáramos
apenaras	apenarais
apenara	apenaran
OR	
apenase	apenásemos
apenases	apenaseis
apenase	apenasen

Present Perfect

he apenado	hemos apenado
has apenado	habéis apenado
ha apenado	han apenado

Pluperfect

había apenado	habíamos apenado
habías apenado	habíais apenado
había apenado	habían apenado

Preterite Perfect

hube apenado	hubimos apenado
hubiste apenado	hubisteis apenado
hubo apenado	hubieron apenado

Future Perfect

habré apenado	habremos apenado
habrás apenado	habréis apenado
habrá apenado	habrán apenado

Perfect Conditional

habría apenado	habríamos apenado
habrías apenado	habríais apenado
habría apenado	habrían apenado

Present Perfect Subjunctive

haya apenado	hayamos apenado
hayas apenado	hayáis apenado
haya apenado	hayan apenado

Pluperfect Subjunctive

hubiera apenado	hubiéramos apenado
hubieras apenado	hubierais apenado
hubiera apenado	hubieran apenado

Imperative

apena	apenad
apene	apenen

Verb in Action

No lo sabía, no me apena admitirlo. *(I didn't know and I'm not ashamed to admit it.)*
A él le apenaba ver a su hijo tan infeliz. *(It saddened him to see his son so unhappy.)*
Nos apenamos mucho cuando nos enteramos. *(We were very sorry when we heard.)*

apoderarse

(to take possession)

Gerund: apoderando • **Past Participle:** apoderado
Reflexive regular -ar verb

Present Indicative

me apodero	nos apoderamos
te apoderas	os apoderáis
se apodera	se apoderan

Present Perfect

me he apoderado	nos hemos apoderado
te has apoderado	os habéis apoderado
se ha apoderado	se han apoderado

Imperfect

me apoderaba	nos apoderábamos
te apoderabas	os apoderabais
se apoderaba	se apoderaban

Pluperfect

me había apoderado	nos habíamos apoderado
te habías apoderado	os habíais apoderado
había se apoderado	se habían apoderado

Preterite

me apoderé	nos apoderamos
te apoderaste	os apoderasteis
se apoderó	se apoderaron

Preterite Perfect

me hube apoderado	nos hubimos apoderado
te hubiste apoderado	os hubisteis apoderado
se hubo apoderado	se hubieron apoderado

Future

me apoderaré	nos apoderaremos
te apoderarás	os apoderaréis
se apoderará	se apoderarán

Future Perfect

me habré apoderado	nos habremos apoderado
te habrás apoderado	os habréis apoderado
habrá se apoderado	se habrán apoderado

Conditional

me apoderaría	nos apoderaríamos
te apoderarías	os apoderaríais
se apoderaría	se apoderarían

Perfect Conditional

me habría apoderado	nos habríamos apoderado
te habrías apoderado	os habríais apoderado
se habría apoderado	se habrían apoderado

Present Subjunctive

me apodere	nos apoderemos
te apoderes	os apoderéis
se apodere	se apoderen

Present Perfect Subjunctive

me haya apoderado	nos hayamos apoderado
te hayas apoderado	os hayáis apoderado
se haya apoderado	se hayan apoderado

Imperfect Subjunctive

me apoderara	nos apoderáramos
te apoderaras	os apoderarais
se apoderara	se apoderaran
OR	
me apoderase	nos apoderásemos
te apoderases	os apoderaseis
se apoderase	se apoderasen

Pluperfect Subjunctive

me hubiera apoderado	nos hubiéramos apoderado
te hubieras apoderado	os hubierais apoderado
se hubiera apoderado	se hubieran apoderado

Imperative

apodérate	apoderaos
apodérese	apodérense

Verb in Action

Poco a poco se han ido apoderando de las riquezas del país. *(Little by little, they've taken possession of the country's riches.)*

Se apoderaron de las joyas y huyeron. *(They took off with the jewels.)*

No dejes que la curiosidad se apodere de ti. *(Don't let curiosity get the better of you.)*

apostar

(to bet)

Gerund: apostando • **Past Participle:** apostado
Regular -ar verb with stem change: o to ue (tenses 1, 6, and imperative)

Present Indicative		*Present Perfect*	
apuesto	apostamos	he apostado	hemos apostado
apuestas	apostáis	has apostado	habéis apostado
apuesta	apuestan	ha apostado	han apostado
Imperfect		*Pluperfect*	
apostaba	apostábamos	había apostado	habíamos apostado
apostabas	apostabais	habías apostado	habíais apostado
apostaba	apostaban	había apostado	habían apostado
Preterite		*Preterite Perfect*	
aposté	apostamos	hube apostado	hubimos apostado
apostaste	apostasteis	hubiste apostado	hubísteis apostado
apostó	apostaron	hubo apostado	hubieron apostado
Future		*Future Perfect*	
apostaré	apostaremos	habré apostado	habremos apostado
apostarás	apostaréis	habrás apostado	habréis apostado
apostará	apostarán	habrá apostado	habrán apostado
Conditional		*Perfect Conditional*	
apostaría	apostaríamos	habría apostado	habríamos apostado
apostarías	apostaríais	habrías apostado	habríais apostado
apostaría	apostarían	habría apostado	habrían apostado
Present Subjunctive		*Present Perfect Subjunctive*	
apueste	apostemos	haya apostado	hayamos apostado
apuestes	apostéis	hayas apostado	hayáis apostado
apueste	apuesten	haya apostado	hayan apostado
Imperfect Subjunctive		*Pluperfect Subjunctive*	
apostara	apostáramos	hubiera apostado	hubiéramos apostado
apostaras	apostarais	hubieras apostado	hubierais apostado
apostara	apostaran	hubiera apostado	hubieran apostado
OR			
apostase	apostásemos		
apostases	apostaseis		
apostase	apostasen		

Imperative

apuesta	apostad
apueste	apuesten

Verb in Action

Te apuesto cien pesos. *(I'll bet you one hundred pesos.)*
Apuéstale al ocho. *(Bet it on the eight.)*
Él apostó todo el sueldo en las carreras de caballos. *(He bet all his wages on the horses.)*

apoyar(se)

(to lean, to support)

Gerund: apoyando • **Past Participle:** apoyado
Reflexive regular -ar verb

Present Indicative		*Present Perfect*	
apoyo	apoyamos	he apoyado	hemos apoyado
apoyas	apoyáis	has apoyado	habéis apoyado
apoya	apoyan	ha apoyado	han apoyado

Imperfect		*Pluperfect*	
apoyaba	apoyábamos	había apoyado	habíamos apoyado
apoyabas	apoyabais	habías apoyado	habíais apoyado
apoyaba	apoyaban	había apoyado	habían apoyado

Preterite		*Preterite Perfect*	
apoyé	apoyamos	hube apoyado	hubimos apoyado
apoyaste	apoyasteis	hubiste apoyado	hubisteis apoyado
apoyó	apoyaron	hubo apoyado	hubieron apoyado

Future		*Future Perfect*	
apoyaré	apoyaremos	habré apoyado	habremos apoyado
apoyarás	apoyaréis	habrás apoyado	habréis apoyado
apoyará	apoyarán	habrá apoyado	habrán apoyado

Conditional		*Perfect Conditional*	
apoyaría	apoyaríamos	habría apoyado	habríamos apoyado
apoyarías	apoyaríais	habrías apoyado	habríais apoyado
apoyaría	apoyarían	habría apoyado	habrían apoyado

Present Subjunctive		*Present Perfect Subjunctive*	
apoye	apoyemos	haya apoyado	hayamos apoyado
apoyes	apoyéis	hayas apoyado	hayáis apoyado
apoye	apoyen	haya apoyado	hayan apoyado

Imperfect Subjunctive		*Pluperfect Subjunctive*	
apoyara	apoyáramos	hubiera apoyado	hubiéramos apoyado
apoyaras	apoyarais	hubieras apoyado	hubierais apoyado
apoyara	apoyaran	hubiera apoyado	hubieran apoyado
OR			
apoyase	apoyásemos		
apoyases	apoyaseis		
apoyase	apoyasen		

Imperative

apoya	apoyad
apoye	apoyen

Verb in Action

Ella apoyó la escalera contra la pared. *(She leaned the ladder against the wall.)*
Él apoyó los codos sobre el escritorio. *(He rested his elbows on the desk.)*
Él caminaba apoyándose en un bastón. *(He walked with the support of a walking stick.)*

apreciar

(to appreciate)

Gerund: apreciando • **Past Participle:** apreciado
Regular -ar verb

Present Indicative		*Present Perfect*	
aprecio	apreciamos	he apreciado	hemos apreciado
aprecias	apreciáis	has apreciado	habéis apreciado
aprecia	aprecian	ha apreciado	han apreciado

Imperfect		*Pluperfect*	
apreciaba	apreciábamos	había apreciado	habíamos apreciado
apreciabas	apreciabais	habías apreciado	habíais apreciado
apreciaba	apreciaban	había apreciado	habían apreciado

Preterite		*Preterite Perfect*	
aprecié	apreciamos	hube apreciado	hubimos apreciado
apreciaste	apreciasteis	hubiste apreciado	hubisteis apreciado
apreció	apreciaron	hubo apreciado	hubieron apreciado

Future		*Future Perfect*	
apreciaré	apreciaremos	habré apreciado	habremos apreciado
apreciarás	apreciaréis	habrás apreciado	habréis apreciado
apreciará	apreciarán	habrá apreciado	habrán apreciado

Conditional		*Perfect Conditional*	
apreciaría	apreciaríamos	habría apreciado	habríamos apreciado
apreciarías	apreciaríais	habrías apreciado	habríais apreciado
apreciaría	apreciarían	habría apreciado	habrían apreciado

Present Subjunctive		*Present Perfect Subjunctive*	
aprecie	apreciemos	haya apreciado	hayamos apreciado
aprecies	apreciéis	hayas apreciado	hayáis apreciado
aprecie	aprecien	haya apreciado	hayan apreciado

Imperfect Subjunctive		*Pluperfect Subjunctive*	
apreciara	apreciáramos	hubiera apreciado	hubiéramos apreciado
apreciaras	apreciarais	hubieras apreciado	hubierais apreciado
apreciara	apreciaran	hubiera apreciado	hubieran apreciado
OR			
apreciase	apreciásemos		
apreciases	apreciaseis		
apreciase	apreciasen		

Imperative

aprecia	apreciad
aprecie	aprecien

Verb in Action

Él sabe apreciar el buen vino. (He appreciates good wine.)
No se apreciaron diferencias entre los dos grupos de sujetos. *(There weren't any obvious differences between the two groups of subjects.)*
Son unos amigos a quienes aprecio mucho. *(They're very dear friends of mine.)*

aprender

(to learn)

Gerund: aprendiendo • **Past Participle:** aprendido
Regular -er verb

Present Indicative		*Present Perfect*	
aprendo	aprendemos	he aprendido	hemos aprendido
aprendes	aprendéis	has aprendido	habéis aprendido
aprende	aprenden	ha aprendido	han aprendido

Imperfect		*Pluperfect*	
aprendía	aprendíamos	había aprendido	habíamos aprendido
aprendías	aprendíais	habías aprendido	habíais aprendido
aprendía	aprendían	había aprendido	habían aprendido

Preterite		*Preterite Perfect*	
aprendí	aprendimos	hube aprendido	hubimos aprendido
aprendiste	aprendisteis	hubiste aprendido	hubisteis aprendido
aprendió	aprendieron	hubo aprendido	hubieron aprendido

Future		*Future Perfect*	
aprenderé	aprenderemos	habré aprendido	habremos aprendido
aprenderás	aprenderéis	habrás aprendido	habréis aprendido
aprenderá	aprenderán	habrá aprendido	habrán aprendido

Conditional		*Perfect Conditional*	
aprendería	aprenderíamos	habría aprendido	habríamos aprendido
aprenderías	aprenderíais	habrías aprendido	habríais aprendido
aprendería	aprenderían	habría aprendido	habrían aprendido

Present Subjunctive		*Present Perfect Subjunctive*	
aprenda	aprendamos	haya aprendido	hayamos aprendido
aprendas	aprendáis	hayas aprendido	hayáis aprendido
aprenda	aprendan	haya aprendido	hayan aprendido

Imperfect Subjunctive		*Pluperfect Subjunctive*	
aprendiera	aprendiéramos	hubiera aprendido	hubiéramos aprendido
aprendieras	aprendierais	hubieras aprendido	hubierais aprendido
aprendiera	aprendieran	hubiera aprendido	hubieran aprendido
OR			
aprendiese	aprendiésemos		
aprendieses	aprendieseis		
aprendiese	aprendiesen		

Imperative

aprende	aprended
aprenda	aprendan

Verb in Action

Estoy aprendiendo alemán. *(I'm learning German.)*
Tengo que aprender esta poesía de memoria. *(I have to to learn this poem by heart.)*
Quiero que aprendas a cocinar. *(I want you to learn to cook.)*

apresurar(se)

(to hurry)

Gerund: apresurando • **Past Participle:** apresurado
Reflexive regular -ar verb

Present Indicative

apresuro	apresuramos
apresuras	apresuráis
apresura	apresuran

Present Perfect

he apresurado	hemos apresurado
has apresurado	habéis apresurado
ha apresurado	han apresurado

Imperfect

apresuraba	apresurábamos
apresurabas	apresurabais
apresuraba	apresuraban

Pluperfect

había apresurado	habíamos apresurado
habías apresurado	habíais apresurado
había apresurado	habían apresurado

Preterite

apresuré	apresuramos
apresuraste	apresurasteis
apresuró	apresuraron

Preterite Perfect

hube apresurado	hubimos apresurado
hubiste apresurado	hubisteis apresurado
hubo apresurado	hubieron apresurado

Future

apresuraré	apresuraremos
apresurarás	apresuraréis
apresurará	apresurarán

Future Perfect

habré apresurado	habremos apresurado
habrás apresurado	habréis apresurado
habrá apresurado	habrán apresurado

Conditional

apresuraría	apresuraríamos
apresurarías	apresuraríais
apresuraría	apresurarían

Perfect Conditional

habría apresurado	habríamos apresurado
habrías apresurado	habríais apresurado
habría apresurado	habrían apresurado

Present Subjunctive

apresure	apresuremos
apresures	apresuréis
apresure	apresuren

Present Perfect Subjunctive

haya apresurado	hayamos apresurado
hayas apresurado	hayáis apresurado
haya apresurado	hayan apresurado

Imperfect Subjunctive

apresurara	apresuráramos
apresuraras	apresurarais
apresurara	apresuraran
OR	
apresurase	apresurásemos
apresurases	apresuraseis
apresurase	apresurasen

Pluperfect Subjunctive

hubiera apresurado	hubiéramos apresurado
hubieras apresurado	hubierais apresurado
hubiera apresurado	hubieran apresurado

Imperative

apresura	apresurad
apresure	apresuren

Verb in Action

Tienes que apresurarte si quieres terminar el trabajo a tiempo. *(You must hurry if you want to finish the work in time.)*
No me pidas que me apresure. *(Don't ask me to hurry.)*
No se apresure, tenemos tiempo de sobra. *(Don't hurry; we have plenty of time.)*

apretar(se)

(to press, to tighten)

Gerund: apretando • **Past Participle:** apretado
Reflexive regular -ar verb with stem change: e to ie (tenses 1, 6, and imperative)

Present Indicative

aprieto	apretamos
aprietas	apretáis
aprieta	aprietan

Present Perfect

he apretado	hemos apretado
has apretado	habéis apretado
ha apretado	han apretado

Imperfect

apretaba	apretábamos
apretabas	apretabais
apretaba	apretaban

Pluperfect

había apretado	habíamos apretado
habías apretado	habíais apretado
había apretado	habían apretado

Preterite

apreté	apretamos
apretaste	apretasteis
apretó	apretaron

Preterite Perfect

hube apretado	hubimos apretado
hubiste apretado	hubisteis apretado
hubo apretado	hubieron apretado

Future

apretaré	apretaremos
apretarás	apretaréis
apretará	apretarán

Future Perfect

habré apretado	habremos apretado
habrás apretado	habréis apretado
habrá apretado	habrán apretado

Conditional

apretaría	apretaríamos
apretarías	apretaríais
apretaría	apretarían

Perfect Conditional

habría apretado	habríamos apretado
habrías apretado	habríais apretado
habría apretado	habrían apretado

Present Subjunctive

apriete	apretemos
aprietes	apretéis
apriete	aprieten

Present Perfect Subjunctive

haya apretado	hayamos apretado
hayas apretado	hayáis apretado
haya apretado	hayan apretado

Imperfect Subjunctive

apretara	apretáramos
apretaras	apretarais
apretara	apretaran

OR

apretase	apretásemos
apretases	apretaseis
apretase	apretasen

Pluperfect Subjunctive

hubiera apretado	hubiéramos apretado
hubieras apretado	hubierais apretado
hubiera apretado	hubieran apretado

Imperative

aprieta	apretad
apriete	aprieten

Verb in Action

Estos zapatos me aprietan. *(These shoes are too tight.)*
Él apretó los dientes y se fue sin contestar. *(He clenched his teeth and left without answering.)*
Apriétate el cinturón. *(Tighten your belt.)*

#62

aprobar

(to pass, to approve of)

Gerund: aprobando • **Past Participle:** aprobado
Regular -ar verb with stem change: o to ue (tenses 1, 6, and imperative)

Present Indicative

apruebo	aprobamos
apruebas	aprobáis
aprueba	aprueban

Imperfect

aprobaba	aprobábamos
aprobabas	aprobabais
aprobaba	aprobaban

Preterite

aprobé	aprobamos
aprobaste	aprobasteis
aprobó	aprobaron

Future

aprobaré	aprobaremos
aprobarás	aprobaréis
aprobará	aprobarán

Conditional

aprobaría	aprobaríamos
aprobarías	aprobaríais
aprobaría	aprobarían

Present Subjunctive

apruebe	aprobemos
apruebes	aprobéis
apruebe	aprueben

Imperfect Subjunctive

aprobara	aprobáramos
aprobaras	aprobarais
aprobara	aprobaran

OR

aprobase	aprobásemos
aprobases	aprobaseis
aprobase	aprobasen

Present Perfect

he aprobado	hemos aprobado
has aprobado	habéis aprobado
ha aprobado	han aprobado

Pluperfect

había aprobado	habíamos aprobado
habías aprobado	habíais aprobado
había aprobado	habían aprobado

Preterite Perfect

hube aprobado	hubimos aprobado
hubiste aprobado	hubisteis aprobado
hubo aprobado	hubieron aprobado

Future Perfect

habré aprobado	habremos aprobado
habrás aprobado	habréis aprobado
habrá aprobado	habrán aprobado

Perfect Conditional

habría aprobado	habríamos aprobado
habrías aprobado	habríais aprobado
habría aprobado	habrían aprobado

Present Perfect Subjunctive

haya aprobado	hayamos aprobado
hayas aprobado	hayáis aprobado
haya aprobado	hayan aprobado

Pluperfect Subjunctive

hubiera aprobado	hubiéramos aprobado
hubieras aprobado	hubierais aprobado
hubiera aprobado	hubieran aprobado

Imperative

aprueba	aprobad
apruebe	aprueben

Verb in Action

Este año lo estoy aprobando todo. *(So far this year I've passed everything.)*
Han aprobado una ley antitabaco. *(They've passed an anti-smoking law.)*
La decisión fue aprobada por mayoría. *(The decision was approved by a majority.)*

aprovechar(se)

(to make the most of, take advantage of)

Gerund: aprovechando • **Past Participle:** aprovechado
Reflexive regular -ar verb

Present Indicative

aprovecho	aprovechamos
aprovechas	aprovecháis
aprovecha	aprovechan

Present Perfect

he aprovechado	hemos aprovechado
has aprovechado	habéis aprovechado
ha aprovechado	han aprovechado

Imperfect

aprovechaba	aprovechábamos
aprovechabas	aprovechabais
aprovechaba	aprovechaban

Pluperfect

había aprovechado	habíamos aprovechado
habías aprovechado	habíais aprovechado
había aprovechado	habían aprovechado

Preterite

aproveché	aprovechamos
aprovechaste	aprovechasteis
aprovechó	aprovecharon

Preterite Perfect

hube aprovechado	hubimos aprovechado
hubiste aprovechado	hubisteis aprovechado
hubo aprovechado	hubieron aprovechado

Future

aprovecharé	aprovecharemos
aprovecharás	aprovecharéis
aprovechará	aprovecharán

Future Perfect

habré aprovechado	habremos aprovechado
habrás aprovechado	habréis aprovechado
habrá aprovechado	habrán aprovechado

Conditional

aprovecharía	aprovecharíamos
aprovecharías	aprovecharíais
aprovecharía	aprovecharían

Perfect Conditional

habría aprovechado	habríamos aprovechado
habrías aprovechado	habríais aprovechado
habría aprovechado	habrían aprovechado

Present Subjunctive

aproveche	aprovechemos
aproveches	aprovechéis
aproveche	aprovechen

Present Perfect Subjunctive

haya aprovechado	hayamos aprovechado
hayas aprovechado	hayáis aprovechado
haya aprovechado	hayan aprovechado

Imperfect Subjunctive

aprovechara	aprovecháramos
aprovecharas	aprovecharais
aprovechara	aprovecharan
OR	
aprovechase	aprovechásemos
aprovechases	aprovechaseis
aprovechase	aprovechasen

Pluperfect Subjunctive

hubiera aprovechado	hubiéramos aprovechado
hubieras aprovechado	hubierais aprovechado
hubiera aprovechado	hubieran aprovechado

Imperative

aprovecha	aprovechad
aproveche	aprovechen

Verb in Action

Tenemos que aprovechar esta oportunidad. *(We must make the most of this opportunity.)*
Aprovecharon la experiencia al máximo. *(They really made the most of the experience.)*
Se aprovecharon de nosotros. *(They took advantage of us.)*

#64

apurar(se)

(to hurry, to finish)

Gerund: apurando • **Past Participle:** apurado
Reflexive regular -ar verb

Present Indicative

apuro	apuramos
apuras	apuráis
apura	apuran

Imperfect

apuraba	apurábamos
apurabas	apurabais
apuraba	apuraban

Preterite

apuré	apuramos
apuraste	apurasteis
apuró	apuraron

Future

apuraré	apuraremos
apurarás	apuraréis
apurará	apurarán

Conditional

apuraría	apuraríamos
apurarías	apuraríais
apuraría	apurarían

Present Subjunctive

apure	apuremos
apures	apuréis
apure	apuren

Imperfect Subjunctive

apurara	apuráramos
apuraras	apurarais
apurara	apuraran

OR

apurase	apurásemos
apurases	apuraseis
apurase	apurasen

Present Perfect

he apurado	hemos apurado
has apurado	habéis apurado
ha apurado	han apurado

Pluperfect

había apurado	habíamos apurado
habías apurado	habíais apurado
había apurado	habían apurado

Preterite Perfect

hube apurado	hubimos apurado
hubiste apurado	hubisteis apurado
hubo apurado	hubieron apurado

Future Perfect

habré apurado	habremos apurado
habrás apurado	habréis apurado
habrá apurado	habrán apurado

Perfect Conditional

habría apurado	habríamos apurado
habrías apurado	habríais apurado
habría apurado	habrían apurado

Present Perfect Subjunctive

haya apurado	hayamos apurado
hayas apurado	hayáis apurado
haya apurado	hayan apurado

Pluperfect Subjunctive

hubiera apurado	hubiéramos apurado
hubieras apurado	hubierais apurado
hubiera apurado	hubieran apurado

Imperative

apura	apurad
apure	apuren

Verb in Action

Apúrate o perderemos el tren. *(Hurry up or we'll miss the train.)*
Les dije que eran las cinco para que se apuraran. *(I told them it was five o'clock so that they'd hurry up.)*
No hay necesidad de que se apuren. *(There's no need to hurry.)*

arder

(to burn, to sting)

Gerund: ardiendo • **Past Participle:** ardido
Regular -er verb

Present Indicative		***Present Perfect***	
ardo	ardemos	he ardido	hemos ardido
ardes	ardéis	has ardido	habéis ardido
arde	arden	ha ardido	han ardido
Imperfect		***Pluperfect***	
ardía	ardíamos	había ardido	habíamos ardido
ardías	ardíais	habías ardido	habíais ardido
ardía	ardían	había ardido	habían ardido
Preterite		***Preterite Perfect***	
ardí	ardimos	hube ardido	hubimos ardido
ardiste	ardisteis	hubiste ardido	hubisteis ardido
ardió	ardieron	hubo ardido	hubieron ardido
Future		***Future Perfect***	
arderé	arderemos	habré ardido	habremos ardido
arderás	arderéis	habrás ardido	habréis ardido
arderá	arderán	habrá ardido	habrán ardido
Conditional		***Perfect Conditional***	
ardería	arderíamos	habría ardido	habríamos ardido
arderías	arderíais	habrías ardido	habríais ardido
ardería	arderían	habría ardido	habrían ardido
Present Subjunctive		***Present Perfect Subjunctive***	
arda	ardamos	haya ardido	hayamos ardido
ardas	ardáis	hayas ardido	hayáis ardido
arda	ardan	haya ardido	hayan ardido
Imperfect Subjunctive		***Pluperfect Subjunctive***	
ardiera	ardiéramos	hubiera ardido	hubiéramos ardido
ardieras	ardierais	hubieras ardido	hubierais ardido
ardiera	ardieran	hubiera ardido	hubieran ardido
OR			
ardiese	ardiésemos		
ardieses	ardieseis		
ardiese	ardiesen		

Imperative

arde	arded
arda	ardan

Verb in Action

El tronco todavía ardía en la chimenea. *(The log was still burning in the grate.)*
Esto te va a arder un poquito. *(This will sting a little.)*
Mira que tu padre está que arde. *(Your father's absolutely seething.)*

arrancar

(to pull out, to start)

Gerund: arrancando • **Past Participle:** arrancado
Regular -ar verb with spelling change: c to qu in front of e

Present Indicative

arranco	arrancamos
arrancas	arrancáis
arranca	arrancan

Imperfect

arrancaba	arrancábamos
arrancabas	arrancabais
arrancaba	arrancaban

Preterite

arranqué	arrancamos
arrancaste	arrancasteis
arrancó	arrancaron

Future

arrancaré	arrancaremos
arrancarás	arrancaréis
arrancará	arrancarán

Conditional

arrancaría	arrancaríamos
arrancarías	arrancaríais
arrancaría	arrancarían

Present Subjunctive

arranque	arranquemos
arranques	arranquéis
arranque	arranquen

Imperfect Subjunctive

arrancara	arrancáramos
arrancaras	arrancarais
arrancara	arrancaran

OR

arrancase	arrancásemos
arrancases	arrancaseis
arrancase	arrancasen

Present Perfect

he arrancado	hemos arrancado
has arrancado	habéis arrancado
ha arrancado	han arrancado

Pluperfect

había arrancado	habíamos arrancado
habías arrancado	habíais arrancado
había arrancado	habían arrancado

Preterite Perfect

hube arrancado	hubimos arrancado
hubiste arrancado	hubisteis arrancado
hubo arrancado	hubieron arrancado

Future Perfect

habré arrancado	habremos arrancado
habrás arrancado	habréis arrancado
habrá arrancado	habrán arrancado

Perfect Conditional

habría arrancado	habríamos arrancado
habrías arrancado	habríais arrancado
habría arrancado	habrían arrancado

Present Perfect Subjunctive

haya arrancado	hayamos arrancado
hayas arrancado	hayáis arrancado
haya arrancado	hayan arrancado

Pluperfect Subjunctive

hubiera arrancado	hubiéramos arrancado
hubieras arrancado	hubierais arrancado
hubiera arrancado	hubieran arrancado

Imperative

arranca	arrancad
arranque	arranquen

Verb in Action

El viento arrancó varios árboles. *(Several trees were uprooted in the wind.)*
No arranques hojas del cuaderno. *(Don't pull pages out of the notebook.)*
Arranca el motor y vámonos. *(Start the engine and let's get going.)*

arreglar(se)

(to fix, to tidy up)

Gerund: arreglando • **Past Participle:** arreglado
Reflexive regular -ar verb

Present Indicative		*Present Perfect*	
arreglo	arreglamos	he arreglado	hemos arreglado
arreglas	arregláis	has arreglado	habéis arreglado
arregla	arreglan	ha arreglado	han arreglado

Imperfect		*Pluperfect*	
arreglaba	arreglábamos	había arreglado	habíamos arreglado
arreglabas	arreglabais	habías arreglado	habíais arreglado
arreglaba	arreglaban	había arreglado	habían arreglado

Preterite		*Preterite Perfect*	
arreglé	arreglamos	hube arreglado	hubimos arreglado
arreglaste	arreglasteis	hubiste arreglado	hubisteis arreglado
arregló	arreglaron	hubo arreglado	hubieron arreglado

Future		*Future Perfect*	
arreglaré	arreglaremos	habré arreglado	habremos arreglado
arreglarás	arreglaréis	habrás arreglado	habréis arreglado
arreglará	arreglarán	habrá arreglado	habrán arreglado

Conditional		*Perfect Conditional*	
arreglaría	arreglaríamos	habría arreglado	habríamos arreglado
arreglarías	arreglaríais	habrías arreglado	habríais arreglado
arreglaría	arreglarían	habría arreglado	habrían arreglado

Present Subjunctive		*Present Perfect Subjunctive*	
arregle	arreglemos	haya arreglado	hayamos arreglado
arregles	arregléis	hayas arreglado	hayáis arreglado
arregle	arreglen	haya arreglado	hayan arreglado

Imperfect Subjunctive		*Pluperfect Subjunctive*	
arreglara	arregláramos	hubiera arreglado	hubiéramos arreglado
arreglaras	arreglarais	hubieras arreglado	hubierais arreglado
arreglara	arreglaran	hubiera arreglado	hubieran arreglado
OR			
arreglase	arreglásemos		
arreglases	arreglaseis		
arreglase	arreglasen		

Imperative

arregla	arreglad
arregle	arreglen

Verb in Action

Lupe me arregló la computadora. *(Lupe fixed the computer for me.)*
¿Puedes arreglar un poco tu cuarto? *(Can you tidy up your room a little?)*
Ella se está arreglando para salir. *(She's fixing to go out.)*

arrepentirse

(to be sorry)

Gerund: arrepintiendo • **Past Participle:** arrepentido

Reflexive regular -ir verb with stem change (tenses 1, 3, 6, 7, gerund, and imperative)

Present Indicative		*Present Perfect*	
me arrepiento	nos arrepentimos	me he arrepentido	nos hemos arrepentido
te arrepientes	os arrepentís	te has arrepentido	os habéis arrepentido
se arrepiente	se arrepienten	se ha arrepentido	se han arrepentido
Imperfect		*Pluperfect*	
me arrepentía	nos arrepentíamos	me había arrepentido	nos habíamos arrepentido
te arrepentías	os arrepentíais	te habías arrepentido	os habíais arrepentido
se arrepentía	se arrepentían	se había arrepentido	se habían arrepentido
Preterite		*Preterite Perfect*	
me arrepentí	nos arrepentimos	me hube arrepentido	nos hubimos arrepentido
te arrepentiste	os arrepentisteis	te hubiste arrepentido	os hubisteis arrepentido
se arrepintió	se arrepintieron	se hubo arrepentido	se hubieron arrepentido
Future		*Future Perfect*	
me arrepentiré	nos arrepentiremos	me habré arrepentido	nos habremos arrepentido
te arrepentirás	os arrepentiréis	te habrás arrepentido	os habréis arrepentido
se arrepentirá	se arrepentirán	se habrá arrepentido	se habrán arrepentido
Conditional		*Perfect Conditional*	
me arrepentiría	nos arrepentiríamos	me habría arrepentido	nos habríamos arrepentido
te arrepentirías	os arrepentiríais	te habrías arrepentido	os habríais arrepentido
se arrepentiría	se arrepentirían	se habría arrepentido	se habrían arrepentido
Present Subjunctive		*Present Perfect Subjunctive*	
me arrepienta	nos arrepentamos	me haya arrepentido	nos hayamos arrepentido
te arrepientas	os arrepentáis	te hayas arrepentido	os hayáis arrepentido
se arrepienta	se arrepientan	se haya arrepentido	se hayan arrepentido
Imperfect Subjunctive		*Pluperfect Subjunctive*	
me arrepintiera	nos arrepintiéramos	me hubiera arrepentido	nos hubiéramos arrepentido
te arrepintieras	os arrepintierais	te hubieras arrepentido	os hubierais arrepentido
se arrepintiera	se arrepintieran	se hubiera arrepentido	se hubieran arrepentido
OR			
arrepintiese	arrepintiésemos		
arrepintieses	arrepintieseis		
arrepintiese	arrepintiesen		

Imperative

arrepiéntete	arrepentíos
arrepiéntase	arrepiéntanse

Verb in Action

¡Te vas a arrepentir de esto! *(You'll be sorry for this!)*

Se arrepintieron y decidieron no vender la casa. *(They changed their minds and decided not to sell the house.)*

No te arrepientas nunca de haber dicho la verdad. *(Don't ever be sorry for having told the truth.)*

arriesgar(se)

(to risk, to put at risk)

Gerund: arriesgando • **Past Participle:** arriesgado
Regular -ar verb with spelling change: g to gu in front of e

Present Indicative

arriesgo	arriesgamos
arriesgas	arriesgáis
arriesga	arriesgan

Imperfect

arriesgaba	arriesgábamos
arriesgabas	arriesgabais
arriesgaba	arriesgaban

Preterite

arriesgué	arriesgamos
arriesgaste	arriesgasteis
arriesgó	arriesgaron

Future

arriesgaré	arriesgaremos
arriesgarás	arriesgaréis
arriesgará	arriesgarán

Conditional

arriesgaría	arriesgaríamos
arriesgarías	arriesgaríais
arriesgaría	arriesgarían

Present Subjunctive

arriesgue	arriesguemos
arriesgues	arriesguéis
arriesgue	arriesguen

Imperfect Subjunctive

arriesgara	arriesgáramos
arriesgaras	arriesgarais
arriesgara	arriesgaran
OR	
arriesgase	arriesgásemos
arriesgases	arriesgaseis
arriesgase	arriesgasen

Present Perfect

he arriesgado	hemos arriesgado
has arriesgado	habéis arriesgado
ha arriesgado	han arriesgado

Pluperfect

había arriesgado	habíamos arriesgado
habías arriesgado	habíais arriesgado
había arriesgado	habían arriesgado

Preterite Perfect

hube arriesgado	hubimos arriesgado
hubiste arriesgado	hubisteis arriesgado
hubo arriesgado	hubieron arriesgado

Future Perfect

habré arriesgado	habremos arriesgado
habrás arriesgado	habréis arriesgado
habrá arriesgado	habrán arriesgado

Perfect Conditional

habría arriesgado	habríamos arriesgado
habrías arriesgado	habríais arriesgado
habría arriesgado	habrían arriesgado

Present Perfect Subjunctive

haya arriesgado	hayamos arriesgado
hayas arriesgado	hayáis arriesgado
haya arriesgado	hayan arriesgado

Pluperfect Subjunctive

hubiera arriesgado	hubiéramos arriesgado
hubieras arriesgado	hubierais arriesgado
hubiera arriesgado	hubieran arriesgado

Imperative

arriesga	arriesgad
arriesgue	arriesguen

Verb in Action

Él arriesgó su vida para salvarme. *(He risked his life to save me.)*
No te arriesgues a perderlo todo. *(Don't risk losing everything.)*
No creo que se arriesguen a hacer semejante inversión. *(I don't think they'll risk making such an investment.)*

asaltar

(to assault)

Gerund: asaltando • **Past Participle:** asaltado
Regular -ar verb

Present Indicative

asalto	asaltamos
asaltas	asaltáis
asalta	asaltan

Imperfect

asaltaba	asaltábamos
asaltabas	asaltabais
asaltaba	asaltaban

Preterite

asalté	asaltamos
asaltaste	asaltasteis
asaltó	asaltaron

Future

asaltaré	asaltaremos
asaltarás	asaltaréis
asaltará	asaltarán

Conditional

asaltaría	asaltaríamos
asaltarías	asaltaríais
asaltaría	asaltarían

Present Subjunctive

asalte	asaltemos
asaltes	asaltéis
asalte	asalten

Imperfect Subjunctive

asaltara	asaltáramos
asaltaras	asaltarais
asaltara	asaltaran
OR	
asaltase	asaltásemos
asaltases	asaltaseis
asaltase	asaltasen

Present Perfect

he asaltado	hemos asaltado
has asaltado	habéis asaltado
ha asaltado	han asaltado

Pluperfect

había asaltado	habíamos asaltado
habías asaltado	habíais asaltado
había asaltado	habían asaltado

Preterite Perfect

hube asaltado	hubimos asaltado
hubiste asaltado	hubisteis asaltado
hubo asaltado	hubieron asaltado

Future Perfect

habré asaltado	habremos asaltado
habrás asaltado	habréis asaltado
habrá asaltado	habrán asaltado

Perfect Conditional

habría asaltado	habríamos asaltado
habrías asaltado	habríais asaltado
habría asaltado	habrían asaltado

Present Perfect Subjunctive

haya asaltado	hayamos asaltado
hayas asaltado	hayáis asaltado
haya asaltado	hayan asaltado

Pluperfect Subjunctive

hubiera asaltado	hubiéramos asaltado
hubieras asaltado	hubierais asaltado
hubiera asaltado	hubieran asaltado

Imperative

asalta	asaltad
asalte	asalten

Verb in Action

Habían asaltado el banco de la esquina. *(They'd raided the bank on the corner.)*
Corres el riesgo de que te asalten. *(You risk being assaulted.)*
Las tropas enemigas asaltaron la fortaleza. *(Enemy troops assaulted the fortress.)*

asegurar(se)

(to assure, to fasten, to insure)

Gerund: asegurando • **Past Participle:** asegurado
Reflexive regular -ar verb

Present Indicative

aseguro	aseguramos
aseguras	aseguráis
asegura	aseguran

Present Perfect

he asegurado	hemos asegurado
has asegurado	habéis asegurado
ha asegurado	han asegurado

Imperfect

aseguraba	asegurábamos
asegurabas	asegurabais
aseguraba	aseguraban

Pluperfect

había asegurado	habíamos asegurado
habías asegurado	habíais asegurado
había asegurado	habían asegurado

Preterite

aseguré	aseguramos
aseguraste	asegurasteis
aseguró	aseguraron

Preterite Perfect

hube asegurado	hubimos asegurado
hubiste asegurado	hubisteis asegurado
hubo asegurado	hubieron asegurado

Future

aseguraré	aseguraremos
asegurarás	aseguraréis
asegurará	asegurarán

Future Perfect

habré asegurado	habremos asegurado
habrás asegurado	habréis asegurado
habrá asegurado	habrán asegurado

Conditional

aseguraría	aseguraríamos
asegurarías	aseguraríais
aseguraría	asegurarían

Perfect Conditional

habría asegurado	habríamos asegurado
habrías asegurado	habríais asegurado
habría asegurado	habrían asegurado

Present Subjunctive

asegure	aseguremos
asegures	aseguréis
asegure	aseguren

Present Perfect Subjunctive

haya asegurado	hayamos asegurado
hayas asegurado	hayáis asegurado
haya asegurado	hayan asegurado

Imperfect Subjunctive

asegurara	aseguráramos
aseguraras	asegurarais
asegurara	aseguraran

OR

asegurase	asegurásemos
asegurases	aseguraseis
asegurase	asegurasen

Pluperfect Subjunctive

hubiera asegurado	hubiéramos asegurado
hubieras asegurado	hubierais asegurado
hubiera asegurado	hubieran asegurado

Imperative

asegura	asegurad
asegure	aseguren

Verb in Action

Te aseguro que es la verdad. *(I assure you it's true.)*
¡No te puedo asegurar que no vaya a llover! *(I can't assure you it won't rain!)*
Asegúrate de que haya apagado el horno. *(Make sure you've turned the oven off.)*

asistir

(to attend, to help)

Gerund: asistiendo • **Past Participle:** asistido
Regular -ir verb

Present Indicative

asisto	asistimos
asistes	asistís
asiste	asisten

Imperfect

asistía	asistíamos
asistías	asistíais
asistía	asistían

Preterite

asistí	asistimos
asististe	asististeis
asistió	asistieron

Future

asistiré	asistiremos
asistirás	asistiréis
asistirá	asistirán

Conditional

asistiría	asistiríamos
asistirías	asistiríais
asistiría	asistirían

Present Subjunctive

asista	asistamos
asistas	asistáis
asista	asistan

Imperfect Subjunctive

asistiera	asistiéramos
asistieras	asistierais
asistiera	asistieran

OR

asistiese	asistiésemos
asistieses	asistieseis
asistiese	asistiesen

Present Perfect

he asistido	hemos asistido
has asistido	habéis asistido
ha asistido	han asistido

Pluperfect

había asistido	habíamos asistido
habías asistido	habíais asistido
había asistido	habían asistido

Preterite Perfect

hube asistido	hubimos asistido
hubiste asistido	hubisteis asistido
hubo asistido	hubieron asistido

Future Perfect

habré asistido	habremos asistido
habrás asistido	habréis asistido
habrá asistido	habrán asistido

Perfect Conditional

habría asistido	habríamos asistido
habrías asistido	habríais asistido
habría asistido	habrían asistido

Present Perfect Subjunctive

haya asistido	hayamos asistido
hayas asistido	hayáis asistido
haya asistido	hayan asistido

Pluperfect Subjunctive

hubiera asistido	hubiéramos asistido
hubieras asistido	hubierais asistido
hubiera asistido	hubieran asistido

Imperative

asiste	asistid
asista	asistan

Verb in Action

Asistieron todos menos ella. *(Everyone attended apart from her.)*
Asisten a misa todos los domingos. *(They attend mass every Sunday.)*
Fueron los primeros en asistir a los heridos. *(They were the first to help the injured.)*

asomar(se)

(to show, to stick out)

Gerund: asomando • **Past Participle:** asomado
Reflexive regular -ar verb

Present Indicative

asomo	asomamos
asomas	asomáis
asoma	asoman

Present Perfect

he asomado	hemos asomado
has asomado	habéis asomado
ha asomado	han asomado

Imperfect

asomaba	asomábamos
asomabas	asomabais
asomaba	asomaban

Pluperfect

había asomado	habíamos asomado
habías asomado	habíais asomado
había asomado	habían asomado

Preterite

asomé	asomamos
asomaste	asomasteis
asomó	asomaron

Preterite Perfect

hube asomado	hubimos asomado
hubiste asomado	hubisteis asomado
hubo asomado	hubieron asomado

Future

asomaré	asomaremos
asomarás	asomaréis
asomará	asomarán

Future Perfect

habré asomado	habremos asomado
habrás asomado	habréis asomado
habrá asomado	habrán asomado

Conditional

asomaría	asomaríamos
asomarías	asomaríais
asomaría	asomarían

Perfect Conditional

habría asomado	habríamos asomado
habrías asomado	habríais asomado
habría asomado	habrían asomado

Present Subjunctive

asome	asomemos
asomes	asoméis
asome	asomen

Present Perfect Subjunctive

haya asomado	hayamos asomado
hayas asomado	hayáis asomado
haya asomado	hayan asomado

Imperfect Subjunctive

asomara	asomáramos
asomaras	asomarais
asomara	asomaran
OR	
asomase	asomásemos
asomases	asomaseis
asomase	asomasen

Pluperfect Subjunctive

hubiera asomado	hubiéramos asomado
hubieras asomado	hubierais asomado
hubiera asomado	hubieran asomado

Imperative

asoma	asomad
asome	asomen

Verb in Action

Él asomó la cabeza por detrás de la puerta. *(He stuck out his head around the door.)*
A él le está asomando otro diente en la encía de arriba. *(He's cutting another upper tooth.)*
No te asomes que te va a ver. *(Don't stick out your head or he'll see you.)*

#74

asombrar(se)

(to amaze, to be amazed)

Gerund: asombrando • **Past Participle:** asombrado
Reflexive regular -ar verb

Present Indicative		*Present Perfect*	
asombro	asombramos	he asombrado	hemos asombrado
asombras	asombráis	has asombrado	habéis asombrado
asombra	asombran	ha asombrado	han asombrado
Imperfect		*Pluperfect*	
asombraba	asombrábamos	había asombrado	habíamos asombrado
asombrabas	asombrabais	habías asombrado	habíais asombrado
asombraba	asombraban	había asombrado	habían asombrado
Preterite		*Preterite Perfect*	
asombré	asombramos	hube asombrado	hubimos asombrado
asombraste	asombrasteis	hubiste asombrado	hubisteis asombrado
asombró	asombraron	hubo asombrado	hubieron asombrado
Future		*Future Perfect*	
asombraré	asombraremos	habré asombrado	habremos asombrado
asombrarás	asombraréis	habrás asombrado	habréis asombrado
asombrará	asombrarán	habrá asombrado	habrán asombrado
Conditional		*Perfect Conditional*	
asombraría	asombraríamos	habría asombrado	habríamos asombrado
asombrarías	asombraríais	habrías asombrado	habríais asombrado
asombraría	asombrarían	habría asombrado	habrían asombrado
Present Subjunctive		*Present Perfect Subjunctive*	
asombre	asombremos	haya asombrado	hayamos asombrado
asombres	asombréis	hayas asombrado	hayáis asombrado
asombre	asombren	haya asombrado	hayan asombrado
Imperfect Subjunctive		*Pluperfect Subjunctive*	
asombrara	asombráramos	hubiera asombrado	hubiéramos asombrado
asombraras	asombrarais	hubieras asombrado	hubierais asombrado
asombrara	asombraran	hubiera asombrado	hubieran asombrado
OR			
asombrase	asombrásemos		
asombrases	asombraseis		
asombrase	asombrasen		

Imperative

asombra	asombrad
asombre	asombren

Verb in Action

El resultado asombró a los investigadores. *(The researchers were amazed by the result.)*
Él se asombró de verla allí. *(He was amazed to see her there.)*
No creo que se asombren cuando se lo diga. *(I don't think they'll be very amazed when I tell them.)*

asustar(se)

(to frighten, to scare)

Gerund: asustando • **Past Participle:** asustado
Reflexive regular -ar verb

Present Indicative

asusto	asustamos
asustas	asustáis
asusta	asustan

Imperfect

asustaba	asustábamos
asustabas	asustabais
asustaba	asustaban

Preterite

asusté	asustamos
asustaste	asustasteis
asustó	asustaron

Future

asustaré	asustaremos
asustarás	asustaréis
asustará	asustarán

Conditional

asustaría	asustaríamos
asustarías	asustaríais
asustaría	asustarían

Present Subjunctive

asuste	asustemos
asustes	asustéis
asuste	asusten

Imperfect Subjunctive

asustara	asustáramos
asustaras	asustarais
asustara	asustaran

OR

asustase	asustásemos
asustases	asustaseis
asustase	asustasen

Present Perfect

he asustado	hemos asustado
has asustado	habéis asustado
ha asustado	han asustado

Pluperfect

había asustado	habíamos asustado
habías asustado	habíais asustado
había asustado	habían asustado

Preterite Perfect

hube asustado	hubimos asustado
hubiste asustado	hubisteis asustado
hubo asustado	hubieron asustado

Future Perfect

habré asustado	habremos asustado
habrás asustado	habréis asustado
habrá asustado	habrán asustado

Perfect Conditional

habría asustado	habríamos asustado
habrías asustado	habríais asustado
habría asustado	habrían asustado

Present Perfect Subjunctive

haya asustado	hayamos asustado
hayas asustado	hayáis asustado
haya asustado	hayan asustado

Pluperfect Subjunctive

hubiera asustado	hubiéramos asustado
hubieras asustado	hubierais asustado
hubiera asustado	hubieran asustado

Imperative

asusta	asustad
asuste	asusten

Verb in Action

Quítate esa careta que vas a asustar a los niños. *(Take that mask off or you'll frighten the children.)*
No te asustes, soy yo. *(Don't be scared. It's me.)*
Me asusta la posibilidad de quedarme sin trabajo. *(The possibility frightens me of losing my job.)*

atacar(se)

(to attack)

Gerund: atacando • **Past Participle:** atacado
Reflexive regular -ar verb with spelling change: c to qu in front of e

Present Indicative

ataco	atacamos
atacas	atacáis
ataca	atacan

Present Perfect

he atacado	hemos atacado
has atacado	habéis atacado
ha atacado	han atacado

Imperfect

atacaba	atacábamos
atacabas	atacabais
atacaba	atacaban

Pluperfect

había atacado	habíamos atacado
habías atacado	habíais atacado
había atacado	habían atacado

Preterite

ataqué	atacamos
atacaste	atacasteis
atacó	atacaron

Preterite Perfect

hube atacado	hubimos atacado
hubiste atacado	hubisteis atacado
hubo atacado	hubieron atacado

Future

atacaré	atacaremos
atacarás	atacaréis
atacará	atacarán

Future Perfect

habré atacado	habremos atacado
habrás atacado	habréis atacado
habrá atacado	habrán atacado

Conditional

atacaría	atacaríamos
atacarías	atacaríais
atacaría	atacarían

Perfect Conditional

habría atacado	habríamos atacado
habrías atacado	habríais atacado
habría atacado	habrían atacado

Present Subjunctive

ataque	ataquemos
ataques	ataquéis
ataque	ataquen

Present Perfect Subjunctive

haya atacado	hayamos atacado
hayas atacado	hayáis atacado
haya atacado	hayan atacado

Imperfect Subjunctive

atacara	atacáramos
atacaras	atacarais
atacara	atacaran
OR	
atacase	atacásemos
atacases	atacaseis
atacase	atacasen

Pluperfect Subjunctive

hubiera atacado	hubiéramos atacado
hubieras atacado	hubierais atacado
hubiera atacado	hubieran atacado

Imperative

ataca	atacad
ataque	ataquen

Verb in Action

Él había recibido órdenes de atacar. *(He had received orders to attack.)*
Yo no tengo la culpa, no me ataques a mí. *(It isn't my fault, so don't lash out at me.)*
Nos atacamos de la risa. *(We cracked up with laughter.)*

atardecer

(to get dark)

Gerund: atardeciendo • **Past Participle:** atardecido
Regular -er verb with spelling change: c to zc in front of a

Present Indicative
atardece

Imperfect
atardecía

Preterite
atardeció

Future
atardecerá

Conditional
atardecería

Present Subjunctive
atardezca

Imperfect Subjunctive
atardeciera *or* atardeciese

Present Perfect
ha atardecido

Pluperfect
había atardecido

Preterite Perfect
hubo atardecido

Future Perfect
habrá atardecido

Perfect Conditional
habría atardecido

Present Perfect Subjunctive
haya atardecido

Pluperfect Subjunctive
hubiera atardecido

Imperative
Note: *Not used*

Verb in Action

Atardecía cuando volvieron. *(It was getting dark when they returned.)*
Siempre se va ella antes de que atardezca. *(She always leaves before it gets dark.)*
Cuando atardecía se congregaban ellos en la playa para ver la puesta del sol. *(When it began to get dark they gathered on the beach to see the sunset.)*

atender

(to attend to, to pay attention)

Gerund: atendiendo • **Past Participle:** atendido
Regular -er verb with stem change: e to ie (tenses 1, 6, and imperative)

Present Indicative

atiendo	atendemos
atiendes	atendéis
atiende	atienden

Imperfect

atendía	atendíamos
atendías	atendíais
atendía	atendían

Preterite

atendí	atendimos
atendiste	atendisteis
atendió	atendieron

Future

atenderé	atenderemos
atenderás	atenderéis
atenderá	atenderán

Conditional

atendería	atenderíamos
atenderías	atenderíais
atendería	atenderían

Present Subjunctive

atienda	atendamos
atiendas	atendáis
atienda	atiendan

Imperfect Subjunctive

atendiera	atendiéramos
atendieras	atendierais
atendiera	atendieran

OR

atendiese	atendiésemos
atendieses	atendieseis
atendiese	atendiesen

Present Perfect

he atendido	hemos atendido
has atendido	habéis atendido
ha atendido	han atendido

Pluperfect

había atendido	habíamos atendido
habías atendido	habíais atendido
había atendido	habían atendido

Preterite Perfect

hube atendido	hubimos atendido
hubiste atendido	hubisteis atendido
hubo atendido	hubieron atendido

Future Perfect

habré atendido	habremos atendido
habrás atendido	habréis atendido
habrá atendido	habrán atendido

Perfect Conditional

habría atendido	habríamos atendido
habrías atendido	habríais atendido
habría atendido	habrían atendido

Present Perfect Subjunctive

haya atendido	hayamos atendido
hayas atendido	hayáis atendido
haya atendido	hayan atendido

Pluperfect Subjunctive

hubiera atendido	hubiéramos atendido
hubieras atendido	hubierais atendido
hubiera atendido	hubieran atendido

Imperative

atiende	atended
atienda	atiendan

Verb in Action

Nos atendieron muy bien en el hotel que nos recomendaste. *(They attended to us very well at that hotel you recommended us.)*

El doctor Jara no te puede atender hoy, lo siento. *(I'm afraid Dr. Jara can't attend to you today.)*

aterrizar

(to land)

Gerund: aterrizando • **Past Participle:** aterrizado
Regular -ar verb with spelling change: z to c in front of e

Present Indicative

aterrizo	aterrizamos
aterrizas	aterrizáis
aterriza	aterrizan

Imperfect

aterrizaba	aterrizábamos
aterrizabas	aterrizabais
aterrizaba	aterrizaban

Preterite

aterricé	aterrizamos
aterrizaste	aterrizasteis
aterrizó	aterrizaron

Future

aterrizaré	aterrizaremos
aterrizarás	aterrizaréis
aterrizará	aterrizarán

Conditional

aterrizaría	aterrizaríamos
aterrizarías	aterrizaríais
aterrizaría	aterrizarían

Present Subjunctive

aterrice	aterricemos
aterrices	aterricéis
aterrice	aterricen

Imperfect Subjunctive

aterrizara	aterrizáramos
aterrizaras	aterrizarais
aterrizara	aterrizaran

OR

aterrizase	aterrizásemos
aterrizases	aterrizaseis
aterrizase	aterrizasen

Present Perfect

he aterrizado	hemos aterrizado
has aterrizado	habéis aterrizado
ha aterrizado	han aterrizado

Pluperfect

había aterrizado	habíamos aterrizado
habías aterrizado	habíais aterrizado
había aterrizado	habían aterrizado

Preterite Perfect

hube aterrizado	hubimos aterrizado
hubiste aterrizado	hubisteis aterrizado
hubo aterrizado	hubieron aterrizado

Future Perfect

habré aterrizado	habremos aterrizado
habrás aterrizado	habréis aterrizado
habrá aterrizado	habrán aterrizado

Perfect Conditional

habría aterrizado	habríamos aterrizado
habrías aterrizado	habríais aterrizado
habría aterrizado	habrían aterrizado

Present Perfect Subjunctive

haya aterrizado	hayamos aterrizado
hayas aterrizado	hayáis aterrizado
haya aterrizado	hayan aterrizado

Pluperfect Subjunctive

hubiera aterrizado	hubiéramos aterrizado
hubieras aterrizado	hubierais aterrizado
hubiera aterrizado	hubieran aterrizado

Imperative

aterriza	aterrizad
aterrice	aterricen

Verb in Action

En breves minutos aterrizaremos en el aeropuerto de Barajas. *(We'll shortly be landing at Barajas Airport.)*

No hay suficiente espacio para que aterrice un helicóptero. *(There isn't enough space for a helicopter to land.)*

¡Algún día aterrizarás en la realidad! *(One of these days you'll land in the real world!)*

atraer

(to attract)

Gerund: atrayendo • **Past Participle:** atraído
Irregular -er verb

Present Indicative

atraigo	atraemos
atraes	atraéis
atrae	atraen

Imperfect

atraía	atraíamos
atraías	atraíais
atraía	atraían

Preterite

atraje	atrajimos
atrajiste	atrajisteis
atrajo	atrajeron

Future

atraeré	atraeremos
atraerás	atraeréis
atraerá	atraerán

Conditional

atraería	atraeríamos
atraerías	atraeríais
atraería	atraerían

Present Subjunctive

atraiga	atraigamos
atraigas	atraigáis
atraiga	atraigan

Imperfect Subjunctive

atrajera	atrajéramos
atrajeras	atrajerais
atrajera	atrajeran

OR

atrajese	atrajésemos
atrajeses	atrajeseis
atrajese	atrajesen

Present Perfect

he atraído	hemos atraído
has atraído	habéis atraído
ha atraído	han atraído

Pluperfect

había atraído	habíamos atraído
habías atraído	habíais atraído
había atraído	habían atraído

Preterite Perfect

hube atraído	hubimos atraído
hubiste atraído	hubisteis atraído
hubo atraído	hubieron atraído

Future Perfect

habré atraído	habremos atraído
habrás atraído	habréis atraído
habrá atraído	habrán atraído

Perfect Conditional

habría atraído	habríamos atraído
habrías atraído	habríais atraído
habría atraído	habrían atraído

Present Perfect Subjunctive

haya atraído	hayamos atraído
hayas atraído	hayáis atraído
haya atraído	hayan atraído

Pluperfect Subjunctive

hubiera atraído	hubiéramos atraído
hubieras atraído	hubierais atraído
hubiera atraído	hubieran atraído

Imperative

atrae	atraed
atraiga	atraigan

Verb in Action

El país continúa atrayendo inversores. *(The country is still attracting investors.)*
La verdad es que la idea no me atrae. *(The truth is the idea doesn't attract me.)*
Es curioso que a él le atraigan las artes y haya decidido estudiar economía. *(It's strange that he is attracted to the arts but has decided to study economics.)*

atrasar(se)

(to delay, to put back)

Gerund: atrasando • **Past Participle:** atrasado
Reflexive regular -ar verb

Present Indicative

atraso	atrasamos
atrasas	atrasáis
atrasa	atrasan

Present Perfect

he atrasado	hemos atrasado
has atrasado	habéis atrasado
ha atrasado	han atrasado

Imperfect

atrasaba	atrasábamos
atrasabas	atrasabais
atrasaba	atrasaban

Pluperfect

había atrasado	habíamos atrasado
habías atrasado	habíais atrasado
había atrasado	habían atrasado

Preterite

atrasé	atrasamos
atrasaste	atrasasteis
atrasó	atrasaron

Preterite Perfect

hube atrasado	hubimos atrasado
hubiste atrasado	hubisteis atrasado
hubo atrasado	hubieron atrasado

Future

atrasaré	atrasaremos
atrasarás	atrasaréis
atrasará	atrasarán

Future Perfect

habré atrasado	habremos atrasado
habrás atrasado	habréis atrasado
habrá atrasado	habrán atrasado

Conditional

atrasaría	atrasaríamos
atrasarías	atrasaríais
atrasaría	atrasarían

Perfect Conditional

habría atrasado	habríamos atrasado
habrías atrasado	habríais atrasado
habría atrasado	habrían atrasado

Present Subjunctive

atrase	atrasemos
atrases	atraséis
atrase	atrasen

Present Perfect Subjunctive

haya atrasado	hayamos atrasado
hayas atrasado	hayáis atrasado
haya atrasado	hayan atrasado

Imperfect Subjunctive

atrasara	atrasáramos
atrasaras	atrasarais
atrasara	atrasaran
OR	
atrasase	atrasásemos
atrasases	atrasaseis
atrasase	atrasasen

Pluperfect Subjunctive

hubiera atrasado	hubiéramos atrasado
hubieras atrasado	hubierais atrasado
hubiera atrasado	hubieran atrasado

Imperative

atrasa	atrasad
atrase	atrasen

Verb in Action

Cuando llegué a Londres, atrasé el reloj una hora. *(When I arrived in London, I put my watch back an hour.)*
Si faltas tanto a clase, te vas a atrasar. *(If you miss so much school, you'll fall behind.)*
El tren se atrasó unos minutos. *(The train was delayed a few minutes late.)*

atravesar

(to cross, to go through)

Gerund: atravesando • **Past Participle:** atravesado
Regular -ar verb with stem change: e to ie (tenses 1, 6, and imperative)

Present Indicative

atravieso	atravesamos
atraviesas	atravesáis
atraviesa	atraviesan

Imperfect

atravesaba	atravesábamos
atravesabas	atravesabais
atravesaba	atravesaban

Preterite

atravesé	atravesamos
atravesaste	atravesasteis
atravesó	atravesaron

Future

atravesaré	atravesaremos
atravesarás	atravesaréis
atravesará	atravesarán

Conditional

atravesaría	atravesaríamos
atravesarías	atravesaríais
atravesaría	atravesarían

Present Subjunctive

atraviese	atravesemos
atravieses	atraveséis
atraviese	atraviesen

Imperfect Subjunctive

atravesara	atravesáramos
atravesaras	atravesarais
atravesara	atravesaran

OR

atravesase	atravesásemos
atravesases	atravesaseis
atravesase	atravesasen

Present Perfect

he atravesado	hemos atravesado
has atravesado	habéis atravesado
ha atravesado	han atravesado

Pluperfect

había atravesado	habíamos atravesado
habías atravesado	habíais atravesado
había atravesado	habían atravesado

Preterite Perfect

hube atravesado	hubimos atravesado
hubiste atravesado	hubisteis atravesado
hubo atravesado	hubieron atravesado

Future Perfect

habré atravesado	habremos atravesado
habrás atravesado	habréis atravesado
habrá atravesado	habrán atravesado

Perfect Conditional

habría atravesado	habríamos atravesado
habrías atravesado	habríais atravesado
habría atravesado	habrían atravesado

Present Perfect Subjunctive

haya atravesado	hayamos atravesado
hayas atravesado	hayáis atravesado
haya atravesado	hayan atravesado

Pluperfect Subjunctive

hubiera atravesado	hubiéramos atravesado
hubieras atravesado	hubierais atravesado
hubiera atravesado	hubieran atravesado

Imperative

atraviesa	atraviesad
atraviese	atraviesen

Verb in Action

Estamos atravesando un mal momento. *(We're going through a bad patch.)*
Atravesamos el río a nado. *(We swam across the river.)*
El túnel atravesará la montaña. *(The tunnel crosses through the mountain.)*

atreverse

(to dare)

Gerund: atreviendo • **Past Participle:** atrevido
Regular -er verb

Present Indicative

me atrevo	nos atrevemos
te atreves	os atrevéis
se atreve	se atreven

Present Perfect

me he atrevido	nos hemos atrevido
te has atrevido	os habéis atrevido
se ha atrevido	se han atrevido

Imperfect

me atrevía	nos atrevíamos
te atrevías	os atrevíais
se atrevía	se atrevían

Pluperfect

me había atrevido	nos habíamos atrevido
te habías atrevido	os habíais atrevido
se había atrevido	se habían atrevido

Preterite

me atreví	nos atrevimos
te atreviste	os atrevisteis
se atrevió	se atrevieron

Preterite Perfect

me hube atrevido	nos hubimos atrevido
te hubiste atrevido	os hubisteis atrevido
se hubo atrevido	se hubieron atrevido

Future

me atreveré	nos atreveremos
te atreverás	os atreveréis
se atreverá	se atreverán

Future Perfect

me habré atrevido	nos habremos atrevido
te habrás atrevido	os habréis atrevido
se habrá atrevido	se habrán atrevido

Conditional

me atrevería	nos atreveríamos
te atreverías	os atreveríais
se atrevería	se atreverían

Perfect Conditional

me habría atrevido	nos habríamos atrevido
te habrías atrevido	os habríais atrevido
se habría atrevido	se habrían atrevido

Present Subjunctive

me atreva	nos atrevamos
te atrevas	os atreváis
se atreva	se atrevan

Present Perfect Subjunctive

me haya atrevido	nos hayamos atrevido
te hayas atrevido	os hayáis atrevido
se haya atrevido	se hayan atrevido

Imperfect Subjunctive

me atreviera	nos atreviéramos
te atrevieras	os atrevierais
se atreviera	se atrevieran
OR	
me atreviese	nos atreviésemos
te atrevieses	os atrevieseis
se atreviese	se atreviesen

Pluperfect Subjunctive

me hubiera atrevido	nos hubiéramos atrevido
te hubieras atrevido	os hubierais atrevido
se hubiera atrevido	se hubieran atrevido

Imperative

atrévete	atrevíos
atrévase	atrévanse

Verb in Action

No me atreví a preguntárselo. *(I didn't dare ask him.)*
No hay quien se atreva a enfrentársele. *(No one dares confront him.)*
¡No te atrevas! *(Don't you dare!)*

#84

atribuir(se)

(to attribute)

Gerund: atribuyendo • **Past Participle:** atribuido

Reflexive regular -ir verb with spelling change: add y before a, e, or o

Present Indicative

atribuyo	atribuimos
atribuyes	atribuís
atribuye	atribuyen

Imperfect

atribuía	atribuíamos
atribuías	atribuíais
atribuía	atribuían

Preterite

atribuí	atribuímos
atribuiste	atribuisteis
atribuyó	atribuyeron

Future

atribuiré	atribuiremos
atribuirás	atribuiréis
atribuirá	atribuirán

Conditional

atribuiría	atribuiríamos
atribuirías	atribuiríais
atribuiría	atribuirían

Present Subjunctive

atribuya	atribuyamos
atribuyas	atribuyáis
atribuya	atribuyan

Imperfect Subjunctive

atribuyera	atribuyéramos
atribuyeras	atribuyerais
atribuyera	atribuyeran

OR

atribuyese	atribuyésemos
atribuyeses	atribuyeseis
atribuyese	atribuyesen

Present Perfect

he atribuido	hemos atribuido
has atribuido	habéis atribuido
ha atribuido	han atribuido

Pluperfect

había atribuido	habíamos atribuido
habías atribuido	habíais atribuido
había atribuido	habían atribuido

Preterite Perfect

hube atribuido	hubimos atribuido
hubiste atribuido	hubisteis atribuido
hubo atribuido	hubieron atribuido

Future Perfect

habré atribuido	habremos atribuido
habrás atribuido	habréis atribuido
habrá atribuido	habrán atribuido

Perfect Conditional

habría atribuido	habríamos atribuido
habrías atribuido	habríais atribuido
habría atribuido	habrían atribuido

Present Perfect Subjunctive

haya atribuido	hayamos atribuido
hayas atribuido	hayáis atribuido
haya atribuido	hayan atribuido

Pluperfect Subjunctive

hubiera atribuido	hubiéramos atribuido
hubieras atribuido	hubierais atribuido
hubiera atribuido	hubieran atribuido

Imperative

atribuye	atribuid
atribuya	atribuyan

Verb in Action

Me atribuyeron palabras que nunca dije. *(They attributed words to me that I never said.)*
Se atribuye un papel que no le corresponde. *(He's taking on a role that isn't his to take.)*

atropellar(se)

(to knock down, to knock over)

Gerund: atropellando • **Past Participle:** atropellado
Reflexive regular -ar verb

Present Indicative		*Present Perfect*	
atropello	atropellamos	he atropellado	hemos atropellado
atropellas	atropelláis	has atropellado	habéis atropellado
atropella	atropellan	ha atropellado	han atropellado

Imperfect		*Pluperfect*	
atropellaba	atropellábamos	había atropellado	habíamos atropellado
atropellabas	atropellabais	habías atropellado	habíais atropellado
atropellaba	atropellaban	había atropellado	habían atropellado

Preterite		*Preterite Perfect*	
atropellé	atropellamos	hube atropellado	hubimos atropellado
atropellaste	atropellasteis	hubiste atropellado	hubisteis atropellado
atropelló	atropellaron	hubo atropellado	hubieron atropellado

Future		*Future Perfect*	
atropellaré	atropellaremos	habré atropellado	habremos atropellado
atropellarás	atropellaréis	habrás atropellado	habréis atropellado
atropellará	atropellarán	habrá atropellado	habrán atropellado

Conditional		*Perfect Conditional*	
atropellaría	atropellaríamos	habría atropellado	habríamos atropellado
atropellarías	atropellaríais	habrías atropellado	habríais atropellado
atropellaría	atropellarían	habría atropellado	habrían atropellado

Present Subjunctive		*Present Perfect Subjunctive*	
atropelle	atropellemos	haya atropellado	hayamos atropellado
atropelles	atropelléis	hayas atropellado	hayáis atropellado
atropelle	atropellen	haya atropellado	hayan atropellado

Imperfect Subjunctive		*Pluperfect Subjunctive*	
atropellara	atropelláramos	hubiera atropellado	hubiéramos atropellado
atropellaras	atropellarais	hubieras atropellado	hubierais atropellado
atropellara	atropellaran	hubiera atropellado	hubieran atropellado
OR			
atropellase	atropellásemos		
atropellases	atropellaseis		
atropellase	atropellasen		

Imperative	
atropella	atropellad
atropelle	atropellen

Verb in Action

Acaban de atropellar a un perro en la esquina. *(A dog's just been run over at the corner.)*
Atropellan continuamente nuestros derechos. *(They're continually trampling on our rights.)*
Él estaba muy nervioso y se atropellaba al hablar. *(He was so nervous that he was gabbling.)*

#86

aumentar

(to increase, to enlarge)

Gerund: aumentando • **Past Participle:** aumentado
Regular -ar verb

Present Indicative

aumento	aumentamos
aumentas	aumentáis
aumenta	aumentan

Present Perfect

he aumentado	hemos aumentado
has aumentado	habéis aumentado
ha aumentado	han aumentado

Imperfect

aumentaba	aumentábamos
aumentabas	aumentabais
aumentaba	aumentaban

Pluperfect

había aumentado	habíamos aumentado
habías aumentado	habíais aumentado
había aumentado	habían aumentado

Preterite

aumenté	aumentamos
aumentaste	aumentasteis
aumentó	aumentaron

Preterite Perfect

hube aumentado	hubimos aumentado
hubiste aumentado	hubisteis aumentado
hubo aumentado	hubieron aumentado

Future

aumentaré	aumentaremos
aumentarás	aumentaréis
aumentará	aumentarán

Future Perfect

habré aumentado	habremos aumentado
habrás aumentado	habréis aumentado
habrá aumentado	habrán aumentado

Conditional

aumentaría	aumentaríamos
aumentarías	aumentaríais
aumentaría	aumentarían

Perfect Conditional

habría aumentado	habríamos aumentado
habrías aumentado	habríais aumentado
habría aumentado	habrían aumentado

Present Subjunctive

aumente	aumentemos
aumentes	aumentéis
aumente	aumenten

Present Perfect Subjunctive

haya aumentado	hayamos aumentado
hayas aumentado	hayáis aumentado
haya aumentado	hayan aumentado

Imperfect Subjunctive

aumentara	aumentáramos
aumentaras	aumentarais
aumentara	aumentaran
OR	
aumentase	aumentásemos
aumentases	aumentaseis
aumentase	aumentasen

Pluperfect Subjunctive

hubiera aumentado	hubiéramos aumentado
hubieras aumentado	hubierais aumentado
hubiera aumentado	hubieran aumentado

Imperative

aumenta	aumentad
aumente	aumenten

Verb in Action

Los precios aumentan todos los días. *(Every day prices increase.)*
No quiero aumentar de peso. *(I don't want to put on weight.)*
La popularidad del presidente sigue aumentando. *(The president's popularity continues to increase.)*

aunar

(to combine)

Gerund: aunando • **Past Participle:** aunado

Regular -ar verb with spelling change: u to ú on stressed syllable (tenses 1, 6, and imperative)

Present Indicative

aúno	aunamos
aúnas	aunáis
aúna	aúnan

Imperfect

aunaba	aunábamos
aunabas	aunabais
aunaba	aunaban

Preterite

auné	aunamos
aunaste	aunasteis
aunó	aunaron

Future

aunaré	aunaremos
aunarás	aunaréis
aunará	aunarán

Conditional

aunaría	aunaríamos
aunarías	aunaríais
aunaría	aunarían

Present Subjunctive

aúne	aunemos
aúnes	aunéis
aúne	aúnen

Imperfect Subjunctive

aunara	aunáramos
aunaras	aunarais
aunara	aunaran

OR

aunase	aunásemos
aunases	aunaseis
aunase	aunasen

Present Perfect

he aunado	hemos aunado
has aunado	habéis aunado
ha aunado	han aunado

Pluperfect

había aunado	habíamos aunado
habías aunado	habíais aunado
había aunado	habían aunado

Preterite Perfect

hube aunado	hubimos aunado
hubiste aunado	hubisteis aunado
hubo aunado	hubieron aunado

Future Perfect

habré aunado	habremos aunado
habrás aunado	habréis aunado
habrá aunado	habrán aunado

Perfect Conditional

habría aunado	habríamos aunado
habrías aunado	habríais aunado
habría aunado	habrían aunado

Present Perfect Subjunctive

haya aunado	hayamos aunado
hayas aunado	hayáis aunado
haya aunado	hayan aunado

Pluperfect Subjunctive

hubiera aunado	hubiéramos aunado
hubieras aunado	hubierais aunado
hubiera aunado	hubieran aunado

Imperative

aúna	aunad
aúne	aúnen

Verb in Action

En esta obra se aúnan imaginación y técnica. *(This play combines imagination and technique.)*

Aunaron esfuerzos. *(They combined forces.)*

autorizar

(to authorize)

Gerund: autorizando • **Past Participle:** autorizado
Regular -ar verb with spelling change: z to c in front of e

Present Indicative

autorizo	autorizamos
autorizas	autorizáis
autoriza	autorizan

Present Perfect

he autorizado	hemos autorizado
has autorizado	habéis autorizado
ha autorizado	han autorizado

Imperfect

autorizaba	autorizábamos
autorizabas	autorizabais
autorizaba	autorizaban

Pluperfect

había autorizado	habíamos autorizado
habías autorizado	habíais autorizado
había autorizado	habían autorizado

Preterite

autoricé	autorizamos
autorizaste	autorizasteis
autorizó	autorizaron

Preterite Perfect

hube autorizado	hubimos autorizado
hubiste autorizado	hubisteis autorizado
hubo autorizado	hubieron autorizado

Future

autorizaré	autorizaremos
autorizarás	autorizaréis
autorizará	autorizarán

Future Perfect

habré autorizado	habremos autorizado
habrás autorizado	habréis autorizado
habrá autorizado	habrán autorizado

Conditional

autorizaría	autorizaríamos
autorizarías	autorizaríais
autorizaría	autorizarían

Perfect Conditional

habría autorizado	habríamos autorizado
habrías autorizado	habríais autorizado
habría autorizado	habrían autorizado

Present Subjunctive

autorice	autoricemos
autorices	autoricéis
autorice	autoricen

Present Perfect Subjunctive

haya autorizado	hayamos autorizado
hayas autorizado	hayáis autorizado
haya autorizado	hayan autorizado

Imperfect Subjunctive

autorizara	autorizáramos
autorizaras	autorizarais
autorizara	autorizaran
OR	
autorizase	autorizásemos
autorizases	autorizaseis
autorizase	autorizasen

Pluperfect Subjunctive

hubiera autorizado	hubiéramos autorizado
hubieras autorizado	hubierais autorizado
hubiera autorizado	hubieran autorizado

Imperative

autoriza	autorizad
autorice	autoricen

Verb in Action

El director lo autorizó a faltar a clase. *(The principal authorized him to miss school.)*
El que tu opinión sea diferente no te autoriza a insultarme. *(The fact that you disagree doesn't give you the right to insult me.)*
El Ministerio autorizó la venta del producto. *(The sale of the product was authorized by the Ministry.)*

aventar(se)

(to throw, to push)

Gerund: aventando • **Past Participle:** aventado

Regular -ar verb with spelling change: e to ie (tenses 1, 6, and imperative)

Present Indicative		*Present Perfect*	
aviento	aventamos	he aventado	hemos aventado
avientas	aventáis	has aventado	habéis aventado
avienta	avientan	ha aventado	han aventado

Imperfect		*Pluperfect*	
aventaba	aventábamos	había aventado	habíamos aventado
aventabas	aventabais	habías aventado	habíais aventado
aventaba	aventaban	había aventado	habían aventado

Preterite		*Preterite Perfect*	
aventé	aventamos	hube aventado	hubimos aventado
aventaste	aventasteis	hubiste aventado	hubisteis aventado
aventó	aventaron	hubo aventado	hubieron aventado

Future		*Future Perfect*	
aventaré	aventaremos	habré aventado	habremos aventado
aventarás	aventaréis	habrás aventado	habréis aventado
aventará	aventarán	habrá aventado	habrán aventado

Conditional		*Perfect Conditional*	
aventaría	aventaríamos	habría aventado	habríamos aventado
aventarías	aventaríais	habrías aventado	habríais aventado
aventaría	aventarían	habría aventado	habrían aventado

Present Subjunctive		*Present Perfect Subjunctive*	
aviente	aventemos	haya aventado	hayamos aventado
avientes	aventéis	hayas aventado	hayáis aventado
aviente	avienten	haya aventado	hayan aventado

Imperfect Subjunctive		*Pluperfect Subjunctive*	
aventara	aventáramos	hubiera aventado	hubiéramos aventado
aventaras	aventarais	hubieras aventado	hubierais aventado
aventara	aventaran	hubiera aventado	hubieran aventado
OR			
aventase	aventásemos		
aventases	aventaseis		
aventase	aventasen		

Imperative	
avienta	avientad
aviente	avienten

Verb in Action

Aviéntame la gorra. *(Can you throw me my cap?)*
Me aventó a la alberca. *(He pushed me into the swimming pool.)*
No me aviento a decírselo a mi padre. *(I dare not tell my father.)*

avergonzar(se)

(to embarrass, to shame)

Gerund: avergonzando • **Past Participle:** avergonzado
Reflexive regular -ar verb with spelling changes: z to c before e; g to gü before e

Present Indicative

avergüenzo	avergonzamos
avergüenzas	avergonzáis
avergüenza	avergüenzan

Imperfect

avergonzaba	avergonzábamos
avergonzabas	avergonzabais
avergonzaba	avergonzaban

Preterite

avergoncé	avergonzamos
avergonzaste	avergonzasteis
avergonzó	avergonzaron

Future

avergonzaré	avergonzaremos
avergonzarás	avergonzaréis
avergonzará	avergonzarán

Conditional

avergonzaría	avergonzaríamos
avergonzarías	avergonzaríais
avergonzaría	avergonzarían

Present Subjunctive

avergüence	avergoncemos
avergüences	avergoncéis
avergüence	avergüencen

Imperfect Subjunctive

avergonzara	avergonzáramos
avergonzaras	avergonzarais
avergonzara	avergonzaran
OR	
avergonzase	avergonzásemos
avergonzases	avergonzaseis
avergonzase	avergonzasen

Present Perfect

he avergonzado	hemos avergonzado
has avergonzado	habéis avergonzado
ha avergonzado	han avergonzado

Pluperfect

había avergonzado	habíamos avergonzado
habías avergonzado	habíais avergonzado
había avergonzado	habían avergonzado

Preterite Perfect

hube avergonzado	hubimos avergonzado
hubiste avergonzado	hubisteis avergonzado
hubo avergonzado	hubieron avergonzado

Future Perfect

habré avergonzado	habremos avergonzado
habrás avergonzado	habréis avergonzado
habrá avergonzado	habrán avergonzado

Perfect Conditional

habría avergonzado	habríamos avergonzado
habrías avergonzado	habríais avergonzado
habría avergonzado	habrían avergonzado

Present Perfect Subjunctive

haya avergonzado	hayamos avergonzado
hayas avergonzado	hayáis avergonzado
haya avergonzado	hayan avergonzado

Pluperfect Subjunctive

hubiera avergonzado	hubiéramos avergonzado
hubieras avergonzado	hubierais avergonzado
hubiera avergonzado	hubieran avergonzado

Imperative

avergüenca	avergoncad
avergüence	avergüencen

Verb in Action

Cuando me lo dijo él me avergoncé. *(I was embarrassed when he told me.)*
Se avergonzaba él de su familia. *(He was ashamed of his family.)*
Si de verdad se avergonzaran, no se comportarían así. *(They wouldn't behave like that if they were really ashamed.)*

averiguar

(to find out, to quarrel)

Gerund: averiguando • **Past Participle:** averiguado
Regular -ar verb with spelling change: gu to gü in front of e

Present Indicative

averiguo	averiguamos
averiguas	averiguáis
averigua	averiguan

Present Perfect

he averiguado	hemos averiguado
has averiguado	habéis averiguado
ha averiguado	han averiguado

Imperfect

averiguaba	averiguábamos
averiguabas	averiguabais
averiguaba	averiguaban

Pluperfect

había averiguado	habíamos averiguado
habías averiguado	habíais averiguado
había averiguado	habían averiguado

Preterite

averigüé	averiguó
averiguaste	averiguasteis
averiguamos	averiguaron

Preterite Perfect

hube averiguado	hubimos averiguado
hubiste averiguado	hubisteis averiguado
hubo averiguado	hubieron averiguado

Future

averiguaré	averiguaremos
averiguarás	averiguaréis
averiguará	averiguarán

Future Perfect

habré averiguado	habremos averiguado
habrás averiguado	habréis averiguado
habrá averiguado	habrán averiguado

Conditional

averiguaría	averiguaríamos
averiguarías	averiguaríais
averiguaría	averiguarían

Perfect Conditional

habría averiguado	habríamos averiguado
habrías averiguado	habríais averiguado
habría averiguado	habrían averiguado

Present Subjunctive

averigüe	averigüemos
averigües	averigüéis
averigüe	averigüen

Present Perfect Subjunctive

haya averiguado	hayamos averiguado
hayas averiguado	hayáis averiguado
haya averiguado	hayan averiguado

Imperfect Subjunctive

averiguara	averiguáramos
averiguaras	averiguarais
averiguara	averiguaran
OR	
averiguase	averiguásemos
averiguases	averiguaseis
averiguase	averiguasen

Pluperfect Subjunctive

hubiera averiguado	hubiéramos averiguado
hubieras averiguado	hubierais averiguado
hubiera averiguado	hubieran averiguado

Imperative

averigua	averiguad
averigüe	averigüen

Verb in Action

Poco a poco van averiguando más cosas sobre su vida. *(They're gradually finding out more about his life.)*
¿Cómo averiguaste dónde vivo? *(How did you find out where I live?)*
En cuanto lo averigüe te lo digo. *(As soon as I find out, I'll tell you.)*

avisar

(to tell, to warn)

Gerund: avisando • **Past Participle:** avisado
Regular -ar verb

Present Indicative

aviso	avisamos
avisas	avisáis
avisa	avisan

Imperfect

avisaba	avisábamos
avisabas	avisabais
avisaba	avisaban

Preterite

avisé	avisamos
avisaste	avisasteis
avisó	avisaron

Future

avisaré	avisaremos
avisarás	avisaréis
avisará	avisarán

Conditional

avisaría	avisaríamos
avisarías	avisaríais
avisaría	avisarían

Present Subjunctive

avise	avisemos
avises	aviséis
avise	avisen

Imperfect Subjunctive

avisara	avisáramos
avisaras	avisarais
avisara	avisaran
OR	
avisase	avisásemos
avisases	avisaseis
avisase	avisasen

Present Perfect

he avisado	hemos avisado
has avisado	habéis avisado
ha avisado	han avisado

Pluperfect

había avisado	habíamos avisado
habías avisado	habíais avisado
había avisado	habían avisado

Preterite Perfect

hube avisado	hubimos avisado
hubiste avisado	hubisteis avisado
hubo avisado	hubieron avisado

Future Perfect

habré avisado	habremos avisado
habrás avisado	habréis avisado
habrá avisado	habrán avisado

Perfect Conditional

habría avisado	habríamos avisado
habrías avisado	habríais avisado
habría avisado	habrían avisado

Present Perfect Subjunctive

haya avisado	hayamos avisado
hayas avisado	hayáis avisado
haya avisado	hayan avisado

Pluperfect Subjunctive

hubiera avisado	hubiéramos avisado
hubieras avisado	hubierais avisado
hubiera avisado	hubieran avisado

Imperative

avisa	avisad
avise	avisen

Verb in Action

Avísame cuando la comida esté lista. *(Tell me when lunch is ready.)*
No pude ir al entierro porque me avisaron demasiado tarde. *(I wasn't able to go to the funeral because I was told about it too late.)*
¿Por qué no me avisaste con tiempo? *(Why didn't you tell me in good time?)*

ayudar

(to help)

Gerund: ayudando • **Past Participle:** ayudado
Regular -ar verb

Present Indicative		*Present Perfect*	
ayudo	ayudamos	he ayudado	hemos ayudado
ayudas	ayudáis	has ayudado	habéis ayudado
ayuda	ayudan	ha ayudado	han ayudado
Imperfect		*Pluperfect*	
ayudaba	ayudábamos	había ayudado	habíamos ayudado
ayudabas	ayudabais	habías ayudado	habíais ayudado
ayudaba	ayudaban	había ayudado	habían ayudado
Preterite		*Preterite Perfect*	
ayudé	ayudamos	hube ayudado	hubimos ayudado
ayudaste	ayudasteis	hubiste ayudado	hubisteis ayudado
ayudó	ayudaron	hubo ayudado	hubieron ayudado
Future		*Future Perfect*	
ayudaré	ayudaremos	habré ayudado	habremos ayudado
ayudarás	ayudaréis	habrás ayudado	habréis ayudado
ayudará	ayudarán	habrá ayudado	habrán ayudado
Conditional		*Perfect Conditional*	
ayudaría	ayudaríamos	habría ayudado	habríamos ayudado
ayudarías	ayudaríais	habrías ayudado	habríais ayudado
ayudaría	ayudarían	habría ayudado	habrían ayudado
Present Subjunctive		*Present Perfect Subjunctive*	
ayude	ayudemos	haya ayudado	hayamos ayudado
ayudes	ayudéis	hayas ayudado	hayáis ayudado
ayude	ayuden	haya ayudado	hayan ayudado
Imperfect Subjunctive		*Pluperfect Subjunctive*	
ayudara	ayudáramos	hubiera ayudado	hubiéramos ayudado
ayudaras	ayudarais	hubieras ayudado	hubierais ayudado
ayudara	ayudaran	hubiera ayudado	hubieran ayudado
OR			
ayudase	ayudásemos		
ayudases	ayudaseis		
ayudase	ayudasen		

Imperative

ayuda	ayudad
ayude	ayuden

Verb in Action

Ayúdame a hacer las camas. *(Help me make the beds.)*
Si pudiera yo, te ayudaría. *(I'd help you, if I could.)*
Ella no quiere que la ayudemos. *(She doesn't want us to help her.)*

#94

bailar

(to dance)

Gerund: bailando • **Past Participle:** bailado

Regular -ar verb

Present Indicative

bailo	bailamos
bailas	bailáis
baila	bailan

Imperfect

bailaba	bailábamos
bailabas	bailabais
bailaba	bailaban

Preterite

bailé	bailamos
bailaste	bailasteis
bailó	bailaron

Future

bailaré	bailaremos
bailarás	bailaréis
bailará	bailarán

Conditional

bailaría	bailaríamos
bailarías	bailaríais
bailaría	bailarían

Present Subjunctive

baile	bailemos
bailes	bailéis
baile	bailen

Imperfect Subjunctive

bailara	bailáramos
bailaras	bailarais
bailara	bailaran

OR

bailase	bailásemos
bailases	bailaseis
bailase	bailasen

Present Perfect

he bailado	hemos bailado
has bailado	habéis bailado
ha bailado	han bailado

Pluperfect

había bailado	habíamos bailado
habías bailado	habíais bailado
había bailado	habían bailado

Preterite Perfect

hube bailado	hubimos bailado
hubiste bailado	hubisteis bailado
hubo bailado	hubieron bailado

Future Perfect

habré bailado	habremos bailado
habrás bailado	habréis bailado
habrá bailado	habrán bailado

Perfect Conditional

habría bailado	habríamos bailado
habrías bailado	habríais bailado
habría bailado	habrían bailado

Present Perfect Subjunctive

haya bailado	hayamos bailado
hayas bailado	hayáis bailado
haya bailado	hayan bailado

Pluperfect Subjunctive

hubiera bailado	hubiéramos bailado
hubieras bailado	hubierais bailado
hubiera bailado	hubieran bailado

Imperative

baila	bailad
baile	bailen

Verb in Action

Bailaron toda la noche. *(They danced all night.)*
Ella bailó un vals con su padre. *(She danced a waltz with her father.)*
Toquen algo moderno para que bailen los jóvenes. *(Play something modern for the young people to dance to.)*

bajar(se)

(to go down, to come down)

Gerund: bajando • **Past Participle:** bajado
Reflexive regular -ar verb

Present Indicative

bajo	bajamos
bajas	bajáis
baja	bajan

Imperfect

bajaba	bajábamos
bajabas	bajabais
bajaba	bajaban

Preterite

bajé	bajamos
bajaste	bajasteis
bajó	bajaron

Future

bajaré	bajaremos
bajarás	bajaréis
bajará	bajarán

Conditional

bajaría	bajaríamos
bajarías	bajaríais
bajaría	bajarían

Present Subjunctive

baje	bajemos
bajes	bajéis
baje	bajen

Imperfect Subjunctive

bajara	bajáramos
bajaras	bajarais
bajara	bajaran

OR

bajase	bajásemos
bajases	bajaseis
bajase	bajasen

Present Perfect

he bajado	hemos bajado
has bajado	habéis bajado
ha bajado	han bajado

Pluperfect

había bajado	habíamos bajado
habías bajado	habíais bajado
había bajado	habían bajado

Preterite Perfect

hube bajado	hubimos bajado
hubiste bajado	hubisteis bajado
hubo bajado	hubieron bajado

Future Perfect

habré bajado	habremos bajado
habrás bajado	habréis bajado
habrá bajado	habrán bajado

Perfect Conditional

habría bajado	habríamos bajado
habrías bajado	habríais bajado
habría bajado	habrían bajado

Present Perfect Subjunctive

haya bajado	hayamos bajado
hayas bajado	hayáis bajado
haya bajado	hayan bajado

Pluperfect Subjunctive

hubiera bajado	hubiéramos bajado
hubieras bajado	hubierais bajado
hubiera bajado	hubieran bajado

Imperative

baja	bajad
baje	bajen

Verb in Action

Él bajó por la escalera. *(He came/went down the stairs.)*
Espera a que baje el precio. *(Wait for the price to come down.)*
Yo me bajo en Constitución. *(I'm getting off at Constitution.)*

bañar(se)

(to bathe, to swim)

Gerund: bañando • **Past Participle:** bañado
Reflexive regular -ar verb

Present Indicative		*Present Perfect*	
baño	bañamos	he bañado	hemos bañado
bañas	bañáis	has bañado	habéis bañado
baña	bañan	ha bañado	han bañado

Imperfect		*Pluperfect*	
bañaba	bañábamos	había bañado	habíamos bañado
bañabas	bañabais	habías bañado	habíais bañado
bañaba	bañaban	había bañado	habían bañado

Preterite		*Preterite Perfect*	
bañé	bañamos	hube bañado	hubimos bañado
bañaste	bañasteis	hubiste bañado	hubisteis bañado
bañó	bañaron	hubo bañado	hubieron bañado

Future		*Future Perfect*	
bañaré	bañaremos	habré bañado	habremos bañado
bañarás	bañaréis	habrás bañado	habréis bañado
bañará	bañarán	habrá bañado	habrán bañado

Conditional		*Perfect Conditional*	
bañaría	bañaríamos	habría bañado	habríamos bañado
bañarías	bañaríais	habrías bañado	habríais bañado
bañaría	bañarían	habría bañado	habrían bañado

Present Subjunctive		*Present Perfect Subjunctive*	
bañe	bañemos	haya bañado	hayamos bañado
bañes	bañéis	hayas bañado	hayáis bañado
bañe	bañen	haya bañado	hayan bañado

Imperfect Subjunctive		*Pluperfect Subjunctive*	
bañara	bañáramos	hubiera bañado	hubiéramos bañado
bañaras	bañarais	hubieras bañado	hubierais bañado
bañara	bañaran	hubiera bañado	hubieran bañado
OR			
bañase	bañásemos		
bañases	bañaseis		
bañase	bañasen		

Imperative

baña	bañad
bañe	bañen

Verb in Action

Me gusta bañarme antes de acostarme. *(I like to have a bath before going to bed.)*
¿Ya bañaron al bebé? *(Have you bathed the baby yet?)*
No me bañé porque no había agua caliente. *(I didn't bathe because there wasn't any hot water.)*

basar(se)

(to base)

Gerund: basando • **Past Participle:** basado
Reflexive regular -ar verb

Present Indicative

baso	basamos
basas	basáis
basa	basan

Present Perfect

he basado	hemos basado
has basado	habéis basado
ha basado	han basado

Imperfect

basaba	basábamos
basabas	basabais
basaba	basaban

Pluperfect

había basado	habíamos basado
habías basado	habíais basado
había basado	habían basado

Preterite

basé	basamos
basaste	basasteis
basó	basaron

Preterite Perfect

hube basado	hubimos basado
hubiste basado	hubisteis basado
hubo basado	hubieron basado

Future

basaré	basaremos
basarás	basaréis
basará	basarán

Future Perfect

habré basado	habremos basado
habrás basado	habréis basado
habrá basado	habrán basado

Conditional

basaría	basaríamos
basarías	basaríais
basaría	basarían

Perfect Conditional

habría basado	habríamos basado
habrías basado	habríais basado
habría basado	habrían basado

Present Subjunctive

base	basemos
bases	baséis
base	basen

Present Perfect Subjunctive

haya basado	hayamos basado
hayas basado	hayáis basado
haya basado	hayan basado

Imperfect Subjunctive

basara	basáramos
basaras	basarais
basara	basaran
OR	
basase	basásemos
basases	basaseis
basase	basasen

Pluperfect Subjunctive

hubiera basado	hubiéramos basado
hubieras basado	hubierais basado
hubiera basado	hubieran basado

Imperative

basa	basad
base	basen

Verb in Action

¿En qué te basas para decir eso? *(What are you basing that assertion on?)*
La obra se basa en la novela homónima de la autora. *(The play is based on the author's novel of the same name.)*
La resolución se basó en datos falsos. *(The decision was based on false information.)*

#98

bastar

(to be enough)

Gerund: bastando • **Past Participle:** bastado
Regular -ar verb

Present Indicative		*Present Perfect*	
basto	bastamos	he bastado	hemos bastado
bastas	bastáis	has bastado	habéis bastado
basta	bastan	ha bastado	han bastado

Imperfect		*Pluperfect*	
bastaba	bastábamos	había bastado	habíamos bastado
bastabas	bastabais	habías bastado	habíais bastado
bastaba	bastaban	había bastado	habían bastado

Preterite		*Preterite Perfect*	
basté	bastamos	hube bastado	hubimos bastado
bastaste	bastasteis	hubiste bastado	hubisteis bastado
bastó	bastaron	hubo bastado	hubieron bastado

Future		*Future Perfect*	
bastaré	bastaremos	habré bastado	habremos bastado
bastarás	bastaréis	habrás bastado	habréis bastado
bastará	bastarán	habrá bastado	habrán bastado

Conditional		*Perfect Conditional*	
bastaría	bastaríamos	habría bastado	habríamos bastado
bastarías	bastaríais	habrías bastado	habríais bastado
bastaría	bastarían	habría bastado	habrían bastado

Present Subjunctive		*Present Perfect Subjunctive*	
baste	bastemos	haya bastado	hayamos bastado
bastes	bastéis	hayas bastado	hayáis bastado
baste	basten	haya bastado	hayan bastado

Imperfect Subjunctive		*Pluperfect Subjunctive*	
bastara	bastáramos	hubiera bastado	hubiéramos bastado
bastaras	bastarais	hubieras bastado	hubierais bastado
bastara	bastaran	hubiera bastado	hubieran bastado
OR			
bastase	bastásemos		
bastases	bastaseis		
bastase	bastasen		

Imperative

basta	bastad
baste	basten

Verb in Action

Creo que basta con un ejemplo. *(I think one example should be enough.)*
Baste decir que nunca contesta mis mensajes. *(Suffice it to say that he never replies to my texts.)*
Bastaría con invitarlos a tomar una copa. *(You could just ask them for a drink.)*

beber(se)

(to drink)

Gerund: bebiendo • **Past Participle:** bebido
Reflexive regular -er verb

Present Indicative

bebo	bebemos
bebes	bebéis
bebe	beben

Imperfect

bebía	bebíamos
bebías	bebíais
bebía	bebían

Preterite

bebí	bebimos
bebiste	bebisteis
bebió	bebieron

Future

beberé	beberemos
beberás	beberéis
beberá	beberán

Conditional

bebería	beberíamos
beberías	beberíais
bebería	beberían

Present Subjunctive

beba	bebamos
bebas	bebáis
beba	beban

Imperfect Subjunctive

bebiera	bebiéramos
bebieras	bebierais
bebiera	bebieran

OR

bebiese	bebiésemos
bebieses	bebieseis
bebiese	bebiesen

Present Perfect

he bebido	hemos bebido
has bebido	habéis bebido
ha bebido	han bebido

Pluperfect

había bebido	habíamos bebido
habías bebido	habíais bebido
había bebido	habían bebido

Preterite Perfect

hube bebido	hubimos bebido
hubiste bebido	hubisteis bebido
hubo bebido	hubieron bebido

Future Perfect

habré bebido	habremos bebido
habrás bebido	habréis bebido
habrá bebido	habrán bebido

Perfect Conditional

habría bebido	habríamos bebido
habrías bebido	habríais bebido
habría bebido	habrían bebido

Present Perfect Subjunctive

haya bebido	hayamos bebido
hayas bebido	hayáis bebido
haya bebido	hayan bebido

Pluperfect Subjunctive

hubiera bebido	hubiéramos bebido
hubieras bebido	hubierais bebido
hubiera bebido	hubieran bebido

Imperative

bebe	bebed
beba	beban

Verb in Action

¿Qué quieres beber? *(What would you like to drink?)*
Se bebieron ellos más de una botella de vino entre los dos. *(They drank over a bottle of wine between them.)*
Bébetelo todo. *(Drink it all up.)*

#100

bendecir

(to bless)

Gerund: bendiciendo • **Past Participle:** bendecido
Irregular -ir verb

Present Indicative

bendigo	bendecimos
bendices	bendecís
bendice	bendicen

Imperfect

bendecía	bendecíamos
bendecías	bendecíais
bendecía	bendecían

Preterite

bendije	bendijimos
bendijiste	bendijisteis
bendijo	bendijeron

Future

bendeciré	bendeciremos
bendecirás	bendeciréis
bendecirá	bendecirán

Conditional

bendeciría	bendeciríamos
bendecirías	bendeciríais
bendeciría	bendecirían

Present Subjunctive

bendiga	bendigamos
bendigas	bendigáis
bendiga	bendigan

Imperfect Subjunctive

bendijera	bendijéramos
bendijeras	bendijerais
bendijera	bendijeran

OR

bendijese	bendijésemos
bendijeses	bendijeseis
bendijese	bendijesen

Present Perfect

he bendecido	hemos bendecido
has bendecido	habéis bendecido
ha bendecido	han bendecido

Pluperfect

había bendecido	habíamos bendecido
habías bendecido	habíais bendecido
había bendecido	habían bendecido

Preterite Perfect

hube bendecido	hubimos bendecido
hubiste bendecido	hubisteis bendecido
hubo bendecido	hubieron bendecido

Future Perfect

habré bendecido	habremos bendecido
habrás bendecido	habréis bendecido
habrá bendecido	habrán bendecido

Perfect Conditional

habría bendecido	habríamos bendecido
habrías bendecido	habríais bendecido
habría bendecido	habrían bendecido

Present Perfect Subjunctive

haya bendecido	hayamos bendecido
hayas bendecido	hayáis bendecido
haya bendecido	hayan bendecido

Pluperfect Subjunctive

hubiera bendecido	hubiéramos bendecido
hubieras bendecido	hubierais bendecido
hubiera bendecido	hubieran bendecido

Imperative

bendi	bendecid
bendiga	bendigan

Verb in Action

La vida me ha bendecido. *(I've been blessed.)*
Bendecía ella el día en que conoció a él. *(She blessed the day she met him.)*
Pidieron a un sacerdote que bendijera su nueva casa. *(They asked a priest to bless their new house.)*

besar(se)

(to kiss)

Gerund: besando • **Past Participle:** besado
Regular -ar verb

Present Indicative

beso	besamos
besas	besáis
besa	besan

Imperfect

besaba	besábamos
besabas	besabais
besaba	besaban

Preterite

besé	besamos
besaste	besasteis
besó	besaron

Future

besaré	besaremos
besarás	besaréis
besará	besarán

Conditional

besaría	besaríamos
besarías	besaríais
besaría	besarían

Present Subjunctive

bese	besemos
beses	beséis
bese	besen

Imperfect Subjunctive

besara	besáramos
besaras	besarais
besara	besaran

OR

besase	besásemos
besases	besaseis
besase	besasen

Present Perfect

he besado	hemos besado
has besado	habéis besado
ha besado	han besado

Pluperfect

había besado	habíamos besado
habías besado	habíais besado
había besado	habían besado

Preterite Perfect

hube besado	hubimos besado
hubiste besado	hubisteis besado
hubo besado	hubieron besado

Future Perfect

habré besado	habremos besado
habrás besado	habréis besado
habrá besado	habrán besado

Perfect Conditional

habría besado	habríamos besado
habrías besado	habríais besado
habría besado	habrían besado

Present Perfect Subjunctive

haya besado	hayamos besado
hayas besado	hayáis besado
haya besado	hayan besado

Pluperfect Subjunctive

hubiera besado	hubiéramos besado
hubieras besado	hubierais besado
hubiera besado	hubieran besado

Imperative

besa	besad
bese	besen

Verb in Action

Se abrazaron y se besaron. *(They hugged and kissed.)*
Puedes besar a la novia. *(You may kiss the bride.)*
Bésame. *(Kiss me.)*

#102

botar(se)

(to throw out, to throw)

Gerund: botando • **Past Participle:** botado
Reflexive regular -ar verb

Present Indicative		*Present Perfect*	
boto	botamos	he botado	hemos botado
botas	botáis	has botado	habéis botado
bota	botan	ha botado	han botado

Imperfect		*Pluperfect*	
botaba	botábamos	había botado	habíamos botado
botabas	botabais	habías botado	habíais botado
botaba	botaban	había botado	habían botado

Preterite		*Preterite Perfect*	
boté	botamos	hube botado	hubimos botado
botaste	botasteis	hubiste botado	hubisteis botado
botó	botaron	hubo botado	hubieron botado

Future		*Future Perfect*	
botaré	botaremos	habré botado	habremos botado
botarás	botaréis	habrás botado	habréis botado
botará	botarán	habrá botado	habrán botado

Conditional		*Perfect Conditional*	
botaría	botaríamos	habría botado	habríamos botado
botarías	botaríais	habrías botado	habríais botado
botaría	botarían	habría botado	habrían botado

Present Subjunctive		*Present Perfect Subjunctive*	
bote	botemos	haya botado	hayamos botado
botes	botéis	hayas botado	hayáis botado
bote	boten	haya botado	hayan botado

Imperfect Subjunctive		*Pluperfect Subjunctive*	
botara	botáramos	hubiera botado	hubiéramos botado
botaras	botarais	hubieras botado	hubierais botado
botara	botaran	hubiera botado	hubieran botado
OR			
botase	botásemos		
botases	botaseis		
botase	botasen		

Imperative

bota	botad
bote	boten

Verb in Action

Bota eso a la basura. *(Throw that in the garbage.)*
Se prohíbe botar basura. *(No dumping.)*
Lo habían botado del trabajo. *(He had been fired.)*

brincar

(to leap, to skip)

Gerund: brincando • **Past Participle:** brincado
Regular -ar verb with spelling change: c to qu in front of e

Present Indicative

brinco	brincamos
brincas	brincáis
brinca	brincan

Imperfect

brincaba	brincábamos
brincabas	brincabais
brincaba	brincaban

Preterite

brinqué	brincamos
brincaste	brincasteis
brincó	brincaron

Future

brincaré	brincaremos
brincarás	brincaréis
brincará	brincarán

Conditional

brincaría	brincaríamos
brincarías	brincaríais
brincaría	brincarían

Present Subjunctive

brinque	brinquemos
brinques	brinquéis
brinque	brinquen

Imperfect Subjunctive

brincara	brincáramos
brincaras	brincarais
brincara	brincaran

OR

brincase	brincásemos
brincases	brincaseis
brincase	brincasen

Present Perfect

he brincado	hemos brincado
has brincado	habéis brincado
ha brincado	han brincado

Pluperfect

había brincado	habíamos brincado
habías brincado	habíais brincado
había brincado	habían brincado

Preterite Perfect

hube brincado	hubimos brincado
hubiste brincado	hubisteis brincado
hubo brincado	hubieron brincado

Future Perfect

habré brincado	habremos brincado
habrás brincado	habréis brincado
habrá brincado	habrán brincado

Perfect Conditional

habría brincado	habríamos brincado
habrías brincado	habríais brincado
habría brincado	habrían brincado

Present Perfect Subjunctive

haya brincado	hayamos brincado
hayas brincado	hayáis brincado
haya brincado	hayan brincado

Pluperfect Subjunctive

hubiera brincado	hubiéramos brincado
hubieras brincado	hubierais brincado
hubiera brincado	hubieran brincado

Imperative

brinca	brincad
brinque	brinquen

Verb in Action

Los niños brincaban de contentos. *(The children were leaping for joy.)*
Estaban brincando la cuerda. *(They were jumping rope.)*
Con una victoria más, brincarían al segundo puesto. *(One more win and they would leap into second place.)*

#104

brindar

(to drink a toast, to offer)

Gerund: brindando • **Past Participle:** brindado
Regular -ar verb

Present Indicative		*Present Perfect*	
brindo	brindamos	he brindado	hemos brindado
brindas	brindáis	has brindado	habéis brindado
brinda	brindan	ha brindado	han brindado

Imperfect		*Pluperfect*	
brindaba	brindábamos	había brindado	habíamos brindado
brindabas	brindabais	habías brindado	habíais brindado
brindaba	brindaban	había brindado	habían brindado

Preterite		*Preterite Perfect*	
brindé	brindamos	hube brindado	hubimos brindado
brindaste	brindasteis	hubiste brindado	hubisteis brindado
brindó	brindaron	hubo brindado	hubieron brindado

Future		*Future Perfect*	
brindaré	brindaremos	habré brindado	habremos brindado
brindarás	brindaréis	habrás brindado	habréis brindado
brindará	brindarán	habrá brindado	habrán brindado

Conditional		*Perfect Conditional*	
brindaría	brindaríamos	habría brindado	habríamos brindado
brindarías	brindaríais	habrías brindado	habríais brindado
brindaría	brindarían	habría brindado	habrían brindado

Present Subjunctive		*Present Perfect Subjunctive*	
brinde	brindemos	haya brindado	hayamos brindado
brindes	brindéis	hayas brindado	hayáis brindado
brinde	brinden	haya brindado	hayan brindado

Imperfect Subjunctive		*Pluperfect Subjunctive*	
brindara	brindáramos	hubiera brindado	hubiéramos brindado
brindaras	brindarais	hubieras brindado	hubierais brindado
brindara	brindaran	hubiera brindado	hubieran brindado
OR			
brindase	brindásemos		
brindases	brindaseis		
brindase	brindasen		

Imperative

brinda	brindad
brinde	brinden

Verb in Action

Brindaron por los novios. *(They drank a toast to the newlyweds.)*
Brindemos por el éxito del proyecto. *(Let's drink to the project being a great success.)*
Agradezco la oportunidad que me brindan. *(Thank you for the opportunity you're offering me.)*

buscar

(to look for, to search for)

Gerund: buscando • **Past Participle:** buscado
Regular -ar verb with spelling change: c to qu in front of e

Present Indicative		*Present Perfect*	
busco	buscamos	he buscado	hemos buscado
buscas	buscáis	has buscado	habéis buscado
busca	buscan	ha buscado	han buscado

Imperfect		*Pluperfect*	
buscaba	buscábamos	había buscado	habíamos buscado
buscabas	buscabais	habías buscado	habíais buscado
buscaba	buscaban	había buscado	habían buscado

Preterite		*Preterite Perfect*	
busqué	buscamos	hube buscado	hubimos buscado
buscaste	buscasteis	hubiste buscado	hubisteis buscado
buscó	buscaron	hubo buscado	hubieron buscado

Future		*Future Perfect*	
buscaré	buscaremos	habré buscado	habremos buscado
buscarás	buscaréis	habrás buscado	habréis buscado
buscará	buscarán	habrá buscado	habrán buscado

Conditional		*Perfect Conditional*	
buscaría	buscaríamos	habría buscado	habríamos buscado
buscarías	buscaríais	habrías buscado	habríais buscado
buscaría	buscarían	habría buscado	habrían buscado

Present Subjunctive		*Present Perfect Subjunctive*	
busque	busquemos	haya buscado	hayamos buscado
busques	busquéis	hayas buscado	hayáis buscado
busque	busquen	haya buscado	hayan buscado

Imperfect Subjunctive		*Pluperfect Subjunctive*	
buscara	buscáramos	hubiera buscado	hubiéramos buscado
buscaras	buscarais	hubieras buscado	hubierais buscado
buscara	buscaran	hubiera buscado	hubieran buscado
OR			
buscase	buscásemos		
buscases	buscaseis		
buscase	buscasen		

Imperative

busca	buscad
busque	busquen

Verb in Action

¿Qué estás buscando? *(What are you looking for?)*
Lo busqué durante horas y no lo pude encontrar. *(I spent hours searching for it but I couldn't find it.)*
Ve a buscar la caja de herramientas. *(Go and look for the tool box.)*

caber

(to fit)

Gerund: cabiendo • **Past Participle:** cabido

Irregular -er verb

Present Indicative

quepo	cabemos
cabes	cabéis
cabe	caben

Imperfect

cabía	cabíamos
cabías	cabíais
cabía	cabían

Preterite

cupe	cupimos
cupiste	cupisteis
cupo	cupieron

Future

cabré	cabremos
cabrás	cabréis
cabrá	cabrán

Conditional

cabría	cabríamos
cabrías	cabríais
cabría	cabrían

Present Subjunctive

quepa	quepamos
quepas	quepáis
quepa	quepan

Imperfect Subjunctive

cupiera	cupiéramos
cupieras	cupierais
cupiera	cupieran

OR

cupiese	cupiésemos
cupieses	cupieseis
cupiese	cupiesen

Present Perfect

he cabido	hemos cabido
has cabido	habéis cabido
ha cabido	han cabido

Pluperfect

había cabido	habíamos cabido
habías cabido	habíais cabido
había cabido	habían cabido

Preterite Perfect

hube cabido	hubimos cabido
hubiste cabido	hubisteis cabido
hubo cabido	hubieron cabido

Future Perfect

habré cabido	habremos cabido
habrás cabido	habréis cabido
habrá cabido	habrán cabido

Perfect Conditional

habría cabido	habríamos cabido
habrías cabido	habríais cabido
habría cabido	habrían cabido

Present Perfect Subjunctive

haya cabido	hayamos cabido
hayas cabido	hayáis cabido
haya cabido	hayan cabido

Pluperfect Subjunctive

hubiera cabido	hubiéramos cabido
hubieras cabido	hubierais cabido
hubiera cabido	hubieran cabido

Imperative

cabe	cabed
quepa	quepan

Verb in Action

Aquí no cabe. *(There isn't enough room for it here.)*
No le cupo a ella la menor duda. *(She wasn't in any doubt.)*
No cabía en sí de dicha. *(She was beside herself with joy.)*

caducar

(to expire)

Gerund: caducando • **Past Participle:** caducado
Regular -ar verb with spelling change: c to qu in front of e

Present Indicative

caduco	caducamos
caducas	caducáis
caduca	caducan

Imperfect

caducaba	caducábamos
caducabas	caducabais
caducaba	caducaban

Preterite

caduqué	caducamos
caducaste	caducasteis
caducó	caducaron

Future

caducaré	caducaremos
caducarás	caducaréis
caducará	caducarán

Conditional

caducaría	caducaríamos
caducarías	caducaríais
caducaría	caducarían

Present Subjunctive

caduque	caduquemos
caduques	caduquéis
caduque	caduquen

Imperfect Subjunctive

caducara	caducáramos
caducaras	caducarais
caducara	caducaran
OR	
caducase	caducásemos
caducases	caducaseis
caducase	caducasen

Present Perfect

he caducado	hemos caducado
has caducado	habéis caducado
ha caducado	han caducado

Pluperfect

había caducado	habíamos caducado
habías caducado	habíais caducado
había caducado	habían caducado

Preterite Perfect

hube caducado	hubimos caducado
hubiste caducado	hubisteis caducado
hubo caducado	hubieron caducado

Future Perfect

habré caducado	habremos caducado
habrás caducado	habréis caducado
habrá caducado	habrán caducado

Perfect Conditional

habría caducado	habríamos caducado
habrías caducado	habríais caducado
habría caducado	habrían caducado

Present Perfect Subjunctive

haya caducado	hayamos caducado
hayas caducado	hayáis caducado
haya caducado	hayan caducado

Pluperfect Subjunctive

hubiera caducado	hubiéramos caducado
hubieras caducado	hubierais caducado
hubiera caducado	hubieran caducado

Imperative

caduca	caducad
caduque	caduquen

Verb in Action

El permiso caduca este año. *(The permit expires this year.)*
Mi visa ya caducó. *(My visa has already expired.)*
Te dan la visa por tres años aunque el pasaporte caduque en dos. *(They give you a three-year visa although your passport expires in two years' time.)*

caer

(to fall)

Gerund: cayendo • **Past Participle:** caído
Irregular -er verb

Present Indicative		*Present Perfect*	
caigo	caemos	he caído	hemos caído
caes	caéis	has caído	habéis caído
cae	caen	ha caído	han caído

Imperfect		*Pluperfect*	
caía	caíamos	había caído	habíamos caído
caías	caíais	habías caído	habíais caído
caía	caían	había caído	habían caído

Preterite		*Preterite Perfect*	
caí	caímos	hube caído	hubimos caído
caiste	caisteis	hubiste caído	hubisteis caído
cayó	cayeron	hubo caído	hubieron caído

Future		*Future Perfect*	
caeré	caeremos	habré caído	habremos caído
caerás	caeréis	habrás caído	habréis caído
caerá	caerán	habrá caído	habrán caído

Conditional		*Perfect Conditional*	
caería	caeríamos	habría caído	habríamos caído
caerías	caeríais	habrías caído	habríais caído
caería	caerían	habría caído	habrían caído

Present Subjunctive		*Present Perfect Subjunctive*	
caiga	caigamos	haya caído	hayamos caído
caigas	caigáis	hayas caído	hayáis caído
caiga	caigan	haya caído	hayan caído

Imperfect Subjunctive		*Pluperfect Subjunctive*	
cayera	cayéramos	hubiera caído	hubiéramos caído
cayeras	cayerais	hubieras caído	hubierais caído
cayera	cayeran	hubiera caído	hubieran caído
OR			
cayese	cayésemos		
cayeses	cayeseis		
cayese	cayesen		

Imperative

cae	caed
caiga	caigan

Verb in Action

Su cumpleaños cae en viernes. *(Her birthday falls on a Friday.)*
Ese edificio se está cayendo. *(That building's falling down.)*
Se me cayó un guante. *(I dropped one of my gloves.)*

calcular

(to calculate)

Gerund: calculando • **Past Participle:** calculado
Regular -ar verb

Present Indicative		*Present Perfect*	
calculo	calculamos	he calculado	hemos calculado
calculas	calculáis	has calculado	habéis calculado
calcula	calculan	ha calculado	han calculado

Imperfect		*Pluperfect*	
calculaba	calculábamos	había calculado	habíamos calculado
calculabas	calculabais	habías calculado	habíais calculado
calculaba	calculaban	había calculado	habían calculado

Preterite		*Preterite Perfect*	
calculé	calculamos	hube calculado	hubimos calculado
calculaste	calculasteis	hubiste calculado	hubisteis calculado
calculó	calcularon	hubo calculado	hubieron calculado

Future		*Future Perfect*	
calcularé	calcularemos	habré calculado	habremos calculado
calcularás	calcularéis	habrás calculado	habréis calculado
calculará	calcularán	habrá calculado	habrán calculado

Conditional		*Perfect Conditional*	
calcularía	calcularíamos	habría calculado	habríamos calculado
calcularías	calcularíais	habrías calculado	habríais calculado
calcularía	calcularían	habría calculado	habrían calculado

Present Subjunctive		*Present Perfect Subjunctive*	
calcule	calculemos	haya calculado	hayamos calculado
calcules	calculéis	hayas calculado	hayáis calculado
calcule	calculen	haya calculado	hayan calculado

Imperfect Subjunctive		*Pluperfect Subjunctive*	
calculara	calculáramos	hubiera calculado	hubiéramos calculado
calcularas	calcularais	hubieras calculado	hubierais calculado
calculara	calcularan	hubiera calculado	hubieran calculado
OR			
calculase	calculásemos		
calculases	calculaseis		
calculase	calculasen		

Imperative	
calcula	calculad
calcule	calculen

Verb in Action

Ella nos dijo que calculáramos la superficie del triángulo. *(She told us to calculate the area of the triangle.)*

Calculé que tardaría unos siete días en hacer el trabajo. *(I calculated that it would take me around seven days to do the job.)*

cambiar

(to change)

Gerund: cambiando • **Past Participle:** cambiado
Regular -ar verb

Present Indicative		*Present Perfect*	
cambio	cambiamos	he cambiado	hemos cambiado
cambias	cambiáis	has cambiado	habéis cambiado
cambia	cambian	ha cambiado	han cambiado

Imperfect		*Pluperfect*	
cambiaba	cambiábamos	había cambiado	habíamos cambiado
cambiabas	cambiabais	habías cambiado	habíais cambiado
cambiaba	cambiaban	había cambiado	habían cambiado

Preterite		*Preterite Perfect*	
cambié	cambiamos	hube cambiado	hubimos cambiado
cambiaste	cambiasteis	hubiste cambiado	hubisteis cambiado
cambió	cambiaron	hubo cambiado	hubieron cambiado

Future		*Future Perfect*	
cambiaré	cambiaremos	habré cambiado	habremos cambiado
cambiarás	cambiaréis	habrás cambiado	habréis cambiado
cambiará	cambiarán	habrá cambiado	habrán cambiado

Conditional		*Perfect Conditional*	
cambiaría	cambiaríamos	habría cambiado	habríamos cambiado
cambiarías	cambiaríais	habrías cambiado	habríais cambiado
cambiaría	cambiarían	habría cambiado	habrían cambiado

Present Subjunctive		*Present Perfect Subjunctive*	
cambie	cambiemos	haya cambiado	hayamos cambiado
cambies	cambiéis	hayas cambiado	hayáis cambiado
cambie	cambien	haya cambiado	hayan cambiado

Imperfect Subjunctive		*Pluperfect Subjunctive*	
cambiara	cambiáramos	hubiera cambiado	hubiéramos cambiado
cambiaras	cambiarais	hubieras cambiado	hubierais cambiado
cambiara	cambiaran	hubiera cambiado	hubieran cambiado
OR			
cambiase	cambiásemos		
cambiases	cambiaseis		
cambiase	cambiasen		

Imperative

cambia	cambiad
cambie	cambien

Verb in Action

Necesito cambiar de ambiente. *(I need a change of scene.)*
Te cambio mi bolígrafo por tu goma. *(I'll exchange my pen for your eraser.)*
Cambié varias veces de trabajo. *(I changed jobs several times.)*

caminar

(to walk)

Gerund: caminando • **Past Participle:** caminado
Regular -ar verb

Present Indicative		*Present Perfect*	
camino	caminamos	he caminado	hemos caminado
caminas	camináis	has caminado	habéis caminado
camina	caminan	ha caminado	han caminado

Imperfect		*Pluperfect*	
caminaba	caminábamos	había caminado	habíamos caminado
caminabas	caminabais	habías caminado	habíais caminado
caminaba	caminaban	había caminado	habían caminado

Preterite		*Preterite Perfect*	
caminé	caminamos	hube caminado	hubimos caminado
caminaste	caminasteis	hubiste caminado	hubisteis caminado
caminó	caminaron	hubo caminado	hubieron caminado

Future		*Future Perfect*	
caminaré	caminaremos	habré caminado	habremos caminado
caminarás	caminaréis	habrás caminado	habréis caminado
caminará	caminarán	habrá caminado	habrán caminado

Conditional		*Perfect Conditional*	
caminaría	caminaríamos	habría caminado	habríamos caminado
caminarías	caminaríais	habrías caminado	habríais caminado
caminaría	caminarían	habría caminado	habrían caminado

Present Subjunctive		*Present Perfect Subjunctive*	
camine	caminemos	haya caminado	hayamos caminado
camines	caminéis	hayas caminado	hayáis caminado
camine	caminen	haya caminado	hayan caminado

Imperfect Subjunctive		*Pluperfect Subjunctive*	
caminara	camináramos	hubiera caminado	hubiéramos caminado
caminaras	caminarais	hubieras caminado	hubierais caminado
caminara	caminaran	hubiera caminado	hubieran caminado
OR			
caminase	caminásemos		
caminases	caminaseis		
caminase	caminasen		

Imperative

camina	caminad
camine	caminen

Verb in Action

Caminen más rápido, que vamos a perder el tren. *(Walk faster or we'll miss the train.)*
Él caminaba con dificultad. *(He was having difficulty walking.)*
Caminaron unos diez kilómetros. *(We walked around ten kilometers.)*

cansar(se)

(to tire, to get tired)

Gerund: cansando • **Past Participle:** cansado
Reflexive regular -ar verb

Present Indicative

canso	cansamos
cansas	cansáis
cansa	cansan

Present Perfect

he cansado	hemos cansado
has cansado	habéis cansado
ha cansado	han cansado

Imperfect

cansaba	cansábamos
cansabas	cansabais
cansaba	cansaban

Pluperfect

había cansado	habíamos cansado
habías cansado	habíais cansado
había cansado	habían cansado

Preterite

cansé	cansamos
cansaste	cansasteis
cansó	cansaron

Preterite Perfect

hube cansado	hubimos cansado
hubiste cansado	hubisteis cansado
hubo cansado	hubieron cansado

Future

cansaré	cansaremos
cansarás	cansaréis
cansará	cansarán

Future Perfect

habré cansado	habremos cansado
habrás cansado	habréis cansado
habrá cansado	habrán cansado

Conditional

cansaría	cansaríamos
cansarías	cansaríais
cansaría	cansarían

Perfect Conditional

habría cansado	habríamos cansado
habrías cansado	habríais cansado
habría cansado	habrían cansado

Present Subjunctive

canse	cansemos
canses	canséis
canse	cansen

Present Perfect Subjunctive

haya cansado	hayamos cansado
hayas cansado	hayáis cansado
haya cansado	hayan cansado

Imperfect Subjunctive

cansara	cansáramos
cansaras	cansarais
cansara	cansaran

OR

cansase	cansásemos
cansases	cansaseis
cansase	cansasen

Pluperfect Subjunctive

hubiera cansado	hubiéramos cansado
hubieras cansado	hubierais cansado
hubiera cansado	hubieran cansado

Imperative

cansa	cansad
canse	cansen

Verb in Action

No canses al pobre abuelo. *(Don't tire poor grandpa.)*
Él se cansó de esperar y se fue. *(He grew tired of waiting and left.)*
No nos cansamos de bailar hasta el final de la fiesta. *(We didn't tire of dancing till the end of the party.)*

ESSENTIAL VERB

#113

cantar

(to sing)

Gerund: cantando • **Past Participle:** cantado
Regular -ar verb

Present Indicative

canto	cantamos
cantas	cantáis
canta	cantan

Imperfect

cantaba	cantábamos
cantabas	cantabais
cantaba	cantaban

Preterite

canté	cantamos
cantaste	cantasteis
cantó	cantaron

Future

cantaré	cantaremos
cantarás	cantaréis
cantará	cantarán

Conditional

cantaría	cantaríamos
cantarías	cantaríais
cantaría	cantarían

Present Subjunctive

cante	cantemos
cantes	cantéis
cante	canten

Imperfect Subjunctive

cantara	cantáramos
cantaras	cantarais
cantara	cantaran

OR

cantase	cantásemos
cantases	cantaseis
cantase	cantasen

Present Perfect

he cantado	hemos cantado
has cantado	habéis cantado
ha cantado	han cantado

Pluperfect

había cantado	habíamos cantado
habías cantado	habíais cantado
había cantado	habían cantado

Preterite Perfect

hube cantado	hubimos cantado
hubiste cantado	hubisteis cantado
hubo cantado	hubieron cantado

Future Perfect

habré cantado	habremos cantado
habrás cantado	habréis cantado
habrá cantado	habrán cantado

Perfect Conditional

habría cantado	habríamos cantado
habrías cantado	habríais cantado
habría cantado	habrían cantado

Present Perfect Subjunctive

haya cantado	hayamos cantado
hayas cantado	hayáis cantado
haya cantado	hayan cantado

Pluperfect Subjunctive

hubiera cantado	hubiéramos cantado
hubieras cantado	hubierais cantado
hubiera cantado	hubieran cantado

Imperative

canta	cantad
cante	canten

Verb in Action

Cantaron el himno nacional. *(They sang the national anthem.)*
Pídele a él que cante algo de los Beatles. *(Ask him to sing something by the Beatles.)*
Ella canta en el coro del colegio. *(She sings in the school choir.)*

cargar

(to load, to charge)

Gerund: cargando • **Past Participle:** cargado
Regular -ar verb with spelling change: g to gu in front of e

Present Indicative		*Present Perfect*	
cargo	cargamos	he cargado	hemos cargado
cargas	cargáis	has cargado	habéis cargado
carga	cargan	ha cargado	han cargado

Imperfect		*Pluperfect*	
cargaba	cargábamos	había cargado	habíamos cargado
cargabas	cargabais	habías cargado	habíais cargado
cargaba	cargaban	había cargado	habían cargado

Preterite		*Preterite Perfect*	
cargué	cargamos	hube cargado	hubimos cargado
cargaste	cargasteis	hubiste cargado	hubisteis cargado
cargó	cargaron	hubo cargado	hubieron cargado

Future		*Future Perfect*	
cargaré	cargaremos	habré cargado	habremos cargado
cargarás	cargaréis	habrás cargado	habréis cargado
cargará	cargarán	habrá cargado	habrán cargado

Conditional		*Perfect Conditional*	
cargaría	cargaríamos	habría cargado	habríamos cargado
cargarías	cargaríais	habrías cargado	habríais cargado
cargaría	cargarían	habría cargado	habrían cargado

Present Subjunctive		*Present Perfect Subjunctive*	
cargue	carguemos	haya cargado	hayamos cargado
cargues	carguéis	hayas cargado	hayáis cargado
cargue	carguen	haya cargado	hayan cargado

Imperfect Subjunctive		*Pluperfect Subjunctive*	
cargara	cargáramos	hubiera cargado	hubiéramos cargado
cargaras	cargarais	hubieras cargado	hubierais cargado
cargara	cargaran	hubiera cargado	hubieran cargado
OR			
cargase	cargásemos		
cargases	cargaseis		
cargase	cargasen		

Imperative

carga	cargad
cargue	carguen

Verb in Action

Estaban cargando la mercancía en la camioneta. *(They were loading the goods into the truck.)*

Cargué yo con las dos maletas. *(I carried the two cases.)*

Él había cargado la escopeta. *(He had loaded the shotgun.)*

casar(se)

(to marry)

Gerund: casando • **Past Participle:** casado
Reflexive regular -ar verb

Present Indicative		*Present Perfect*	
caso	casamos	he casado	hemos casado
casas	casáis	has casado	habéis casado
casa	casan	ha casado	han casado

Imperfect		*Pluperfect*	
casaba	casábamos	había casado	habíamos casado
casabas	casabais	habías casado	habíais casado
casaba	casaban	había casado	habían casado

Preterite		*Preterite Perfect*	
casé	casamos	hube casado	hubimos casado
casaste	casasteis	hubiste casado	hubisteis casado
casó	casaron	hubo casado	hubieron casado

Future		*Future Perfect*	
casaré	casaremos	habré casado	habremos casado
casarás	casaréis	habrás casado	habréis casado
casará	casarán	habrá casado	habrán casado

Conditional		*Perfect Conditional*	
casaría	casaríamos	habría casado	habríamos casado
casarías	casaríais	habrías casado	habríais casado
casaría	casarían	habría casado	habrían casado

Present Subjunctive		*Present Perfect Subjunctive*	
case	casemos	haya casado	hayamos casado
cases	caséis	hayas casado	hayáis casado
case	casen	haya casado	hayan casado

Imperfect Subjunctive		*Pluperfect Subjunctive*	
casara	casáramos	hubiera casado	hubiéramos casado
casaras	casarais	hubieras casado	hubierais casado
casara	casaran	hubiera casado	hubieran casado
OR			
casase	casásemos		
casases	casaseis		
casase	casasen		

Imperative

casa	casad
case	casen

Verb in Action

Se casaron en Zacatecas. *(They got married in Zacatecas.)*
No creo que se case nunca. *(I don't think he'll ever get married.)*
Casémonos cuanto antes. *(Let's get married as soon as possible.)*

#116

cazar

(to hunt, to shoot)

Gerund: cazando • **Past Participle:** cazado
Regular -ar verb with spelling change: z to c in front of e

Present Indicative

cazo	cazamos
cazas	cazáis
caza	cazan

Imperfect

cazaba	cazábamos
cazabas	cazabais
cazaba	cazaban

Preterite

cacé	cazamos
cazaste	cazasteis
cazó	cazaron

Future

cazaré	cazaremos
cazarás	cazaréis
cazará	cazarán

Conditional

cazaría	cazaríamos
cazarías	cazaríai
cazaría	cazarían

Present Subjunctive

cace	cacemos
caces	cacéis
cace	cacen

Imperfect Subjunctive

cazara	cazáramos
cazaras	cazarais
cazara	cazaran

OR

cazase	cazásemos
cazases	cazaseis
cazase	cazasen

Present Perfect

he cazado	hemos cazado
has cazado	habéis cazado
ha cazado	han cazado

Pluperfect

había cazado	habíamos cazado
habías cazado	habíais cazado
había cazado	habían cazado

Preterite Perfect

hube cazado	hubimos cazado
hubiste cazado	hubisteis cazado
hubo cazado	hubieron cazado

Future Perfect

habré cazado	habremos cazado
habrás cazado	habréis cazado
habrá cazado	habrán cazado

Perfect Conditional

habría cazado	habríamos cazado
habrías cazado	habríais cazado
habría cazado	habrían cazado

Present Perfect Subjunctive

haya cazado	hayamos cazado
hayas cazado	hayáis cazado
haya cazado	hayan cazado

Pluperfect Subjunctive

hubiera cazado	hubiéramos cazado
hubieras cazado	hubierais cazado
hubiera cazado	hubieran cazado

Imperative

caza	cazad
cace	cacen

Verb in Action

Ella caza las cosas al vuelo. *(She's very quick on the uptake.)*
Los cacé robando. *(I caught them stealing.)*
Cazaban con lanza. *(They hunted with spears.)*

celebrar

(to celebrate)

Gerund: celebrando • **Past Participle:** celebrado
Regular -ar verb

Present Indicative		*Present Perfect*	
celebro	celebramos	he celebrado	hemos celebrado
celebras	celebráis	has celebrado	habéis celebrado
celebra	celebran	ha celebrado	han celebrado

Imperfect		*Pluperfect*	
celebraba	celebrábamos	había celebrado	habíamos celebrado
celebrabas	celebrabais	habías celebrado	habíais celebrado
celebraba	celebraban	había celebrado	habían celebrado

Preterite		*Preterite Perfect*	
celebré	celebramos	hube celebrado	hubimos celebrado
celebraste	celebrasteis	hubiste celebrado	hubisteis celebrado
celebró	celebraron	hubo celebrado	hubieron celebrado

Future		*Future Perfect*	
celebraré	celebraremos	habré celebrado	habremos celebrado
celebrarás	celebraréis	habrás celebrado	habréis celebrado
celebrará	celebrarán	habrá celebrado	habrán celebrado

Conditional		*Perfect Conditional*	
celebraría	celebraríamos	habría celebrado	habríamos celebrado
celebrarías	celebraríais	habrías celebrado	habríais celebrado
celebraría	celebrarían	habría celebrado	habrían celebrado

Present Subjunctive		*Present Perfect Subjunctive*	
celebre	celebremos	haya celebrado	hayamos celebrado
celebres	celebréis	hayas celebrado	hayáis celebrado
celebre	celebren	haya celebrado	hayan celebrado

Imperfect Subjunctive		*Pluperfect Subjunctive*	
celebrara	celebráramos	hubiera celebrado	hubiéramos celebrado
celebraras	celebrarais	hubieras celebrado	hubierais celebrado
celebrara	celebraran	hubiera celebrado	hubieran celebrado
OR			
celebrase	celebrásemos		
celebrases	celebraseis		
celebrase	celebrasen		

Imperative

celebra	celebrad
celebre	celebren

Verb in Action

Nunca celebramos nuestro aniversario. *(We never celebrate our anniversary.)*
Cuando consigas trabajo, lo celebraremos como es debido. *(When you get a job, we'll celebrate properly.)*
La cumbre se celebró en Madrid. *(The summit was celebrated in Madrid.)*

cenar

(to dine)

Gerund: cenando • **Past Participle:** cenado
Regular -ar verb

Present Indicative

ceno	cenamos
cenas	cenáis
cena	cenan

Present Perfect

he cenado	hemos cenado
has cenado	habéis cenado
ha cenado	han cenado

Imperfect

cenaba	cenábamos
cenabas	cenabais
cenaba	cenaban

Pluperfect

había cenado	habíamos cenado
habías cenado	habíais cenado
había cenado	habían cenado

Preterite

cené	cenamos
cenaste	cenasteis
cenó	cenaron

Preterite Perfect

hube cenado	hubimos cenado
hubiste cenado	hubisteis cenado
hubo cenado	hubieron cenado

Future

cenaré	cenaremos
cenarás	cenaréis
cenará	cenarán

Future Perfect

habré cenado	habremos cenado
habrás cenado	habréis cenado
habrá cenado	habrán cenado

Conditional

cenaría	cenaríamos
cenarías	cenaríais
cenaría	cenarían

Perfect Conditional

habría cenado	habríamos cenado
habrías cenado	habríais cenado
habría cenado	habrían cenado

Present Subjunctive

cene	cenemos
cenes	cenéis
cene	cenen

Present Perfect Subjunctive

haya cenado	hayamos cenado
hayas cenado	hayáis cenado
haya cenado	hayan cenado

Imperfect Subjunctive

cenara	cenáramos
cenaras	cenarais
cenara	cenaran
OR	
cenase	cenásemos
cenases	cenaseis
cenase	cenasen

Pluperfect Subjunctive

hubiera cenado	hubiéramos cenado
hubieras cenado	hubierais cenado
hubiera cenado	hubieran cenado

Imperative

cena	cenad
cene	cenen

Verb in Action

Cenamos siempre temprano. *(We always dine early.)*
No había cenado y no podía dormir del hambre. *(I had not dined, and I couldn't sleep because I was hungry.)*
¿Ya cenaste? *(Have you dined yet?)*

ESSENTIAL VERB #119

cerrar

(to close, to shut)

Gerund: cerrando • **Past Participle:** cerrado
Regular -ar verb with stem change: e to ie (tenses 1, 6, and imperative)

Present Indicative		***Present Perfect***	
cierro	cerramos	he cerrado	hemos cerrado
cierras	cerráis	has cerrado	habéis cerrado
cierra	cierran	ha cerrado	han cerrado
Imperfect		***Pluperfect***	
cerraba	cerrábamos	había cerrado	habíamos cerrado
cerrabas	cerrabais	habías cerrado	habíais cerrado
cerraba	cerraban	había cerrado	habían cerrado
Preterite		***Preterite Perfect***	
cerré	cerramos	hube cerrado	hubimos cerrado
cerraste	cerrasteis	hubiste cerrado	hubisteis cerrado
cerró	cerraron	hubo cerrado	hubieron cerrado
Future		***Future Perfect***	
cerraré	cerraremos	habré cerrado	habremos cerrado
cerrarás	cerraréis	habrás cerrado	habréis cerrado
cerrará	cerrarán	habrá cerrado	habrán cerrado
Conditional		***Perfect Conditional***	
cerraría	cerraríamos	habría cerrado	habríamos cerrado
cerrarías	cerraríais	habrías cerrado	habríais cerrado
cerraría	cerrarían	habría cerrado	habrían cerrado
Present Subjunctive		***Present Perfect Subjunctive***	
cierre	cerremos	haya cerrado	hayamos cerrado
cierres	cerréis	hayas cerrado	hayáis cerrado
cierre	cierren	haya cerrado	hayan cerrado
Imperfect Subjunctive		***Pluperfect Subjunctive***	
cerrara	cerráramos	hubiera cerrado	hubiéramos cerrado
cerraras	cerrarais	hubieras cerrado	hubierais cerrado
cerrara	cerraran	hubiera cerrado	hubieran cerrado
OR			
cerrase	cerrásemos		
cerrases	cerraseis		
cerrase	cerrasen		

Imperative

cierra	cerrad
cierre	cierren

Verb in Action

No puedo cerrar la maleta. *(I can't close this suitcase.)*
No cierran al mediodía. *(They don't close at midday.)*
Ella había cerrado la puerta con llave. *(She had locked the door.)*

checar

(to check)

Gerund: checando • **Past Participle:** checado
Regular -ar verb spelling change: c to qu in front of e

Present Indicative

checo	checamos
checas	checáis
checa	checan

Present Perfect

he checado	hemos checado
has checado	habéis checado
ha checado	han checado

Imperfect

checaba	checábamos
checabas	checabais
checaba	checaban

Pluperfect

había checado	habíamos checado
habías checado	habíais checado
había checado	habían checado

Preterite

chequé	checamos
checaste	checasteis
checó	checaron

Preterite Perfect

hube checado	hubimos checado
hubiste checado	hubisteis checado
hubo checado	hubieron checado

Future

checaré	checaremos
checarás	checaréis
checará	checarán

Future Perfect

habré checado	habremos checado
habrás checado	habréis checado
habrá checado	habrán checado

Conditional

checaría	checaríamos
checarías	checaríais
checaría	checarían

Perfect Conditional

habría checado	habríamos checado
habrías checado	habríais checado
habría checado	habrían checado

Present Subjunctive

cheque	chequemos
cheques	chequéis
cheque	chequen

Present Perfect Subjunctive

haya checado	hayamos checado
hayas checado	hayáis checado
haya checado	hayan checado

Imperfect Subjunctive

checara	checáramos
checaras	checarais
checara	checaran
OR	
checase	checásemos
checases	checaseis
checase	checasen

Pluperfect Subjunctive

hubiera checado	hubiéramos checado
hubieras checado	hubierais checado
hubiera checado	hubieran checado

Imperative

checa	checad
cheque	chequen

Verb in Action

El médico le checó los reflejos. *(The doctor checked his reflexes.)*
Él dijo que checaría los detalles. *(He said he would check the details.)*
Chequemos la conexión. *(Let's check the connection.)*

chequear

(to check)

Gerund: chequeando • **Past Participle:** chequeado
Regular -ar verb

Present Indicative		*Present Perfect*	
chequeo	chequeamos	he chequeado	hemos chequeado
chequeas	chequeáis	has chequeado	habéis chequeado
chequea	chequean	ha chequeado	han chequeado

Imperfect		*Pluperfect*	
chequeaba	chequeábamos	había chequeado	habíamos chequeado
chequeabas	chequeabais	habías chequeado	habíais chequeado
chequeaba	chequeaban	había chequeado	habían chequeado

Preterite		*Preterite Perfect*	
chequeé	chequeamos	hube chequeado	hubimos chequeado
chequeaste	chequeasteis	hubiste chequeado	hubisteis chequeado
chequeó	chequearon	hubo chequeado	hubieron chequeado

Future		*Future Perfect*	
chequearé	chequearemos	habré chequeado	habremos chequeado
chequearás	chequearéis	habrás chequeado	habréis chequeado
chequeará	chequearán	habrá chequeado	habrán chequeado

Conditional		*Perfect Conditional*	
chequearía	chequearíamos	habría chequeado	habríamos chequeado
chequearías	chequearíais	habrías chequeado	habríais chequeado
chequearía	chequearían	habría chequeado	habrían chequeado

Present Subjunctive		*Present Perfect Subjunctive*	
chequee	chequeemos	haya chequeado	hayamos chequeado
chequees	chequeéis	hayas chequeado	hayáis chequeado
chequee	chequeen	haya chequeado	hayan chequeado

Imperfect Subjunctive		*Pluperfect Subjunctive*	
chequeara	chequeáramos	hubiera chequeado	hubiéramos chequeado
chequearas	chequearais	hubieras chequeado	hubierais chequeado
chequeara	chequearan	hubiera chequeado	hubieran chequeado
OR			
chequease	chequeásemos		
chequeases	chequeaseis		
chequease	chequeasen		

Imperative

chequea	chequead
chequee	chequeen

Verb in Action

Haga clic aquí para chequear el estado de su pedido. *(Click here to check the status of your order.)*
¿Usted ha chequeado la información? *(Have you checked the information?)*
Lo chequearon tres médicos. *(He was checked by three doctors.)*

#122

chocar

(to crash, to collide)

Gerund: chocando • **Past Participle:** chocado
Regular -ar verb with spelling change: c to qu in front of e

Present Indicative

choco	chocamos
chocas	chocáis
choca	chocan

Present Perfect

he chocado	hemos chocado
has chocado	habéis chocado
ha chocado	han chocado

Imperfect

chocaba	chocábamos
chocabas	chocabais
chocaba	chocaban

Pluperfect

había chocado	habíamos chocado
habías chocado	habíais chocado
había chocado	habían chocado

Preterite

choqué	chocamos
chocaste	chocasteis
chocó	chocaron

Preterite Perfect

hube chocado	hubimos chocado
hubiste chocado	hubisteis chocado
hubo chocado	hubieron chocado

Future

chocaré	chocaremos
chocarás	chocaréis
chocará	chocarán

Future Perfect

habré chocado	habremos chocado
habrás chocado	habréis chocado
habrá chocado	habrán chocado

Conditional

chocaría	chocaríamos
chocarías	chocaríais
chocaría	chocarían

Perfect Conditional

habría chocado	habríamos chocado
habrías chocado	habríais chocado
habría chocado	habrían chocado

Present Subjunctive

choque	choquemos
choques	choquéis
choque	choquen

Present Perfect Subjunctive

haya chocado	hayamos chocado
hayas chocado	hayáis chocado
haya chocado	hayan chocado

Imperfect Subjunctive

chocara	chocáramos
chocaras	chocarais
chocara	chocaran
OR	
chocase	chocásemos
chocases	chocaseis
chocase	chocasen

Pluperfect Subjunctive

hubiera chocado	hubiéramos chocado
hubieras chocado	hubierais chocado
hubiera chocado	hubieran chocado

Imperative

choca	chocad
choque	choquen

Verb in Action

Él chocó con una camioneta que venía en dirección contraria. *(He collided with a vehicle coming from the opposite direction.)*
Aunque te choque, es así. *(You may find it shocking, but that's the way it is.)*

citar(se)

(to quote, to arrange to see)

Gerund: citando • **Past Participle:** citado
Reflexive regular -ar verb

Present Indicative		*Present Perfect*	
cito	citamos	he citado	hemos citado
citas	citáis	has citado	habéis citado
cita	citan	ha citado	han citado

Imperfect		*Pluperfect*	
citaba	citábamos	había citado	habíamos citado
citabas	citabais	habías citado	habíais citado
citaba	citaban	había citado	habían citado

Preterite		*Preterite Perfect*	
cité	citamos	hube citado	hubimos citado
citaste	citasteis	hubiste citado	hubisteis citado
citó	citaron	hubo citado	hubieron citado

Future		*Future Perfect*	
citaré	citaremos	habré citado	habremos citado
citarás	citaréis	habrás citado	habréis citado
citará	citarán	habrá citado	habrán citado

Conditional		*Perfect Conditional*	
citaría	citaríamos	habría citado	habríamos citado
citarías	citaríais	habrías citado	habríais citado
citaría	citarían	habría citado	habrían citado

Present Subjunctive		*Present Perfect Subjunctive*	
cite	citemos	haya citado	hayamos citado
cites	citéis	hayas citado	hayáis citado
cite	citen	haya citado	hayan citado

Imperfect Subjunctive		*Pluperfect Subjunctive*	
citara	citáramos	hubiera citado	hubiéramos citado
citaras	citarais	hubieras citado	hubierais citado
citara	citaran	hubiera citado	hubieran citado
OR			
citase	citásemos		
citases	citaseis		
citase	citasen		

Imperative

cita	citad
cite	citen

Verb in Action

Él citó a Pablo Neruda. *(He quoted Pablo Neruda.)*
Lo habían citado a declarar. *(He had been called to give evidence.)*
Se citaron en el restaurante de la Plaza Cuétara. *(They arranged to see each other at the restaurant on Plaza Cuétara.)*

clasificar(se)

(to classify, to sort)

Gerund: clasificando • **Past Participle:** clasificado
Reflexive regular -ar verb with spelling change: c to qu in front of e

Present Indicative

clasifico	clasificamos
clasificas	clasificáis
clasifica	clasifican

Imperfect

clasificaba	clasificábamos
clasificabas	clasificabais
clasificaba	clasificaban

Preterite

clasifiqué	clasificamos
clasificaste	clasificasteis
clasificó	clasificaron

Future

clasificaré	clasificaremos
clasificarás	clasificaréis
clasificará	clasificarán

Conditional

clasificaría	clasificaríamos
clasificarías	clasificaríais
clasificaría	clasificarían

Present Subjunctive

clasifique	clasifiquemos
clasifiques	clasifiquéis
clasifique	clasifiquen

Imperfect Subjunctive

clasificara	clasificáramos
clasificaras	clasificarais
clasificara	clasificaran

OR

clasificase	clasificásemos
clasificases	clasificaseis
clasificase	clasificasen

Present Perfect

he clasificado	hemos clasificado
has clasificado	habéis clasificado
ha clasificado	han clasificado

Pluperfect

había clasificado	habíamos clasificado
habías clasificado	habíais clasificado
había clasificado	habían clasificado

Preterite Perfect

hube clasificado	hubimos clasificado
hubiste clasificado	hubisteis clasificado
hubo clasificado	hubieron clasificado

Future Perfect

habré clasificado	habremos clasificado
habrás clasificado	habréis clasificado
habrá clasificado	habrán clasificado

Perfect Conditional

habría clasificado	habríamos clasificado
habrías clasificado	habríais clasificado
habría clasificado	habrían clasificado

Present Perfect Subjunctive

haya clasificado	hayamos clasificado
hayas clasificado	hayáis clasificado
haya clasificado	hayan clasificado

Pluperfect Subjunctive

hubiera clasificado	hubiéramos clasificado
hubieras clasificado	hubierais clasificado
hubiera clasificado	hubieran clasificado

Imperative

clasifica	clasificad
clasifique	clasifiquen

Verb in Action

Clasifícalos según el tamaño. *(Group them according to size.)*
Los colores se clasifican en calientes y fríos. *(Colors can be classified as warm or cool.)*
Clasificaron en dos grupos. *(They were classified into two groups.)*

cobrar(se)

(to charge, to earn)

Gerund: cobrando • **Past Participle:** cobrado
Reflexive regular -ar verb

Present Indicative		*Present Perfect*	
cobro	cobramos	he cobrado	hemos cobrado
cobras	cobráis	has cobrado	habéis cobrado
cobra	cobran	ha cobrado	han cobrado

Imperfect		*Pluperfect*	
cobraba	cobrábamos	había cobrado	habíamos cobrado
cobrabas	cobrabais	habías cobrado	habíais cobrado
cobraba	cobraban	había cobrado	habían cobrado

Preterite		*Preterite Perfect*	
cobré	cobramos	hube cobrado	hubimos cobrado
cobraste	cobrasteis	hubiste cobrado	hubisteis cobrado
cobró	cobraron	hubo cobrado	hubieron cobrado

Future		*Future Perfect*	
cobraré	cobraremos	habré cobrado	habremos cobrado
cobrarás	cobraréis	habrás cobrado	habréis cobrado
cobrará	cobrarán	habrá cobrado	habrán cobrado

Conditional		*Perfect Conditional*	
cobraría	cobraríamos	habría cobrado	habríamos cobrado
cobrarías	cobraríais	habrías cobrado	habríais cobrado
cobraría	cobrarían	habría cobrado	habrían cobrado

Present Subjunctive		*Present Perfect Subjunctive*	
cobre	cobremos	haya cobrado	hayamos cobrado
cobres	cobréis	hayas cobrado	hayáis cobrado
cobre	cobren	haya cobrado	hayan cobrado

Imperfect Subjunctive		*Pluperfect Subjunctive*	
cobrara	cobráramos	hubiera cobrado	hubiéramos cobrado
cobraras	cobrarais	hubieras cobrado	hubierais cobrado
cobrara	cobraran	hubiera cobrado	hubieran cobrado
OR			
cobrase	cobrásemos		
cobrases	cobraseis		
cobrase	cobrasen		

Imperative

cobra	cobrad
cobre	cobren

Verb in Action

¿Cuánto te cobró el pintor? *(How much did the painter charge you?)*
¿Me cobra, por favor? *(Can I have the bill, please?)*
El problema fue cobrando cada vez mayor importancia. *(The problem was becoming more and more serious.)*

#126

cocer

(to boil, to cook)

Gerund: cociendo • **Past Participle:** cocido

Regular -er verb with stem change: o to ue (tenses 1, 6, and imperative) and spelling change: c to z in front of a and o

Present Indicative		*Present Perfect*	
cuezo	cocemos	he cocido	hemos cocido
cueces	cocéis	has cocido	habéis cocido
cuece	cuecen	ha cocido	han cocido

Imperfect		*Pluperfect*	
cocía	cocíamos	había cocido	habíamos cocido
cocías	cocíais	habías cocido	habíais cocido
cocía	cocían	había cocido	habían cocido

Preterite		*Preterite Perfect*	
cocí	cocimos	hube cocido	hubimos cocido
cociste	cocisteis	hubiste cocido	hubisteis cocido
coció	cocieron	hubo cocido	hubieron cocido

Future		*Future Perfect*	
coceré	coceremos	habré cocido	habremos cocido
cocerás	coceréis	habrás cocido	habréis cocido
cocerá	cocerán	habrá cocido	habrán cocido

Conditional		*Perfect Conditional*	
cocería	coceríamos	habría cocido	habríamos cocido
cocerías	coceríais	habrías cocido	habríais cocido
cocería	cocerían	habría cocido	habrían cocido

Present Subjunctive		*Present Perfect Subjunctive*	
cueza	cozamos	haya cocido	hayamos cocido
cuezas	cozáis	hayas cocido	hayáis cocido
cueza	cuezan	haya cocido	hayan cocido

Imperfect Subjunctive		*Pluperfect Subjunctive*	
cociera	cociéramos	hubiera cocido	hubiéramos cocido
cocieras	cocierais	hubieras cocido	hubierais cocido
cociera	cocieran	hubiera cocido	hubieran cocido
OR			
cociese	cociésemos		
cocieses	cocieseis		
cociese	cociesen		

Imperative

cuece	coced
cueza	cuezan

Verb in Action

El pescado se cuece en un momento. *(Fish takes no time to cook.)*
Aquí nos estamos cociendo. *(It's boiling in here.)*
Él coció el pan en el horno. *(He baked the bread in the oven.)*

colar(se)

(to drain, to strain)

Gerund: colando • **Past Participle:** colado
Reflexive regular -ar verb with stem change: o to ue (tenses 1, 6, and imperative)

Present Indicative

cuelo	colamos
cuelas	coláis
cuela	cuelan

Imperfect

colaba	colábamos
colabas	colabais
colaba	colaban

Preterite

colé	colamos
colaste	colasteis
coló	colaron

Future

colaré	colaremos
colarás	colaréis
colará	colarán

Conditional

colaría	colaríamos
colarías	colaríais
colaría	colarían

Present Subjunctive

cuele	colemos
cueles	coléis
cuele	cuelen

Imperfect Subjunctive

colara	coláramos
colaras	colarais
colara	colaran
OR	
colase	colásemos
colases	colaseis
colase	colasen

Present Perfect

he colado	hemos colado
has colado	habéis colado
ha colado	han colado

Pluperfect

había colado	habíamos colado
habías colado	habíais colado
había colado	habían colado

Preterite Perfect

hube colado	hubimos colado
hubiste colado	hubisteis colado
hubo colado	hubieron colado

Future Perfect

habré colado	habremos colado
habrás colado	habréis colado
habrá colado	habrán colado

Perfect Conditional

habría colado	habríamos colado
habrías colado	habríais colado
habría colado	habrían colado

Present Perfect Subjunctive

haya colado	hayamos colado
hayas colado	hayáis colado
haya colado	hayan colado

Pluperfect Subjunctive

hubiera colado	hubiéramos colado
hubieras colado	hubierais colado
hubiera colado	hubieran colado

Imperative

cuela	colad
cuele	cuelen

Verb in Action

¿Cuela el arroz? *(Can you drain the rice?)*
Me dijo él que colara las papas. *(He told me to drain the potatoes.)*
Se colaron algunos errores en el texto. *(A few errors crept into the text.)*

colgar

(to hang, to hang up)

Gerund: colgando • **Past Participle:** colgado

Regular -ar verb with stem change: o to ue (tenses 1, 6, and imperative) and spelling change: g to gu in front of e

Present Indicative

cuelgo	colgamos
cuelgas	colgáis
cuelga	cuelgan

Imperfect

colgaba	colgábamos
colgabas	colgabais
colgaba	colgaban

Preterite

colgué	colgamos
colgaste	colgasteis
colgó	colgaron

Future

colgaré	colgaremos
colgarás	colgaréis
colgará	colgarán

Conditional

colgaría	colgaríamos
colgarías	colgaríais
colgaría	colgarían

Present Subjunctive

cuelgue	colguemos
cuelgues	colguéis
cuelgue	cuelguen

Imperfect Subjunctive

colgara	colgáramos
colgaras	colgarais
colgara	colgaran

OR

colgase	colgásemos
colgases	colgaseis
colgase	colgasen

Present Perfect

he colgado	hemos colgado
has colgado	habéis colgado
ha colgado	han colgado

Pluperfect

había colgado	habíamos colgado
habías colgado	habíais colgado
había colgado	habían colgado

Preterite Perfect

hube colgado	hubimos colgado
hubiste colgado	hubisteis colgado
hubo colgado	hubieron colgado

Future Perfect

habré colgado	habremos colgado
habrás colgado	habréis colgado
habrá colgado	habrán colgado

Perfect Conditional

habría colgado	habríamos colgado
habrías colgado	habríais colgado
habría colgado	habrían colgado

Present Perfect Subjunctive

haya colgado	hayamos colgado
hayas colgado	hayáis colgado
haya colgado	hayan colgado

Pluperfect Subjunctive

hubiera colgado	hubiéramos colgado
hubieras colgado	hubierais colgado
hubiera colgado	hubieran colgado

Imperative

cuelga	colgad
cuelgue	cuelguen

Verb in Action

Hay telarañas colgando del techo. *(There are cobwebs hanging from the ceiling.)*
Te colgué la chaqueta en el clóset. *(I hung your jacket in the closet.)*
De la pared colgaba un espejo. *(There was a mirror hanging on the wall.)*

comenzar

(to begin, to start)

Gerund: comenzando • **Past Participle:** comenzado

Regular -ar verb with spem change: e to ie (tenses 1, 6, and imperative) and spelling change: z to c in front of e

Present Indicative

comienzo	comenzamos
comienzas	comenzáis
comienza	comienzan

Imperfect

comenzaba	comenzábamos
comenzabas	comenzabais
comenzaba	comenzaban

Preterite

comencé	comenzamos
comenzaste	comenzasteis
comenzó	comenzaron

Future

comenzaré	comenzaremos
comenzarás	comenzaréis
comenzará	comenzarán

Conditional

comenzaría	comenzaríamos
comenzarías	comenzaríais
comenzaría	comenzarían

Present Subjunctive

comience	comencemos
comiences	comencéis
comience	comiencen

Imperfect Subjunctive

comenzara	comenzáramos
comenzaras	comenzarais
comenzara	comenzaran

OR

comenzase	comenzásemos
comenzases	comenzaseis
comenzase	comenzasen

Present Perfect

he comenzado	hemos comenzado
has comenzado	habéis comenzado
ha comenzado	han comenzado

Pluperfect

había comenzado	habíamos comenzado
habías comenzado	habíais comenzado
había comenzado	habían comenzado

Preterite Perfect

hube comenzado	hubimos comenzado
hubiste comenzado	hubísteis comenzado
hubo comenzado	hubieron comenzado

Future Perfect

habré comenzado	habremos comenzado
habrás comenzado	habréis comenzado
habrá comenzado	habrán comenzado

Perfect Conditional

habría comenzado	habríamos comenzado
habrías comenzado	habríais comenzado
habría comenzado	habrían comenzado

Present Perfect Subjunctive

haya comenzado	hayamos comenzado
hayas comenzado	hayáis comenzado
haya comenzado	hayan comenzado

Pluperfect Subjunctive

hubiera comenzado	hubiéramos comenzado
hubieras comenzado	hubierais comenzado
hubiera comenzado	hubieran comenzado

Imperative

comienza	comienzad
comience	comiencen

Verb in Action

Él comenzó por darles la bienvenida a todos. *(He began by welcoming them all.)*
Comienza el trimestre sin que se haya resuelto este problema. *(The new term is beginning without this problem having been solved.)*

comer

(to eat)

Gerund: comiendo • **Past Participle:** comido
Regular -er verb

Present Indicative		*Present Perfect*	
como	comemos	he comido	hemos comido
comes	coméis	has comido	habéis comido
come	comen	ha comido	han comido
Imperfect		*Pluperfect*	
comía	comíamos	había comido	habíamos comido
comías	comíais	habías comido	habíais comido
comía	comían	había comido	habían comido
Preterite		*Preterite Perfect*	
comí	comimos	hube comido	hubimos comido
comiste	comisteis	hubiste comido	hubisteis comido
comió	comieron	hubo comido	hubieron comido
Future		*Future Perfect*	
comeré	comeremos	habré comido	habremos comido
comerás	comeréis	habrás comido	habréis comido
comerá	comerán	habrá comido	habrán comido
Conditional		*Perfect Conditional*	
comería	comeríamos	habría comido	habríamos comido
comerías	comeríais	habrías comido	habríais comido
comería	comerían	habría comido	habrían comido
Present Subjunctive		*Present Perfect Subjunctive*	
coma	comamos	haya comido	hayamos comido
comas	comáis	hayas comido	hayáis comido
coma	coman	haya comido	hayan comido
Imperfect Subjunctive		*Pluperfect Subjunctive*	
comiera	comiéramos	hubiera comido	hubiéramos comido
comieras	comierais	hubieras comido	hubierais comido
comiera	comieran	hubiera comido	hubieran comido
OR			
comiese	comiésemos		
comieses	comieseis		
comiese	comiesen		

Imperative

come	comed
coma	coman

Verb in Action

Él no come carne. *(He doesn't eat meat.)*
Él se lo comió todo. *(He ate it all.)*
Siempre comían demasiado ellos. *(They always ate too much.)*

cometer

(to commit, to make)

Gerund: cometiendo • **Past Participle:** cometido
Regular -er verb

Present Indicative

cometo	cometemos
cometes	cometéis
comete	cometen

Imperfect

cometía	cometíamos
cometías	cometíais
cometía	cometían

Preterite

cometí	cometimos
cometiste	cometisteis
cometió	cometieron

Future

cometeré	cometeremos
cometerás	cometeréis
cometerá	cometerán

Conditional

cometería	cometeríamos
cometerías	cometeríais
cometería	cometerían

Present Subjunctive

cometa	cometamos
cometas	cometáis
cometa	cometan

Imperfect Subjunctive

cometiera	cometiéramos
cometieras	cometierais
cometiera	cometieran

OR

cometiese	cometiésemos
cometieses	cometieseis
cometiese	cometiesen

Present Perfect

he cometido	hemos cometido
has cometido	habéis cometido
ha cometido	han cometido

Pluperfect

había cometido	habíamos cometido
habías cometido	habíais cometido
había cometido	habían cometido

Preterite Perfect

hube cometido	hubimos cometido
hubiste cometido	hubisteis cometido
hubo cometido	hubieron cometido

Future Perfect

habré cometido	habremos cometido
habrás cometido	habréis cometido
habrá cometido	habrán cometido

Perfect Conditional

habría cometido	habríamos cometido
habrías cometido	habríais cometido
habría cometido	habrían cometido

Present Perfect Subjunctive

haya cometido	hayamos cometido
hayas cometido	hayáis cometido
haya cometido	hayan cometido

Pluperfect Subjunctive

hubiera cometido	hubiéramos cometido
hubieras cometido	hubierais cometido
hubiera cometido	hubieran cometido

Imperative

comete	cometed
cometa	cometan

Verb in Action

Cometiste pocos errores. *(You didn't make many mistakes.)*
Él había cometido ya varios delitos. *(He had already commited several crimes.)*
No cometas el error de creer lo que dice. *(Don't make the mistake of believing what he says.)*

compadecer(se)

(to pity, to feel sorry for)

Gerund: compadeciendo • **Past Participle:** compadecido
Regular -er verb with spelling change: c to zc in front of a and o

Present Indicative

compadezco	compadecemos
compadeces	compadecéis
compadece	compadecen

Present Perfect

he compadecido	hemos compadecido
has compadecido	habéis compadecido
ha compadecido	han compadecido

Imperfect

compadecía	compadecíamos
compadecías	compadecíais
compadecía	compadecían

Pluperfect

había compadecido	habíamos compadecido
habías compadecido	habíais compadecido
había compadecido	habían compadecido

Preterite

compadecí	compadecimos
compadeciste	compadecisteis
compadeció	compadecieron

Preterite Perfect

hube compadecido	hubimos compadecido
hubiste compadecido	hubisteis compadecido
hubo compadecido	hubieron compadecido

Future

compadeceré	compadeceremos
compadecerás	compadeceréis
compadecerá	compadecerán

Future Perfect

habré compadecido	habremos compadecido
habrás compadecido	habréis compadecido
habrá compadecido	habrán compadecido

Conditional

compadecería	compadeceríamos
compadecerías	compadeceríais
compadecería	compadecerían

Perfect Conditional

habría compadecido	habríamos compadecido
habrías compadecido	habríais compadecido
habría compadecido	habrían compadecido

Present Subjunctive

compadezca	compadezcamos
compadezcas	compadezcáis
compadezca	compadezcan

Present Perfect Subjunctive

haya compadecido	hayamos compadecido
hayas compadecido	hayáis compadecido
haya compadecido	hayan compadecido

Imperfect Subjunctive

compadeciera	compadeciéramos
compadecieras	compadecierais
compadeciera	compadecieran
OR	
compadeciese	compadeciésemos
compadecieses	compadecieseis
compadeciese	compadeciesen

Pluperfect Subjunctive

hubiera compadecido	hubiéramos compadecido
hubieras compadecido	hubierais compadecido
hubiera compadecido	hubieran compadecido

Imperative

compadece	compadeced
compadezca	compadezcan

Verb in Action

Compadezco a su pobre marido. *(I pity her poor husband.)*
Él no se compadece de nadie. *(He shows no pity for anyone.)*
No te compadezcas de mí. *(Don't feel sorry for me.)*

competir

(to compete)

Gerund: compitiendo • **Past Participle:** competido

Regular -ir verb with stem change: e to i (tenses 1, 6, imperative, and gerund)

Present Indicative

compito	competimos
compites	competís
compite	compiten

Imperfect

competía	competíamos
competías	competíais
competía	competían

Preterite

competí	competimos
competiste	competisteis
compitió	compitieron

Future

competiré	competiremos
competirás	competiréis
competirá	competirán

Conditional

competiría	competiríamos
competirías	competiríais
competiría	competirían

Present Subjunctive

compita	compitamos
compitas	compitáis
compita	compitan

Imperfect Subjunctive

compitiera	compitiéramos
compitieras	compitierais
compitiera	compitieran

OR

compitiese	compitiésemos
compitieses	compitieseis
compitiese	compitiesen

Present Perfect

he competido	hemos competido
has competido	habéis competido
ha competido	han competido

Pluperfect

había competido	habíamos competido
habías competido	habíais competido
había competido	habían competido

Preterite Perfect

hube competido	hubimos competido
hubiste competido	hubisteis competido
hubo competido	hubieron competido

Future Perfect

habré competido	habremos competido
habrás competido	habréis competido
habrá competido	habrán competido

Perfect Conditional

habría competido	habríamos competido
habrías competido	habríais competido
habría competido	habrían competido

Present Perfect Subjunctive

haya competido	hayamos competido
hayas competido	hayáis competido
haya competido	hayan competido

Pluperfect Subjunctive

hubiera competido	hubiéramos competido
hubieras competido	hubierais competido
hubiera competido	hubieran competido

Imperative

compite	competid
compita	compitan

Verb in Action

¿Cuántos equipos compiten en el campeonato? *(How many teams are competing in the championship?)*

Él está siempre compitiendo con su hermano. *(He's always competing with his brother.)*

#134

complacer(se)

(to please)

Gerund: complaciendo • **Past Participle:** complacido

Reflexive regular -er verb with spelling change: c to zc in front of a and o

Present Indicative

complazco	complacemos
complaces	complacéis
complace	complacen

Imperfect

complacía	complacíamos
complacías	complacíais
complacía	complacían

Preterite

complací	complacimos
complaciste	complacisteis
complació	complacieron

Future

complaceré	complaceremos
complacerás	complaceréis
complacerá	complacerán

Conditional

complacería	complaceríamos
complacerías	complaceríais
complacería	complacerían

Present Subjunctive

complazca	complazcamos
complazcas	complazcáis
complazca	complazcan

Imperfect Subjunctive

complaciera	complaciéramos
complacieras	complacierais
complaciera	complacieran

OR

complaciese	complaciésemos
complacieses	complacieseis
complaciese	complaciesen

Present Perfect

he complacido	hemos complacido
has complacido	habéis complacido
ha complacido	han complacido

Pluperfect

había complacido	habíamos complacido
habías complacido	habíais complacido
había complacido	habían complacido

Preterite Perfect

hube complacido	hubimos complacido
hubiste complacido	hubisteis complacido
hubo complacido	hubieron complacido

Future Perfect

habré complacido	habremos complacido
habrás complacido	habréis complacido
habrá complacido	habrán complacido

Perfect Conditional

habría complacido	habríamos complacido
habrías complacido	habríais complacido
habría complacido	habrían complacido

Present Perfect Subjunctive

haya complacido	hayamos complacido
hayas complacido	hayáis complacido
haya complacido	hayan complacido

Pluperfect Subjunctive

hubiera complacido	hubiéramos complacido
hubieras complacido	hubierais complacido
hubiera complacido	hubieran complacido

Imperative

complace	complaced
complazca	complazcan

Verb in Action

Me complace comunicarle que su solicitud ha sido aceptada. *(I am pleased to inform you that your application has been accepted.)*

Se complacía en hacerlos sufrir. *(He took pleasure in making them suffer.)*

Es imposible complacer a todo el mundo. *(It's imposible to please everybody.)*

complicar(se)

(to complicate)

Gerund: complicando • **Past Participle:** complicado

Reflexive regular -ar verb with spelling change: c to qu in front of e

Present Indicative		***Present Perfect***	
complico	complicamos	he complicado	hemos complicado
complicas	complicáis	has complicado	habéis complicado
complica	complican	ha complicado	han complicado
Imperfect		***Pluperfect***	
complicaba	complicábamos	había complicado	habíamos complicado
complicabas	complicabais	habías complicado	habíais complicado
complicaba	complicaban	había complicado	habían complicado
Preterite		***Preterite Perfect***	
compliqué	complicamos	hube complicado	hubimos complicado
complicaste	complicasteis	hubiste complicado	hubisteis complicado
complicó	complicaron	hubo complicado	hubieron complicado
Future		***Future Perfect***	
complicaré	complicaremos	habré complicado	habremos complicado
complicarás	complicaréis	habrás complicado	habréis complicado
complicará	complicarán	habrá complicado	habrán complicado
Conditional		***Perfect Conditional***	
complicaría	complicaríamos	habría complicado	habríamos complicado
complicarías	complicaríais	habrías complicado	habríais complicado
complicaría	complicarían	habría complicado	habrían complicado
Present Subjunctive		***Present Perfect Subjunctive***	
complique	compliquemos	haya complicado	hayamos complicado
compliques	compliquéis	hayas complicado	hayáis complicado
complique	compliquen	haya complicado	hayan complicado
Imperfect Subjunctive		***Pluperfect Subjunctive***	
complicara	complicáramos	hubiera complicado	hubiéramos complicado
complicaras	complicarais	hubieras complicado	hubierais complicado
complicara	complicaran	hubiera complicado	hubieran complicado
OR			
complicase	complicásemos		
complicases	complicaseis		
complicase	complicasen		

Imperative

complica	complicad
complique	compliquen

Verb in Action

Él complicó demasiado la explicación. *(He made the explanation too complicated.)*
¡No te compliques la vida! *(Don't make life difficult for yourself!)*
La situación se ha ido complicando en los últimos meses. *(The situation has been becoming more complicated in recent months.)*

componer(se)

(to compose, to make up)

Gerund: componiendo • **Past Participle:** compuesto
Reflexive irregular -er verb

Present Indicative		*Present Perfect*	
compongo	componemos	he compuesto	hemos compuesto
compones	componéis	has compuesto	habéis compuesto
compone	componen	ha compuesto	han compuesto

Imperfect		*Pluperfect*	
componía	componíamos	había compuesto	habíamos compuesto
componías	componíais	habías compuesto	habíais compuesto
componía	componían	había compuesto	habían compuesto

Preterite		*Preterite Perfect*	
compuse	compusimos	hube compuesto	hubimos compuesto
compusiste	compusisteis	hubiste compuesto	hubisteis compuesto
compuso	compusieron	hubo compuesto	hubieron compuesto

Future		*Future Perfect*	
compondré	compondremos	habré compuesto	habremos compuesto
compondrás	compondréis	habrás compuesto	habréis compuesto
compondrá	compondrán	habrá compuesto	habrán compuesto

Conditional		*Perfect Conditional*	
compondría	compondríamos	habría compuesto	habríamos compuesto
compondrías	compondríais	habrías compuesto	habríais compuesto
compondría	compondrían	habría compuesto	habrían compuesto

Present Subjunctive		*Present Perfect Subjunctive*	
componga	compongamos	haya compuesto	hayamos compuesto
compongas	compongáis	hayas compuesto	hayáis compuesto
componga	compongan	haya compuesto	hayan compuesto

Imperfect Subjunctive		*Pluperfect Subjunctive*	
compusiera	compusiéramos	hubiera compuesto	hubiéramos compuesto
compusieras	compusierais	hubieras compuesto	hubierais compuesto
compusiera	compusieran	hubiera compuesto	hubieran compuesto
OR			
compusiese	compusiésemos		
compusieses	compusieseis		
compusiese	compusiesen		

Imperative

compón	componed
componga	compongan

Verb in Action

Compuso una nueva sinfonía. *(She composed a new symphony.)*
¿Cuáles son los países que componen el Mercosur? *(Which countries make up Mercosur?)*
Esto te compondrá el estómago. *(This will settle your stomach.)*

comprar(se)

(to buy)

Gerund: comprando • **Past Participle:** comprado
Reflexive regular -ar verb

Present Indicative		Present Perfect	
compro	compramos	he comprado	hemos comprado
compras	compráis	has comprado	habéis comprado
compra	compran	ha comprado	han comprado

Imperfect		Pluperfect	
compraba	comprábamos	había comprado	habíamos comprado
comprabas	comprabais	habías comprado	habíais comprado
compraba	compraban	había comprado	habían comprado

Preterite		Preterite Perfect	
compré	compramos	hube comprado	hubimos comprado
compraste	comprasteis	hubiste comprado	hubisteis comprado
compró	compraron	hubo comprado	hubieron comprado

Future		Future Perfect	
compraré	compraremos	habré comprado	habremos comprado
comprarás	compraréis	habrás comprado	habréis comprado
comprará	comprarán	habrá comprado	habrán comprado

Conditional		Perfect Conditional	
compraría	compraríamos	habría comprado	habríamos comprado
comprarías	compraríais	habrías comprado	habríais comprado
compraría	comprarían	habría comprado	habrían comprado

Present Subjunctive		Present Perfect Subjunctive	
compre	compremos	haya comprado	hayamos comprado
compres	compréis	hayas comprado	hayáis comprado
compre	compren	haya comprado	hayan comprado

Imperfect Subjunctive		Pluperfect Subjunctive	
comprara	compráramos	hubiera comprado	hubiéramos comprado
compraras	comprarais	hubieras comprado	hubierais comprado
comprara	compraran	hubiera comprado	hubieran comprado
OR			
comprase	comprásemos		
comprases	compraseis		
comprase	comprasen		

Imperative

compra	comprad
compre	compren

Verb in Action

Mira los zapatos que me compré ayer. *(Have a look at the shoes I bought myself yesterday.)*
Ella le dio dinero a él para que se comprara un celular. *(He gave her some money to buy herself a cellphone.)*
¡Cómprame un helado! *(Buy me an ice cream!)*

concebir

(to conceive)

Gerund: concibiendo • **Past Participle:** concebido
Regular -ir verb with stem change: e to i (tenses 1, 6, gerund, and imperative)

Present Indicative

concibo	concebimos
concibes	concebís
concibe	conciben

Imperfect

concebía	concebíamos
concebías	concebíais
concebía	concebían

Preterite

concebí	concebimos
concebiste	concebisteis
concibió	concibieron

Future

concebiré	concebiremos
concebirás	concebiréis
concebirá	concebirán

Conditional

concebiría	concebiríamos
concebirías	concebiríais
concebiría	concebirían

Present Subjunctive

conciba	concibamos
concibas	concibáis
conciba	conciban

Imperfect Subjunctive

concibiera	concibiéramos
concibieras	concibierais
concibiera	concibieran

OR

concibiese	concibiésemos
concibieses	concibieseis
concibiese	concibiesen

Present Perfect

he concebido	hemos concebido
has concebido	habéis concebido
ha concebido	han concebido

Pluperfect

había concebido	habíamos concebido
habías concebido	habíais concebido
había concebido	habían concebido

Preterite Perfect

hube concebido	hubimos concebido
hubiste concebido	hubisteis concebido
hubo concebido	hubieron concebido

Future Perfect

habré concebido	habremos concebido
habrás concebido	habréis concebido
habrá concebido	habrán concebido

Perfect Conditional

habría concebido	habríamos concebido
habrías concebido	habríais concebido
habría concebido	habrían concebido

Present Perfect Subjunctive

haya concebido	hayamos concebido
hayas concebido	hayáis concebido
haya concebido	hayan concebido

Pluperfect Subjunctive

hubiera concebido	hubiéramos concebido
hubieras concebido	hubierais concebido
hubiera concebido	hubieran concebido

Imperative

concibe	concebid
conciba	conciban

Verb in Action

No concibo que hayas hecho eso. *(I can't believe that you did that.)*
Durante esas vacaciones ella concibió la idea de su nueva novela. *(It was during that holiday that she conceived the idea for her new novel.)*
Su carta le hizo a ella concebir esperanzas de que volviera. *(His letter gave her hope that he would come back.)*

concentrar(se)

(to concentrate)

Gerund: concentrando • **Past Participle:** concentrado
Reflexive regular -ar verb

Present Indicative

concentro	concentramos
concentras	concentráis
concentra	concentran

Imperfect

concentraba	concentrábamos
concentrabas	concentrabais
concentraba	concentraban

Preterite

concentré	concentramos
concentraste	concentrasteis
concentró	concentraron

Future

concentraré	concentraremos
concentrarás	concentraréis
concentrará	concentrarán

Conditional

concentraría	concentraríamos
concentrarías	concentraríais
concentraría	concentrarían

Present Subjunctive

concentre	concentremos
concentres	concentréis
concentre	concentren

Imperfect Subjunctive

concentrara	concentráramos
concentraras	concentrarais
concentrara	concentraran
OR	
concentrase	concentrásemos
concentrases	concentraseis
concentrase	concentrasen

Present Perfect

he concentrado	hemos concentrado
has concentrado	habéis concentrado
ha concentrado	han concentrado

Pluperfect

había concentrado	habíamos concentrado
habías concentrado	habíais concentrado
había concentrado	habían concentrado

Preterite Perfect

hube concentrado	hubimos concentrado
hubiste concentrado	hubisteis concentrado
hubo concentrado	hubieron concentrado

Future Perfect

habré concentrado	habremos concentrado
habrás concentrado	habréis concentrado
habrá concentrado	habrán concentrado

Perfect Conditional

habría concentrado	habríamos concentrado
habrías concentrado	habríais concentrado
habría concentrado	habrían concentrado

Present Perfect Subjunctive

haya concentrado	hayamos concentrado
hayas concentrado	hayáis concentrado
haya concentrado	hayan concentrado

Pluperfect Subjunctive

hubiera concentrado	hubiéramos concentrado
hubieras concentrado	hubierais concentrado
hubiera concentrado	hubieran concentrado

Imperative

concentra	concentrad
concentre	concentren

Verb in Action

El ajedrez requiere que uno se concentre. *(To play chess you need to concentrate.)*
La riqueza se fue concentrando en manos de unos pocos. *(Wealth was becoming increasingly concentrated in the hands of a few.)*
Concéntrate en lo que estás haciendo. *(Concentrate on what you're doing.)*

concientizar(se)

(to make aware)

Gerund: concientizando • **Past Participle:** concientizado
Reflexive regular -ar verb with spelling change: z to c in front of e

Present Indicative

concientizo	concientizamos
concientizas	concientizáis
concientiza	concientizan

Imperfect

concientizaba	concientizábamos
concientizabas	concientizabais
concientizaba	concientizaban

Preterite

concienticé	concientizamos
concientizaste	concientizasteis
concientizó	concientizaron

Future

concientizaré	concientizaremos
concientizarás	concientizaréis
concientizará	concientizarán

Conditional

concientizaría	concientizaríamos
concientizarías	concientizaríais
concientizaría	concientizarían

Present Subjunctive

concientice	concienticemos
concientices	concienticéis
concientice	concienticen

Imperfect Subjunctive

concientizara	concientizáramos
concientizaras	concientizarais
concientizara	concientizaran

OR

concientizase	concientizásemos
concientizases	concientizaseis
concientizase	concientizasen

Present Perfect

he concientizado	hemos concientizado
has concientizado	habéis concientizado
ha concientizado	han concientizado

Pluperfect

había concientizado	habíamos concientizado
habías concientizado	habíais concientizado
había concientizado	habían concientizado

Preterite Perfect

hube concientizado	hubimos concientizado
hubiste concientizado	hubisteis concientizado
hubo concientizado	hubieron concientizado

Future Perfect

habré concientizado	habremos concientizado
habrás concientizado	habréis concientizado
habrá concientizado	habrán concientizado

Perfect Conditional

habría concientizado	habríamos concientizado
habrías concientizado	habríais concientizado
habría concientizado	habrían concientizado

Present Perfect Subjunctive

haya concientizado	hayamos concientizado
hayas concientizado	hayáis concientizado
haya concientizado	hayan concientizado

Pluperfect Subjunctive

hubiera concientizado	hubiéramos concientizado
hubieras concientizado	hubierais concientizado
hubiera concientizado	hubieran concientizado

Imperative

concientiza	concientizad
concientice	concienticen

Verb in Action

Hay que concientizar a la población de los problemas medioambientales. *(We need to make people aware of environmental problems.)*
Todo será en vano si la ciudadanía no se concientiza. *(It will all be in vain if people don't become more aware.)*
Se los había concientizado de la importancia de una dieta sana. *(They had been made aware of the importance of a healthy diet.)*

ESSENTIAL VERB

#141

conducir

(to drive, to lead)

Gerund: conduciendo • **Past Participle:** conducido

Irregular -ir verb (tenses 3 and 7), regular -ir verb in remaining tenses; spelling change: c to zc in front of a and o

Present Indicative

conduzco	conducimos
conduces	conducís
conduce	conducen

Imperfect

conducía	conducíamos
conducías	conducíais
conducía	conducían

Preterite

conduje	condujimos
condujiste	condujisteis
condujo	condujeron

Future

conduciré	conduciremos
conducirás	conduciréis
conducirá	conducirán

Conditional

conduciría	conduciríamos
conducirías	conduciríais
conduciría	conducirían

Present Subjunctive

conduzca	conduzcamos
conduzcas	conduzcáis
conduzca	conduzcan

Imperfect Subjunctive

condujera	condujéramos
condujeras	condujerais
condujera	condujeran

OR

condujese	condujésemos
condujeses	condujeseis
condujese	condujesen

Present Perfect

he conducido	hemos conducido
has conducido	habéis conducido
ha conducido	han conducido

Pluperfect

había conducido	habíamos conducido
habías conducido	habíais conducido
había conducido	habían conducido

Preterite Perfect

hube conducido	hubimos conducido
hubiste conducido	hubisteis conducido
hubo conducido	hubieron conducido

Future Perfect

habré conducido	habremos conducido
habrás conducido	habréis conducido
habrá conducido	habrán conducido

Perfect Conditional

habría conducido	habríamos conducido
habrías conducido	habríais conducido
habría conducido	habrían conducido

Present Perfect Subjunctive

haya conducido	hayamos conducido
hayas conducido	hayáis conducido
haya conducido	hayan conducido

Pluperfect Subjunctive

hubiera conducido	hubiéramos conducido
hubieras conducido	hubierais conducido
hubiera conducido	hubieran conducido

Imperative

conduce	conducid
conduzca	conduzcan

Verb in Action

Enojarte no conduce a nada. *(Getting angry doesn't lead anywhere.)*
La pista nos condujo hasta él. *(The clue led us to him.)*
Roberto los conducirá a su mesa. *(Roberto will lead you to your table.)*

confiar(se)

(to trust, to confide)

Gerund: confiando • **Past Participle:** confiado

Reflexive regular -ar verb with spelling change i to í on stressed syllable (tenses 1, 6, and imperative)

Present Indicative

confío	confiamos
confías	confiáis
confía	confían

Imperfect

confiaba	confiábamos
confiabas	confiabais
confiaba	confiaban

Preterite

confié	confiamos
confiaste	confiasteis
confió	confiaron

Future

confiaré	confiaremos
confiarás	confiaréis
confiará	confiarán

Conditional

confiaría	confiaríamos
confiarías	confiaríais
confiaría	confiarían

Present Subjunctive

confíe	confiemos
confíes	confiéis
confíe	confíen

Imperfect Subjunctive

confiara	confiáramos
confiaras	confiarais
confiara	confiaran

OR

confiase	confiásemos
confiases	confiaseis
confiase	confiasen

Present Perfect

he confiado	hemos confiado
has confiado	habéis confiado
ha confiado	han confiado

Pluperfect

había confiado	habíamos confiado
habías confiado	habíais confiado
había confiado	habían confiado

Preterite Perfect

hube confiado	hubimos confiado
hubiste confiado	hubisteis confiado
hubo confiado	hubieron confiado

Future Perfect

habré confiado	habremos confiado
habrás confiado	habréis confiado
habrá confiado	habrán confiado

Perfect Conditional

habría confiado	habríamos confiado
habrías confiado	habríais confiado
habría confiado	habrían confiado

Present Perfect Subjunctive

haya confiado	hayamos confiado
hayas confiado	hayáis confiado
haya confiado	hayan confiado

Pluperfect Subjunctive

hubiera confiado	hubiéramos confiado
hubieras confiado	hubierais confiado
hubiera confiado	hubieran confiado

Imperative

confía	confiad
confíe	confíen

Verb in Action

Confía en mí. *(Trust me.)*

Confiaban en el triunfo de su equipo en el próximo encuentro. *(They were confident that their team would win the next game.)*

confundir(se)

(to confuse)

Gerund: confundiendo • **Past Participle:** confundido
Reflexive regular -ir verb

Present Indicative		***Present Perfect***	
confundo	confundimos	he confundido	hemos confundido
confundes	confundís	has confundido	habéis confundido
confunde	confunden	ha confundido	han confundido
Imperfect		***Pluperfect***	
confundía	confundíamos	había confundido	habíamos confundido
confundías	confundíais	habías confundido	habíais confundido
confundía	confundían	había confundido	habían confundido
Preterite		***Preterite Perfect***	
confundí	confundimos	hube confundido	hubimos confundido
confundiste	confundisteis	hubiste confundido	hubisteis confundido
confundió	confundieron	hubo confundido	hubieron confundido
Future		***Future Perfect***	
confundiré	confundiremos	habré confundido	habremos confundido
confundirás	confundiréis	habrás confundido	habréis confundido
confundirá	confundirán	habrá confundido	habrán confundido
Conditional		***Perfect Conditional***	
confundiría	confundiríamos	habría confundido	habríamos confundido
confundirías	confundiríais	habrías confundido	habríais confundido
confundiría	confundirían	habría confundido	habrían confundido
Present Subjunctive		***Present Perfect Subjunctive***	
confunda	confundamos	haya confundido	hayamos confundido
confundas	confundáis	hayas confundido	hayáis confundido
confunda	confundan	haya confundido	hayan confundido
Imperfect Subjunctive		***Pluperfect Subjunctive***	
confundiera	confundiéramos	hubiera confundido	hubiéramos confundido
confundieras	confundierais	hubieras confundido	hubierais confundido
confundiera	confundieran	hubiera confundido	hubieran confundido
OR			
confundiese	confundiésemos		
confundieses	confundieseis		
confundiese	confundiesen		

Imperative

confunde	confundid
confunda	confundan

Verb in Action

Su explicación nos confundió todavía más. *(His explanation confused us even more.)*
Coloqué los letreros para que nadie se confundiera. *(I put up the signs so that no one would get mixed up.)*

conmover(se)

(to move, to shake)

Gerund: conmoviendo • **Past Participle:** conmovido
Reflexive regular -er verb with stem change: o to ue (tenses 1, 6, and imperative)

Present Indicative

conmuevo	conmovemos
conmueves	conmovéis
conmueve	conmueven

Imperfect

conmovía	conmovíamos
conmovías	conmovíais
conmovía	conmovían

Preterite

conmoví	conmovimos
conmoviste	conmovisteis
conmovió	conmovieron

Future

conmoveré	conmoveremos
conmoverás	conmoveréis
conmoverá	conmoverán

Conditional

conmovería	conmoveríamos
conmoverías	conmoveríais
conmovería	conmoverían

Present Subjunctive

conmueva	conmovamos
conmuevas	conmováis
conmueva	conmuevan

Imperfect Subjunctive

conmoviera	conmoviéramos
conmovieras	conmovierais
conmoviera	conmovieran

OR

conmoviese	conmoviésemos
conmovieses	conmovieseis
conmoviese	conmoviesen

Present Perfect

he conmovido	hemos conmovido
has conmovido	habéis conmovido
ha conmovido	han conmovido

Pluperfect

había conmovido	habíamos conmovido
habías conmovido	habíais conmovido
había conmovido	habían conmovido

Preterite Perfect

hube conmovido	hubimos conmovido
hubiste conmovido	hubisteis conmovido
hubo conmovido	hubieron conmovido

Future Perfect

habré conmovido	habremos conmovido
habrás conmovido	habréis conmovido
habrá conmovido	habrán conmovido

Perfect Conditional

habría conmovido	habríamos conmovido
habrías conmovido	habríais conmovido
habría conmovido	habrían conmovido

Present Perfect Subjunctive

haya conmovido	hayamos conmovido
hayas conmovido	hayáis conmovido
haya conmovido	hayan conmovido

Pluperfect Subjunctive

hubiera conmovido	hubiéramos conmovido
hubieras conmovido	hubierais conmovido
hubiera conmovido	hubieran conmovido

Imperative

conmueve	conmoved
conmueva	conmuevan

Verb in Action

Me conmovía su inocencia. *(I was moved by her innocence.)*
¿No te conmueve que llore? *(Aren't you moved by her tears?)*
No esperes que se conmueva. *(Don't expect him to be moved.)*

ESSENTIAL VERB **#145**

conocer

(to know, to meet)

Gerund: conociendo • **Past Participle:** conocido

Regular -er verb with spelling change: c to zc in front of a and o

Present Indicative

conozco	conocemos
conoces	conocéis
conoce	conocen

Present Perfect

he conocido	hemos conocido
has conocido	habéis conocido
ha conocido	han conocido

Imperfect

conocía	conocíamos
conocías	conocíais
conocía	conocían

Pluperfect

había conocido	habíamos conocido
habías conocido	habíais conocido
había conocido	habían conocido

Preterite

conocí	conocimos
conociste	conocisteis
conoció	conocieron

Preterite Perfect

hube conocido	hubimos conocido
hubiste conocido	hubisteis conocido
hubo conocido	hubieron conocido

Future

conoceré	conoceremos
conocerás	conoceréis
conocerá	conocerán

Future Perfect

habré conocido	habremos conocido
habrás conocido	habréis conocido
habrá conocido	habrán conocido

Conditional

conocería	conoceríamos
conocerías	conoceríais
conocería	conocerían

Perfect Conditional

habría conocido	habríamos conocido
habrías conocido	habríais conocido
habría conocido	habrían conocido

Present Subjunctive

conozca	conozcamos
conozcas	conozcáis
conozca	conozcan

Present Perfect Subjunctive

haya conocido	hayamos conocido
hayas conocido	hayáis conocido
haya conocido	hayan conocido

Imperfect Subjunctive

conociera	conociéramos
conocieras	conocierais
conociera	conocieran
OR	
conociese	conociésemos
conocieses	conocieseis
conociese	conociesen

Pluperfect Subjunctive

hubiera conocido	hubiéramos conocido
hubieras conocido	hubierais conocido
hubiera conocido	hubieran conocido

Imperative

conoce	conoced
conozca	conozcan

Verb in Action

Conozco un restaurante donde se come bien. *(I know a restaurant where the food is very good.)*

La conocí en una fiesta. *(I met her at a party.)*

Nos conocíamos desde hacía años. *(We'd known each other for years.)*

conseguir

(to get, to achieve)

Gerund: consiguiendo • **Past Participle:** conseguido
Regular -ir verb with spelling change: gu to g in front of a and o; stem change: e to i (tenses 1, 6, gerund, and imperative)

Present Indicative

consigo	conseguimos
consigues	conseguís
consigue	consiguen

Present Perfect

he conseguido	hemos conseguido
has conseguido	habéis conseguido
ha conseguido	han conseguido

Imperfect

conseguía	conseguíamos
conseguías	conseguíais
conseguía	conseguían

Pluperfect

había conseguido	habíamos conseguido
habías conseguido	habíais conseguido
había conseguido	habían conseguido

Preterite

conseguí	conseguimos
conseguiste	conseguisteis
consiguió	consiguieron

Preterite Perfect

hube conseguido	hubimos conseguido
hubiste conseguido	hubisteis conseguido
hubo conseguido	hubieron conseguido

Future

conseguiré	conseguiremos
conseguirás	conseguiréis
conseguirá	conseguirán

Future Perfect

habré conseguido	habremos conseguido
habrás conseguido	habréis conseguido
habrá conseguido	habrán conseguido

Conditional

conseguiría	conseguiríamos
conseguirías	conseguiríais
conseguiría	conseguirían

Perfect Conditional

habría conseguido	habríamos conseguido
habrías conseguido	habríais conseguido
habría conseguido	habrían conseguido

Present Subjunctive

consiga	consigamos
consigas	consigáis
consiga	consigan

Present Perfect Subjunctive

haya conseguido	hayamos conseguido
hayas conseguido	hayáis conseguido
haya conseguido	hayan conseguido

Imperfect Subjunctive

consiguiera	consiguiéramos
consiguieras	consiguierais
consiguiera	consiguieran
OR	
consiguiese	consiguiésemos
consiguieses	consiguieseis
consiguiese	consiguiesen

Pluperfect Subjunctive

hubiera conseguido	hubiéramos conseguido
hubieras conseguido	hubierais conseguido
hubiera conseguido	hubieran conseguido

Imperative

consigue	conseguid
consiga	consigan

Verb in Action

¿Dónde conseguiste el diccionario? *(Where did you get the dictionary?)*
Conseguimos que nos concediera una entrevista. *(We got him to give us an interview.)*
Si perseveras, lo conseguirás. *(If you persevere, you'll eventually achieve it.)*

consolar(se)

(to console)

Gerund: consolando • **Past Participle:** consolado

Reflexive regular -ar verb with stem change: o to ue (tenses 1, 6, and imperative)

Present Indicative

consuelo	consolamos
consuelas	consoláis
consuela	consuelan

Imperfect

consolaba	consolábamos
consolabas	consolabais
consolaba	consolaban

Preterite

consolé	consolamos
consolaste	consolasteis
consoló	consolaron

Future

consolaré	consolaremos
consolarás	consolaréis
consolará	consolarán

Conditional

consolaría	consolaría
consolarías	consolaríais
consolaríamos	consolarían

Present Subjunctive

consuele	consolemos
consueles	consoléis
consuele	consuelen

Imperfect Subjunctive

consolara	consoláramos
consolaras	consolarais
consolara	consolaran

OR

consolase	consolásemos
consolases	consolaseis
consolase	consolasen

Present Perfect

he consolado	hemos consolado
has consolado	habéis consolado
ha consolado	han consolado

Pluperfect

había consolado	habíamos consolado
habías consolado	habíais consolado
había consolado	habían consolado

Preterite Perfect

hube consolado	hubimos consolado
hubiste consolado	hubisteis consolado
hubo consolado	hubieron consolado

Future Perfect

habré consolado	habremos consolado
habrás consolado	habréis consolado
habrá consolado	habrán consolado

Perfect Conditional

habría consolado	habríamos consolado
habrías consolado	habríais consolado
habría consolado	habrían consolado

Present Perfect Subjunctive

haya consolado	hayamos consolado
hayas consolado	hayáis consolado
haya consolado	hayan consolado

Pluperfect Subjunctive

hubiera consolado	hubiéramos consolado
hubieras consolado	hubierais consolado
hubiera consolado	hubieran consolado

Imperative

consuela	consolad
consuele	consuelen

Verb in Action

La llamaba con mis problemas y ella me consolaba. *(I would phone her with my problems and she would console me.)*

Me abrazó y trató de consolarme. *(He hugged me and tried to console me.)*

Se lo consolaba. *(It consoled him.)*

constituir

(to establish, to constitute)

Gerund: constituyendo • **Past Participle:** constituido
Regular -ir verb with spelling change: add y in front of a, e, or o

Present Indicative		*Present Perfect*	
constituyo	constituimos	he constituido	hemos constituido
constituyes	constituís	has constituido	habéis constituido
constituye	constituyen	ha constituido	han constituido

Imperfect		*Pluperfect*	
constituía	constituíamos	había constituido	habíamos constituido
constituías	constituíais	habías constituido	habíais constituido
constituía	constituían	había constituido	habían constituido

Preterite		*Preterite Perfect*	
constituí	constituímos	hube constituido	hubimos constituido
constituiste	constituisteis	hubiste constituido	hubisteis constituido
constituyó	constituyeron	hubo constituido	hubieron constituido

Future		*Future Perfect*	
constituiré	constituiremos	habré constituido	habremos constituido
constituirás	constituiréis	habrás constituido	habréis constituido
constituirá	constituirán	habrá constituido	habrán constituido

Conditional		*Perfect Conditional*	
constituiría	constituiríamos	habría constituido	habríamos constituido
constituirías	constituiríais	habrías constituido	habríais constituido
constituiría	constituirían	habría constituido	habrían constituido

Present Subjunctive		*Present Perfect Subjunctive*	
constituya	constituyamos	haya constituido	hayamos constituido
constituyas	constituyáis	hayas constituido	hayáis constituido
constituya	constituyan	haya constituido	hayan constituido

Imperfect Subjunctive		*Pluperfect Subjunctive*	
constituyera	constituyéramos	hubiera constituido	hubiéramos constituido
constituyeras	constituyerais	hubieras constituido	hubierais constituido
constituyera	constituyeran	hubiera constituido	hubieran constituido
OR			
constituyese	constituyésemos		
constituyeses	constituyeseis		
constituyese	constituyesen		

Imperative

constituye	constituid
constituya	constituyan

Verb in Action

Los judíos constituyen la mayoría de la población de Israel. *(Jews make up the majority of the population of Israel.)*

La tarea constituiría un gran reto para nosotros. *(The task will represent a major challenge for us.)*

construir

(to build)

Gerund: construyendo • **Past Participle:** construido

Regular -ir verb with spelling change: add y in front of a, e, or o

Present Indicative

construyo	construimos
construyes	construís
construye	construyen

Present Perfect

he construido	hemos construido
has construido	habéis construido
ha construido	han construido

Imperfect

construía	construíamos
construías	construíais
construía	construían

Pluperfect

había construido	habíamos construido
habías construido	habíais construido
había construido	habían construido

Preterite

construí	construímos
construiste	construisteis
construyó	construyeron

Preterite Perfect

hube construido	hubimos construido
hubiste construido	hubisteis construido
hubo construido	hubieron construido

Future

construiré	construiremos
construirás	construiréis
construirá	construirán

Future Perfect

habré construido	habremos construido
habrás construido	habréis construido
habrá construido	habrán construido

Conditional

construiría	construiríamos
construirías	construiríais
construiría	construirían

Perfect Conditional

habría construido	habríamos construido
habrías construido	habríais construido
habría construido	habrían construido

Present Subjunctive

construya	construyamos
construyas	construyáis
construya	construyan

Present Perfect Subjunctive

haya construido	hayamos construido
hayas construido	hayáis construido
haya construido	hayan construido

Imperfect Subjunctive

construyera	construyéramos
construyeras	construyerais
construyera	construyeran
OR	
construyese	construyésemos
construyeses	construyeseis
construyese	construyesen

Pluperfect Subjunctive

hubiera construido	hubiéramos construido
hubieras construido	hubierais construido
hubiera construido	hubieran construido

Imperative

construye	construid
construya	construyan

Verb in Action

Construyen casas de madera. *(They build wooden houses.)*
Están construyendo una escuela. *(They're building a new school.)*
Construyó la casa él solo. *(He built the house on his own.)*

contar

(to tell, to count)

Gerund: contando • **Past Participle:** contado
Regular -ar verb with stem change: o to ue (tenses 1, 6, and imperative)

Present Indicative		*Present Perfect*	
cuento	contamos	he contado	hemos contado
cuentas	contáis	has contado	habéis contado
cuenta	cuentan	ha contado	han contado

Imperfect		*Pluperfect*	
contaba	contábamos	había contado	habíamos contado
contabas	contabais	habías contado	habíais contado
contaba	contaban	había contado	habían contado

Preterite		*Preterite Perfect*	
conté	contamos	hube contado	hubimos contado
contaste	contasteis	hubiste contado	hubísteis contado
contó	contaron	hubo contado	hubieron contado

Future		*Future Perfect*	
contaré	contaremos	habré contado	habremos contado
contarás	contaréis	habrás contado	habréis contado
contará	contarán	habrá contado	habrán contado

Conditional		*Perfect Conditional*	
contaría	contaríamos	habría contado	habríamos contado
contarías	contaríais	habrías contado	habríais contado
contaría	contarían	habría contado	habrían contado

Present Subjunctive		*Present Perfect Subjunctive*	
cuente	contemos	haya contado	hayamos contado
cuentes	contéis	hayas contado	hayáis contado
cuente	cuenten	haya contado	hayan contado

Imperfect Subjunctive		*Pluperfect Subjunctive*	
contara	contáramos	hubiera contado	hubiéramos contado
contaras	contarais	hubieras contado	hubierais contado
contara	contaran	hubiera contado	hubieran contado
OR			
contase	contásemos		
contases	contaseis		
contase	contasen		

Imperative

cuenta	contad
cuente	cuenten

Verb in Action

Estoy contando los días. *(I'm counting the days.)*
Él nos contó un secreto. *(He told us a secret.)*
Prométeme que no se lo contarás a nadie. *(Promise you won't tell anyone.)*

conener(se)

(to contain)

Gerund: conteniendo • **Past Participle:** contenido
Reflexive irregular -er verb

Present Indicative		Present Perfect	
contengo	contenemos	he contenido	hemos contenido
contienes	contenéis	has contenido	habéis contenido
contiene	contienen	ha contenido	han contenido

Imperfect		Pluperfect	
contenía	conteníamos	había contenido	habíamos contenido
contenías	conteníais	habías contenido	habíais contenido
contenía	contenían	había contenido	habían contenido

Preterite		Preterite Perfect	
contuve	contuvimos	hube contenido	hubimos contenido
contuviste	contuvisteis	hubiste contenido	hubisteis contenido
contuvo	contuvieron	hubo contenido	hubieron contenido

Future		Future Perfect	
contendré	contendremos	habré contenido	habremos contenido
contendrás	contendréis	habrás contenido	habréis contenido
contendrá	contendrán	habrá contenido	habrán contenido

Conditional		Perfect Conditional	
contendría	contendríamos	habría contenido	habríamos contenido
contendrías	contendríais	habrías contenido	habríais contenido
contendría	contendrían	habría contenido	habrían contenido

Present Subjunctive		Present Perfect Subjunctive	
contenga	contengamos	haya contenido	hayamos contenido
contengas	contengáis	hayas contenido	hayáis contenido
contenga	contengan	haya contenido	hayan contenido

Imperfect Subjunctive		Pluperfect Subjunctive	
contuviera	contuviéramos	hubiera contenido	hubiéramos contenido
contuvieras	contuvierais	hubieras contenido	hubierais contenido
contuviera	contuvieran	hubiera contenido	hubieran contenido
OR			
contuviese	contuviésemos		
contuvieses	contuvieseis		
contuviese	contuviesen		

Imperative	
conten	contened
contenga	contengan

Verb in Action

El frasco contiene 30 cápsulas. *(The bottle contains 30 capsules.)*
Necesito una guía que contenga toda esta información. *(I need a guide that contains all this information in it.)*
El folleto contenía varios errores importantes. *(The brochure contained several serious errors.)*

contestar

(to answer)

Gerund: contestando • **Past Participle:** contestado
Regular -ar verb

Present Indicative		***Present Perfect***	
contesto	contestamos	he contestado	hemos contestado
contestas	contestáis	has contestado	habéis contestado
contesta	contestan	ha contestado	han contestado
Imperfect		***Pluperfect***	
contestaba	contestábamos	había contestado	habíamos contestado
contestabas	contestabais	habías contestado	habíais contestado
contestaba	contestaban	había contestado	habían contestado
Preterite		***Preterite Perfect***	
contesté	contestamos	hube contestado	hubimos contestado
contestaste	contestasteis	hubiste contestado	hubisteis contestado
contestó	contestaron	hubo contestado	hubieron contestado
Future		***Future Perfect***	
contestaré	contestaremos	habré contestado	habremos contestado
contestarás	contestaréis	habrás contestado	habréis contestado
contestará	contestarán	habrá contestado	habrán contestado
Conditional		***Perfect Conditional***	
contestaría	contestaríamos	habría contestado	habríamos contestado
contestarías	contestaríais	habrías contestado	habríais contestado
contestaría	contestarían	habría contestado	habrían contestado
Present Subjunctive		***Present Perfect Subjunctive***	
conteste	contestemos	haya contestado	hayamos contestado
contestes	contestéis	hayas contestado	hayáis contestado
conteste	contesten	haya contestado	hayan contestado
Imperfect Subjunctive		***Pluperfect Subjunctive***	
contestara	contestáramos	hubiera contestado	hubiéramos contestado
contestaras	contestarais	hubieras contestado	hubierais contestado
contestara	contestaran	hubiera contestado	hubieran contestado
OR			
contestase	contestásemos		
contestases	contestaseis		
contestase	contestasen		

Imperative

contesta	contestad
conteste	contesten

Verb in Action

Él nunca contesta mis mensajes. *(He never replies to my messages.)*
¡No le contestes así a tu padre! *(Don't answer back to your father like that!)*
Nadie contestaba el teléfono. *(Nobody was answering the telephone.)*

#153

continuar

(to continue)

Gerund: continuando • **Past Participle:** continuado

Regular -ar verb with spelling change: u to ú on stressed syllable (tenses 1, 6, and imperative)

Present Indicative

continúo	continuamos
continúas	continuáis
continúa	continúan

Imperfect

continuaba	continuábamos
continuabas	continuabais
continuaba	continuaban

Preterite

continué	continuamos
continuaste	continuasteis
continuó	continuaron

Future

continuaré	continuaremos
continuarás	continuaréis
continuará	continuarán

Conditional

continuaría	continuaríamos
continuarías	continuaríais
continuaría	continuarían

Present Subjunctive

continúe	continuemos
continúes	continuéis
continúe	continúen

Imperfect Subjunctive

continuara	continuáramos
continuaras	continuarais
continuara	continuaran

OR

continuase	continuásemos
continuases	continuaseis
continuase	continuasen

Present Perfect

he continuado	hemos continuado
has continuado	habéis continuado
ha continuado	han continuado

Pluperfect

había continuado	habíamos continuado
habías continuado	habíais continuado
había continuado	habían continuado

Preterite Perfect

hube continuado	hubimos continuado
hubiste continuado	hubisteis continuado
hubo continuado	hubieron continuado

Future Perfect

habré continuado	habremos continuado
habrás continuado	habréis continuado
habrá continuado	habrán continuado

Perfect Conditional

habría continuado	habríamos continuado
habrías continuado	habríais continuado
habría continuado	habrían continuado

Present Perfect Subjunctive

haya continuado	hayamos continuado
hayas continuado	hayáis continuado
haya continuado	hayan continuado

Pluperfect Subjunctive

hubiera continuado	hubiéramos continuado
hubieras continuado	hubierais continuado
hubiera continuado	hubieran continuado

Imperative

continúa	continuad
continúe	continúen

Verb in Action

Empezó a llover pero continuaron caminando. *(It began to rain but they went on walking.)*
La situación continúa empeorando. *(The situation is still getting worse.)*
Continúen con el ejercicio, por favor. *(Please continue with the exercise.)*

#154

contribuir

(to contribute)

Gerund: contribuyendo • **Past Participle:** contribuido
Regular -ir verb with spelling change: add y in front of a, e, or o

Present Indicative		*Present Perfect*	
contribuyo	contribuimos	he contribuido	hemos contribuido
contribuyes	contribuís	has contribuido	habéis contribuido
contribuye	contribuyen	ha contribuido	han contribuido
Imperfect		*Pluperfect*	
contribuía	contribuíamos	había contribuido	habíamos contribuido
contribuías	contribuíais	habías contribuido	habíais contribuido
contribuía	contribuían	había contribuido	habían contribuido
Preterite		*Preterite Perfect*	
contribuí	contribuímos	hube contribuido	hubimos contribuido
contribuiste	contribuisteis	hubiste contribuido	hubisteis contribuido
contribuyó	contribuyeron	hubo contribuido	hubieron contribuido
Future		*Future Perfect*	
contribuiré	contribuiremos	habré contribuido	habremos contribuido
contribuirás	contribuiréis	habrás contribuido	habréis contribuido
contribuirá	contribuirán	habrá contribuido	habrán contribuido
Conditional		*Perfect Conditional*	
contribuiría	contribuiríamos	habría contribuido	habríamos contribuido
contribuirías	contribuiríais	habrías contribuido	habríais contribuido
contribuiría	contribuirían	habría contribuido	habrían contribuido
Present Subjunctive		*Present Perfect Subjunctive*	
contribuya	contribuyamos	haya contribuido	hayamos contribuido
contribuyas	contribuyáis	hayas contribuido	hayáis contribuido
contribuya	contribuyan	haya contribuido	hayan contribuido
Imperfect Subjunctive		*Pluperfect Subjunctive*	
contribuyera	contribuyéramos	hubiera contribuido	hubiéramos contribuido
contribuyeras	contribuyerais	hubieras contribuido	hubierais contribuido
contribuyera	contribuyeran	hubiera contribuido	hubieran contribuido
OR			
contribuyese	contribuyésemos		
contribuyeses	contribuyeseis		
contribuyese	contribuyesen		

Imperative

contribuye	contribuid
contribuya	contribuyan

Verb in Action

Cada uno contribuye con lo que puede. *(Each contributes what he can.)*
Contribuí con cincuenta pesos. *(I contributed fifty pesos.)*
Nos pidieron que contribuyéramos donando alimentos. *(They asked us to contribute by donating food.)*

convencer(se)

(to convince)

Gerund: convenciendo • **Past Participle:** convencido

Reflexive regular -er verb with spelling change: c to z in front of a and o

Present Indicative

convenzo	convencemos
convences	convencéis
convence	convencen

Imperfect

convencía	convencíamos
convencías	convencíais
convencía	convencían

Preterite

convencí	convencimos
convenciste	convencisteis
convenció	convencieron

Future

convenceré	convenceremos
convencerás	convenceréis
convencerá	convencerán

Conditional

convencería	convenceríamos
convencerías	convenceríais
convencería	convencerían

Present Subjunctive

convenza	convenzamos
convenzas	convenzáis
convenza	convenzan

Imperfect Subjunctive

convenciera	convenciéramos
convencieras	convencierais
convenciera	convencieran
OR	
convenciese	convenciésemos
convencieses	convencieseis
convenciese	convenciesen

Present Perfect

he convencido	hemos convencido
has convencido	habéis convencido
ha convencido	han convencido

Pluperfect

había convencido	habíamos convencido
habías convencido	habíais convencido
había convencido	habían convencido

Preterite Perfect

hube convencido	hubimos convencido
hubiste convencido	hubisteis convencido
hubo convencido	hubieron convencido

Future Perfect

habré convencido	habremos convencido
habrás convencido	habréis convencido
habrá convencido	habrán convencido

Perfect Conditional

habría convencido	habríamos convencido
habrías convencido	habríais convencido
habría convencido	habrían convencido

Present Perfect Subjunctive

haya convencido	hayamos convencido
hayas convencido	hayáis convencido
haya convencido	hayan convencido

Pluperfect Subjunctive

hubiera convencido	hubiéramos convencido
hubieras convencido	hubierais convencido
hubiera convencido	hubieran convencido

Imperative

convence	convenced
convenza	convenzan

Verb in Action

No hay quien la convenza de que tiene que aprovechar la oportunidad. *(No one can convince her that she must make the most of the opportunity.)*

Él nos convenció de que el plan era viable. *(He convinced us that the plan was viable.)*

#156

convenir

(to suit, to agree)

Gerund: conveniendo • **Past Participle:** convenido
Irregular -ir verb

Present Indicative		*Present Perfect*	
convengo	convenimos	he convenido	hemos convenido
convienes	convenís	has convenido	habéis convenido
conviene	convienen	ha convenido	han convenido

Imperfect		*Pluperfect*	
convenía	conveníamos	había convenido	habíamos convenido
convenías	conveníais	habías convenido	habíais convenido
convenía	convenían	había convenido	habían convenido

Preterite		*Preterite Perfect*	
convine	convinimos	hube convenido	hubimos convenido
conviniste	convinisteis	hubiste convenido	hubisteis convenido
convino	convinieron	hubo convenido	hubieron convenido

Future		*Future Perfect*	
convendré	convendremos	habré convenido	habremos convenido
convendrás	convendréis	habrás convenido	habréis convenido
convendrá	convendrán	habrá convenido	habrán convenido

Conditional		*Perfect Conditional*	
convendría	convendríamos	habría convenido	habríamos convenido
convendrías	convendríais	habrías convenido	habríais convenido
convendría	convendrían	habría convenido	habrían convenido

Present Subjunctive		*Present Perfect Subjunctive*	
convenga	convengamos	haya convenido	hayamos convenido
convengas	convengáis	hayas convenido	hayáis convenido
convenga	convengan	haya convenido	hayan convenido

Imperfect Subjunctive		*Pluperfect Subjunctive*	
conviniera	conviniéramos	hubiera convenido	hubiéramos convenido
convinieras	convinierais	hubieras convenido	hubierais convenido
conviniera	convinieran	hubiera convenido	hubieran convenido
OR			
conviniese	conviniésemos		
convinieses	convinieseis		
conviniese	conviniesen		

Imperative

conven	convenid
convenga	convengan

Verb in Action

Conviene comprarlo el tamaño. *(It would be a good idea to buy it.)*
Podemos ir cuando a usted le convenga. *(We can go when it suits you.)*
Convendría que pidieras presupuesto a otra empresa. *(It would be a good idea for you to ask another company for an estimate.)*

convertir(se)

(to convert)

Gerund: convirtiendo • **Past Participle:** convertido

Reflexive regular -ir verb with stem change (tenses 1, 3, 6, 7, gerund, and imperative)

Present Indicative

convierto	convertimos
conviertes	convertís
convierte	convierten

Imperfect

convertía	convertíamos
convertías	convertíais
convertía	convertían

Preterite

convertí	convertimos
convertiste	convertisteis
convirtió	convirtieron

Future

convertiré	convertiremos
convertirás	convertiréis
convertirá	convertirán

Conditional

convertiría	convertiríamos
convertirías	convertiríais
convertiría	convertirían

Present Subjunctive

convierta	convertamos
conviertas	convertáis
convierta	conviertan

Imperfect Subjunctive

convirtiera	convirtiéramos
convirtieras	convirtierais
convirtiera	convirtieran

OR

convirtiese	convirtiésemos
convirtieses	convirtieseis
convirtiese	convirtiesen

Present Perfect

he convertido	hemos convertido
has convertido	habéis convertido
ha convertido	han convertido

Pluperfect

había convertido	habíamos convertido
habías convertido	habíais convertido
había convertido	habían convertido

Preterite Perfect

hube convertido	hubimos convertido
hubiste convertido	hubisteis convertido
hubo convertido	hubieron convertido

Future Perfect

habré convertido	habremos convertido
habrás convertido	habréis convertido
habrá convertido	habrán convertido

Perfect Conditional

habría convertido	habríamos convertido
habrías convertido	habríais convertido
habría convertido	habrían convertido

Present Perfect Subjunctive

haya convertido	hayamos convertido
hayas convertido	hayáis convertido
haya convertido	hayan convertido

Pluperfect Subjunctive

hubiera convertido	hubiéramos convertido
hubieras convertido	hubierais convertido
hubiera convertido	hubieran convertido

Imperative

convierte	convertid
convierta	conviertan

Verb in Action

Los misioneros intentaban convertirlos al cristianismo. *(The missionaries were trying to convert them to Christianity.)*

Se había convertido en una mujer hermosísima. *(She had turned into a very beautiful woman.)*

#158

copiar

(to copy)

Gerund: copiando • **Past Participle:** copiado
Regular -ar verb

Present Indicative		*Present Perfect*	
copio	copiamos	he copiado	hemos copiado
copias	copiáis	has copiado	habéis copiado
copia	copian	ha copiado	han copiado

Imperfect		*Pluperfect*	
copiaba	copiábamos	había copiado	habíamos copiado
copiabas	copiabais	habías copiado	habíais copiado
copiaba	copiaban	había copiado	habían copiado

Preterite		*Preterite Perfect*	
copié	copiamos	hube copiado	hubimos copiado
copiaste	copiasteis	hubiste copiado	hubisteis copiado
copió	copiaron	hubo copiado	hubieron copiado

Future		*Future Perfect*	
copiaré	copiaremos	habré copiado	habremos copiado
copiarás	copiaréis	habrás copiado	habréis copiado
copiará	copiarán	habrá copiado	habrán copiado

Conditional		*Perfect Conditional*	
copiaría	copiaríamos	habría copiado	habríamos copiado
copiarías	copiaríais	habrías copiado	habríais copiado
copiaría	copiarían	habría copiado	habrían copiado

Present Subjunctive		*Present Perfect Subjunctive*	
copie	copiemos	haya copiado	hayamos copiado
copies	copiéis	hayas copiado	hayáis copiado
copie	copien	haya copiado	hayan copiado

Imperfect Subjunctive		*Pluperfect Subjunctive*	
copiara	copiáramos	hubiera copiado	hubiéramos copiado
copiaras	copiarais	hubieras copiado	hubierais copiado
copiara	copiaran	hubiera copiado	hubieran copiado
OR			
copiase	copiásemos		
copiases	copiaseis		
copiase	copiasen		

Imperative

copia	copiad
copie	copien

Verb in Action

Copié la receta de una revista. *(I copied the recipe from a magazine.)*
Él copia a su hermano mayor en todo. *(He copies his elder brother in everything.)*
El profesor vio que estaba copiando. *(The teacher saw that he was copying.)*

corregir

(to correct, to grade)

Gerund: corrigiendo • **Past Participle:** corregido

Regular -ir verb with stem change: e to i (tenses 1, 3, 6, 7, imperative, and gerund) and spelling change g to j in front of a and o

Present Indicative		*Present Perfect*	
corrijo	corregimos	he corregido	hemos corregido
corriges	corregís	has corregido	habéis corregido
corrige	corrigen	ha corregido	han corregido
Imperfect		*Pluperfect*	
corregía	corregíamos	había corregido	habíamos corregido
corregías	corregíais	habías corregido	habíais corregido
corregía	corregían	había corregido	habían corregido
Preterite		*Preterite Perfect*	
corregí	corregimos	hube corregido	hubimos corregido
corregiste	corregisteis	hubiste corregido	hubisteis corregido
corrigió	corrigieron	hubo corregido	hubieron corregido
Future		*Future Perfect*	
corregiré	corregiremos	habré corregido	habremos corregido
corregirás	corregiréis	habrás corregido	habréis corregido
corregirá	corregirán	habrá corregido	habrán corregido
Conditional		*Perfect Conditional*	
corregiría	corregiríamos	habría corregido	habríamos corregido
corregirías	corregiríais	habrías corregido	habríais corregido
corregiría	corregirían	habría corregido	habrían corregido
Present Subjunctive		*Present Perfect Subjunctive*	
corrija	corrijamos	haya corregido	hayamos corregido
corrijas	corrijáis	hayas corregido	hayáis corregido
corrija	corrijan	haya corregido	hayan corregido
Imperfect Subjunctive		*Pluperfect Subjunctive*	
corrigiera	corrigiéramos	hubiera corregido	hubiéramos corregido
corrigieras	corrigierais	hubieras corregido	hubierais corregido
corrigiera	corrigieran	hubiera corregido	hubieran corregido
OR			
corrigiese	corrigiésemos		
corrigieses	corrigieseis		
corrigiese	corrigiesen		

Imperative

corrige	corregid
corrija	corrijan

Verb in Action

Tengo exámenes que corregir. *(I have some exams to grade.)*
Tiene varias faltas de ortografía; corrígelas todas. *(There are a number of spelling mistakes in it; correct all of them.)*

#160

correr

(to run)

Gerund: corriendo • **Past Participle:** corrido

Regular -er verb

Present Indicative

corro	corremos
corres	corréis
corre	corren

Present Perfect

he corrido	hemos corrido
has corrido	habéis corrido
ha corrido	han corrido

Imperfect

corría	corríamos
corrías	corríais
corría	corrían

Pluperfect

había corrido	habíamos corrido
habías corrido	habíais corrido
había corrido	habían corrido

Preterite

corrí	corrimos
corriste	corristeis
corrió	corrieron

Preterite Perfect

hube corrido	hubimos corrido
hubiste corrido	hubisteis corrido
hubo corrido	hubieron corrido

Future

correré	correremos
correrás	correréis
correrá	correrán

Future Perfect

habré corrido	habremos corrido
habrás corrido	habréis corrido
habrá corrido	habrán corrido

Conditional

correría	correríamos
correrías	correríais
correría	correrían

Perfect Conditional

habría corrido	habríamos corrido
habrías corrido	habríais corrido
habría corrido	habrían corrido

Present Subjunctive

corra	corramos
corras	corráis
corra	corran

Present Perfect Subjunctive

haya corrido	hayamos corrido
hayas corrido	hayáis corrido
haya corrido	hayan corrido

Imperfect Subjunctive

corriera	corriéramos
corrieras	corrierais
corriera	corrieran
OR	
corriese	corriésemos
corrieses	corrieseis
corriese	corriesen

Pluperfect Subjunctive

hubiera corrido	hubiéramos corrido
hubieras corrido	hubierais corrido
hubiera corrido	hubieran corrido

Imperative

corre	corred
corra	corran

Verb in Action

Corrimos hasta la playa. *(We ran as far as the beach.)*

Corrieron varios kilómetros. *(They ran several kilometers.)*

Si sigues llegando tarde, te van a correr del trabajo. *(If you keep on being late, they'll kick you out of your job.)*

cortar(se)

(to cut, to cut off)

Gerund: cortando • **Past Participle:** cortado
Reflexive regular -ar verb

Present Indicative		***Present Perfect***	
corto	cortamos	he cortado	hemos cortado
cortas	cortáis	has cortado	habéis cortado
corta	cortan	ha cortado	han cortado
Imperfect		***Pluperfect***	
cortaba	cortábamos	había cortado	habíamos cortado
cortabas	cortabais	habías cortado	habíais cortado
cortaba	cortaban	había cortado	habían cortado
Preterite		***Preterite Perfect***	
corté	cortamos	hube cortado	hubimos cortado
cortaste	cortasteis	hubiste cortado	hubisteis cortado
cortó	cortaron	hubo cortado	hubieron cortado
Future		***Future Perfect***	
cortaré	cortaremos	habré cortado	habremos cortado
cortarás	cortaréis	habrás cortado	habréis cortado
cortará	cortarán	habrá cortado	habrán cortado
Conditional		***Perfect Conditional***	
cortaría	cortaríamos	habría cortado	habríamos cortado
cortarías	cortaríais	habrías cortado	habríais cortado
cortaría	cortarían	habría cortado	habrían cortado
Present Subjunctive		***Present Perfect Subjunctive***	
corte	cortemos	haya cortado	hayamos cortado
cortes	cortéis	hayas cortado	hayáis cortado
corte	corten	haya cortado	hayan cortado
Imperfect Subjunctive		***Pluperfect Subjunctive***	
cortara	cortáramos	hubiera cortado	hubiéramos cortado
cortaras	cortarais	hubieras cortado	hubierais cortado
cortara	cortaran	hubiera cortado	hubieran cortado
OR			
cortase	cortásemos		
cortases	cortaseis		
cortase	cortasen		

Imperative

corta	cortad
corte	corten

Verb in Action

Córtame una rebanada de pan. *(Cut me a slice of bread.)*
Cuidado, que te vas a cortar el dedo. *(Be careful or you'll cut your finger.)*
No pagaron la cuenta y les cortaron el gas. *(They didn't pay the bill and their gas was cut off.)*

costar

(to cost)

Gerund: costando • **Past Participle:** costado
Regular -ar verb with stem change: o to ue (tenses 1, 6, and imperative)

Present Indicative	
cuesto	costamos
cuestas	costáis
cuesta	cuestan
Imperfect	
costaba	costábamos
costabas	costabais
costaba	costaban
Preterite	
costé	costamos
costaste	costasteis
costó	costaron
Future	
costaré	costaremos
costarás	costaréis
costará	costarán
Conditional	
costaría	costaríamos
costarías	costaríais
costaría	costarían
Present Subjunctive	
cueste	costemos
cuestes	costéis
cueste	cuesten
Imperfect Subjunctive	
costara	costáramos
costaras	costarais
costara	costaran
OR	
costase	costásemos
costases	costaseis
costase	costasen

Present Perfect	
he costado	hemos costado
has costado	habéis costado
ha costado	han costado
Pluperfect	
había costado	habíamos costado
habías costado	habíais costado
había costado	habían costado
Preterite Perfect	
hube costado	hubimos costado
hubiste costado	hubisteis costado
hubo costado	hubieron costado
Future Perfect	
habré costado	habremos costado
habrás costado	habréis costado
habrá costado	habrán costado
Perfect Conditional	
habría costado	habríamos costado
habrías costado	habríais costado
habría costado	habrían costado
Present Perfect Subjunctive	
haya costado	hayamos costado
hayas costado	hayáis costado
haya costado	hayan costado
Pluperfect Subjunctive	
hubiera costado	hubiéramos costado
hubieras costado	hubierais costado
hubiera costado	hubieran costado

Imperative

cuesta	costad
cueste	cuesten

Verb in Action

¿Cuánto cuesta esa pulsera? *(How much is that bracelet?)*
El arreglo costaría más de lo que vale el reloj. *(The repair would cost more than the watch is worth.)*
El viaje les costó un dineral. *(The trip cost them a fortune.)*

crecer

(to grow, to rise)

Gerund: creciendo • **Past Participle:** crecido
Regular -er verb with spelling change: c to zc in front of a and o

Present Indicative

crezco	crecemos
creces	crecéis
crece	crecen

Imperfect

crecía	crecíamos
crecías	crecíais
crecía	crecían

Preterite

crecí	crecimos
creciste	crecisteis
creció	crecieron

Future

creceré	creceremos
crecerás	creceréis
crecerá	crecerán

Conditional

crecería	creceríamos
crecerías	creceríais
crecería	crecerían

Present Subjunctive

crezca	crezcamos
crezcas	crezcáis
crezca	crezcan

Imperfect Subjunctive

creciera	creciéramos
crecieras	crecierais
creciera	crecieran

OR

creciese	creciésemos
crecieses	crecieseis
creciese	creciesen

Present Perfect

he crecido	hemos crecido
has crecido	habéis crecido
ha crecido	han crecido

Pluperfect

había crecido	habíamos crecido
habías crecido	habíais crecido
había crecido	habían crecido

Preterite Perfect

hube crecido	hubimos crecido
hubiste crecido	hubisteis crecido
hubo crecido	hubieron crecido

Future Perfect

habré crecido	habremos crecido
habrás crecido	habréis crecido
habrá crecido	habrán crecido

Perfect Conditional

habría crecido	habríamos crecido
habrías crecido	habríais crecido
habría crecido	habrían crecido

Present Perfect Subjunctive

haya crecido	hayamos crecido
hayas crecido	hayáis crecido
haya crecido	hayan crecido

Pluperfect Subjunctive

hubiera crecido	hubiéramos crecido
hubieras crecido	hubierais crecido
hubiera crecido	hubieran crecido

Imperative

crece	creced
crezca	crezcan

Verb in Action

Esas plantas crecen en Chile. *(Those plants grow in Chile.)*
¡Cómo has crecido! *(Haven't you grown!)*
Crecimos juntos. *(We grew up together.)*

#164

creer(se)

(to think, to believe)

Gerund: creyendo • **Past Participle:** creído

Reflexive regular -er verb with spelling change: i to y (tense 3 [3rd person] and tense 7 [all]) and i to í on stressed syllable

Present Indicative

creo	creemos
crees	creéis
cree	creen

Imperfect

creía	creíamos
creías	creíais
creía	creían

Preterite

creí	creímos
creiste	creisteis
creyó	creyeron

Future

creeré	creeremos
creerás	creeréis
creerá	creerán

Conditional

creería	creeríamos
creerías	creeríais
creería	creerían

Present Subjunctive

crea	creamos
creas	creáis
crea	crean

Imperfect Subjunctive

creyera	creyéramos
creyeras	creyerais
creyera	creyeran

OR

creyese	creyésemos
creyeses	creyeseis
creyese	creyesen

Present Perfect

he creído	hemos creído
has creído	habéis creído
ha creído	han creído

Pluperfect

había creído	habíamos creído
habías creído	habíais creído
había creído	habían creído

Preterite Perfect

hube creído	hubimos creído
hubiste creído	hubisteis creído
hubo creído	hubieron creído

Future Perfect

habré creído	habremos creído
habrás creído	habréis creído
habrá creído	habrán creído

Perfect Conditional

habría creído	habríamos creído
habrías creído	habríais creído
habría creído	habrían creído

Present Perfect Subjunctive

haya creído	hayamos creído
hayas creído	hayáis creído
haya creído	hayan creído

Pluperfect Subjunctive

hubiera creído	hubiéramos creído
hubieras creído	hubierais creído
hubiera creído	hubieran creído

Imperative

cree	creed
crea	crean

Verb in Action

No creo que vengan. *(I don't think they'll come.)*
¿Y tú le creíste? *(And you believed him?)*
Te creía más inteligente. *(I thought you were smarter than that.)*

criticar

(to criticize)

Gerund: criticando • **Past Participle:** criticado
Regular -ar verb with spelling change: c to qu in front of e

Present Indicative

critico	criticamos
criticas	criticáis
critica	critican

Imperfect

criticaba	criticábamos
criticabas	criticabais
criticaba	criticaban

Preterite

critiqué	criticamos
criticaste	criticasteis
criticó	criticaron

Future

criticaré	criticaremos
criticarás	criticaréis
criticará	criticarán

Conditional

criticaría	criticaríamos
criticarías	criticaríais
criticaría	criticarían

Present Subjunctive

critique	critiquemos
critiques	critiquéis
critique	critiquen

Imperfect Subjunctive

criticara	criticáramos
criticaras	criticarais
criticara	criticaran

OR

criticase	criticásemos
criticases	criticaseis
criticase	criticasen

Present Perfect

he criticado	hemos criticado
has criticado	habéis criticado
ha criticado	han criticado

Pluperfect

había criticado	habíamos criticado
habías criticado	habíais criticado
había criticado	habían criticado

Preterite Perfect

hube criticado	hubimos criticado
hubiste criticado	hubisteis criticado
hubo criticado	hubieron criticado

Future Perfect

habré criticado	habremos criticado
habrás criticado	habréis criticado
habrá criticado	habrán criticado

Perfect Conditional

habría criticado	habríamos criticado
habrías criticado	habríais criticado
habría criticado	habrían criticado

Present Perfect Subjunctive

haya criticado	hayamos criticado
hayas criticado	hayáis criticado
haya criticado	hayan criticado

Pluperfect Subjunctive

hubiera criticado	hubiéramos criticado
hubieras criticado	hubierais criticado
hubiera criticado	hubieran criticado

Imperative

critica	criticad
critique	critiquen

Verb in Action

Siempre están criticando. *(They're always criticizing.)*
La criticaron por irse con él. *(They criticized her for going with him.)*
Él criticó los regímenes de varios de los países de la región. *(He criticized the regimes of several of the countries in the region.)*

cruzar

(to cross)

Gerund: cruzando • **Past Participle:** cruzado
Regular -ar verb with spelling change: z to c in front of e

Present Indicative		***Present Perfect***	
cruzo	cruzamos	he cruzado	hemos cruzado
cruzas	cruzáis	has cruzado	habéis cruzado
cruza	cruzan	ha cruzado	han cruzado
Imperfect		***Pluperfect***	
cruzaba	cruzábamos	había cruzado	habíamos cruzado
cruzabas	cruzabais	habías cruzado	habíais cruzado
cruzaba	cruzaban	había cruzado	habían cruzado
Preterite		***Preterite Perfect***	
crucé	cruzamos	hube cruzado	hubimos cruzado
cruzaste	cruzasteis	hubiste cruzado	hubisteis cruzado
cruzó	cruzaron	hubo cruzado	hubieron cruzado
Future		***Future Perfect***	
cruzaré	cruzaremos	habré cruzado	habremos cruzado
cruzarás	cruzaréis	habrás cruzado	habréis cruzado
cruzará	cruzarán	habrá cruzado	habrán cruzado
Conditional		***Perfect Conditional***	
cruzaría	cruzaríamos	habría cruzado	habríamos cruzado
cruzarías	cruzaríais	habrías cruzado	habríais cruzado
cruzaría	cruzarían	habría cruzado	habrían cruzado
Present Subjunctive		***Present Perfect Subjunctive***	
cruce	crucemos	haya cruzado	hayamos cruzado
cruces	crucéis	hayas cruzado	hayáis cruzado
cruce	crucen	haya cruzado	hayan cruzado
Imperfect Subjunctive		***Pluperfect Subjunctive***	
cruzara	cruzáramos	hubiera cruzado	hubiéramos cruzado
cruzaras	cruzarais	hubieras cruzado	hubierais cruzado
cruzara	cruzaran	hubiera cruzado	hubieran cruzado
OR			
cruzase	cruzásemos		
cruzases	cruzaseis		
cruzase	cruzasen		

Imperative

cruza	cruzad
cruce	crucen

Verb in Action

Hace tiempo que no me cruzo con él. *(I haven't seen him for a long time.)*
La caravana está cruzando el desierto. *(The caravan is crossing the desert.)*
Cruzaron el puente. *(They crossed the bridge.)*

cubrir

(to cover)

Gerund: cubriendo • **Past Participle:** cubierto
Regular -ir verb with irregular past participle

Present Indicative

cubro	cubrimos
cubres	cubrís
cubre	cubren

Imperfect

cubría	cubríamos
cubrías	cubríais
cubría	cubrían

Preterite

cubrí	cubrimos
cubriste	cubristeis
cubrió	cubrieron

Future

cubriré	cubriremos
cubrirás	cubriréis
cubrirá	cubrirán

Conditional

cubriría	cubriríamos
cubrirías	cubriríais
cubriría	cubrirían

Present Subjunctive

cubra	cubramos
cubras	cubráis
cubra	cubran

Imperfect Subjunctive

cubriera	cubriéramos
cubrieras	cubrierais
cubriera	cubrieran

OR

cubriese	cubriésemos
cubrieses	cubrieseis
cubriese	cubriesen

Present Perfect

he cubierto	hemos cubierto
has cubierto	habéis cubierto
ha cubierto	han cubierto

Pluperfect

había cubierto	habíamos cubierto
habías cubierto	habíais cubierto
había cubierto	habían cubierto

Preterite Perfect

hube cubierto	hubimos cubierto
hubiste cubierto	hubisteis cubierto
hubo cubierto	hubieron cubierto

Future Perfect

habré cubierto	habremos cubierto
habrás cubierto	habréis cubierto
habrá cubierto	habrán cubierto

Perfect Conditional

habría cubierto	habríamos cubierto
habrías cubierto	habríais cubierto
habría cubierto	habrían cubierto

Present Perfect Subjunctive

haya cubierto	hayamos cubierto
hayas cubierto	hayáis cubierto
haya cubierto	hayan cubierto

Pluperfect Subjunctive

hubiera cubierto	hubiéramos cubierto
hubieras cubierto	hubierais cubierto
hubiera cubierto	hubieran cubierto

Imperative

cubre	cubrid
cubra	cubran

Verb in Action

Esto no cubre los gastos. *(This isn't enough to cover expenses.)*
Lo cubrieron con una manta. *(They covered him with a blanket.)*
La nieve cubría la montaña. *(The mountain was covered in snow.)*

cuidar(se)

(to look after, to take care of)

Gerund: cuidando • **Past Participle:** cuidado
Reflexive regular -ar verb

Present Indicative		*Present Perfect*	
cuido	cuidamos	he cuidado	hemos cuidado
cuidas	cuidáis	has cuidado	habéis cuidado
cuida	cuidan	ha cuidado	han cuidado

Imperfect		*Pluperfect*	
cuidaba	cuidábamos	había cuidado	habíamos cuidado
cuidabas	cuidabais	habías cuidado	habíais cuidado
cuidaba	cuidaban	había cuidado	habían cuidado

Preterite		*Preterite Perfect*	
cuidé	cuidamos	hube cuidado	hubimos cuidado
cuidaste	cuidasteis	hubiste cuidado	hubisteis cuidado
cuidó	cuidaron	hubo cuidado	hubieron cuidado

Future		*Future Perfect*	
cuidaré	cuidaremos	habré cuidado	habremos cuidado
cuidarás	cuidaréis	habrás cuidado	habréis cuidado
cuidará	cuidarán	habrá cuidado	habrán cuidado

Conditional		*Perfect Conditional*	
cuidaría	cuidaríamos	habría cuidado	habríamos cuidado
cuidarías	cuidaríais	habrías cuidado	habríais cuidado
cuidaría	cuidarían	habría cuidado	habrían cuidado

Present Subjunctive		*Present Perfect Subjunctive*	
cuide	cuidemos	haya cuidado	hayamos cuidado
cuides	cuidéis	hayas cuidado	hayáis cuidado
cuide	cuiden	haya cuidado	hayan cuidado

Imperfect Subjunctive		*Pluperfect Subjunctive*	
cuidara	cuidáramos	hubiera cuidado	hubiéramos cuidado
cuidaras	cuidarais	hubieras cuidado	hubierais cuidado
cuidara	cuidaran	hubiera cuidado	hubieran cuidado
OR			
cuidase	cuidásemos		
cuidases	cuidaseis		
cuidase	cuidasen		

Imperative

cuida	cuidad
cuide	cuiden

Verb in Action

La abuela cuida a los niños. *(Grandma looks after the children.)*
Antes se cuidaba más el medio ambiente. *(We used to take better care of the environment.)*
Dile que se cuide ella. *(Tell him to look after himself.)*

cumplir(se)

(to carry out, to achieve)

Gerund: cumpliendo • **Past Participle:** cumplido
Reflexive regular -ir verb

Present Indicative		*Present Perfect*	
cumplo	cumplimos	he cumplido	hemos cumplido
cumples	cumplís	has cumplido	habéis cumplido
cumple	cumplen	ha cumplido	han cumplido

Imperfect		*Pluperfect*	
cumplía	cumplíamos	había cumplido	habíamos cumplido
cumplías	cumplíais	habías cumplido	habíais cumplido
cumplía	cumplían	había cumplido	habían cumplido

Preterite		*Preterite Perfect*	
cumplí	cumplimos	hube cumplido	hubimos cumplido
cumpliste	cumplisteis	hubiste cumplido	hubisteis cumplido
cumplió	cumplieron	hubo cumplido	hubieron cumplido

Future		*Future Perfect*	
cumpliré	cumpliremos	habré cumplido	habremos cumplido
cumplirás	cumpliréis	habrás cumplido	habréis cumplido
cumplirá	cumplirán	habrá cumplido	habrán cumplido

Conditional		*Perfect Conditional*	
cumpliría	cumpliríamos	habría cumplido	habríamos cumplido
cumplirías	cumpliríais	habrías cumplido	habríais cumplido
cumpliría	cumplirían	habría cumplido	habrían cumplido

Present Subjunctive		*Present Perfect Subjunctive*	
cumpla	cumplamos	haya cumplido	hayamos cumplido
cumplas	cumpláis	hayas cumplido	hayáis cumplido
cumpla	cumplan	haya cumplido	hayan cumplido

Imperfect Subjunctive		*Pluperfect Subjunctive*	
cumpliera	cumpliéramos	hubiera cumplido	hubiéramos cumplido
cumplieras	cumplierais	hubieras cumplido	hubierais cumplido
cumpliera	cumplieran	hubiera cumplido	hubieran cumplido
OR			
cumpliese	cumpliésemos		
cumplieses	cumplieseis		
cumpliese	cumpliesen		

Imperative

cumple	cumplid
cumpla	cumplan

Verb in Action

Hoy ella cumple 24 años. *(She'll be 24 today.)*
Cuando cumplas los 18, puedes aprender a manejar. *(When you're 18, you can learn to drive.)*
Ella cumplió una condena de cinco años. *(She completed a five-year sentence.)*

#170

dar

(to give)

Gerund: dando • **Past Participle:** dado
Irregular -ar verb

Present Indicative

doy	damos
das	dais
da	dan

Imperfect

daba	dábamos
dabas	dabais
daba	daban

Preterite

di	dimos
diste	disteis
dio	dieron

Future

daré	daremos
darás	daréis
dará	darán

Conditional

daría	daríamos
darías	daríais
daría	darían

Present Subjunctive

dé	demos
des	deis
dé	den

Imperfect Subjunctive

diera	diéramos
dieras	dierais
diera	dieran

OR

diese	diésemos
dieses	dieseis
diese	diesen

Present Perfect

he dado	hemos dado
has dado	habéis dado
ha dado	han dado

Pluperfect

había dado	habíamos dado
habías dado	habíais dado
había dado	habían dado

Preterite Perfect

hube dado	hubimos dado
hubiste dado	hubisteis dado
hubo dado	hubieron dado

Future Perfect

habré dado	habremos dado
habrás dado	habréis dado
habrá dado	habrán dado

Perfect Conditional

habría dado	habríamos dado
habrías dado	habríais dado
habría dado	habrían dado

Present Perfect Subjunctive

haya dado	hayamos dado
hayas dado	hayáis dado
haya dado	hayan dado

Pluperfect Subjunctive

hubiera dado	hubiéramos dado
hubieras dado	hubierais dado
hubiera dado	hubieran dado

Imperative

da	dad
dé	den

Verb in Action

Mi ventana daba al jardín. *(My window looked out on the garden.)*
Te daré el número de mi celular. *(I'll give you my cellphone number.)*
Déme 2 kilos, por favor. *(Give me 2 kilos, please.)*

deber

(to owe, to have to)

Gerund: debiendo • **Past Participle:** debido
Regular -er verb

Present Indicative		*Present Perfect*	
debo	debemos	he debido	hemos debido
debes	debéis	has debido	habéis debido
debe	deben	ha debido	han debido

Imperfect		*Pluperfect*	
debía	debíamos	había debido	habíamos debido
debías	debíais	habías debido	habíais debido
debía	debían	había debido	habían debido

Preterite		*Preterite Perfect*	
debí	debimos	hube debido	hubimos debido
debiste	debisteis	hubiste debido	hubisteis debido
debió	debieron	hubo debido	hubieron debido

Future		*Future Perfect*	
deberé	deberemos	habré debido	habremos debido
deberás	deberéis	habrás debido	habréis debido
deberá	deberán	habrá debido	habrán debido

Conditional		*Perfect Conditional*	
debería	deberíamos	habría debido	habríamos debido
deberías	deberíais	habrías debido	habríais debido
debería	deberían	habría debido	habrían debido

Present Subjunctive		*Present Perfect Subjunctive*	
deba	debamos	haya debido	hayamos debido
debas	debáis	hayas debido	hayáis debido
deba	deban	haya debido	hayan debido

Imperfect Subjunctive		*Pluperfect Subjunctive*	
debiera	debiéramos	hubiera debido	hubiéramos debido
debieras	debierais	hubieras debido	hubierais debido
debiera	debieran	hubiera debido	hubieran debido
OR			
debiese	debiésemos		
debieses	debieseis		
debiese	debiesen		

Imperative

debe	debed
deba	deban

Verb in Action

Creo que le debes una explicación a tu amigo. *(I think you owe your friend an explanation.)*
Deberías esperar un poco antes de decidirlo. *(You ought to wait a while before deciding.)*
Él debió haberle mandado un mensaje a ella. *(He should have sent her a message.)*

#172

decidir(se)

(to decide)

Gerund: decidiendo • **Past Participle:** decidido
Reflexive regular -ir verb

Present Indicative

decido	decidimos
decides	decidís
decide	deciden

Imperfect

decidía	decidíamos
decidías	decidíais
decidía	decidían

Preterite

decidí	decidimos
decidiste	decidisteis
decidió	decidieron

Future

decidiré	decidiremos
decidirás	decidiréis
decidirá	decidirán

Conditional

decidiría	decidiríamos
decidirías	decidiríais
decidiría	decidirían

Present Subjunctive

decida	decidamos
decidas	decidáis
decida	decidan

Imperfect Subjunctive

decidiera	decidiéramos
decidieras	decidierais
decidiera	decidieran
OR	
decidiese	decidiésemos
decidieses	decidieseis
decidiese	decidiesen

Present Perfect

he decidido	hemos decidido
has decidido	habéis decidido
ha decidido	han decidido

Pluperfect

había decidido	habíamos decidido
habías decidido	habíais decidido
había decidido	habían decidido

Preterite Perfect

hube decidido	hubimos decidido
hubiste decidido	hubisteis decidido
hubo decidido	hubieron decidido

Future Perfect

habré decidido	habremos decidido
habrás decidido	habréis decidido
habrá decidido	habrán decidido

Perfect Conditional

habría decidido	habríamos decidido
habrías decidido	habríais decidido
habría decidido	habrían decidido

Present Perfect Subjunctive

haya decidido	hayamos decidido
hayas decidido	hayáis decidido
haya decidido	hayan decidido

Pluperfect Subjunctive

hubiera decidido	hubiéramos decidido
hubieras decidido	hubierais decidido
hubiera decidido	hubieran decidido

Imperative

decide	decidid
decida	decidan

Verb in Action

No decidas nada sin consultarme. *(Don't decide anything without discussing it with me.)*
Ellos le dijeron a él que tenía que decidirse. *(They told him that he'd have to decide.)*
Cuando te decidas, me avisas. *(You can let me know when you've decided.)*

ESSENTIAL VERB

#173

decir

(to say, to tell)

Gerund: diciendo • **Past Participle:** dicho
Irregular -ir verb

Present Indicative

digo	decimos
dices	decís
dice	dicen

Imperfect

decía	decíamos
decías	decíais
decía	decían

Preterite

dije	dijimos
dijiste	dijisteis
dijo	dijeron

Future

diré	diremos
dirás	diréis
dirá	dirán

Conditional

diría	diríamos
dirías	diríais
diría	dirían

Present Subjunctive

diga	digamos
digas	digáis
diga	digan

Imperfect Subjunctive

dijera	dijéramos
dijeras	dijerais
dijera	dijeran

OR

dijese	dijésemos
dijeses	dijeseis
dijese	dijesen

Present Perfect

he dicho	hemos dicho
has dicho	habéis dicho
ha dicho	han dicho

Pluperfect

había dicho	habíamos dicho
habías dicho	habíais dicho
había dicho	habían dicho

Preterite Perfect

hube dicho	hubimos dicho
hubiste dicho	hubisteis dicho
hubo dicho	hubieron dicho

Future Perfect

habré dicho	habremos dicho
habrás dicho	habréis dicho
habrá dicho	habrán dicho

Perfect Conditional

habría dicho	habríamos dicho
habrías dicho	habríais dicho
habría dicho	habrían dicho

Present Perfect Subjunctive

haya dicho	hayamos dicho
hayas dicho	hayáis dicho
haya dicho	hayan dicho

Pluperfect Subjunctive

hubiera dicho	hubiéramos dicho
hubieras dicho	hubierais dicho
hubiera dicho	hubieran dicho

Imperative

di	decid
diga	digan

Verb in Action

Pero ¿qué dices? *(What are you saying?)*
¿Te dijo lo de la boda? *(Did he tell you about the wedding?)*
Él ya me lo había dicho. *(He had already told me.)*

dedicar(se)

(to dedicate, to devote oneself)

Gerund: dedicando • **Past Participle:** dedicado
Reflexive regular -ar verb with spelling change: c to qu in front of e

Present Indicative		*Present Perfect*	
dedico	dedicamos	he dedicado	hemos dedicad
dedicas	dedicáis	has dedicado	habéis dedicado
dedica	dedican	ha dedicado	han dedicado

Imperfect		*Pluperfect*	
dedicaba	dedicábamos	había dedicado	habíamos dedicado
dedicabas	dedicabais	habías dedicado	habíais dedicado
dedicaba	dedicaban	había dedicado	habían dedicado

Preterite		*Preterite Perfect*	
dediqué	dedicamos	hube dedicado	hubimos dedicado
dedicaste	dedicasteis	hubiste dedicado	hubisteis dedicado
dedicó	dedicaron	hubo dedicado	hubieron dedicado

Future		*Future Perfect*	
dedicaré	dedicaremos	habré dedicado	habremos dedicado
dedicarás	dedicaréis	habrás dedicado	habréis dedicado
dedicará	dedicarán	habrá dedicado	habrán dedicado

Conditional		*Perfect Conditional*	
dedicaría	dedicaríamos	habría dedicado	habríamos dedicado
dedicarías	dedicaríais	habrías dedicado	habríais dedicado
dedicaría	dedicarían	habría dedicado	habrían dedicado

Present Subjunctive		*Present Perfect Subjunctive*	
dedique	dediquemos	haya dedicado	hayamos dedicado
dediques	dediquéis	hayas dedicado	hayáis dedicado
dedique	dediquen	haya dedicado	hayan dedicado

Imperfect Subjunctive		*Pluperfect Subjunctive*	
dedicara	dedicáramos	hubiera dedicado	hubiéramos dedicado
dedicaras	dedicarais	hubieras dedicado	hubierais dedicado
dedicara	dedicaran	hubiera dedicado	hubieran dedicado
OR			
dedicase	dedicásemos		
dedicases	dedicaseis		
dedicase	dedicasen		

Imperative	
dedica	dedicad
dedique	dediquen

Verb in Action

Le dedicó el libro a su esposa. *(He dedicated the book to his wife.)*
Él dedica demasiado tiempo a navegar por Internet. *(He dedicates too much time surfing the Internet.)*
Le quiero dedicar esta canción a mi novio. *(I'd like to dedicate this song to my boyfriend.)*

defender(se)

(to defend)

Gerund: defendiendo • **Past Participle:** defendido
Reflexive regular -er verb with stem change e to ie (tenses 1, 6, and imperative)

Present Indicative		*Present Perfect*	
defiendo	defendemos	he defendido	hemos defendido
defiendes	defendéis	has defendido	habéis defendido
defiende	defienden	ha defendido	han defendido

Imperfect		*Pluperfect*	
defendía	defendíamos	había defendido	habíamos defendido
defendías	defendíais	habías defendido	habíais defendido
defendía	defendían	había defendido	habían defendido

Preterite		*Preterite Perfect*	
defendí	defendimos	hube defendido	hubimos defendido
defendiste	defendisteis	hubiste defendido	hubisteis defendido
defendió	defendieron	hubo defendido	hubieron defendido

Future		*Future Perfect*	
defenderé	defenderemos	habré defendido	habremos defendido
defenderás	defenderéis	habrás defendido	habréis defendido
defenderá	defenderán	habrá defendido	habrán defendido

Conditional		*Perfect Conditional*	
defendería	defenderíamos	habría defendido	habríamos defendido
defenderías	defenderíais	habrías defendido	habríais defendido
defendería	defenderían	habría defendido	habrían defendido

Present Subjunctive		*Present Perfect Subjunctive*	
defienda	defendamos	haya defendido	hayamos defendido
defiendas	defendáis	hayas defendido	hayáis defendido
defienda	defiendan	haya defendido	hayan defendido

Imperfect Subjunctive		*Pluperfect Subjunctive*	
defendiera	defendiéramos	hubiera defendido	hubiéramos defendido
defendieras	defendierais	hubieras defendido	hubierais defendido
defendiera	defendieran	hubiera defendido	hubieran defendido
OR			
defendiese	defendiésemos		
defendieses	defendieseis		
defendiese	defendiesen		

Imperative

defiende	defended
defienda	defiendan

Verb in Action

Él defendió la política del gobierno. *(He defended government policy.)*
Tenemos que defendernos. *(We have to defend ourselves.)*
Defienden su derecho a practicar su religión. *(They defend their right to practice their religion.)*

#176

dejar

(to let, to leave)

Gerund: dejando • **Past Participle:** dejado
Regular -ar verb

Present Indicative

dejo	dejamos
dejas	dejáis
déja	dejan

Present Perfect

he dejado	hemos dejado
has dejado	habéis dejado
ha dejado	han dejado

Imperfect

dejaba	dejábamos
dejabas	dejabais
dejaba	dejaban

Pluperfect

había dejado	habíamos dejado
habías dejado	habíais dejado
había dejado	habían dejado

Preterite

dejé	dejamos
dejaste	dejasteis
dejó	dejaron

Preterite Perfect

hube dejado	hubimos dejado
hubiste dejado	hubisteis dejado
hubo dejado	hubieron dejado

Future

dejaré	dejaremos
dejarás	dejaréis
dejará	dejarán

Future Perfect

habré dejado	habremos dejado
habrás dejado	habréis dejado
habrá dejado	habrán dejado

Conditional

dejaría	dejaríamos
dejarías	dejaríais
dejaría	dejarían

Perfect Conditional

habría dejado	habríamos dejado
habrías dejado	habríais dejado
habría dejado	habrían dejado

Present Subjunctive

deje	dejemos
dejes	dejéis
deje	dejen

Present Perfect Subjunctive

haya dejado	hayamos dejado
hayas dejado	hayáis dejado
haya dejado	hayan dejado

Imperfect Subjunctive

dejara	dejáramos
dejaras	dejarais
dejara	dejaran
OR	
dejase	dejásemos
dejases	dejaseis
dejase	dejasen

Pluperfect Subjunctive

hubiera dejado	hubiéramos dejado
hubieras dejado	hubierais dejado
hubiera dejado	hubieran dejado

Imperative

deja	dejad
deje	dejen

Verb in Action

¡Déjenme tranquila! *(Leave me in peace!)*
Estoy seguro de que dejé mis llaves aquí. *(I'm sure I left my keys here.)*
Dejaste todas las luces prendidas. *(You left all the lights on.)*

demorar(se)

(to delay)

Gerund: demorando • **Past Participle:** demorado
Reflexive regular -ar verb

Present Indicative		*Present Perfect*	
demoro	demoramos	he demorado	hemos demorado
demoras	demoráis	has demorado	habéis demorado
demora	demoran	ha demorado	han demorado

Imperfect		*Pluperfect*	
demoraba	demorábamos	había demorado	habíamos demorado
demorabas	demorabais	habías demorado	habíais demorado
demoraba	demoraban	había demorado	habían demorado

Preterite		*Preterite Perfect*	
demoré	demoramos	hube demorado	hubimos demorado
demoraste	demorasteis	hubiste demorado	hubisteis demorado
demoró	demoraron	hubo demorado	hubieron demorado

Future		*Future Perfect*	
demoraré	demoraremos	habré demorado	habremos demorado
demorarás	demoraréis	habrás demorado	habréis demorado
demorará	demorarán	habrá demorado	habrán demorado

Conditional		*Perfect Conditional*	
demoraría	demoraríamos	habría demorado	habríamos demorado
demorarías	demoraríais	habrías demorado	habríais demorado
demoraría	demorarían	habría demorado	habrían demorado

Present Subjunctive		*Present Perfect Subjunctive*	
demore	demoremos	haya demorado	hayamos demorado
demores	demoréis	hayas demorado	hayáis demorado
demore	demoren	haya demorado	hayan demorado

Imperfect Subjunctive		*Pluperfect Subjunctive*	
demorara	demoráramos	hubiera demorado	hubiéramos demorado
demoraras	demorarais	hubieras demorado	hubierais demorado
demorara	demoraran	hubiera demorado	hubieran demorado
OR			
demorase	demorásemos		
demorases	demoraseis		
demorase	demorasen		

Imperative	
demora	demorad
demore	demoren

Verb in Action

Demoraron casi una hora en contestar las preguntas. *(They delayed almost an hour to answer the questions.)*
No te demores, por favor. *(Please don't be late.)*
Nos demoramos varios años para ahorrar el dinero. *(It took us several years to save up the money.)*

depender

(to depend)

Gerund: dependiendo • **Past Participle:** dependido
Regular -er verb

Present Indicative

dependo	dependemos
dependes	dependéis
depende	dependen

Present Perfect

he dependido	hemos dependido
has dependido	habéis dependido
ha dependido	han dependido

Imperfect

dependía	dependíamos
dependías	dependíais
dependía	dependían

Pluperfect

había dependido	habíamos dependido
habías dependido	habíais dependido
había dependido	habían dependido

Preterite

dependí	dependimos
dependiste	dependisteis
dependió	dependieron

Preterite Perfect

hube dependido	hubimos dependido
hubiste dependido	hubisteis dependido
hubo dependido	hubieron dependido

Future

dependeré	dependeremos
dependerás	dependeréis
dependerá	dependerán

Future Perfect

habré dependido	habremos dependido
habrás dependido	habréis dependido
habrá dependido	habrán dependido

Conditional

dependería	dependeríamos
dependerías	dependeríais
dependería	dependerían

Perfect Conditional

habría dependido	habríamos dependido
habrías dependido	habríais dependido
habría dependido	habrían dependido

Present Subjunctive

dependa	dependamos
dependas	dependáis
dependa	dependan

Present Perfect Subjunctive

haya dependido	hayamos dependido
hayas dependido	hayáis dependido
haya dependido	hayan dependido

Imperfect Subjunctive

dependiera	dependiéramos
dependieras	dependierais
dependiera	dependieran
OR	
dependiese	dependiésemos
dependieses	dependieseis
dependiese	dependiesen

Pluperfect Subjunctive

hubiera dependido	hubiéramos dependido
hubieras dependido	hubierais dependido
hubiera dependido	hubieran dependido

Imperative

depende	depended
dependa	dependan

Verb in Action

Todo depende del precio. *(It all depends on the price.)*
La ciudad dependía del turismo. *(The city depended on tourism.)*
Si de mí dependiera, les daría el día libre a todos. *(If it were up to me, I'd give them all the day off.)*

desayunar

(to have breakfast, to have for breakfast)

Gerund: desayunando • **Past Participle:** desayunado
Regular -ar verb

Present Indicative

desayuno	desayunamos
desayunas	desayunáis
desayuna	desayunan

Present Perfect

he desayunado	hemos desayunado
has desayunado	habéis desayunado
ha desayunado	han desayunado

Imperfect

desayunaba	desayunábamos
desayunabas	desayunabais
desayunaba	desayunaban

Pluperfect

había desayunado	habíamos desayunado
habías desayunado	habíais desayunado
había desayunado	habían desayunado

Preterite

desayuné	desayunamos
desayunaste	desayunasteis
desayunó	desayunaron

Preterite Perfect

hube desayunado	hubimos desayunado
hubiste desayunado	hubisteis desayunado
hubo desayunado	hubieron desayunado

Future

desayunaré	desayunaremos
desayunarás	desayunaréis
desayunará	desayunarán

Future Perfect

habré desayunado	habremos desayunado
habrás desayunado	habréis desayunado
habrá desayunado	habrán desayunado

Conditional

desayunaría	desayunaríamos
desayunarías	desayunaríais
desayunaría	desayunarían

Perfect Conditional

habría desayunado	habríamos desayunado
habrías desayunado	habríais desayunado
habría desayunado	habrían desayunado

Present Subjunctive

desayune	desayunemos
desayunes	desayunéis
desayune	desayunen

Present Perfect Subjunctive

haya desayunado	hayamos desayunado
hayas desayunado	hayáis desayunado
haya desayunado	hayan desayunado

Imperfect Subjunctive

desayunara	desayunáramos
desayunaras	desayunarais
desayunara	desayunaran
OR	
desayunase	desayunásemos
desayunases	desayunaseis
desayunase	desayunasen

Pluperfect Subjunctive

hubiera desayunado	hubiéramos desayunado
hubieras desayunado	hubierais desayunado
hubiera desayunado	hubieran desayunado

Imperative

desayuna	desayunad
desayune	desayunen

Verb in Action

¿A qué hora desayunas? *(What time do you have breakfast?)*
Le pregunté a él si había desayunado. *(I asked him if he'd had breakfast.)*
Es importante que desayunes bien. *(It's important to have a proper breakfast.)*

descansar

(to rest)

Gerund: descansando • **Past Participle:** descansado
Regular -ar verb

Present Indicative

descanso	descansamos
descansas	descansáis
descansa	descansan

Present Perfect

he descansado	hemos descansado
has descansado	habéis descansado
ha descansado	han descansado

Imperfect

descansaba	descansábamos
descansabas	descansabais
descansaba	descansaban

Pluperfect

había descansado	habíamos descansado
habías descansado	habíais descansado
había descansado	habían descansado

Preterite

descansé	descansamos
descansaste	descansasteis
descansó	descansaron

Preterite Perfect

hube descansado	hubimos descansado
hubiste descansado	hubisteis descansado
hubo descansado	hubieron descansado

Future

descansaré	descansaremos
descansarás	descansaréis
descansará	descansarán

Future Perfect

habré descansado	habremos descansado
habrás descansado	habréis descansado
habrá descansado	habrán descansado

Conditional

descansaría	descansaríamos
descansarías	descansaríais
descansaría	descansarían

Perfect Conditional

habría descansado	habríamos descansado
habrías descansado	habríais descansado
habría descansado	habrían descansado

Present Subjunctive

descanse	descansemos
descanses	descanséis
descanse	descansen

Present Perfect Subjunctive

haya descansado	hayamos descansado
hayas descansado	hayáis descansado
haya descansado	hayan descansado

Imperfect Subjunctive

descansara	descansáramos
descansaras	descansarais
descansara	descansaran
OR	
descansase	descansásemos
descansases	descansaseis
descansase	descansasen

Pluperfect Subjunctive

hubiera descansado	hubiéramos descansado
hubieras descansado	hubierais descansado
hubiera descansado	hubieran descansado

Imperative

descansa	descansad
descanse	descansen

Verb in Action

Trabajábamos media hora y descansábamos quince minutos. *(We would work for half an hour and then rest for fifteen minutes.)*

Si descansaras un rato, te sentirías mejor. *(If you would rest for a while, you'd feel better.)*

desconfiar

(to distrust, to suspect)

Gerund: desconfiando • **Past Participle:** desconfiado
Regular -ar verb with spelling change: i to í on stressed syllable

Present Indicative

desconfío	desconfiamos
desconfías	desconfiáis
desconfía	desconfían

Present Perfect

he desconfiado	hemos desconfiado
has desconfiado	habéis desconfiado
ha desconfiado	han desconfiado

Imperfect

desconfiaba	desconfiábamos
desconfiabas	desconfiabais
desconfiaba	desconfiaban

Pluperfect

había desconfiado	habíamos desconfiado
habías desconfiado	habíais desconfiado
había desconfiado	habían desconfiado

Preterite

desconfié	desconfiamos
desconfiaste	desconfiasteis
desconfió	desconfiaron

Preterite Perfect

hube desconfiado	hubimos desconfiado
hubiste desconfiado	hubisteis desconfiado
hubo desconfiado	hubieron desconfiado

Future

desconfiaré	desconfiaremos
desconfiarás	desconfiaréis
desconfiará	desconfiarán

Future Perfect

habré desconfiado	habremos desconfiado
habrás desconfiado	habréis desconfiado
habrá desconfiado	habrán desconfiado

Conditional

desconfiaría	desconfiaríamos
desconfiarías	desconfiaríais
desconfiaría	desconfiarían

Perfect Conditional

habría desconfiado	habríamos desconfiado
habrías desconfiado	habríais desconfiado
habría desconfiado	habrían desconfiado

Present Subjunctive

desconfíe	desconfiemos
desconfíes	desconfiéis
desconfíe	desconfíen

Present Perfect Subjunctive

haya desconfiado	hayamos desconfiado
hayas desconfiado	hayáis desconfiado
haya desconfiado	hayan desconfiado

Imperfect Subjunctive

desconfiara	desconfiáramos
desconfiaras	desconfiarais
desconfiara	desconfiaran
OR	
desconfiase	desconfiásemos
desconfiases	desconfiaseis
desconfiase	desconfiasen

Pluperfect Subjunctive

hubiera desconfiado	hubiéramos desconfiado
hubieras desconfiado	hubierais desconfiado
hubiera desconfiado	hubieran desconfiado

Imperative

desconfía	desconfiad
desconfíe	desconfíen

Verb in Action

Él desconfía de todo el mundo. *(He doesn't trust anyone.)*
Yo desconfiaba de sus intenciones. *(I suspected his intentions.)*
¿Tú no desconfiarías si te prometieran tanto? *(Wouldn't you be suspicious if you were offered all that?)*

#182

desconocer

(to be unaware of)

Gerund: desconociendo • **Past Participle:** desconocido
Regular -er verb with spelling change: c to zc in front of a and o

Present Indicative

desconozco	desconocemos
desconoces	desconocéis
desconoce	desconocen

Present Perfect

he desconocido	hemos desconocido
has desconocido	habéis desconocido
ha desconocido	han desconocido

Imperfect

desconocía	desconocíamos
desconocías	desconocíais
desconocía	desconocían

Pluperfect

había desconocido	habíamos desconocido
habías desconocido	habíais desconocido
había desconocido	habían desconocido

Preterite

desconocí	desconocimos
desconociste	desconocisteis
desconoció	desconocieron

Preterite Perfect

hube desconocido	hubimos desconocido
hubiste desconocido	hubisteis desconocido
hubo desconocido	hubieron desconocido

Future

desconoceré	desconoceremos
desconocerás	desconoceréis
desconocerá	desconocerán

Future Perfect

habré desconocido	habremos desconocido
habrás desconocido	habréis desconocido
habrá desconocido	habrán desconocido

Conditional

desconocería	desconoceríamos
desconocerías	desconoceríais
desconocería	desconocerían

Perfect Conditional

habría desconocido	habríamos desconocido
habrías desconocido	habríais desconocido
habría desconocido	habrían desconocido

Present Subjunctive

desconozca	desconozcamos
desconozcas	desconozcáis
desconozca	desconozcan

Present Perfect Subjunctive

haya desconocido	hayamos desconocido
hayas desconocido	hayáis desconocido
haya desconocido	hayan desconocido

Imperfect Subjunctive

desconociera	desconociéramos
desconocieras	desconocierais
desconociera	desconocieran
OR	
desconociese	desconociésemos
desconocieses	desconocieseis
desconociese	desconociesen

Pluperfect Subjunctive

hubiera desconocido	hubiéramos desconocido
hubieras desconocido	hubierais desconocido
hubiera desconocido	hubieran desconocido

Imperative

desconoce	desconoced
desconozca	desconozcan

Verb in Action

En aquel momento nos desconocíamos la magnitud del problema. *(At that time we were unaware of the magnitude of the problem.)*

Hay varias personas cuyo paradero se desconoce. *(There are several people whose whereabouts are unknown.)*

describir

(to describe)

Gerund: describiendo • **Past Participle:** descrito

Regular -ir verb with irregular past participle

Present Indicative

describo	describimos
describes	describís
describe	describen

Imperfect

describía	describíamos
describías	describíais
describía	describían

Preterite

describí	describimos
describiste	describisteis
describió	describieron

Future

describiré	describiremos
describirás	describiréis
describirá	describirán

Conditional

describiría	describiríamos
describirías	describiríais
describiría	describirían

Present Subjunctive

describa	describamos
describas	describáis
describa	describan

Imperfect Subjunctive

describiera	describiéramos
describieras	describierais
describiera	describieran

OR

describiese	describiésemos
describieses	describieseis
describiese	describiesen

Present Perfect

he descrito	hemos descrito
has descrito	habéis descrito
ha descrito	han descrito

Pluperfect

había descrito	habíamos descrito
habías descrito	habíais descrito
había descrito	habían descrito

Preterite Perfect

hube descrito	hubimos descrito
hubiste descrito	hubisteis descrito
hubo descrito	hubieron descrito

Future Perfect

habré descrito	habremos descrito
habrás descrito	habréis descrito
habrá descrito	habrán descrito

Perfect Conditional

habría descrito	habríamos descrito
habrías descrito	habríais descrito
habría descrito	habrían descrito

Present Perfect Subjunctive

haya descrito	hayamos descrito
hayas descrito	hayáis descrito
haya descrito	hayan descrito

Pluperfect Subjunctive

hubiera descrito	hubiéramos descrito
hubieras descrito	hubierais descrito
hubiera descrito	hubieran descrito

Imperative

describe	describid
describa	describan

Verb in Action

¿Podría describir a su atacante? *(Could you describe your attacker?)*

El autor describe el paisaje. *(The author describes the landscape.)*

Piensa en adjetivos que describan estados de ánimo. *(Think of adjectives that describe states of mind.)*

descubrir

(to discover)

Gerund: descubriendo • **Past Participle:** descubierto
Regular -ir verb with irregular past participle

Present Indicative		*Present Perfect*	
descubro	descubrimos	he descubierto	hemos descubierto
descubres	descubrís	has descubierto	habéis descubierto
descubre	descubren	ha descubierto	han descubierto

Imperfect		*Pluperfect*	
descubría	descubríamos	había descubierto	habíamos descubierto
descubrías	descubríais	habías descubierto	habíais descubierto
descubría	descubrían	había descubierto	habían descubierto

Preterite		*Preterite Perfect*	
descubrí	descubrimos	hube descubierto	hubimos descubierto
descubriste	descubristeis	hubiste descubierto	hubisteis descubierto
descubrió	descubrieron	hubo descubierto	hubieron descubierto

Future		*Future Perfect*	
descubriré	descubriremos	habré descubierto	habremos descubierto
descubrirás	descubriréis	habrás descubierto	habréis descubierto
descubrirá	descubrirán	habrá descubierto	habrán descubierto

Conditional		*Perfect Conditional*	
descubriría	descubriríamos	habría descubierto	habríamos descubierto
descubrirías	descubriríais	habrías descubierto	habríais descubierto
descubriría	descubrirían	habría descubierto	habrían descubierto

Present Subjunctive		*Present Perfect Subjunctive*	
descubra	descubramos	haya descubierto	hayamos descubierto
descubras	descubráis	hayas descubierto	hayáis descubierto
descubra	descubran	haya descubierto	hayan descubierto

Imperfect Subjunctive		*Pluperfect Subjunctive*	
descubriera	descubriéramos	hubiera descubierto	hubiéramos descubierto
descubrieras	descubrierais	hubieras descubierto	hubierais descubierto
descubriera	descubrieran	hubiera descubierto	hubieran descubierto
OR			
descubriese	descubriésemos		
descubrieses	descubrieseis		
descubriese	descubriesen		

Imperative

descubre	descubrid
descubra	descubran

Verb in Action

Ella había descubierto un restaurante excelente cerca de su casa. *(She had discovered an excellent restaurant near her house.)*

¿Cuándo descubrirán una cura para el cáncer? *(When will they find a cure for cancer?)*

desear

(to want, to wish)

Gerund: deseando • **Past Participle:** deseado
Regular -ar verb

Present Indicative

deseo	deseamos
deseas	deseáis
desea	desean

Imperfect

deseaba	deseábamos
deseabas	deseabais
deseaba	deseaban

Preterite

deseé	deseamos
deseaste	deseasteis
deseó	desearon

Future

desearé	desearemos
desearás	desearéis
deseará	desearán

Conditional

desearía	desearíamos
desearías	desearíais
desearía	desearían

Present Subjunctive

desee	deseemos
desees	deseéis
desee	deseen

Imperfect Subjunctive

deseara	deseáramos
desearas	desearais
deseara	desearan

OR

desease	deseásemos
deseases	deseaseis
desease	deseasen

Present Perfect

he deseado	hemos deseado
has deseado	habéis deseado
ha deseado	han deseado

Pluperfect

había deseado	habíamos deseado
habías deseado	habíais deseado
había deseado	habían deseado

Preterite Perfect

hube deseado	hubimos deseado
hubiste deseado	hubisteis deseado
hubo deseado	hubieron deseado

Future Perfect

habré deseado	habremos deseado
habrás deseado	habréis deseado
habrá deseado	habrán deseado

Perfect Conditional

habría deseado	habríamos deseado
habrías deseado	habríais deseado
habría deseado	habrían deseado

Present Perfect Subjunctive

haya deseado	hayamos deseado
hayas deseado	hayáis deseado
haya deseado	hayan deseado

Pluperfect Subjunctive

hubiera deseado	hubiéramos deseado
hubieras deseado	hubierais deseado
hubiera deseado	hubieran deseado

Imperative

desea	desead
desee	deseen

Verb in Action

Te deseo la mejor de las suertes. *(I wish you the best of luck.)*
Él siempre había deseado volver. *(He had always wanted to go back.)*
No se lo desearía al peor de mis enemigos. *(I wouldn't wish it on my worst enemy.)*

#186

despedir(se)

(to see off)

Gerund: despidiendo • **Past Participle:** despedido

Reflexive regular -ir verb with stem change e to i (tenses 1, 3, 6, 7, gerund, and imperative)

Present Indicative

despido	despedimos
despides	despedís
despide	despiden

Imperfect

despedía	despedíamos
despedías	despedíais
despedía	despedían

Preterite

despedí	despedimos
despediste	despedisteis
despidió	despidieron

Future

despediré	despediremos
despedirás	despediréis
despedirá	despedirán

Conditional

despediría	despediríamos
despedirías	despediríais
despediría	despedirían

Present Subjunctive

despida	despidamos
despidas	despidáis
despida	despidan

Imperfect Subjunctive

despidiera	despidiéramos
despidieras	despidierais
despidiera	despidieran
OR	
despidiese	despidiésemos
despidieses	despidieseis
despidiese	despidiesen

Present Perfect

he despedido	hemos despedido
has despedido	habéis despedido
ha despedido	han despedido

Pluperfect

había despedido	habíamos despedido
habías despedido	habíais despedido
había despedido	habían despedido

Preterite Perfect

hube despedido	hubimos despedido
hubiste despedido	hubisteis despedido
hubo despedido	hubieron despedido

Future Perfect

habré despedido	habremos despedido
habrás despedido	habréis despedido
habrá despedido	habrán despedido

Perfect Conditional

habría despedido	habríamos despedido
habrías despedido	habríais despedido
habría despedido	habrían despedido

Present Perfect Subjunctive

haya despedido	hayamos despedido
hayas despedido	hayáis despedido
haya despedido	hayan despedido

Pluperfect Subjunctive

hubiera despedido	hubiéramos despedido
hubieras despedido	hubierais despedido
hubiera despedido	hubieran despedido

Imperative

despide	despedid
despida	despidan

Verb in Action

Fuimos a la estación a despedirla. *(We went to the station to see her off.)*
Él se arriesgaba a que lo despidieran del trabajo. *(He risked being fired.)*
¿Te despediste de tu tía? *(Did you see off your aunt?)*

destruir

(to destroy)

Gerund: destruyendo • **Past Participle:** destruido
Regular -ir verb with spelling change: add y before a, e, and o

Present Indicative

destruyo	destruimos
destruyes	destruís
destruye	destruyen

Present Perfect

he destruido	hemos destruido
has destruido	habéis destruido
ha destruido	han destruido

Imperfect

destruía	destruíamos
destruías	destruíais
destruía	destruían

Pluperfect

había destruido	habíamos destruido
habías destruido	habíais destruido
había destruido	habían destruido

Preterite

destruí	destruimos
destruiste	destruisteis
destruyó	destruyeron

Preterite Perfect

hube destruido	hubimos destruido
hubiste destruido	hubisteis destruido
hubo destruido	hubieron destruido

Future

destruiré	destruiremos
destruirás	destruiréis
destruirá	destruirán

Future Perfect

habré destruido	habremos destruido
habrás destruido	habréis destruido
habrá destruido	habrán destruido

Conditional

destruiría	destruiríamos
destruirías	destruiríais
destruiría	destruirían

Perfect Conditional

habría destruido	habríamos destruido
habrías destruido	habríais destruido
habría destruido	habrían destruido

Present Subjunctive

destruya	destruyamos
destruyas	destruyáis
destruya	destruyan

Present Perfect Subjunctive

haya destruido	hayamos destruido
hayas destruido	hayáis destruido
haya destruido	hayan destruido

Imperfect Subjunctive

destruyera	destruyéramos
destruyeras	destruyerais
destruyera	destruyeran

OR

destruyese	destruyésemos
destruyeses	destruyeseis
destruyese	destruyesen

Pluperfect Subjunctive

hubiera destruido	hubiéramos destruido
hubieras destruido	hubierais destruido
hubiera destruido	hubieran destruido

Imperative

destruye	destruid
destruya	destruyan

Verb in Action

Están destruyendo selva amazónica. *(They're destroying the Amazon rainforest.)*
El incendio destruyó el edificio. *(The fire destroyed the building.)*
Tenemos que impedir que destruyan la flora y la fauna de la región. *(We have to prevent them from destroying the flora and fauna of the region.)*

detener

(to detain, to stop)

Gerund: deteniendo • **Past Participle:** detenido
Irregular -er verb

Present Indicative

detengo	detenemos
detienes	detenéis
detiene	detienen

Imperfect

detenía	deteníamos
detenías	deteníais
detenía	detenían

Preterite

detuve	detuvimos
detuviste	detuvisteis
detuvo	detuvieron

Future

detendré	detendremos
detendrás	detendréis
detendrá	detendrán

Conditional

detendría	detendríamos
detendrías	detendríais
detendría	detendrían

Present Subjunctive

detenga	detengamos
detengas	detengáis
detenga	detengan

Imperfect Subjunctive

detuviera	detuviéramos
detuvieras	detuvierais
detuviera	detuvieran

OR

detuviese	detuviésemos
detuvieses	detuvieseis
detuviese	detuviesen

Present Perfect

he detenido	hemos detenido
has detenido	habéis detenido
ha detenido	han detenido

Pluperfect

había detenido	habíamos detenido
habías detenido	habíais detenido
había detenido	habían detenido

Preterite Perfect

hube detenido	hubimos detenido
hubiste detenido	hubisteis detenido
hubo detenido	hubieron detenido

Future Perfect

habré detenido	habremos detenido
habrás detenido	habréis detenido
habrá detenido	habrán detenido

Perfect Conditional

habría detenido	habríamos detenido
habrías detenido	habríais detenido
habría detenido	habrían detenido

Present Perfect Subjunctive

haya detenido	hayamos detenido
hayas detenido	hayáis detenido
haya detenido	hayan detenido

Pluperfect Subjunctive

hubiera detenido	hubiéramos detenido
hubieras detenido	hubierais detenido
hubiera detenido	hubieran detenido

Imperative

detén	detened
detenga	detengan

Verb in Action

Nos detuvimos en el semáforo. *(We stopped at the light.)*
Nada la detendrá. *(Nothing will detain her.)*
Si te detuvieras a pensar, nunca harías nada. *(If you stopped to think, you'd never do anything.)*

devolver(se)

(to return, to give back)

Gerund: devolviendo • **Past Participle:** devuelto

Reflexive regular -er verb with stem change: o to ue (tenses 1, 6, and imperative) and irregular past participle

Present Indicative

devuelvo	devolvemos
devuelves	devolvéis
devuelve	devuelven

Imperfect

devolvía	devolvíamos
devolvías	devolvíais
devolvía	devolvían

Preterite

devolví	devolvimos
devolviste	devolvisteis
devolvió	devolvieron

Future

devolveré	devolveremos
devolverás	devolveréis
devolverá	devolverán

Conditional

devolvería	devolveríamos
devolverías	devolveríais
devolvería	devolverían

Present Subjunctive

devuelva	devolvamos
devuelvas	devolváis
devuelva	devuelvan

Imperfect Subjunctive

devolviera	devolviéramos
devolvieras	devolvierais
devolviera	devolvieran

OR

devolviese	devolviésemos
devolvieses	devolvieseis
devolviese	devolviesen

Present Perfect

he devuelto	hemos devuelto
has devuelto	habéis devuelto
ha devuelto	han devuelto

Pluperfect

había devuelto	habíamos devuelto
habías devuelto	habíais devuelto
había devuelto	habían devuelto

Preterite Perfect

hube devuelto	hubimos devuelto
hubiste devuelto	hubisteis devuelto
hubo devuelto	hubieron devuelto

Future Perfect

habré devuelto	habremos devuelto
habrás devuelto	habréis devuelto
habrá devuelto	habrán devuelto

Perfect Conditional

habría devuelto	habríamos devuelto
habrías devuelto	habríais devuelto
habría devuelto	habrían devuelto

Present Perfect Subjunctive

haya devuelto	hayamos devuelto
hayas devuelto	hayáis devuelto
haya devuelto	hayan devuelto

Pluperfect Subjunctive

hubiera devuelto	hubiéramos devuelto
hubieras devuelto	hubierais devuelto
hubiera devuelto	hubieran devuelto

Imperative

devuelve	devolved
devuelva	devuelvan

Verb in Action

Ayer devolví los libros. *(Yesterday I gave back the books.)*
Él quiere que a él le devuelva yo el anillo que me regaló. *(He wants me to give him back the ring he gave me.)*
Las tierras se devolvieron a sus legítimos dueños. *(The land was returned to its rightful owners.)*

dirigir

(to direct)

Gerund: dirigiendo • **Past Participle:** dirigido
Regular -ir verb with spelling change: g to j in front of a and o

Present Indicative		*Present Perfect*	
dirijo	dirigimos	he dirigido	hemos dirigido
diriges	dirigís	has dirigido	habéis dirigido
dirige	dirigen	ha dirigido	han dirigido

Imperfect		*Pluperfect*	
dirigía	dirigíamos	había dirigido	habíamos dirigido
dirigías	dirigíais	habías dirigido	habíais dirigido
dirigía	dirigían	había dirigido	habían dirigido

Preterite		*Preterite Perfect*	
dirigí	dirigimos	hube dirigido	hubimos dirigido
dirigiste	dirigisteis	hubiste dirigido	hubisteis dirigido
dirigió	dirigieron	hubo dirigido	hubieron dirigido

Future		*Future Perfect*	
dirigiré	dirigiremos	habré dirigido	habremos dirigido
dirigirás	dirigiréis	habrás dirigido	habréis dirigido
dirigirá	dirigirán	habrá dirigido	habrán dirigido

Conditional		*Perfect Conditional*	
dirigiría	dirigiríamos	habría dirigido	habríamos dirigido
dirigirías	dirigiríais	habrías dirigido	habríais dirigido
dirigiría	dirigirían	habría dirigido	habrían dirigido

Present Subjunctive		*Present Perfect Subjunctive*	
dirija	dirijamos	haya dirigido	hayamos dirigido
dirijas	dirijáis	hayas dirigido	hayáis dirigido
dirija	dirijan	haya dirigido	hayan dirigido

Imperfect Subjunctive		*Pluperfect Subjunctive*	
dirigiera	dirigiéramos	hubiera dirigido	hubiéramos dirigido
dirigieras	dirigierais	hubieras dirigido	hubierais dirigido
dirigiera	dirigieran	hubiera dirigido	hubieran dirigido
OR			
dirigiese	dirigiésemos		
dirigieses	dirigieseis		
dirigiese	dirigiesen		

Imperative	
dirige	dirigid
dirija	dirijan

Verb in Action

He estado dirigiendo esta empresa desde hace dos años. *(I've been running this company for two years.)*

Ella ha dirigido varias películas. *(She has directed several movies.)*

Él se dirigía a su casa. *(He was making his way home.)*

disculpar(se)

(to excuse)

Gerund: disculpando • **Past Participle:** disculpado
Reflexive regular -ar verb

Present Indicative		*Present Perfect*	
disculpo	disculpamos	he disculpado	hemos disculpado
disculpas	disculpáis	has disculpado	habéis disculpado
disculpa	disculpan	ha disculpado	han disculpado

Imperfect		*Pluperfect*	
disculpaba	disculpábamos	había disculpado	habíamos disculpado
disculpabas	disculpabais	habías disculpado	habíais disculpado
disculpaba	disculpaban	había disculpado	habían disculpado

Preterite		*Preterite Perfect*	
disculpé	disculpamos	hube disculpado	hubimos disculpado
disculpaste	disculpasteis	hubiste disculpado	hubisteis disculpado
disculpó	disculparon	hubo disculpado	hubieron disculpado

Future		*Future Perfect*	
disculparé	disculparemos	habré disculpado	habremos disculpado
disculparás	disculparéis	habrás disculpado	habréis disculpado
disculpará	disculparán	habrá disculpado	habrán disculpado

Conditional		*Perfect Conditional*	
disculparía	disculparíamos	habría disculpado	habríamos disculpado
disculparías	disculparíais	habrías disculpado	habríais disculpado
disculparía	disculparían	habría disculpado	habrían disculpado

Present Subjunctive		*Present Perfect Subjunctive*	
disculpe	disculpemos	haya disculpado	hayamos disculpado
disculpes	disculpéis	hayas disculpado	hayáis disculpado
disculpe	disculpen	haya disculpado	hayan disculpado

Imperfect Subjunctive		*Pluperfect Subjunctive*	
disculpara	disculpáramos	hubiera disculpado	hubiéramos disculpado
disculparas	disculparais	hubieras disculpado	hubierais disculpado
disculpara	disculparan	hubiera disculpado	hubieran disculpado
OR			
disculpase	disculpásemos		
disculpases	disculpaseis		
disculpase	disculpasen		

Imperative

disculpa	disculpad
disculpe	disculpen

Verb in Action

Disculpen la demora. *(Apologies for the delay.)*
Él se disculpó por no haber asistido a la conferencia. *(He apologized for not having attended the conference.)*
No sabía que estabas durmiendo. *(I didn't realize you were asleep.)*

discutir

(to argue, to discuss)

Gerund: discutiendo • **Past Participle:** discutido
Regular -ir verb

Present Indicative

discuto	discutimos
discutes	discutís
discute	discuten

Present Perfect

he discutido	hemos discutido
has discutido	habéis discutido
ha discutido	han discutido

Imperfect

discutía	discutíamos
discutías	discutíais
discutía	discutían

Pluperfect

había discutido	habíamos discutido
habías discutido	habíais discutido
había discutido	habían discutido

Preterite

discutí	discutimos
discutiste	discutisteis
discutió	discutieron

Preterite Perfect

hube discutido	hubimos discutido
hubiste discutido	hubisteis discutido
hubo discutido	hubieron discutido

Future

discutiré	discutiremos
discutirás	discutiréis
discutirá	discutirán

Future Perfect

habré discutido	habremos discutido
habrás discutido	habréis discutido
habrá discutido	habrán discutido

Conditional

discutiría	discutiríamos
discutirías	discutiríais
discutiría	discutirían

Perfect Conditional

habría discutido	habríamos discutido
habrías discutido	habríais discutido
habría discutido	habrían discutido

Present Subjunctive

discuta	discutamos
discutas	discutáis
discuta	discutan

Present Perfect Subjunctive

haya discutido	hayamos discutido
hayas discutido	hayáis discutido
haya discutido	hayan discutido

Imperfect Subjunctive

discutiera	discutiéramos
discutieras	discutierais
discutiera	discutieran

OR

discutiese	discutiésemos
discutieses	discutieseis
discutiese	discutiesen

Pluperfect Subjunctive

hubiera discutido	hubiéramos discutido
hubieras discutido	hubierais discutido
hubiera discutido	hubieran discutido

Imperative

discute	discutid
discuta	discutan

Verb in Action

¡No discutan más, por favor! *(No more arguing, please!)*
Discutieron por cuestiones de dinero. *(They argued over money.)*
Se volvió a discutir el mismo tema de siempre. *(The same old subject came up for discussion again.)*

disminuir

(to diminish)

Gerund: disminuyendo • **Past Participle:** disminuido
Regular -ir verb with spelling change: add y in front of a, e, and o

Present Indicative		*Present Perfect*	
disminuyo	disminuimos	he disminuido	hemos disminuido
disminuyes	disminuís	has disminuido	habéis disminuido
disminuye	disminuyen	ha disminuido	han disminuido

Imperfect		*Pluperfect*	
disminuía	disminuíamos	había disminuido	habíamos disminuido
disminuías	disminuíais	habías disminuido	habíais disminuido
disminuía	disminuían	había disminuido	habían disminuido

Preterite		*Preterite Perfect*	
disminuí	disminuímos	hube disminuido	hubimos disminuido
disminuiste	disminuisteis	hubiste disminuido	hubisteis disminuido
disminuyó	disminuyeron	hubo disminuido	hubieron disminuido

Future		*Future Perfect*	
disminuiré	disminuiremos	habré disminuido	habremos disminuido
disminuirás	disminuiréis	habrás disminuido	habréis disminuido
disminuirá	disminuirán	habrá disminuido	habrán disminuido

Conditional		*Perfect Conditional*	
disminuiría	disminuiríamos	habría disminuido	habríamos disminuido
disminuirías	disminuiríais	habrías disminuido	habríais disminuido
disminuiría	disminuirían	habría disminuido	habrían disminuido

Present Subjunctive		*Present Perfect Subjunctive*	
disminuya	disminuyamos	haya disminuido	hayamos disminuido
disminuyas	disminuyáis	hayas disminuido	hayáis disminuido
disminuya	disminuyan	haya disminuido	hayan disminuido

Imperfect Subjunctive		*Pluperfect Subjunctive*	
disminuyera	disminuyéramos	hubiera disminuido	hubiéramos disminuido
disminuyeras	disminuyerais	hubieras disminuido	hubierais disminuido
disminuyera	disminuyeran	hubiera disminuido	hubieran disminuido
OR			
disminuyese	disminuyésemos		
disminuyeses	disminuyeseis		
disminuyese	disminuyesen		

Imperative	
disminuye	disminuid
disminuya	disminuyan

Verb in Action

Él dijo que el índice delictivo había disminuido considerablemente. *(He said that the crime rate had diminished considerably.)*

A él le pedí que disminuyera la velocidad. *(I asked him to slow down.)*

distinguir

(to distinguish)

Gerund: distinguiendo • **Past Participle:** distinguido
Regular -ir verb with spelling change: gu to g in front of a and o

Present Indicative

distingo	distinguimos
distingues	distinguís
distingue	distinguen

Imperfect

distinguía	distinguíamos
distinguías	distinguíais
distinguía	distinguían

Preterite

distinguí	distinguimos
distinguiste	distinguisteis
distinguió	distinguieron

Future

distinguiré	distinguiremos
distinguirás	distinguiréis
distinguirá	distinguirán

Conditional

distinguiría	distinguiríamos
distinguirías	distinguiríais
distinguiría	distinguirían

Present Subjunctive

distinga	distingamos
distingas	distingáis
distinga	distingan

Imperfect Subjunctive

distinguiera	distinguiéramos
distinguieras	distinguierais
distinguiera	distinguieran

OR

distinguiese	distinguiésemos
distinguieses	distinguieseis
distinguiese	distinguiesen

Present Perfect

he distinguido	hemos distinguido
has distinguido	habéis distinguido
ha distinguido	han distinguido

Pluperfect

había distinguido	habíamos distinguido
habías distinguido	habíais distinguido
había distinguido	habían distinguido

Preterite Perfect

hube distinguido	hubimos distinguido
hubiste distinguido	hubisteis distinguido
hubo distinguido	hubieron distinguido

Future Perfect

habré distinguido	habremos distinguido
habrás distinguido	habréis distinguido
habrá distinguido	habrán distinguido

Perfect Conditional

habría distinguido	habríamos distinguido
habrías distinguido	habríais distinguido
habría distinguido	habrían distinguido

Present Perfect Subjunctive

haya distinguido	hayamos distinguido
hayas distinguido	hayáis distinguido
haya distinguido	hayan distinguido

Pluperfect Subjunctive

hubiera distinguido	hubiéramos distinguido
hubieras distinguido	hubierais distinguido
hubiera distinguido	hubieran distinguido

Imperative

distingue	distinguid
distinga	distingan

Verb in Action

No lo distingo del azul. *(I can't distinguish the difference between it and the blue one.)*
Él se distinguió por su valentía. *(He distinguished himself with his bravery.)*
Se distinguía desde lejos. *(You could distinguish it from a distance.)*

distraer(se)

(to distract, to entertain)

Gerund: distrayendo • **Past Participle:** distraído
Reflexive irregular -er verb

Present Indicative		***Present Perfect***	
distraigo	distraemos	he distraído	hemos distraído
distraes	distraéis	has distraído	habéis distraído
distrae	distraen	ha distraído	han distraído
Imperfect		***Pluperfect***	
distraía	distraíamos	había distraído	habíamos distraído
distraías	distraíais	habías distraído	habíais distraído
distraía	distraían	había distraído	habían distraído
Preterite		***Preterite Perfect***	
distraje	distrajimos	hube distraído	hubimos distraído
distrajiste	distrajisteis	hubiste distraído	hubisteis distraído
distrajo	distrajeron	hubo distraído	hubieron distraído
Future		***Future Perfect***	
distraeré	distraeremos	habré distraído	habremos distraído
distraerás	distraeréis	habrás distraído	habréis distraído
distraerá	distraerán	habrá distraído	habrán distraído
Conditional		***Perfect Conditional***	
distraería	distraeríamos	habría distraído	habríamos distraído
distraerías	distraeríais	habrías distraído	habríais distraído
distraería	distraerían	habría distraído	habrían distraído
Present Subjunctive		***Present Perfect Subjunctive***	
distraiga	distraigamos	haya distraído	hayamos distraído
distraigas	distraigáis	hayas distraído	hayáis distraído
distraiga	distraigan	haya distraído	hayan distraído
Imperfect Subjunctive		***Pluperfect Subjunctive***	
distrajera	distrajéramos	hubiera distraído	hubiéramos distraído
distrajeras	distrajerais	hubieras distraído	hubierais distraído
distrajera	distrajeran	hubiera distraído	hubieran distraído
OR			
distrajese	distrajésemos		
distrajeses	distrajeseis		
distrajese	distrajesen		

Imperative

distrae	distraed
distraiga	distraigan

Verb in Action

No me podía concentrar, el ruido me distraía. *(I couldn't concentrate because I found the noise distracting.)*

No me distraigas. *(Don't distract me.)*

Él se distrae con facilidad. *(He's easily distracted.)*

#196

distribuir

(to distribute)

Gerund: distribuyendo • **Past Participle:** distribuido

Regular -ir verb with spelling change: add y in front of a, e, and o

Present Indicative

distribuyo	distribuimos
distribuyes	distribuís
distribuye	distribuyen

Imperfect

distribuía	distribuíamos
distribuías	distribuíais
distribuía	distribuían

Preterite

distribuí	distribuímos
distribuiste	distribuisteis
distribuyó	distribuyeron

Future

distribuiré	distribuiremos
distribuirás	distribuiréis
distribuirá	distribuirán

Conditional

distribuiría	distribuiríamos
distribuirías	distribuiríais
distribuiría	distribuirían

Present Subjunctive

distribuya	distribuyamos
distribuyas	distribuyáis
distribuya	distribuyan

Imperfect Subjunctive

distribuyera	distribuyéramos
distribuyeras	distribuyerais
distribuyera	distribuyeran

OR

distribuyese	distribuyésemos
distribuyeses	distribuyeseis
distribuyese	distribuyesen

Present Perfect

he distribuido	hemos distribuido
has distribuido	habéis distribuido
ha distribuido	han distribuido

Pluperfect

había distribuido	habíamos distribuido
habías distribuido	habíais distribuido
había distribuido	habían distribuido

Preterite Perfect

hube distribuido	hubimos distribuido
hubiste distribuido	hubisteis distribuido
hubo distribuido	hubieron distribuido

Future Perfect

habré distribuido	habremos distribuido
habrás distribuido	habréis distribuido
habrá distribuido	habrán distribuido

Perfect Conditional

habría distribuido	habríamos distribuido
habrías distribuido	habríais distribuido
habría distribuido	habrían distribuido

Present Perfect Subjunctive

haya distribuido	hayamos distribuido
hayas distribuido	hayáis distribuido
haya distribuido	hayan distribuido

Pluperfect Subjunctive

hubiera distribuido	hubiéramos distribuido
hubieras distribuido	hubierais distribuido
hubiera distribuido	hubieran distribuido

Imperative

distribuye	distribuid
distribuya	distribuyan

Verb in Action

Él distribuyó el dinero entre sus nietos. *(He distributed the money between his grandchildren.)*

Estaban distribuyendo panfletos a la salida de la fábrica. *(They were distributing pamphlets at the factory gates.)*

divertir(se)

(to entertain, to enjoy yourself)

Gerund: divirtiendo • **Past Participle:** divertido
Reflexive regular -ir verb with stem change (tenses 1, 3, 6, 7, gerund, and imperative)

Present Indicative

divierto	divertimos
diviertes	divertís
divierte	divierten

Imperfect

divertía	divertíamos
divertías	divertíais
divertía	divertían

Preterite

divertí	divertimos
divertiste	divertisteis
divirtió	divirtieron

Future

divertiré	divertiremos
divertirás	divertiréis
divertirá	divertirán

Conditional

divertiría	divertiríamos
divertirías	divertiríais
divertiría	divertirían

Present Subjunctive

divierta	divertamos
diviertas	divertáis
divierta	diviertan

Imperfect Subjunctive

divirtiera	divirtiéramos
divirtieras	divirtierais
divirtiera	divirtieran

OR

divirtiese	divirtiésemos
divirtieses	divirtieseis
divirtiese	divirtiesen

Present Perfect

he divertido	hemos divertido
has divertido	habéis divertido
ha divertido	han divertido

Pluperfect

había divertido	habíamos divertido
habías divertido	habíais divertido
había divertido	habían divertido

Preterite Perfect

hube divertido	hubimos divertido
hubiste divertido	hubisteis divertido
hubo divertido	hubieron divertido

Future Perfect

habré divertido	habremos divertido
habrás divertido	habréis divertido
habrá divertido	habrán divertido

Perfect Conditional

habría divertido	habríamos divertido
habrías divertido	habríais divertido
habría divertido	habrían divertido

Present Perfect Subjunctive

haya divertido	hayamos divertido
hayas divertido	hayáis divertido
haya divertido	hayan divertido

Pluperfect Subjunctive

hubiera divertido	hubiéramos divertido
hubieras divertido	hubierais divertido
hubiera divertido	hubieran divertido

Imperative

divierte	divertid
divierta	diviertan

Verb in Action

Cantamos sólo para divertirnos. *(We sing just for fun.)*
Me divierte verlos tan serios. *(It's amusing to see them looking so serious.)*
¿Se divirtieron en la fiesta? *(Did you enjoy the party?)*

#198

doblar

(to fold, to double, to turn)

Gerund: doblando • **Past Participle:** doblado
Regular -ar verb

Present Indicative

doblo	doblamos
doblas	dobláis
dobla	doblan

Imperfect

doblaba	doblábamos
doblabas	doblabais
doblaba	doblaban

Preterite

doblé	doblamos
doblaste	doblasteis
dobló	doblaron

Future

doblaré	doblaremos
doblarás	doblaréis
doblará	doblarán

Conditional

doblaría	doblaríamos
doblarías	doblaríais
doblaría	doblarían

Present Subjunctive

doble	doblemos
dobles	dobléis
doble	doblen

Imperfect Subjunctive

doblara	dobláramos
doblaras	doblarais
doblara	doblaran

OR

doblase	doblásemos
doblases	doblaseis
doblase	doblasen

Present Perfect

he doblado	hemos doblado
has doblado	habéis doblado
ha doblado	han doblado

Pluperfect

había doblado	habíamos doblado
habías doblado	habíais doblado
había doblado	habían doblado

Preterite Perfect

hube doblado	hubimos doblado
hubiste doblado	hubisteis doblado
hubo doblado	hubieron doblado

Future Perfect

habré doblado	habremos doblado
habrás doblado	habréis doblado
habrá doblado	habrán doblado

Perfect Conditional

habría doblado	habríamos doblado
habrías doblado	habríais doblado
habría doblado	habrían doblado

Present Perfect Subjunctive

haya doblado	hayamos doblado
hayas doblado	hayáis doblado
haya doblado	hayan doblado

Pluperfect Subjunctive

hubiera doblado	hubiéramos doblado
hubieras doblado	hubierais doblado
hubiera doblado	hubieran doblado

Imperative

dobla	doblad
doble	doblen

Verb in Action

Dobla el papel en cuatro. *(Fold the paper in four.)*
Doblaron a la derecha. *(They turned right.)*
No creo que te doblen el sueldo. *(I don't think they'll double your salary.)*

doler

(to hurt, to ache)

Gerund: doliendo • **Past Participle:** dolido
Regular -er verb with stem change: o to ue (tenses 1, 6, and imperative)

Present Indicative

duelo	dolemos
dueles	doléis
duele	duelen

Imperfect

dolía	dolíamos
dolías	dolíais
dolía	dolían

Preterite

dolí	dolimos
doliste	dolisteis
dolió	dolieron

Future

doleré	doleremos
dolerás	doleréis
dolerá	dolerán

Conditional

dolería	doleríamos
dolerías	doleríais
dolería	dolerían

Present Subjunctive

duela	dolamos
duelas	doláis
duela	duelan

Imperfect Subjunctive

doliera	doliéramos
dolieras	dolierais
doliera	dolieran

OR

doliese	doliésemos
dolieses	dolieseis
doliese	doliesen

Present Perfect

he dolido	hemos dolido
has dolido	habéis dolido
ha dolido	han dolido

Pluperfect

había dolido	habíamos dolido
habías dolido	habíais dolido
había dolido	habían dolido

Preterite Perfect

hube dolido	hubimos dolido
hubiste dolido	hubisteis dolido
hubo dolido	hubieron dolido

Future Perfect

habré dolido	habremos dolido
habrás dolido	habréis dolido
habrá dolido	habrán dolido

Perfect Conditional

habría dolido	habríamos dolido
habrías dolido	habríais dolido
habría dolido	habrían dolido

Present Perfect Subjunctive

haya dolido	hayamos dolido
hayas dolido	hayáis dolido
haya dolido	hayan dolido

Pluperfect Subjunctive

hubiera dolido	hubiéramos dolido
hubieras dolido	hubierais dolido
hubiera dolido	hubieran dolido

Imperative

duele	doled
duela	duelan

Verb in Action

Me duele mucho la cabeza. *(I have a bad headache.)*
Me dolió mucho que no me invitaralo. *(I was very hurt that he didn't invite me.)*
Ella me dijo que le dolía la espalda. *(She told me that she had a backache.)*

#200

ESSENTIAL VERB

dormir

(to sleep)

Gerund: durmiendo • **Past Participle:** dormido

Regular -ir verb with stem change (tenses 1, 3, 6, 7, gerund, and imperative)

Present Indicative

duermo	dormimos
duermes	dormís
duerme	duermen

Imperfect

dormía	dormíamos
dormías	dormíais
dormía	dormían

Preterite

dormí	dormimos
dormiste	dormisteis
durmió	durmieron

Future

dormiré	dormiremos
dormirás	dormiréis
dormirá	dormirán

Conditional

dormiría	dormiríamos
dormirías	dormiríais
dormiría	dormirían

Present Subjunctive

duerma	durmamos
duermas	durmáis
duerma	duerman

Imperfect Subjunctive

durmiera	durmiéramos
durmieras	durmierais
durmiera	durmieran

OR

durmiese	durmiésemos
durmieses	durmieseis
durmiese	durmiesen

Present Perfect

he dormido	hemos dormido
has dormido	habéis dormido
ha dormido	han dormido

Pluperfect

había dormido	habíamos dormido
habías dormido	habíais dormido
había dormido	habían dormido

Preterite Perfect

hube dormido	hubimos dormido
hubiste dormido	hubisteis dormido
hubo dormido	hubieron dormido

Future Perfect

habré dormido	habremos dormido
habrás dormido	habréis dormido
habrá dormido	habrán dormido

Perfect Conditional

habría dormido	habríamos dormido
habrías dormido	habríais dormido
habría dormido	habrían dormido

Present Perfect Subjunctive

haya dormido	hayamos dormido
hayas dormido	hayáis dormido
haya dormido	hayan dormido

Pluperfect Subjunctive

hubiera dormido	hubiéramos dormido
hubieras dormido	hubierais dormido
hubiera dormido	hubieran dormido

Imperative

duerme	dormid
duerma	duerman

Verb in Action

No duermo muy bien. *(I don't sleep very well.)*
Dormí de un tirón. *(I slept like a log.)*
Ella se dormía en clase. *(She would fall asleep in class.)*

durar

(to last, to take)

Gerund: durando • **Past Participle:** durado
Regular -ar verb

Present Indicative

duro	duramos
duras	duráis
dura	duran

Imperfect

duraba	durábamos
durabas	durabais
duraba	duraban

Preterite

duré	duramos
duraste	durasteis
duró	duraron

Future

duraré	duraremos
durarás	duraréis
durará	durarán

Conditional

duraría	duraríamos
durarías	duraríais
duraría	durarían

Present Subjunctive

dure	duremos
dures	duréis
dure	duren

Imperfect Subjunctive

durara	duráramos
duraras	durarais
durara	duraran

OR

durase	durásemos
durases	duraseis
durase	durasen

Present Perfect

he durado	hemos durado
has durado	habéis durado
ha durado	han durado

Pluperfect

había durado	habíamos durado
habías durado	habíais durado
había durado	habían durado

Preterite Perfect

hube durado	hubimos durado
hubiste durado	hubisteis durado
hubo durado	hubieron durado

Future Perfect

habré durado	habremos durado
habrás durado	habréis durado
habrá durado	habrán durado

Perfect Conditional

habría durado	habríamos durado
habrías durado	habríais durado
habría durado	habrían durado

Present Perfect Subjunctive

haya durado	hayamos durado
hayas durado	hayáis durado
haya durado	hayan durado

Pluperfect Subjunctive

hubiera durado	hubiéramos durado
hubieras durado	hubierais durado
hubiera durado	hubieran durado

Imperative

dura	durad
dure	duren

Verb in Action

¿Cuánto dura la película? *(How long is the movie?)*
Tienes que cuidar la ropa para que te dure. *(You must look after your clothes if you want them to last.)*
El mal tiempo duró toda la semana. *(The bad weather lasted all week.)*

#202

echar(se)

(to throw, to throw away, to put)

Gerund: echando • **Past Participle:** echado
Reflexive regular -ar verb

Present Indicative

echo	echamos
echas	echáis
echa	echan

Imperfect

echaba	echábamos
echabas	echabais
echaba	echaban

Preterite

eché	echamos
echaste	echasteis
echó	echaron

Future

echaré	echaremos
echarás	echaréis
echará	echarán

Conditional

echaría	echaríamos
echarías	echaríais
echaría	echarían

Present Subjunctive

eche	echemos
eches	echéis
eche	echen

Imperfect Subjunctive

echara	echáramos
echaras	echarais
echara	echaran

OR

echase	echásemos
echases	echaseis
echase	echasen

Present Perfect

he echado	hemos echado
has echado	habéis echado
ha echado	han echado

Pluperfect

había echado	habíamos echado
habías echado	habíais echado
había echado	habían echado

Preterite Perfect

hube echado	hubimos echado
hubiste echado	hubisteis echado
hubo echado	hubieron echado

Future Perfect

habré echado	habremos echado
habrás echado	habréis echado
habrá echado	habrán echado

Perfect Conditional

habría echado	habríamos echado
habrías echado	habríais echado
habría echado	habrían echado

Present Perfect Subjunctive

haya echado	hayamos echado
hayas echado	hayáis echado
haya echado	hayan echado

Pluperfect Subjunctive

hubiera echado	hubiéramos echado
hubieras echado	hubierais echado
hubiera echado	hubieran echado

Imperative

echa	echad
eche	echen

Verb in Action

Nos echó él a todos de su casa. *(He threw us all out of his house.)*
Échale un poco de vino a la salsa. *(Put a little wine in the sauce.)*
En cuanto lo vieron ellas, echaron a correr. *(As soon as they saw him, they broke into a run.)*

elegir

(to choose, to elect)

Gerund: eligiendo • **Past Participle:** elegido
Regular -ir verb with stem change: e to i (tenses 1, 6, 7, gerund, and imperative)
and spelling change: g to j in front of a and o

Present Indicative

elijo elegimos
eliges elegís
elige eligen

Imperfect

elegía elegíamos
elegías elegíais
elegía elegían

Preterite

elegí elegimos
elegiste elegisteis
eligió eligieron

Future

elegiré elegiremos
elegirás elegiréis
elegirá elegirán

Conditional

elegiría elegiríamos
elegirías elegiríais
elegiría elegirían

Present Subjunctive

elija elijamos
elijas elijáis
elija elijan

Imperfect Subjunctive

eligiera eligiéramos
eligieras eligierais
eligiera eligieran

OR

eligiese eligiésemos
eligieses eligieseis
eligiese eligiesen

Present Perfect

he elegido hemos elegido
has elegido habéis elegido
ha elegido han elegido

Pluperfect

había elegido habíamos elegido
habías elegido habíais elegido
había elegido habían elegido

Preterite Perfect

hube elegido hubimos elegido
hubiste elegido hubisteis elegido
hubo elegido hubieron elegido

Future Perfect

habré elegido habremos elegido
habrás elegido habréis elegido
habrá elegido habrán elegido

Perfect Conditional

habría elegido habríamos elegido
habrías elegido habríais elegido
habría elegido habrían elegido

Present Perfect Subjunctive

haya elegido hayamos elegido
hayas elegido hayáis elegido
haya elegido hayan elegido

Pluperfect Subjunctive

hubiera elegido hubiéramos elegido
hubieras elegido hubierais elegido
hubiera elegido hubieran elegido

Imperative

elige elegid
elija elijan

Verb in Action

Nosotros no elegimos a nuestros padres, ni ellos nos eligen a nosotros. *(We don't choose our parents, and they don't choose us either.)*
Creo que él eligió bien. *(I think he made a good choice.)*
Elija una carta. *(Pick a card.)*

empezar

(to begin, to start)

Gerund: empezando • **Past Participle:** empezado
Regular -ar verb with stem change: e to ie (tenses 1, 6, and imperative) and spelling change: z to c in front of e

Present Indicative

empiezo	empezamos
empiezas	empezáis
empieza	empiezan

Imperfect

empezaba	empezábamos
empezabas	empezabais
empezaba	empezaban

Preterite

empecé	empezamos
empezaste	empezasteis
empezó	empezaron

Future

empezaré	empezaremos
empezarás	empezaréis
empezará	empezarán

Conditional

empezaría	empezaríamos
empezarías	empezaríais
empezaría	empezarían

Present Subjunctive

empiece	empecemos
empieces	empecéis
empiece	empiecen

Imperfect Subjunctive

empezara	empezáramos
empezaras	empezarais
empezara	empezaran

OR

empezase	empezásemos
empezases	empezaseis
empezase	empezasen

Present Perfect

he empezado	hemos empezado
has empezado	habéis empezado
ha empezado	han empezado

Pluperfect

había empezado	habíamos empezado
habías empezado	habíais empezado
había empezado	habían empezado

Preterite Perfect

hube empezado	hubimos empezado
hubiste empezado	hubisteis empezado
hubo empezado	hubieron empezado

Future Perfect

habré empezado	habremos empezado
habrás empezado	habréis empezado
habrá empezado	habrán empezado

Perfect Conditional

habría empezado	habríamos empezado
habrías empezado	habríais empezado
habría empezado	habrían empezado

Present Perfect Subjunctive

haya empezado	hayamos empezado
hayas empezado	hayáis empezado
haya empezado	hayan empezado

Pluperfect Subjunctive

hubiera empezado	hubiéramos empezado
hubieras empezado	hubierais empezado
hubiera empezado	hubieran empezado

Imperative

empieza	empiezad
empiece	empiecen

Verb in Action

Está a punto de empezar. *(It's about to start.)*
¿Cuándo empiezas a trabajar en el sitio nuevo? *(When do you start work at the new place?)*
Empezó a nevar. *(It began to snow.)*

encantar

(to delight)

Gerund: encantando • **Past Participle:** encantado
Regular -ar verb

Present Indicative		*Present Perfect*	
encanto	encantamos	he encantado	hemos encantado
encantas	encantáis	has encantado	habéis encantado
encanta	encantan	ha encantado	han encantado

Imperfect		*Pluperfect*	
encantaba	encantábamos	había encantado	habíamos encantado
encantabas	encantabais	habías encantado	habíais encantado
encantaba	encantaban	había encantado	habían encantado

Preterite		*Preterite Perfect*	
encanté	encantamos	hube encantado	hubimos encantado
encantaste	encantasteis	hubiste encantado	hubisteis encantado
encantó	encantaron	hubo encantado	hubieron encantado

Future		*Future Perfect*	
encantaré	encantaremos	habré encantado	habremos encantado
encantarás	encantaréis	habrás encantado	habréis encantado
encantará	encantarán	habrá encantado	habrán encantado

Conditional		*Perfect Conditional*	
encantaría	encantaríamos	habría encantado	habríamos encantado
encantarías	encantaríais	habrías encantado	habríais encantado
encantaría	encantarían	habría encantado	habrían encantado

Present Subjunctive		*Present Perfect Subjunctive*	
encante	encantemos	haya encantado	hayamos encantado
encantes	encantéis	hayas encantado	hayáis encantado
encante	encanten	haya encantado	hayan encantado

Imperfect Subjunctive		*Pluperfect Subjunctive*	
encantara	encantáramos	hubiera encantado	hubiéramos encantado
encantaras	encantarais	hubieras encantado	hubierais encantado
encantara	encantaran	hubiera encantado	hubieran encantado
OR			
encantase	encantásemos		
encantases	encantaseis		
encantase	encantasen		

Imperative

encanta	encantad
encante	encanten

Verb in Action

Me encanta bailar el tango. *(I love dancing the tango.)*
Nos encantó la película. *(We loved the movie.)*
A Ricardo le encantaría volver a verte. *(Ricardo would love to see you again.)*

encargar(se)

(to order, to entrust)

Gerund: encargando • **Past Participle:** encargado
Reflexive regular -ar verb with spelling change: g to gu in front of e

Present Indicative		*Present Perfect*	
encargo	encargamos	he encargado	hemos encargado
encargas	encargáis	has encargado	habéis encargado
encarga	encargan	ha encargado	han encargado

Imperfect		*Pluperfect*	
encargaba	encargábamos	había encargado	habíamos encargado
encargabas	encargabais	habías encargado	habíais encargado
encargaba	encargaban	había encargado	habían encargado

Preterite		*Preterite Perfect*	
encargué	encargamos	hube encargado	hubimos encargado
encargaste	encargasteis	hubiste encargado	hubisteis encargado
encargó	encargaron	hubo encargado	hubieron encargado

Future		*Future Perfect*	
encargaré	encargaremos	habré encargado	habremos encargado
encargarás	encargaréis	habrás encargado	habréis encargado
encargará	encargarán	habrá encargado	habrán encargado

Conditional		*Perfect Conditional*	
encargaría	encargaríamos	habría encargado	habríamos encargado
encargarías	encargaríais	habrías encargado	habríais encargado
encargaría	encargarían	habría encargado	habrían encargado

Present Subjunctive		*Present Perfect Subjunctive*	
encargue	encarguemos	haya encargado	hayamos encargado
encargues	encarguéis	hayas encargado	hayáis encargado
encargue	encarguen	haya encargado	hayan encargado

Imperfect Subjunctive		*Pluperfect Subjunctive*	
encargara	encargáramos	hubiera encargado	hubiéramos encargado
encargaras	encargarais	hubieras encargado	hubierais encargado
encargara	encargaran	hubiera encargado	hubieran encargado
OR			
encargase	encargásemos		
encargases	encargaseis		
encargase	encargasen		

Imperative

encarga	encargad
encargue	encarguen

Verb in Action

Él encargó una pizza por teléfono. *(He ordered pizza by phone.)*

Le voy a encargar el trabajo al carpintero que me recomendaste. *(I'm going to ask that carpenter you recommended to do the job.)*

Yo me encargo de todo. *(I'll take care of everything.)*

encender(se)

(to light, to switch on)

Gerund: encendiendo • **Past Participle:** encendido
Reflexive regular -er verb with stem change: e to ie (tenses 1, 6, and imperative)

Present Indicative

enciendo	encendemos
enciendes	encendéis
enciende	encienden

Imperfect

encendía	encendíamos
encendías	encendíais
encendía	encendían

Preterite

encendí	encendimos
encendiste	encendisteis
encendió	encendieron

Future

encenderé	encenderemos
encenderás	encenderéis
encenderá	encenderán

Conditional

encendería	encenderíamos
encenderías	encenderíais
encendería	encenderían

Present Subjunctive

encienda	encendamos
enciendas	encendáis
encienda	enciendan

Imperfect Subjunctive

encendiera	encendiéramos
encendieras	encendierais
encendiera	encendieran
OR	
encendiese	encendiésemos
encendieses	encendieseis
encendiese	encendiesen

Present Perfect

he encendido	hemos encendido
has encendido	habéis encendido
ha encendido	han encendido

Pluperfect

había encendido	habíamos encendido
habías encendido	habíais encendido
había encendido	habían encendido

Preterite Perfect

hube encendido	hubimos encendido
hubiste encendido	hubisteis encendido
hubo encendido	hubieron encendido

Future Perfect

habré encendido	habremos encendido
habrás encendido	habréis encendido
habrá encendido	habrán encendido

Perfect Conditional

habría encendido	habríamos encendido
habrías encendido	habríais encendido
habría encendido	habrían encendido

Present Perfect Subjunctive

haya encendido	hayamos encendido
hayas encendido	hayáis encendido
haya encendido	hayan encendido

Pluperfect Subjunctive

hubiera encendido	hubiéramos encendido
hubieras encendido	hubierais encendido
hubiera encendido	hubieran encendido

Imperative

enciende	encended
encienda	enciendan

Verb in Action

Habían encendido todas las luces. *(They had turned on all the lights.)*
La calefacción se enciende a las seis de la mañana. *(The heating comes on at six in the morning.)*
Se encendió la luz de alarma. *(The warning light came on.)*

encontrar(se)

(to find, to encounter)

Gerund: encontrando • **Past Participle:** encontrado
Reflexive regular -ar verb with stem change: o to ue (tenses 1, 6, and imperative)

Present Indicative

encuentro	encontramos
encuentras	encontráis
encuentra	encuentran

Imperfect

encontraba	encontrábamos
encontrabas	encontrabais
encontraba	encontraban

Preterite

encontré	encontramos
encontraste	encontrasteis
encontró	encontraron

Future

encontraré	encontraremos
encontrarás	encontraréis
encontrará	encontrarán

Conditional

encontraría	encontraríamos
encontrarías	encontraríais
encontraría	encontrarían

Present Subjunctive

encuentre	encontremos
encuentres	encontréis
encuentre	encuentren

Imperfect Subjunctive

encontrara	encontráramos
encontraras	encontrarais
encontrara	encontraran

OR

encontrase	encontrásemos
encontrases	encontraseis
encontrase	encontrasen

Present Perfect

he encontrado	hemos encontrado
has encontrado	habéis encontrado
ha encontrado	han encontrado

Pluperfect

había encontrado	habíamos encontrado
habías encontrado	habíais encontrado
había encontrado	habían encontrado

Preterite Perfect

hube encontrado	hubimos encontrado
hubiste encontrado	hubisteis encontrado
hubo encontrado	hubieron encontrado

Future Perfect

habré encontrado	habremos encontrado
habrás encontrado	habréis encontrado
habrá encontrado	habrán encontrado

Perfect Conditional

habría encontrado	habríamos encontrado
habrías encontrado	habríais encontrado
habría encontrado	habrían encontrado

Present Perfect Subjunctive

haya encontrado	hayamos encontrado
hayas encontrado	hayáis encontrado
haya encontrado	hayan encontrado

Pluperfect Subjunctive

hubiera encontrado	hubiéramos encontrado
hubieras encontrado	hubierais encontrado
hubiera encontrado	hubieran encontrado

Imperative

encuentra	encontrad
encuentre	encuentren

Verb in Action

No puedo encontrar mi celular. *(I can't find my cellphone.)*
No creo que encuentre él apoyo entre sus compañeros. *(I don't think he'll get any support from his friends.)*
Se encontraron en la puerta del teatro. *(They met at the door to the theater.)*

endeudarse

(to go into debt)

Gerund: endeudando • **Past Participle:** endeudado
Reflexive regular -ar verb

Present Indicative		*Present Perfect*	
me endeudo	nos endeudamos	me he endeudado	nos hemos endeudado
te endeudas	os endeudáis	te has endeudado	os habéis endeudado
se endeuda	se endeudan	se ha endeudado	se han endeudado
Imperfect		*Pluperfect*	
me endeudaba	nos endeudábamos	me había endeudado	nos habíamos endeudado
te endeudabas	os endeudabais	te habías endeudado	os habíais endeudado
se endeudaba	se endeudaban	se había endeudado	se habían endeudado
Preterite		*Preterite Perfect*	
me endeudé	nos endeudamos	me hube endeudado	nos hubimos endeudado
te endeudaste	os endeudasteis	te hubiste endeudado	os hubisteis endeudado
se endeudó	se endeudaron	se hubo endeudado	se hubieron endeudado
Future		*Future Perfect*	
me endeudaré	nos endeudaremos	me habré endeudado	nos habremos endeudado
te endeudarás	os endeudaréis	te habrás endeudado	os habréis endeudado
se endeudará	se endeudarán	se habrá endeudado	se habrán endeudado
Conditional		*Perfect Conditional*	
me endeudaría	nos endeudaríamos	me habría endeudado	nos habríamos endeudado
te endeudarías	os endeudaríais	te habrías endeudado	os habríais endeudado
se endeudaría	se endeudarían	se habría endeudado	se habrían endeudado
Present Subjunctive		*Present Perfect Subjunctive*	
me endeude	nos endeudemos	me haya endeudado	nos hayamos endeudado
te endeudes	os endeudéis	te hayas endeudado	os hayáis endeudado
se endeude	se endeuden	se haya endeudado	se hayan endeudado
Imperfect Subjunctive		*Pluperfect Subjunctive*	
me endeudara	nos endeudáramos	me hubiera endeudado	nos hubiéramos endeudado
te endeudaras	os endeudarais	te hubieras endeudado	os hubierais endeudado
se endeudara	se endeudaran	se hubiera endeudado	se hubieran endeudado
OR			
endeudase	endeudásemos		
endeudases	endeudaseis		
endeudase	endeudasen		

Imperative

endeúdate	endeudaos
endeúdese	endeúdense

Verb in Action

Si él sigue gastando, se va a endeudar. *(If he goes on spending money, he's going to get into debt.)*
Se endeudaron para pagarle la fiesta de bodas a su hija. *(They got themselves into debt in order to pay for their daughter's wedding reception.)*
Él terminó endeudándose. *(He ended up in debt.)*

enfermar(se)

(to make ill)

Gerund: enfermando • **Past Participle:** enfermado
Reflexive regular -ar verb

Present Indicative

enfermo	enfermamos
enfermas	enfermáis
enferma	enferman

Imperfect

enfermaba	enfermábamos
enfermabas	enfermabais
enfermaba	enfermaban

Preterite

enfermé	enfermamos
enfermaste	enfermasteis
enfermó	enfermaron

Future

enfermaré	enfermaremos
enfermarás	enfermaréis
enfermará	enfermarán

Conditional

enfermaría	enfermaríamos
enfermarías	enfermaríais
enfermaría	enfermarían

Present Subjunctive

enferme	enfermemos
enfermes	enferméis
enferme	enfermen

Imperfect Subjunctive

enfermara	enfermáramos
enfermaras	enfermarais
enfermara	enfermaran

OR

enfermase	enfermásemos
enfermases	enfermaseis
enfermase	enfermasen

Present Perfect

he enfermado	hemos enfermado
has enfermado	habéis enfermado
ha enfermado	han enfermado

Pluperfect

había enfermado	habíamos enfermado
habías enfermado	habíais enfermado
había enfermado	habían enfermado

Preterite Perfect

hube enfermado	hubimos enfermado
hubiste enfermado	hubisteis enfermado
hubo enfermado	hubieron enfermado

Future Perfect

habré enfermado	habremos enfermado
habrás enfermado	habréis enfermado
habrá enfermado	habrán enfermado

Perfect Conditional

habría enfermado	habríamos enfermado
habrías enfermado	habríais enfermado
habría enfermado	habrían enfermado

Present Perfect Subjunctive

haya enfermado	hayamos enfermado
hayas enfermado	hayáis enfermado
haya enfermado	hayan enfermado

Pluperfect Subjunctive

hubiera enfermado	hubiéramos enfermado
hubieras enfermado	hubierais enfermado
hubiera enfermado	hubieran enfermado

Imperative

enferma	enfermad
enferme	enfermen

Verb in Action

Me enferma su tozudez. *(His stubbornness drives me mad.)*
Tienes que comer bien, o te vas a enfermar. *(You must eat well, or you'll get ill.)*
Ella se enfermó dos días antes de la boda. *(She fell ill two days before the wedding.)*

enfrentar(se)

(to face, to confront)

Gerund: enfrentando • **Past Participle:** enfrentado
Reflexive regular -ar verb

Present Indicative

enfrento	enfrentamos
enfrentas	enfrentáis
enfrenta	enfrentan

Imperfect

enfrentaba	enfrentábamos
enfrentabas	enfrentabais
enfrentaba	enfrentaban

Preterite

enfrenté	enfrentamos
enfrentaste	enfrentasteis
enfrentó	enfrentaron

Future

enfrentaré	enfrentaremos
enfrentarás	enfrentaréis
enfrentará	enfrentarán

Conditional

enfrentaría	enfrentaríamos
enfrentarías	enfrentaríais
enfrentaría	enfrentarían

Present Subjunctive

enfrente	enfrentemos
enfrentes	enfrentéis
enfrente	enfrenten

Imperfect Subjunctive

enfrentara	enfrentáramos
enfrentaras	enfrentarais
enfrentara	enfrentaran
OR	
enfrentase	enfrentásemos
enfrentases	enfrentaseis
enfrentase	enfrentasen

Present Perfect

he enfrentado	hemos enfrentado
has enfrentado	habéis enfrentado
ha enfrentado	han enfrentado

Pluperfect

había enfrentado	habíamos enfrentado
habías enfrentado	habíais enfrentado
había enfrentado	habían enfrentado

Preterite Perfect

hube enfrentado	hubimos enfrentado
hubiste enfrentado	hubisteis enfrentado
hubo enfrentado	hubieron enfrentado

Future Perfect

habré enfrentado	habremos enfrentado
habrás enfrentado	habréis enfrentado
habrá enfrentado	habrán enfrentado

Perfect Conditional

habría enfrentado	habríamos enfrentado
habrías enfrentado	habríais enfrentado
habría enfrentado	habrían enfrentado

Present Perfect Subjunctive

haya enfrentado	hayamos enfrentado
hayas enfrentado	hayáis enfrentado
haya enfrentado	hayan enfrentado

Pluperfect Subjunctive

hubiera enfrentado	hubiéramos enfrentado
hubieras enfrentado	hubierais enfrentado
hubiera enfrentado	hubieran enfrentado

Imperative

enfrenta	enfrentad
enfrente	enfrenten

Verb in Action

Tienes que enfrentarte al problema. *(You have to face up to the problem.)*
Ellos se enfrentaban a un futuro incierto. *(They faced an uncertain future.)*
Los dos equipos se enfrentarán mañana. *(The two teams will play each other tomorrow.)*

#212

enfriar(se)

(to chill)

Gerund: enfriando • **Past Participle:** enfriado
Reflexive regular -ar verb

Present Indicative		*Present Perfect*	
enfrío	enfriamos	he enfriado	hemos enfriado
enfrías	enfriáis	has enfriado	habéis enfriado
enfría	enfrían	ha enfriado	han enfriado

Imperfect		*Pluperfect*	
enfriaba	enfriábamos	había enfriado	habíamos enfriado
enfriabas	enfriabais	habías enfriado	habíais enfriado
enfriaba	enfriaban	había enfriado	habían enfriado

Preterite		*Preterite Perfect*	
enfrié	enfriamos	hube enfriado	hubimos enfriado
enfriaste	enfriasteis	hubiste enfriado	hubisteis enfriado
enfrió	enfriaron	hubo enfriado	hubieron enfriado

Future		*Future Perfect*	
enfriaré	enfriaremos	habré enfriado	habremos enfriado
enfriarás	enfriaréis	habrás enfriado	habréis enfriado
enfriará	enfriarán	habrá enfriado	habrán enfriado

Conditional		*Perfect Conditional*	
enfriaría	enfriaríamos	habría enfriado	habríamos enfriado
enfriarías	enfriaríais	habrías enfriado	habríais enfriado
enfriaría	enfriarían	habría enfriado	habrían enfriado

Present Subjunctive		*Present Perfect Subjunctive*	
enfríe	enfriemos	haya enfriado	hayamos enfriado
enfríes	enfriéis	hayas enfriado	hayáis enfriado
enfríe	enfríen	haya enfriado	hayan enfriado

Imperfect Subjunctive		*Pluperfect Subjunctive*	
enfriara	enfriáramos	hubiera enfriado	hubiéramos enfriado
enfriaras	enfriarais	hubieras enfriado	hubierais enfriado
enfriara	enfriaran	hubiera enfriado	hubieran enfriado
OR			
enfriase	enfriásemos		
enfriases	enfriaseis		
enfriase	enfriasen		

Imperative

enfría	enfriad
enfríe	enfríen

Verb in Action

Cómete la sopa antes de que se enfríe. *(Eat your soup before it chills.)*
Deja enfriar el pastel antes de cortarlo. *(Let the cake cool down before cutting it.)*
Se me enfrió el café. *(My coffee went cold.)*

engañar

(to deceive, to cheat (on))

Gerund: engañando • **Past Participle:** engañado
Regular -ar verb

Present Indicative		***Present Perfect***	
engaño	engañamos	he engañado	hemos engañado
engañas	engañáis	has engañado	habéis engañado
engaña	engañan	ha engañado	han engañado
Imperfect		***Pluperfect***	
engañaba	engañábamos	había engañado	habíamos engañado
engañabas	engañabais	habías engañado	habíais engañado
engañaba	engañaban	había engañado	habían engañado
Preterite		***Preterite Perfect***	
engañé	engañamos	hube engañado	hubimos engañado
engañaste	engañasteis	hubiste engañado	hubisteis engañado
engañó	engañaron	hubo engañado	hubieron engañado
Future		***Future Perfect***	
engañaré	engañaremos	habré engañado	habremos engañado
engañarás	engañaréis	habrás engañado	habréis engañado
engañará	engañarán	habrá engañado	habrán engañado
Conditional		***Perfect Conditional***	
engañaría	engañaríamos	habría engañado	habríamos engañado
engañarías	engañaríais	habrías engañado	habríais engañado
engañaría	engañarían	habría engañado	habrían engañado
Present Subjunctive		***Present Perfect Subjunctive***	
engañe	engañemos	haya engañado	hayamos engañado
engañes	engañéis	hayas engañado	hayáis engañado
engañe	engañen	haya engañado	hayan engañado
Imperfect Subjunctive		***Pluperfect Subjunctive***	
engañara	engañáramos	hubiera engañado	hubiéramos engañado
engañaras	engañarais	hubieras engañado	hubierais engañado
engañara	engañaran	hubiera engañado	hubieran engañado
OR			
engañase	engañásemos		
engañases	engañaseis		
engañase	engañasen		

Imperative

engaña	engañad
engañe	engañen

Verb in Action

Engañaban a la gente con falsas promesas. *(They were deceiving people with false promises.)*
Me engañó; me dijo él que era de oro. *(He cheated me; he told me it was gold.)*
No nos engañemos. *(Let's not deceive ourselves.)*

engordar

(to be fattening, to put on weight)

Gerund: engordando • **Past Participle:** engordado
Regular -ar verb

Present Indicative		***Present Perfect***	
engordo	engordamos	he engordado	hemos engordado
engordas	engordáis	has engordado	habéis engordado
engorda	engordan	ha engordado	han engordado
Imperfect		***Pluperfect***	
engordaba	engordábamos	había engordado	habíamos engordado
engordabas	engordabais	habías engordado	habíais engordado
engordaba	engordaban	había engordado	habían engordado
Preterite		***Preterite Perfect***	
engordé	engordamos	hube engordado	hubimos engordado
engordaste	engordasteis	hubiste engordado	hubisteis engordado
engordó	engordaron	hubo engordado	hubieron engordado
Future		***Future Perfect***	
engordaré	engordaremos	habré engordado	habremos engordado
engordarás	engordaréis	habrás engordado	habréis engordado
engordará	engordarán	habrá engordado	habrán engordado
Conditional		***Perfect Conditional***	
engordaría	engordaríamos	habría engordado	habríamos engordado
engordarías	engordaríais	habrías engordado	habríais engordado
engordaría	engordarían	habría engordado	habrían engordado
Present Subjunctive		***Present Perfect Subjunctive***	
engorde	engordemos	haya engordado	hayamos engordado
engordes	engordéis	hayas engordado	hayáis engordado
engorde	engorden	haya engordado	hayan engordado
Imperfect Subjunctive		***Pluperfect Subjunctive***	
engordara	engordáramos	hubiera engordado	hubiéramos engordado
engordaras	engordarais	hubieras engordado	hubierais engordado
engordara	engordaran	hubiera engordado	hubieran engordado
OR			
engordase	engordásemos		
engordases	engordaseis		
engordase	engordasen		

Imperative

engorda	engordad
engorde	engorden

Verb in Action

Engordé casi dos kilos. *(I put on nearly two kilos.)*
Si sigues engordando, pronto no vas a caber en tu asiento. *(If you keep putting weight, you soon won't be able to fit in your chair.)*

enojar(se)

(to get annoyed, to become angry)

Gerund: enojando • **Past Participle:** enojado
Reflexive regular -ar verb

Present Indicative

enojo	enojamos
enojas	enojáis
enoja	enojan

Imperfect

enojaba	enojábamos
enojabas	enojabais
enojaba	enojaban

Preterite

enojé	enojamos
enojaste	enojasteis
enojó	enojaron

Future

enojaré	enojaremos
enojarás	enojaréis
enojará	enojarán

Conditional

enojaría	enojaríamos
enojarías	enojaríais
enojaría	enojarían

Present Subjunctive

enoje	enojemos
enojes	enojéis
enoje	enojen

Imperfect Subjunctive

enojara	enojáramos
enojaras	enojarais
enojara	enojaran

OR

enojase	enojásemos
enojases	enojaseis
enojase	enojasen

Present Perfect

he enojado	hemos enojado
has enojado	habéis enojado
ha enojado	han enojado

Pluperfect

había enojado	habíamos enojado
habías enojado	habíais enojado
había enojado	habían enojado

Preterite Perfect

hube enojado	hubimos enojado
hubiste enojado	hubisteis enojado
hubo enojado	hubieron enojado

Future Perfect

habré enojado	habremos enojado
habrás enojado	habréis enojado
habrá enojado	habrán enojado

Perfect Conditional

habría enojado	habríamos enojado
habrías enojado	habríais enojado
habría enojado	habrían enojado

Present Perfect Subjunctive

haya enojado	hayamos enojado
hayas enojado	hayáis enojado
haya enojado	hayan enojado

Pluperfect Subjunctive

hubiera enojado	hubiéramos enojado
hubieras enojado	hubierais enojado
hubiera enojado	hubieran enojado

Imperative

enoja	enojad
enoje	enojen

Verb in Action

Él se enojó mucho conmigo. *(He got very angry with me.)*
No te enojes, se ha sido un acidente. *(Don't be angry; it was an accident.)*
Le mandé un mensaje a él para que no se enojara. *(I texted him so that he wouldn't be annoyed.)*

enseñar

(to teach, to show)

Gerund: enseñando • **Past Participle:** enseñado
Regular -ar verb

Present Indicative

enseño	enseñamos
enseñas	enseñáis
enseña	enseñan

Present Perfect

he enseñado	hemos enseñado
has enseñado	habéis enseñado
ha enseñado	han enseñado

Imperfect

enseñaba	enseñábamos
enseñabas	enseñabais
enseñaba	enseñaban

Pluperfect

había enseñado	habíamos enseñado
habías enseñado	habíais enseñado
había enseñado	habían enseñado

Preterite

enseñé	enseñamos
enseñaste	enseñasteis
enseñó	enseñaron

Preterite Perfect

hube enseñado	hubimos enseñado
hubiste enseñado	hubisteis enseñado
hubo enseñado	hubieron enseñado

Future

enseñaré	enseñaremos
enseñarás	enseñaréis
enseñará	enseñarán

Future Perfect

habré enseñado	habremos enseñado
habrás enseñado	habréis enseñado
habrá enseñado	habrán enseñado

Conditional

enseñaría	enseñaríamos
enseñarías	enseñaríais
enseñaría	enseñarían

Perfect Conditional

habría enseñado	habríamos enseñado
habrías enseñado	habríais enseñado
habría enseñado	habrían enseñado

Present Subjunctive

enseñe	enseñemos
enseñes	enseñéis
enseñe	enseñen

Present Perfect Subjunctive

haya enseñado	hayamos enseñado
hayas enseñado	hayáis enseñado
haya enseñado	hayan enseñado

Imperfect Subjunctive

enseñara	enseñáramos
enseñaras	enseñarais
enseñara	enseñaran

OR

enseñase	enseñásemos
enseñases	enseñaseis
enseñase	enseñasen

Pluperfect Subjunctive

hubiera enseñado	hubiéramos enseñado
hubieras enseñado	hubierais enseñado
hubiera enseñado	hubieran enseñado

Imperative

enseña	enseñad
enseñe	enseñen

Verb in Action

Mi abuela me enseñó a leer. *(My grandmother taught me to read.)*
Ella enseña inglés y matemáticas. *(She teaches English and mathematics.)*
Le pedí a él que me enseñara a hacer pan. *(I asked him to show me how to bake bread.)*

entender

(to understand)

Gerund: entendiendo • **Past Participle:** entendido

Regular -er verb with stem change: e to ie (tenses 1, 6, and imperative)

Present Indicative

entiendo	entendemos
entiendes	entendéis
entiende	entienden

Imperfect

entendía	entendíamos
entendías	entendíais
entendía	entendían

Preterite

entendí	entendimos
entendiste	entendisteis
entendió	entendieron

Future

entenderé	entenderemos
entenderás	entenderéis
entenderá	entenderán

Conditional

entendería	entenderíamos
entenderías	entenderíais
entendería	entenderían

Present Subjunctive

entienda	entendamos
entiendas	entendáis
entienda	entiendan

Imperfect Subjunctive

entendiera	entendiéramos
entendieras	entendierais
entendiera	entendieran

OR

entendiese	entendiésemos
entendieses	entendieseis
entendiese	entendiesen

Present Perfect

he entendido	hemos entendido
has entendido	habéis entendido
ha entendido	han entendido

Pluperfect

había entendido	habíamos entendido
habías entendido	habíais entendido
había entendido	habían entendido

Preterite Perfect

hube entendido	hubimos entendido
hubiste entendido	hubisteis entendido
hubo entendido	hubieron entendido

Future Perfect

habré entendido	habremos entendido
habrás entendido	habréis entendido
habrá entendido	habrán entendido

Perfect Conditional

habría entendido	habríamos entendido
habrías entendido	habríais entendido
habría entendido	habrían entendido

Present Perfect Subjunctive

haya entendido	hayamos entendido
hayas entendido	hayáis entendido
haya entendido	hayan entendido

Pluperfect Subjunctive

hubiera entendido	hubiéramos entendido
hubieras entendido	hubierais entendido
hubiera entendido	hubieran entendido

Imperative

entiende	entended
entienda	entiendan

Verb in Action

No lo vas a entender. *(You won't understand.)*
No lo entiendo. *(I don't understand.)*
¿Entendiste lo que dijo? *(Did you understand what she said?)*

entrar

(to come in, to go in)

Gerund: entrando • **Past Participle:** entrado
Regular -ar verb

Present Indicative

entro	entramos
entras	entráis
entra	entran

Present Perfect

he entrado	hemos entrado
has entrado	habéis entrado
ha entrado	han entrado

Imperfect

entraba	entrábamos
entrabas	entrabais
entraba	entraban

Pluperfect

había entrado	habíamos entrado
habías entrado	habíais entrado
había entrado	habían entrado

Preterite

entré	entramos
entraste	entrasteis
entró	entraron

Preterite Perfect

hube entrado	hubimos entrado
hubiste entrado	hubisteis entrado
hubo entrado	hubieron entrado

Future

entraré	entraremos
entrarás	entraréis
entrará	entrarán

Future Perfect

habré entrado	habremos entrado
habrás entrado	habréis entrado
habrá entrado	habrán entrado

Conditional

entraría	entraríamos
entrarías	entraríais
entraría	entrarían

Perfect Conditional

habría entrado	habríamos entrado
habrías entrado	habríais entrado
habría entrado	habrían entrado

Present Subjunctive

entre	entremos
entres	entréis
entre	entren

Present Perfect Subjunctive

haya entrado	hayamos entrado
hayas entrado	hayáis entrado
haya entrado	hayan entrado

Imperfect Subjunctive

entrara	entráramos
entraras	entrarais
entrara	entraran
OR	
entrase	entrásemos
entrases	entraseis
entrase	entrasen

Pluperfect Subjunctive

hubiera entrado	hubiéramos entrado
hubieras entrado	hubierais entrado
hubiera entrado	hubieran entrado

Imperative

entra	entrad
entre	entren

Verb in Action

No nos dejaron entrar a verlo. *(They wouldn't let us in to see it.)*
No entres con los zapatos sucios. *(Don't come in in dirty shoes.)*
Entraron todos juntos al restaurante. *(They all went into the restaurant together.)*

entregar(se)

(to deliver)

Gerund: entregando • **Past Participle:** entregado
Reflexive regular -ar verb with spelling change: g to gu in front of e

Present Indicative	
entrego	entregamos
entregas	entregáis
entrega	entregan
Imperfect	
entregaba	entregábamos
entregabas	entregabais
entregaba	entregaban
Preterite	
entregué	entregamos
entregaste	entregasteis
entregó	entregaron
Future	
entregaré	entregaremos
entregarás	entregaréis
entregará	entregarán
Conditional	
entregaría	entregaríamos
entregarías	entregaríais
entregaría	entregarían
Present Subjunctive	
entregue	entreguemos
entregues	entreguéis
entregue	entreguen
Imperfect Subjunctive	
entregara	entregáramos
entregaras	entregarais
entregara	entregaran
OR	
entregase	entregásemos
entregases	entregaseis
entregase	entregasen

Present Perfect	
he entregado	hemos entregado
has entregado	habéis entregado
ha entregado	han entregado
Pluperfect	
había entregado	habíamos entregado
habías entregado	habíais entregado
había entregado	habían entregado
Preterite Perfect	
hube entregado	hubimos entregado
hubiste entregado	hubisteis entregado
hubo entregado	hubieron entregado
Future Perfect	
habré entregado	habremos entregado
habrás entregado	habréis entregado
habrá entregado	habrán entregado
Perfect Conditional	
habría entregado	habríamos entregado
habrías entregado	habríais entregado
habría entregado	habrían entregado
Present Perfect Subjunctive	
haya entregado	hayamos entregado
hayas entregado	hayáis entregado
haya entregado	hayan entregado
Pluperfect Subjunctive	
hubiera entregado	hubiéramos entregado
hubieras entregado	hubierais entregado
hubiera entregado	hubieran entregado

Imperative

entrega	entregad
entregue	entreguen

Verb in Action

Entregué el trabajo ayer. *(I handed in my essay yesterday.)*
Ya entregamos el pedido de la señora Valenzuela. *(We've already delivered Mrs. Valenzuela's order.)*
No entregan a domicilio. *(They don't do home deliveries.)*

entretener(se)

(to entertain, to amuse)

Gerund: entreteniendo • **Past Participle:** entretenido
Reflexive irregular -er verb

Present Indicative		*Present Perfect*	
entretengo	entretenemos	he entretenido	hemos entretenido
entretienes	entretenéis	has entretenido	habéis entretenido
entretiene	entretienen	ha entretenido	han entretenido

Imperfect		*Pluperfect*	
entretenía	entreteníamos	había entretenido	habíamos entretenido
entretenías	entreteníais	habías entretenido	habíais entretenido
entretenía	entretenían	había entretenido	habían entretenido

Preterite		*Preterite Perfect*	
entretuve	entretuvimos	hube entretenido	hubimos entretenido
entretuviste	entretuvisteis	hubiste entretenido	hubisteis entretenido
entretuvo	entretuvieron	hubo entretenido	hubieron entretenido

Future		*Future Perfect*	
entretendré	entretendremos	habré entretenido	habremos entretenido
entretendrás	entretendréis	habrás entretenido	habréis entretenido
entretendrá	entretendrán	habrá entretenido	habrán entretenido

Conditional		*Perfect Conditional*	
entretendría	entretendríamos	habría entretenido	habríamos entretenido
entretendrías	entretendríais	habrías entretenido	habríais entretenido
entretendría	entretendrían	habría entretenido	habrían entretenido

Present Subjunctive		*Present Perfect Subjunctive*	
entretenga	entretengamos	haya entretenido	hayamos entretenido
entretengas	entretengáis	hayas entretenido	hayáis entretenido
entretenga	entretengan	haya entretenido	hayan entretenido

Imperfect Subjunctive		*Pluperfect Subjunctive*	
entretuviera	entretuviéramos	hubiera entretenido	hubiéramos entretenido
entretuvieras	entretuvierais	hubieras entretenido	hubierais entretenido
entretuviera	entretuvieran	hubiera entretenido	hubieran entretenido
OR			
entretuviese	entretuviésemos		
entretuvieses	entretuvieseis		
entretuviese	entretuviesen		

Imperative

entretén	entretened
entretenga	entretengan

Verb in Action

Él nos entretuvo durante horas con sus cuentos. *(He kept us entertained for hours with his stories.)*

Dales a ellos papel y lápices de colores para que se entretengan. *(Give them paper and crayons so they can amuse themselves.)*

enviar

(to send)

Gerund: enviando • **Past Participle:** enviado

Regular -ar verb with spelling change: i to í on stressed syllables (tenses 1, 6, and imperative)

Present Indicative

envío	enviamos
envías	enviáis
envía	envían

Imperfect

enviaba	enviábamos
enviabas	enviabais
enviaba	enviaban

Preterite

envié	enviamos
enviaste	enviasteis
envió	enviaron

Future

enviaré	enviaremos
enviarás	enviaréis
enviará	enviarán

Conditional

enviaría	enviaríamos
enviarías	enviaríais
enviaría	enviarían

Present Subjunctive

envíe	enviemos
envíes	enviéis
envíe	envíen

Imperfect Subjunctive

enviara	enviáramos
enviaras	enviarais
enviara	enviaran

OR

enviase	enviásemos
enviases	enviaseis
enviase	enviasen

Present Perfect

he enviado	hemos enviado
has enviado	habéis enviado
ha enviado	han enviado

Pluperfect

había enviado	habíamos enviado
habías enviado	habíais enviado
había enviado	habían enviado

Preterite Perfect

hube enviado	hubimos enviado
hubiste enviado	hubisteis enviado
hubo enviado	hubieron enviado

Future Perfect

habré enviado	habremos enviado
habrás enviado	habréis enviado
habrá enviado	habrán enviado

Perfect Conditional

habría enviado	habríamos enviado
habrías enviado	habríais enviado
habría enviado	habrían enviado

Present Perfect Subjunctive

haya enviado	hayamos enviado
hayas enviado	hayáis enviado
haya enviado	hayan enviado

Pluperfect Subjunctive

hubiera enviado	hubiéramos enviado
hubieras enviado	hubierais enviado
hubiera enviado	hubieran enviado

Imperative

envía	enviad
envíe	envíen

Verb in Action

¿Cómo lo vas a enviar? *(How are you going to send it?)*
Él le envió el regalo por correo a ella. *(He mailed her the present.)*
Necesitamos que lo envíes inmediatamente. *(We need you to send it immediately.)*

equivocarse

(to be wrong, to make a mistake)

Gerund: equivocando • **Past Participle:** equivocado
Reflexive regular -ar verb with spelling change: c to qu in front of e

Present Indicative		***Present Perfect***	
me equivoco	nos equivocamos	me he equivocado	nos hemos equivocado
te equivocas	os equivocáis	te has equivocado	os habéis equivocado
se equivoca	se equivocan	se ha equivocado	se han equivocado
Imperfect		***Pluperfect***	
me equivocaba	nos equivocábamos	me había equivocado	nos habíamos equivocado
te equivocabas	os equivocabais	te habías equivocado	os habíais equivocado
se equivocaba	se equivocaban	se había equivocado	se habían equivocado
Preterite		***Preterite Perfect***	
me equivoqué	nos equivocamos	me hube equivocado	nos hubimos equivocado
te equivocaste	os equivocasteis	te hubiste equivocado	os hubisteis equivocado
se equivocó	se equivocaron	se hubo equivocado	se hubieron equivocado
Future		***Future Perfect***	
me equivocaré	nos equivocaremos	me habré equivocado	nos habremos equivocado
te equivocarás	os equivocaréis	te habrás equivocado	os habréis equivocado
se equivocará	se equivocarán	se habrá equivocado	se habrán equivocado
Conditional		***Perfect Conditional***	
me equivocaría	nos equivocaríamos	me habría equivocado	nos habríamos equivocado
te equivocarías	os equivocaríais	te habrías equivocado	os habríais equivocado
se equivocaría	se equivocarían	se habría equivocado	se habrían equivocado
Present Subjunctive		***Present Perfect Subjunctive***	
me equivoque	nos equivoquemos	me haya equivocado	nos hayamos equivocado
te equivoques	os equivoquéis	te hayas equivocado	os hayáis equivocado
se equivoque	se equivoquen	se haya equivocado	se hayan equivocado
Imperfect Subjunctive		***Pluperfect Subjunctive***	
me equivocara	nos equivocáramos	me hubiera equivocado	nos hubiéramos equivocado
te equivocaras	os equivocarais	te hubieras equivocado	os hubierais equivocado
se equivocara	se equivocaran	se hubiera equivocado	se hubieran equivocado
OR			
me equivocase	nos equivocásemos		
te equivocases	os equivocaseis		
se equivocase	se equivocasen		

Imperative

equivócate	equivocaos
equivóquese	equivóquense

Verb in Action

Perdone, me he equivocado de número. *(Sorry, I've got the wrong number.)*
Ellos se equivocaron de tren. *(They got the wrong train.)*
Él siempre se equivocaba de calle. *(He always went down the wrong street.)*

ESSENTIAL VERB

#223

escoger

(to choose)

Gerund: escogiendo • **Past Participle:** escogido

Regular -er verb with spelling change: g to j in front of a and o

Present Indicative

escojo	escogemos
escoges	escogéis
escoge	escogen

Imperfect

escogía	escogíamos
escogías	escogíais
escogía	escogían

Preterite

escogí	escogimos
escogiste	escogisteis
escogió	escogieron

Future

escogeré	escogeremos
escogerás	escogeréis
escogerá	escogerán

Conditional

escogería	escogeríamos
escogerías	escogeríais
escogería	escogerían

Present Subjunctive

escoja	escojamos
escojas	escojáis
escoja	escojan

Imperfect Subjunctive

escogiera	escogiéramos
escogieras	escogierais
escogiera	escogieran

OR

escogiese	escogiésemos
escogieses	escogieseis
escogiese	escogiesen

Present Perfect

he escogido	hemos escogido
has escogido	habéis escogido
ha escogido	han escogido

Pluperfect

había escogido	habíamos escogido
habías escogido	habíais escogido
había escogido	habían escogido

Preterite Perfect

hube escogido	hubimos escogido
hubiste escogido	hubisteis escogido
hubo escogido	hubieron escogido

Future Perfect

habré escogido	habremos escogido
habrás escogido	habréis escogido
habrá escogido	habrán escogido

Perfect Conditional

habría escogido	habríamos escogido
habrías escogido	habríais escogido
habría escogido	habrían escogido

Present Perfect Subjunctive

haya escogido	hayamos escogido
hayas escogido	hayáis escogido
haya escogido	hayan escogido

Pluperfect Subjunctive

hubiera escogido	hubiéramos escogido
hubieras escogido	hubierais escogido
hubiera escogido	hubieran escogido

Imperative

escoge	escoged
escoja	escojan

Verb in Action

Él escogió el más caro. *(He chose the most expensive one.)*
Yo escogería el azul. *(I'd choose the blue one.)*
Escoje el que más te guste. *(Pick the one you like best.)*

esconder(se)

(to hide)

Gerund: escondiendo • **Past Participle:** escondido
Reflexive regular -er verb

Present Indicative		*Present Perfect*	
escondo	escondemos	he escondido	hemos escondido
escondes	escondéis	has escondido	habéis escondido
esconde	esconden	ha escondido	han escondido

Imperfect		*Pluperfect*	
escondía	escondíamos	había escondido	habíamos escondido
escondías	escondíais	habías escondido	habíais escondido
escondía	escondían	había escondido	habían escondido

Preterite		*Preterite Perfect*	
escondí	escondimos	hube escondido	hubimos escondido
escondiste	escondisteis	hubiste escondido	hubisteis escondido
escondió	escondieron	hubo escondido	hubieron escondido

Future		*Future Perfect*	
esconderé	esconderemos	habré escondido	habremos escondido
esconderás	esconderéis	habrás escondido	habréis escondido
esconderá	esconderán	habrá escondido	habrán escondido

Conditional		*Perfect Conditional*	
escondería	esconderíamos	habría escondido	habríamos escondido
esconderías	esconderíais	habrías escondido	habríais escondido
escondería	esconderían	habría escondido	habrían escondido

Present Subjunctive		*Present Perfect Subjunctive*	
esconda	escondamos	haya escondido	hayamos escondido
escondas	escondáis	hayas escondido	hayáis escondido
esconda	escondan	haya escondido	hayan escondido

Imperfect Subjunctive		*Pluperfect Subjunctive*	
escondiera	escondiéramos	hubiera escondido	hubiéramos escondido
escondieras	escondierais	hubieras escondido	hubierais escondido
escondiera	escondieran	hubiera escondido	hubieran escondido
OR			
escondiese	escondiésemos		
escondieses	escondieseis		
escondiese	escondiesen		

Imperative

esconde	esconded
esconda	escondan

Verb in Action

Escóndete atrás de la puerta. *(Hide behind the door.)*
Nos escondimos todos para sorprenderla cuando entrara. *(We all hid so we could surprise her when she came in.)*
Dile a él que esconda el dinero. *(Tell him to hide the money.)*

#225

escribir

(to write)

Gerund: escribiendo • **Past Participle:** escrito
Regular -ir verb with irregular past participle

Present Indicative

escribo	escribimos
escribes	escribís
escribe	escriben

Present Perfect

he escrito	hemos escrito
has escrito	habéis escrito
ha escrito	han escrito

Imperfect

escribía	escribíamos
escribías	escribíais
escribía	escribían

Pluperfect

había escrito	habíamos escrito
habías escrito	habíais escrito
había escrito	habían escrito

Preterite

escribí	escribimos
escribiste	escribisteis
escribió	escribieron

Preterite Perfect

hube escrito	hubimos escrito
hubiste escrito	hubisteis escrito
hubo escrito	hubieron escrito

Future

escribiré	escribiremos
escribirás	escribiréis
escribirá	escribirán

Future Perfect

habré escrito	habremos escrito
habrás escrito	habréis escrito
habrá escrito	habrán escrito

Conditional

escribiría	escribiríamos
escribirías	escribiríais
escribiría	escribirían

Perfect Conditional

habría escrito	habríamos escrito
habrías escrito	habríais escrito
habría escrito	habrían escrito

Present Subjunctive

escriba	escribamos
escribas	escribáis
escriba	escriban

Present Perfect Subjunctive

haya escrito	hayamos escrito
hayas escrito	hayáis escrito
haya escrito	hayan escrito

Imperfect Subjunctive

escribiera	escribiéramos
escribieras	escribierais
escribiera	escribieran
OR	
escribiese	escribiésemos
escribieses	escribieseis
escribiese	escribiesen

Pluperfect Subjunctive

hubiera escrito	hubiéramos escrito
hubieras escrito	hubierais escrito
hubiera escrito	hubieran escrito

Imperative

escribe	escribid
escriba	escriban

Verb in Action

¿Cómo se escribe su nombre? *(How do you spell your name?)*
¿Estás escribiendo la carta? *(Are you writing the letter?)*
Eso lo escribí yo. *(I wrote that.)*

escuchar

(to listen (to))

Gerund: escuchando • **Past Participle:** escuchado
Regular -ar verb

Present Indicative

escucho	escuchamos
escuchas	escucháis
escucha	escuchan

Imperfect

escuchaba	escuchábamos
escuchabas	escuchabais
escuchaba	escuchaban

Preterite

escuché	escuchamos
escuchaste	escuchasteis
escuchó	escucharon

Future

escucharé	escucharemos
escucharás	escucharéis
escuchará	escucharán

Conditional

escucharía	escucharíamos
escucharías	escucharíais
escucharía	escucharían

Present Subjunctive

escuche	escuchemos
escuches	escuchéis
escuche	escuchen

Imperfect Subjunctive

escuchara	escucháramos
escucharas	escucharais
escuchara	escucharan

OR

escuchase	escuchásemos
escuchases	escuchaseis
escuchase	escuchasen

Present Perfect

he escuchado	hemos escuchado
has escuchado	habéis escuchado
ha escuchado	han escuchado

Pluperfect

había escuchado	habíamos escuchado
habías escuchado	habíais escuchado
había escuchado	habían escuchado

Preterite Perfect

hube escuchado	hubimos escuchado
hubiste escuchado	hubisteis escuchado
hubo escuchado	hubieron escuchado

Future Perfect

habré escuchado	habremos escuchado
habrás escuchado	habréis escuchado
habrá escuchado	habrán escuchado

Perfect Conditional

habría escuchado	habríamos escuchado
habrías escuchado	habríais escuchado
habría escuchado	habrían escuchado

Present Perfect Subjunctive

haya escuchado	hayamos escuchado
hayas escuchado	hayáis escuchado
haya escuchado	hayan escuchado

Pluperfect Subjunctive

hubiera escuchado	hubiéramos escuchado
hubieras escuchado	hubierais escuchado
hubiera escuchado	hubieran escuchado

Imperative

escucha	escuchad
escuche	escuchen

Verb in Action

Él escuchaba música mientras trabajaba. *(He would listen to music while he worked.)*
¡Escúchame cuando te hablo! *(Listen to me when I'm talking to you!)*
Ella no escuchó los consejos de sus padres. *(She didn't heed her parents' advice.)*

esforzarse

(to make an effort)

Gerund: esforzando • **Past Participle:** esforzado

Reflexive regular -ar verb with stem change: o to ue (tenses 1, 6, and imperative) and spelling change: z to c in front of e

Present Indicative		*Present Perfect*	
me esfuerzo	nos esforzamos	me he esforzado	nos hemos esforzado
te esfuerzas	os esforzáis	te has esforzado	os habéis esforzado
se esfuerza	se esfuerzan	se ha esforzado	se han esforzado
Imperfect		*Pluperfect*	
me esforzaba	nos esforzábamos	me había esforzado	nos habíamos esforzado
te esforzabas	os esforzabais	te habías esforzado	os habíais esforzado
se esforzaba	se esforzaban	se había esforzado	se habían esforzado
Preterite		*Preterite Perfect*	
me esforcé	nos esforzamos	me hube esforzado	nos hubimos esforzado
te esforzaste	os esforzasteis	te hubiste esforzado	os hubisteis esforzado
se esforzó	se esforzaron	se hubo esforzado	se hubieron esforzado
Future		*Future Perfect*	
me esforzaré	nos esforzaremos	se habré esforzado	nos habremos esforzado
te esforzarás	os esforzaréis	te habrás esforzado	os habréis esforzado
se esforzará	se esforzarán	se habrá esforzado	se habrán esforzado
Conditional		*Perfect Conditional*	
me esforzaría	nos esforzaríamos	me habría esforzado	nos habríamos esforzado
te esforzarías	os esforzaríais	te habrías esforzado	os habríais esforzado
se esforzaría	se esforzarían	se habría esforzado	se habrían esforzado
Present Subjunctive		*Present Perfect Subjunctive*	
me esfuerce	nos esforcemos	me haya esforzado	nos hayamos esforzado
te esfuerces	os esforcéis	te hayas esforzado	os hayáis esforzado
se esfuerce	se esfuercen	se haya esforzado	se hayan esforzado
Imperfect Subjunctive		*Pluperfect Subjunctive*	
me esforzara	nos esforzáramos	me hubiera esforzado	nos hubiéramos esforzado
te esforzaras	os esforzarais	te hubieras esforzado	os hubierais esforzado
se esforzara	se esforzaran	se hubiera esforzado	se hubieran esforzado
OR			
me esforzase	nos esforzásemos		
te esforzases	os esforzaseis		
se esforzase	se esforzasen		

Imperative

esfuérzate	esforzaos
esfuércese	esfuércense

Verb in Action

Tienes que esforzarte si quieres ganar. *(You have to make an effort if you want to win.)*
Él se esforzó todo lo que pudo para probarlo. *(He made his best effort to pass it.)*
Me esforzaba para entenderla. *(I tried hard to understand her.)*

esparcir(se)

(to spread, to scatter)

Gerund: esparciendo • **Past Participle:** esparcido

Reflexive regular -ir verb with spelling change: c to z in front of a and o

Present Indicative

esparzo	esparcimos
esparces	esparcís
esparce	esparcen

Present Perfect

he esparcido	hemos esparcido
has esparcido	habéis esparcido
ha esparcido	han esparcido

Imperfect

esparcía	esparcíamos
esparcías	esparcíais
esparcía	esparcían

Pluperfect

había esparcido	habíamos esparcido
habías esparcido	habíais esparcido
había esparcido	habían esparcido

Preterite

esparcí	esparcimos
esparciste	esparcisteis
esparció	esparcieron

Preterite Perfect

hube esparcido	hubimos esparcido
hubiste esparcido	hubisteis esparcido
hubo esparcido	hubieron esparcido

Future

esparciré	esparciremos
esparcirás	esparciréis
esparcirá	esparcirán

Future Perfect

habré esparcido	habremos esparcido
habrás esparcido	habréis esparcido
habrá esparcido	habrán esparcido

Conditional

esparciría	esparciríamos
esparcirías	esparciríais
esparciría	esparcirían

Perfect Conditional

habría esparcido	habríamos esparcido
habrías esparcido	habríais esparcido
habría esparcido	habrían esparcido

Present Subjunctive

esparza	esparzamos
esparzas	esparzáis
esparza	esparzan

Present Perfect Subjunctive

haya esparcido	hayamos esparcido
hayas esparcido	hayáis esparcido
haya esparcido	hayan esparcido

Imperfect Subjunctive

esparciera	esparciéramos
esparcieras	esparcierais
esparciera	esparcieran
OR	
esparciese	esparciésemos
esparcieses	esparcieseis
esparciese	esparciesen

Pluperfect Subjunctive

hubiera esparcido	hubiéramos esparcido
hubieras esparcido	hubierais esparcido
hubiera esparcido	hubieran esparcido

Imperative

esparce	esparcid
esparza	esparzan

Verb in Action

La familia esparció una versión totalmente diferente de los hechos. *(The family was giving out a completely different version of events.)*

Sus cenizas fueron esparcidas en su querido pueblo natal. *(His ashes were scattered in his beloved hometown.)*

esperar

(to hope, to wait (for))

Gerund: esperando • **Past Participle:** esperado
Regular -ar verb

Present Indicative

espero	esperamos
esperas	esperáis
espera	esperan

Present Perfect

he esperado	hemos esperado
has esperado	habéis esperado
ha esperado	han esperado

Imperfect

esperaba	esperábamos
esperabas	esperabais
esperaba	esperaban

Pluperfect

había esperado	habíamos esperado
habías esperado	habíais esperado
había esperado	habían esperado

Preterite

esperé	esperamos
esperaste	esperasteis
esperó	esperaron

Preterite Perfect

hube esperado	hubimos esperado
hubiste esperado	hubisteis esperado
hubo esperado	hubieron esperado

Future

esperaré	esperaremos
esperarás	esperaréis
esperará	esperarán

Future Perfect

habré esperado	habremos esperado
habrás esperado	habréis esperado
habrá esperado	habrán esperado

Conditional

esperaría	esperaríamos
esperarías	esperaríais
esperaría	esperarían

Perfect Conditional

habría esperado	habríamos esperado
habrías esperado	habríais esperado
habría esperado	habrían esperado

Present Subjunctive

espere	esperemos
esperes	esperéis
espere	esperen

Present Perfect Subjunctive

haya esperado	hayamos esperado
hayas esperado	hayáis esperado
haya esperado	hayan esperado

Imperfect Subjunctive

esperara	esperáramos
esperaras	esperarais
esperara	esperaran
OR	
esperase	esperásemos
esperases	esperaseis
esperase	esperasen

Pluperfect Subjunctive

hubiera esperado	hubiéramos esperado
hubieras esperado	hubierais esperado
hubiera esperado	hubieran esperado

Imperative

espera	esperad
espere	esperen

Verb in Action

¿Qué estás esperando? *(What are you waiting for?)*
Espero que puedas venir a mi fiesta. *(I hope you'll be able to come to my party.)*
Espérenme aquí. *(Wait for me here.)*

establecer(se)

(to establish (yourself))

Gerund: establecienda • **Past Participle:** establecido

Reflexive regular -er verb with spelling change: c to zc in front of a and o

Present Indicative

establezco	establecemos
estableces	establecéis
establece	establecen

Imperfect

establecía	establecíamos
establecías	establecíais
establecía	establecían

Preterite

establecí	establecimos
estableciste	establecisteis
estableció	establecieron

Future

estableceré	estableceremos
establecerás	estableceréis
establecerá	establecerán

Conditional

establecería	estableceríamos
establecerías	estableceríais
establecería	establecerían

Present Subjunctive

establezca	establezcamos
establezcas	establezcáis
establezca	establezcan

Imperfect Subjunctive

estableciera	estableciéramos
establecieras	establecierais
estableciera	establecieran

OR

estableciese	estableciésemos
establecieses	establecieseis
estableciese	estableciesen

Present Perfect

he establecido	hemos establecido
has establecido	habéis establecido
ha establecido	han establecido

Pluperfect

había establecido	habíamos establecido
habías establecido	habíais establecido
había establecido	habían establecido

Preterite Perfect

hube establecido	hubimos establecido
hubiste establecido	hubisteis establecido
hubo establecido	hubieron establecido

Future Perfect

habré establecido	habremos establecido
habrás establecido	habréis establecido
habrá establecido	habrán establecido

Perfect Conditional

habría establecido	habríamos establecido
habrías establecido	habríais establecido
habría establecido	habrían establecido

Present Perfect Subjunctive

haya establecido	hayamos establecido
hayas establecido	hayáis establecido
haya establecido	hayan establecido

Pluperfect Subjunctive

hubiera establecido	hubiéramos establecido
hubieras establecido	hubierais establecido
hubiera establecido	hubieran establecido

Imperative

establece	estableced
establezca	establezcan

Verb in Action

Lograron establecer contacto. *(They managed to establish contact.)*

La ley establece que... *(The law states that...)*

Se ha establecido una buena relación entre los dos países. *(A good relationship has been established between the two countries.)*

estacionar(se)

(to park)

Gerund: estacionando • **Past Participle:** estacionado
Reflexive regular -ar verb

Present Indicative		*Present Perfect*	
estaciono	estacionamos	he estacionado	hemos estacionado
estacionas	estacionáis	has estacionado	habéis estacionado
estaciona	estacionan	ha estacionado	han estacionado

Imperfect		*Pluperfect*	
estacionaba	estacionábamos	había estacionado	habíamos estacionado
estacionabas	estacionabais	habías estacionado	habíais estacionado
estacionaba	estacionaban	había estacionado	habían estacionado

Preterite		*Preterite Perfect*	
estacioné	estacionamos	hube estacionado	hubimos estacionado
estacionaste	estacionasteis	hubiste estacionado	hubisteis estacionado
estacionó	estacionaron	hubo estacionado	hubieron estacionado

Future		*Future Perfect*	
estacionaré	estacionaremos	habré estacionado	habremos estacionado
estacionarás	estacionaréis	habrás estacionado	habréis estacionado
estacionará	estacionarán	habrá estacionado	habrán estacionado

Conditional		*Perfect Conditional*	
estacionaría	estacionaríamos	habría estacionado	habríamos estacionado
estacionarías	estacionaríais	habrías estacionado	habríais estacionado
estacionaría	estacionarían	habría estacionado	habrían estacionado

Present Subjunctive		*Present Perfect Subjunctive*	
estacione	estacionemos	haya estacionado	hayamos estacionado
estaciones	estacionéis	hayas estacionado	hayáis estacionado
estacione	estacionen	haya estacionado	hayan estacionado

Imperfect Subjunctive		*Pluperfect Subjunctive*	
estacionara	estacionáramos	hubiera estacionado	hubiéramos estacionado
estacionaras	estacionarais	hubieras estacionado	hubierais estacionado
estacionara	estacionaran	hubiera estacionado	hubieran estacionado
OR			
estacionase	estacionásemos		
estacionases	estacionaseis		
estacionase	estacionasen		

Imperative

estaciona	estacionad
estacione	estacionen

Verb in Action

Encontramos donde estacionar. *(We found somewhere to park.)*
Él se había estacionado frente al juzgado. *(He had parked opposite the court.)*
Él estacionó su camioneta a pocos metros de allí. *(He parked his van a few meters from there.)*

#232

estar

(to be)

Gerund: estando • **Past Participle:** estado
Irregular -ar verb

Present Indicative		*Present Perfect*	
estoy	estamos	he estado	hemos estado
estás	estáis	has estado	habéis estado
está	están	ha estado	han estado

Imperfect		*Pluperfect*	
estaba	estábamos	había estado	habíamos estado
estabas	estabais	habías estado	habíais estado
estaba	estaban	había estado	habían estado

Preterite		*Preterite Perfect*	
estuve	estuvimos	hube estado	hubimos estado
estuviste	estuvisteis	hubiste estado	hubisteis estado
estuvo	estuvieron	hubo estado	hubieron estado

Future		*Future Perfect*	
estaré	estaremos	habré estado	habremos estado
estarás	estaréis	habrás estado	habréis estado
estará	estarán	habrá estado	habrán estado

Conditional		*Perfect Conditional*	
estaría	estaríamos	habría estado	habríamos estado
estarías	estaríais	habrías estado	habríais estado
estaría	estarían	habría estado	habrían estado

Present Subjunctive		*Present Perfect Subjunctive*	
esté	estemos	haya estado	hayamos estado
estés	estéis	hayas estado	hayáis estado
esté	estén	haya estado	hayan estado

Imperfect Subjunctive		*Pluperfect Subjunctive*	
estuviera	estuviéramos	hubiera estado	hubiéramos estado
estuvieras	estuvierais	hubieras estado	hubierais estado
estuviera	estuvieran	hubiera estado	hubieran estado
OR			
estuviese	estuviésemos		
estuvieses	estuvieseis		
estuviese	estuviesen		

Imperative	
está	estad
esté	estén

Verb in Action

¿Cómo estás? *(How are you?)*
¿No había estado nunca en París él? *(He had never been to Paris?)*
¿A qué hora estarás en casa? *(What time will you be home?)*

estrenar(se)

(to premiere)

Gerund: estrenando • **Past Participle:** estrenado
Reflexive regular -ar verb

Present Indicative		*Present Perfect*	
estreno	estrenamos	he estrenado	hemos estrenado
estrenas	estrenáis	has estrenado	habéis estrenado
estrena	estrenan	ha estrenado	han estrenado
Imperfect		*Pluperfect*	
estrenaba	estrenábamos	había estrenado	habíamos estrenado
estrenabas	estrenabais	habías estrenado	habíais estrenado
estrenaba	estrenaban	había estrenado	habían estrenado
Preterite		*Preterite Perfect*	
estrené	estrenamos	hube estrenado	hubimos estrenado
estrenaste	estrenasteis	hubiste estrenado	hubisteis estrenado
estrenó	estrenaron	hubo estrenado	hubieron estrenado
Future		*Future Perfect*	
estrenaré	estrenaremos	habré estrenado	habremos estrenado
estrenarás	estrenaréis	habrás estrenado	habréis estrenado
estrenará	estrenarán	habrá estrenado	habrán estrenado
Conditional		*Perfect Conditional*	
estrenaría	estrenaríamos	habría estrenado	habríamos estrenado
estrenarías	estrenaríais	habrías estrenado	habríais estrenado
estrenaría	estrenarían	habría estrenado	habrían estrenado
Present Subjunctive		*Present Perfect Subjunctive*	
estrene	estrenemos	haya estrenado	hayamos estrenado
estrenes	estrenéis	hayas estrenado	hayáis estrenado
estrene	estrenen	haya estrenado	hayan estrenado
Imperfect Subjunctive		*Pluperfect Subjunctive*	
estrenara	estrenáramos	hubiera estrenado	hubiéramos estrenado
estrenaras	estrenarais	hubieras estrenado	hubierais estrenado
estrenara	estrenaran	hubiera estrenado	hubieran estrenado
OR			
estrenase	estrenásemos		
estrenases	estrenaseis		
estrenase	estrenasen		

Imperative

estrena	estrenad
estrene	estrenen

Verb in Action

Mañana estrenan la última película de Javier Bardem. *(Javier Bardem's latest movie is being premiered tomorrow.)*

El dramaturgo murió antes de que se estrenara su obra. *(The playwright died before his play was performed for the first time.)*

#234

estudiar

(to study)

Gerund: estudiando • **Past Participle:** estudiado
Regular -ar verb

Present Indicative

estudio	estudiamos
estudias	estudiáis
estudia	estudian

Imperfect

estudiaba	estudiábamos
estudiabas	estudiabais
estudiaba	estudiaban

Preterite

estudié	estudiamos
estudiaste	estudiasteis
estudió	estudiaron

Future

estudiaré	estudiaremos
estudiarás	estudiaréis
estudiará	estudiarán

Conditional

estudiaría	estudiaríamos
estudiarías	estudiaríais
estudiaría	estudiarían

Present Subjunctive

estudie	estudiemos
estudies	estudiéis
estudie	estudien

Imperfect Subjunctive

estudiara	estudiáramos
estudiaras	estudiarais
estudiara	estudiaran

OR

estudiase	estudiásemos
estudiases	estudiaseis
estudiase	estudiasen

Present Perfect

he estudiado	hemos estudiado
has estudiado	habéis estudiado
ha estudiado	han estudiado

Pluperfect

había estudiado	habíamos estudiado
habías estudiado	habíais estudiado
había estudiado	habían estudiado

Preterite Perfect

hube estudiado	hubimos estudiado
hubiste estudiado	hubisteis estudiado
hubo estudiado	hubieron estudiado

Future Perfect

habré estudiado	habremos estudiado
habrás estudiado	habréis estudiado
habrá estudiado	habrán estudiado

Perfect Conditional

habría estudiado	habríamos estudiado
habrías estudiado	habríais estudiado
habría estudiado	habrían estudiado

Present Perfect Subjunctive

haya estudiado	hayamos estudiado
hayas estudiado	hayáis estudiado
haya estudiado	hayan estudiado

Pluperfect Subjunctive

hubiera estudiado	hubiéramos estudiado
hubieras estudiado	hubierais estudiado
hubiera estudiado	hubieran estudiado

Imperative

estudia	estudiad
estudie	estudien

Verb in Action

¿Qué estudia tu hermano? *(What's your brother studying?)*
Él está estudiando para un examen importante. *(He's studying for an important exam.)*
Ellos querían que estudiara historia. *(They wanted me to study history.)*

evacuar

(to evacuate)

Gerund: evacuando • **Past Participle:** evacuado
Regular -ar verb

Present Indicative

evacuo	evacuamos
evacuas	evacuáis
evacua	evacuan

Present Perfect

he evacuado	hemos evacuado
has evacuado	habéis evacuado
ha evacuado	han evacuado

Imperfect

evacuaba	evacuábamos
evacuabas	evacuabais
evacuaba	evacuaban

Pluperfect

había evacuado	habíamos evacuado
habías evacuado	habíais evacuado
había evacuado	habían evacuado

Preterite

evacué	evacuamos
evacuaste	evacuasteis
evacuó	evacuaron

Preterite Perfect

hube evacuado	hubimos evacuado
hubiste evacuado	hubisteis evacuado
hubo evacuado	hubieron evacuado

Future

evacuaré	evacuaremos
evacuarás	evacuaréis
evacuará	evacuarán

Future Perfect

habré evacuado	habremos evacuado
habrás evacuado	habréis evacuado
habrá evacuado	habrán evacuado

Conditional

evacuaría	evacuaríamos
evacuarías	evacuaríais
evacuaría	evacuarían

Perfect Conditional

habría evacuado	habríamos evacuado
habrías evacuado	habríais evacuado
habría evacuado	habrían evacuado

Present Subjunctive

evacue	evacuemos
evacues	evacuéis
evacue	evacuen

Present Perfect Subjunctive

haya evacuado	hayamos evacuado
hayas evacuado	hayáis evacuado
haya evacuado	hayan evacuado

Imperfect Subjunctive

evacuara	evacuáramos
evacuaras	evacuarais
evacuara	evacuaran
OR	
evacuase	evacuásemos
evacuases	evacuaseis
evacuase	evacuasen

Pluperfect Subjunctive

hubiera evacuado	hubiéramos evacuado
hubieras evacuado	hubierais evacuado
hubiera evacuado	hubieran evacuado

Imperative

evacua	evacuad
evacue	evacuen

Verb in Action

Van a evacuar a los heridos. *(They're going to evacuate the injured.)*
Ellas han evacuado la zona. *(They have evacuated the area.)*
Seguirá existiendo peligro mientras evacuen el edificio. *(There will still be danger while they evacuate the building.)*

evitar

(to avoid, to prevent)

Gerund: evitando • **Past Participle:** evitado
Regular -ar verb

Present Indicative		*Present Perfect*	
evito	evitamos	he evitado	hemos evitado
evitas	evitáis	has evitado	habéis evitado
evita	evitan	ha evitado	han evitado
Imperfect		*Pluperfect*	
evitaba	evitábamos	había evitado	habíamos evitado
evitabas	evitabais	habías evitado	habíais evitado
evitaba	evitaban	había evitado	habían evitado
Preterite		*Preterite Perfect*	
evité	evitamos	hube evitado	hubimos evitado
evitaste	evitasteis	hubiste evitado	hubisteis evitado
evitó	evitaron	hubo evitado	hubieron evitado
Future		*Future Perfect*	
evitaré	evitaremos	habré evitado	habremos evitado
evitarás	evitaréis	habrás evitado	habréis evitado
evitará	evitarán	habrá evitado	habrán evitado
Conditional		*Perfect Conditional*	
evitaría	evitaríamos	habría evitado	habríamos evitado
evitarías	evitaríais	habrías evitado	habríais evitado
evitaría	evitarían	habría evitado	habrían evitado
Present Subjunctive		*Present Perfect Subjunctive*	
evite	evitemos	haya evitado	hayamos evitado
evites	evitéis	hayas evitado	hayáis evitado
evite	eviten	haya evitado	hayan evitado
Imperfect Subjunctive		*Pluperfect Subjunctive*	
evitara	evitáramos	hubiera evitado	hubiéramos evitado
evitaras	evitarais	hubieras evitado	hubierais evitado
evitara	evitaran	hubiera evitado	hubieran evitado
OR			
evitase	evitásemos		
evitases	evitaseis		
evitase	evitasen		

Imperative

evita	evitad
evite	eviten

Verb in Action

Evite los productos lácteos. *(Avoid dairy products.)*
Esta la medida evitaría la pérdida de miles de puestos de trabajo. *(This measure would prevent the loss of thousands of jobs.)*
Quiero evitar encontrarme con ellos. *(I'd like to avoid running into them.)*

exagerar

(to exaggerate)

Gerund: exagerando • **Past Participle:** exagerado
Regular -ar verb

Present Indicative		*Present Perfect*	
exagero	exageramos	he exagerado	hemos exagerado
exageras	exageráis	has exagerado	habéis exagerado
exagera	exageran	ha exagerado	han exagerado

Imperfect		*Pluperfect*	
exageraba	exagerábamos	había exagerado	habíamos exagerado
exagerabas	exagerabais	habías exagerado	habíais exagerado
exageraba	exageraban	había exagerado	habían exagerado

Preterite		*Preterite Perfect*	
exageré	exageramos	hube exagerado	hubimos exagerado
exageraste	exagerasteis	hubiste exagerado	hubisteis exagerado
exageró	exageraron	hubo exagerado	hubieron exagerado

Future		*Future Perfect*	
exageraré	exageraremos	habré exagerado	habremos exagerado
exagerarás	exageraréis	habrás exagerado	habréis exagerado
exagerará	exagerarán	habrá exagerado	habrán exagerado

Conditional		*Perfect Conditional*	
exageraría	exageraríamos	habría exagerado	habríamos exagerado
exagerarías	exageraríais	habrías exagerado	habríais exagerado
exageraría	exagerarían	habría exagerado	habrían exagerado

Present Subjunctive		*Present Perfect Subjunctive*	
exagere	exageremos	haya exagerado	hayamos exagerado
exageres	exageréis	hayas exagerado	hayáis exagerado
exagere	exageren	haya exagerado	hayan exagerado

Imperfect Subjunctive		*Pluperfect Subjunctive*	
exagerara	exageráramos	hubiera exagerado	hubiéramos exagerado
exageraras	exagerarais	hubieras exagerado	hubierais exagerado
exagerara	exageraran	hubiera exagerado	hubieran exagerado
OR			
exagerase	exagerásemos		
exagerases	exageraseis		
exagerase	exagerasen		

Imperative	
exagera	exagerad
exagere	exageren

Verb in Action

¡No exageres! *(Don't exaggerate!)*
Exageraron mucho el hecho. *(They greatly exaggerated the event.)*
No exagero cuando digo que la situación es grave. *(I'm not exaggerating when I say that the situation is serious.)*

#238

excluir

(to exclude, to omit)

Gerund: excluyendo • **Past Participle:** excluido
Regular -ir verb with spelling change: add y before a, e, or o

Present Indicative

excluyo	excluimos
excluyes	excluís
excluye	excluyen

Present Perfect

he excluido	hemos excluido
has excluido	habéis excluido
ha excluido	han excluido

Imperfect

excluía	excluíamos
excluías	excluíais
excluía	excluían

Pluperfect

había excluido	habíamos excluido
habías excluido	habíais excluido
había excluido	habían excluido

Preterite

excluí	excluímos
excluiste	excluisteis
excluyó	excluyeron

Preterite Perfect

hube excluido	hubimos excluido
hubiste excluido	hubisteis excluido
hubo excluido	hubieron excluido

Future

excluiré	excluiremos
excluirás	excluiréis
excluirá	excluirán

Future Perfect

habré excluido	habremos excluido
habrás excluido	habréis excluido
habrá excluido	habrán excluido

Conditional

excluiría	excluiríamos
excluirías	excluiríais
excluiría	excluirían

Perfect Conditional

habría excluido	habríamos excluido
habrías excluido	habríais excluido
habría excluido	habrían excluido

Present Subjunctive

excluya	excluyamos
excluyas	excluyáis
excluya	excluyan

Present Perfect Subjunctive

haya excluido	hayamos excluido
hayas excluido	hayáis excluido
haya excluido	hayan excluido

Imperfect Subjunctive

excluyera	excluyéramos
excluyeras	excluyerais
excluyera	excluyeran

OR

excluyese	excluyésemos
excluyeses	excluyeseis
excluyese	excluyesen

Pluperfect Subjunctive

hubiera excluido	hubiéramos excluido
hubieras excluido	hubierais excluido
hubiera excluido	hubieran excluido

Imperative

excluye	excluid
excluya	excluyan

Verb in Action

Ella lo excluyó de su testamento. *(She excluded him from her will.)*
La lista excluye a los vehículos híbridos. *(The list excludes hybrid vehicles.)*
El total asciende a catorce mil dólares, excluyendo las donaciones recibidas ayer. *(The total comes to fourteen thousand dollars, excluding any donations received yesterday.)*

#239

exigir

(to demand)

Gerund: exigiendo • **Past Participle**: exigido
Regular -ir verb with spelling change: g to j in front of a and o

Present Indicative

exijo	exigimos
exiges	exigís
exige	exigen

Imperfect

exigía	exigíamos
exigías	exigíais
exigía	exigían

Preterite

exigí	exigimos
exigiste	exigisteis
exigió	exigieron

Future

exigiré	exigiremos
exigirás	exigiréis
exigirá	exigirán

Conditional

exigiría	exigiríamos
exigirías	exigiríais
exigiría	exigirían

Present Subjunctive

exija	exijamos
exijas	exijáis
exija	exijan

Imperfect Subjunctive

exigiera	exigiéramos
exigieras	exigierais
exigiera	exigieran

OR

exigiese	exigiésemos
exigieses	exigieseis
exigiese	exigiesen

Present Perfect

he exigido	hemos exigido
has exigido	habéis exigido
ha exigido	han exigido

Pluperfect

había exigido	habíamos exigido
habías exigido	habíais exigido
había exigido	habían exigido

Preterite Perfect

hube exigido	hubimos exigido
hubiste exigido	hubisteis exigido
hubo exigido	hubieron exigido

Future Perfect

habré exigido	habremos exigido
habrás exigido	habréis exigido
habrá exigido	habrán exigido

Perfect Conditional

habría exigido	habríamos exigido
habrías exigido	habríais exigido
habría exigido	habrían exigido

Present Perfect Subjunctive

haya exigido	hayamos exigido
hayas exigido	hayáis exigido
haya exigido	hayan exigido

Pluperfect Subjunctive

hubiera exigido	hubiéramos exigido
hubieras exigido	hubierais exigido
hubiera exigido	hubieran exigido

Imperative

exige	exigid
exija	exijan

Verb in Action

Son profesiones que exigen una dedicación total. *(These are professions that demand total dedication.)*

¿Qué derecho tiene usted de venir a exigirnos cuentas? *(What right do you have to come here demanding answers from us?)*

explicar(se)

(to explain)

Gerund: explicando • **Past Participle:** explicado

Reflexive regular -ar verb with spelling change: c to qu in front of e

Present Indicative

explico	explicamos
explicas	explicáis
explica	explican

Imperfect

explicaba	explicábamos
explicabas	explicabais
explicaba	explicaban

Preterite

expliqué	explicamos
explicaste	explicasteis
explicó	explicaron

Future

explicaré	explicaremos
explicarás	explicaréis
explicará	explicarán

Conditional

explicaría	explicaríamos
explicarías	explicaríais
explicaría	explicarían

Present Subjunctive

explique	expliquemos
expliques	expliquéis
explique	expliquen

Imperfect Subjunctive

explicara	explicáramos
explicaras	explicarais
explicara	explicaran

OR

explicase	explicásemos
explicases	explicaseis
explicase	explicasen

Present Perfect

he explicado	hemos explicado
has explicado	habéis explicado
ha explicado	han explicado

Pluperfect

había explicado	habíamos explicado
habías explicado	habíais explicado
había explicado	habían explicado

Preterite Perfect

hube explicado	hubimos explicado
hubiste explicado	hubisteis explicado
hubo explicado	hubieron explicado

Future Perfect

habré explicado	habremos explicado
habrás explicado	habréis explicado
habrá explicado	habrán explicado

Perfect Conditional

habría explicado	habríamos explicado
habrías explicado	habríais explicado
habría explicado	habrían explicado

Present Perfect Subjunctive

haya explicado	hayamos explicado
hayas explicado	hayáis explicado
haya explicado	hayan explicado

Pluperfect Subjunctive

hubiera explicado	hubiéramos explicado
hubieras explicado	hubierais explicado
hubiera explicado	hubieran explicado

Imperative

explica	explicad
explique	expliquen

Verb in Action

¿Me explicas este problema? *(Can you explain this problem to me?)*

Él nos explicó que le había sido imposible asistir a la ceremonia. *(He explained that it had been impossible for him to attend the ceremony.)*

Explícales porqué no queremos ir. (*Explain to them why we don't want to go.*)

expresar(se)

(to express)

Gerund: expresando • **Past Participle:** expresado
Reflexive regular -ar verb

Present Indicative		***Present Perfect***	
expreso	expresamos	he expresado	hemos expresado
expresas	expresáis	has expresado	habéis expresado
expresa	expresan	ha expresado	han expresado
Imperfect		***Pluperfect***	
expresaba	expresábamos	había expresado	habíamos expresado
expresabas	expresabais	habías expresado	habíais expresado
expresaba	expresaban	había expresado	habían expresado
Preterite		***Preterite Perfect***	
expresé	expresamos	hube expresado	hubimos expresado
expresaste	expresasteis	hubiste expresado	hubisteis expresado
expresó	expresaron	hubo expresado	hubieron expresado
Future		***Future Perfect***	
expresaré	expresaremos	habré expresado	habremos expresado
expresarás	expresaréis	habrás expresado	habréis expresado
expresará	expresarán	habrá expresado	habrán expresado
Conditional		***Perfect Conditional***	
expresaría	expresaríamos	habría expresado	habríamos expresado
expresarías	expresaríais	habrías expresado	habríais expresado
expresaría	expresarían	habría expresado	habrían expresado
Present Subjunctive		***Present Perfect Subjunctive***	
exprese	expresemos	haya expresado	hayamos expresado
expreses	expreséis	hayas expresado	hayáis expresado
exprese	expresen	haya expresado	hayan expresado
Imperfect Subjunctive		***Pluperfect Subjunctive***	
expresara	expresáramos	hubiera expresado	hubiéramos expresado
expresaras	expresarais	hubieras expresado	hubierais expresado
expresara	expresaran	hubiera expresado	hubieran expresado
OR			
expresase	expresásemos		
expresases	expresaseis		
expresase	expresasen		

Imperative

expresa	expresad
exprese	expresen

Verb in Action

Él se expresa muy bien en castellano. *(He expresses himself well in Spanish.)*
Expresaron opiniones muy diferentes. *(They expressed very different opinions.)*
Quieren impedir que expresemos libremente nuestras ideas. *(They want to prevent us from freely expressing our ideas.)*

extrañar(se)

(to miss, to surprise, to be surprised)

Gerund: extrañando • **Past Participle:** extrañado
Reflexive regular -ar verb

Present Indicative		*Present Perfect*	
extraño	extrañamos	he extrañado	hemos extrañado
extrañas	extrañáis	has extrañado	habéis extrañado
extraña	extrañan	ha extrañado	han extrañado

Imperfect		*Pluperfect*	
extrañaba	extrañábamos	había extrañado	habíamos extrañado
extrañabas	extrañabais	habías extrañado	habíais extrañado
extrañaba	extrañaban	había extrañado	habían extrañado

Preterite		*Preterite Perfect*	
extrañé	extrañamos	hube extrañado	hubimos extrañado
extrañaste	extrañasteis	hubiste extrañado	hubisteis extrañado
extrañó	extrañaron	hubo extrañado	hubieron extrañado

Future		*Future Perfect*	
extrañaré	extrañaremos	habré extrañado	habremos extrañado
extrañarás	extrañaréis	habrás extrañado	habréis extrañado
extrañará	extrañarán	habrá extrañado	habrán extrañado

Conditional		*Perfect Conditional*	
extrañaría	extrañaríamos	habría extrañado	habríamos extrañado
extrañarías	extrañaríais	habrías extrañado	habríais extrañado
extrañaría	extrañarían	habría extrañado	habrían extrañado

Present Subjunctive		*Present Perfect Subjunctive*	
extrañe	extrañemos	haya extrañado	hayamos extrañado
extrañes	extrañéis	hayas extrañado	hayáis extrañado
extrañe	extrañen	haya extrañado	hayan extrañado

Imperfect Subjunctive		*Pluperfect Subjunctive*	
extrañara	extrañáramos	hubiera extrañado	hubiéramos extrañado
extrañaras	extrañarais	hubieras extrañado	hubierais extrañado
extrañara	extrañaran	hubiera extrañado	hubieran extrañado
OR			
extrañase	extrañásemos		
extrañases	extrañaseis		
extrañase	extrañasen		

Imperative

extraña	extrañad
extrañe	extrañen

Verb in Action

Me extraña que todavía no hayan llegado. *(It's surprising that they haven't arrived yet.)*
Él llamaba a su novia todos los días para que no lo extrañara. *(He called his girlfriend every day so that she wouldn't miss him too much.)*

faltar

(to be missing, to be lacking)

Gerund: faltando • **Past Participle:** faltado
Regular -ar verb

Present Indicative		Present Perfect	
falto	faltamos	he faltado	hemos faltado
faltas	faltáis	has faltado	habéis faltado
falta	faltan	ha faltado	han faltado

Imperfect		Pluperfect	
faltaba	faltábamos	había faltado	habíamos faltado
faltabas	faltabais	habías faltado	habíais faltado
faltaba	faltaban	había faltado	habían faltado

Preterite		Preterite Perfect	
falté	faltamos	hube faltado	hubimos faltado
faltaste	faltasteis	hubiste faltado	hubisteis faltado
faltó	faltaron	hubo faltado	hubieron faltado

Future		Future Perfect	
faltaré	faltaremos	habré faltado	habremos faltado
faltarás	faltaréis	habrás faltado	habréis faltado
faltará	faltarán	habrá faltado	habrán faltado

Conditional		Perfect Conditional	
faltaría	faltaríamos	habría faltado	habríamos faltado
faltarías	faltaríais	habrías faltado	habríais faltado
faltaría	faltarían	habría faltado	habrían faltado

Present Subjunctive		Present Perfect Subjunctive	
falte	faltemos	haya faltado	hayamos faltado
faltes	faltéis	hayas faltado	hayáis faltado
falte	falten	haya faltado	hayan faltado

Imperfect Subjunctive		Pluperfect Subjunctive	
faltara	faltáramos	hubiera faltado	hubiéramos faltado
faltaras	faltarais	hubieras faltado	hubierais faltado
faltara	faltaran	hubiera faltado	hubieran faltado
OR			
faltase	faltásemos		
faltases	faltaseis		
faltase	faltasen		

Imperative

falta	faltad
falte	falten

Verb in Action

Faltan dos horas para que lleguen. *(It will be two hours before they arrive.)*
Él faltó a clase el miércoles y el jueves. *(He missed class on Wednesday and Thursday.)*

felicitar

(to congratulate)

Gerund: felicitando • **Past Participle:** felicitado
Regular -ar verb

Present Indicative		*Present Perfect*	
felicito	felicitamos	he felicitado	hemos felicitado
felicitas	felicitáis	has felicitado	habéis felicitado
felicita	felicitan	ha felicitado	han felicitado

Imperfect		*Pluperfect*	
felicitaba	felicitábamos	había felicitado	habíamos felicitado
felicitabas	felicitabais	habías felicitado	habíais felicitado
felicitaba	felicitaban	había felicitado	habían felicitado

Preterite		*Preterite Perfect*	
felicité	felicitamos	hube felicitado	hubimos felicitado
felicitaste	felicitasteis	hubiste felicitado	hubisteis felicitado
felicitó	felicitaron	hubo felicitado	hubieron felicitado

Future		*Future Perfect*	
felicitaré	felicitaremos	habré felicitado	habremos felicitado
felicitarás	felicitaréis	habrás felicitado	habréis felicitado
felicitará	felicitarán	habrá felicitado	habrán felicitado

Conditional		*Perfect Conditional*	
felicitaría	felicitaríamos	habría felicitado	habríamos felicitado
felicitarías	felicitaríais	habrías felicitado	habríais felicitado
felicitaría	felicitarían	habría felicitado	habrían felicitado

Present Subjunctive		*Present Perfect Subjunctive*	
felicite	felicitemos	haya felicitado	hayamos felicitado
felicites	felicitéis	hayas felicitado	hayáis felicitado
felicite	feliciten	haya felicitado	hayan felicitado

Imperfect Subjunctive		*Pluperfect Subjunctive*	
felicitara	felicitáramos	hubiera felicitado	hubiéramos felicitado
felicitaras	felicitarais	hubieras felicitado	hubierais felicitado
felicitara	felicitaran	hubiera felicitado	hubieran felicitado
OR			
felicitase	felicitásemos		
felicitases	felicitaseis		
felicitase	felicitasen		

Imperative

felicita	felicitad
felicite	feliciten

Verb in Action

Ella lo felicitó por su cumpleaños. *(She wished him a happy birthday.)*
¿Aprobaste? ¡Te felicito! *(You passed? Congratulations!)*
Se merecen que los felicitemos por su trabajo. *(They deserve our congratulations on their work.)*

festejar

(to celebrate)

Gerund: festejando • **Past Participle:** festejado
Regular -ar verb

Present Indicative		*Present Perfect*	
festejo	festejamos	he festejado	hemos festejado
festejas	festejáis	has festejado	habéis festejado
festeja	festejan	ha festejado	han festejado
Imperfect		*Pluperfect*	
festejaba	festejábamos	había festejado	habíamos festejado
festejabas	festejabais	habías festejado	habíais festejado
festejaba	festejaban	había festejado	habían festejado
Preterite		*Preterite Perfect*	
festejé	festejamos	hube festejado	hubimos festejado
festejaste	festejasteis	hubiste festejado	hubisteis festejado
festejó	festejaron	hubo festejado	hubieron festejado
Future		*Future Perfect*	
festejaré	festejaremos	habré festejado	habremos festejado
festejarás	festejaréis	habrás festejado	habréis festejado
festejará	festejarán	habrá festejado	habrán festejado
Conditional		*Perfect Conditional*	
festejaría	festejaríamos	habría festejado	habríamos festejado
festejarías	festejaríais	habrías festejado	habríais festejado
festejaría	festejarían	habría festejado	habrían festejado
Present Subjunctive		*Present Perfect Subjunctive*	
festeje	festejemos	haya festejado	hayamos festejado
festejes	festejéis	hayas festejado	hayáis festejado
festeje	festejen	haya festejado	hayan festejado
Imperfect Subjunctive		*Pluperfect Subjunctive*	
festejara	festejáramos	hubiera festejado	hubiéramos festejado
festejaras	festejarais	hubieras festejado	hubierais festejado
festejara	festejaran	hubiera festejado	hubieran festejado
OR			
festejase	festejásemos		
festejases	festejaseis		
festejase	festejasen		

Imperative

festeja	festejad
festeje	festejen

Verb in Action

Nunca festejo mis cumpleaños. *(I never celebrate my birthday.)*
Salieron a las calles a festejar la victoria de su equipo. *(They went out onto the streets to celebrate their team's victory.)*

freír

(to fry)

Gerund: friendo • **Past Participle:** freído *or* frito
Irregular -ir verb

Present Indicative		*Present Perfect*	
frío	freímos	he freído *or* frito	hemos freído *or* frito
fríes	freís	has freído *or* frito	habéis freído *or* frito
fríe	fríen	ha freído *or* frito	han freído *or* frito

Imperfect		*Pluperfect*	
freía	freíamos	había freído *or* frito	habíamos freído *or* frito
freías	freíais	habías freído *or* frito	habíais freído *or* frito
freía	freían	había freído *or* frito	habían freído *or* frito

Preterite		*Preterite Perfect*	
freí	freímos	hube freído *or* frito	hubimos freído *or* frito
freíste	freísteis	hubiste freído *or* frito	hubisteis freído *or* frito
frió	frieron	hubo freído *or* frito	hubieron freído *or* frito

Future		*Future Perfect*	
freiré	freiremos	habré freído *or* frito	habremos freído *or* frito
freirás	freiréis	habrás freído *or* frito	habréis freído *or* frito
freirá	freirán	habrá freído *or* frito	habrán freído *or* frito

Conditional		*Perfect Conditional*	
freiría	freiríamos	habría freído *or* frito	habríamos freído *or* frito
freirías	freiríais	habrías freído *or* frito	habríais freído *or* frito
freiría	freirían	habría freído *or* frito	habrían freído *or* frito

Present Subjunctive		*Present Perfect Subjunctive*	
fría	friamos	haya freído *or* frito	hayamos freído *or* frito
frías	friáis	hayas freído *or* frito	hayáis freído *or* frito
fría	frían	haya freído *or* frito	hayan freído *or* frito

Imperfect Subjunctive		*Pluperfect Subjunctive*	
friera	friéramos	hubiera freído *or* frito	hubiéramos freído *or* frito
frieras	frierais	hubieras freído *or* frito	hubierais freído *or* frito
friera	frieran	hubiera freído *or* frito	hubieran freído *or* frito
OR			
friese	friésemos		
frieses	frieseis		
friese	friesen		

Imperative

fríe	freíd
fría	frían

Verb in Action

Él no sabe ni freír un huevo. *(He can't even fry an egg.)*
Él había frito el pescado. *(He had fried the fish.)*
Fríelo en aceite de oliva. *(Fry it in olive oil.)*

frustrar(se)

(to frustrate, to foil)

Gerund: frustrando • **Past Participle:** frustrado
Reflexive regular -ar verb

Present Indicative		***Present Perfect***	
frustro	frustramos	he frustrado	hemos frustrado
frustras	frustráis	has frustrado	habéis frustrado
frustra	frustran	ha frustrado	han frustrado
Imperfect		***Pluperfect***	
frustraba	frustrábamos	había frustrado	habíamos frustrado
frustrabas	frustrabais	habías frustrado	habíais frustrado
frustraba	frustraban	había frustrado	habían frustrado
Preterite		***Preterite Perfect***	
frustré	frustramos	hube frustrado	hubimos frustrado
frustraste	frustrasteis	hubiste frustrado	hubisteis frustrado
frustró	frustraron	hubo frustrado	hubieron frustrado
Future		***Future Perfect***	
frustraré	frustraremos	habré frustrado	habremos frustrado
frustrarás	frustraréis	habrás frustrado	habréis frustrado
frustrará	frustrarán	habrá frustrado	habrán frustrado
Conditional		***Perfect Conditional***	
frustraría	frustraríamos	habría frustrado	habríamos frustrado
frustrarías	frustraríais	habrías frustrado	habríais frustrado
frustraría	frustrarían	habría frustrado	habrían frustrado
Present Subjunctive		***Present Perfect Subjunctive***	
frustre	frustremos	haya frustrado	hayamos frustrado
frustres	frustréis	hayas frustrado	hayáis frustrado
frustre	frustren	haya frustrado	hayan frustrado
Imperfect Subjunctive		***Pluperfect Subjunctive***	
frustrara	frustráramos	hubiera frustrado	hubiéramos frustrado
frustraras	frustrarais	hubieras frustrado	hubierais frustrado
frustrara	frustraran	hubiera frustrado	hubieran frustrado
OR			
frustrase	frustrásemos		
frustrases	frustraseis		
frustrase	frustrasen		

Imperative

frustra	frustrad
frustre	frustren

Verb in Action

Me frustra no poder hacer nada para ayudarla. *(I find it frustrating not to be able to do anything to help her.)*

Ha sido frustrado un nuevo plan de la organización terrorista. *(A new plan by the terrorist organization has been thwarted.)*

funcionar

(to work)

Gerund: funcionando • **Past Participle:** funcionado
Regular -ar verb

Present Indicative		*Present Perfect*	
funciono	funcionamos	he funcionado	hemos funcionado
funcionas	funcionáis	has funcionado	habéis funcionado
funciona	funcionan	ha funcionado	han funcionado

Imperfect		*Pluperfect*	
funcionaba	funcionábamos	había funcionado	habíamos funcionado
funcionabas	funcionabais	habías funcionado	habíais funcionado
funcionaba	funcionaban	había funcionado	habían funcionado

Preterite		*Preterite Perfect*	
funcioné	funcionamos	hube funcionado	hubimos funcionado
funcionaste	funcionasteis	hubiste funcionado	hubisteis funcionado
funcionó	funcionaron	hubo funcionado	hubieron funcionado

Future		*Future Perfect*	
funcionaré	funcionaremos	habré funcionado	habremos funcionado
funcionarás	funcionaréis	habrás funcionado	habréis funcionado
funcionará	funcionarán	habrá funcionado	habrán funcionado

Conditional		*Perfect Conditional*	
funcionaría	funcionaríamos	habría funcionado	habríamos funcionado
funcionarías	funcionaríais	habrías funcionado	habríais funcionado
funcionaría	funcionarían	habría funcionado	habrían funcionado

Present Subjunctive		*Present Perfect Subjunctive*	
funcione	funcionemos	haya funcionado	hayamos funcionado
funciones	funcionéis	hayas funcionado	hayáis funcionado
funcione	funcionen	haya funcionado	hayan funcionado

Imperfect Subjunctive		*Pluperfect Subjunctive*	
funcionara	funcionáramos	hubiera funcionado	hubiéramos funcionado
funcionaras	funcionarais	hubieras funcionado	hubierais funcionado
funcionara	funcionaran	hubiera funcionado	hubieran funcionado
OR			
funcionase	funcionásemos		
funcionases	funcionaseis		
funcionase	funcionasen		

Imperative

funciona	funcionad
funcione	funcionen

Verb in Action

El lavaplatos no funciona bien. *(The dishwasher isn't working properly.)*
A ver si logras que funcione la maldita impresora. *(Let's see if you can get the wretched printer to work.)*
El hígado no le está funcionando bien a él. *(His liver isn't working well.)*

ganar(se)

(to earn, to win)

Gerund: ganando • **Past Participle:** ganado
Reflexive regular -ar verb

Present Indicative

gano	ganamos
ganas	ganáis
gana	ganan

Imperfect

ganaba	ganábamos
ganabas	ganabais
ganaba	ganaban

Preterite

gané	ganamos
ganaste	ganasteis
ganó	ganaron

Future

ganaré	ganaremos
ganarás	ganaréis
ganará	ganarán

Conditional

ganaría	ganaríamos
ganarías	ganaríais
ganaría	ganarían

Present Subjunctive

gane	ganemos
ganes	ganéis
gane	ganen

Imperfect Subjunctive

ganara	ganáramos
ganaras	ganarais
ganara	ganaran

OR

ganase	ganásemos
ganases	ganaseis
ganase	ganasen

Present Perfect

he ganado	hemos ganado
has ganado	habéis ganado
ha ganado	han ganado

Pluperfect

había ganado	habíamos ganado
habías ganado	habíais ganado
había ganado	habían ganado

Preterite Perfect

hube ganado	hubimos ganado
hubiste ganado	hubisteis ganado
hubo ganado	hubieron ganado

Future Perfect

habré ganado	habremos ganado
habrás ganado	habréis ganado
habrá ganado	habrán ganado

Perfect Conditional

habría ganado	habríamos ganado
habrías ganado	habríais ganado
habría ganado	habrían ganado

Present Perfect Subjunctive

haya ganado	hayamos ganado
hayas ganado	hayáis ganado
haya ganado	hayan ganado

Pluperfect Subjunctive

hubiera ganado	hubiéramos ganado
hubieras ganado	hubierais ganado
hubiera ganado	hubieran ganado

Imperative

gana	ganad
gane	ganen

Verb in Action

Él gana el doble que yo. *(He earns twice as much as I do.)*
No creo que gane ella mucho dinero vendiendo café en la playa. *(I don't think she'll make much money selling coffee on the beach.)*
Creo que nos hemos ganado un descanso. *(I think we've earned a rest.)*

ESSENTIAL VERB

gastar(se)

(to spend)

Gerund: gastando • **Past Participle:** gastado
Reflexive regular -ar verb

Present Indicative		*Present Perfect*	
gasto	gastamos	he gastado	hemos gastado
gastas	gastáis	has gastado	habéis gastado
gasta	gastan	ha gastado	han gastado

Imperfect		*Pluperfect*	
gastaba	gastábamos	había gastado	habíamos gastado
gastabas	gastabais	habías gastado	habíais gastado
gastaba	gastaban	había gastado	habían gastado

Preterite		*Preterite Perfect*	
gasté	gastamos	hube gastado	hubimos gastado
gastaste	gastasteis	hubiste gastado	hubisteis gastado
gastó	gastaron	hubo gastado	hubieron gastado

Future		*Future Perfect*	
gastaré	gastaremos	habré gastado	habremos gastado
gastarás	gastaréis	habrás gastado	habréis gastado
gastará	gastarán	habrá gastado	habrán gastado

Conditional		*Perfect Conditional*	
gastaría	gastaríamos	habría gastado	habríamos gastado
gastarías	gastaríais	habrías gastado	habríais gastado
gastaría	gastarían	habría gastado	habrían gastado

Present Subjunctive		*Present Perfect Subjunctive*	
gaste	gastemos	haya gastado	hayamos gastado
gastes	gastéis	hayas gastado	hayáis gastado
gaste	gasten	haya gastado	hayan gastado

Imperfect Subjunctive		*Pluperfect Subjunctive*	
gastara	gastáramos	hubiera gastado	hubiéramos gastado
gastaras	gastarais	hubieras gastado	hubierais gastado
gastara	gastaran	hubiera gastado	hubieran gastado
OR			
gastase	gastásemos		
gastases	gastaseis		
gastase	gastasen		

Imperative

gasta	gastad
gaste	gasten

Verb in Action

Ella gasta dinero como si fuera agua. *(She spends money like water.)*
¿Cuánto gastaron ustedes? *(How much did you spend?)*
Me dijo él que gastara lo que fuera necesario. *(He told me to spend whatever was necessary.)*

gritar

(to shout, to scream)

Gerund: gritando • **Past Participle:** gritado
Regular -ar verb

Present Indicative

grito	gritamos
gritas	gritáis
grita	gritan

Imperfect

gritaba	gritábamos
gritabas	gritabais
gritaba	gritaban

Preterite

grité	gritamos
gritaste	gritasteis
gritó	gritaron

Future

gritaré	gritaremos
gritarás	gritaréis
gritará	gritarán

Conditional

gritaría	gritaríamos
gritarías	gritaríais
gritaría	gritarían

Present Subjunctive

grite	gritemos
grites	gritéis
grite	griten

Imperfect Subjunctive

gritara	gritáramos
gritaras	gritarais
gritara	gritaran

OR

gritase	gritásemos
gritases	gritaseis
gritase	gritasen

Present Perfect

he gritado	hemos gritado
has gritado	habéis gritado
ha gritado	han gritado

Pluperfect

había gritado	habíamos gritado
habías gritado	habíais gritado
había gritado	habían gritado

Preterite Perfect

hube gritado	hubimos gritado
hubiste gritado	hubisteis gritado
hubo gritado	hubieron gritado

Future Perfect

habré gritado	habremos gritado
habrás gritado	habréis gritado
habrá gritado	habrán gritado

Perfect Conditional

habría gritado	habríamos gritado
habrías gritado	habríais gritado
habría gritado	habrían gritado

Present Perfect Subjunctive

haya gritado	hayamos gritado
hayas gritado	hayáis gritado
haya gritado	hayan gritado

Pluperfect Subjunctive

hubiera gritado	hubiéramos gritado
hubieras gritado	hubierais gritado
hubiera gritado	hubieran gritado

Imperative

grita	gritad
grite	griten

Verb in Action

Él gritaba del dolor. *(He was screaming with pain.)*
No me grites, no soy sorda. *(Don't shout; I'm not deaf.)*
Brincaban y gritaban de alegría. *(They were jumping and screaming with joy.)*

gruñir

(to grumble, to growl)

Gerund: gruñendo • **Past Participle:** gruñido
Regular -ir verb except for tenses 3 and 7 and irregular gerund

Present Indicative

gruño	gruñimos
gruñes	gruñís
gruñe	gruñen

Imperfect

gruñía	gruñíamos
gruñías	gruñíais
gruñía	gruñían

Preterite

gruñí	gruñimos
gruñiste	gruñisteis
gruñó	gruñeron

Future

gruñiré	gruñiremos
gruñirás	gruñiréis
gruñirá	gruñirán

Conditional

gruñiría	gruñiríamos
gruñirías	gruñiríais
gruñiría	gruñirían

Present Subjunctive

gruña	gruñamos
gruñas	gruñáis
gruña	gruñan

Imperfect Subjunctive

gruñera	gruñéramos
gruñeras	gruñérais
gruñera	gruñeran

OR

gruñese	gruñésemos
gruñeses	gruñeseis
gruñese	gruñesen

Present Perfect

he gruñido	hemos gruñido
has gruñido	habéis gruñido
ha gruñido	han gruñido

Pluperfect

había gruñido	habíamos gruñido
habías gruñido	habíais gruñido
había gruñido	habían gruñido

Preterite Perfect

hube gruñido	hubimos gruñido
hubiste gruñido	hubisteis gruñido
hubo gruñido	hubieron gruñido

Future Perfect

habré gruñido	habremos gruñido
habrás gruñido	habréis gruñido
habrá gruñido	habrán gruñido

Perfect Conditional

habría gruñido	habríamos gruñido
habrías gruñido	habríais gruñido
habría gruñido	habrían gruñido

Present Perfect Subjunctive

haya gruñido	hayamos gruñido
hayas gruñido	hayáis gruñido
haya gruñido	hayan gruñido

Pluperfect Subjunctive

hubiera gruñido	hubiéramos gruñido
hubieras gruñido	hubierais gruñido
hubiera gruñido	hubieran gruñido

Imperative

gruñe	gruñid
gruña	gruñan

Verb in Action

Él siempre está gruñendo. *(He's always grumbling.)*
El oso nos gruñía sin parar. *(The bear kept growling at us.)*
¡No gruñas tanto! *(Don't grumble so much!)*

guardar(se)

(to put away, to guard)

Gerund: guardando • **Past Participle:** guardado
Reflexive regular -ar verb

Present Indicative

guardo	guardamos
guardas	guardáis
guarda	guardan

Imperfect

guardaba	guardábamos
guardabas	guardabais
guardaba	guardaban

Preterite

guardé	guardamos
guardaste	guardasteis
guardó	guardaron

Future

guardaré	guardaremos
guardarás	guardaréis
guardará	guardarán

Conditional

guardaría	guardaríamos
guardarías	guardaríais
guardaría	guardarían

Present Subjunctive

guarde	guardemos
guardes	guardéis
guarde	guarden

Imperfect Subjunctive

guardara	guardáramos
guardaras	guardarais
guardara	guardaran
OR	
guardase	guardásemos
guardases	guardaseis
guardase	guardasen

Present Perfect

he guardado	hemos guardado
has guardado	habéis guardado
ha guardado	han guardado

Pluperfect

había guardado	habíamos guardado
habías guardado	habíais guardado
había guardado	habían guardado

Preterite Perfect

hube guardado	hubimos guardado
hubiste guardado	hubisteis guardado
hubo guardado	hubieron guardado

Future Perfect

habré guardado	habremos guardado
habrás guardado	habréis guardado
habrá guardado	habrán guardado

Perfect Conditional

habría guardado	habríamos guardado
habrías guardado	habríais guardado
habría guardado	habrían guardado

Present Perfect Subjunctive

haya guardado	hayamos guardado
hayas guardado	hayáis guardado
haya guardado	hayan guardado

Pluperfect Subjunctive

hubiera guardado	hubiéramos guardado
hubieras guardado	hubierais guardado
hubiera guardado	hubieran guardado

Imperative

guarda	guardad
guarde	guarden

Verb in Action

Guarda todos los juguetes en el armario. *(Put all your toys away in the cupboard.)*
Él se guardó la foto en la cartera. *(He put the photo away in his wallet.)*
Guárdame un poco de pastel. *(Keep me a piece of cake.)*

guiar

(to guide)

Gerund: guiando • **Past Participle:** guiado

Regular -ar verb with spelling change: i to í on stressed syllables (tenses 1, 6, and imperative)

Present Indicative

guío	guiamos
guías	guiáis
guía	guían

Imperfect

guiaba	guiábamos
guiabas	guiabais
guiaba	guiaban

Preterite

guié	guiamos
guiaste	guiasteis
guió	guiaron

Future

guiaré	guiaremos
guiarás	guiaréis
guiará	guiarán

Conditional

guiaría	guiaríamos
guiarías	guiaríais
guiaría	guiarían

Present Subjunctive

guíe	guiemos
guíes	guiéis
guíe	guíen

Imperfect Subjunctive

guiara	guiáramos
guiaras	guiarais
guiara	guiaran

OR

guiase	guiásemos
guiases	guiaseis
guiase	guiasen

Present Perfect

he guiado	hemos guiado
has guiado	habéis guiado
ha guiado	han guiado

Pluperfect

había guiado	habíamos guiado
habías guiado	habíais guiado
había guiado	habían guiado

Preterite Perfect

hube guiado	hubimos guiado
hubiste guiado	hubisteis guiado
hubo guiado	hubieron guiado

Future Perfect

habré guiado	habremos guiado
habrás guiado	habréis guiado
habrá guiado	habrán guiado

Perfect Conditional

habría guiado	habríamos guiado
habrías guiado	habríais guiado
habría guiado	habrían guiado

Present Perfect Subjunctive

haya guiado	hayamos guiado
hayas guiado	hayáis guiado
haya guiado	hayan guiado

Pluperfect Subjunctive

hubiera guiado	hubiéramos guiado
hubieras guiado	hubierais guiado
hubiera guiado	hubieran guiado

Imperative

guía	guiad
guíe	guíen

Verb in Action

Nos guiamos por un mapa que teníamos. *(We found our way using a map we had.)*
Los guiaré hasta allí. *(I'll take you there.)*
Guíate por la razón. (*Use reason as your guide.*)

gustar

(to please)

Gerund: gustando • **Past Participle:** gustado

Regular -ar verb

Present Indicative

gusto	gustamos
gustas	gustáis
gusta	gustan

Imperfect

gustaba	gustábamos
gustabas	gustabais
gustaba	gustaban

Preterite

gusté	gustamos
gustaste	gustasteis
gustó	gustaron

Future

gustaré	gustaremos
gustarás	gustaréis
gustará	gustarán

Conditional

gustaría	gustaríamos
gustarías	gustaríais
gustaría	gustarían

Present Subjunctive

guste	gustemos
gustes	gustéis
guste	gusten

Imperfect Subjunctive

gustara	gustáramos
gustaras	gustarais
gustara	gustaran
OR	
gustase	gustásemos
gustases	gustaseis
gustase	gustasen

Present Perfect

he gustado	hemos gustado
has gustado	habéis gustado
ha gustado	han gustado

Pluperfect

había gustado	habíamos gustado
habías gustado	habíais gustado
había gustado	habían gustado

Preterite Perfect

hube gustado	hubimos gustado
hubiste gustado	hubisteis gustado
hubo gustado	hubieron gustado

Future Perfect

habré gustado	habremos gustado
habrás gustado	habréis gustado
habrá gustado	habrán gustado

Perfect Conditional

habría gustado	habríamos gustado
habrías gustado	habríais gustado
habría gustado	habrían gustado

Present Perfect Subjunctive

haya gustado	hayamos gustado
hayas gustado	hayáis gustado
haya gustado	hayan gustado

Pluperfect Subjunctive

hubiera gustado	hubiéramos gustado
hubieras gustado	hubierais gustado
hubiera gustado	hubieran gustado

Imperative

gusta	gustad
guste	gusten

Verb in Action

No sabía que te gustaba bailar. *(I didn't know that you liked dancing.)*
Nos gustó mucho la película. *(We really enjoyed the movie.)*
Te compré este libro, espero que te guste. *(I bought you this book; I hope you'll like it.)*

haber

(to have — auxiliary)

Gerund: habiendo • **Past Participle:** habido
Irregular -er verb

Present Indicative

he	hemos
has	habéis
ha	han

Imperfect

había	habíamos
habías	habíais
había	habían

Preterite

hube	hubimos
hubiste	hubisteis
hubo	hubieron

Future

habré	habremos
habrás	habréis
habrá	habrán

Conditional

habría	habríamos
habrías	habríais
habría	habrían

Present Subjunctive

haya	hayamos
hayas	hayáis
haya	hayan

Imperfect Subjunctive

hubiera	hubiéramos
hubieras	hubierais
hubiera	hubieran

OR

hubiese	hubiésemos
hubieses	hubieseis
hubiese	hubiesen

Present Perfect

Note: *Not used except impersonally*
See hay

Pluperfect

Note: *Not used except impersonally*
See hay

Preterite Perfect

Note: *Not used except impersonally*
See hay

Future Perfect

Note: *Not used except impersonally*
See hay

Perfect Conditional

Note: *Not used except impersonally*
See hay

Present Perfect Subjunctive

Note: *Not used except impersonally*
See hay

Pluperfect Subjunctive

Note: *Not used except impersonally*
See hay

Imperative

Note: *Not used*

Verb in Action

Si yo hubiera sabido, habría ido. *(If I'd known, I would have gone.)*
¿Has visto eso? *(Did you see that?)*
Eso nunca había pasado antes. *(That had never happened before.)*

ESSENTIAL VERB

#257

hablar

(to speak, to talk)

Gerund: hablando • **Past Participle:** hablado
Regular -ar verb

Present Indicative

hablo	hablamos
hablas	habláis
habla	hablan

Imperfect

hablaba	hablábamos
hablabas	hablabais
hablaba	hablaban

Preterite

hablé	hablamos
hablaste	hablasteis
habló	hablaron

Future

hablaré	hablaremos
hablarás	hablaréis
hablará	hablarán

Conditional

hablaría	hablaríamos
hablarías	hablaríais
hablaría	hablarían

Present Subjunctive

hable	hablemos
hables	habléis
hable	hablen

Imperfect Subjunctive

hablara	habláramos
hablaras	hablarais
hablara	hablaran

OR

hablase	hablásemos
hablases	hablaseis
hablase	hablasen

Present Perfect

he hablado	hemos hablado
has hablado	habéis hablado
ha hablado	han hablado

Pluperfect

había hablado	habíamos hablado
habías hablado	habíais hablado
había hablado	habían hablado

Preterite Perfect

hube hablado	hubimos hablado
hubiste hablado	hubisteis hablado
hubo hablado	hubieron hablado

Future Perfect

habré hablado	habremos hablado
habrás hablado	habréis hablado
habrá hablado	habrán hablado

Perfect Conditional

habría hablado	habríamos hablado
habrías hablado	habríais hablado
habría hablado	habrían hablado

Present Perfect Subjunctive

haya hablado	hayamos hablado
hayas hablado	hayáis hablado
haya hablado	hayan hablado

Pluperfect Subjunctive

hubiera hablado	hubiéramos hablado
hubieras hablado	hubierais hablado
hubiera hablado	hubieran hablado

Imperative

habla	hablad
hable	hablen

Verb in Action

Hoy hablé con mi hermana. *(I spoke to my sister today.)*
Él hablaba rapidísimo. *(He spoke really fast.)*
Luego hablaremos de ese tema. *(We'll talk about that later.)*

#258

hacer

(to do, to make)

Gerund: haciendo • **Past Participle:** hecho
Irregular -er verb

Present Indicative

hago	hacemos
haces	hacéis
hace	hacen

Present Perfect

he hecho	hemos hecho
has hecho	habéis hecho
ha hecho	han hecho

Imperfect

hacía	hacíamos
hacías	hacíais
hacía	hacían

Pluperfect

había hecho	habíamos hecho
habías hecho	habíais hecho
había hecho	habían hecho

Preterite

hice	hicimos
hiciste	hicisteis
hizo	hicieron

Preterite Perfect

hube hecho	hubimos hecho
hubiste hecho	hubisteis hecho
hubo hecho	hubieron hecho

Future

haré	haremos
harás	haréis
hará	harán

Future Perfect

habré hecho	habremos hecho
habrás hecho	habréis hecho
habrá hecho	habrán hecho

Conditional

haría	haríamos
harías	haríais
haría	harían

Perfect Conditional

habría hecho	habríamos hecho
habrías hecho	habríais hecho
habría hecho	habrían hecho

Present Subjunctive

haga	hagamos
hagas	hagáis
haga	hagan

Present Perfect Subjunctive

haya hecho	hayamos hecho
hayas hecho	hayáis hecho
haya hecho	hayan hecho

Imperfect Subjunctive

hiciera	hiciéramos
hicieras	hicierais
hiciera	hicieran

OR

hiciese	hiciésemos
hicieses	hicieseis
hiciese	hiciesen

Pluperfect Subjunctive

hubiera hecho	hubiéramos hecho
hubieras hecho	hubierais hecho
hubiera hecho	hubieran hecho

Imperative

haz	haced
haga	hagan

Verb in Action

¿Quieres que haga las camas? *(Do you want me to make the beds?)*
Preferiría que hiciera menos calor. *(I would prefer that it wasn't so hot.)*
Hazlo como te dije. *(Do it the way I told you.)*

hay

(there is, there are)

Gerund: habiendo • **Past Participle:** habido
Irregular present tense form of haber

Present Indicative
hay

Imperfect
había

Preterite
hubo

Future
habrá

Conditional
habría

Present Subjunctive
haya

Imperfect Subjunctive
hubiera *or* hubiese

Present Perfect
ha habido

Pluperfect
había habido

Preterite Perfect
hubo habido

Future Perfect
habrá habido

Perfect Conditional
habría habido

Present Perfect Subjunctive
haya habido

Pluperfect Subjunctive
hubiera habido

Imperative
Note: *Not used*

Verb in Action

Hay una iglesia en la esquina. *(There's a church on the corner.)*
Había mucha gente. *(There were a lot of people.)*
Habrá que repasarlo. *(It'll have to be checked.)*

#260

ESSENTIAL VERB

herir

(to injure, to wound)

Gerund: hiriendo • **Past Participle:** herido

Regular -ir verb with stem changes: (tenses 1, 6, 7, gerund, and imperative)

Present Indicative

hiero	herimos
hieres	herís
hiere	hieren

Imperfect

hería	heríamos
herías	heríais
hería	herían

Preterite

herí	herimos
heriste	heristeis
hirió	hirieron

Future

heriré	heriremos
herirás	heriréis
herirá	herirán

Conditional

heriría	heriríamos
herirías	heriríais
heriría	herirían

Present Subjunctive

hiera	heramos
hieras	heráis
hiera	hieran

Imperfect Subjunctive

hiriera	hiriéramos
hirieras	hirierais
hiriera	hirieran

OR

hiriese	hiriésemos
hirieses	hirieseis
hiriese	hiriesen

Present Perfect

he herido	hemos herido
has herido	habéis herido
ha herido	han herido

Pluperfect

había herido	habíamos herido
habías herido	habíais herido
había herido	habían herido

Preterite Perfect

hube herido	hubimos herido
hubiste herido	hubisteis herido
hubo herido	hubieron herido

Future Perfect

habré herido	habremos herido
habrás herido	habréis herido
habrá herido	habrán herido

Perfect Conditional

habría herido	habríamos herido
habrías herido	habríais herido
habría herido	habrían herido

Present Perfect Subjunctive

haya herido	hayamos herido
hayas herido	hayáis herido
haya herido	hayan herido

Pluperfect Subjunctive

hubiera herido	hubiéramos herido
hubieras herido	hubierais herido
hubiera herido	hubieran herido

Imperative

hiere	herid
hiera	hieran

Verb in Action

Me hiere que me digas eso. *(I'm hurt that you should say such a thing.)*
Lo hirieron daño en el pecho. *(They wounded him in the chest.)*
Su actitud la hería en lo más hondo. *(She was deeply hurt by his attitude.)*

hervir

(to boil)

Gerund: hirviendo • **Past Participle:** hervido
Regular -ir verb with stem changes: (tenses 1, 6, 7, gerund, and imperative)

Present Indicative

hiervo	hervimos
hierves	hervís
hierve	hierven

Imperfect

hervía	hervíamos
hervías	hervíais
hervía	hervían

Preterite

herví	hervimos
herviste	hervisteis
hirvió	hirvieron

Future

herviré	herviremos
hervirás	herviréis
hervirá	hervirán

Conditional

herviría	herviríamos
hervirías	herviríais
herviría	hervirían

Present Subjunctive

hierva	hervamos
hiervas	herváis
hierva	hiervan

Imperfect Subjunctive

hirviera	hirviéramos
hirvieras	hirvierais
hirviera	hirvieran

OR

hirviese	hirviésemos
hirvieses	hirvieseis
hirviese	hirviesen

Present Perfect

he hervido	hemos hervido
has hervido	habéis hervido
ha hervido	han hervido

Pluperfect

había hervido	habíamos hervido
habías hervido	habíais hervido
había hervido	habían hervido

Preterite Perfect

hube hervido	hubimos hervido
hubiste hervido	hubisteis hervido
hubo hervido	hubieron hervido

Future Perfect

habré hervido	habremos hervido
habrás hervido	habréis hervido
habrá hervido	habrán hervido

Perfect Conditional

habría hervido	habríamos hervido
habrías hervido	habríais hervido
habría hervido	habrían hervido

Present Perfect Subjunctive

haya hervido	hayamos hervido
hayas hervido	hayáis hervido
haya hervido	hayan hervido

Pluperfect Subjunctive

hubiera hervido	hubiéramos hervido
hubieras hervido	hubierais hervido
hubiera hervido	hubieran hervido

Imperative

hierve	hervid
hierva	hiervan

Verb in Action

¿Hierves agua para hacer un té? *(Will you boil some water to make a cup of tea?)*
La sopa está hirviendo. *(The soup is boiling.)*
¿Ya hirvió la leche? *(Has the milk boiled yet?)*

huir

(to escape, to flee, to run away)

Gerund: huyendo • **Past Participle:** huido
Regular -ir verb with spelling change: add y before a, e, and o

Present Indicative

huyo	huimos
huyes	huís
huye	huyen

Imperfect

huía	huíamos
huías	huíais
huía	huían

Preterite

huí	huímos
huiste	huisteis
huyó	huyeron

Future

huiré	huiremos
huirás	huiréis
huirá	huirán

Conditional

huiría	huiríamos
huirías	huiríais
huiría	huirían

Present Subjunctive

huya	huyamos
huyas	huyáis
huya	huyan

Imperfect Subjunctive

huyera	huyéramos
huyeras	huyerais
huyera	huyeran

OR

huyese	huyésemos
huyeses	huyeseis
huyese	huyesen

Present Perfect

he huido	hemos huido
has huido	habéis huido
ha huido	han huido

Pluperfect

había huido	habíamos huido
habías huido	habíais huido
había huido	habían huido

Preterite Perfect

hube huido	hubimos huido
hubiste huido	hubisteis huido
hubo huido	hubieron huido

Future Perfect

habré huido	habremos huido
habrás huido	habréis huido
habrá huido	habrán huido

Perfect Conditional

habría huido	habríamos huido
habrías huido	habríais huido
habría huido	habrían huido

Present Perfect Subjunctive

haya huido	hayamos huido
hayas huido	hayáis huido
haya huido	hayan huido

Pluperfect Subjunctive

hubiera huido	hubiéramos huido
hubieras huido	hubierais huido
hubiera huido	hubieran huido

Imperative

huye	huid
huya	huyan

Verb in Action

Huyeron del país. *(They fled the country.)*
No quiero que huyas. *(I don't want you to run away.)*
¡Huye! Si te atrapan, te matarán. *(Run! If they catch you, they'll kill you.)*

imaginar(se)

(to imagine)

Gerund: imaginando • **Past Participle:** imaginado

Reflexive regular -ar verb

Present Indicative

imagino	imaginamos
imaginas	imagináis
imagina	imaginan

Present Perfect

he imaginado	hemos imaginado
has imaginado	habéis imaginado
ha imaginado	han imaginado

Imperfect

imaginaba	imaginábamos
imaginabas	imaginabais
imaginaba	imaginaban

Pluperfect

había imaginado	habíamos imaginado
habías imaginado	habíais imaginado
había imaginado	habían imaginado

Preterite

imaginé	imaginamos
imaginaste	imaginasteis
imaginó	imaginaron

Preterite Perfect

hube imaginado	hubimos imaginado
hubiste imaginado	hubisteis imaginado
hubo imaginado	hubieron imaginado

Future

imaginaré	imaginaremos
imaginarás	imaginaréis
imaginará	imaginarán

Future Perfect

habré imaginado	habremos imaginado
habrás imaginado	habréis imaginado
habrá imaginado	habrán imaginado

Conditional

imaginaría	imaginaríamos
imaginarías	imaginaríais
imaginaría	imaginarían

Perfect Conditional

habría imaginado	habríamos imaginado
habrías imaginado	habríais imaginado
habría imaginado	habrían imaginado

Present Subjunctive

imagine	imaginemos
imagines	imaginéis
imagine	imaginen

Present Perfect Subjunctive

haya imaginado	hayamos imaginado
hayas imaginado	hayáis imaginado
haya imaginado	hayan imaginado

Imperfect Subjunctive

imaginara	imagináramos
imaginaras	imaginarais
imaginara	imaginaran
OR	
imaginase	imaginásemos
imaginases	imaginaseis
imaginase	imaginasen

Pluperfect Subjunctive

hubiera imaginado	hubiéramos imaginado
hubieras imaginado	hubierais imaginado
hubiera imaginado	hubieran imaginado

Imperative

imagina	imaginad
imagine	imaginen

Verb in Action

Siempre te imaginas lo peor. *(You always imagine the worst.)*
Me acusó a mí de mentir. ¡Imagínate! *(He accused me of being a liar. Imagine that!)*
Me imagino que querrás descansar. *(I imagine you'd like to have a rest.)*

impedir

(to prevent, to hinder)

Gerund: impidiendo • **Past Participle:** impedido

Regular -ir verb with stem change e to i (tenses 1, 3, 6, 7, gerund, and imperative)

Present Indicative

impido	impedimos
impides	impedís
impide	impiden

Present Perfect

he impedido	hemos impedido
has impedido	habéis impedido
ha impedido	han impedido

Imperfect

impedía	impedíamos
impedías	impedíais
impedía	impedían

Pluperfect

había impedido	habíamos impedido
habías impedido	habíais impedido
había impedido	habían impedido

Preterite

impedí	impedimos
impediste	impedisteis
impidió	impidieron

Preterite Perfect

hube impedido	hubimos impedido
hubiste impedido	hubisteis impedido
hubo impedido	hubieron impedido

Future

impediré	impediremos
impedirás	impediréis
impedirá	impedirán

Future Perfect

habré impedido	habremos impedido
habrás impedido	habréis impedido
habrá impedido	habrán impedido

Conditional

impediría	impediríamos
impedirías	impediríais
impediría	impedirían

Perfect Conditional

habría impedido	habríamos impedido
habrías impedido	habríais impedido
habría impedido	habrían impedido

Present Subjunctive

impida	impidamos
impidas	impidáis
impida	impidan

Present Perfect Subjunctive

haya impedido	hayamos impedido
hayas impedido	hayáis impedido
haya impedido	hayan impedido

Imperfect Subjunctive

impidiera	impidiéramos
impidieras	impidierais
impidiera	impidieran
OR	
impidiese	impidiésemos
impidieses	impidieseis
impidiese	impidiesen

Pluperfect Subjunctive

hubiera impedido	hubiéramos impedido
hubieras impedido	hubierais impedido
hubiera impedido	hubieran impedido

Imperative

impide	impedid
impida	impidan

Verb in Action

Él trató de impedirnos la entrada. *(He tried to prevent us going in.)*

La enfermedad le impide trabajar a ella. *(Her illness prevents her from working.)*

La niebla impidió que aterrizáramos en Londres. *(Fog prevented us from landing in London.)*

imponer

(to impose)

Gerund: imponiendo • **Past Participle:** impuesto

Irregular -er verb

Present Indicative		*Present Perfect*	
impongo	imponemos	he impuesto	hemos impuesto
impones	imponéis	has impuesto	habéis impuesto
impone	imponen	ha impuesto	han impuesto
Imperfect		*Pluperfect*	
imponía	imponíamos	había impuesto	habíamos impuesto
imponías	imponíais	habías impuesto	habíais impuesto
imponía	imponían	había impuesto	habían impuesto
Preterite		*Preterite Perfect*	
impuse	impusimos	hube impuesto	hubimos impuesto
impusiste	impusisteis	hubiste impuesto	hubisteis impuesto
impuso	impusieron	hubo impuesto	hubieron impuesto
Future		*Future Perfect*	
impondré	impondremos	habré impuesto	habremos impuesto
impondrás	impondréis	habrás impuesto	habréis impuesto
impondrá	impondrán	habrá impuesto	habrán impuesto
Conditional		*Perfect Conditional*	
impondría	impondríamos	habría impuesto	habríamos impuesto
impondrías	impondríais	habrías impuesto	habríais impuesto
impondría	impondrían	habría impuesto	habrían impuesto
Present Subjunctive		*Present Perfect Subjunctive*	
imponga	impongamos	haya impuesto	hayamos impuesto
impongas	impongáis	hayas impuesto	hayáis impuesto
imponga	impongan	haya impuesto	hayan impuesto
Imperfect Subjunctive		*Pluperfect Subjunctive*	
impusiera	impusiéramos	hubiera impuesto	hubiéramos impuesto
impusieras	impusierais	hubieras impuesto	hubierais impuesto
impusiera	impusieran	hubiera impuesto	hubieran impuesto
OR			
impusiese	impusiésemos		
impusieses	impusieseis		
impusiese	impusiesen		

Imperative

impón	imponed
imponga	impongan

Verb in Action

La minifalda se está imponiendo de nuevo. *(The miniskirt is coming back into fashion.)*
Mi abuelo imponía respeto. *(My grandfather commanded respect.)*
Impondrán cuantiosas multas. *(They'll impose heavy fines.)*

importar

(to import, to matter)

Gerund: importando • **Past Participle:** importado
Regular -ar verb

Present Indicative

importo	importamos
importas	importáis
importa	importan

Present Perfect

he importado	hemos importado
has importado	habéis importado
ha importado	han importado

Imperfect

importaba	importábamos
importabas	importabais
importaba	importaban

Pluperfect

había importado	habíamos importado
habías importado	habíais importado
había importado	habían importado

Preterite

importé	importamos
importaste	importasteis
importó	importaron

Preterite Perfect

hube importado	hubimos importado
hubiste importado	hubisteis importado
hubo importado	hubieron importado

Future

importaré	importaremos
importarás	importaréis
importará	importarán

Future Perfect

habré importado	habremos importado
habrás importado	habréis importado
habrá importado	habrán importado

Conditional

importaría	importaríamos
importarías	importaríais
importaría	importarían

Perfect Conditional

habría importado	habríamos importado
habrías importado	habríais importado
habría importado	habrían importado

Present Subjunctive

importe	importemos
importes	importéis
importe	importen

Present Perfect Subjunctive

haya importado	hayamos importado
hayas importado	hayáis importado
haya importado	hayan importado

Imperfect Subjunctive

importara	importáramos
importaras	importarais
importara	importaran
OR	
importase	importásemos
importases	importaseis
importase	importasen

Pluperfect Subjunctive

hubiera importado	hubiéramos importado
hubieras importado	hubierais importado
hubiera importado	hubieran importado

Imperative

importa	importad
importe	importen

Verb in Action

Comeremos en la cocina, si no te importa. *(We'll eat in the kitchen, if it doesn't matter to you.)*

No creo que le importe el precio. *(I don't think the price matters to him.)*

¿Te importaría cerrar la ventana? *(Would you mind closing the window?)*

imprimir

(to print)

Gerund: imprimiendo • **Past Participle:** impreso *or* imprimido
Regular -ir verb

Present Indicative

imprimo	imprimimos
imprimes	imprimís
imprime	imprimen

Imperfect

imprimía	imprimíamos
imprimías	imprimíais
imprimía	imprimían

Preterite

imprimí	imprimimos
imprimiste	imprimisteis
imprimió	imprimieron

Future

imprimiré	imprimiremos
imprimirás	imprimiréis
imprimirá	imprimirán

Conditional

imprimiría	imprimiríamos
imprimirías	imprimiríais
imprimiría	imprimirían

Present Subjunctive

imprima	imprimamos
imprimas	imprimáis
imprima	impriman

Imperfect Subjunctive

imprimiera	imprimiéramos
imprimieras	imprimierais
imprimiera	imprimieran

OR

imprimiese	imprimiésemos
imprimieses	imprimieseis
imprimiese	imprimiesen

Present Perfect

he impreso *or* imprimido	hemos impreso *or* imprimido
has impreso *or* imprimido	habéis impreso *or* imprimido
ha impreso *or* imprimido	han impreso *or* imprimido

Pluperfect

había impreso *or* imprimido	habíamos impreso *or* imprimido
habías impreso *or* imprimido	habíais impreso *or* imprimido
había impreso *or* imprimido	habían impreso *or* imprimido

Preterite Perfect

hube impreso *or* imprimido	hubimos impreso *or* imprimido
hubiste impreso *or* imprimido	hubísteis impreso *or* imprimido
hubo impreso *or* imprimido	hubieron impreso *or* imprimido

Future Perfect

habré impreso *or* imprimido	habremos impreso *or* imprimido
habrás impreso *or* imprimido	habréis impreso *or* imprimido
habrá impreso *or* imprimido	habrán impreso *or* imprimido

Perfect Conditional

habría impreso *or* imprimido	habríamos impreso *or* imprimido
habrías impreso *or* imprimido	habríais impreso *or* imprimido
habría impreso *or* imprimido	habrían impreso *or* imprimido

Present Perfect Subjunctive

haya impreso *or* imprimido	hayamos impreso *or* imprimido
hayas impreso *or* imprimido	hayáis impreso *or* imprimido
haya impreso *or* imprimido	hayan impreso *or* imprimido

Pluperfect Subjunctive

hubiera impreso *or* imprimido	hubiéramos impreso *or* imprimido
hubieras impreso *or* imprimido	hubierais impreso *or* imprimido
hubiera impreso *or* imprimido	hubieran impreso *or* imprimido

Imperative

imprime	imprimid
imprima	impriman

Verb in Action

¿Puedes imprimir el documento? *(Can you print the document?)*
Se imprimieron sólo doce copias del libro. *(Only twelve copies of the book were printed.)*
Imprímelo en blanco y negro. *(Print it in black and white.)*

ESSENTIAL VERB

incluir

(to include)

Gerund: incluyendo • **Past Participle:** incluido

Regular -ir verb with spelling change: add y in front of a, e, and o

Present Indicative

incluyo	incluimos
incluyes	incluís
incluye	incluyen

Imperfect

incluía	incluíamos
incluías	incluíais
incluía	incluían

Preterite

incluí	incluímos
incluiste	incluisteis
incluyó	incluyeron

Future

incluiré	incluiremos
incluirás	incluiréis
incluirá	incluirán

Conditional

incluiría	incluiríamos
incluirías	incluiríais
incluiría	incluirían

Present Subjunctive

incluya	incluyamos
incluyas	incluyáis
incluya	incluyan

Imperfect Subjunctive

incluyera	incluyéramos
incluyeras	incluyerais
incluyera	incluyeran

OR

incluyese	incluyésemos
incluyeses	incluyeseis
incluyese	incluyesen

Present Perfect

he incluido	hemos incluido
has incluido	habéis incluido
ha incluido	han incluido

Pluperfect

había incluido	habíamos incluido
habías incluido	habíais incluido
había incluido	habían incluido

Preterite Perfect

hube incluido	hubimos incluido
hubiste incluido	hubisteis incluido
hubo incluido	hubieron incluido

Future Perfect

habré incluido	habremos incluido
habrás incluido	habréis incluido
habrá incluido	habrán incluido

Perfect Conditional

habría incluido	habríamos incluido
habrías incluido	habríais incluido
habría incluido	habrían incluido

Present Perfect Subjunctive

haya incluido	hayamos incluido
hayas incluido	hayáis incluido
haya incluido	hayan incluido

Pluperfect Subjunctive

hubiera incluido	hubiéramos incluido
hubieras incluido	hubierais incluido
hubiera incluido	hubieran incluido

Imperative

incluye	incluid
incluya	incluyan

Verb in Action

¿Me incluiste en la lista? *(Did you include me on the list?)*

La tarifa incluye el desayuno. *(The price includes breakfast.)*

Toda la información se incluirá en el folleto que estamos preparando. *(All the information will be included in the booklet we're putting together.)*

indicar

(to indicate)

Gerund: indicando • **Past Participle:** indicado
Regular -ar verb with spelling change: c to qu in front of e

Present Indicative

indico	indicamos
indicas	indicáis
indica	indican

Imperfect

indicaba	indicábamos
indicabas	indicabais
indicaba	indicaban

Preterite

indiqué	indicamos
indicaste	indicasteis
indicó	indicaron

Future

indicaré	indicaremos
indicarás	indicaréis
indicará	indicarán

Conditional

indicaría	indicaríamos
indicarías	indicaríais
indicaría	indicarían

Present Subjunctive

indique	indiquemos
indiques	indiquéis
indique	indiquen

Imperfect Subjunctive

indicara	indicáramos
indicaras	indicarais
indicara	indicaran

OR

indicase	indicásemos
indicases	indicaseis
indicase	indicasen

Present Perfect

he indicado	hemos indicado
has indicado	habéis indicado
ha indicado	han indicado

Pluperfect

había indicado	habíamos indicado
habías indicado	habíais indicado
había indicado	habían indicado

Preterite Perfect

hube indicado	hubimos indicado
hubiste indicado	hubisteis indicado
hubo indicado	hubieron indicado

Future Perfect

habré indicado	habremos indicado
habrás indicado	habréis indicado
habrá indicado	habrán indicado

Perfect Conditional

habría indicado	habríamos indicado
habrías indicado	habríais indicado
habría indicado	habrían indicado

Present Perfect Subjunctive

haya indicado	hayamos indicado
hayas indicado	hayáis indicado
haya indicado	hayan indicado

Pluperfect Subjunctive

hubiera indicado	hubiéramos indicado
hubieras indicado	hubierais indicado
hubiera indicado	hubieran indicado

Imperative

indica	indicad
indique	indiquen

Verb in Action

Una flecha indicaba el camino. *(An arrow indicated the way.)*
Nos indicó él que nos detuviéramos. *(He indicated to us to stop.)*
La evidencia indica que la meditación puede ayudar a reducir el estrés. *(The evidence indicates that meditation can help reduce stress.)*

influir

(to influence)

Gerund: influyendo • **Past Participle:** influido
Regular -ir verb with spelling change: add y in front of a, e, or o

Present Indicative		*Present Perfect*	
influyo	influimos	he influido	hemos influido
influyes	influís	has influido	habéis influido
influye	influyen	ha influido	han influido
Imperfect		*Pluperfect*	
influía	influíamos	había influido	habíamos influido
influías	influíais	habías influido	habíais influido
influía	influían	había influido	habían influido
Preterite		*Preterite Perfect*	
influí	influímos	hube influido	hubimos influido
influiste	influisteis	hubiste influido	hubisteis influido
influyó	influyeron	hubo influido	hubieron influido
Future		*Future Perfect*	
influiré	influiremos	habré influido	habremos influido
influirás	influiréis	habrás influido	habréis influido
influirá	influirán	habrá influido	habrán influido
Conditional		*Perfect Conditional*	
influiría	influiríamos	habría influido	habríamos influido
influirías	influiríais	habrías influido	habríais influido
influiría	influirían	habría influido	habrían influido
Present Subjunctive		*Present Perfect Subjunctive*	
influya	influyamos	haya influido	hayamos influido
influyas	influyáis	hayas influido	hayáis influido
influya	influyan	haya influido	hayan influido
Imperfect Subjunctive		*Pluperfect Subjunctive*	
influyera	influyéramos	hubiera influido	hubiéramos influido
influyeras	influyerais	hubieras influido	hubierais influido
influyera	influyeran	hubiera influido	hubieran influido
OR			
influyese	influyésemos		
influyeses	influyeseis		
influyese	influyesen		

Imperative

influye	influid
influya	influyan

Verb in Action

El nivel socioeconómico influye en la salud de las personas. *(People's socioeconomic status has a bearing on their health.)*

La crisis ha influido en la confianza de los consumidores. *(The economic crisis has affected consumer confidence.)*

informar(se)

(to inform)

Gerund: informando • **Past Participle:** informado
Reflexive regular -ar verb

Present Indicative		*Present Perfect*	
informo	informamos	he informado	hemos informado
informas	informáis	has informado	habéis informado
informa	informan	ha informado	han informado

Imperfect		*Pluperfect*	
informaba	informábamos	había informado	habíamos informado
informabas	informabais	habías informado	habíais informado
informaba	informaban	había informado	habían informado

Preterite		*Preterite Perfect*	
informé	informamos	hube informado	hubimos informado
informaste	informasteis	hubiste informado	hubisteis informado
informó	informaron	hubo informado	hubieron informado

Future		*Future Perfect*	
informaré	informaremos	habré informado	habremos informado
informarás	informaréis	habrás informado	habréis informado
informará	informarán	habrá informado	habrán informado

Conditional		*Perfect Conditional*	
informaría	informaríamos	habría informado	habríamos informado
informarías	informaríais	habrías informado	habríais informado
informaría	informarían	habría informado	habrían informado

Present Subjunctive		*Present Perfect Subjunctive*	
informe	informemos	haya informado	hayamos informado
informes	informéis	hayas informado	hayáis informado
informe	informen	haya informado	hayan informado

Imperfect Subjunctive		*Pluperfect Subjunctive*	
informara	informáramos	hubiera informado	hubiéramos informado
informaras	informarais	hubieras informado	hubierais informado
informara	informaran	hubiera informado	hubieran informado
OR			
informase	informásemos		
informases	informaseis		
informase	informasen		

Imperative

informa	informad
informe	informen

Verb in Action

Nos informaron que el avión llegaría con retraso. *(They informed us that the plane would be late.)*
Él no había informado a nadie. *(He hadn't informed anyone.)*
Él dijo que nos informaría. *(He said that he would let us know.)*

inmigrar

(to immigrate)

Gerund: inmigrando • **Past Participle:** inmigrado
Regular -ar verb

Present Indicative

inmigro	inmigramos
inmigras	inmigráis
inmigra	inmigran

Imperfect

inmigraba	inmigrábamos
inmigrabas	inmigrabais
inmigraba	inmigraban

Preterite

inmigré	inmigramos
inmigraste	inmigrasteis
inmigró	inmigraron

Future

inmigraré	inmigraremos
inmigrarás	inmigraréis
inmigrará	inmigrarán

Conditional

inmigraría	inmigraríamos
inmigrarías	inmigraríais
inmigraría	inmigrarían

Present Subjunctive

inmigre	inmigremos
inmigres	inmigréis
inmigre	inmigren

Imperfect Subjunctive

inmigrara	inmigráramos
inmigraras	inmigrarais
inmigrara	inmigraran

OR

inmigrase	inmigrásemos
inmigrases	inmigraseis
inmigrase	inmigrasen

Present Perfect

he inmigrado	hemos inmigrado
has inmigrado	habéis inmigrado
ha inmigrado	han inmigrado

Pluperfect

había inmigrado	habíamos inmigrado
habías inmigrado	habíais inmigrado
había inmigrado	habían inmigrado

Preterite Perfect

hube inmigrado	hubimos inmigrado
hubiste inmigrado	hubisteis inmigrado
hubo inmigrado	hubieron inmigrado

Future Perfect

habré inmigrado	habremos inmigrado
habrás inmigrado	habréis inmigrado
habrá inmigrado	habrán inmigrado

Perfect Conditional

habría inmigrado	habríamos inmigrado
habrías inmigrado	habríais inmigrado
habría inmigrado	habrían inmigrado

Present Perfect Subjunctive

haya inmigrado	hayamos inmigrado
hayas inmigrado	hayáis inmigrado
haya inmigrado	hayan inmigrado

Pluperfect Subjunctive

hubiera inmigrado	hubiéramos inmigrado
hubieras inmigrado	hubierais inmigrado
hubiera inmigrado	hubieran inmigrado

Imperative

inmigra	inmigrad
inmigre	inmigren

Verb in Action

Mis abuelos inmigraron a los Estados Unidos en 1910. *(My grandparents immigrated to the United States in 1910.)*

Mucha gente inmigrará sin documentación oficial. *(Many people will immigrate without official documentation.)*

Nosotros hemos inmigrado a Canadá para buscar trabajo. *(We have immigrated to Canada to look for work.)*

insinuar

(to insinuate, to imply)

Gerund: insinuando • **Past Participle:** insinuado
Regular -ar verb with spelling change: u to ú on stressed syllable (tenses 1, 6, and imperative)

Present Indicative

insinúo	insinuamos
insinúas	insinuáis
insinúa	insinúan

Imperfect

insinuaba	insinuábamos
insinuabas	insinuabais
insinuaba	insinuaban

Preterite

insinué	insinuamos
insinuaste	insinuasteis
insinuó	insinuaron

Future

insinuaré	insinuaremos
insinuarás	insinuaréis
insinuará	insinuarán

Conditional

insinuaría	insinuaríamos
insinuarías	insinuaríais
insinuaría	insinuarían

Present Subjunctive

insinúe	insinuemos
insinúes	insinuéis
insinúe	insinúen

Imperfect Subjunctive

insinuara	insinuáramos
insinuaras	insinuarais
insinuara	insinuaran
OR	
insinuase	insinuásemos
insinuases	insinuaseis
insinuase	insinuasen

Present Perfect

he insinuado	hemos insinuado
has insinuado	habéis insinuado
ha insinuado	han insinuado

Pluperfect

había insinuado	habíamos insinuado
habías insinuado	habíais insinuado
había insinuado	habían insinuado

Preterite Perfect

hube insinuado	hubimos insinuado
hubiste insinuado	hubísteis insinuado
hubo insinuado	hubieron insinuado

Future Perfect

habré insinuado	habremos insinuado
habrás insinuado	habréis insinuado
habrá insinuado	habrán insinuado

Perfect Conditional

habría insinuado	habríamos insinuado
habrías insinuado	habríais insinuado
habría insinuado	habrían insinuado

Present Perfect Subjunctive

haya insinuado	hayamos insinuado
hayas insinuado	hayáis insinuado
haya insinuado	hayan insinuado

Pluperfect Subjunctive

hubiera insinuado	hubiéramos insinuado
hubieras insinuado	hubierais insinuado
hubiera insinuado	hubieran insinuado

Imperative

insinúa	insinuad
insinúe	insinúen

Verb in Action

¿Qué estás insinuando? *(What are you implying?)*
Él insinuó que no se presentaría a las próximas elecciones. *(He insinuated that he wouldn't take part in the next elections.)*
La muchacha se le había insinuado a él. *(The girl had come on to him.)*

instalar(se)

(to install)

Gerund: instalando • **Past Participle:** instalado
Reflexive regular -ar verb

Present Indicative		***Present Perfect***	
instalo	instalamos	he instalado	hemos instalado
instalas	instaláis	has instalado	habéis instalado
instala	instalan	ha instalado	han instalado
Imperfect		***Pluperfect***	
instalaba	instalábamos	había instalado	habíamos instalado
instalabas	instalabais	habías instalado	habíais instalado
instalaba	instalaban	había instalado	habían instalado
Preterite		***Preterite Perfect***	
instalé	instalamos	hube instalado	hubimos instalado
instalaste	instalasteis	hubiste instalado	hubisteis instalado
instaló	instalaron	hubo instalado	hubieron instalado
Future		***Future Perfect***	
instalaré	instalaremos	habré instalado	habremos instalado
instalarás	instalaréis	habrás instalado	habréis instalado
instalará	instalarán	habrá instalado	habrán instalado
Conditional		***Perfect Conditional***	
instalaría	instalaríamos	habría instalado	habríamos instalado
instalarías	instalaríais	habrías instalado	habríais instalado
instalaría	instalarían	habría instalado	habrían instalado
Present Subjunctive		***Present Perfect Subjunctive***	
instale	instalemos	haya instalado	hayamos instalado
instales	instaléis	hayas instalado	hayáis instalado
instale	instalen	haya instalado	hayan instalado
Imperfect Subjunctive		***Pluperfect Subjunctive***	
instalara	instaláramos	hubiera instalado	hubiéramos instalado
instalaras	instalarais	hubieras instalado	hubierais instalado
instalara	instalaran	hubiera instalado	hubieran instalado
OR			
instalase	instalásemos		
instalases	instalaseis		
instalase	instalasen		

Imperative

instala	instalad
instale	instalen

Verb in Action

Mañana vienen a instalarnos el ADSL. *(Tomorrow they're coming to install our ADSL broadband.)*
Él se instaló en el salón. *(He settled himself in the sitting room.)*
Instálate en mi despacho. *(Use my study.)*

interesar(se)

(to interest)

Gerund: interesando • **Past Participle:** interesado
Reflexive regular -ar verb

Present Indicative

intereso	interesamos
interesas	interesáis
interesa	interesan

Present Perfect

he interesado	hemos interesado
has interesado	habéis interesado
ha interesado	han interesado

Imperfect

interesaba	interesábamos
interesabas	interesabais
interesaba	interesaban

Pluperfect

había interesado	habíamos interesado
habías interesado	habíais interesado
había interesado	habían interesado

Preterite

interesé	interesamos
interesaste	interesasteis
interesó	interesaron

Preterite Perfect

hube interesado	hubimos interesado
hubiste interesado	hubisteis interesado
hubo interesado	hubieron interesado

Future

interesaré	interesaremos
interesarás	interesaréis
interesará	interesarán

Future Perfect

habré interesado	habremos interesado
habrás interesado	habréis interesado
habrá interesado	habrán interesado

Conditional

interesaría	interesaríamos
interesarías	interesaríais
interesaría	interesarían

Perfect Conditional

habría interesado	habríamos interesado
habrías interesado	habríais interesado
habría interesado	habrían interesado

Present Subjunctive

interese	interesemos
intereses	intereséis
interese	interesen

Present Perfect Subjunctive

haya interesado	hayamos interesado
hayas interesado	hayáis interesado
haya interesado	hayan interesado

Imperfect Subjunctive

interesara	interesáramos
interesaras	interesarais
interesara	interesaran
OR	
interesase	interesásemos
interesases	interesaseis
interesase	interesasen

Pluperfect Subjunctive

hubiera interesado	hubiéramos interesado
hubieras interesado	hubierais interesado
hubiera interesado	hubieran interesado

Imperative

interesa	interesad
interese	interesen

Verb in Action

Nada le interesa a él. *(He isn't interested in anything.)*
Logré interesarlos en el juego. *(I managed to get them interested in the game.)*
¿Te interesaría ir? *(Would you be interested in going?)*

interferir

(to interfere)

Gerund: interfiriendo • **Past Participle:** interferido
Regular -ir verb with stem changes: (tenses 1, 3, 6, 7, gerund, and imperative)

Present Indicative		*Present Perfect*	
interfiero	interferimos	he interferido	hemos interferido
interfieres	interferís	has interferido	habéis interferido
interfiere	interfieren	ha interferido	han interferido

Imperfect		*Pluperfect*	
interfería	interferíamos	había interferido	habíamos interferido
interferías	interferíais	habías interferido	habíais interferido
interfería	interferían	había interferido	habían interferido

Preterite		*Preterite Perfect*	
interferí	interferimos	hube interferido	hubimos interferido
interferiste	interferisteis	hubiste interferido	hubisteis interferido
interfirió	interfirieron	hubo interferido	hubieron interferido

Future		*Future Perfect*	
interferiré	interferiremos	habré interferido	habremos interferido
interferirás	interferiréis	habrás interferido	habréis interferido
interferirá	interferirán	habrá interferido	habrán interferido

Conditional		*Perfect Conditional*	
interferiría	interferiríamos	habría interferido	habríamos interferido
interferirías	interferiríais	habrías interferido	habríais interferido
interferiría	interferirían	habría interferido	habrían interferido

Present Subjunctive		*Present Perfect Subjunctive*	
interfiera	interferamos	haya interferido	hayamos interferido
interfieras	interferáis	hayas interferido	hayáis interferido
interfiera	interfieran	haya interferido	hayan interferido

Imperfect Subjunctive		*Pluperfect Subjunctive*	
interfiriera	interfiriéramos	hubiera interferido	hubiéramos interferido
interfirieras	interfirierais	hubieras interferido	hubierais interferido
interfiriera	interfirieran	hubiera interferido	hubieran interferido
OR			
interfiriese	interfiriésemos		
interfirieses	interfirieseis		
interfiriese	interfiriesen		

Imperative

interfiere	interferid
interfiera	interfieran

Verb in Action

Te agradecería que no interfirieras en esto. *(It would be grateful if you didn't interfere in this.)*
Son fuentes de distracción que interfieren en el aprendizaje. *(They are distractions which interfere with learning.)*

intervenir

(to intervene, to operate on)

Gerund: interveniendo • **Past Participle:** intervenido
Irregular -ir verb

Present Indicative		*Present Perfect*	
intervengo	intervenimos	he intervenido	hemos intervenido
intervienes	intervenís	has intervenido	habéis intervenido
interviene	intervienen	ha intervenido	han intervenido

Imperfect		*Pluperfect*	
intervenía	interveníamos	había intervenido	habíamos intervenido
intervenías	interveníais	habías intervenido	habíais intervenido
intervenía	intervenían	había intervenido	habían intervenido

Preterite		*Preterite Perfect*	
intervine	intervinimos	hube intervenido	hubimos intervenido
interviniste	intervinisteis	hubiste intervenido	hubisteis intervenido
intervino	intervinieron	hubo intervenido	hubieron intervenido

Future		*Future Perfect*	
intervendré	intervendremos	habré intervenido	habremos intervenido
intervendrás	intervendréis	habrás intervenido	habréis intervenido
intervendrá	intervendrán	habrá intervenido	habrán intervenido

Conditional		*Perfect Conditional*	
intervendría	intervendríamos	habría intervenido	habríamos intervenido
intervendrías	intervendríais	habrías intervenido	habríais intervenido
intervendría	intervendrían	habría intervenido	habrían intervenido

Present Subjunctive		*Present Perfect Subjunctive*	
intervenga	intervengamos	haya intervenido	hayamos intervenido
intervengas	intervengáis	hayas intervenido	hayáis intervenido
intervenga	intervengan	haya intervenido	hayan intervenido

Imperfect Subjunctive		*Pluperfect Subjunctive*	
interviniera	interviniéramos	hubiera intervenido	hubiéramos intervenido
intervinieras	intervinierais	hubieras intervenido	hubierais intervenido
interviniera	intervinieran	hubiera intervenido	hubieran intervenido
OR			
interviniese	interviniésemos		
intervinieses	intervinieseis		
interviniese	interviniesen		

Imperative	
interven	intervenid
intervenga	intervengan

Verb in Action

Nunca interviene en clase. *(He never intervenes in class.)*
Tuvo que intervenir la policía. *(The police had to intervene.)*
Varios de los asistentes intervinieron en el debate. *(Several audience members intervened in the debate.)*

#278

introducir

(to introduce, to insert)

Gerund: introduciendo • **Past Participle:** introducido

Regular -ir verb in all tenses except tenses 3 and 7; with spelling changes: c to zc in front of a and o

Present Indicative

introduzco	introducimos
introduces	introducís
introduce	introducen

Imperfect

introducía	introducíamos
introducías	introducíais
introducía	introducían

Preterite

introduje	introdujimos
introdujiste	introdujisteis
introdujo	introdujeron

Future

introduciré	introduciremos
introducirás	introduciréis
introducirá	introducirán

Conditional

introduciría	introduciríamos
introducirías	introduciríais
introduciría	introducirían

Present Subjunctive

introduzca	introduzcamos
introduzcas	introduzcáis
introduzca	introduzcan

Imperfect Subjunctive

introdujera	introdujéramos
introdujeras	introdujerais
introdujera	introdujeran

OR

introdujese	introdujésemos
introdujeses	introdujeseis
introdujese	introdujesen

Present Perfect

he introducido	hemos introducido
has introducido	habéis introducido
ha introducido	han introducido

Pluperfect

había introducido	habíamos introducido
habías introducido	habíais introducido
había introducido	habían introducido

Preterite Perfect

hube introducido	hubimos introducido
hubiste introducido	hubisteis introducido
hubo introducido	hubieron introducido

Future Perfect

habré introducido	habremos introducido
habrás introducido	habréis introducido
habrá introducido	habrán introducido

Perfect Conditional

habría introducido	habríamos introducido
habrías introducido	habríais introducido
habría introducido	habrían introducido

Present Perfect Subjunctive

haya introducido	hayamos introducido
hayas introducido	hayáis introducido
haya introducido	hayan introducido

Pluperfect Subjunctive

hubiera introducido	hubiéramos introducido
hubieras introducido	hubierais introducido
hubiera introducido	hubieran introducido

Imperative

introduce	introducid
introduzca	introduzcan

Verb in Action

Introduce la moneda en esta ranura. *(Insert the coin in this slot.)*

El nuevo presidente introdujo varias reformas. *(The new president introduced several reforms.)*

Quieren introducir su producto en el mercado estadounidense. *(They want to introduce their product into the American market.)*

invertir

(to invest, to invert)

Gerund: invirtiendo • **Past Participle:** invertido
Regular -ir verb with stem changes: (tenses 1, 3, 6, 7, gerund, and imperative)

Present Indicative		*Present Perfect*	
invierto	invertimos	he invertido	hemos invertido
inviertes	invertís	has invertido	habéis invertido
invierte	invierten	ha invertido	han invertido

Imperfect		*Pluperfect*	
invertía	invertíamos	había invertido	habíamos invertido
invertías	invertíais	habías invertido	habíais invertido
invertía	invertían	había invertido	habían invertido

Preterite		*Preterite Perfect*	
invertí	invertimos	hube invertido	hubimos invertido
invertiste	invertisteis	hubiste invertido	hubísteis invertido
invirtió	invirtieron	hubo invertido	hubieron invertido

Future		*Future Perfect*	
invertiré	invertiremos	habré invertido	habremos invertido
invertirás	invertiréis	habrás invertido	habréis invertido
invertirá	invertirán	habrá invertido	habrán invertido

Conditional		*Perfect Conditional*	
invertiría	invertiríamos	habría invertido	habríamos invertido
invertirías	invertiríais	habrías invertido	habríais invertido
invertiría	invertirían	habría invertido	habrían invertido

Present Subjunctive		*Present Perfect Subjunctive*	
invierta	invertamos	haya invertido	hayamos invertido
inviertas	invertáis	hayas invertido	hayáis invertido
invierta	inviertan	haya invertido	hayan invertido

Imperfect Subjunctive		*Pluperfect Subjunctive*	
invirtiera	invirtiéramos	hubiera invertido	hubiéramos invertido
invirtieras	invirtierais	hubieras invertido	hubierais invertido
invirtiera	invirtieran	hubiera invertido	hubieran invertido
OR			
invirtiese	invirtiésemos		
invirtieses	invirtieseis		
invirtiese	invirtiesen		

Imperative

invierte	invertid
invierta	inviertan

Verb in Action

Varias empresas invertirán en el proyecto. *(Several companies will invest in the project.)*
Invertían fortunas en publicidad. *(They invested a fortune on advertising.)*
Prometen invertir más en educación. *(They promise to invest more in education.)*

invitar

(to invite)

Gerund: invitando • **Past Participle:** invitado
Regular -ar verb

Present Indicative		*Present Perfect*	
invito	invitamos	he invitado	hemos invitado
invitas	invitáis	has invitado	habéis invitado
invita	invitan	ha invitado	han invitado
Imperfect		*Pluperfect*	
invitaba	invitábamos	había invitado	habíamos invitado
invitabas	invitabais	habías invitado	habíais invitado
invitaba	invitaban	había invitado	habían invitado
Preterite		*Preterite Perfect*	
invité	invitamos	hube invitado	hubimos invitado
invitaste	invitasteis	hubiste invitado	hubisteis invitado
invitó	invitaron	hubo invitado	hubieron invitado
Future		*Future Perfect*	
invitaré	invitaremos	habré invitado	habremos invitado
invitarás	invitaréis	habrás invitado	habréis invitado
invitará	invitarán	habrá invitado	habrán invitado
Conditional		*Perfect Conditional*	
invitaría	invitaríamos	habría invitado	habríamos invitado
invitarías	invitaríais	habrías invitado	habríais invitado
invitaría	invitarían	habría invitado	habrían invitado
Present Subjunctive		*Present Perfect Subjunctive*	
invite	invitemos	haya invitado	hayamos invitado
invites	invitéis	hayas invitado	hayáis invitado
invite	inviten	haya invitado	hayan invitado
Imperfect Subjunctive		*Pluperfect Subjunctive*	
invitara	invitáramos	hubiera invitado	hubiéramos invitado
invitaras	invitarais	hubieras invitado	hubierais invitado
invitara	invitaran	hubiera invitado	hubieran invitado
OR			
invitase	invitásemos		
invitases	invitaseis		
invitase	invitasen		

Imperative

invita	invitad
invite	inviten

Verb in Action

Él me invitó a cenar en su casa. *(He invited me to dinner at his house.)*
No creo que nos inviten. *(I don't think they will invite us.)*
¿A cuántas personas piensas invitar? *(How many people are you thinking of inviting?)*

ir

(to go)

Gerund: yendo • **Past Participle:** ido
Irregular -ir verb

Present Indicative

voy	vamos
vas	vais
va	van

Imperfect

iba	íbamos
ibas	ibais
iba	iban

Preterite

fui	fuimos
fuiste	fuisteis
fue	fueron

Future

iré	iremos
irás	iréis
irá	irán

Conditional

iría	iríamos
irías	iríais
iría	irían

Present Subjunctive

vaya	vayamos
vayas	vayáis
vaya	vayan

Imperfect Subjunctive

fuera	fuéramos
fueras	fuerais
fuera	fueran

OR

fuese	fuésemos
fueses	fueseis
fuese	fuesen

Present Perfect

he ido	hemos ido
has ido	habéis ido
ha ido	han ido

Pluperfect

había ido	habíamos ido
habías ido	habíais ido
había ido	habían ido

Preterite Perfect

hube ido	hubimos ido
hubiste ido	hubisteis ido
hubo ido	hubieron ido

Future Perfect

habré ido	habremos ido
habrás ido	habréis ido
habrá ido	habrán ido

Perfect Conditional

habría ido	habríamos ido
habrías ido	habríais ido
habría ido	habrían ido

Present Perfect Subjunctive

haya ido	hayamos ido
hayas ido	hayáis ido
haya ido	hayan ido

Pluperfect Subjunctive

hubiera ido	hubiéramos ido
hubieras ido	hubierais ido
hubiera ido	hubieran ido

Imperative

ve	id
vaya	vayan

Verb in Action

¿Puedo ir contigo? *(Can I go with you?)*
Anoche fuimos al cine. *(We went to the movies last night.)*
El domingo iré a verla. *(I'll go to see her on Sunday.)*

jalar

(to pull)

Gerund: jalando • **Past Participle:** jalado
Regular -ar verb

Present Indicative		*Present Perfect*	
jalo	jalamos	he jalado	hemos jalado
jalas	jaláis	has jalado	habéis jalado
jala	jalan	ha jalado	han jalado

Imperfect		*Pluperfect*	
jalaba	jalábamos	había jalado	habíamos jalado
jalabas	jalabais	habías jalado	habíais jalado
jalaba	jalaban	había jalado	habían jalado

Preterite		*Preterite Perfect*	
jalé	jalamos	hube jalado	hubimos jalado
jalaste	jalasteis	hubiste jalado	hubisteis jalado
jaló	jalaron	hubo jalado	hubieron jalado

Future		*Future Perfect*	
jalaré	jalaremos	habré jalado	habremos jalado
jalarás	jalaréis	habrás jalado	habréis jalado
jalará	jalarán	habrá jalado	habrán jalado

Conditional		*Perfect Conditional*	
jalaría	jalaríamos	habría jalado	habríamos jalado
jalarías	jalaríais	habrías jalado	habríais jalado
jalaría	jalarían	habría jalado	habrían jalado

Present Subjunctive		*Present Perfect Subjunctive*	
jale	jalemos	haya jalado	hayamos jalado
jales	jaléis	hayas jalado	hayáis jalado
jale	jalen	haya jalado	hayan jalado

Imperfect Subjunctive		*Pluperfect Subjunctive*	
jalara	jaláramos	hubiera jalado	hubiéramos jalado
jalaras	jalarais	hubieras jalado	hubierais jalado
jalara	jalaran	hubiera jalado	hubieran jalado
OR			
jalase	jalásemos		
jalases	jalaseis		
jalase	jalasen		

Imperative

jala	jalad
jale	jalen

Verb in Action

Una camioneta los jaló hasta el taller. *(A pickup towed them to the repair shop.)*
Cada uno jalaría la cobija para su lado. *(Each of them would pull the blanket over to their side.)*

jugar

(to play)

Gerund: jugando • **Past Participle:** jugado

Regular -ar verb with stem change: u to ue (tenses 1, 6, and imperative) and spelling change: g to gu in front of e

Present Indicative

juego	jugamos
juegas	jugáis
juega	juegan

Imperfect

jugaba	jugábamos
jugabas	jugabais
jugaba	jugaban

Preterite

jugué	jugamos
jugaste	jugasteis
jugó	jugaron

Future

jugaré	jugaremos
jugarás	jugaréis
jugará	jugarán

Conditional

jugaría	jugaríamos
jugarías	jugaríais
jugaría	jugarían

Present Subjunctive

juegue	juguemos
juegues	juguéis
juegue	jueguen

Imperfect Subjunctive

jugara	jugáramos
jugaras	jugarais
jugara	jugaran

OR

jugase	jugásemos
jugases	jugaseis
jugase	jugasen

Present Perfect

he jugado	hemos jugado
has jugado	habéis jugado
ha jugado	han jugado

Pluperfect

había jugado	habíamos jugado
habías jugado	habíais jugado
había jugado	habían jugado

Preterite Perfect

hube jugado	hubimos jugado
hubiste jugado	hubisteis jugado
hubo jugado	hubieron jugado

Future Perfect

habré jugado	habremos jugado
habrás jugado	habréis jugado
habrá jugado	habrán jugado

Perfect Conditional

habría jugado	habríamos jugado
habrías jugado	habríais jugado
habría jugado	habrían jugado

Present Perfect Subjunctive

haya jugado	hayamos jugado
hayas jugado	hayáis jugado
haya jugado	hayan jugado

Pluperfect Subjunctive

hubiera jugado	hubiéramos jugado
hubieras jugado	hubierais jugado
hubiera jugado	hubieran jugado

Imperative

juega	jugad
juegue	jueguen

Verb in Action

Juego fútbol todos los domingos. *(I play soccer every Sunday.)*
Están jugando en el jardín. *(They're playing in the yard.)*
Jugarías mejor si estuvieras más relajado. *(You'd play better if you were more relaxed.)*

#284

juntar(se)

(to join together, to collect)

Gerund: juntando • **Past Participle:** juntado
Reflexive regular -ar verb

Present Indicative

junto	juntamos
juntas	juntáis
junta	juntan

Imperfect

juntaba	juntábamos
juntabas	juntabais
juntaba	juntaban

Preterite

junté	juntamos
juntaste	juntasteis
juntó	juntaron

Future

juntaré	juntaremos
juntarás	juntaréis
juntará	juntarán

Conditional

juntaría	juntaríamos
juntarías	juntaríais
juntaría	juntarían

Present Subjunctive

junte	juntemos
juntes	juntéis
junte	junten

Imperfect Subjunctive

juntara	juntáramos
juntaras	juntarais
juntara	juntaran
OR	
juntase	juntásemos
juntases	juntaseis
juntase	juntasen

Present Perfect

he juntado	hemos juntado
has juntado	habéis juntado
ha juntado	han juntado

Pluperfect

había juntado	habíamos juntado
habías juntado	habíais juntado
había juntado	habían juntado

Preterite Perfect

hube juntado	hubimos juntado
hubiste juntado	hubisteis juntado
hubo juntado	hubieron juntado

Future Perfect

habré juntado	habremos juntado
habrás juntado	habréis juntado
habrá juntado	habrán juntado

Perfect Conditional

habría juntado	habríamos juntado
habrías juntado	habríais juntado
habría juntado	habrían juntado

Present Perfect Subjunctive

haya juntado	hayamos juntado
hayas juntado	hayáis juntado
haya juntado	hayan juntado

Pluperfect Subjunctive

hubiera juntado	hubiéramos juntado
hubieras juntado	hubierais juntado
hubiera juntado	hubieran juntado

Imperative

junta	juntad
junte	junten

Verb in Action

Juntamos dos mesas. *(We joined two tables together.)*
No juntes mis CDs con los tuyos. *(Don't put my CDs together with yours.)*
Se juntaban una vez al mes en un restaurante del centro. *(They would meet once a month in a restaurant in the center.)*

lamentar(se)

(to regret)

Gerund: lamentando • **Past Participle:** lamentado
Reflexive regular -ar verb

Present Indicative

lamento	lamentamos
lamentas	lamentáis
lamenta	lamentan

Imperfect

lamentaba	lamentábamos
lamentabas	lamentabais
lamentaba	lamentaban

Preterite

lamenté	lamentamos
lamentaste	lamentasteis
lamentó	lamentaron

Future

lamentaré	lamentaremos
lamentarás	lamentaréis
lamentará	lamentarán

Conditional

lamentaría	lamentaríamos
lamentarías	lamentaríais
lamentaría	lamentarían

Present Subjunctive

lamente	lamentemos
lamentes	lamentéis
lamente	lamenten

Imperfect Subjunctive

lamentara	lamentáramos
lamentaras	lamentarais
lamentara	lamentaran

OR

lamentase	lamentásemos
lamentases	lamentaseis
lamentase	lamentasen

Present Perfect

he lamentado	hemos lamentado
has lamentado	habéis lamentado
ha lamentado	han lamentado

Pluperfect

había lamentado	habíamos lamentado
habías lamentado	habíais lamentado
había lamentado	habían lamentado

Preterite Perfect

hube lamentado	hubimos lamentado
hubiste lamentado	hubisteis lamentado
hubo lamentado	hubieron lamentado

Future Perfect

habré lamentado	habremos lamentado
habrás lamentado	habréis lamentado
habrá lamentado	habrán lamentado

Perfect Conditional

habría lamentado	habríamos lamentado
habrías lamentado	habríais lamentado
habría lamentado	habrían lamentado

Present Perfect Subjunctive

haya lamentado	hayamos lamentado
hayas lamentado	hayáis lamentado
haya lamentado	hayan lamentado

Pluperfect Subjunctive

hubiera lamentado	hubiéramos lamentado
hubieras lamentado	hubierais lamentado
hubiera lamentado	hubieran lamentado

Imperative

lamenta	lamentad
lamente	lamenten

Verb in Action

Lamento no poder ayudarte. *(I regret not being able to help you.)*
Lamentamos por la confusión que hubo con su pedido. *(We apologize for the mix-up with your order.)*
No ganamos nada con lamentarnos. *(It's no use grumbling.)*

#286

largar(se)

(to release)

Gerund: largando • **Past Participle:** largado

Reflexive regular -ar verb with spelling change: g to gu in front of e

Present Indicative		*Present Perfect*	
largo	largamos	he largado	hemos largado
largas	largáis	has largado	habéis largado
larga	largan	ha largado	han largado

Imperfect		*Pluperfect*	
largaba	largábamos	había largado	habíamos largado
largabas	largabais	habías largado	habíais largado
largaba	largaban	había largado	habían largado

Preterite		*Preterite Perfect*	
largué	largamos	hube largado	hubimos largado
largaste	largasteis	hubiste largado	hubisteis largado
largó	largaron	hubo largado	hubieron largado

Future		*Future Perfect*	
largaré	largaremos	habré largado	habremos largado
largarás	largaréis	habrás largado	habréis largado
largará	largarán	habrá largado	habrán largado

Conditional		*Perfect Conditional*	
largaría	largaríamos	habría largado	habríamos largado
largarías	largaríais	habrías largado	habríais largado
largaría	largarían	habría largado	habrían largado

Present Subjunctive		*Present Perfect Subjunctive*	
largue	larguemos	haya largado	hayamos largado
largues	larguéis	hayas largado	hayáis largado
largue	larguen	haya largado	hayan largado

Imperfect Subjunctive		*Pluperfect Subjunctive*	
largara	largáramos	hubiera largado	hubiéramos largado
largaras	largarais	hubieras largado	hubierais largado
largara	largaran	hubiera largado	hubieran largado
OR			
largase	largásemos		
largases	largaseis		
largase	largasen		

Imperative

larga	largad
largue	larguen

Verb in Action

Se largaron sin pagar la cuenta. *(They left without paying the bill.)*
¡Lárguense todos de aquí! *(Get out of here all of you!)*
Estaban listos para largar amarras. *(They were ready to cast off.)*

lastimar(se)

(to hurt)

Gerund: lastimando • **Past Participle:** lastimado
Reflexive regular -ar verb

Present Indicative		*Present Perfect*	
lastimo	lastimamos	he lastimado	hemos lastimado
lastimas	lastimáis	has lastimado	habéis lastimado
lastima	lastiman	ha lastimado	han lastimado

Imperfect		*Pluperfect*	
lastimaba	lastimábamos	había lastimado	habíamos lastimado
lastimabas	lastimabais	habías lastimado	habíais lastimado
lastimaba	lastimaban	había lastimado	habían lastimado

Preterite		*Preterite Perfect*	
lastimé	lastimamos	hube lastimado	hubimos lastimado
lastimaste	lastimasteis	hubiste lastimado	hubisteis lastimado
lastimó	lastimaron	hubo lastimado	hubieron lastimado

Future		*Future Perfect*	
lastimaré	lastimaremos	habré lastimado	habremos lastimado
lastimarás	lastimaréis	habrás lastimado	habréis lastimado
lastimará	lastimarán	habrá lastimado	habrán lastimado

Conditional		*Perfect Conditional*	
lastimaría	lastimaríamos	habría lastimado	habríamos lastimado
lastimarías	lastimaríais	habrías lastimado	habríais lastimado
lastimaría	lastimarían	habría lastimado	habrían lastimado

Present Subjunctive		*Present Perfect Subjunctive*	
lastime	lastimemos	haya lastimado	hayamos lastimado
lastimes	lastiméis	hayas lastimado	hayáis lastimado
lastime	lastimen	haya lastimado	hayan lastimado

Imperfect Subjunctive		*Pluperfect Subjunctive*	
lastimara	lastimáramos	hubiera lastimado	hubiéramos lastimado
lastimaras	lastimarais	hubieras lastimado	hubierais lastimado
lastimara	lastimaran	hubiera lastimado	hubieran lastimado
OR			
lastimase	lastimásemos		
lastimases	lastimaseis		
lastimase	lastimasen		

Imperative

lastima	lastimad
lastime	lastimen

Verb in Action

Ten cuidado con ese cuchillo, que te vas a lastimar. *(Be careful with that knife, or you'll hurt yourself.)*
Él se lastimó un pie al caerse. *(He hurt his foot when he fell.)*
Le mentí a ella para no lastimarla. *(I lied to her to avoid hurting her.)*

#288

lavar(se)

(to wash)

Gerund: lavando • **Past Participle:** lavado
Reflexive regular -ar verb

Present Indicative

lavo	lavamos
lavas	laváis
lava	lavan

Imperfect

lavaba	lavábamos
lavabas	lavabais
lavaba	lavaban

Preterite

lavé	lavamos
lavaste	lavasteis
lavó	lavaron

Future

lavaré	lavaremos
lavarás	lavaréis
lavará	lavarán

Conditional

lavaría	lavaríamos
lavarías	lavaríais
lavaría	lavarían

Present Subjunctive

lave	lavemos
laves	lavéis
lave	laven

Imperfect Subjunctive

lavara	laváramos
lavaras	lavarais
lavara	lavaran

OR

lavase	lavásemos
lavases	lavaseis
lavase	lavasen

Present Perfect

he lavado	hemos lavado
has lavado	habéis lavado
ha lavado	han lavado

Pluperfect

había lavado	habíamos lavado
habías lavado	habíais lavado
había lavado	habían lavado

Preterite Perfect

hube lavado	hubimos lavado
hubiste lavado	hubisteis lavado
hubo lavado	hubieron lavado

Future Perfect

habré lavado	habremos lavado
habrás lavado	habréis lavado
habrá lavado	habrán lavado

Perfect Conditional

habría lavado	habríamos lavado
habrías lavado	habríais lavado
habría lavado	habrían lavado

Present Perfect Subjunctive

haya lavado	hayamos lavado
hayas lavado	hayáis lavado
haya lavado	hayan lavado

Pluperfect Subjunctive

hubiera lavado	hubiéramos lavado
hubieras lavado	hubierais lavado
hubiera lavado	hubieran lavado

Imperative

lava	lavad
lave	laven

Verb in Action

Hay mucha ropa para lavar. *(There's a lot of washing to do.)*
¿Te lavaste las manos? *(Did you wash your hands?)*
Él se había lavado la cabeza. *(He had washed his hair.)*

leer

(to read)

Gerund: leyendo • **Past Participle:** leído
Regular -er verb with spelling change: i to y (tense 3 [3rd person] and tense 7 [all])

Present Indicative

leo	leemos
lees	leéis
lee	leen

Imperfect

leía	leíamos
leías	leíais
leía	leían

Preterite

leí	leímos
leíste	leísteis
leyó	leyeron

Future

leeré	leeremos
leerás	leeréis
leerá	leerán

Conditional

leería	leeríamos
leerías	leeríais
leería	leerían

Present Subjunctive

lea	leamos
leas	leáis
lea	lean

Imperfect Subjunctive

leyera	leyéramos
leyeras	leyerais
leyera	leyeran

OR

leyese	leyésemos
leyeses	leyeseis
leyese	leyesen

Present Perfect

he leído	hemos leído
has leído	habéis leído
ha leído	han leído

Pluperfect

había leído	habíamos leído
habías leído	habíais leído
había leído	habían leído

Preterite Perfect

hube leído	hubimos leído
hubiste leído	hubisteis leído
hubo leído	hubieron leído

Future Perfect

habré leído	habremos leído
habrás leído	habréis leído
habrá leído	habrán leído

Perfect Conditional

habría leído	habríamos leído
habrías leído	habríais leído
habría leído	habrían leído

Present Perfect Subjunctive

haya leído	hayamos leído
hayas leído	hayáis leído
haya leído	hayan leído

Pluperfect Subjunctive

hubiera leído	hubiéramos leído
hubieras leído	hubierais leído
hubiera leído	hubieran leído

Imperative

lee	leed
lea	lean

Verb in Action

Hace mucho tiempo que no leo nada. *(I haven't read anything for ages.)*
Estoy leyendo un libro muy interesante. *(I'm reading a very interesting book.)*
No había leído nada suyo. *(I hadn't read anything by her.)*

levantar(se)

(to lift)

Gerund: levantando • **Past Participle:** levantado
Reflexive regular -ar verb

Present Indicative		*Present Perfect*	
levanto	levantamos	he levantado	hemos levantado
levantas	levantáis	has levantado	habéis levantado
levanta	levantan	ha levantado	han levantado

Imperfect		*Pluperfect*	
levantaba	levantábamos	había levantado	habíamos levantado
levantabas	levantabais	habías levantado	habíais levantado
levantaba	levantaban	había levantado	habían levantado

Preterite		*Preterite Perfect*	
levanté	levantamos	hube levantado	hubimos levantado
levantaste	levantasteis	hubiste levantado	hubisteis levantado
levantó	levantaron	hubo levantado	hubieron levantado

Future		*Future Perfect*	
levantaré	levantaremos	habré levantado	habremos levantado
levantarás	levantaréis	habrás levantado	habréis levantado
levantará	levantarán	habrá levantado	habrán levantado

Conditional		*Perfect Conditional*	
levantaría	levantaríamos	habría levantado	habríamos levantado
levantarías	levantaríais	habrías levantado	habríais levantado
levantaría	levantarían	habría levantado	habrían levantado

Present Subjunctive		*Present Perfect Subjunctive*	
levante	levantemos	haya levantado	hayamos levantado
levantes	levantéis	hayas levantado	hayáis levantado
levante	levanten	haya levantado	hayan levantado

Imperfect Subjunctive		*Pluperfect Subjunctive*	
levantara	levantáramos	hubiera levantado	hubiéramos levantado
levantaras	levantarais	hubieras levantado	hubierais levantado
levantara	levantaran	hubiera levantado	hubieran levantado
OR			
levantase	levantásemos		
levantases	levantaseis		
levantase	levantasen		

Imperative	
levanta	levantad
levante	levanten

Verb in Action

Él fue la primera en levantar la mano. *(She was the first to raise her hand.)*
Él siempre se levanta de mal humor. *(He's always in a bad mood when he gets up.)*
Hoy me levanté temprano. *(I got up early this morning.)*

limpiar(se)

(to clean, to wipe)

Gerund: limpiando • **Past Participle:** limpiado
Reflexive regular -ar verb

Present Indicative		*Present Perfect*	
limpio	limpiamos	he limpiado	hemos limpiado
limpias	limpiáis	has limpiado	habéis limpiado
limpia	limpian	ha limpiado	han limpiado
Imperfect		*Pluperfect*	
limpiaba	limpiábamos	había limpiado	habíamos limpiado
limpiabas	limpiabais	habías limpiado	habíais limpiado
limpiaba	limpiaban	había limpiado	habían limpiado
Preterite		*Preterite Perfect*	
limpié	limpiamos	hube limpiado	hubimos limpiado
limpiaste	limpiasteis	hubiste limpiado	hubisteis limpiado
limpió	limpiaron	hubo limpiado	hubieron limpiado
Future		*Future Perfect*	
limpiaré	limpiaremos	habré limpiado	habremos limpiado
limpiarás	limpiaréis	habrás limpiado	habréis limpiado
limpiará	limpiarán	habrá limpiado	habrán limpiado
Conditional		*Perfect Conditional*	
limpiaría	limpiaríamos	habría limpiado	habríamos limpiado
limpiarías	limpiaríais	habrías limpiado	habríais limpiado
limpiaría	limpiarían	habría limpiado	habrían limpiado
Present Subjunctive		*Present Perfect Subjunctive*	
limpie	limpiemos	haya limpiado	hayamos limpiado
limpies	limpiéis	hayas limpiado	hayáis limpiado
limpie	limpien	haya limpiado	hayan limpiado
Imperfect Subjunctive		*Pluperfect Subjunctive*	
limpiara	limpiáramos	hubiera limpiado	hubiéramos limpiado
limpiaras	limpiarais	hubieras limpiado	hubierais limpiado
limpiara	limpiaran	hubiera limpiado	hubieran limpiado
OR			
limpiase	limpiásemos		
limpiases	limpiaseis		
limpiase	limpiasen		

Imperative

limpia	limpiad
limpie	limpien

Verb in Action

Limpiaron la casa entre todos. *(Between them, they cleaned the house.)*
¿Hace falta que limpie el baño? *(Do I need to clean the bath?)*
¿Nos podría limpiar la mesa? *(Could you wipe our table?)*

lograr

(to get, to achieve, to manage)

Gerund: logrando • **Past Participle:** logrado
Regular -ar verb

Present Indicative		*Present Perfect*	
logro	logramos	he logrado	hemos logrado
logras	lográis	has logrado	habéis logrado
logra	logran	ha logrado	han logrado

Imperfect		*Pluperfect*	
lograba	lográbamos	había logrado	habíamos logrado
lograbas	lograbais	habías logrado	habíais logrado
lograba	lograban	había logrado	habían logrado

Preterite		*Preterite Perfect*	
logré	logramos	hube logrado	hubimos logrado
lograste	lograsteis	hubiste logrado	hubisteis logrado
logró	lograron	hubo logrado	hubieron logrado

Future		*Future Perfect*	
lograré	lograremos	habré logrado	habremos logrado
lograrás	lograréis	habrás logrado	habréis logrado
logrará	lograrán	habrá logrado	habrán logrado

Conditional		*Perfect Conditional*	
lograría	lograríamos	habría logrado	habríamos logrado
lograrías	lograríais	habrías logrado	habríais logrado
lograría	lograrían	habría logrado	habrían logrado

Present Subjunctive		*Present Perfect Subjunctive*	
logre	logremos	haya logrado	hayamos logrado
logres	logréis	hayas logrado	hayáis logrado
logre	logren	haya logrado	hayan logrado

Imperfect Subjunctive		*Pluperfect Subjunctive*	
lograra	lográramos	hubiera logrado	hubiéramos logrado
lograras	lograrais	hubieras logrado	hubierais logrado
lograra	lograran	hubiera logrado	hubieran logrado
OR			
lograse	lográsemos		
lograses	lograseis		
lograse	lograsen		

Imperative

logra	lograd
logre	logren

Verb in Action

Dudo que lo logre. *(I doubt if I'll achieve it.)*
Lograron clasificar para el campeonato. *(They managed to qualify for the championship.)*
Él siempre logra lo que se propone. *(He always achieves what he sets out to.)*

lucir(se)

(to shine, to wear)

Gerund: luciendo • **Past Participle:** lucido

Reflexive regular -ir verb with spelling change c to zc in front of a and o

Present Indicative

luzco	lucimos
luces	lucís
luce	lucen

Imperfect

lucía	lucíamos
lucías	lucíais
lucía	lucían

Preterite

lucí	lucimos
luciste	lucisteis
lució	lucieron

Future

luciré	luciremos
lucirás	luciréis
lucirá	lucirán

Conditional

luciría	luciríamos
lucirías	luciríais
luciría	lucirían

Present Subjunctive

luzca	luzcamos
luzcas	luzcáis
luzca	luzcan

Imperfect Subjunctive

luciera	luciéramos
lucieras	lucierais
luciera	lucieran

OR

luciese	luciésemos
lucieses	lucieseis
luciese	luciesen

Present Perfect

he lucido	hemos lucido
has lucido	habéis lucido
ha lucido	han lucido

Pluperfect

había lucido	habíamos lucido
habías lucido	habíais lucido
había lucido	habían lucido

Preterite Perfect

hube lucido	hubimos lucido
hubiste lucido	hubisteis lucido
hubo lucido	hubieron lucido

Future Perfect

habré lucido	habremos lucido
habrás lucido	habréis lucido
habrá lucido	habrán lucido

Perfect Conditional

habría lucido	habríamos lucido
habrías lucido	habríais lucido
habría lucido	habrían lucido

Present Perfect Subjunctive

haya lucido	hayamos lucido
hayas lucido	hayáis lucido
haya lucido	hayan lucido

Pluperfect Subjunctive

hubiera lucido	hubiéramos lucido
hubieras lucido	hubierais lucido
hubiera lucido	hubieran lucido

Imperative

luce	lucid
luzca	luzcan

Verb in Action

Luces muy bien. *(You look very well.)*
Él quería lucir sus conocimientos. *(He wanted to show off his knowledge.)*
Te luciste con la comida. *(You've outdone yourself with the meal.)*

#294

llamar(se)

(to call)

Gerund: llamando • **Past Participle:** llamado
Reflexive regular -ar verb

Present Indicative		*Present Perfect*	
llamo	llamamos	he llamado	hemos llamado
llamas	llamáis	has llamado	habéis llamado
llama	llaman	ha llamado	han llamado

Imperfect		*Pluperfect*	
llamaba	llamábamos	había llamado	habíamos llamado
llamabas	llamabais	habías llamado	habíais llamado
llamaba	llamaban	había llamado	habían llamado

Preterite		*Preterite Perfect*	
llamé	llamamos	hube llamado	hubimos llamado
llamaste	llamasteis	hubiste llamado	hubisteis llamado
llamó	llamaron	hubo llamado	hubieron llamado

Future		*Future Perfect*	
llamaré	llamaremos	habré llamado	habremos llamado
llamarás	llamaréis	habrás llamado	habréis llamado
llamará	llamarán	habrá llamado	habrán llamado

Conditional		*Perfect Conditional*	
llamaría	llamaríamos	habría llamado	habríamos llamado
llamarías	llamaríais	habrías llamado	habríais llamado
llamaría	llamarían	habría llamado	habrían llamado

Present Subjunctive		*Present Perfect Subjunctive*	
llame	llamemos	haya llamado	hayamos llamado
llames	llaméis	hayas llamado	hayáis llamado
llame	llamen	haya llamado	hayan llamado

Imperfect Subjunctive		*Pluperfect Subjunctive*	
llamara	llamáramos	hubiera llamado	hubiéramos llamado
llamaras	llamarais	hubieras llamado	hubierais llamado
llamara	llamaran	hubiera llamado	hubieran llamado
OR			
llamase	llamásemos		
llamases	llamaseis		
llamase	llamasen		

Imperative

llama	llamad
llame	llamen

Verb in Action

Llamaron al médico. *(They called the doctor.)*
La llamé por teléfono para felicitarla. *(I phoned her to congratulate her.)*
Ya no quiere que la llamen "Kate". *(She doesn't want to be called "Kate" any more.)*

llegar

(to arrive)

Gerund: llegando • **Past Participle:** llegado

Regular -ar verb with spelling change: g to gu in front of e

Present Indicative

llego	llegamos
llegas	llegáis
llega	llegan

Present Perfect

he llegado	hemos llegado
has llegado	habéis llegado
ha llegado	han llegado

Imperfect

llegaba	llegábamos
llegabas	llegabais
llegaba	llegaban

Pluperfect

había llegado	habíamos llegado
habías llegado	habíais llegado
había llegado	habían llegado

Preterite

llegué	llegamos
llegaste	llegasteis
llegó	llegaron

Preterite Perfect

hube llegado	hubimos llegado
hubiste llegado	hubisteis llegado
hubo llegado	hubieron llegado

Future

llegaré	llegaremos
llegarás	llegaréis
llegará	llegarán

Future Perfect

habré llegado	habremos llegado
habrás llegado	habréis llegado
habrá llegado	habrán llegado

Conditional

llegaría	llegaríamos
llegarías	llegaríais
llegaría	llegarían

Perfect Conditional

habría llegado	habríamos llegado
habrías llegado	habríais llegado
habría llegado	habrían llegado

Present Subjunctive

llegue	lleguemos
llegues	lleguéis
llegue	lleguen

Present Perfect Subjunctive

haya llegado	hayamos llegado
hayas llegado	hayáis llegado
haya llegado	hayan llegado

Imperfect Subjunctive

llegara	llegáramos
llegaras	llegarais
llegara	llegaran
OR	
llegase	llegásemos
llegases	llegaseis
llegase	llegasen

Pluperfect Subjunctive

hubiera llegado	hubiéramos llegado
hubieras llegado	hubierais llegado
hubiera llegado	hubieran llegado

Imperative

llega	llegad
llegue	lleguen

Verb in Action

Calculo que llegaremos alrededor de las nueve. *(I calculate that we'll arrive there about nine.)*

Él acaba de llegar de Miami. *(He just arrived from Miami.)*

Avísame cuando lleguen los invitados. *(Let me know when the guests arrive.)*

llevar(se)

(to carry, to wear)

Gerund: llevando • **Past Participle:** llevado
Reflexive regular -ar verb

Present Indicative

llevo	llevamos
llevas	lleváis
lleva	llevan

Present Perfect

he llevado	hemos llevado
has llevado	habéis llevado
ha llevado	han llevado

Imperfect

llevaba	llevábamos
llevabas	llevabais
llevaba	llevaban

Pluperfect

había llevado	habíamos llevado
habías llevado	habíais llevado
había llevado	habían llevado

Preterite

llevé	llevamos
llevaste	llevasteis
llevó	llevaron

Preterite Perfect

hube llevado	hubimos llevado
hubiste llevado	hubisteis llevado
hubo llevado	hubieron llevado

Future

llevaré	llevaremos
llevarás	llevaréis
llevará	llevarán

Future Perfect

habré llevado	habremos llevado
habrás llevado	habréis llevado
habrá llevado	habrán llevado

Conditional

llevaría	llevaríamos
llevarías	llevaríais
llevaría	llevarían

Perfect Conditional

habría llevado	habríamos llevado
habrías llevado	habríais llevado
habría llevado	habrían llevado

Present Subjunctive

lleve	llevemos
lleves	llevéis
lleve	lleven

Present Perfect Subjunctive

haya llevado	hayamos llevado
hayas llevado	hayáis llevado
haya llevado	hayan llevado

Imperfect Subjunctive

llevara	lleváramos
llevaras	llevarais
llevara	llevaran
OR	
llevase	llevásemos
llevases	llevaseis
llevase	llevasen

Pluperfect Subjunctive

hubiera llevado	hubiéramos llevado
hubieras llevado	hubierais llevado
hubiera llevado	hubieran llevado

Imperative

lleva	llevad
lleve	lleven

Verb in Action

Él llevaba unos pantalones. *(He was wearing pants.)*
El trabajo nos llevará unos tres meses. *(The work will take us around three months.)*

llorar

(to cry, to weep)

Gerund: llorando • **Past Participle:** llorado
Regular -ar verb

Present Indicative

lloro	lloramos
lloras	lloráis
llora	lloran

Imperfect

lloraba	llorábamos
llorabas	llorabais
lloraba	lloraban

Preterite

lloré	lloramos
lloraste	llorasteis
lloró	lloraron

Future

lloraré	lloraremos
llorarás	lloraréis
llorará	llorarán

Conditional

lloraría	lloraríamos
llorarías	lloraríais
lloraría	llorarían

Present Subjunctive

llore	lloremos
llores	lloréis
llore	lloren

Imperfect Subjunctive

llorara	lloráramos
lloraras	llorarais
llorara	lloraran

OR

llorase	llorásemos
llorases	lloraseis
llorase	llorasen

Present Perfect

he llorado	hemos llorado
has llorado	habéis llorado
ha llorado	han llorado

Pluperfect

había llorado	habíamos llorado
habías llorado	habíais llorado
había llorado	habían llorado

Preterite Perfect

hube llorado	hubimos llorado
hubiste llorado	hubisteis llorado
hubo llorado	hubieron llorado

Future Perfect

habré llorado	habremos llorado
habrás llorado	habréis llorado
habrá llorado	habrán llorado

Perfect Conditional

habría llorado	habríamos llorado
habrías llorado	habríais llorado
habría llorado	habrían llorado

Present Perfect Subjunctive

haya llorado	hayamos llorado
hayas llorado	hayáis llorado
haya llorado	hayan llorado

Pluperfect Subjunctive

hubiera llorado	hubiéramos llorado
hubieras llorado	hubierais llorado
hubiera llorado	hubieran llorado

Imperative

llora	llorad
llore	lloren

Verb in Action

Ella lloraba desconsoladamente. *(She was weeping inconsolably.)*
No llores, enseguida viene tu mamá. *(Don't cry; your mom will be here soon.)*
El poema me hizo llorar. *(The poem made me cry.)*

#298

llover

(to rain)

Gerund: lloviendo • **Past Participle:** llovido

Regular -er verb with stem change: o to ue (tenses 1 and 6)

Present Indicative
llueve

Imperfect
llovía

Preterite
llovió

Future
lloverá

Conditional
llovería

Present Subjunctive
llueva

Imperfect Subjunctive
lloviera *or* lloviese

Present Perfect
ha llovido

Pluperfect
había llovido

Preterite Perfect
hubo llovido

Future Perfect
habrá llovido

Perfect Conditional
habría llovido

Present Perfect Subjunctive
haya llovido

Pluperfect Subjunctive
hubiera llovido

Imperative
Note: *Not used*

Verb in Action

Hace semanas que no llueve. *(It hasn't rained in weeks.)*
Está lloviendo. *(It's raining.)*
Le llovieron las ofertas. *(He received a lot of offers.)*

madrugar

(to get up early)

Gerund: madrugando • **Past Participle:** madrugado
Regular -ar verb with spelling change: g to gu in front of e

Present Indicative

madrugo	madrugamos
madrugas	madrugáis
madruga	madrugan

Imperfect

madrugaba	madrugábamos
madrugabas	madrugabais
madrugaba	madrugaban

Preterite

madrugué	madrugamos
madrugaste	madrugasteis
madrugó	madrugaron

Future

madrugaré	madrugaremos
madrugarás	madrugaréis
madrugará	madrugarán

Conditional

madrugaría	madrugaríamos
madrugarías	madrugaríais
madrugaría	madrugarían

Present Subjunctive

madrugue	madruguemos
madrugues	madruguéis
madrugue	madruguen

Imperfect Subjunctive

madrugara	madrugáramos
madrugaras	madrugarais
madrugara	madrugaran

OR

madrugase	madrugásemos
madrugases	madrugaseis
madrugase	madrugasen

Present Perfect

he madrugado	hemos madrugado
has madrugado	habéis madrugado
ha madrugado	han madrugado

Pluperfect

había madrugado	habíamos madrugado
habías madrugado	habíais madrugado
había madrugado	habían madrugado

Preterite Perfect

hube madrugado	hubimos madrugado
hubiste madrugado	hubisteis madrugado
hubo madrugado	hubieron madrugado

Future Perfect

habré madrugado	habremos madrugado
habrás madrugado	habréis madrugado
habrá madrugado	habrán madrugado

Perfect Conditional

habría madrugado	habríamos madrugado
habrías madrugado	habríais madrugado
habría madrugado	habrían madrugado

Present Perfect Subjunctive

haya madrugado	hayamos madrugado
hayas madrugado	hayáis madrugado
haya madrugado	hayan madrugado

Pluperfect Subjunctive

hubiera madrugado	hubiéramos madrugado
hubieras madrugado	hubierais madrugado
hubiera madrugado	hubieran madrugado

Imperative

madruga	madrugad
madrugue	madruguen

Verb in Action

No me gusta madrugar. *(I don't like getting up early.)*
No hace falta que madrugues, la conferencia empieza a las diez. *(You won't need to get up early; the conference starts at ten.)*
Ella nunca había madrugado tanto. *(She had never gotten up so early before.)*

mandar

(to send, to order)

Gerund: mandando • **Past Participle:** mandado
Regular -ar verb

Present Indicative

mando	mandamos
mandas	mandáis
manda	mandan

Imperfect

mandaba	mandábamos
mandabas	mandabais
mandaba	mandaban

Preterite

mandé	mandamos
mandaste	mandasteis
mandó	mandaron

Future

mandaré	mandaremos
mandarás	mandaréis
mandará	mandarán

Conditional

mandaría	mandaríamos
mandarías	mandaríais
mandaría	mandarían

Present Subjunctive

mande	mandemos
mandes	mandéis
mande	manden

Imperfect Subjunctive

mandara	mandáramos
mandaras	mandarais
mandara	mandaran

OR

mandase	mandásemos
mandases	mandaseis
mandase	mandasen

Present Perfect

he mandado	hemos mandado
has mandado	habéis mandado
ha mandado	han mandado

Pluperfect

había mandado	habíamos mandado
habías mandado	habíais mandado
había mandado	habían mandado

Preterite Perfect

hube mandado	hubimos mandado
hubiste mandado	hubisteis mandado
hubo mandado	hubieron mandado

Future Perfect

habré mandado	habremos mandado
habrás mandado	habréis mandado
habrá mandado	habrán mandado

Perfect Conditional

habría mandado	habríamos mandado
habrías mandado	habríais mandado
habría mandado	habrían mandado

Present Perfect Subjunctive

haya mandado	hayamos mandado
hayas mandado	hayáis mandado
haya mandado	hayan mandado

Pluperfect Subjunctive

hubiera mandado	hubiéramos mandado
hubieras mandado	hubierais mandado
hubiera mandado	hubieran mandado

Imperative

manda	mandad
mande	manden

Verb in Action

Me mandó él un ramo de rosas. *(He sent me a bouquet of roses.)*
Aquí la que manda es la mujer del jefe. *(It's the boss's wife who wears the trousers here.)*

manejar(se)

(to drive, to manage)

Gerund: manejando • **Past Participle:** manejado
Reflexive regular -ar verb

Present Indicative		*Present Perfect*	
manejo	manejamos	he manejado	hemos manejado
manejas	manejáis	has manejado	habéis manejado
maneja	manejan	ha manejado	han manejado

Imperfect		*Pluperfect*	
manejaba	manejábamos	había manejado	habíamos manejado
manejabas	manejabais	habías manejado	habíais manejado
manejaba	manejaban	había manejado	habían manejado

Preterite		*Preterite Perfect*	
manejé	manejamos	hube manejado	hubimos manejado
manejaste	manejasteis	hubiste manejado	hubisteis manejado
manejó	manejaron	hubo manejado	hubieron manejado

Future		*Future Perfect*	
manejaré	manejaremos	habré manejado	habremos manejado
manejarás	manejaréis	habrás manejado	habréis manejado
manejará	manejarán	habrá manejado	habrán manejado

Conditional		*Perfect Conditional*	
manejaría	manejaríamos	habría manejado	habríamos manejado
manejarías	manejaríais	habrías manejado	habríais manejado
manejaría	manejarían	habría manejado	habrían manejado

Present Subjunctive		*Present Perfect Subjunctive*	
maneje	manejemos	haya manejado	hayamos manejado
manejes	manejéis	hayas manejado	hayáis manejado
maneje	manejen	haya manejado	hayan manejado

Imperfect Subjunctive		*Pluperfect Subjunctive*	
manejara	manejáramos	hubiera manejado	hubiéramos manejado
manejaras	manejarais	hubieras manejado	hubierais manejado
manejara	manejaran	hubiera manejado	hubieran manejado
OR			
manejase	manejásemos		
manejases	manejaseis		
manejase	manejasen		

Imperative

maneja	manejad
maneje	manejen

Verb in Action

Estoy aprendiendo a manejar. *(I'm learning to drive.)*
Él maneja demasiado rápido. *(He drives too fast.)*
Ella manejó a la universidad. *(She drove to the university.)*

manterner(se)

(to maintain, to keep)

Gerund: manteniendo • **Past Participle:** mantenido
Reflexive irregular -er verb

Present Indicative		*Present Perfect*	
mantengo	mantenemos	he mantenido	hemos mantenido
mantienes	mantenéis	has mantenido	habéis mantenido
mantiene	manten	ha mantenido	han mantenido

Imperfect		*Pluperfect*	
mantenía	manteníamos	había mantenido	habíamos mantenido
mantenías	manteníais	habías mantenido	habíais mantenido
mantenía	mantenían	había mantenido	habían mantenido

Preterite		*Preterite Perfect*	
mantuve	mantuvimos	hube mantenido	hubimos mantenido
mantuviste	mantuvisteis	hubiste mantenido	hubisteis mantenido
mantuvo	mantuvieron	hubo mantenido	hubieron mantenido

Future		*Future Perfect*	
mantendré	mantendremos	habré mantenido	habremos mantenido
mantendrás	mantendréis	habrás mantenido	habréis mantenido
mantendrá	mantendrán	habrá mantenido	habrán mantenido

Conditional		*Perfect Conditional*	
mantendría	mantendríamos	habría mantenido	habríamos mantenido
mantendrías	mantendríais	habrías mantenido	habríais mantenido
mantendría	mantendrían	habría mantenido	habrían mantenido

Present Subjunctive		*Present Perfect Subjunctive*	
mantenga	mantengamos	haya mantenido	hayamos mantenido
mantengas	mantengáis	hayas mantenido	hayáis mantenido
mantenga	mantengan	haya mantenido	hayan mantenido

Imperfect Subjunctive		*Pluperfect Subjunctive*	
mantuviera	mantuviéramos	hubiera mantenido	hubiéramos mantenido
mantuvieras	mantuvierais	hubieras mantenido	hubierais mantenido
mantuviera	mantuvieran	hubiera mantenido	hubieran mantenido
OR			
mantuviese	mantuviésemos		
mantuvieses	mantuvieseis		
mantuviese	mantuviesen		

Imperative

mantén	mantened
mantenga	mantengan

Verb in Action

Él sigue manteniendo su inocencia. *(He still maintains his innocence.)*
Mantuvimos una larga conversación. *(We had a long conversation.)*
No nos podemos mantener solamente con su sueldo. *(We cannot maintain ourselves on his salary alone.)*

marchar(se)

(to go, to work as in a machine, to march)

Gerund: marchando • **Past Participle:** marchado
Regular –ar verb

Present Indicative

marcho	marchamos
marchas	marcháis
marcha	marchan

Present Perfect

he marchado	hemos marchado
has marchado	habéis marchado
ha marchado	han marchado

Imperfect

marchaba	marchábamos
marchabas	marchabais
marchaba	marchaban

Pluperfect

había marchado	habíamos marchado
habías marchado	habíais marchado
había marchado	habían marchado

Preterite

marché	marchamos
marchaste	marchasteis
marchó	marcharon

Preterite Perfect

hube marchado	hubimos marchado
hubiste marchado	hubísteis marchado
hubo marchado	hubieron marchado

Future

marcharé	marcharemos
marcharás	marcharéis
marchará	marcharán

Future Perfect

habré marchado	habremos marchado
habrás marchado	habréis marchado
habrá marchado	habrán marchado

Conditional

marcharía	marcharíamos
marcharías	marcharíais
marcharía	marcharían

Perfect Conditional

habría marchado	habríamos marchado
habrías marchado	habríais marchado
habría marchado	habrían marchado

Present Subjunctive

marche	marchemos
marches	marchéis
marche	marchen

Present Perfect Subjunctive

haya marchado	hayamos marchado
hayas marchado	hayáis marchado
haya marchado	hayan marchado

Imperfect Subjunctive

marchara	marcháramos
marcharas	marcharais
marchara	marcharan
OR	
marchase	marchásemos
marchases	marchaseis
marchase	marchasen

Pluperfect Subjunctive

hubiera marchado	hubiéramos marchado
hubieras marchado	hubierais marchado
hubiera marchado	hubieran marchado

Imperative

marcha	marchad
marche	marchen

Verb in Action

¿Cómo marchan las cosas en el trabajo? *(How are things at work?)*
Al año siguiente se marcharon todos a Canadá. *(The following year they all went to Canada.)*
El ejército marchó sobre la capital. *(The army marched on the capital.)*

matar(se)

(to kill)

Gerund: matando • **Past Participle:** matado
Reflexive regular -ar verb

Present Indicative		*Present Perfect*	
mato	matamos	he matado	hemos matado
matas	matáis	has matado	habéis matado
mata	matan	ha matado	han matado

Imperfect		*Pluperfect*	
mataba	matábamos	había matado	habíamos matado
matabas	matabais	habías matado	habíais matado
mataba	mataban	había matado	habían matado

Preterite		*Preterite Perfect*	
maté	matamos	hube matado	hubimos matado
mataste	matasteis	hubiste matado	hubisteis matado
mató	mataron	hubo matado	hubieron matado

Future		*Future Perfect*	
mataré	mataremos	habré matado	habremos matado
matarás	mataréis	habrás matado	habréis matado
matará	matarán	habrá matado	habrán matado

Conditional		*Perfect Conditional*	
mataría	mataríamos	habría matado	habríamos matado
matarías	mataríais	habrías matado	habríais matado
mataría	matarían	habría matado	habrían matado

Present Subjunctive		*Present Perfect Subjunctive*	
mate	matemos	haya matado	hayamos matado
mates	matéis	hayas matado	hayáis matado
mate	maten	haya matado	hayan matado

Imperfect Subjunctive		*Pluperfect Subjunctive*	
matara	matáramos	hubiera matado	hubiéramos matado
mataras	matarais	hubieras matado	hubierais matado
matara	mataran	hubiera matado	hubieran matado
OR			
matase	matásemos		
matases	mataseis		
matase	matasen		

Imperative

mata	matad
mate	maten

Verb in Action

Los mataron a todos sin piedad. *(They killed them all without mercy.)*
Él se arriesgó a que lo mataran de un tiro. *(He risked being killed with a shot.)*
No hace falta que te mates trabajando. *(There's no need to kill yourself working.)*

medir

(to measure)

Gerund: midiendo • **Past Participle:** medido

Regular -ir verb with stem change: e to i (tenses 1, 3, 6, 7, gerund, and imperative)

Present Indicative

mido	medimos
mides	medís
mide	miden

Present Perfect

he medido	hemos medido
has medido	habéis medido
ha medido	han medido

Imperfect

medía	medíamos
medías	medíais
medía	medían

Pluperfect

había medido	habíamos medido
habías medido	habíais medido
había medido	habían medido

Preterite

medí	medimos
mediste	medisteis
midió	midieron

Preterite Perfect

hube medido	hubimos medido
hubiste medido	hubisteis medido
hubo medido	hubieron medido

Future

mediré	mediremos
medirás	mediréis
medirá	medirán

Future Perfect

habré medido	habremos medido
habrás medido	habréis medido
habrá medido	habrán medido

Conditional

mediría	mediríamos
medirías	mediríais
mediría	medirían

Perfect Conditional

habría medido	habríamos medido
habrías medido	habríais medido
habría medido	habrían medido

Present Subjunctive

mida	midamos
midas	midáis
mida	midan

Present Perfect Subjunctive

haya medido	hayamos medido
hayas medido	hayáis medido
haya medido	hayan medido

Imperfect Subjunctive

midiera	midiéramos
midieras	midierais
midiera	midieran

OR

midiese	midiésemos
midieses	midieseis
midiese	midiesen

Pluperfect Subjunctive

hubiera medido	hubiéramos medido
hubieras medido	hubierais medido
hubiera medido	hubieran medido

Imperative

mide	medid
mida	midan

Verb in Action

Mide el ancho de la mesa. *(Measure the width of the table.)*
Midieron el sofá para ver si entraría por la puerta. *(They measured the sofa to see if it would go through the doorway.)*
Mido un metro setenta. *(I'm one meter seventy centimeters.)*

mejorar(se)

(to improve, to get better)

Gerund: mejorando • **Past Participle:** mejorado
Reflexive regular -ar verb

Present Indicative		*Present Perfect*	
mejoro	mejoramos	he mejorado	hemos mejorado
mejoras	mejoráis	has mejorado	habéis mejorado
mejora	mejoran	ha mejorado	han mejorado

Imperfect		*Pluperfect*	
mejoraba	mejorábamos	había mejorado	habíamos mejorado
mejorabas	mejorabais	habías mejorado	habíais mejorado
mejoraba	mejoraban	había mejorado	habían mejorado

Preterite		*Preterite Perfect*	
mejoré	mejoramos	hube mejorado	hubimos mejorado
mejoraste	mejorasteis	hubiste mejorado	hubisteis mejorado
mejoró	mejoraron	hubo mejorado	hubieron mejorado

Future		*Future Perfect*	
mejoraré	mejoraremos	habré mejorado	habremos mejorado
mejorarás	mejoraréis	habrás mejorado	habréis mejorado
mejorará	mejorarán	habrá mejorado	habrán mejorado

Conditional		*Perfect Conditional*	
mejoraría	mejoraríamos	habría mejorado	habríamos mejorado
mejorarías	mejoraríais	habrías mejorado	habríais mejorado
mejoraría	mejorarían	habría mejorado	habrían mejorado

Present Subjunctive		*Present Perfect Subjunctive*	
mejore	mejoremos	haya mejorado	hayamos mejorado
mejores	mejoréis	hayas mejorado	hayáis mejorado
mejore	mejoren	haya mejorado	hayan mejorado

Imperfect Subjunctive		*Pluperfect Subjunctive*	
mejorara	mejoráramos	hubiera mejorado	hubiéramos mejorado
mejoraras	mejorarais	hubieras mejorado	hubierais mejorado
mejorara	mejoraran	hubiera mejorado	hubieran mejorado
OR			
mejorase	mejorásemos		
mejorases	mejoraseis		
mejorase	mejorasen		

Imperative

mejora	mejorad
mejore	mejoren

Verb in Action

Tienes que mejorar la presentación. *(You have to improve on presentation.)*
¡Que te mejores muy pronto! *(Get well soon!)*
La situación ha mejorado mucho. *(The situation has greatly improved.)*

mentir

(to lie)

Gerund: mintiendo • **Past Participle:** mentido
Regular -ir verb with stem changes: (tenses 1, 3, 6, 7, gerund, and imperative)

Present Indicative

miento	mentimos
mientes	mentís
miente	mienten

Imperfect

mentía	mentíamos
mentías	mentíais
mentía	mentían

Preterite

mentí	mentimos
mentiste	mentisteis
mintió	mintieron

Future

mentiré	mentiremos
mentirás	mentiréis
mentirá	mentirán

Conditional

mentiría	mentiríamos
mentirías	mentiríais
mentiría	mentirían

Present Subjunctive

mienta	mentamos
mientas	mentáis
mienta	mienta

Imperfect Subjunctive

mintiera	mintiéramos
mintieras	mintierais
mintiera	mintieran

OR

mintiese	mintiésemos
mintieses	mintieseis
mintiese	mintiesen

Present Perfect

he mentido	hemos mentido
has mentido	habéis mentido
ha mentido	han mentido

Pluperfect

había mentido	habíamos mentido
habías mentido	habíais mentido
había mentido	habían mentido

Preterite Perfect

hube mentido	hubimos mentido
hubiste mentido	hubisteis mentido
hubo mentido	hubieron mentido

Future Perfect

habré mentido	habremos mentido
habrás mentido	habréis mentido
habrá mentido	habrán mentido

Perfect Conditional

habría mentido	habríamos mentido
habrías mentido	habríais mentido
habría mentido	habrían mentido

Present Perfect Subjunctive

haya mentido	hayamos mentido
hayas mentido	hayáis mentido
haya mentido	hayan mentido

Pluperfect Subjunctive

hubiera mentido	hubiéramos mentido
hubieras mentido	hubierais mentido
hubiera mentido	hubieran mentido

Imperative

miente	mentid
mienta	mienta

Verb in Action

¡No me mientas! *(Don't lie to me!)*
Le había mentido varias veces a ella. *(He had lied to her several times.)*
Le mentí a ella para que no se preocupara. *(I lied to her so that she wouldn't worry.)*

#308

merecer(se)

(to deserve)

Gerund: mereciendo • **Past Participle:** merecido

Reflexive regular -er verb with spelling change: c to zc in front of a and o

Present Indicative

merezco	merecemos
mereces	merecéis
merece	merecen

Present Perfect

he merecido	hemos merecido
has merecido	habéis merecido
ha merecido	han merecido

Imperfect

merecía	merecíamos
merecías	merecíais
merecía	merecían

Pluperfect

había merecido	habíamos merecido
habías merecido	habíais merecido
había merecido	habían merecido

Preterite

merecí	merecimos
mereciste	merecisteis
mereció	merecieron

Preterite Perfect

hube merecido	hubimos merecido
hubiste merecido	hubisteis merecido
hubo merecido	hubieron merecido

Future

mereceré	mereceremos
merecerás	mereceréis
merecerá	merecerán

Future Perfect

habré merecido	habremos merecido
habrás merecido	habréis merecido
habrá merecido	habrán merecido

Conditional

merecería	mereceríamos
merecerías	mereceríais
merecería	merecerían

Perfect Conditional

habría merecido	habríamos merecido
habrías merecido	habríais merecido
habría merecido	habrían merecido

Present Subjunctive

merezca	merezcamos
merezcas	merezcáis
merezca	merezcan

Present Perfect Subjunctive

haya merecido	hayamos merecido
hayas merecido	hayáis merecido
haya merecido	hayan merecido

Imperfect Subjunctive

mereciera	mereciéramos
merecieras	merecierais
mereciera	merecieran
OR	
mereciese	mereciésemos
merecieses	merecieseis
mereciese	mereciesen

Pluperfect Subjunctive

hubiera merecido	hubiéramos merecido
hubieras merecido	hubierais merecido
hubiera merecido	hubieran merecido

Imperative

merece	mereced
merezca	merezcan

Verb in Action

La exposición no merece la pena. *(The exhibition isn't worth going to.)*

Tenemos que demostrar que merecemos la confianza del pueblo. *(We have to demonstrate that we are worthy of public confidence.)*

Se merecían un monumento. *(They deserved a monument.)*

meter(se)

(to put)

Gerund: metiendo • **Past Participle:** metido
Reflexive regular -er verb

Present Indicative		*Present Perfect*	
meto	metemos	he metido	hemos metido
metes	metéis	has metido	habéis metido
mete	meten	ha metido	han metido

Imperfect		*Pluperfect*	
metía	metíamos	había metido	habíamos metido
metías	metíais	habías metido	habíais metido
metía	metían	había metido	habían metido

Preterite		*Preterite Perfect*	
metí	metimos	hube metido	hubimos metido
metiste	metisteis	hubiste metido	hubisteis metido
metió	metieron	hubo metido	hubieron metido

Future		*Future Perfect*	
meteré	meteremos	habré metido	habremos metido
meterás	meteréis	habrás metido	habréis metido
meterá	meterán	habrá metido	habrán metido

Conditional		*Perfect Conditional*	
metería	meteríamos	habría metido	habríamos metido
meterías	meteríais	habrías metido	habríais metido
metería	meterían	habría metido	habrían metido

Present Subjunctive		*Present Perfect Subjunctive*	
meta	metamos	haya metido	hayamos metido
metas	metáis	hayas metido	hayáis metido
meta	metan	haya metido	hayan metido

Imperfect Subjunctive		*Pluperfect Subjunctive*	
metiera	metiéramos	hubiera metido	hubiéramos metido
metieras	metierais	hubieras metido	hubierais metido
metiera	metieran	hubiera metido	hubieran metido
OR			
metiese	metiésemos		
metieses	metieseis		
metiese	metiesen		

Imperative

mete	meted
meta	metan

Verb in Action

Ella metió el violín en su estuche. *(She put the violin in its case.)*
¡No te metas el dedo en la nariz! *(Don't pick your nose!)*
Me dijo él que no me metiera en sus asuntos. *(He told me not to meddle in his affairs.)*

mirar(se)

(to look (at))

Gerund: mirando • **Past Participle:** mirado
Reflexive regular -ar verb

Present Indicative		***Present Perfect***	
miro	miramos	he mirado	hemos mirado
miras	miráis	has mirado	habéis mirado
mira	miran	ha mirado	han mirado
Imperfect		***Pluperfect***	
miraba	mirábamos	había mirado	habíamos mirado
mirabas	mirabais	habías mirado	habíais mirado
miraba	miraban	había mirado	habían mirado
Preterite		***Preterite Perfect***	
miré	miramos	hube mirado	hubimos mirado
miraste	mirasteis	hubiste mirado	hubisteis mirado
miró	miraron	hubo mirado	hubieron mirado
Future		***Future Perfect***	
miraré	miraremos	habré mirado	habremos mirado
mirarás	miraréis	habrás mirado	habréis mirado
mirará	mirarán	habrá mirado	habrán mirado
Conditional		***Perfect Conditional***	
miraría	miraríamos	habría mirado	habríamos mirado
mirarías	miraríais	habrías mirado	habríais mirado
miraría	mirarían	habría mirado	habrían mirado
Present Subjunctive		***Present Perfect Subjunctive***	
mire	miremos	haya mirado	hayamos mirado
mires	miréis	hayas mirado	hayáis mirado
mire	miren	haya mirado	hayan mirado
Imperfect Subjunctive		***Pluperfect Subjunctive***	
mirara	miráramos	hubiera mirado	hubiéramos mirado
miraras	mirarais	hubieras mirado	hubierais mirado
mirara	miraran	hubiera mirado	hubieran mirado
OR			
mirase	mirásemos		
mirases	miraseis		
mirase	mirasen		

Imperative

mira	mirad
mire	miren

Verb in Action

¡Mira qué preciosas flores! *(What lovely flowers!)*
La fachada principal mira al norte. *(The building is north-facing.)*
No me gustaba que él me mirara fijamente. *(I didn't like him staring at me.)*

molestar(se)

(to bother, to disturb)

Gerund: molestando • **Past Participle:** molestado
Reflexive regular -ar verb

Present Indicative		*Present Perfect*	
molesto	molestamos	he molestado	hemos molestado
molestas	molestáis	has molestado	habéis molestado
molesta	molestan	ha molestado	han molestado

Imperfect		*Pluperfect*	
molestaba	molestábamos	había molestado	habíamos molestado
molestabas	molestabais	habías molestado	habíais molestado
molestaba	molestaban	había molestado	habían molestado

Preterite		*Preterite Perfect*	
molesté	molestamos	hube molestado	hubimos molestado
molestaste	molestasteis	hubiste molestado	hubisteis molestado
molestó	molestaron	hubo molestado	hubieron molestado

Future		*Future Perfect*	
molestaré	molestaremos	habré molestado	habremos molestado
molestarás	molestaréis	habrás molestado	habréis molestado
molestará	molestarán	habrá molestado	habrán molestado

Conditional		*Perfect Conditional*	
molestaría	molestaríamos	habría molestado	habríamos molestado
molestarías	molestaríais	habrías molestado	habríais molestado
molestaría	molestarían	habría molestado	habrían molestado

Present Subjunctive		*Present Perfect Subjunctive*	
moleste	molestemos	haya molestado	hayamos molestado
molestes	molestéis	hayas molestado	hayáis molestado
moleste	molesten	haya molestado	hayan molestado

Imperfect Subjunctive		*Pluperfect Subjunctive*	
molestara	molestáramos	hubiera molestado	hubiéramos molestado
molestaras	molestarais	hubieras molestado	hubierais molestado
molestara	molestaran	hubiera molestado	hubieran molestado
OR			
molestase	molestásemos		
molestases	molestaseis		
molestase	molestasen		

Imperative

molesta	molestad
moleste	molesten

Verb in Action

¿Te molesta si me siento aquí? *(Do you mind if I sit here?)*
No molesten a mamá. No se siente muy bien. *(Don't disturb Mom. She isn't feeling very well.)*
Me está molestando esta muela. *(This molar is bothering me.)*

morir

(to die)

Gerund: muriendo • **Past Participle:** muerto

Regular -ir verb with stem change: (tenses 1, 3, 6, 7, gerund, and imperative) and irregular past participle

Present Indicative

muero	morimos
mueres	morís
muere	mueren

Imperfect

moría	moríamos
morías	moríais
moría	morían

Preterite

morí	morimos
moriste	moristeis
murió	murieron

Future

moriré	moriremos
morirás	moriréis
morirá	morirán

Conditional

moriría	moriríamos
morirías	moriríais
moriría	morirían

Present Subjunctive

muera	muramos
mueras	muráis
muera	mueran

Imperfect Subjunctive

muriera	muriéramos
murieras	murierais
muriera	murieran

OR

muriese	muriésemos
murieses	murieseis
muriese	muriesen

Present Perfect

he muerto	hemos muerto
has muerto	habéis muerto
ha muerto	han muerto

Pluperfect

había muerto	habíamos muerto
habías muerto	habíais muerto
había muerto	habían muerto

Preterite Perfect

hube muerto	hubimos muerto
hubiste muerto	hubisteis muerto
hubo muerto	hubieron muerto

Future Perfect

habré muerto	habremos muerto
habrás muerto	habréis muerto
habrá muerto	habrán muerto

Perfect Conditional

habría muerto	habríamos muerto
habrías muerto	habríais muerto
habría muerto	habrían muerto

Present Perfect Subjunctive

haya muerto	hayamos muerto
hayas muerto	hayáis muerto
haya muerto	hayan muerto

Pluperfect Subjunctive

hubiera muerto	hubiéramos muerto
hubieras muerto	hubierais muerto
hubiera muerto	hubieran muerto

Imperative

muere	morid
muera	mueran

Verb in Action

¡Me muero de hambre! *(I'm starving!)*
Él se murió el mes pasado. *(He died last month.)*
Me moría de ganas de contárselo. *(I was dying to tell her.)*

mostrar(se)

(to show)

Gerund: mostrando • **Past Participle:** mostrado

Reflexive regular -ar verb with stem change: o to ue (tenses 1, 6, and imperative)

Present Indicative

muestro	mostramos
muestras	mostráis
muestra	muestran

Imperfect

mostraba	mostrábamos
mostrabas	mostrabais
mostraba	mostraban

Preterite

mostré	mostramos
mostraste	mostrasteis
mostró	mostraron

Future

mostraré	mostraremos
mostrarás	mostraréis
mostrará	mostrarán

Conditional

mostraría	mostraríamos
mostrarías	mostraríais
mostraría	mostrarían

Present Subjunctive

muestre	mostremos
muestres	mostréis
muestre	muestren

Imperfect Subjunctive

mostrara	mostráramos
mostraras	mostrarais
mostrara	mostraran

OR

mostrase	mostrásemos
mostrases	mostraseis
mostrase	mostrasen

Present Perfect

he mostrado	hemos mostrado
has mostrado	habéis mostrado
ha mostrado	han mostrado

Pluperfect

había mostrado	habíamos mostrado
habías mostrado	habíais mostrado
había mostrado	habían mostrado

Preterite Perfect

hube mostrado	hubimos mostrado
hubiste mostrado	hubisteis mostrado
hubo mostrado	hubieron mostrado

Future Perfect

habré mostrado	habremos mostrado
habrás mostrado	habréis mostrado
habrá mostrado	habrán mostrado

Perfect Conditional

habría mostrado	habríamos mostrado
habrías mostrado	habríais mostrado
habría mostrado	habrían mostrado

Present Perfect Subjunctive

haya mostrado	hayamos mostrado
hayas mostrado	hayáis mostrado
haya mostrado	hayan mostrado

Pluperfect Subjunctive

hubiera mostrado	hubiéramos mostrado
hubieras mostrado	hubierais mostrado
hubiera mostrado	hubieran mostrado

Imperative

muestra	mostrad
muestre	muestren

Verb in Action

¿Me muestras las fotos? *(Will you show me the photos?)*

Nos mostraron la casa a ellos. *(They showed us the house.)*

Marta quiere que le muestres el cuadro que compraste. *(Marta wants you to show her the picture you bought.)*

mover(se)

(to move)

Gerund: moviendo • **Past Participle:** movido
Reflexive regular -er verb with stem change: o to ue (tenses 1, 6, and imperative)

Present Indicative

muevo	movemos
mueves	movéis
mueve	mueven

Imperfect

movía	movíamos
movías	movíais
movía	movían

Preterite

moví	movimos
moviste	movisteis
movió	movieron

Future

moveré	moveremos
moverás	moveréis
moverá	moverán

Conditional

movería	moveríamos
moverías	moveríais
movería	moverían

Present Subjunctive

mueva	movamos
muevas	mováis
mueva	muevan

Imperfect Subjunctive

moviera	moviéramos
movieras	movierais
moviera	movieran

OR

moviese	moviésemos
movieses	movieseis
moviese	moviesen

Present Perfect

he movido	hemos movido
has movido	habéis movido
ha movido	han movido

Pluperfect

había movido	habíamos movido
habías movido	habíais movido
había movido	habían movido

Preterite Perfect

hube movido	hubimos movido
hubiste movido	hubisteis movido
hubo movido	hubieron movido

Future Perfect

habré movido	habremos movido
habrás movido	habréis movido
habrá movido	habrán movido

Perfect Conditional

habría movido	habríamos movido
habrías movido	habríais movido
habría movido	habrían movido

Present Perfect Subjunctive

haya movido	hayamos movido
hayas movido	hayáis movido
haya movido	hayan movido

Pluperfect Subjunctive

hubiera movido	hubiéramos movido
hubieras movido	hubierais movido
hubiera movido	hubieran movido

Imperative

mueve	moved
mueva	muevan

Verb in Action

El perro no dejaba de mover la cola. *(The dog kept wagging its tail.)*
Se está moviendo. *(It's moving.)*
No se movieron de casa. *(They didn't leave the house.)*

mudarse

(to move)

Gerund: mudando • **Past Participle:** mudado
Reflexive regular -ar verb

Present Indicative		*Present Perfect*	
me mudo	nos mudamos	me he mudado	nos hemos mudado
te mudas	os mudáis	te has mudado	os habéis mudado
se muda	se mudan	se ha mudado	se han mudado

Imperfect		*Pluperfect*	
me mudaba	nos mudábamos	me había mudado	nos habíamos mudado
te mudabas	os mudabais	te habías mudado	os habíais mudado
se mudaba	se mudaban	se había mudado	se habían mudado

Preterite		*Preterite Perfect*	
me mudé	nos mudamos	me hube mudado	nos hubimos mudado
te mudaste	os mudasteis	te hubiste mudado	os hubisteis mudado
se mudó	se mudaron	se hubo mudado	se hubieron mudado

Future		*Future Perfect*	
me mudaré	nos mudaremos	me habré mudado	nos habremos mudado
te mudarás	os mudaréis	te habrás mudado	os habréis mudado
se mudará	se mudarán	se habrá mudado	se habrán mudado

Conditional		*Perfect Conditional*	
me mudaría	nos mudaríamos	me habría mudado	nos habríamos mudado
te mudarías	os mudaríais	te habrías mudado	os habríais mudado
se mudaría	se mudarían	se habría mudado	se habrían mudado

Present Subjunctive		*Present Perfect Subjunctive*	
me mude	nos mudemos	me haya mudado	nos hayamos mudado
te mudes	os mudéis	te hayas mudado	os hayáis mudado
se mude	se muden	se haya mudado	se hayan mudado

Imperfect Subjunctive		*Pluperfect Subjunctive*	
me mudara	nos mudáramos	me hubiera mudado	nos hubiéramos mudado
te mudaras	os mudarais	te hubieras mudado	os hubierais mudado
se mudara	se mudaran	se hubiera mudado	se hubieran mudado
OR			
me mudase	nos mudásemos		
te mudases	os mudaseis		
se mudase	se mudasen		

Imperative

múdate	mudaos
múdese	múdense

Verb in Action

Se mudaron a Buenos Aires. *(They moved to Buenos Aires.)*
¿Cuándo te mudas al nuevo apartamento? *(When are you moving into the new apartment?)*
Mudarse de casa es muy estresante. *(Moving is very stressful.)*

multiplicar(se)

(to multiply, to increase)

Gerund: multiplicando • **Past Participle:** multiplicado
Reflexive regular -ar verb with spelling change: c to qu in front of e

Present Indicative

multiplico	multiplicamos
multiplicas	multiplicáis
multiplica	multiplican

Imperfect

multiplicaba	multiplicábamos
multiplicabas	multiplicabais
multiplicaba	multiplicaban

Preterite

multipliqué	multiplicamos
multiplicaste	multiplicasteis
multiplicó	multiplicaron

Future

multiplicaré	multiplicaremos
multiplicarás	multiplicaréis
multiplicará	multiplicarán

Conditional

multiplicaría	multiplicaríamos
multiplicarías	multiplicaríais
multiplicaría	multiplicarían

Present Subjunctive

multiplique	multipliquemos
multipliques	multipliquéis
multiplique	multipliquen

Imperfect Subjunctive

multiplicara	multiplicáramos
multiplicaras	multiplicarais
multiplicar	multiplicaran

OR

multiplicase	multiplicásemos
multiplicases	multiplicaseis
multiplicase	multiplicasen

Present Perfect

he multiplicado	hemos multiplicado
has multiplicado	habéis multiplicado
ha multiplicado	han multiplicado

Pluperfect

había multiplicado	habíamos multiplicado
habías multiplicado	habíais multiplicado
había multiplicado	habían multiplicado

Preterite Perfect

hube multiplicado	hubimos multiplicado
hubiste multiplicado	hubisteis multiplicado
hubo multiplicado	hubieron multiplicado

Future Perfect

habré multiplicado	habremos multiplicado
habrás multiplicado	habréis multiplicado
habrá multiplicado	habrán multiplicado

Perfect Conditional

habría multiplicado	habríamos multiplicado
habrías multiplicado	habríais multiplicado
habría multiplicado	habrían multiplicado

Present Perfect Subjunctive

haya multiplicado	hayamos multiplicado
hayas multiplicado	hayáis multiplicado
haya multiplicado	hayan multiplicado

Pluperfect Subjunctive

hubiera multiplicado	hubiéramos multiplicado
hubieras multiplicado	hubierais multiplicado
hubiera multiplicado	hubieran multiplicado

Imperative

multiplica	multiplicad
multiplique	multipliquen

Verb in Action

Tienes que multiplicar el ancho por el largo. *(You have to multiply the width by the length.)*
Multipliqué el total por cuatro. *(I multiplied the total by four.)*
Se han multiplicado los problemas. *(The problems have multiplied.)*

nacer

(to be born)

Gerund: naciendo • **Past Participle:** nacido
Regular -ar verb with spelling change: c to zc in front of a and o

Present Indicative

nazco	nacemos
naces	nacéis
nace	nacen

Imperfect

nacía	nacíamos
nacías	nacíais
nacía	nacían

Preterite

nací	nacimos
naciste	nacisteis
nació	nacieron

Future

naceré	naceremos
nacerás	naceréis
nacerá	nacerán

Conditional

nacería	naceríamos
nacerías	naceríais
nacería	nacerían

Present Subjunctive

nazca	nazcamos
nazcas	nazcáis
nazca	nazcan

Imperfect Subjunctive

naciera	naciéramos
nacieras	nacierais
naciera	nacieran

OR

naciese	naciésemos
nacieses	nacieseis
naciese	naciesen

Present Perfect

he nacido	hemos nacido
has nacido	habéis nacido
ha nacido	han nacido

Pluperfect

había nacido	habíamos nacido
habías nacido	habíais nacido
había nacido	habían nacido

Preterite Perfect

hube nacido	hubimos nacido
hubiste nacido	hubisteis nacido
hubo nacido	hubieron nacido

Future Perfect

habré nacido	habremos nacido
habrás nacido	habréis nacido
habrá nacido	habrán nacido

Perfect Conditional

habría nacido	habríamos nacido
habrías nacido	habríais nacido
habría nacido	habrían nacido

Present Perfect Subjunctive

haya nacido	hayamos nacido
hayas nacido	hayáis nacido
haya nacido	hayan nacido

Pluperfect Subjunctive

hubiera nacido	hubiéramos nacido
hubieras nacido	hubierais nacido
hubiera nacido	hubieran nacido

Imperative

nace	naced
nazca	nazcan

Verb in Action

Nacen cuatro niños por minuto. *(Four children are born every minute.)*
Él nació en 1980. *(He was born in 1980.)*
Tú todavía no habías nacido. *(You hadn't been born yet.)*

nadar

(to swim)

Gerund: nadando • **Past Participle:** nadado
Regular -ar verb

Present Indicative		*Present Perfect*	
nado	nadamos	he nadado	hemos nadado
nadas	nadáis	has nadado	habéis nadado
nada	nadan	ha nadado	han nadado

Imperfect		*Pluperfect*	
nadaba	nadábamos	había nadado	habíamos nadado
nadabas	nadabais	habías nadado	habíais nadado
nadaba	nadaban	había nadado	habían nadado

Preterite		*Preterite Perfect*	
nadé	nadamos	hube nadado	hubimos nadado
nadaste	nadasteis	hubiste nadado	hubisteis nadado
nadó	nadaron	hubo nadado	hubieron nadado

Future		*Future Perfect*	
nadaré	nadaremos	habré nadado	habremos nadado
nadarás	nadaréis	habrás nadado	habréis nadado
nadará	nadarán	habrá nadado	habrán nadado

Conditional		*Perfect Conditional*	
nadaría	nadaríamos	habría nadado	habríamos nadado
nadarías	nadaríais	habrías nadado	habríais nadado
nadaría	nadarían	habría nadado	habrían nadado

Present Subjunctive		*Present Perfect Subjunctive*	
nade	nademos	haya nadado	hayamos nadado
nades	nadéis	hayas nadado	hayáis nadado
nade	naden	haya nadado	hayan nadado

Imperfect Subjunctive		*Pluperfect Subjunctive*	
nadara	nadáramos	hubiera nadado	hubiéramos nadado
nadaras	nadarais	hubieras nadado	hubierais nadado
nadara	nadaran	hubiera nadado	hubieran nadado
OR			
nadase	nadásemos		
nadases	nadaseis		
nadase	nadasen		

Imperative

nada	nadad
nade	naden

Verb in Action

Estaban nadando en la piscina. *(They were swimming in the pool.)*
Nadé diez largos. *(I swam ten lengths.)*
Me aconsejó él que nadara todos los días. *(He advised me to go for a swim every day.)*

necesitar

(to need)

Gerund: necesitando • **Past Participle:** necesitado
Regular -ar verb

Present Indicative		***Present Perfect***	
necesito	necesitamos	he necesitado	hemos necesitado
necesitas	necesitáis	has necesitado	habéis necesitado
necesita	necesitan	ha necesitado	han necesitado
Imperfect		***Pluperfect***	
necesitaba	necesitábamos	había necesitado	habíamos necesitado
necesitabas	necesitabais	habías necesitado	habíais necesitado
necesitaba	necesitaban	había necesitado	habían necesitado
Preterite		***Preterite Perfect***	
necesité	necesitamos	hube necesitado	hubimos necesitado
necesitaste	necesitasteis	hubiste necesitado	hubisteis necesitado
necesitó	necesitaron	hubo necesitado	hubieron necesitado
Future		***Future Perfect***	
necesitaré	necesitaremos	habré necesitado	habremos necesitado
necesitarás	necesitaréis	habrás necesitado	habréis necesitado
necesitará	necesitarán	habrá necesitado	habrán necesitado
Conditional		***Perfect Conditional***	
necesitaría	necesitaríamos	habría necesitado	habríamos necesitado
necesitarías	necesitaríais	habrías necesitado	habríais necesitado
necesitaría	necesitarían	habría necesitado	habrían necesitado
Present Subjunctive		***Present Perfect Subjunctive***	
necesite	necesitemos	haya necesitado	hayamos necesitado
necesites	necesitéis	hayas necesitado	hayáis necesitado
necesite	necesiten	haya necesitado	hayan necesitado
Imperfect Subjunctive		***Pluperfect Subjunctive***	
necesitara	necesitáramos	hubiera necesitado	hubiéramos necesitado
necesitaras	necesitarais	hubieras necesitado	hubierais necesitado
necesitara	necesitaran	hubiera necesitado	hubieran necesitado
OR			
necesitase	necesitásemos		
necesitases	necesitaseis		
necesitase	necesitasen		

Imperative

necesita	necesitad
necesite	necesiten

Verb in Action

¿Cuánto dinero necesitas? *(How much money do you need?)*
Pídeme lo que necesites. *(Ask me for anything you need.)*
Necesitaría otra semana para terminar el trabajo. *(I would need another week to finish the job.)*

#320

negar

(to deny, to refuse)

Gerund: negando • **Past Participle:** negado
Regular -ar verb with spelling change: g to gu in front of e

Present Indicative

nego	negamos
negas	negáis
nega	negan

Imperfect

negaba	negábamos
negabas	negabais
negaba	negaban

Preterite

negué	negamos
negaste	negasteis
negó	negaron

Future

negaré	negaremos
negarás	negaréis
negará	negarán

Conditional

negaría	negaríamos
negarías	negaríais
negaría	negarían

Present Subjunctive

negue	neguemos
negues	neguéis
negue	neguen

Imperfect Subjunctive

negara	negáramos
negaras	negarais
negar	negaran

OR

negase	negásemos
negases	negaseis
negase	negasen

Present Perfect

he negado	hemos negado
has negado	habéis negado
ha negado	han negado

Pluperfect

había negado	habíamos negado
habías negado	habíais negado
había negado	habían negado

Preterite Perfect

hube negado	hubimos negado
hubiste negado	hubisteis negado
hubo negado	hubieron negado

Future Perfect

habré negado	habremos negado
habrás negado	habréis negado
habrá negado	habrán negado

Perfect Conditional

habría negado	habríamos negado
habrías negado	habríais negado
habría negado	habrían negado

Present Perfect Subjunctive

haya negado	hayamos negado
hayas negado	hayáis negado
haya negado	hayan negado

Pluperfect Subjunctive

hubiera negado	hubiéramos negado
hubieras negado	hubierais negado
hubiera negado	hubieran negado

Imperative

nega	negad
negue	neguen

Verb in Action

No lo puedes negar. *(You can't deny it.)*
Ellas negamos la broma. *(They denied the joke.)*

nevar

(to snow)

Gerund: nevando • **Past Participle:** nevado
Regular -ar verb with stem change: e to ie (tenses 1 and 6)

Present Indicative
nieva

Imperfect
nevaba

Preterite
nevó

Future
nevará

Conditional
nevaría

Present Subjunctive
nieve

Imperfect Subjunctive
nevara *or* nevase

Present Perfect
ha nevado

Pluperfect
había nevado

Preterite Perfect
hubo nevado

Future Perfect
habrá nevado

Perfect Conditional
habría nevado

Present Perfect Subjunctive
haya nevado

Pluperfect Subjunctive
hubiera nevado

Imperative
NOTE: *Not used*

Verb in Action

Estaba nevando cuando me levanté. *(It was snowing when I got up.)*
Aquí no nieva casi nunca. *(It hardly ever snows here.)*
Nevó durante toda la noche. *(It snowed all night.)*

#322

nombrar

(to name, to appoint, to mention)

Gerund: nombrando • **Past Participle:** nombrado
Regular -ar verb

Present Indicative		*Present Perfect*	
nombro	nombramos	he nombrado	hemos nombrado
nombras	nombráis	has nombrado	habéis nombrado
nombra	nombran	ha nombrado	han nombrado
Imperfect		*Pluperfect*	
nombraba	nombrábamos	había nombrado	habíamos nombrado
nombrabas	nombrabais	habías nombrado	habíais nombrado
nombraba	nombraban	había nombrado	habían nombrado
Preterite		*Preterite Perfect*	
nombré	nombramos	hube nombrado	hubimos nombrado
nombraste	nombrasteis	hubiste nombrado	hubisteis nombrado
nombró	nombraron	hubo nombrado	hubieron nombrado
Future		*Future Perfect*	
nombraré	nombraremos	habré nombrado	habremos nombrado
nombrarás	nombraréis	habrás nombrado	habréis nombrado
nombrará	nombrarán	habrá nombrado	habrán nombrado
Conditional		*Perfect Conditional*	
nombraría	nombraríamos	habría nombrado	habríamos nombrado
nombrarías	nombraríais	habrías nombrado	habríais nombrado
nombraría	nombrarían	habría nombrado	habrían nombrado
Present Subjunctive		*Present Perfect Subjunctive*	
nombre	nombremos	haya nombrado	hayamos nombrado
nombres	nombréis	hayas nombrado	hayáis nombrado
nombre	nombren	haya nombrado	hayan nombrado
Imperfect Subjunctive		*Pluperfect Subjunctive*	
nombrara	nombráramos	hubiera nombrado	hubiéramos nombrado
nombraras	nombrarais	hubieras nombrado	hubierais nombrado
nombrara	nombraran	hubiera nombrado	hubieran nombrado
OR			
nombrase	nombrásemos		
nombrases	nombraseis		
nombrase	nombrasen		

Imperative

nombra	nombrad
nombre	nombren

Verb in Action

Lo nombraron rector de la universidad. *(He was appointed rector of the university.)*
Él esperaba que lo nombraran como candidato. *(He hoped he'd be nominated as a candidate.)*
Ella nunca nombra a su ex. *(She never mentions her ex.)*

notar

(to notice)

Gerund: notando • **Past Participle:** notado
Regular -ar verb

Present Indicative		*Present Perfect*	
noto	notamos	he notado	hemos notado
notas	notáis	has notado	habéis notado
nota	notan	ha notado	han notado

Imperfect		*Pluperfect*	
notaba	notábamos	había notado	habíamos notado
notabas	notabais	habías notado	habíais notado
notaba	notaban	había notado	habían notado

Preterite		*Preterite Perfect*	
noté	notamos	hube notado	hubimos notado
notaste	notasteis	hubiste notado	hubisteis notado
notó	notaron	hubo notado	hubieron notado

Future		*Future Perfect*	
notaré	notaremos	habré notado	habremos notado
notarás	notaréis	habrás notado	habréis notado
notará	notarán	habrá notado	habrán notado

Conditional		*Perfect Conditional*	
notaría	notaríamos	habría notado	habríamos notado
notarías	notaríais	habrías notado	habríais notado
notaría	notarían	habría notado	habrían notado

Present Subjunctive		*Present Perfect Subjunctive*	
note	notemos	haya notado	hayamos notado
notes	notéis	hayas notado	hayáis notado
note	noten	haya notado	hayan notado

Imperfect Subjunctive		*Pluperfect Subjunctive*	
notara	notáramos	hubiera notado	hubiéramos notado
notaras	notarais	hubieras notado	hubierais notado
notara	notaran	hubiera notado	hubieran notado
OR			
notase	notásemos		
notases	notaseis		
notase	notasen		

Imperative

nota	notad
note	noten

Verb in Action

Te noto cansada. *(I notice you are tired.)*
No noté que faltara nada. *(I didn't notice anything missing.)*
Se notaba que ella había estado llorando. *(You could notice she had been crying.)*

obedecer

(to obey)

Gerund: obedeciendo • **Past Participle:** obedecido
Regular -ar verb with spelling change: c to zc in front of a and o

Present Indicative

obedezco	obedecemos
obedeces	obedecéis
obedece	obedecen

Imperfect

obedecía	obedecíamos
obedecías	obedecíais
obedecía	obedecían

Preterite

obedecí	obedecimos
obedeciste	obedecisteis
obedeció	obedecieron

Future

obedeceré	obedeceremos
obedecerás	obedeceréis
obedecerá	obedecerán

Conditional

obedecería	obedeceríamos
obedecerías	obedeceríais
obedecería	obedecerían

Present Subjunctive

obedezca	obedezcamos
obedezcas	obedezcáis
obedezca	obedezcan

Imperfect Subjunctive

obedeciera	obedeciéramos
obedecieras	obedecierais
obedeciera	obedecieran
OR	
obedeciese	obedeciésemos
obedecieses	obedecieseis
obedeciese	obedeciesen

Present Perfect

he obedecido	hemos obedecido
has obedecido	habéis obedecido
ha obedecido	han obedecido

Pluperfect

había obedecido	habíamos obedecido
habías obedecido	habíais obedecido
había obedecido	habían obedecido

Preterite Perfect

hube obedecido	hubimos obedecido
hubiste obedecido	hubisteis obedecido
hubo obedecido	hubieron obedecido

Future Perfect

habré obedecido	habremos obedecido
habrás obedecido	habréis obedecido
habrá obedecido	habrán obedecido

Perfect Conditional

habría obedecido	habríamos obedecido
habrías obedecido	habríais obedecido
habría obedecido	habrían obedecido

Present Perfect Subjunctive

haya obedecido	hayamos obedecido
hayas obedecido	hayáis obedecido
haya obedecido	hayan obedecido

Pluperfect Subjunctive

hubiera obedecido	hubiéramos obedecido
hubieras obedecido	hubierais obedecido
hubiera obedecido	hubieran obedecido

Imperative

obedece	obedeced
obedezca	obedezcan

Verb in Action

Los alumnos no la obedecen. *(The students don't do as she tells them.)*
Obedezcan a su madre y recojan los juguetes. *(Do as your mother tells you and pick up your toys.)*
Obedecieron las órdenes del capitán. *(They obeyed the captain's orders.)*

obligar

(to oblige, to force)

Gerund: obligando • **Past Participle:** obligado
Regular -ar verb with spelling change: g to gu in front of e

Present Indicative

obligo	obligamos
obligas	obligáis
obliga	obligan

Present Perfect

he obligado	hemos obligado
has obligado	habéis obligado
ha obligado	han obligado

Imperfect

obligaba	obligábamos
obligabas	obligabais
obligaba	obligaban

Pluperfect

había obligado	habíamos obligado
habías obligado	habíais obligado
había obligado	habían obligado

Preterite

obligué	obligamos
obligaste	obligasteis
obligó	obligaron

Preterite Perfect

hube obligado	hubimos obligado
hubiste obligado	hubisteis obligado
hubo obligado	hubieron obligado

Future

obligaré	obligaremos
obligarás	obligaréis
obligará	obligarán

Future Perfect

habré obligado	habremos obligado
habrás obligado	habréis obligado
habrá obligado	habrán obligado

Conditional

obligaría	obligaríamos
obligarías	obligaríais
obligaría	obligarían

Perfect Conditional

habría obligado	habríamos obligado
habrías obligado	habríais obligado
habría obligado	habrían obligado

Present Subjunctive

obligue	obliguemos
obligues	obliguéis
obligue	obliguen

Present Perfect Subjunctive

haya obligado	hayamos obligado
hayas obligado	hayáis obligado
haya obligado	hayan obligado

Imperfect Subjunctive

obligara	obligáramos
obligaras	obligarais
obligara	obligaran
OR	
obligase	obligásemos
obligases	obligaseis
obligase	obligasen

Pluperfect Subjunctive

hubiera obligado	hubiéramos obligado
hubieras obligado	hubierais obligado
hubiera obligado	hubieran obligado

Imperative

obliga	obligad
obligue	obliguen

Verb in Action

Mi padre me obligó a estudiar mucho. *(My father made me study a lot.)*
Si ella no quiere comer, no la obligues. *(If she doesn't want to eat, don't make her.)*
Ella lo hizo sin que nadie la obligara. *(She did it without anyone telling her to.)*

observar

(to observe)

Gerund: observando • **Past Participle:** observado
Regular -ar verb

Present Indicative		*Present Perfect*	
observo	observamos	he observado	hemos observado
observas	observáis	has observado	habéis observado
observa	observan	ha observado	han observado

Imperfect		*Pluperfect*	
observaba	observábamos	había observado	habíamos observado
observabas	observabais	habías observado	habíais observado
observaba	observaban	había observado	habían observado

Preterite		*Preterite Perfect*	
observé	observamos	hube observado	hubimos observado
observaste	observasteis	hubiste observado	hubisteis observado
observó	observaron	hubo observado	hubieron observado

Future		*Future Perfect*	
observaré	observaremos	habré observado	habremos observado
observarás	observaréis	habrás observado	habréis observado
observará	observarán	habrá observado	habrán observado

Conditional		*Perfect Conditional*	
observaría	observaríamos	habría observado	habríamos observado
observarías	observaríais	habrías observado	habríais observado
observaría	observarían	habría observado	habrían observado

Present Subjunctive		*Present Perfect Subjunctive*	
observe	observemos	haya observado	hayamos observado
observes	observéis	hayas observado	hayáis observado
observe	observen	haya observado	hayan observado

Imperfect Subjunctive		*Pluperfect Subjunctive*	
observara	observáramos	hubiera observado	hubiéramos observado
observaras	observarais	hubieras observado	hubierais observado
observara	observaran	hubiera observado	hubieran observado
OR			
observase	observásemos		
observases	observaseis		
observase	observasen		

Imperative	
observa	observad
observe	observen

Verb in Action

Sentí que me estaban observando. *(I felt that I was being watched.)*
Él observó que la mesa estaba puesta para seis. *(He observed that the table had been set for six.)*
Observen el comportamiento de estas aves. *(Observe how these birds behave.)*

obtener

(to obtain)

Gerund: obteniendo • **Past Participle:** obtenido
Irregular -er verb

Present Indicative		*Present Perfect*	
obtengo	obtenemos	he obtenido	hemos obtenido
obtienes	obtenéis	has obtenido	habéis obtenido
obtiene	obten	ha obtenido	han obtenido

Imperfect		*Pluperfect*	
obtenía	obteníamos	había obtenido	habíamos obtenido
obtenías	obteníais	habías obtenido	habíais obtenido
obtenía	obtenían	había obtenido	habían obtenido

Preterite		*Preterite Perfect*	
obtuve	obtuvimos	hube obtenido	hubimos obtenido
obtuviste	obtuvisteis	hubiste obtenido	hubisteis obtenido
obtuvo	obtuvieron	hubo obtenido	hubieron obtenido

Future		*Future Perfect*	
obtendré	obtendremos	habré obtenido	habremos obtenido
obtendrás	obtendréis	habrás obtenido	habréis obtenido
obtendrá	obtendrán	habrá obtenido	habrán obtenido

Conditional		*Perfect Conditional*	
obtendría	obtendríamos	habría obtenido	habríamos obtenido
obtendrías	obtendríais	habrías obtenido	habríais obtenido
obtendría	obtendrían	habría obtenido	habrían obtenido

Present Subjunctive		*Present Perfect Subjunctive*	
obtenga	obtengamos	haya obtenido	hayamos obtenido
obtengas	obtengáis	hayas obtenido	hayáis obtenido
obtenga	obtengan	haya obtenido	hayan obtenido

Imperfect Subjunctive		*Pluperfect Subjunctive*	
obtuviera	obtuviéramos	hubiera obtenido	hubiéramos obtenido
obtuvieras	obtuvierais	hubieras obtenido	hubierais obtenido
obtuviera	obtuvieran	hubiera obtenido	hubieran obtenido
OR			
obtuviese	obtuviésemos		
obtuvieses	obtuvieseis		
obtuviese	obtuviesen		

Imperative

obtén	obtened
obtenga	obtengan

Verb in Action

Su poema obtuvo el primer premio. *(His poem obtained first prize.)*
Con este método se obtienen mejores resultados. *(Better results are obtained with this method.)*

ocupar

(to occupy)

Gerund: ocupando • **Past Participle:** ocupado
Reflexive regular -ar verb

Present Indicative

ocupo	ocupamos
ocupas	ocupáis
ocupa	ocupan

Imperfect

ocupaba	ocupábamos
ocupabas	ocupabais
ocupaba	ocupaban

Preterite

ocupé	ocupamos
ocupaste	ocupasteis
ocupó	ocuparon

Future

ocuparé	ocuparemos
ocuparás	ocuparéis
ocupará	ocuparán

Conditional

ocuparía	ocuparíamos
ocuparías	ocuparíais
ocuparía	ocuparían

Present Subjunctive

ocupe	ocupemos
ocupes	ocupéis
ocupe	ocupen

Imperfect Subjunctive

ocupara	ocupáramos
ocuparas	ocuparais
ocupara	ocuparan

OR

ocupase	ocupásemos
ocupases	ocupaseis
ocupase	ocupasen

Present Perfect

he ocupado	hemos ocupado
has ocupado	habéis ocupado
ha ocupado	han ocupado

Pluperfect

había ocupado	habíamos ocupado
habías ocupado	habíais ocupado
había ocupado	habían ocupado

Preterite Perfect

hube ocupado	hubimos ocupado
hubiste ocupado	hubisteis ocupado
hubo ocupado	hubieron ocupado

Future Perfect

habré ocupado	habremos ocupado
habrás ocupado	habréis ocupado
habrá ocupado	habrán ocupado

Perfect Conditional

habría ocupado	habríamos ocupado
habrías ocupado	habríais ocupado
habría ocupado	habrían ocupado

Present Perfect Subjunctive

haya ocupado	hayamos ocupado
hayas ocupado	hayáis ocupado
haya ocupado	hayan ocupado

Pluperfect Subjunctive

hubiera ocupado	hubiéramos ocupado
hubieras ocupado	hubierais ocupado
hubiera ocupado	hubieran ocupado

Imperative

ocupa	ocupad
ocupe	ocupen

Verb in Action

El ejército invasor había ocupado la capital. *(The invading army had occupied the capital.)*
El sofá ocupa demasiado lugar. *(The sofa occupies too much space.)*

ofrecer(se)

(to offer)

Gerund: ofreciendo • **Past Participle:** ofrecido
Reflexive regular -er verb with spelling change: c to zc in front of a and o

Present Indicative

ofrezco	ofrecemos
ofreces	ofrecéis
ofrece	ofrecen

Present Perfect

he ofrecido	hemos ofrecido
has ofrecido	habéis ofrecido
ha ofrecido	han ofrecido

Imperfect

ofrecía	ofrecíamos
ofrecías	ofrecíais
ofrecía	ofrecían

Pluperfect

había ofrecido	habíamos ofrecido
habías ofrecido	habíais ofrecido
había ofrecido	habían ofrecido

Preterite

ofrecí	ofrecimos
ofreciste	ofrecisteis
ofreció	ofrecieron

Preterite Perfect

hube ofrecido	hubimos ofrecido
hubiste ofrecido	hubisteis ofrecido
hubo ofrecido	hubieron ofrecido

Future

ofreceré	ofreceremos
ofrecerás	ofreceréis
ofrecerá	ofrecerán

Future Perfect

habré ofrecido	habremos ofrecido
habrás ofrecido	habréis ofrecido
habrá ofrecido	habrán ofrecido

Conditional

ofrecería	ofreceríamos
ofrecerías	ofreceríais
ofrecería	ofrecerían

Perfect Conditional

habría ofrecido	habríamos ofrecido
habrías ofrecido	habríais ofrecido
habría ofrecido	habrían ofrecido

Present Subjunctive

ofrezca	ofrezcamos
ofrezcas	ofrezcáis
ofrezca	ofrezcan

Present Perfect Subjunctive

haya ofrecido	hayamos ofrecido
hayas ofrecido	hayáis ofrecido
haya ofrecido	hayan ofrecido

Imperfect Subjunctive

ofreciera	ofreciéramos
ofrecieras	ofrecierais
ofreciera	ofrecieran
OR	
ofreciese	ofreciésemos
ofrecieses	ofrecieseis
ofreciese	ofreciesen

Pluperfect Subjunctive

hubiera ofrecido	hubiéramos ofrecido
hubieras ofrecido	hubierais ofrecido
hubiera ofrecido	hubieran ofrecido

Imperative

ofrece	ofreced
ofrezca	ofrezcan

Verb in Action

Él me ofreció ayuda. *(He offered to help me.)*
Ofréceles una taza de café. *(Offer them a cup of coffee.)*
Están esperando que les ofrezcan un precio mejor. *(They're hoping they'll be offered a better price.)*

#330

oír

(to hear, to listen to)

Gerund: oyendo • **Past Participle:** oído
Irregular -ir verb

Present Indicative

oigo	oímos
oyes	oís
oye	oyen

Imperfect

oía	oíamos
oías	oíais
oía	oían

Preterite

oí	oímos
oíste	oísteis
oyó	oyeron

Future

oiré	oiremos
oirás	oiréis
oirá	oirán

Conditional

oiría	oiríamos
oirías	oiríais
oiría	oirían

Present Subjunctive

oiga	oigamos
oigas	oigáis
oiga	oigan

Imperfect Subjunctive

oyera	oyéramos
oyeras	oyérais
oyera	oyeran

OR

oyese	oyésemos
oyeses	oyéseis
oyese	oyesen

Present Perfect

he oído	hemos oído
has oído	habéis oído
ha oído	han oído

Pluperfect

había oído	habíamos oído
habías oído	habíais oído
había oído	habían oído

Preterite Perfect

hube oído	hubimos oído
hubiste oído	hubisteis oído
hubo oído	hubieron oído

Future Perfect

habré oído	habremos oído
habrás oído	habréis oído
habrá oído	habrán oído

Perfect Conditional

habría oído	habríamos oído
habrías oído	habríais oído
habría oído	habrían oído

Present Perfect Subjunctive

haya oído	hayamos oído
hayas oído	hayáis oído
haya oído	hayan oído

Pluperfect Subjunctive

hubiera oído	hubiéramos oído
hubieras oído	hubierais oído
hubiera oído	hubieran oído

Imperative

oye	oíd
oiga	oigan

Verb in Action

No oigo nada. *(I can't hear anything.)*
Estábamos oyendo las noticias. *(We were listening to the news.)*
Lo oí por casualidad. *(I heard it by chance.)*

oler

(to smell)

Gerund: oliendo • **Past Participle:** olido
Regular -er verb with stem change: (tenses 1, 6, and imperative)

Present Indicative

huelo	olemos
hueles	oléis
huele	huelen

Imperfect

olía	olíamos
olías	olíais
olía	olían

Preterite

olí	olimos
oliste	olisteis
olió	olieron

Future

oleré	oleremos
olerás	oleréis
olerá	olerán

Conditional

olería	oleríamos
olerías	oleríais
olería	olerían

Present Subjunctive

huela	olamos
huelas	oláis
huela	huelan

Imperfect Subjunctive

oliera	oliéramos
olieras	olierais
oliera	olieran

OR

oliese	oliésemos
olieses	olieseis
oliese	oliesen

Present Perfect

he olido	hemos olido
has olido	habéis olido
ha olido	han olido

Pluperfect

había olido	habíamos olido
habías olido	habíais olido
había olido	habían olido

Preterite Perfect

hube olido	hubimos olido
hubiste olido	hubisteis olido
hubo olido	hubieron olido

Future Perfect

habré olido	habremos olido
habrás olido	habréis olido
habrá olido	habrán olido

Perfect Conditional

habría olido	habríamos olido
habrías olido	habríais olido
habría olido	habrían olido

Present Perfect Subjunctive

haya olido	hayamos olido
hayas olido	hayáis olido
haya olido	hayan olido

Pluperfect Subjunctive

hubiera olido	hubiéramos olido
hubieras olido	hubierais olido
hubiera olido	hubieran olido

Imperative

huele	oled
huela	huelan

Verb in Action

Huele a pescado. *(It smells of fish.)*
El perro estaba oliendo la basura. *(The dog was sniffing the trash.)*
A mí el asunto me olió mal. *(I thought there was something fishy about it.)*

olvidar(se)

(to forget)

Gerund: olvidando • **Past Participle:** olvidado
Reflexive regular -ar verb

Present Indicative		*Present Perfect*	
olvido	olvidamos	he olvidado	hemos olvidado
olvidas	olvidáis	has olvidado	habéis olvidado
olvida	olvidan	ha olvidado	han olvidado
Imperfect		*Pluperfect*	
olvidaba	olvidábamos	había olvidado	habíamos olvidado
olvidabas	olvidabais	habías olvidado	habíais olvidado
olvidaba	olvidaban	había olvidado	habían olvidado
Preterite		*Preterite Perfect*	
olvidé	olvidamos	hube olvidado	hubimos olvidado
olvidaste	olvidasteis	hubiste olvidado	hubisteis olvidado
olvidó	olvidaron	hubo olvidado	hubieron olvidado
Future		*Future Perfect*	
olvidaré	olvidaremos	habré olvidado	habremos olvidado
olvidarás	olvidaréis	habrás olvidado	habréis olvidado
olvidará	olvidarán	habrá olvidado	habrán olvidado
Conditional		*Perfect Conditional*	
olvidaría	olvidaríamos	habría olvidado	habríamos olvidado
olvidarías	olvidaríais	habrías olvidado	habríais olvidado
olvidaría	olvidarían	habría olvidado	habrían olvidado
Present Subjunctive		*Present Perfect Subjunctive*	
olvide	olvidemos	haya olvidado	hayamos olvidado
olvides	olvidéis	hayas olvidado	hayáis olvidado
olvide	olviden	haya olvidado	hayan olvidado
Imperfect Subjunctive		*Pluperfect Subjunctive*	
olvidara	olvidáramos	hubiera olvidado	hubiéramos olvidado
olvidaras	olvidarais	hubieras olvidado	hubierais olvidado
olvidara	olvidaran	hubiera olvidado	hubieran olvidado
OR			
olvidase	olvidásemos		
olvidases	olvidaseis		
olvidase	olvidasen		

Imperative

olvida	olvidad
olvide	olviden

Verb in Action

Olvídate de que existo. *(Forget that I exist.)*
Me olvidé de pagar la cuenta del teléfono. *(I forgot to pay the telephone bill.)*
Nunca la olvidaré. *(I'll never forget her.)*

oponer(se)

(to oppose, to offer)

Gerund: oponiendo • **Past Participle:** opuesto
Reflexive irregular -er verb

Present Indicative

opongo	oponemos
opones	oponéis
opone	oponen

Imperfect

oponía	oponíamos
oponías	oponíais
oponía	oponían

Preterite

opuse	opusimos
opusiste	opusisteis
opuso	opusieron

Future

opondré	opondremos
opondrás	opondréis
opondrá	opondrán

Conditional

opondría	opondríamos
opondrías	opondríais
opondría	opondrían

Present Subjunctive

oponga	opongamos
opongas	opongáis
oponga	opongan

Imperfect Subjunctive

opusiera	opusiéramos
opusieras	opusierais
opusiera	opusieran

OR

opusiese	opusiésemos
opusieses	opusieseis
opusiese	opusiesen

Present Perfect

he opuesto	hemos opuesto
has opuesto	habéis opuesto
ha opuesto	han opuesto

Pluperfect

había opuesto	habíamos opuesto
habías opuesto	habíais opuesto
había opuesto	habían opuesto

Preterite Perfect

hube opuesto	hubimos opuesto
hubiste opuesto	hubisteis opuesto
hubo opuesto	hubieron opuesto

Future Perfect

habré opuesto	habremos opuesto
habrás opuesto	habréis opuesto
habrá opuesto	habrán opuesto

Perfect Conditional

habría opuesto	habríamos opuesto
habrías opuesto	habríais opuesto
habría opuesto	habrían opuesto

Present Perfect Subjunctive

haya opuesto	hayamos opuesto
hayas opuesto	hayáis opuesto
haya opuesto	hayan opuesto

Pluperfect Subjunctive

hubiera opuesto	hubiéramos opuesto
hubieras opuesto	hubierais opuesto
hubiera opuesto	hubieran opuesto

Imperative

opón	oponed
oponga	opongan

Verb in Action

No opusieron resistencia. *(They didn't offer any resistance.)*
Yo me opongo. *(I oppose it.)*
Sus padres se oponían a que dejara los estudios. *(Her parents were opposed to her giving up her studies.)*

ordenar

(to tidy, to order)

Gerund: ordenando • **Past Participle:** ordenado
Regular -ar verb

Present Indicative		*Present Perfect*	
ordeno	ordenamos	he ordenado	hemos ordenado
ordenas	ordenáis	has ordenado	habéis ordenado
ordena	ordenan	ha ordenado	han ordenado

Imperfect		*Pluperfect*	
ordenaba	ordenábamos	había ordenado	habíamos ordenado
ordenabas	ordenabais	habías ordenado	habíais ordenado
ordenaba	ordenaban	había ordenado	habían ordenado

Preterite		*Preterite Perfect*	
ordené	ordenamos	hube ordenado	hubimos ordenado
ordenaste	ordenasteis	hubiste ordenado	hubisteis ordenado
ordenó	ordenaron	hubo ordenado	hubieron ordenado

Future		*Future Perfect*	
ordenaré	ordenaremos	habré ordenado	habremos ordenado
ordenarás	ordenaréis	habrás ordenado	habréis ordenado
ordenará	ordenarán	habrá ordenado	habrán ordenado

Conditional		*Perfect Conditional*	
ordenaría	ordenaríamos	habría ordenado	habríamos ordenado
ordenarías	ordenaríais	habrías ordenado	habríais ordenado
ordenaría	ordenarían	habría ordenado	habrían ordenado

Present Subjunctive		*Present Perfect Subjunctive*	
ordene	ordenemos	haya ordenado	hayamos ordenado
ordenes	ordenéis	hayas ordenado	hayáis ordenado
ordene	ordenen	haya ordenado	hayan ordenado

Imperfect Subjunctive		*Pluperfect Subjunctive*	
ordenara	ordenáramos	hubiera ordenado	hubiéramos ordenado
ordenaras	ordenarais	hubieras ordenado	hubierais ordenado
ordenara	ordenaran	hubiera ordenado	hubieran ordenado
OR			
ordenase	ordenásemos		
ordenases	ordenaseis		
ordenase	ordenasen		

Imperative

ordena	ordenad
ordene	ordenen

Verb in Action

A ver si ordenas tu cuarto. *(Perhaps you could tidy your room.)*
Él estaba ordenando su clóset. *(He was tidying his closet.)*
Ordenamos las fichas alfabéticamente. *(We ordered the cards alphabetically.)*

#335

pagar

(to pay (for))

Gerund: pagando • **Past Participle:** pagado
Regular -ar verb with spelling change: g to gu in front of e

Present Indicative		*Present Perfect*	
pago	pagamos	he pagado	hemos pagado
pagas	pagáis	has pagado	habéis pagado
paga	pagan	ha pagado	han pagado

Imperfect		*Pluperfect*	
pagaba	pagábamos	había pagado	habíamos pagado
pagabas	pagabais	habías pagado	habíais pagado
pagaba	pagaban	había pagado	habían pagado

Preterite		*Preterite Perfect*	
pagué	pagamos	hube pagado	hubimos pagado
pagaste	pagasteis	hubiste pagado	hubisteis pagado
pagó	pagaron	hubo pagado	hubieron pagado

Future		*Future Perfect*	
pagaré	pagaremos	habré pagado	habremos pagado
pagarás	pagaréis	habrás pagado	habréis pagado
pagará	pagarán	habrá pagado	habrán pagado

Conditional		*Perfect Conditional*	
pagaría	pagaríamos	habría pagado	habríamos pagado
pagarías	pagaríais	habrías pagado	habríais pagado
pagaría	pagarían	habría pagado	habrían pagado

Present Subjunctive		*Present Perfect Subjunctive*	
pague	paguemos	haya pagado	hayamos pagado
pagues	paguéis	hayas pagado	hayáis pagado
pague	paguen	haya pagado	hayan pagado

Imperfect Subjunctive		*Pluperfect Subjunctive*	
pagara	pagáramos	hubiera pagado	hubiéramos pagado
pagaras	pagarais	hubieras pagado	hubierais pagado
pagara	pagaran	hubiera pagado	hubieran pagado
OR			
pagase	pagásemos		
pagases	pagaseis		
pagase	pagasen		

Imperative

paga	pagad
pague	paguen

Verb in Action

Se puede pagar con tarjeta de crédito. *(You can pay by credit card.)*
¿Cuánto te pagan al mes? *(How much do they pay you a month?)*
Lo pagué en efectivo. *(I paid for it in cash.)*

#336

parar(se)

(to stop)

Gerund: parando • **Past Participle:** parado
Reflexive regular -ar verb

Present Indicative		*Present Perfect*	
paro	paramos	he parado	hemos parado
paras	paráis	has parado	habéis parado
para	paran	ha parado	han parado

Imperfect		*Pluperfect*	
paraba	parábamos	había parado	habíamos parado
parabas	parabais	habías parado	habíais parado
paraba	paraban	había parado	habían parado

Preterite		*Preterite Perfect*	
paré	paramos	hube parado	hubimos parado
paraste	parasteis	hubiste parado	hubisteis parado
paró	pararon	hubo parado	hubieron parado

Future		*Future Perfect*	
pararé	pararemos	habré parado	habremos parado
pararás	pararéis	habrás parado	habréis parado
parará	pararán	habrá parado	habrán parado

Conditional		*Perfect Conditional*	
pararía	pararíamos	habría parado	habríamos parado
pararías	pararíais	habrías parado	habríais parado
pararía	pararían	habría parado	habrían parado

Present Subjunctive		*Present Perfect Subjunctive*	
pare	paremos	haya parado	hayamos parado
pares	paréis	hayas parado	hayáis parado
pare	paren	haya parado	hayan parado

Imperfect Subjunctive		*Pluperfect Subjunctive*	
parara	paráramos	hubiera parado	hubiéramos parado
pararas	pararais	hubieras parado	hubierais parado
parara	pararan	hubiera parado	hubieran parado
OR			
parase	parásemos		
parases	paraseis		
parase	parasen		

Imperative

para	parad
pare	paren

Verb in Action

Este tren no para hasta Sevilla. *(This train doesn't stop until Sevilla.)*
Los había parado la policía. *(The police had stopped them.)*
Ella estaba nerviosa y no paraba de hablar. *(She was nervous and wouldn't stop talking.)*

parecer

(to seem, to appear)

Gerund: pareciendo • **Past Participle:** parecido
Reflexive regular -er verb with spelling change: c to zc in front of a and o

Present Indicative

parezco	parecemos
pareces	parecéis
parece	parecen

Present Perfect

he parecido	hemos parecido
has parecido	habéis parecido
ha parecido	han parecido

Imperfect

parecía	parecíamos
parecías	parecíais
parecía	parecían

Pluperfect

había parecido	habíamos parecido
habías parecido	habíais parecido
había parecido	habían parecido

Preterite

parecí	parecimos
pareciste	parecisteis
pareció	parecieron

Preterite Perfect

hube parecido	hubimos parecido
hubiste parecido	hubisteis parecido
hubo parecido	hubieron parecido

Future

pareceré	pareceremos
parecerás	pareceréis
parecerá	parecerán

Future Perfect

habré parecido	habremos parecido
habrás parecido	habréis parecido
habrá parecido	habrán parecido

Conditional

parecería	pareceríamos
parecerías	pareceríais
parecería	parecerían

Perfect Conditional

habría parecido	habríamos parecido
habrías parecido	habríais parecido
habría parecido	habrían parecido

Present Subjunctive

parezca	parezcamos
parezcas	parezcáis
parezca	parezcan

Present Perfect Subjunctive

haya parecido	hayamos parecido
hayas parecido	hayáis parecido
haya parecido	hayan parecido

Imperfect Subjunctive

pareciera	pareciéramos
parecieras	parecierais
pareciera	parecieran

OR

pareciese	pareciésemos
parecieses	parecieseis
pareciese	pareciesen

Pluperfect Subjunctive

hubiera parecido	hubiéramos parecido
hubieras parecido	hubierais parecido
hubiera parecido	hubieran parecido

Imperative

parece	pareced
parezca	parezcan

Verb in Action

Parecen muy enamorados. *(They seem very much in love.)*
No sabe manejar, aunque parezca mentira. *(He can't drive, however strange that may seem.)*
Él comentó que nos parecíamos mucho. *(He remarked that we seemed very alike.)*

partir

(to divide, to distribute, to leave)

Gerund: partiendo • **Past Participle:** partido
Regular -ir verb

Present Indicative		*Present Perfect*	
parto	partimos	he partido	hemos partido
partes	partís	has partido	habéis partido
parte	parten	ha partido	han partido

Imperfect		*Pluperfect*	
partía	partíamos	había partido	habíamos partido
partías	partíais	habías partido	habíais partido
partía	partían	había partido	habían partido

Preterite		*Preterite Perfect*	
partí	partimos	hube partido	hubimos partido
partiste	partisteis	hubiste partido	hubisteis partido
partió	partieron	hubo partido	hubieron partido

Future		*Future Perfect*	
partiré	partiremos	habré partido	habremos partido
partirás	partiréis	habrás partido	habréis partido
partirá	partirán	habrá partido	habrán partido

Conditional		*Perfect Conditional*	
partiría	partiríamos	habría partido	habríamos partido
partirías	partiríais	habrías partido	habríais partido
partiría	partirían	habría partido	habrían partido

Present Subjunctive		*Present Perfect Subjunctive*	
parta	partamos	haya partido	hayamos partido
partas	partáis	hayas partido	hayáis partido
parta	partan	haya partido	hayan partido

Imperfect Subjunctive		*Pluperfect Subjunctive*	
partiera	partiéramos	hubiera partido	hubiéramos partido
partieras	partierais	hubieras partido	hubierais partido
partiera	partieran	hubiera partido	hubieran partido
OR			
partiese	partiésemos		
partieses	partieseis		
partiese	partiesen		

Imperative

parte	partid
parta	partan

Verb in Action

El remo se partió en dos. *(The oar broke in two.)*
La expedición partirá mañana de París. *(The expedition will leave from Paris tomorrow.)*
Partimos el sucre en dos. *(We divided the candy in two.)*

pasar

(to spend time, to pass)

Gerund: pasando • **Past Participle:** pasado
Regular -ar verb

Present Indicative

paso	pasamos
pasas	pasáis
pasa	pasan

Imperfect

pasaba	pasábamos
pasabas	pasabais
pasaba	pasaban

Preterite

pasé	pasamos
pasaste	pasasteis
pasó	pasaron

Future

pasaré	pasaremos
pasarás	pasaréis
pasará	pasarán

Conditional

pasaría	pasaríamos
pasarías	pasaríais
pasaría	pasarían

Present Subjunctive

pase	pasemos
pases	paséis
pase	pasen

Imperfect Subjunctive

pasara	pasáramos
pasaras	pasarais
pasara	pasaran

OR

pasase	pasásemos
pasases	pasaseis
pasase	pasasen

Present Perfect

he pasado	hemos pasado
has pasado	habéis pasado
ha pasado	han pasado

Pluperfect

había pasado	habíamos pasado
habías pasado	habíais pasado
había pasado	habían pasado

Preterite Perfect

hube pasado	hubimos pasado
hubiste pasado	hubisteis pasado
hubo pasado	hubieron pasado

Future Perfect

habré pasado	habremos pasado
habrás pasado	habréis pasado
habrá pasado	habrán pasado

Perfect Conditional

habría pasado	habríamos pasado
habrías pasado	habríais pasado
habría pasado	habrían pasado

Present Perfect Subjunctive

haya pasado	hayamos pasado
hayas pasado	hayáis pasado
haya pasado	hayan pasado

Pluperfect Subjunctive

hubiera pasado	hubiéramos pasado
hubieras pasado	hubierais pasado
hubiera pasado	hubieran pasado

Imperative

pasa	pasad
pase	pasen

Verb in Action

Pase, por favor. *(Please come in.)*
Pasaron por aquí hace un rato. *(They passed here a little while ago.)*
¿Me pasarías la sal, por favor? *(Would you pass me the salt, please?)*

pasear(se)

(to walk)

Gerund: paseando • **Past Participle:** paseado
Reflexive regular -ar verb

Present Indicative		*Present Perfect*	
paseo	paseamos	he paseado	hemos paseado
paseas	paseáis	has paseado	habéis paseado
pasea	pasean	ha paseado	han paseado

Imperfect		*Pluperfect*	
paseaba	paseábamos	había paseado	habíamos paseado
paseabas	paseabais	habías paseado	habíais paseado
paseaba	paseaban	había paseado	habían paseado

Preterite		*Preterite Perfect*	
paseé	paseamos	hube paseado	hubimos paseado
paseaste	paseasteis	hubiste paseado	hubisteis paseado
paseó	pasearon	hubo paseado	hubieron paseado

Future		*Future Perfect*	
pasearé	pasearemos	habré paseado	habremos paseado
pasearás	pasearéis	habrás paseado	habréis paseado
paseará	pasearán	habrá paseado	habrán paseado

Conditional		*Perfect Conditional*	
pasearía	pasearíamos	habría paseado	habríamos paseado
pasearías	pasearíais	habrías paseado	habríais paseado
pasearía	pasearían	habría paseado	habrían paseado

Present Subjunctive		*Present Perfect Subjunctive*	
pasee	paseemos	haya paseado	hayamos paseado
pasees	paseéis	hayas paseado	hayáis paseado
pasee	paseen	haya paseado	hayan paseado

Imperfect Subjunctive		*Pluperfect Subjunctive*	
paseara	paseáramos	hubiera paseado	hubiéramos paseado
pasearas	pasearais	hubieras paseado	hubierais paseado
paseara	pasearan	hubiera paseado	hubieran paseado
OR			
pasease	paseásemos		
paseases	paseaseis		
pasease	paseasen		

Imperative

pasea	pasead
pasee	paseen

Verb in Action

Paseaban por el jardín. *(They were walking in the garden.)*
¿Nos llevas a pasear en tu coche nuevo? *(Will you take us for a drive in your new car?)*
Él pasa horas paseando. *(He spends hours walking.)*

ESSENTIAL VERB

#341

pedir

(to ask (for))

Gerund: pidiendo • **Past Participle:** pedido

Regular -ir verb with stem change: e to i (tenses 1, 3, 6, 7, gerund, and imperative)

Present Indicative		*Present Perfect*	
pido	pedimos	he pedido	hemos pedido
pides	pedís	has pedido	habéis pedido
pide	piden	ha pedido	han pedido

Imperfect		*Pluperfect*	
pedía	pedíamos	había pedido	habíamos pedido
pedías	pedíais	habías pedido	habíais pedido
pedía	pedían	había pedido	habían pedido

Preterite		*Preterite Perfect*	
pedí	pedimos	hube pedido	hubimos pedido
pediste	pedisteis	hubiste pedido	hubísteis pedido
pidió	pidieron	hubo pedido	hubieron pedido

Future		*Future Perfect*	
pediré	pediremos	habré pedido	habremos pedido
pedirás	pediréis	habrás pedido	habréis pedido
pedirá	pedirán	habrá pedido	habrán pedido

Conditional		*Perfect Conditional*	
pediría	pediríamos	habría pedido	habríamos pedido
pedirías	pediríais	habrías pedido	habríais pedido
pediría	pedirían	habría pedido	habrían pedido

Present Subjunctive		*Present Perfect Subjunctive*	
pida	pidamos	haya pedido	hayamos pedido
pidas	pidáis	hayas pedido	hayáis pedido
pida	pidan	haya pedido	hayan pedido

Imperfect Subjunctive		*Pluperfect Subjunctive*	
pidiera	pidiéramos	hubiera pedido	hubiéramos pedido
pidieras	pidierais	hubieras pedido	hubierais pedido
pidiera	pidieran	hubiera pedido	hubieran pedido
OR			
pidiese	pidiésemos		
pidieses	pidieseis		
pidiese	pidiesen		

Imperative	
pide	pedid
pida	pidan

Verb in Action

Pedimos dos cervezas. *(We asked for two beers.)*
No nos pidieron el pasaporte. *(They didn't ask us for our passports.)*
Pedían dos millones de rescate. *(They were asking for two million in ransom.)*

#342

pegar(se)

(to stick, to hit)

Gerund: pegando • **Past Participle:** pegado

Reflexive regular -ar verb with spelling change: g to gu in front of e

Present Indicative

pego	pegamos
pegas	pegáis
pega	pegan

Imperfect

pegaba	pegábamos
pegabas	pegabais
pegaba	pegaban

Preterite

pegué	pegamos
pegaste	pegasteis
pegó	pegaron

Future

pegaré	pegaremos
pegarás	pegaréis
pegará	pegarán

Conditional

pegaría	pegaríamos
pegarías	pegaríais
pegaría	pegarían

Present Subjunctive

pegue	peguemos
pegues	peguéis
pegue	peguen

Imperfect Subjunctive

pegara	pegáramos
pegaras	pegarais
pegara	pegaran

OR

pegase	pegásemos
pegases	pegaseis
pegase	pegasen

Present Perfect

he pegado	hemos pegado
has pegado	habéis pegado
ha pegado	han pegado

Pluperfect

había pegado	habíamos pegado
habías pegado	habíais pegado
había pegado	habían pegado

Preterite Perfect

hube pegado	hubimos pegado
hubiste pegado	hubisteis pegado
hubo pegado	hubieron pegado

Future Perfect

habré pegado	habremos pegado
habrás pegado	habréis pegado
habrá pegado	habrán pegado

Perfect Conditional

habría pegado	habríamos pegado
habrías pegado	habríais pegado
habría pegado	habrían pegado

Present Perfect Subjunctive

haya pegado	hayamos pegado
hayas pegado	hayáis pegado
haya pegado	hayan pegado

Pluperfect Subjunctive

hubiera pegado	hubiéramos pegado
hubieras pegado	hubierais pegado
hubiera pegado	hubieran pegado

Imperative

pega	pegad
pegue	peguen

Verb in Action

Pégale un grito por la ventana. *(Call to her out of the window.)*
Le habían pegado varios tiros. *(He had been shot several times.)*
Me pegué un susto horrible. *(I had a horrible fright.)*

pelear(se)

(to fight, to argue)

Gerund: peleando • **Past Participle:** peleado
Reflexive regular -ar verb

Present Indicative

peleo	peleamos
peleas	peleáis
pelea	pelean

Present Perfect

he peleado	hemos peleado
has peleado	habéis peleado
ha peleado	han peleado

Imperfect

peleaba	peleábamos
peleabas	peleabais
peleaba	peleaban

Pluperfect

había peleado	habíamos peleado
habías peleado	habíais peleado
había peleado	habían peleado

Preterite

peleé	peleamos
peleaste	peleasteis
peleó	pelearon

Preterite Perfect

hube peleado	hubimos peleado
hubiste peleado	hubisteis peleado
hubo peleado	hubieron peleado

Future

pelearé	pelearemos
pelearás	pelearéis
peleará	pelearán

Future Perfect

habré peleado	habremos peleado
habrás peleado	habréis peleado
habrá peleado	habrán peleado

Conditional

pelearía	pelearíamos
pelearías	pelearíais
pelearía	pelearían

Perfect Conditional

habría peleado	habríamos peleado
habrías peleado	habríais peleado
habría peleado	habrían peleado

Present Subjunctive

pelee	peleemos
pelees	peleéis
pelee	peleen

Present Perfect Subjunctive

haya peleado	hayamos peleado
hayas peleado	hayáis peleado
haya peleado	hayan peleado

Imperfect Subjunctive

peleara	peleáramos
pelearas	pelearais
peleara	pelearan

OR

pelease	peleásemos
peleases	peleaseis
pelease	peleasen

Pluperfect Subjunctive

hubiera peleado	hubiéramos peleado
hubieras peleado	hubierais peleado
hubiera peleado	hubieran peleado

Imperative

pelea	pelead
pelee	peleen

Verb in Action

¿Por qué te peleas conmigo? *(Why do you argue with me?)*
Se habían peleado por una tontería. *(Thay had argued over something silly.)*

#344

ESSENTIAL VERB

pensar

(to think)

Gerund: pensando • **Past Participle:** pensado

Regular -ar verb with stem change: e to ie (tenses 1, 6, and imperative)

Present Indicative

pienso	pensamos
piensas	pensáis
piensa	piensan

Imperfect

pensaba	pensábamos
pensabas	pensabais
pensaba	pensaban

Preterite

pensé	pensamos
pensaste	pensasteis
pensó	pensaron

Future

pensaré	pensaremos
pensarás	pensaréis
pensará	pensarán

Conditional

pensaría	pensaríamos
pensarías	pensaríais
pensaría	pensarían

Present Subjunctive

piense	pensemos
pienses	penséis
piense	piensen

Imperfect Subjunctive

pensara	pensáramos
pensaras	pensarais
pensara	pensaran

OR

pensase	pensásemos
pensases	pensaseis
pensase	pensasen

Present Perfect

he pensado	hemos pensado
has pensado	habéis pensado
ha pensado	han pensado

Pluperfect

había pensado	habíamos pensado
habías pensado	habíais pensado
había pensado	habían pensado

Preterite Perfect

hube pensado	hubimos pensado
hubiste pensado	hubisteis pensado
hubo pensado	hubieron pensado

Future Perfect

habré pensado	habremos pensado
habrás pensado	habréis pensado
habrá pensado	habrán pensado

Perfect Conditional

habría pensado	habríamos pensado
habrías pensado	habríais pensado
habría pensado	habrían pensado

Present Perfect Subjunctive

haya pensado	hayamos pensado
hayas pensado	hayáis pensado
haya pensado	hayan pensado

Pluperfect Subjunctive

hubiera pensado	hubiéramos pensado
hubieras pensado	hubierais pensado
hubiera pensado	hubieran pensado

Imperative

piensa	pensad
piense	piensen

Verb in Action

¿Piensas que vale la pena? *(Do you think it's worth it?)*
Él está pensando en comprarse una casa. *(He's thinking about buying a house.)*
Yo pensaba que vendrías. *(I thought you'd come.)*

perder(se)

(to lose, to miss)

Gerund: perdiendo • **Past Participle:** perdido

Reflexive regular verb with stem change: e to ie (tenses 1, 6, and imperative)

Present Indicative

pierdo	perdemos
pierdes	perdéis
pierde	pierden

Imperfect

perdía	perdíamos
perdías	perdíais
perdía	perdían

Preterite

perdí	perdimos
perdiste	perdisteis
perdió	perdieron

Future

perderé	perderemos
perderás	perderéis
perderá	perderán

Conditional

perdería	perderíamos
perderías	perderíais
perdería	perderían

Present Subjunctive

pierda	perdamos
pierdas	perdáis
pierda	pierdan

Imperfect Subjunctive

perdiera	perdiéramos
perdieras	perdierais
perdiera	perdieran

OR

perdiese	perdiésemos
perdieses	perdieseis
perdiese	perdiesen

Present Perfect

he perdido	hemos perdido
has perdido	habéis perdido
ha perdido	han perdido

Pluperfect

había perdido	habíamos perdido
habías perdido	habíais perdido
había perdido	habían perdido

Preterite Perfect

hube perdido	hubimos perdido
hubiste perdido	hubisteis perdido
hubo perdido	hubieron perdido

Future Perfect

habré perdido	habremos perdido
habrás perdido	habréis perdido
habrá perdido	habrán perdido

Perfect Conditional

habría perdido	habríamos perdido
habrías perdido	habríais perdido
habría perdido	habrían perdido

Present Perfect Subjunctive

haya perdido	hayamos perdido
hayas perdido	hayáis perdido
haya perdido	hayan perdido

Pluperfect Subjunctive

hubiera perdido	hubiéramos perdido
hubieras perdido	hubierais perdido
hubiera perdido	hubieran perdido

Imperative

pierde	perded
pierda	pierdan

Verb in Action

Él siempre pierde las llaves. *(He's always losing his keys.)*
Ana es la que saldrá perdiendo. *(Ana is the one who will lose out.)*
Él había perdido dos kilos. *(He had lost two kilos.)*

perdonar

(to forgive, to pardon)

Gerund: perdonando • **Past Participle:** perdonado
Regular -ar verb

Present Indicative		*Present Perfect*	
perdono	perdonamos	he perdonado	hemos perdonado
perdonas	perdonáis	has perdonado	habéis perdonado
perdona	perdonan	ha perdonado	han perdonado

Imperfect		*Pluperfect*	
perdonaba	perdonábamos	había perdonado	habíamos perdonado
perdonabas	perdonabais	habías perdonado	habíais perdonado
perdonaba	perdonaban	había perdonado	habían perdonado

Preterite		*Preterite Perfect*	
perdoné	perdonamos	hube perdonado	hubimos perdonado
perdonaste	perdonasteis	hubiste perdonado	hubisteis perdonado
perdonó	perdonaron	hubo perdonado	hubieron perdonado

Future		*Future Perfect*	
perdonaré	perdonaremos	habré perdonado	habremos perdonado
perdonarás	perdonaréis	habrás perdonado	habréis perdonado
perdonará	perdonarán	habrá perdonado	habrán perdonado

Conditional		*Perfect Conditional*	
perdonaría	perdonaríamos	habría perdonado	habríamos perdonado
perdonarías	perdonaríais	habrías perdonado	habríais perdonado
perdonaría	perdonarían	habría perdonado	habrían perdonado

Present Subjunctive		*Present Perfect Subjunctive*	
perdone	perdonemos	haya perdonado	hayamos perdonado
perdones	perdonéis	hayas perdonado	hayáis perdonado
perdone	perdonen	haya perdonado	hayan perdonado

Imperfect Subjunctive		*Pluperfect Subjunctive*	
perdonara	perdonáramos	hubiera perdonado	hubiéramos perdonado
perdonaras	perdonarais	hubieras perdonado	hubierais perdonado
perdonara	perdonaran	hubiera perdonado	hubieran perdonado
OR			
perdonase	perdonásemos		
perdonases	perdonaseis		
perdonase	perdonasen		

Imperative

perdona	perdonad
perdone	perdonen

Verb in Action

Esto no se lo perdonaré nunca. *(I'll never forgive her for this.)*
Pídele que te perdone. *(Ask her to forgive you.)*
Si nos abandonaras ahora, nunca te lo perdonaría. *(If you abandoned us now, I would never forgive you.)*

permitir

(to allow, to permit)

Gerund: permitiendo • **Past Participle:** permitido
Regular -ir verb

Present Indicative

permito	permitimos
permites	permitís
permite	permiten

Imperfect

permitía	permitíamos
permitías	permitíais
permitía	permitían

Preterite

permití	permitimos
permitiste	permitisteis
permitió	permitieron

Future

permitiré	permitiremos
permitirás	permitiréis
permitirá	permitirán

Conditional

permitiría	permitiríamos
permitirías	permitiríais
permitiría	permitirían

Present Subjunctive

permita	permitamos
permitas	permitáis
permita	permitan

Imperfect Subjunctive

permitiera	permitiéramos
permitieras	permitierais
permitiera	permitieran

OR

permitiese	permitiésemos
permitieses	permitieseis
permitiese	permitiesen

Present Perfect

he permitido	hemos permitido
has permitido	habéis permitido
ha permitido	han permitido

Pluperfect

había permitido	habíamos permitido
habías permitido	habíais permitido
había permitido	habían permitido

Preterite Perfect

hube permitido	hubimos permitido
hubiste permitido	hubisteis permitido
hubo permitido	hubieron permitido

Future Perfect

habré permitido	habremos permitido
habrás permitido	habréis permitido
habrá permitido	habrán permitido

Perfect Conditional

habría permitido	habríamos permitido
habrías permitido	habríais permitido
habría permitido	habrían permitido

Present Perfect Subjunctive

haya permitido	hayamos permitido
hayas permitido	hayáis permitido
haya permitido	hayan permitido

Pluperfect Subjunctive

hubiera permitido	hubiéramos permitido
hubieras permitido	hubierais permitido
hubiera permitido	hubieran permitido

Imperative

permite	permitid
permita	permitan

Verb in Action

Permítame que le presente a mi esposa. *(Please allow me to introduce my wife.)*
Ese dinero nos permitiría comprarnos una casa más grande. *(That money would allow us to buy a bigger house.)*
No les permitieron la entrada a ellos. *(They wouldn't permit them in.)*

perseguir

(to chase, to pursue, to persecute)

Gerund: persiguiendo • **Past Participle:** perseguido

Regular -ir verb with stem change: e to i (tenses 1, 3, 6, 7, gerund, and imperative) and spelling change: gu to g in front of a and o

Present Indicative		*Present Perfect*	
persigo	perseguimos	he perseguido	hemos perseguido
persigues	perseguís	has perseguido	habéis perseguido
persigue	persiguen	ha perseguido	han perseguido
Imperfect		*Pluperfect*	
perseguía	perseguíamos	había perseguido	habíamos perseguido
perseguías	perseguíais	habías perseguido	habíais perseguido
perseguía	perseguían	había perseguido	habían perseguido
Preterite		*Preterite Perfect*	
perseguí	perseguimos	hube perseguido	hubimos perseguido
perseguiste	perseguisteis	hubiste perseguido	hubísteis perseguido
persiguió	persiguieron	hubo perseguido	hubieron perseguido
Future		*Future Perfect*	
perseguiré	perseguiremos	habré perseguido	habremos perseguido
perseguirás	perseguiréis	habrás perseguido	habréis perseguido
perseguirá	perseguirán	habrá perseguido	habrán perseguido
Conditional		*Perfect Conditional*	
perseguiría	perseguiríamos	habría perseguido	habríamos perseguido
perseguirías	perseguiríais	habrías perseguido	habríais perseguido
perseguiría	perseguirían	habría perseguido	habrían perseguido
Present Subjunctive		*Present Perfect Subjunctive*	
persiga	persigamos	haya perseguido	hayamos perseguido
persigas	persigáis	hayas perseguido	hayáis perseguido
persiga	persigan	haya perseguido	hayan perseguido
Imperfect Subjunctive		*Pluperfect Subjunctive*	
persiguiera	persiguiéramos	hubiera perseguido	hubiéramos perseguido
persiguieras	persiguierais	hubieras perseguido	hubierais perseguido
persiguiera	persiguieran	hubiera perseguido	hubieran perseguido
OR			
persiguiese	persiguiésemos		
persiguieses	persiguieseis		
persiguiese	persiguiesen		

Imperative

persigue	perseguid
persiga	persigan

Verb in Action

Los perseguía la policía. *(The police were chasing them.)*
Todos persiguen fines personales. *(They are all pursuing their own ends.)*
Fueron brutalmente perseguidos por el dictador. *(They were brutally persecuted by the dictator.)*

pertenecer

(to belong)

Gerund: perteneciendo • **Past Participle:** pertenecido
Regular -er verb with spelling change: c to zc in front of a and o

Present Indicative

pertenezco	pertenecemos
perteneces	pertenecéis
pertenece	pertenecen

Present Perfect

he pertenecido	hemos pertenecido
has pertenecido	habéis pertenecido
ha pertenecido	han pertenecido

Imperfect

pertenecía	pertenecíamos
pertenecías	pertenecíais
pertenecía	pertenecían

Pluperfect

había pertenecido	habíamos pertenecido
habías pertenecido	habíais pertenecido
había pertenecido	habían pertenecido

Preterite

pertenecí	pertenecimos
perteneciste	pertenecisteis
perteneció	pertenecieron

Preterite Perfect

hube pertenecido	hubimos pertenecido
hubiste pertenecido	hubisteis pertenecido
hubo pertenecido	hubieron pertenecido

Future

perteneceré	perteneceremos
pertenecerás	perteneceréis
pertenecerá	pertenecerán

Future Perfect

habré pertenecido	habremos pertenecido
habrás pertenecido	habréis pertenecido
habrá pertenecido	habrán pertenecido

Conditional

pertenecería	perteneceríamos
pertenecerías	perteneceríais
pertenecería	pertenecerían

Perfect Conditional

habría pertenecido	habríamos pertenecido
habrías pertenecido	habríais pertenecido
habría pertenecido	habrían pertenecido

Present Subjunctive

pertenezca	pertenezcamos
pertenezcas	pertenezcáis
pertenezca	pertenezcan

Present Perfect Subjunctive

haya pertenecido	hayamos pertenecido
hayas pertenecido	hayáis pertenecido
haya pertenecido	hayan pertenecido

Imperfect Subjunctive

perteneciera	perteneciéramos
pertenecieras	pertenecierais
perteneciera	pertenecieran
OR	
perteneciese	perteneciésemos
pertenecieses	pertenecieseis
perteneciese	perteneciesen

Pluperfect Subjunctive

hubiera pertenecido	hubiéramos pertenecido
hubieras pertenecido	hubierais pertenecido
hubiera pertenecido	hubieran pertenecido

Imperative

pertenece	perteneced
pertenezca	pertenezcan

Verb in Action

Me regaló él un anillo que había pertenecido a su abuela. *(He gave me a ring that had belonged to his grandmother.)*

No te puedes llevar algo que no te pertenece. *(You can't take something that doesn't belong to you.)*

picar

(to sting, to itch)

Gerund: picando • **Past Participle:** picado

Regular -ar verb with spelling change: c to qu in front of e

Present Indicative

pico	picamos
picas	picáis
pica	pican

Imperfect

picaba	picábamos
picabas	picabais
picaba	picaban

Preterite

piqué	picamos
picaste	picasteis
picó	picaron

Future

picaré	picaremos
picarás	picaréis
picará	picarán

Conditional

picaría	picaríamos
picarías	picaríais
picaría	picarían

Present Subjunctive

pique	piquemos
piques	piquéis
pique	piquen

Imperfect Subjunctive

picara	picáramos
picaras	picarais
picara	picaran

OR

picase	picásemos
picases	picaseis
picase	picasen

Present Perfect

he picado	hemos picado
has picado	habéis picado
ha picado	han picado

Pluperfect

había picado	habíamos picado
habías picado	habíais picado
había picado	habían picado

Preterite Perfect

hube picado	hubimos picado
hubiste picado	hubisteis picado
hubo picado	hubieron picado

Future Perfect

habré picado	habremos picado
habrás picado	habréis picado
habrá picado	habrán picado

Perfect Conditional

habría picado	habríamos picado
habrías picado	habríais picado
habría picado	habrían picado

Present Perfect Subjunctive

haya picado	hayamos picado
hayas picado	hayáis picado
haya picado	hayan picado

Pluperfect Subjunctive

hubiera picado	hubiéramos picado
hubieras picado	hubierais picado
hubiera picado	hubieran picado

Imperative

pica	picad
pique	piquen

Verb in Action

La picó una avispa. *(She was stung by a wasp.)*

Los mosquitos nos picaron toda la noche. *(We were bitten by mosquitoes all night long.)*

#351

pintar(se)

(to paint)

Gerund: pintando • **Past Participle:** pintado
Reflexive regular -ar verb

Present Indicative

pinto	pintamos
pintas	pintáis
pinta	pintan

Imperfect

pintaba	pintábamos
pintabas	pintabais
pintaba	pintaban

Preterite

pinté	pintamos
pintaste	pintasteis
pintó	pintaron

Future

pintaré	pintaremos
pintarás	pintaréis
pintará	pintarán

Conditional

pintaría	pintaríamos
pintarías	pintaríais
pintaría	pintarían

Present Subjunctive

pinte	pintemos
pintes	pintéis
pinte	pinten

Imperfect Subjunctive

pintara	pintáramos
pintaras	pintarais
pintara	pintaran

OR

pintase	pintásemos
pintases	pintaseis
pintase	pintasen

Present Perfect

he pintado	hemos pintado
has pintado	habéis pintado
ha pintado	han pintado

Pluperfect

había pintado	habíamos pintado
habías pintado	habíais pintado
había pintado	habían pintado

Preterite Perfect

hube pintado	hubimos pintado
hubiste pintado	hubsteis pintado
hubo pintado	hubieron pintado

Future Perfect

habré pintado	habremos pintado
habrás pintado	habréis pintado
habrá pintado	habrán pintado

Perfect Conditional

habría pintado	habríamos pintado
habrías pintado	habríais pintado
habría pintado	habrían pintado

Present Perfect Subjunctive

haya pintado	hayamos pintado
hayas pintado	hayáis pintado
haya pintado	hayan pintado

Pluperfect Subjunctive

hubiera pintado	hubiéramos pintado
hubieras pintado	hubierais pintado
hubiera pintado	hubieran pintado

Imperative

pinta	pintad
pinte	pinten

Verb in Action

Estaban pintando la cocina. *(They were painting the kitchen.)*
Él pintó las sillas de blanco. *(He painted the chairs white.)*
Píntate las uñas de un rojo fuerte. *(Paint your nails bright red.)*

platicar

(to talk, to chat)

Gerund: platicando • **Past Participle:** platicado
Regular -ar verb with spelling change: c to qu in front of e

Present Indicative

platico	platicamos
platicas	platicáis
platica	platican

Imperfect

platicaba	platicábamos
platicabas	platicabais
platicaba	platicaban

Preterite

platiqué	platicamos
platicaste	platicasteis
platicó	platicaron

Future

platicaré	platicaremos
platicarás	platicaréis
platicará	platicarán

Conditional

platicaría	platicaríamos
platicarías	platicaríais
platicaría	platicarían

Present Subjunctive

platique	platiquemos
platiques	platiquéis
platique	platiquen

Imperfect Subjunctive

platicara	platicáramos
platicaras	platicarais
platicara	platicaran

OR

platicase	platicásemos
platicases	platicaseis
platicase	platicasen

Present Perfect

he platicado	hemos platicado
has platicado	habéis platicado
ha platicado	han platicado

Pluperfect

había platicado	habíamos platicado
habías platicado	habíais platicado
había platicado	habían platicado

Preterite Perfect

hube platicado	hubimos platicado
hubiste platicado	hubisteis platicado
hubo platicado	hubieron platicado

Future Perfect

habré platicado	habremos platicado
habrás platicado	habréis platicado
habrá platicado	habrán platicado

Perfect Conditional

habría platicado	habríamos platicado
habrías platicado	habríais platicado
habría platicado	habrían platicado

Present Perfect Subjunctive

haya platicado	hayamos platicado
hayas platicado	hayáis platicado
haya platicado	hayan platicado

Pluperfect Subjunctive

hubiera platicado	hubiéramos platicado
hubieras platicado	hubierais platicado
hubiera platicado	hubieran platicado

Imperative

platica	platicad
platique	platiquen

Verb in Action

Estuvimos horas platicando. *(We were chatting for hours.)*
Siempre platican de los viejos tiempos. *(They're always talking about the old days.)*
Platiqué un rato con tu padre. *(I talked to your dad for a while.)*

poblar(se)

(to populate)

Gerund: poblando • **Past Participle:** poblado
Reflexive regular -ar verb with stem change: o to ue (tenses 1, 6, and imperative)

Present Indicative

pueblo	poblamos
pueblas	pobláis
puebla	pueblan

Imperfect

poblaba	poblábamos
poblabas	poblabais
poblaba	poblaban

Preterite

poblé	poblamos
poblaste	poblasteis
pobló	poblaron

Future

poblaré	poblaremos
poblarás	poblaréis
poblará	poblarán

Conditional

poblaría	poblaríamos
poblarías	poblaríais
poblaría	poblarían

Present Subjunctive

pueble	poblemos
puebles	pobléis
pueble	pueblen

Imperfect Subjunctive

poblara	pobláramos
poblaras	poblarais
poblara	poblaran

OR

poblase	poblásemos
poblases	poblaseis
poblase	poblasen

Present Perfect

he poblado	hemos poblado
has poblado	habéis poblado
ha poblado	han poblado

Pluperfect

había poblado	habíamos poblado
habías poblado	habíais poblado
había poblado	habían poblado

Preterite Perfect

hube poblado	hubimos poblado
hubiste poblado	hubisteis poblado
hubo poblado	hubieron poblado

Future Perfect

habré poblado	habremos poblado
habrás poblado	habréis poblado
habrá poblado	habrán poblado

Perfect Conditional

habría poblado	habríamos poblado
habrías poblado	habríais poblado
habría poblado	habrían poblado

Present Perfect Subjunctive

haya poblado	hayamos poblado
hayas poblado	hayáis poblado
haya poblado	hayan poblado

Pluperfect Subjunctive

hubiera poblado	hubiéramos poblado
hubieras poblado	hubierais poblado
hubiera poblado	hubieran poblado

Imperative

puebla	poblad
pueble	pueblen

Verb in Action

Era una de las tribus que poblaban la región cuando llegaron los españoles. *(It was one of the tribes that was populating in the area when the Spanish arrived.)*

Al atardecer el lugar se puebla de gente joven. *(When evening comes, the place fills up with young people.)*

#354

poder

(to be able to)

Gerund: pudiendo • **Past Participle:** podido
Irregular -er verb

Present Indicative

puedo	podemos
puedes	podéis
puede	pueden

Present Perfect

he podido	hemos podido
has podido	habéis podido
ha podido	han podido

Imperfect

podía	podíamos
podías	podíais
podía	podían

Pluperfect

había podido	habíamos podido
habías podido	habíais podido
había podido	habían podido

Preterite

pude	pudimos
pudiste	pudisteis
pudo	pudieron

Preterite Perfect

hube podido	hubimos podido
hubiste podido	hubisteis podido
hubo podido	hubieron podido

Future

podré	podremos
podrás	podréis
podrá	podrán

Future Perfect

habré podido	habremos podido
habrás podido	habréis podido
habrá podido	habrán podido

Conditional

podría	podríamos
podrías	podríais
podría	podrían

Perfect Conditional

habría podido	habríamos podido
habrías podido	habríais podido
habría podido	habrían podido

Present Subjunctive

pueda	podamos
puedas	podáis
pueda	puedan

Present Perfect Subjunctive

haya podido	hayamos podido
hayas podido	hayáis podido
haya podido	hayan podido

Imperfect Subjunctive

pudiera	pudiéramos
pudieras	pudierais
pudiera	pudieran

OR

pudiese	pudiésemos
pudieses	pudieseis
pudiese	pudiesen

Pluperfect Subjunctive

hubiera podido	hubiéramos podido
hubieras podido	hubierais podido
hubiera podido	hubieran podido

Imperative

puede	poded
pueda	puedan

Verb in Action

¿Puedo entrar? *(Can I come in?)*
No pude venir antes. *(I couldn't come before.)*
¿Podrías ayudarme? *(Could you help me?)*

ESSENTIAL VERB **#355**

poner

(to put (on/in), to set)

Gerund: poniendo • **Past Participle:** puesto

Irregular -er verb

Present Indicative

pongo	ponemos
pones	ponéis
pone	ponen

Imperfect

ponía	poníamos
ponías	poníais
ponía	ponían

Preterite

puse	pusimos
pusiste	pusisteis
puso	pusieron

Future

pondré	pondremos
pondrás	pondréis
pondrá	pondrán

Conditional

pondría	pondríamos
pondrías	pondríais
pondría	pondrían

Present Subjunctive

ponga	pongamos
pongas	pongáis
ponga	pongan

Imperfect Subjunctive

pusiera	pusiéramos
pusieras	pusierais
pusiera	pusieran

OR

pusiese	pusiésemos
pusieses	pusieseis
pusiese	pusiesen

Present Perfect

he puesto	hemos puesto
has puesto	habéis puesto
ha puesto	han puesto

Pluperfect

había puesto	habíamos puesto
habías puesto	habíais puesto
había puesto	habían puesto

Preterite Perfect

hube puesto	hubimos puesto
hubiste puesto	hubisteis puesto
hubo puesto	hubieron puesto

Future Perfect

habré puesto	habremos puesto
habrás puesto	habréis puesto
habrá puesto	habrán puesto

Perfect Conditional

habría puesto	habríamos puesto
habrías puesto	habríais puesto
habría puesto	habrían puesto

Present Perfect Subjunctive

haya puesto	hayamos puesto
hayas puesto	hayáis puesto
haya puesto	hayan puesto

Pluperfect Subjunctive

hubiera puesto	hubiéramos puesto
hubieras puesto	hubierais puesto
hubiera puesto	hubieran puesto

Imperative

pon	poned
ponga	pongan

Verb in Action

¿Dónde pongo mis cosas? *(Where shall I put my things?)*
Todos nos pusimos de acuerdo. *(We are all set in agreement.)*
Lo pondré aquí. *(I'll put it here.)*

#356

portarse

(to behave)

Gerund: portando • **Past Participle:** portado
Reflexive regular -ar verb

Present Indicative		*Present Perfect*	
me porto	nos portamos	me he portado	nos hemos portado
te portas	os portáis	te has portado	os habéis portado
se porta	se portan	se ha portado	se han portado

Imperfect		*Pluperfect*	
me portaba	nos portábamos	me había portado	nos habíamos portado
te portabas	os portabais	te habías portado	os habíais portado
se portaba	se portaban	se había portado	se habían portado

Preterite		*Preterite Perfect*	
me porté	nos portamos	me hube portado	nos hubimos portado
te portaste	os portasteis	te hubiste portado	os hubisteis portado
se portó	se portaron	se hubo portado	se hubieron portado

Future		*Future Perfect*	
me portaré	nos portaremos	me habré portado	nos habremos portado
te portarás	os portaréis	te habrás portado	os habréis portado
se portará	se portarán	se habrá portado	se habrán portado

Conditional		*Perfect Conditional*	
me portaría	nos portaríamos	me habría portado	nos habríamos portado
te portarías	os portaríais	te habrías portado	os habríais portado
se portaría	se portarían	se habría portado	se habrían portado

Present Subjunctive		*Present Perfect Subjunctive*	
me porte	nos portemos	me haya portado	nos hayamos portado
te portes	os portéis	te hayas portado	os hayáis portado
se porte	se porten	se haya portado	se hayan portado

Imperfect Subjunctive		*Pluperfect Subjunctive*	
me portara	nos portáramos	me hubiera portado	nos hubiéramos portado
te portaras	os portarais	te hubieras portado	os hubierais portado
se portara	se portaran	se hubiera portado	se hubieran portado
OR			
me portase	nos portásemos		
te portases	os portaseis		
se portase	se portasen		

Imperative

pórtate	portaos
pórtese	pórtense

Verb in Action

¡Pórtate bien! *(Behave yourself!)*
A ver cómo te portas mañana. *(Let's see how you behave tomorrow.)*
Él se portó muy bien conmigo cuando lo necesité. *(He was very good to me when I needed him.)*

practicar

(to practice)

Gerund: practicando • **Past Participle:** practicado
Regular -ar verb with spelling change: c to qu in front of e

Present Indicative

practico	practicamos
practicas	practicáis
practica	practican

Present Perfect

he practicado	hemos practicado
has practicado	habéis practicado
ha practicado	han practicado

Imperfect

practicaba	practicábamos
practicabas	practicabais
practicaba	practicaban

Pluperfect

había practicado	habíamos practicado
habías practicado	habíais practicado
había practicado	habían practicado

Preterite

practiqué	practicamos
practicaste	practicasteis
practicó	practicaron

Preterite Perfect

hube practicado	hubimos practicado
hubiste practicado	hubisteis practicado
hubo practicado	hubieron practicado

Future

practicaré	practicaremos
practicarás	practicaréis
practicará	practicarán

Future Perfect

habré practicado	habremos practicado
habrás practicado	habréis practicado
habrá practicado	habrán practicado

Conditional

practicaría	practicaríamos
practicarías	practicaríais
practicaría	practicarían

Perfect Conditional

habría practicado	habríamos practicado
habrías practicado	habríais practicado
habría practicado	habrían practicado

Present Subjunctive

practique	practiquemos
practiques	practiquéis
practique	practiquen

Present Perfect Subjunctive

haya practicado	hayamos practicado
hayas practicado	hayáis practicado
haya practicado	hayan practicado

Imperfect Subjunctive

practicara	practicáramos
practicaras	practicarais
practicara	practicaran
OR	
practicase	practicásemos
practicases	practicaseis
practicase	practicasen

Pluperfect Subjunctive

hubiera practicado	hubiéramos practicado
hubieras practicado	hubierais practicado
hubiera practicado	hubieran practicado

Imperative

practica	practicad
practique	practiquen

Verb in Action

Es importante que practiques el piano todos los días. *(It's important you practice the piano every day.)*
¿No practicas ningún deporte? *(Don't you play any sport?)*

predecir

(to predict, to forecast)

Gerund: prediciendo • **Past Participle:** predicho
Irregular -ir verb

Present Indicative

predigo	predecimos
predices	predecís
predice	predicen

Present Perfect

he predicho	hemos predicho
has predicho	habéis predicho
ha predicho	han predicho

Imperfect

predecía	predecíamos
predecías	predecíais
predecía	predecían

Pluperfect

había predicho	habíamos predicho
habías predicho	habíais predicho
había predicho	habían predicho

Preterite

predije	predijimos
predijiste	predijisteis
predijo	predijeron

Preterite Perfect

hube predicho	hubimos predicho
hubiste predicho	hubisteis predicho
hubo predicho	hubieron predicho

Future

predeciré	predeciremos
predecirás	predeciréis
predecirá	predecirán

Future Perfect

habré predicho	habremos predicho
habrás predicho	habréis predicho
habrá predicho	habrán predicho

Conditional

predeciría	predeciríamos
predecirías	predeciríais
predeciría	predecirían

Perfect Conditional

habría predicho	habríamos predicho
habrías predicho	habríais predicho
habría predicho	habrían predicho

Present Subjunctive

prediga	predigamos
predigas	predigáis
prediga	predigan

Present Perfect Subjunctive

haya predicho	hayamos predicho
hayas predicho	hayáis predicho
haya predicho	hayan predicho

Imperfect Subjunctive

predijera	predijéramos
predijeras	predijerais
predijera	predijeran

OR

predijese	predijésemos
predijeses	predijeseis
predijese	predijesen

Pluperfect Subjunctive

hubiera predicho	hubiéramos predicho
hubieras predicho	hubierais predicho
hubiera predicho	hubieran predicho

Imperative

predice	predecid
prediga	predigan

Verb in Action

Los meteorólogos predijeron el tsunami. *(Meteorologists forecasted the tsunami.)*
Él se cree capaz de predecir el futuro. *(He thinks he can predict the future.)*

preferir

(to prefer)

Gerund: prefiriendo • **Past Participle:** preferido

Regular -ir verb with stem change: (tenses 1, 3, 6, 7, gerund, and imperative)

Present Indicative

prefiero	preferimos
prefieres	preferís
prefiere	prefieren

Present Perfect

he preferido	hemos preferido
has preferido	habéis preferido
ha preferido	han preferido

Imperfect

prefería	preferíamos
preferías	preferíais
prefería	preferían

Pluperfect

había preferido	habíamos preferido
habías preferido	habíais preferido
había preferido	habían preferido

Preterite

preferí	preferimos
preferiste	preferisteis
prefirió	prefirieron

Preterite Perfect

hube preferido	hubimos preferido
hubiste preferido	hubisteis preferido
hubo preferido	hubieron preferido

Future

preferiré	preferiremos
preferirás	preferiréis
preferirá	preferirán

Future Perfect

habré preferido	habremos preferido
habrás preferido	habréis preferido
habrá preferido	habrán preferido

Conditional

preferiría	preferiríamos
preferirías	preferiríais
preferiría	preferirían

Perfect Conditional

habría preferido	habríamos preferido
habrías preferido	habríais preferido
habría preferido	habrían preferido

Present Subjunctive

prefiera	preferamos
prefieras	preferáis
prefiera	prefieran

Present Perfect Subjunctive

haya preferido	hayamos preferido
hayas preferido	hayáis preferido
haya preferido	hayan preferido

Imperfect Subjunctive

prefiriera	prefiriéramos
prefirieras	prefirierais
prefiriera	prefirieran
OR	
prefiriese	prefiriésemos
prefirieses	prefirieseis
prefiriese	prefiriesen

Pluperfect Subjunctive

hubiera preferido	hubiéramos preferido
hubieras preferido	hubierais preferido
hubiera preferido	hubieran preferido

Imperative

prefiere	preferid
prefiera	prefieran

Verb in Action

¿Prefieres té o café? *(Do you prefer tea or coffee?)*

La verdad es que preferiría no ir. *(To be honest, I'd rather not go.)*

La quise acompañar pero prefirió ir sola. *(I wanted to go with her but she preferred to go on her own.)*

preguntar(se)

(to ask)

Gerund: preguntando • **Past Participle:** preguntado
Reflexive regular -ar verb

Present Indicative

pregunto	preguntamos
preguntas	preguntáis
pregunta	preguntan

Imperfect

preguntaba	preguntábamos
preguntabas	preguntabais
preguntaba	preguntaban

Preterite

pregunté	preguntamos
preguntaste	preguntasteis
preguntó	preguntaron

Future

preguntaré	preguntaremos
preguntarás	preguntaréis
preguntará	preguntarán

Conditional

preguntaría	preguntaríamos
preguntarías	preguntaríais
preguntaría	preguntarían

Present Subjunctive

pregunte	preguntemos
preguntes	preguntéis
pregunte	pregunten

Imperfect Subjunctive

preguntara	preguntáramos
preguntaras	preguntarais
preguntara	preguntaran

OR

preguntase	preguntásemos
preguntases	preguntaseis
preguntase	preguntasen

Present Perfect

he preguntado	hemos preguntado
has preguntado	habéis preguntado
ha preguntado	han preguntado

Pluperfect

había preguntado	habíamos preguntado
habías preguntado	habíais preguntado
había preguntado	habían preguntado

Preterite Perfect

hube preguntado	hubimos preguntado
hubiste preguntado	hubisteis preguntado
hubo preguntado	hubieron preguntado

Future Perfect

habré preguntado	habremos preguntado
habrás preguntado	habréis preguntado
habrá preguntado	habrán preguntado

Perfect Conditional

habría preguntado	habríamos preguntado
habrías preguntado	habríais preguntado
habría preguntado	habrían preguntado

Present Perfect Subjunctive

haya preguntado	hayamos preguntado
hayas preguntado	hayáis preguntado
haya preguntado	hayan preguntado

Pluperfect Subjunctive

hubiera preguntado	hubiéramos preguntado
hubieras preguntado	hubierais preguntado
hubiera preguntado	hubieran preguntado

Imperative

pregunta	preguntad
pregunte	pregunten

Verb in Action

Pregunta a qué hora termina la película. *(Ask what time the film ends.)*
No me preguntes porqué lo hizo. *(Don't ask me why he did it.)*
Me pregunto qué él hace aquí. *(I wonder what he's doing here.)*

prender

(to switch on, to light)

Gerund: prendiendo • **Past Participle:** prendido
Regular -er verb

Present Indicative		*Present Perfect*	
prendo	prendemos	he prendido	hemos prendido
prendes	prendéis	has prendido	habéis prendido
prende	prenden	ha prendido	han prendido

Imperfect		*Pluperfect*	
prendía	prendíamos	había prendido	habíamos prendido
prendías	prendíais	habías prendido	habíais prendido
prendía	prendían	había prendido	habían prendido

Preterite		*Preterite Perfect*	
prendí	prendimos	hube prendido	hubimos prendido
prendiste	prendisteis	hubiste prendido	hubisteis prendido
prendió	prendieron	hubo prendido	hubieron prendido

Future		*Future Perfect*	
prenderé	prenderemos	habré prendido	habremos prendido
prenderás	prenderéis	habrás prendido	habréis prendido
prenderá	prenderán	habrá prendido	habrán prendido

Conditional		*Perfect Conditional*	
prendería	prenderíamos	habría prendido	habríamos prendido
prenderías	prenderíais	habrías prendido	habríais prendido
prendería	prenderían	habría prendido	habrían prendido

Present Subjunctive		*Present Perfect Subjunctive*	
prenda	prendamos	haya prendido	hayamos prendido
prendas	prendáis	hayas prendido	hayáis prendido
prenda	prendan	haya prendido	hayan prendido

Imperfect Subjunctive		*Pluperfect Subjunctive*	
prendiera	prendiéramos	hubiera prendido	hubiéramos prendido
prendieras	prendierais	hubieras prendido	hubierais prendido
prendiera	prendieran	hubiera prendido	hubieran prendido
OR			
prendiese	prendiésemos		
prendieses	prendieseis		
prendiese	prendiesen		

Imperative

prende	prended
prenda	prendan

Verb in Action

Ella prendió un cigarrillo. *(She lit a cigarette.)*
En cuanto llega a casa, prende la televisión. *(As soon as he gets home, he switches on the television.)*
Él había prendido todas las luces. *(He had switched on all the lights.)*

preocupar(se)

(to worry)

Gerund: preocupando • **Past Participle:** preocupado
Reflexive regular -ar verb

Present Indicative		*Present Perfect*	
preocupo	preocupamos	he preocupado	hemos preocupado
preocupas	preocupáis	has preocupado	habéis preocupado
preocupa	preocupan	ha preocupado	han preocupado
Imperfect		*Pluperfect*	
preocupaba	preocupábamos	había preocupado	habíamos preocupado
preocupabas	preocupabais	habías preocupado	habíais preocupado
preocupaba	preocupaban	había preocupado	habían preocupado
Preterite		*Preterite Perfect*	
preocupé	preocupamos	hube preocupado	hubimos preocupado
preocupaste	preocupasteis	hubiste preocupado	hubisteis preocupado
preocupó	preocuparon	hubo preocupado	hubieron preocupado
Future		*Future Perfect*	
preocuparé	preocuparemos	habré preocupado	habremos preocupado
preocuparás	preocuparéis	habrás preocupado	habréis preocupado
preocupará	preocuparán	habrá preocupado	habrán preocupado
Conditional		*Perfect Conditional*	
preocuparía	preocuparíamos	habría preocupado	habríamos preocupado
preocuparías	preocuparíais	habrías preocupado	habríais preocupado
preocuparía	preocuparían	habría preocupado	habrían preocupado
Present Subjunctive		*Present Perfect Subjunctive*	
preocupe	preocupemos	haya preocupado	hayamos preocupado
preocupes	preocupéis	hayas preocupado	hayáis preocupado
preocupe	preocupen	haya preocupado	hayan preocupado
Imperfect Subjunctive		*Pluperfect Subjunctive*	
preocupara	preocupáramos	hubiera preocupado	hubiéramos preocupado
preocuparas	preocuparais	hubieras preocupado	hubierais preocupado
preocupara	preocuparan	hubiera preocupado	hubieran preocupado
OR			
preocupase	preocupásemos		
preocupases	preocupaseis		
preocupase	preocupasen		

Imperative

preocupa	preocupad
preocupe	preocupen

Verb in Action

No te preocupes, todo está bajo control. *(Don't worry; everything is under control.)*
Ella se preocupaba por sus hijos. *(She worried about her children.)*
A ella solo le preocupa su imagen. *(All she's worried about is her image.)*

preparar(se)

(to prepare)

Gerund: preparando • **Past Participle:** preparado
Reflexive regular -ar verb

Present Indicative		***Present Perfect***	
preparo	preparamos	he preparado	hemos preparado
preparas	preparáis	has preparado	habéis preparado
prepara	preparan	ha preparado	han preparado
Imperfect		***Pluperfect***	
preparaba	preparábamos	había preparado	habíamos preparado
preparabas	preparabais	habías preparado	habíais preparado
preparaba	preparaban	había preparado	habían preparado
Preterite		***Preterite Perfect***	
preparé	preparamos	hube preparado	hubimos preparado
preparaste	preparasteis	hubiste preparado	hubisteis preparado
preparó	prepararon	hubo preparado	hubieron preparado
Future		***Future Perfect***	
prepararé	prepararemos	habré preparado	habremos preparado
prepararás	prepararéis	habrás preparado	habréis preparado
preparará	prepararán	habrá preparado	habrán preparado
Conditional		***Perfect Conditional***	
prepararía	prepararíamos	habría preparado	habríamos preparado
prepararías	prepararíais	habrías preparado	habríais preparado
prepararía	prepararían	habría preparado	habrían preparado
Present Subjunctive		***Present Perfect Subjunctive***	
prepare	preparemos	haya preparado	hayamos preparado
prepares	preparéis	hayas preparado	hayáis preparado
prepare	preparen	haya preparado	hayan preparado
Imperfect Subjunctive		***Pluperfect Subjunctive***	
preparara	preparáramos	hubiera preparado	hubiéramos preparado
prepararas	prepararais	hubieras preparado	hubierais preparado
preparara	prepararan	hubiera preparado	hubieran preparado
OR			
preparase	preparásemos		
preparases	preparaseis		
preparase	preparasen		

Imperative

prepara	preparad
prepare	preparen

Verb in Action

Ella estaba preparando la cena. *(She was preparing the supper.)*
¿Prepáreme la cuenta, por favor? *(Can you make my bill up for me, please?)*
Preparé unos tacos para la cena. *(I made some tacos for dinner.)*

presentar(se)

(to present, to introduce)

Gerund: presentando • **Past Participle:** presentado
Reflexive regular -ar verb

Present Indicative		***Present Perfect***	
presento	presentamos	he presentado	hemos presentado
presentas	presentáis	has presentado	habéis presentado
presenta	presentan	ha presentado	han presentado
Imperfect		***Pluperfect***	
presentaba	presentábamos	había presentado	habíamos presentado
presentabas	presentabais	habías presentado	habíais presentado
presentaba	presentaban	había presentado	habían presentado
Preterite		***Preterite Perfect***	
presenté	presentamos	hube presentado	hubimos presentado
presentaste	presentasteis	hubiste presentado	hubisteis presentado
presentó	presentaron	hubo presentado	hubieron presentado
Future		***Future Perfect***	
presentaré	presentaremos	habré presentado	habremos presentado
presentarás	presentaréis	habrás presentado	habréis presentado
presentará	presentarán	habrá presentado	habrán presentado
Conditional		***Perfect Conditional***	
presentaría	presentaríamos	habría presentado	habríamos presentado
presentarías	presentaríais	habrías presentado	habríais presentado
presentaría	presentarían	habría presentado	habrían presentado
Present Subjunctive		***Present Perfect Subjunctive***	
presente	presentemos	haya presentado	hayamos presentado
presentes	presentéis	hayas presentado	hayáis presentado
presente	presenten	haya presentado	hayan presentado
Imperfect Subjunctive		***Pluperfect Subjunctive***	
presentara	presentáramos	hubiera presentado	hubiéramos presentado
presentaras	presentarais	hubieras presentado	hubierais presentado
presentara	presentaran	hubiera presentado	hubieran presentado
OR			
presentase	presentásemos		
presentases	presentaseis		
presentase	presentasen		

Imperative

presenta	presentad
presente	presenten

Verb in Action

Ya presenté la solicitud. *(I've already presented my application.)*
Están estudiando la propuesta que presentamos. *(They're studying the proposal we presented.)*
Se presentaron en mi oficina. *(They presented themselves at my office.)*

prestar(se)

(to lend)

Gerund: prestando • **Past Participle:** prestado
Reflexive regular -ar verb

Present Indicative

presto	prestamos
prestas	prestáis
presta	prestan

Imperfect

prestaba	prestábamos
prestabas	prestabais
prestaba	prestaban

Preterite

presté	prestamos
prestaste	prestasteis
prestó	prestaron

Future

prestaré	prestaremos
prestarás	prestaréis
prestará	prestarán

Conditional

prestaría	prestaríamos
prestarías	prestaríais
prestaría	prestarían

Present Subjunctive

preste	prestemos
prestes	prestéis
preste	presten

Imperfect Subjunctive

prestara	prestáramos
prestaras	prestarais
prestara	prestaran

OR

prestase	prestásemos
prestases	prestaseis
prestase	prestasen

Present Perfect

he prestado	hemos prestado
has prestado	habéis prestado
ha prestado	han prestado

Pluperfect

había prestado	habíamos prestado
habías prestado	habíais prestado
había prestado	habían prestado

Preterite Perfect

hube prestado	hubimos prestado
hubiste prestado	hubisteis prestado
hubo prestado	hubieron prestado

Future Perfect

habré prestado	habremos prestado
habrás prestado	habréis prestado
habrá prestado	habrán prestado

Perfect Conditional

habría prestado	habríamos prestado
habrías prestado	habríais prestado
habría prestado	habrían prestado

Present Perfect Subjunctive

haya prestado	hayamos prestado
hayas prestado	hayáis prestado
haya prestado	hayan prestado

Pluperfect Subjunctive

hubiera prestado	hubiéramos prestado
hubieras prestado	hubierais prestado
hubiera prestado	hubieran prestado

Imperative

presta	prestad
preste	presten

Verb in Action

¿Me prestas tu raqueta? *(Will you lend me your racket?)*
Me pidió que le prestara el diccionario a él. *(He asked me to lend him the dictionary.)*
Si yo tuviera dinero, te lo prestaría. *(If I had any money, I'd lend it to you.)*

pretender

(to try to, to claim, to hope)

Gerund: pretendiendo • **Past Participle:** pretendido
Regular -er verb

Presnt Indicative		*Present Perfect*	
pretendo	pretendemos	he pretendido	hemos pretendido
pretendes	pretendéis	has pretendido	habéis pretendido
pretende	pretenden	ha pretendido	han pretendido

Imperfect		*Pluperfect*	
pretendía	pretendíamos	había pretendido	habíamos pretendido
pretendías	pretendíais	habías pretendido	habíais pretendido
pretendía	pretendían	había pretendido	habían pretendido

Preterite		*Preterite Perfect*	
pretendí	pretendimos	hube pretendido	hubimos pretendido
pretendiste	pretendisteis	hubiste pretendido	hubisteis pretendido
pretendió	pretendieron	hubo pretendido	hubieron pretendido

Future		*Future Perfect*	
pretenderé	pretenderemos	habré pretendido	habremos pretendido
pretenderás	pretenderéis	habrás pretendido	habréis pretendido
pretenderá	pretenderán	habrá pretendido	habrán pretendido

Conditional		*Perfect Conditional*	
pretendería	pretenderíamos	habría pretendido	habríamos pretendido
pretenderías	pretenderíais	habrías pretendido	habríais pretendido
pretendería	pretenderían	habría pretendido	habrían pretendido

Present Subjunctive		*Present Perfect Subjunctive*	
pretenda	pretendamos	haya pretendido	hayamos pretendido
pretendas	pretendáis	hayas pretendido	hayáis pretendido
pretenda	pretendan	haya pretendido	hayan pretendido

Imperfect Subjunctive		*Pluperfect Subjunctive*	
pretendiera	pretendiéramos	hubiera pretendido	hubiéramos pretendido
pretendieras	pretendierais	hubieras pretendido	hubierais pretendido
pretendiera	pretendieran	hubiera pretendido	hubieran pretendido
OR			
pretendiese	pretendiésemos		
pretendieses	pretendieseis		
pretendiese	pretendiesen		

Imperative

pretende	pretended
pretenda	pretendan

Verb in Action

Ella pretendía que la lleváramos en coche. *(She was hoping we'd give her a lift.)*
Yo no pretendo ser un experto, pero me parece que están equivocados. *(I don't claim to be an expert, but I think they're wrong.)*

prevenir

(to prevent, to warn)

Gerund: preveniendo • **Past Participle:** prevenido
Irregular -ir verb

Present Indicative		*Present Perfect*	
prevengo	prevenimos	he prevenido	hemos prevenido
previenes	prevenís	has prevenido	habéis prevenido
previene	previenen	ha prevenido	han prevenido
Imperfect		*Pluperfect*	
prevenía	preveníamos	había prevenido	habíamos prevenido
prevenías	preveníais	habías prevenido	habíais prevenido
prevenía	prevenían	había prevenido	habían prevenido
Preterite		*Preterite Perfect*	
previne	previnimos	hube prevenido	hubimos prevenido
previniste	previnisteis	hubiste prevenido	hubisteis prevenido
previno	previnieron	hubo prevenido	hubieron prevenido
Future		*Future Perfect*	
prevendré	prevendremos	habré prevenido	habremos prevenido
prevendrás	prevendréis	habrás prevenido	habréis prevenido
prevendrá	prevendrán	habrá prevenido	habrán prevenido
Conditional		*Perfect Conditional*	
prevendría	prevendríamos	habría prevenido	habríamos prevenido
prevendrías	prevendríais	habrías prevenido	habríais prevenido
prevendría	prevendrían	habría prevenido	habrían prevenido
Present Subjunctive		*Present Perfect Subjunctive*	
prevenga	prevengamos	haya prevenido	hayamos prevenido
prevengas	prevengáis	hayas prevenido	hayáis prevenido
prevenga	prevengan	haya prevenido	hayan prevenido
Imperfect Subjunctive		*Pluperfect Subjunctive*	
previniera	previniéramos	hubiera prevenido	hubiéramos prevenido
previnieras	previnierais	hubieras prevenido	hubierais prevenido
previniera	previnieran	hubiera prevenido	hubieran prevenido
OR			
previniese	previniésemos		
previnieses	previnieseis		
previniese	previniesen		

Imperative

prevén	prevenid
prevenga	prevengan

Verb in Action

¿La crisis se podría haber prevenido? *(Could the crisis have been avoided?)*
Te prevengo que no va a ser fácil. *(I warn you that it won't be easy.)*

#368

prever

(to foresee, to plan)

Gerund: previendo • **Past Participle:** previsto
Irregular -er verb

Present Indicative		*Present Perfect*	
preveo	prevemos	he previsto	hemos previsto
prevés	prevéis	has previsto	habéis previsto
prevé	prevén	ha previsto	han previsto

Imperfect		*Pluperfect*	
preveía	preveíamos	había previsto	habíamos previsto
preveías	preveíais	habías previsto	habíais previsto
preveía	preveían	había previsto	habían previsto

Preterite		*Preterite Perfect*	
preví	previmos	hube previsto	hubimos previsto
previste	previsteis	hubiste previsto	hubisteis previsto
previó	previeron	hubo previsto	hubieron previsto

Future		*Future Perfect*	
preveré	preveremos	habré previsto	habremos previsto
preverás	preveréis	habrás previsto	habréis previsto
preverá	preverán	habrá previsto	habrán previsto

Conditional		*Perfect Conditional*	
prevería	preveríamos	habría previsto	habríamos previsto
preverías	preveríais	habrías previsto	habríais previsto
prevería	preverían	habría previsto	habrían previsto

Present Subjunctive		*Present Perfect Subjunctive*	
prevea	preveamos	haya previsto	hayamos previsto
preveas	preveáis	hayas previsto	hayáis previsto
prevea	prevean	haya previsto	hayan previsto

Imperfect Subjunctive		*Pluperfect Subjunctive*	
previera	previéramos	hubiera previsto	hubiéramos previsto
previeras	previerais	hubieras previsto	hubierais previsto
previera	previeran	hubiera previsto	hubieran previsto
OR			
previese	previésemos		
previeses	previeseis		
previese	previesen		

Imperative

prevé	preved
prevea	prevean

Verb in Action

Es fácil prever que esto va a tener consecuencias negativas. *(It's easy to foresee that this will have negative consequences.)*

Él lo había previsto todo para que la fiesta fuera un éxito. *(He had planned everything to ensure that the party was a success.)*

privar(se)

(to deprive)

Gerund: privando • **Past Participle:** privado
Reflexive regular -ar verb

Present Indicative		***Present Perfect***	
privo	privamos	he privado	hemos privado
privas	priváis	has privado	habéis privado
priva	privan	ha privado	han privado
Imperfect		***Pluperfect***	
privaba	privábamos	había privado	habíamos privado
privabas	privabais	habías privado	habíais privado
privaba	privaban	había privado	habían privado
Preterite		***Preterite Perfect***	
privé	privamos	hube privado	hubimos privado
privaste	privasteis	hubiste privado	hubisteis privado
privó	privaron	hubo privado	hubieron privado
Future		***Future Perfect***	
privaré	privaremos	habré privado	habremos privado
privarás	privaréis	habrás privado	habréis privado
privará	privarán	habrá privado	habrán privado
Conditional		***Perfect Conditional***	
privaría	privaríamos	habría privado	habríamos privado
privarías	privaríais	habrías privado	habríais privado
privaría	privarían	habría privado	habrían privado
Present Subjunctive		***Present Perfect Subjunctive***	
prive	privemos	haya privado	hayamos privado
prives	privéis	hayas privado	hayáis privado
prive	priven	haya privado	hayan privado
Imperfect Subjunctive		***Pluperfect Subjunctive***	
privara	priváramos	hubiera privado	hubiéramos privado
privaras	privarais	hubieras privado	hubierais privado
privara	privaran	hubiera privado	hubieran privado
OR			
privase	privásemos		
privases	privaseis		
privase	privasen		

Imperative

priva	privad
prive	priven

Verb in Action

¡No se privan de nada! *(They don't deny themselves anything!)*
Se privaron de muchas cosas para mandar a sus hijos a ese colegio. *(They went without many things in order to send their children to that school.)*

probar(se)

(to try, to prove)

Gerund: probando • **Past Participle:** probado

Reflexive regular -ar verb with stem change: o to ue (tenses 1, 6, and imperative)

Present Indicative

pruebo	probamos
pruebas	probáis
prueba	prueban

Imperfect

probaba	probábamos
probabas	probabais
probaba	probaban

Preterite

probé	probamos
probaste	probasteis
probó	probaron

Future

probaré	probaremos
probarás	probaréis
probará	probarán

Conditional

probaría	probaríamos
probarías	probaríais
probaría	probarían

Present Subjunctive

pruebe	probemos
pruebes	probéis
pruebe	prueben

Imperfect Subjunctive

probara	probáramos
probaras	probarais
probara	probaran

OR

probase	probásemos
probases	probaseis
probase	probasen

Present Perfect

he probado	hemos probado
has probado	habéis probado
ha probado	han probado

Pluperfect

había probado	habíamos probado
habías probado	habíais probado
había probado	habían probado

Preterite Perfect

hube probado	hubimos probado
hubiste probado	hubisteis probado
hubo probado	hubieron probado

Future Perfect

habré probado	habremos probado
habrás probado	habréis probado
habrá probado	habrán probado

Perfect Conditional

habría probado	habríamos probado
habrías probado	habríais probado
habría probado	habrían probado

Present Perfect Subjunctive

haya probado	hayamos probado
hayas probado	hayáis probado
haya probado	hayan probado

Pluperfect Subjunctive

hubiera probado	hubiéramos probado
hubieras probado	hubierais probado
hubiera probado	hubieran probado

Imperative

prueba	probad
pruebe	prueben

Verb in Action

¿Puedes probar la sopa a ver si le falta sal? *(Can you try the soup to see if it needs any salt?)*

Él nunca había probado algo tan delicioso. *(He had never tasted anything so delicious.)*

procurar

(to strive for, to try to)

Gerund: procurando • **Past Participle:** procurado
Regular -ar verb

Present Indicative		*Present Perfect*	
procuro	procuramos	he procurado	hemos procurado
procuras	procuráis	has procurado	habéis procurado
procura	procuran	ha procurado	han procurado
Imperfect		*Pluperfect*	
procuraba	procurábamos	había procurado	habíamos procurado
procurabas	procurabais	habías procurado	habíais procurado
procuraba	procuraban	había procurado	habían procurado
Preterite		*Preterite Perfect*	
procuré	procuramos	hube procurado	hubimos procurado
procuraste	procurasteis	hubiste procurado	hubisteis procurado
procuró	procuraron	hubo procurado	hubieron procurado
Future		*Future Perfect*	
procuraré	procuraremos	habré procurado	habremos procurado
procurarás	procuraréis	habrás procurado	habréis procurado
procurará	procurarán	habrá procurado	habrán procurado
Conditional		*Perfect Conditional*	
procuraría	procuraríamos	habría procurado	habríamos procurado
procurarías	procuraríais	habrías procurado	habríais procurado
procuraría	procurarían	habría procurado	habrían procurado
Present Subjunctive		*Present Perfect Subjunctive*	
procure	procuremos	haya procurado	hayamos procurado
procures	procuréis	hayas procurado	hayáis procurado
procure	procuren	haya procurado	hayan procurado
Imperfect Subjunctive		*Pluperfect Subjunctive*	
procurara	procuráramos	hubiera procurado	hubiéramos procurado
procuraras	procurarais	hubieras procurado	hubierais procurado
procurara	procuraran	hubiera procurado	hubieran procurado
OR			
procurase	procurásemos		
procurases	procuraseis		
procurase	procurasen		

Imperative

procura	procurad
procure	procuren

Verb in Action

Procuren llegar temprano. *(Try to be early.)*
Procuré no despertarlos. *(I tried not to wake them.)*
Procuremos ser objetivos. *(Let's try to be objective.)*

#372

producir

(to produce, to cause)

Gerund: produciendo • **Past Participle:** producido
Irregular -ir verb

Present Indicative

produzco	producimos
produces	producís
produce	producen

Imperfect

producía	producíamos
producías	producíais
producía	producían

Preterite

produje	produjimos
produjiste	produjisteis
produjo	produjeron

Future

produciré	produciremos
producirás	produciréis
producirá	producirán

Conditional

produciría	produciríamos
producirías	produciríais
produciría	producirían

Present Subjunctive

produzca	produzcamos
produzcas	produzcáis
produzca	produzcan

Imperfect Subjunctive

produjera	produjéramos
produjeras	produjerais
produjera	produjeran

OR

produjese	produjésemos
produjeses	produjeseis
produjese	produjesen

Present Perfect

he producido	hemos producido
has producido	habéis producido
ha producido	han producido

Pluperfect

había producido	habíamos producido
habías producido	habíais producido
había producido	habían producido

Preterite Perfect

hube producido	hubimos producido
hubiste producido	hubisteis producido
hubo producido	hubieron producido

Future Perfect

habré producido	habremos producido
habrás producido	habréis producido
habrá producido	habrán producido

Perfect Conditional

habría producido	habríamos producido
habrías producido	habríais producido
habría producido	habrían producido

Present Perfect Subjunctive

haya producido	hayamos producido
hayas producido	hayáis producido
haya producido	hayan producido

Pluperfect Subjunctive

hubiera producido	hubiéramos producido
hubieras producido	hubierais producido
hubiera producido	hubieran producido

Imperative

produce	producid
produzca	produzcan

Verb in Action

Exportamos más de la mitad de lo que producimos. *(We export more than half of what we produce.)*
La noticia nos produjo una gran alegría. *(The news caused us to be very happy.)*

prohibir

(to prohibit, to ban)

Gerund: prohibiendo • **Past Participle:** prohibido
Regular -ir verb with spelling change: i to í on stressed syllable (tenses 1, 6, and imperative)

Present Indicative

prohíbo	prohibimos
prohíbes	prohibís
prohíbe	prohíben

Imperfect

prohibía	prohibíamos
prohibías	prohibíais
prohibía	prohibían

Preterite

prohibí	prohibimos
prohibiste	prohibisteis
prohibió	prohibieron

Future

prohibiré	prohibiremos
prohibirás	prohibiréis
prohibirá	prohibirán

Conditional

prohibiría	prohibiríamos
prohibirías	prohibiríais
prohibiría	prohibirían

Present Subjunctive

prohíba	prohibamos
prohíbas	prohibáis
prohíba	prohíban

Imperfect Subjunctive

prohibiera	prohibiéramos
prohibieras	prohibierais
prohibiera	prohibieran

OR

prohibiese	prohibiésemos
prohibieses	prohibieseis
prohibiese	prohibiesen

Present Perfect

he prohibido	hemos prohibido
has prohibido	habéis prohibido
ha prohibido	han prohibido

Pluperfect

había prohibido	habíamos prohibido
habías prohibido	habíais prohibido
había prohibido	habían prohibido

Preterite Perfect

hube prohibido	hubimos prohibido
hubiste prohibido	hubisteis prohibido
hubo prohibido	hubieron prohibido

Future Perfect

habré prohibido	habremos prohibido
habrás prohibido	habréis prohibido
habrá prohibido	habrán prohibido

Perfect Conditional

habría prohibido	habríamos prohibido
habrías prohibido	habríais prohibido
habría prohibido	habrían prohibido

Present Perfect Subjunctive

haya prohibido	hayamos prohibido
hayas prohibido	hayáis prohibido
haya prohibido	hayan prohibido

Pluperfect Subjunctive

hubiera prohibido	hubiéramos prohibido
hubieras prohibido	hubierais prohibido
hubiera prohibido	hubieran prohibido

Imperative

prohíbe	prohibid
prohíba	prohíban

Verb in Action

Debería ser prohibirlo. *(It should be banned.)*
¡Te prohíbo que me hables así! *(I won't have you talking to me like that!)*
Le prohibieron la entrada a ella. *(She was not allowed in.)*

prometer

(to promise)

Gerund: prometiendo • **Past Participle:** prometido
Regular -er verb

Present Indicative		***Present Perfect***	
prometo	prometemos	he prometido	hemos prometido
prometes	prometéis	has prometido	habéis prometido
promete	prometen	ha prometido	han prometido
Imperfect		***Pluperfect***	
prometía	prometíamos	había prometido	habíamos prometido
prometías	prometíais	habías prometido	habíais prometido
prometía	prometían	había prometido	habían prometido
Preterite		***Preterite Perfect***	
prometí	prometimos	hube prometido	hubimos prometido
prometiste	prometisteis	hubiste prometido	hubisteis prometido
prometió	prometieron	hubo prometido	hubieron prometido
Future		***Future Perfect***	
prometeré	prometeremos	habré prometido	habremos prometido
prometerás	prometeréis	habrás prometido	habréis prometido
prometerá	prometerán	habrá prometido	habrán prometido
Conditional		***Perfect Conditional***	
prometería	prometeríamos	habría prometido	habríamos prometido
prometerías	prometeríais	habrías prometido	habríais prometido
prometería	prometerían	habría prometido	habrían prometido
Present Subjunctive		***Present Perfect Subjunctive***	
prometa	prometamos	haya prometido	hayamos prometido
prometas	prometáis	hayas prometido	hayáis prometido
prometa	prometan	haya prometido	hayan prometido
Imperfect Subjunctive		***Pluperfect Subjunctive***	
prometiera	prometiéramos	hubiera prometido	hubiéramos prometido
prometieras	prometierais	hubieras prometido	hubierais prometido
prometiera	prometieran	hubiera prometido	hubieran prometido
OR			
prometiese	prometiésemos		
prometieses	prometieseis		
prometiese	prometiesen		

Imperative

promete	prometed
prometa	prometan

Verb in Action

Te prometo que no lo volveré a hacer. *(I promise you I won't do it again.)*
Me prometiste que me llevarías. *(You promised you'd take me.)*
Prométeme que no se lo dirás a nadie. *(Promise me you won't tell anyone.)*

pronunciar(se)

(to pronounce)

Gerund: pronunciando • **Past Participle:** pronunciado
Reflexive regular -ar verb

Present Indicative

pronuncio	pronunciamos
pronuncias	pronunciáis
pronuncia	pronuncian

Imperfect

pronunciaba	pronunciábamos
pronunciabas	pronunciabais
pronunciaba	pronunciaban

Preterite

pronuncié	pronunciamos
pronunciaste	pronunciasteis
pronunció	pronunciaron

Future

pronunciaré	pronunciaremos
pronunciarás	pronunciaréis
pronunciará	pronunciarán

Conditional

pronunciaría	pronunciaríamos
pronunciarías	pronunciaríais
pronunciaría	pronunciarían

Present Subjunctive

pronuncie	pronunciemos
pronuncies	pronunciéis
pronuncie	pronuncien

Imperfect Subjunctive

pronunciara	pronunciáramos
pronunciaras	pronunciarais
pronunciara	pronunciaran

OR

pronunciase	pronunciásemos
pronunciases	pronunciaseis
pronunciase	pronunciasen

Present Perfect

he pronunciado	hemos pronunciado
has pronunciado	habéis pronunciado
ha pronunciado	han pronunciado

Pluperfect

había pronunciado	habíamos pronunciado
habías pronunciado	habíais pronunciado
había pronunciado	habían pronunciado

Preterite Perfect

hube pronunciado	hubimos pronunciado
hubiste pronunciado	hubisteis pronunciado
hubo pronunciado	hubieron pronunciado

Future Perfect

habré pronunciado	habremos pronunciado
habrás pronunciado	habréis pronunciado
habrá pronunciado	habrán pronunciado

Perfect Conditional

habría pronunciado	habríamos pronunciado
habrías pronunciado	habríais pronunciado
habría pronunciado	habrían pronunciado

Present Perfect Subjunctive

haya pronunciado	hayamos pronunciado
hayas pronunciado	hayáis pronunciado
haya pronunciado	hayan pronunciado

Pluperfect Subjunctive

hubiera pronunciado	hubiéramos pronunciado
hubieras pronunciado	hubierais pronunciado
hubiera pronunciado	hubieran pronunciado

Imperative

pronuncia	pronunciad
pronuncie	pronuncien

Verb in Action

Él pronunció un largo discurso. *(He made a long speech.)*
'Casa' y 'caza' se pronuncian igual en los países hispanohablantes de América. *('Casa' and 'caza' are pronounced the same in America's Spanish-speaking countries.)*

proponer(se)

(to propose, to suggest)

Gerund: proponiendo • **Past Participle:** propuesto
Reflexive irregular -er verb

Present Indicative		*Present Perfect*	
propongo	proponemos	he propuesto	hemos propuesto
propones	proponéis	has propuesto	habéis propuesto
propone	proponen	ha propuesto	han propuesto
Imperfect		*Pluperfect*	
proponía	proponíamos	había propuesto	habíamos propuesto
proponías	proponíais	habías propuesto	habíais propuesto
proponía	proponían	había propuesto	habían propuesto
Preterite		*Preterite Perfect*	
propuse	propusimos	hube propuesto	hubimos propuesto
propusiste	propusisteis	hubiste propuesto	hubisteis propuesto
propuso	propusieron	hubo propuesto	hubieron propuesto
Future		*Future Perfect*	
propondré	propondremos	habré propuesto	habremos propuesto
propondrás	propondréis	habrás propuesto	habréis propuesto
propondrá	propondrán	habrá propuesto	habrán propuesto
Conditional		*Perfect Conditional*	
propondría	propondríamos	habría propuesto	habríamos propuesto
propondrías	propondríais	habrías propuesto	habríais propuesto
propondría	propondrían	habría propuesto	habrían propuesto
Present Subjunctive		*Present Perfect Subjunctive*	
proponga	propongamos	haya propuesto	hayamos propuesto
propongas	propongáis	hayas propuesto	hayáis propuesto
proponga	propongan	haya propuesto	hayan propuesto
Imperfect Subjunctive		*Pluperfect Subjunctive*	
propusiera	propusiéramos	hubiera propuesto	hubiéramos propuesto
propusieras	propusierais	hubieras propuesto	hubierais propuesto
propusiera	propusieran	hubiera propuesto	hubieran propuesto
OR			
propusiese	propusiésemos		
propusieses	propusieseis		
propusiese	propusiesen		

Imperative

propón	proponed
proponga	propongan

Verb in Action

Él propuso que fuéramos todos juntos. *(He suggested that we all went together.)*
Él logra todo lo que se propone. *(He achieves everything he sets out to do.)*
Ella propuso la solución. *(She proposed the solution.)*

proteger(se)

(to protect)

Gerund: protegiendo • **Past Participle:** protegido
Reflexive regular -er verb with spelling change: g to j in front of a and o

Present Indicative

protejo	protegemos
proteges	protegéis
protege	protegen

Imperfect

protegía	protegíamos
protegías	protegíais
protegía	protegían

Preterite

protegí	protegimos
protegiste	protegisteis
protegió	protegieron

Future

protegeré	protegeremos
protegerás	protegeréis
protegerá	protegerán

Conditional

protegería	protegeríamos
protegerías	protegeríais
protegería	protegerían

Present Subjunctive

proteja	protejamos
protejas	protejáis
proteja	protejan

Imperfect Subjunctive

protegiera	protegiéramos
protegieras	protegierais
protegiera	protegieran

OR

protegiese	protegiésemos
protegieses	protegieseis
protegiese	protegiesen

Present Perfect

he protegido	hemos protegido
has protegido	habéis protegido
ha protegido	han protegido

Pluperfect

había protegido	habíamos protegido
habías protegido	habíais protegido
había protegido	habían protegido

Preterite Perfect

hube protegido	hubimos protegido
hubiste protegido	hubisteis protegido
hubo protegido	hubieron protegido

Future Perfect

habré protegido	habremos protegido
habrás protegido	habréis protegido
habrá protegido	habrán protegido

Perfect Conditional

habría protegido	habríamos protegido
habrías protegido	habríais protegid
habría protegido	habrían protegido

Present Perfect Subjunctive

haya protegido	hayamos protegido
hayas protegido	hayáis protegido
haya protegido	hayan protegido

Pluperfect Subjunctive

hubiera protegido	hubiéramos protegido
hubieras protegido	hubierais protegido
hubiera protegido	hubieran protegido

Imperative

protege	proteged
proteja	protejan

Verb in Action

No tiene quien la proteja. *(She has no one to protect her.)*
Él se protegió la cara con las manos. *(He protected his face with his hands.)*
¿Dónde podemos protegernos de la lluvia? *(Where can we shelter from the rain?)*

protestar

(to protest, to complain)

Gerund: protestando • **Past Participle:** protestado
Regular -ar verb

Present Indicative		***Present Perfect***	
protesto	protestamos	he protestado	hemos protestado
protestas	protestáis	has protestado	habéis protestado
protesta	protestan	ha protestado	han protestado
Imperfect		***Pluperfect***	
protestaba	protestábamos	había protestado	habíamos protestado
protestabas	protestabais	habías protestado	habíais protestado
protestaba	protestaban	había protestado	habían protestado
Preterite		***Preterite Perfect***	
protesté	protestamos	hube protestado	hubimos protestado
protestaste	protestasteis	hubiste protestado	hubisteis protestado
protestó	protestaron	hubo protestado	hubieron protestado
Future		***Future Perfect***	
protestaré	protestaremos	habré protestado	habremos protestado
protestarás	protestaréis	habrás protestado	habréis protestado
protestará	protestarán	habrá protestado	habrán protestado
Conditional		***Perfect Conditional***	
protestaría	protestaríamos	habría protestado	habríamos protestado
protestarías	protestaríais	habrías protestado	habríais protestado
protestaría	protestarían	habría protestado	habrían protestado
Present Subjunctive		***Present Perfect Subjunctive***	
proteste	protestemos	haya protestado	hayamos protestado
protestes	protestéis	hayas protestado	hayáis protestado
proteste	protesten	haya protestado	hayan protestado
Imperfect Subjunctive		***Pluperfect Subjunctive***	
protestara	protestáramos	hubiera protestado	hubiéramos protestado
protestaras	protestarais	hubieras protestado	hubierais protestado
protestara	protestaran	hubiera protestado	hubieran protestado
OR			
protestase	protestásemos		
protestases	protestaseis		
protestase	protestasen		

Imperative

protesta	protestad
proteste	protesten

Verb in Action

Ella protesta por todo. *(She complains about everything.)*
La gente salió a la calle para protestar contra la rebaja de salarios. *(People went out onto the streets to protest against the pay cuts.)*
¡Haz lo que te digo, y sin protestar! *(Do as you're told, and no complaining!)*

proveer(se)

(to provide)

Gerund: proveyendo • **Past Participle:** proveído *or* provisto
Reflexive irregular -er verb

Present Indicative

proveo	proveemos
provees	proveéis
provee	proveen

Present Perfect

he proveído *or* provisto	hemos proveído *or* provisto
has proveído *or* provisto	habéis proveído *or* provisto
ha proveído provisto	han proveído *or* provisto

Imperfect

proveía	proveíamos
proveías	proveíais
proveía	proveían

Pluperfect

había proveído *or* provisto	habíamos proveído *or* provisto
habías proveído *or* provisto	habiais proveído *or* provisto
había proveído *or* provisto	habían proveído *or* provisto

Preterite

proveí	proveímos
proveiste	proveisteis
proveyó	proveyeron

Preterite Perfect

hube proveído *or* provisto	hubimos proveído *or* provisto
hubiste proveído *or* provisto	hubisteis proveído *or* provisto
hubo proveído *or* provisto	hubieron proveído *or* provisto

Future

proveeré	proveeremos
proveerás	proveeréis
proveerá	proveerán

Future Perfect

habré proveído *or* provisto	habremos proveído *or* provisto
habrás proveído *or* provisto	habréis proveído *or* provisto
habrá proveído *or* provisto	habrán proveído *or* provisto

Conditional

proveería	proveeríamos
proveerías	proveeríais
proveería	proveerían

Perfect Conditional

habría proveído *or* provisto	habríamos proveído *or* provisto
habrías proveído *or* provisto	habríais proveído *or* provisto
habría proveído *or* provisto	habrían proveído *or* provisto

Present Subjunctive

provea	proveamos
proveas	proveáis
provea	provean

Present Perfect Subjunctive

haya proveído *or* provisto	hayamos proveído *or* provisto
hayas proveído *or* provisto	hayáis proveído *or* provisto
haya proveído provisto	hayan proveído *or* provisto

Imperfect Subjunctive

proveyera	proveyéramos
proveyeras	proveyerais
proveyera	proveyeran

OR

proveyese	proveyésemos
proveyeses	proveyeseis
proveyese	proveyesen

Pluperfect Subjunctive

hubiera proveído *or* provisto	hubiéramos proveído *or* provisto
hubieras proveído *or* provisto	hubierais proveído *or* provisto
hubiera proveído *or* provisto	hubieran proveído *or* provisto

Imperative

provee	proveed
provea	provean

Verb in Action

Nos proveyeron de todo lo necesario para la expedición. *(They provided us with everything we needed for the trip.)*
Dios proveerá. *(God will provide.)*
¿Quién los provee de víveres? *(Who provides your provisions?)*

provocar

(to cause, to provoke)

Gerund: provocando • **Past Participle:** provocado
Regular -ar verb with spelling change: c to qu in front of e

Present Indicative

provoco	provocamos
provocas	provocáis
provoca	provocan

Present Perfect

he provocado	hemos provocado
has provocado	habéis provocado
ha provocado	han provocado

Imperfect

provocaba	provocábamos
provocabas	provocabais
provocaba	provocaban

Pluperfect

había provocado	habíamos provocado
habías provocado	habíais provocado
había provocado	habían provocado

Preterite

provoqué	provocamos
provocaste	provocasteis
provocó	provocaron

Preterite Perfect

hube provocado	hubimos provocado
hubiste provocado	hubisteis provocado
hubo provocado	hubieron provocado

Future

provocaré	provocaremos
provocarás	provocaréis
provocará	provocarán

Future Perfect

habré provocado	habremos provocado
habrás provocado	habréis provocado
habrá provocado	habrán provocado

Conditional

provocaría	provocaríamos
provocarías	provocaríais
provocaría	provocarían

Perfect Conditional

habría provocado	habríamos provocado
habrías provocado	habríais provocado
habría provocado	habrían provocado

Present Subjunctive

provoque	provoquemos
provoques	provoquéis
provoque	provoquen

Present Perfect Subjunctive

haya provocado	hayamos provocado
hayas provocado	hayáis provocado
haya provocado	hayan provocado

Imperfect Subjunctive

provocara	provocáramos
provocaras	provocarais
provocara	provocaran
OR	
provocase	provocásemos
provocases	provocaseis
provocase	provocasen

Pluperfect Subjunctive

hubiera provocado	hubiéramos provocado
hubieras provocado	hubierais provocado
hubiera provocado	hubieran provocado

Imperative

provoca	provocad
provoque	provoquen

Verb in Action

No me provoques. *(Don't provoke me.)*
¿Qué fue lo que provocó el incendio? *(What caused the fire?)*
Es un olor que me provoca arcadas. *(It's a smell that makes me retch.)*

quebrar(se)

(to break, to go bankrupt, to fail, to kill)

Gerund: quebrando • **Past Participle:** quebrado
Reflexive regular -ar verb with stem change: e to ie (tenses 1, 6, and imperative)

Present Indicative

quiebro quebramos
quiebras quebráis
quiebra quiebran

Imperfect

quebraba quebrábamos
quebrabas quebrabais
quebraba quebraban

Preterite

quebré quebramos
quebraste quebrasteis
quebró quebraron

Future

quebraré quebraremos
quebrarás quebraréis
quebrará quebrarán

Conditional

quebraría quebraríamos
quebrarías quebraríais
quebraría quebrarían

Present Subjunctive

quiebre quebremos
quiebres quebréis
quiebre quiebren

Imperfect Subjunctive

quebrara quebráramos
quebraras quebrarais
quebrara quebraran

OR

quebrase quebrásemos
quebrases quebraseis
quebrase quebrasen

Present Perfect

he quebrado hemos quebrado
has quebrado habéis quebrado
ha quebrado han quebrado

Pluperfect

había quebrado habíamos quebrado
habías quebrado habíais quebrado
había quebrado habían quebrado

Preterite Perfect

hube quebrado hubimos quebrado
hubiste quebrado hubisteis quebrado
hubo quebrado hubieron quebrado

Future Perfect

habré quebrado habremos quebrado
habrás quebrado habréis quebrado
habrá quebrado habrán quebrado

Perfect Conditional

habría quebrado habríamos quebrado
habrías quebrado habríais quebrado
habría quebrado habrían quebrado

Present Perfect Subjunctive

haya quebrado hayamos quebrado
hayas quebrado hayáis quebrado
haya quebrado hayan quebrado

Pluperfect Subjunctive

hubiera quebrado hubiéramos quebrado
hubieras quebrado hubierais quebrado
hubiera quebrado hubieran quebrado

Imperative

quiebra quiebrad
quiebre quiebren

Verb in Action

Él se había quebrado el brazo derecho. *(He had broken his right arm.)*
El jarrón se cayó y se quebró. *(The vase fell and broke.)*
Varios factores hicieron que el jugete quebrara. *(Several factors caused the toy to break.)*

#382

quedar(se)

(to stay, to remain)

Gerund: quedando • **Past Participle:** quedado
Reflexive regular -ar verb

Present Indicative

quedo	quedamos
quedas	quedáis
queda	quedan

Imperfect

quedaba	quedábamos
quedabas	quedabais
quedaba	quedaban

Preterite

quedé	quedamos
quedaste	quedasteis
quedó	quedaron

Future

quedaré	quedaremos
quedarás	quedaréis
quedará	quedarán

Conditional

quedaría	quedaríamos
quedarías	quedaríais
quedaría	quedarían

Present Subjunctive

quede	quedemos
quedes	quedéis
quede	queden

Imperfect Subjunctive

quedara	quedáramos
quedaras	quedarais
quedara	quedaran

OR

quedase	quedásemos
quedases	quedaseis
quedase	quedasen

Present Perfect

he quedado	hemos quedado
has quedado	habéis quedado
ha quedado	han quedado

Pluperfect

había quedado	habíamos quedado
habías quedado	habíais quedado
había quedado	habían quedado

Preterite Perfect

hube quedado	hubimos quedado
hubiste quedado	hubisteis quedado
hubo quedado	hubieron quedado

Future Perfect

habré quedado	habremos quedado
habrás quedado	habréis quedado
habrá quedado	habrán quedado

Perfect Conditional

habría quedado	habríamos quedado
habrías quedado	habríais quedado
habría quedado	habrían quedado

Present Perfect Subjunctive

haya quedado	hayamos quedado
hayas quedado	hayáis quedado
haya quedado	hayan quedado

Pluperfect Subjunctive

hubiera quedado	hubiéramos quedado
hubieras quedado	hubierais quedado
hubiera quedado	hubieran quedado

Imperative

queda	quedad
quede	queden

Verb in Action

¡Qué bien te queda ese corte de pelo! *(That haircut really suits you!)*
Solo me quedaban unos pocos pesos. *(I only had a few pesos remaining.)*
Se quedaron en un hotel del centro. *(They stayed at a hotel in the center.)*

quejarse

(to complain)

Gerund: quejando • **Past Participle:** quejado
Reflexive regular -ar verb

Present Indicative		*Present Perfect*	
me quejo	nos quejamos	me he quejado	nos hemos quejado
te quejas	os quejáis	te has quejado	os habéis quejado
se queja	se quejan	se ha quejado	se han quejado

Imperfect		*Pluperfect*	
me quejaba	nos quejábamos	me había quejado	nos habíamos quejado
te quejabas	os quejabais	te habías quejado	os habíais quejado
se quejaba	se quejaban	se había quejado	se habían quejado

Preterite		*Preterite Perfect*	
me quejé	nos quejamos	me hube quejado	nos hubimos quejado
te quejaste	os quejasteis	te hubiste quejado	os hubisteis quejado
se quejó	se quejaron	se hubo quejado	se hubieron quejado

Future		*Future Perfect*	
me quejaré	nos quejaremos	me habré quejado	nos habremos quejado
te quejarás	os quejaréis	te habrás quejado	os habréis quejado
se quejará	se quejarán	se habrá quejado	se habrán quejado

Conditional		*Perfect Conditional*	
me quejaría	nos quejaríamos	me habría quejado	nos habríamos quejado
te quejarías	os quejaríais	te habrías quejado	os habríais quejado
se quejaría	se quejarían	se habría quejado	se habrían quejado

Present Subjunctive		*Present Perfect Subjunctive*	
me queje	nos quejemos	me haya quejado	nos hayamos quejado
te quejes	os quejéis	te hayas quejado	os hayáis quejado
se queje	se quejen	se haya quejado	se hayan quejado

Imperfect Subjunctive		*Pluperfect Subjunctive*	
me quejara	nos quejáramos	me hubiera quejado	nos hubiéramos quejado
te quejaras	os quejarais	te hubieras quejado	os hubierais quejado
se quejara	se quejaran	se hubiera quejado	se hubieran quejado
OR			
me quejase	nos quejásemos		
te quejases	os quejaseis		
se quejase	se quejasen		

Imperative

quéjate	quejaos
quéjese	quéjense

Verb in Action

No hace más que quejarse. *(All he does is complain.)*
Fuimos a quejarnos a la alcaldía. *(We went to the town hall to complain.)*
Se quejaron de que la habitación no estaba limpia. *(They complained that the room wasn't clean.)*

quemar(se)

(to burn)

Gerund: quemando • **Past Participle:** quemado
Reflexive regular -ar verb

Present Indicative		*Present Perfect*	
quemo	quemamos	he quemado	hemos quemado
quemas	quemáis	has quemado	habéis quemado
quema	queman	ha quemado	han quemado
Imperfect		*Pluperfect*	
quemaba	quemábamos	había quemado	habíamos quemado
quemabas	quemabais	habías quemado	habíais quemado
quemaba	quemaban	había quemado	habían quemado
Preterite		*Preterite Perfect*	
quemé	quemamos	hube quemado	hubimos quemado
quemaste	quemasteis	hubiste quemado	hubisteis quemado
quemó	quemaron	hubo quemado	hubieron quemado
Future		*Future Perfect*	
quemaré	quemaremos	habré quemado	habremos quemado
quemarás	quemaréis	habrás quemado	habréis quemado
quemará	quemarán	habrá quemado	habrán quemado
Conditional		*Perfect Conditional*	
quemaría	quemaríamos	habría quemado	habríamos quemado
quemarías	quemaríais	habrías quemado	habríais quemado
quemaría	quemarían	habría quemado	habrían quemado
Present Subjunctive		*Present Perfect Subjunctive*	
queme	quememos	haya quemado	hayamos quemado
quemes	queméis	hayas quemado	hayáis quemado
queme	quemen	haya quemado	hayan quemado
Imperfect Subjunctive		*Pluperfect Subjunctive*	
quemara	quemáramos	hubiera quemado	hubiéramos quemado
quemaras	quemarais	hubieras quemado	hubierais quemado
quemara	quemaran	hubiera quemado	hubieran quemado
OR			
quemase	quemásemos		
quemases	quemaseis		
quemase	quemasen		

Imperative

quema	quemad
queme	quemen

Verb in Action

Le quemé la camisa con la plancha a él. *(I burned his shirt on the iron.)*
Todo se quemó en el incendio. *(Everything was destroyed in the fire.)*
Cuidado, que la sopa quema. *(Be careful, the soup's very hot.)*

ESSENTIAL VERB

#385

querer

(to want, to love)

Gerund: queriendo • **Past Participle:** querido
Irregular -er verb

Present Indicative

quiero	queremos
quieres	queréis
quiere	quieren

Imperfect

quería	queríamos
querías	queríais
quería	querían

Preterite

quise	quisimos
quisiste	quisisteis
quiso	quisieron

Future

querré	querremos
querrás	querréis
querrá	querrán

Conditional

querría	querríamos
querrías	querríais
querría	querrían

Present Subjunctive

quiera	queramos
quieras	queráis
quiera	quieran

Imperfect Subjunctive

quisiera	quisiéramos
quisieras	quisierais
quisiera	quisieran

OR

quisiese	quisiésemos
quisieses	quisieseis
quisiese	quisiesen

Present Perfect

he querido	hemos querido
has querido	habéis querido
ha querido	han querido

Pluperfect

había querido	habíamos querido
habías querido	habíais querido
había querido	habían querido

Preterite Perfect

hube querido	hubimos querido
hubiste querido	hubisteis querido
hubo querido	hubieron querido

Future Perfect

habré querido	habremos querido
habrás querido	habréis querido
habrá querido	habrán querido

Perfect Conditional

habría querido	habríamos querido
habrías querido	habríais querido
habría querido	habrían querido

Present Perfect Subjunctive

haya querido	hayamos querido
hayas querido	hayáis querido
haya querido	hayan querido

Pluperfect Subjunctive

hubiera querido	hubiéramos querido
hubieras querido	hubierais querido
hubiera querido	hubieran querido

Imperative

quiere	quered
quiera	quieran

Verb in Action

Lo hice sin querer. *(I didn't mean to do it.)*
Te quiero. *(I love you.)*
Ella no quería decírmelo. *(She didn't want to tell me.)*

quitar(se)

(to take away, to remove)

Gerund: quitando • **Past Participle:** quitado
Reflexive regular -ar verb

Present Indicative		*Present Perfect*	
quito	quitamos	he quitado	hemos quitado
quitas	quitáis	has quitado	habéis quitado
quita	quitan	ha quitado	han quitado
Imperfect		*Pluperfect*	
quitaba	quitábamos	había quitado	habíamos quitado
quitabas	quitabais	habías quitado	habíais quitado
quitaba	quitaban	había quitado	habían quitado
Preterite		*Preterite Perfect*	
quité	quitamos	hube quitado	hubimos quitado
quitaste	quitasteis	hubiste quitado	hubisteis quitado
quitó	quitaron	hubo quitado	hubieron quitado
Future		*Future Perfect*	
quitaré	quitaremos	habré quitado	habremos quitado
quitarás	quitaréis	habrás quitado	habréis quitado
quitará	quitarán	habrá quitado	habrán quitado
Conditional		*Perfect Conditional*	
quitaría	quitaríamos	habría quitado	habríamos quitado
quitarías	quitaríais	habrías quitado	habríais quitado
quitaría	quitarían	habría quitado	habrían quitado
Present Subjunctive		*Present Perfect Subjunctive*	
quite	quitemos	haya quitado	hayamos quitado
quites	quitéis	hayas quitado	hayáis quitado
quite	quiten	haya quitado	hayan quitado
Imperfect Subjunctive		*Pluperfect Subjunctive*	
quitara	quitáramos	hubiera quitado	hubiéramos quitado
quitaras	quitarais	hubieras quitado	hubierais quitado
quitara	quitaran	hubiera quitado	hubieran quitado
OR			
quitase	quitásemos		
quitases	quitaseis		
quitase	quitasen		

Imperative

quita	quitad
quite	quiten

Verb in Action

¡Quita los pies del sillón! *(Take your feet off the chair!)*
No pude quitar la mancha. *(I couldn't remove the stain.)*
Las bebidas dulces no quitan la sed. *(Sweet drinks don't take away your thirst.)*

rasurar(se)

(to shave)

Gerund: rasurando • **Past Participle:** rasurado
Reflexive regular -ar verb

Present Indicative

rasuro	rasuramos
rasuras	rasuráis
rasura	rasuran

Imperfect

rasuraba	rasurábamos
rasurabas	rasurabais
rasuraba	rasuraban

Preterite

rasuré	rasuramos
rasuraste	rasurasteis
rasuró	rasuraron

Future

rasuraré	rasuraremos
rasurarás	rasuraréis
rasurará	rasurarán

Conditional

rasuraría	rasuraríamos
rasurarías	rasuraríais
rasuraría	rasurarían

Present Subjunctive

rasure	rasuremos
rasures	rasuréis
rasure	rasuren

Imperfect Subjunctive

rasurara	rasuráramos
rasuraras	rasurarais
rasurara	rasuraran

OR

rasurase	rasurásemos
rasurases	rasuraseis
rasurase	rasurasen

Present Perfect

he rasurado	hemos rasurado
has rasurado	habéis rasurado
ha rasurado	han rasurado

Pluperfect

había rasurado	habíamos rasurado
habías rasurado	habíais rasurado
había rasurado	habían rasurado

Preterite Perfect

hube rasurado	hubimos rasurado
hubiste rasurado	hubisteis rasurado
hubo rasurado	hubieron rasurado

Future Perfect

habré rasurado	habremos rasurado
habrás rasurado	habréis rasurado
habrá rasurado	habrán rasurado

Perfect Conditional

habría rasurado	habríamos rasurado
habrías rasurado	habríais rasurado
habría rasurado	habrían rasurado

Present Perfect Subjunctive

haya rasurado	hayamos rasurado
hayas rasurado	hayáis rasurado
haya rasurado	hayan rasurado

Pluperfect Subjunctive

hubiera rasurado	hubiéramos rasurado
hubieras rasurado	hubierais rasurado
hubiera rasurado	hubieran rasurado

Imperative

rasura	rasurad
rasure	rasuren

Verb in Action

Me rasuro todas las mañanas. *(I shave every morning.)*
Él se había rasurado el bigote. *(He had shaved off his moustache.)*
¿Quieres que te rasure? *(Would you like me to give you a shave?)*

reaccionar

(to react)

Gerund: reaccionando • **Past Participle:** reaccionado
Regular -ar verb

Present Indicative

reacciono reaccionamos
reaccionas reaccionáis
reacciona reaccionan

Present Perfect

he reaccionado hemos reaccionado
has reaccionado habéis reaccionado
ha reaccionado han reaccionado

Imperfect

reaccionaba reaccionábamos
reaccionabas reaccionabais
reaccionaba reaccionaban

Pluperfect

había reaccionado habíamos reaccionado
habías reaccionado habíais reaccionado
había reaccionado habían reaccionado

Preterite

reaccioné reaccionamos
reaccionaste reaccionasteis
reaccionó reaccionaron

Preterite Perfect

hube reaccionado hubimos reaccionado
hubiste reaccionado hubisteis reaccionado
hubo reaccionado hubieron reaccionado

Future

reaccionaré reaccionaremos
reaccionarás reaccionaréis
reaccionará reaccionarán

Future Perfect

habré reaccionado habremos reaccionado
habrás reaccionado habréis reaccionado
habrá reaccionado habrán reaccionado

Conditional

reaccionaría reaccionaríamos
reaccionarías reaccionaríais
reaccionaría reaccionarían

Perfect Conditional

habría reaccionado habríamos reaccionado
habrías reaccionado habríais reaccionado
habría reaccionado habrían reaccionado

Present Subjunctive

reaccione reaccionemos
reacciones reaccionéis
reaccione reaccionen

Present Perfect Subjunctive

haya reaccionado hayamos reaccionado
hayas reaccionado hayáis reaccionado
haya reaccionado hayan reaccionado

Imperfect Subjunctive

reaccionara reaccionáramos
reaccionaras reaccionarais
reaccionara reaccionaran
OR
reaccionase reaccionásemos
reaccionases reaccionaseis
reaccionase reaccionasen

Pluperfect Subjunctive

hubiera reaccionado hubiéramos reaccionado
hubieras reaccionado hubierais reaccionado
hubiera reaccionado hubieran reaccionado

Imperative

reacciona reaccionad
reaccione reaccionen

Verb in Action

Él no reaccionó bien. *(He didn't react well.)*
Nadie podía prever que él reaccionaría así. *(Nobody could have predicted that he would react like that.)*
Todos reaccionamos con incredulidad. *(We were all incredulous.)*

rebajar(se)

(to reduce)

Gerund: rebajando • **Past Participle:** rebajado
Reflexive regular -ar verb

Present Indicative

rebajo	rebajamos
rebajas	rebajáis
rebaja	rebajan

Present Perfect

he rebajado	hemos rebajado
has rebajado	habéis rebajado
ha rebajado	han rebajado

Imperfect

rebajaba	rebajábamos
rebajabas	rebajabais
rebajaba	rebajaban

Pluperfect

había rebajado	habíamos rebajado
habías rebajado	habíais rebajado
había rebajado	habían rebajado

Preterite

rebajé	rebajamos
rebajaste	rebajasteis
rebajó	rebajaron

Preterite Perfect

hube rebajado	hubimos rebajado
hubiste rebajado	hubisteis rebajado
hubo rebajado	hubieron rebajado

Future

rebajaré	rebajaremos
rebajarás	rebajaréis
rebajará	rebajarán

Future Perfect

habré rebajado	habremos rebajado
habrás rebajado	habréis rebajado
habrá rebajado	habrán rebajado

Conditional

rebajaría	rebajaríamos
rebajarías	rebajaríais
rebajaría	rebajarían

Perfect Conditional

habría rebajado	habríamos rebajado
habrías rebajado	habríais rebajado
habría rebajado	habrían rebajado

Present Subjunctive

rebaje	rebajemos
rebajes	rebajéis
rebaje	rebajen

Present Perfect Subjunctive

haya rebajado	hayamos rebajado
hayas rebajado	hayáis rebajado
haya rebajado	hayan rebajado

Imperfect Subjunctive

rebajara	rebajáramos
rebajaras	rebajarais
rebajara	rebajaran
OR	
rebajase	rebajásemos
rebajases	rebajaseis
rebajase	rebajasen

Pluperfect Subjunctive

hubiera rebajado	hubiéramos rebajado
hubieras rebajado	hubierais rebajado
hubiera rebajado	hubieran rebajado

Imperative

rebaja	rebajad
rebaje	rebajen

Verb in Action

Rebajaron los precios de todos los productos. *(They reduced the prices on all their products.)*

Este ejercicio ayuda a rebajar los muslos. *(This exercise helps slim (reduce) your thighs.)*

recibir(se)

(to receive, to get)

Gerund: recibiendo • **Past Participle:** recibido
Reflexive regular -ir verb

Present Indicative

recibo	recibimos
recibes	recibís
recibe	reciben

Imperfect

recibía	recibíamos
recibías	recibíais
recibía	recibían

Preterite

recibí	recibimos
recibiste	recibisteis
recibió	recibieron

Future

recibiré	recibiremos
recibirás	recibiréis
recibirá	recibirán

Conditional

recibiría	recibiríamos
recibirías	recibiríais
recibiría	recibirían

Present Subjunctive

reciba	recibamos
recibas	recibáis
reciba	reciban

Imperfect Subjunctive

recibiera	recibiéramos
recibieras	recibierais
recibiera	recibieran

OR

recibiese	recibiésemos
recibieses	recibieseis
recibiese	recibiesen

Present Perfect

he recibido	hemos recibido
has recibido	habéis recibido
ha recibido	han recibido

Pluperfect

había recibido	habíamos recibido
habías recibido	habíais recibido
había recibido	habían recibido

Preterite Perfect

hube recibido	hubimos recibido
hubiste recibido	hubisteis recibido
hubo recibido	hubieron recibido

Future Perfect

habré recibido	habremos recibido
habrás recibido	habréis recibido
habrá recibido	habrán recibido

Perfect Conditional

habría recibido	habríamos recibido
habrías recibido	habríais recibido
habría recibido	habrían recibido

Present Perfect Subjunctive

haya recibido	hayamos recibido
hayas recibido	hayáis recibido
haya recibido	hayan recibido

Pluperfect Subjunctive

hubiera recibido	hubiéramos recibido
hubieras recibido	hubierais recibido
hubiera recibido	hubieran recibido

Imperative

recibe	recibid
reciba	reciban

Verb in Action

Ella recibió muchos regalos el día de su cumpleaños. *(She got a lot of presents on her birthday.)*

Fuimos al aeropuerto a recibirlos. *(We went to the airport to get them.)*

recoger

(to collect, to pick up)

Gerund: recogiendo • **Past Participle:** recogido
Regular -er verb with spelling change: g to j in front of a and o

Present Indicative

recojo	recogemos
recoges	recogéis
recoge	recogen

Present Perfect

he recogido	hemos recogido
has recogido	habéis recogido
ha recogido	han recogido

Imperfect

recogía	recogíamos
recogías	recogíais
recogía	recogían

Pluperfect

había recogido	habíamos recogido
habías recogido	habíais recogido
había recogido	habían recogido

Preterite

recogí	recogimos
recogiste	recogisteis
recogió	recogieron

Preterite Perfect

hube recogido	hubimos recogido
hubiste recogido	hubisteis recogido
hubo recogido	hubieron recogido

Future

recogeré	recogeremos
recogerás	recogeréis
recogerá	recogerán

Future Perfect

habré recogido	habremos recogido
habrás recogido	habréis recogido
habrá recogido	habrán recogido

Conditional

recogería	recogeríamos
recogerías	recogeríais
recogería	recogerían

Perfect Conditional

habría recogido	habríamos recogido
habrías recogido	habríais recogido
habría recogido	habrían recogido

Present Subjunctive

recoja	recojamos
recojas	recojáis
recoja	recojan

Present Perfect Subjunctive

haya recogido	hayamos recogido
hayas recogido	hayáis recogido
haya recogido	hayan recogido

Imperfect Subjunctive

recogiera	recogiéramos
recogieras	recogierais
recogiera	recogieran
OR	
recogiese	recogiésemos
recogieses	recogieseis
recogiese	recogiesen

Pluperfect Subjunctive

hubiera recogido	hubiéramos recogido
hubieras recogido	hubierais recogido
hubiera recogido	hubieran recogido

Imperative

recoge	recoged
recoja	recojan

Verb in Action

Todavía no habían recogido el equipaje. *(They hadn't yet picked up their luggage.)*
Ella recogió todos los cuadernos. *(She collected all the exercise books.)*
¿Ya pasaron a recoger la basura? *(Has the garbage been collected yet?)*

#392

recomendar

(to recommend, to advise)

Gerund: recomendando • **Past Participle:** recomendado
Regular -ar verb with stem change: e to ie (tenses 1, 6, and imperative)

Present Indicative		*Present Perfect*	
recomiendo	recomendamos	he recomendado	hemos recomendado
recomiendas	recomendáis	has recomendado	habéis recomendado
recomienda	recomiendan	ha recomendado	han recomendado

Imperfect		*Pluperfect*	
recomendaba	recomendábamos	había recomendado	habíamos recomendado
recomendabas	recomendabais	habías recomendado	habíais recomendado
recomendaba	recomendaban	había recomendado	habían recomendado

Preterite		*Preterite Perfect*	
recomendé	recomendamos	hube recomendado	hubimos recomendado
recomendaste	recomendasteis	hubiste recomendado	hubisteis recomendado
recomendó	recomendaron	hubo recomendado	hubieron recomendado

Future		*Future Perfect*	
recomendaré	recomendaremos	habré recomendado	habremos recomendado
recomendarás	recomendaréis	habrás recomendado	habréis recomendado
recomendará	recomendarán	habrá recomendado	habrán recomendado

Conditional		*Perfect Conditional*	
recomendaría	recomendaríamos	habría recomendado	habríamos recomendado
recomendarías	recomendaríais	habrías recomendado	habríais recomendado
recomendaría	recomendarían	habría recomendado	habrían recomendado

Present Subjunctive		*Present Perfect Subjunctive*	
recomiende	recomendemos	haya recomendado	hayamos recomendado
recomiendes	recomendéis	hayas recomendado	hayáis recomendado
recomiende	recomienden	haya recomendado	hayan recomendado

Imperfect Subjunctive		*Pluperfect Subjunctive*	
recomendara	recomendáramos	hubiera recomendado	hubiéramos recomendado
recomendaras	recomendarais	hubieras recomendado	hubierais recomendado
recomendara	recomendaran	hubiera recomendado	hubieran recomendado
OR			
recomendase	recomendásemos		
recomendases	recomendaseis		
recomendase	recomendasen		

Imperative	
recomienda	recomendad
recomiende	recomienden

Verb in Action

Él me recomendó que leyera las instrucciones. *(He recommended I read the instructions.)*
Haz lo que te recomiende el médico. *(Do what the doctor advises you to.)*
Yo te recomendaría esperar un poco. *(I'd advise you to wait a little.)*

reconocer

(to recognize, to admit)

Gerund: reconociendo • **Past Participle:** reconocido
Regular -er verb with spelling change: c to zc in front of a and o

Present Indicative

reconozco	reconocemos
reconoces	reconocéis
reconoce	reconocen

Imperfect

reconocía	reconocíamos
reconocías	reconocíais
reconocía	reconocían

Preterite

reconocí	reconocimos
reconociste	reconocisteis
reconoció	reconocieron

Future

reconoceré	reconoceremos
reconocerás	reconoceréis
reconocerá	reconocerán

Conditional

reconocería	reconoceríamos
reconocerías	reconoceríais
reconocería	reconocerían

Present Subjunctive

reconozca	reconozcamos
reconozcas	reconozcáis
reconozca	reconozcan

Imperfect Subjunctive

reconociera	reconociéramos
reconocieras	reconocierais
reconociera	reconocieran
OR	
reconociese	reconociésemos
reconocieses	reconocieseis
reconociese	reconociesen

Present Perfect

he reconocido	hemos reconocido
has reconocido	habéis reconocido
ha reconocido	han reconocido

Pluperfect

había reconocido	habíamos reconocido
habías reconocido	habíais reconocido
había reconocido	habían reconocido

Preterite Perfect

hube reconocido	hubimos reconocido
hubiste reconocido	hubisteis reconocido
hubo reconocido	hubieron reconocido

Future Perfect

habré reconocido	habremos reconocido
habrás reconocido	habréis reconocido
habrá reconocido	habrán reconocido

Perfect Conditional

habría reconocido	habríamos reconocido
habrías reconocido	habríais reconocido
habría reconocido	habrían reconocido

Present Perfect Subjunctive

haya reconocido	hayamos reconocido
hayas reconocido	hayáis reconocido
haya reconocido	hayan reconocido

Pluperfect Subjunctive

hubiera reconocido	hubiéramos reconocido
hubieras reconocido	hubierais reconocido
hubiera reconocido	hubieran reconocido

Imperative

reconoce	reconoced
reconozca	reconozcan

Verb in Action

Han pasado muchos años, no creo que me reconozca él. *(So many years have gone by that I don't think he'll recognize me.)*
Reconozco que tenías razón. *(I admit you were right.)*
Lo reconocimos por su acento. *(We recognized him by his accent.)*

recordar

(to remember, to remind)

Gerund: recordando • **Past Participle:** recordado
Regular -ar verb with stem change: o to ue (tenses 1, 6, and imperative)

Present Indicative

recuerdo	recordamos
recuerdas	recordáis
recuerda	recuerdan

Imperfect

recordaba	recordábamos
recordabas	recordabais
recordaba	recordaban

Preterite

recordé	recordamos
recordaste	recordasteis
recordó	recordaron

Future

recordaré	recordaremos
recordarás	recordaréis
recordará	recordarán

Conditional

recordaría	recordaríamos
recordarías	recordaríais
recordaría	recordarían

Present Subjunctive

recuerde	recordemos
recuerdes	recordéis
recuerde	recuerden

Imperfect Subjunctive

recordara	recordáramos
recordaras	recordarais
recordara	recordaran

OR

recordase	recordásemos
recordases	recordaseis
recordase	recordasen

Present Perfect

he recordado	hemos recordado
has recordado	habéis recordado
ha recordado	han recordado

Pluperfect

había recordado	habíamos recordado
habías recordado	habíais recordado
había recordado	habían recordado

Preterite Perfect

hube recordado	hubimos recordado
hubiste recordado	hubisteis recordado
hubo recordado	hubieron recordado

Future Perfect

habré recordado	habremos recordado
habrás recordado	habréis recordado
habrá recordado	habrán recordado

Perfect Conditional

habría recordado	habríamos recordado
habrías recordado	habríais recordado
habría recordado	habrían recordado

Present Perfect Subjunctive

haya recordado	hayamos recordado
hayas recordado	hayáis recordado
haya recordado	hayan recordado

Pluperfect Subjunctive

hubiera recordado	hubiéramos recordado
hubieras recordado	hubierais recordado
hubiera recordado	hubieran recordado

Imperative

recuerda	recordad
recuerde	recuerden

Verb in Action

Recuerdo muy bien aquel día. *(I remember that day very clearly.)*
De pronto recordé cómo se llamaba él. *(I suddenly remembered his name.)*
Estaban recordando los viejos tiempos. *(They were reminiscing about the old days.)*

recorrer

(to travel around, to cover)

Gerund: recorriendo • **Past Participle:** recorrido
Regular -er verb

Present Indicative		*Present Perfect*	
recorro	recorremos	he recorrido	hemos recorrido
recorres	recorréis	has recorrido	habéis recorrido
recorre	recorren	ha recorrido	han recorrido

Imperfect		*Pluperfect*	
recorría	recorríamos	había recorrido	habíamos recorrido
recorrías	recorríais	habías recorrido	habíais recorrido
recorría	recorrían	había recorrido	habían recorrido

Preterite		*Preterite Perfect*	
recorrí	recorrimos	hube recorrido	hubimos recorrido
recorriste	recorristeis	hubiste recorrido	hubisteis recorrido
recorrió	recorrieron	hubo recorrido	hubieron recorrido

Future		*Future Perfect*	
recorreré	recorreremos	habré recorrido	habremos recorrido
recorrerás	recorreréis	habrás recorrido	habréis recorrido
recorrerá	recorrerán	habrá recorrido	habrán recorrido

Conditional		*Perfect Conditional*	
recorrería	recorreríamos	habría recorrido	habríamos recorrido
recorrerías	recorreríais	habrías recorrido	habríais recorrido
recorrería	recorrerían	habría recorrido	habrían recorrido

Present Subjunctive		*Present Perfect Subjunctive*	
recorra	recorramos	haya recorrido	hayamos recorrido
recorras	recorráis	hayas recorrido	hayáis recorrido
recorra	recorran	haya recorrido	hayan recorrido

Imperfect Subjunctive		*Pluperfect Subjunctive*	
recorriera	recorriéramos	hubiera recorrido	hubiéramos recorrido
recorrieras	recorrierais	hubieras recorrido	hubierais recorrido
recorriera	recorrieran	hubiera recorrido	hubieran recorrido
OR			
recorriese	recorriésemos		
recorrieses	recorrieseis		
recorriese	recorriesen		

Imperative	
recorre	recorred
recorra	recorran

Verb in Action

Recorrimos toda la costa cantábrica. *(We travelled the length of the Cantabrian coast.)*
Es imposible recorrer Europa en un mes. *(It's impossible to travel around Europe in a month.)*

#396

reducir

(to reduce, to cut)

Gerund: reduciendo • **Past Participle:** reducido
Regular -ir verb except tenses 3 and 7 with spelling change: c to zc in front of a and o (tenses 1, 6, and imperative)

Present Indicative

reduzco	reducimos
reduces	reducís
reduce	reducen

Imperfect

reducía	reducíamos
reducías	reducíais
reducía	reducían

Preterite

reduje	redujimos
redujiste	redujisteis
redujo	redujeron

Future

reduciré	reduciremos
reducirás	reduciréis
reducirá	reducirán

Conditional

reduciría	reduciríamos
reducirías	reduciríais
reduciría	reducirían

Present Subjunctive

reduzca	reduzcamos
reduzcas	reduzcáis
reduzca	reduzcan

Imperfect Subjunctive

redujera	redujéramos
redujeras	redujerais
redujera	redujeran

OR

redujese	redujésemos
redujeses	redujeseis
redujese	redujesen

Present Perfect

he reducido	hemos reducido
has reducido	habéis reducido
ha reducido	han reducido

Pluperfect

había reducido	habíamos reducido
habías reducido	habíais reducido
había reducido	habían reducido

Preterite Perfect

hube reducido	hubimos reducido
hubiste reducido	hubisteis reducido
hubo reducido	hubieron reducido

Future Perfect

habré reducido	habremos reducido
habrás reducido	habréis reducido
habrá reducido	habrán reducido

Perfect Conditional

habría reducido	habríamos reducido
habrías reducido	habríais reducido
habría reducido	habrían reducido

Present Perfect Subjunctive

haya reducido	hayamos reducido
hayas reducido	hayáis reducido
haya reducido	hayan reducido

Pluperfect Subjunctive

hubiera reducido	hubiéramos reducido
hubieras reducido	hubierais reducido
hubiera reducido	hubieran reducido

Imperative

reduce	reducid
reduzca	reduzcan

Verb in Action

Al final todo se reduce a eso. *(In the end it reduces to all that.)*
Se había reducido la tasa de natalidad. *(The birth rate had reduced.)*
Sus gastos se redujeron a la mitad. *(Their expenses were cut by half.)*

referir

(to refer, to tell)

Gerund: refiriendo • **Past Participle:** referido
Regular -ir verb with stem change (tenses 1, 3, 6, 7, gerund, and imperative)

Present Indicative

refiero	referimos
refieres	referís
refiere	refieren

Imperfect

refería	referíamos
referías	referíais
refería	referían

Preterite

referí	referimos
referiste	referisteis
refirió	refirieron

Future

referiré	referiremos
referirás	referiréis
referirá	referirán

Conditional

referiría	referiríamos
referirías	referiríais
referiría	referirían

Present Subjunctive

refiera	referamos
refieras	referáis
refiera	refieran

Imperfect Subjunctive

refiriera	refiriéramos
refirieras	refirierais
refiriera	refirieran

OR

refiriese	refiriésemos
refirieses	refirieseis
refiriese	refiriesen

Present Perfect

he referido	hemos referido
has referido	habéis referido
ha referido	han referido

Pluperfect

había referido	habíamos referido
habías referido	habíais referido
había referido	habían referido

Preterite Perfect

hube referido	hubimos referido
hubiste referido	hublsteis referido
hubo referido	hubieron referido

Future Perfect

habré referido	habremos referido
habrás referido	habréis referido
habrá referido	habrán referido

Perfect Conditional

habría referido	habríamos referido
habrías referido	habríais referido
habría referido	habrían referido

Present Perfect Subjunctive

haya referido	hayamos referido
hayas referido	hayáis referido
haya referido	hayan referido

Pluperfect Subjunctive

hubiera referido	hubiéramos referido
hubieras referido	hubierais referido
hubiera referido	hubieran referido

Imperative

refiere	referid
refiera	Refieran

Verb in Action

No sé a qué se refiere él. *(I don't know what he's talking about.)*
No me refería a ustedes. *(I wasn't talking about you.)*
Solo me referiré a dos o tres casos concretos. *(I'm only going to talk about two or three specific cases.)*

#398

regalar

(to give (as a gift))

Gerund: regalando • **Past Participle:** regalado
Regular -ar verb

Present Indicative

regalo	regalamos
regalas	regaláis
regala	regalan

Present Perfect

he regalado	hemos regalado
has regalado	habéis regalado
ha regalado	han regalado

Imperfect

regalaba	regalábamos
regalabas	regalabais
regalaba	regalaban

Pluperfect

había regalado	habíamos regalado
habías regalado	habíais regalado
había regalado	habían regalado

Preterite

regalé	regalamos
regalaste	regalasteis
regaló	regalaron

Preterite Perfect

hube regalado	hubimos regalado
hubiste regalado	hubisteis regalado
hubo regalado	hubieron regalado

Future

regalaré	regalaremos
regalarás	regalaréis
regalará	regalarán

Future Perfect

habré regalado	habremos regalado
habrás regalado	habréis regalado
habrá regalado	habrán regalado

Conditional

regalaría	regalaríamos
regalarías	regalaríais
regalaría	regalarían

Perfect Conditional

habría regalado	habríamos regalado
habrías regalado	habríais regalado
habría regalado	habrían regalado

Present Subjunctive

regale	regalemos
regales	regaléis
regale	regalen

Present Perfect Subjunctive

haya regalado	hayamos regalado
hayas regalado	hayáis regalado
haya regalado	hayan regalado

Imperfect Subjunctive

regalara	regaláramos
regalaras	regalarais
regalara	regalaran
OR	
regalase	regalásemos
regalases	regalaseis
regalase	regalasen

Pluperfect Subjunctive

hubiera regalado	hubiéramos regalado
hubieras regalado	hubierais regalado
hubiera regalado	hubieran regalado

Imperative

regala	regalad
regale	regalen

Verb in Action

¿Qué te regalaron para tu cumpleaños? *(What did you get for your birthday?)*
No hace falta que les regales nada a ellos. *(You don't need to give them anything.)*
Me pidió él que se la regalara. *(He asked me to give it to him.)*

regañar

(to tell off, to scold)

Gerund: regañando • **Past Participle:** regañado
Regular -ar verb

Present Indicative		***Present Perfect***	
regaño	regañamos	he regañado	hemos regañado
regañas	regañáis	has regañado	habéis regañado
regaña	regañan	ha regañado	han regañado
Imperfect		***Pluperfect***	
regañaba	regañábamos	había regañado	habíamos regañado
regañabas	regañabais	habías regañado	habíais regañado
regañaba	regañaban	había regañado	habían regañado
Preterite		***Preterite Perfect***	
regañé	regañamos	hube regañado	hubimos regañado
regañaste	regañasteis	hubiste regañado	hubisteis regañado
regañó	regañaron	hubo regañado	hubieron regañado
Future		***Future Perfect***	
regañaré	regañaremos	habré regañado	habremos regañado
regañarás	regañaréis	habrás regañado	habréis regañado
regañará	regañarán	habrá regañado	habrán regañado
Conditional		***Perfect Conditional***	
regañaría	regañaríamos	habría regañado	habríamos regañado
regañarías	regañaríais	habrías regañado	habríais regañado
regañaría	regañarían	habría regañado	habrían regañado
Present Subjunctive		***Present Perfect Subjunctive***	
regañe	regañemos	haya regañado	hayamos regañado
regañes	regañéis	hayas regañado	hayáis regañado
regañe	regañen	haya regañado	hayan regañado
Imperfect Subjunctive		***Pluperfect Subjunctive***	
regañara	regañáramos	hubiera regañado	hubiéramos regañado
regañaras	regañarais	hubieras regañado	hubierais regañado
regañara	regañaran	hubiera regañado	hubieran regañado
OR			
regañase	regañásemos		
regañases	regañaseis		
regañase	regañasen		

Imperative

regaña	regañad
regañe	regañen

Verb in Action

Mi mamá siempre me está regañando. *(My mom is always scolding me.)*
Te pedí que no los regañaras, ellos no tienen la culpa. *(I asked you not to scold them; it isn't their fault.)*
La maestra nos regañó a todos. *(The teacher gave us all a scolding.)*

regresar(se)

(to return)

Gerund: regresando • **Past Participle:** regresado
Reflexive regular -ar verb

Present Indicative

regreso	regresamos
regresas	regresáis
regresa	regresan

Present Perfect

he regresado	hemos regresado
has regresado	habéis regresado
ha regresado	han regresado

Imperfect

regresaba	regresábamos
regresabas	regresabais
regresaba	regresaban

Pluperfect

había regresado	habíamos regresado
habías regresado	habíais regresado
había regresado	habían regresado

Preterite

regresé	regresamos
regresaste	regresasteis
regresó	regresaron

Preterite Perfect

hube regresado	hubimos regresado
hubiste regresado	hubisteis regresado
hubo regresado	hubieron regresado

Future

regresaré	regresaremos
regresarás	regresaréis
regresará	regresarán

Future Perfect

habré regresado	habremos regresado
habrás regresado	habréis regresado
habrá regresado	habrán regresado

Conditional

regresaría	regresaríamos
regresarías	regresaríais
regresaría	regresarían

Perfect Conditional

habría regresado	habríamos regresado
habrías regresado	habríais regresado
habría regresado	habrían regresado

Present Subjunctive

regrese	regresemos
regreses	regreséis
regrese	regresen

Present Perfect Subjunctive

haya regresado	hayamos regresado
hayas regresado	hayáis regresado
haya regresado	hayan regresado

Imperfect Subjunctive

regresara	regresáramos
regresaras	regresarais
regresara	regresaran
OR	
regresase	regresásemos
regresases	regresaseis
regresase	regresasen

Pluperfect Subjunctive

hubiera regresado	hubiéramos regresado
hubieras regresado	hubierais regresado
hubiera regresado	hubieran regresado

Imperative

regresa	regresad
regrese	regresen

Verb in Action

¿Cuándo regresa el señor Méndez? *(When does Mr. Méndez return?)*
Regresaron muy tarde anoche. *(They returned very late last night.)*
No te olvides de regresarle el libro a Mónica. *(Don't forget to return the book to Mónica.)*

rehusar

(to refuse)

Gerund: rehusando • **Past Participle:** rehusado
Regular -ar verb with spelling change: u to ú on accented syllable

Present Indicative

rehúso	rehusamos
rehúsas	rehusáis
rehúsa	rehúsan

Imperfect

rehusaba	rehusábamos
rehusabas	rehusabais
rehusaba	rehusaban

Preterite

rehusé	rehusamos
rehusaste	rehusasteis
rehusó	rehusaron

Future

rehusaré	rehusaremos
rehusarás	rehusaréis
rehusará	rehusarán

Conditional

rehusaría	rehusaríamos
rehusarías	rehusaríais
rehusaría	rehusarían

Present Subjunctive

rehúse	rehusemos
rehúses	rehuséis
rehúse	rehúsen

Imperfect Subjunctive

rehusara	rehusáramos
rehusaras	rehusarais
rehusara	rehusaran

OR

rehusase	rehusásemos
rehusases	rehusaseis
rehusase	rehusasen

Present Perfect

he rehusado	hemos rehusado
has rehusado	habéis rehusado
ha rehusado	han rehusado

Pluperfect

había rehusado	habíamos rehusado
habías rehusado	habíais rehusado
había rehusado	habían rehusado

Preterite Perfect

hube rehusado	hubimos rehusado
hubiste rehusado	hubisteis rehusado
hubo rehusado	hubieron rehusado

Future Perfect

habré rehusado	habremos rehusado
habrás rehusado	habréis rehusado
habrá rehusado	habrán rehusado

Perfect Conditional

habría rehusado	habríamos rehusado
habrías rehusado	habríais rehusado
habría rehusado	habrían rehusado

Present Perfect Subjunctive

haya rehusado	hayamos rehusado
hayas rehusado	hayáis rehusado
haya rehusado	hayan rehusado

Pluperfect Subjunctive

hubiera rehusado	hubiéramos rehusado
hubieras rehusado	hubierais rehusado
hubiera rehusado	hubieran rehusado

Imperative

rehúsa	rehusad
rehúse	rehúsen

Verb in Action

Rehúso tomar parte en esto. *(I refuse to take part in this.)*
Él había rehusado varias ofertas. *(He had declined several offers.)*
Su familia rehusó hacer declaraciones. *(His family refused to comment.)*

reír(se)

(to laugh)

Gerund: riendo • **Past Participle:** reído

Reflexive regular -ir verb with stem change: (tenses 1, 3, 6, 7, gerund, and imperative) and spelling change: i to í on stressed syllable

Present Indicative

río	reímos
ríes	reís
ríe	ríen

Imperfect

reía	reíamos
reías	reíais
reía	reían

Preterite

reí	reímos
reíste	reísteis
rió	rieron

Future

reiré	reiremos
reirás	reiréis
reirá	reirán

Conditional

reiría	reiríamos
reirías	reiríais
reiría	reirían

Present Subjunctive

ría	ríamos
rías	ríais
ría	rían

Imperfect Subjunctive

riera	riéramos
rieras	rierais
riera	rieran

OR

riese	riésemos
rieses	rieseis
riese	riesen

Present Perfect

he reído	hemos reído
has reído	habéis reído
ha reído	han reído

Pluperfect

había reído	habíamos reído
habías reído	habíais reído
había reído	habían reído

Preterite Perfect

hube reído	hubimos reído
hubiste reído	hubisteis reído
hubo reído	hubieron reído

Future Perfect

habré reído	habremos reído
habrás reído	habréis reído
habrá reído	habrán reído

Perfect Conditional

habría reído	habríamos reído
habrías reído	habríais reído
habría reído	habrían reído

Present Perfect Subjunctive

haya reído	hayamos reído
hayas reído	hayáis reído
haya reído	hayan reído

Pluperfect Subjunctive

hubiera reído	hubiéramos reído
hubieras reído	hubierais reído
hubiera reído	hubieran reído

Imperative

ríe	reíd
ría	rían

Verb in Action

Ella se echó a reír. *(She burst out laughing.)*
Ella se ríe de todo. *(She doesn't take anything seriously.)*
Te reirás cuando te lo cuente. *(You'll laugh when I tell you about it.)*

rendir(se)

(to produce, to yield)

Gerund: rindiendo • **Past Participle:** rendido

Reflexive regular -ir verb with stem change: e to i (tenses 1, 3, 6, 7, gerund, and imperative)

Present Indicative

rindo	rendimos
rindes	rendís
rinde	rinden

Imperfect

rendía	rendíamos
rendías	rendíais
rendía	rendían

Preterite

rendí	rendimos
rendiste	rendisteis
rindió	rindieron

Future

rendiré	rendiremos
rendirás	rendiréis
rendirá	rendirán

Conditional

rendiría	rendiríamos
rendirías	rendiríais
rendiría	rendirían

Present Subjunctive

rinda	rindamos
rindas	rindáis
rinda	rindan

Imperfect Subjunctive

rindiera	rindiéramos
rindieras	rindierais
rindiera	rindieran

OR

rindiese	rindiésemos
rindieses	rindieseis
rindiese	rindiesen

Present Perfect

he rendido	hemos rendido
has rendido	habéis rendido
ha rendido	han rendido

Pluperfect

había rendido	habíamos rendido
habías rendido	habíais rendido
había rendido	habían rendido

Preterite Perfect

hube rendido	hubimos rendido
hubiste rendido	hubisteis rendido
hubo rendido	hubieron rendido

Future Perfect

habré rendido	habremos rendido
habrás rendido	habréis rendido
habrá rendido	habrán rendido

Perfect Conditional

habría rendido	habríamos rendido
habrías rendido	habríais rendido
habría rendido	habrían rendido

Present Perfect Subjunctive

haya rendido	hayamos rendido
hayas rendido	hayáis rendido
haya rendido	hayan rendido

Pluperfect Subjunctive

hubiera rendido	hubiéramos rendido
hubieras rendido	hubierais rendido
hubiera rendido	hubieran rendido

Imperative

rinde	rendid
rinda	rindan

Verb in Action

Échale más, así rinde más. *(Put in a little more so that it goes further.)*
No tengo que rendírtelo. *(I don't have to explain it to you.)*
Rindieron homenaje al poeta colombiano en un emotivo acto. *(They paid tribute to the Colombian poet in a moving ceremony.)*

rentar

(to rent, to rent out)

Gerund: rentando • **Past Participle:** rentado
Regular -ar verb

Present Indicative

rento	rentamos
rentas	rentáis
renta	rentan

Present Perfect

he rentado	hemos rentado
has rentado	habéis rentado
ha rentado	han rentado

Imperfect

rentaba	rentábamos
rentabas	rentabais
rentaba	rentaban

Pluperfect

había rentado	habíamos rentado
habías rentado	habíais rentado
había rentado	habían rentado

Preterite

renté	rentamos
rentaste	rentasteis
rentó	rentaron

Preterite Perfect

hube rentado	hubimos rentado
hubiste rentado	hubisteis rentado
hubo rentado	hubieron rentado

Future

rentaré	rentaremos
rentarás	rentaréis
rentará	rentarán

Future Perfect

habré rentado	habremos rentado
habrás rentado	habréis rentado
habrá rentado	habrán rentado

Conditional

rentaría	rentaríamos
rentarías	rentaríais
rentaría	rentarían

Perfect Conditional

habría rentado	habríamos rentado
habrías rentado	habríais rentado
habría rentado	habrían rentado

Present Subjunctive

rente	rentemos
rentes	rentéis
rente	renten

Present Perfect Subjunctive

haya rentado	hayamos rentado
hayas rentado	hayáis rentado
haya rentado	hayan rentado

Imperfect Subjunctive

rentara	rentáramos
rentaras	rentarais
rentara	rentaran
OR	
rentase	rentásemos
rentases	rentaseis
rentase	rentasen

Pluperfect Subjunctive

hubiera rentado	hubiéramos rentado
hubieras rentado	hubierais rentado
hubiera rentado	hubieran rentado

Imperative

renta	rentad
rente	renten

Verb in Action

Quiero rentar una casa cerca de la playa. *(I want to rent a house near the beach.)*
Él rentó un cuarto en el centro de la ciudad. *(He took a room in the city center.)*

renunciar

(to renounce, to resign)

Gerund: renunciando • **Past Participle:** renunciado
Regular -ar verb

Present Indicative

renuncio	renunciamos
renuncias	renunciáis
renuncia	renuncian

Imperfect

renunciaba	renunciábamos
renunciabas	renunciabais
renunciaba	renunciaban

Preterite

renuncié	renunciamos
renunciaste	renunciasteis
renunció	renunciaron

Future

renunciaré	renunciaremos
renunciarás	renunciaréis
renunciará	renunciarán

Conditional

renunciaría	renunciaríamos
renunciarías	renunciaríais
renunciaría	renunciarían

Present Subjunctive

renuncie	renunciemos
renuncies	renunciéis
renuncie	renuncien

Imperfect Subjunctive

renunciara	renunciáramos
renunciaras	renunciarais
renunciara	renunciaran

OR

renunciase	renunciásemos
renunciases	renunciaseis
renunciase	renunciasen

Present Perfect

he renunciado	hemos renunciado
has renunciado	habéis renunciado
ha renunciado	han renunciado

Pluperfect

había renunciado	habíamos renunciado
habías renunciado	habíais renunciado
había renunciado	habían renunciado

Preterite Perfect

hube renunciado	hubimos renunciado
hubiste renunciado	hubisteis renunciado
hubo renunciado	hubieron renunciado

Future Perfect

habré renunciado	habremos renunciado
habrás renunciado	habréis renunciado
habrá renunciado	habrán renunciado

Perfect Conditional

habría renunciado	habríamos renunciado
habrías renunciado	habríais renunciado
habría renunciado	habrían renunciado

Present Perfect Subjunctive

haya renunciado	hayamos renunciado
hayas renunciado	hayáis renunciado
haya renunciado	hayan renunciado

Pluperfect Subjunctive

hubiera renunciado	hubiéramos renunciado
hubieras renunciado	hubierais renunciado
hubiera renunciado	hubieran renunciado

Imperative

renuncia	renunciad
renuncie	renuncien

Verb in Action

El ministro declaró que no piensa renunciar. *(The minister declared that he had no intention of resigning.)*
Lo estaban presionando para que renunciara. *(They were pressuring him to resign.)*
No renuncies, espera a que te echen. *(Don't resign; wait for them to fire you.)*

#406

reñir

(to tell off, to quarrel)

Gerund: riñendo • **Past Participle:** reñido

Regular -ir verb except tenses 3 and 7 and irregular gerund; with stem change: e to i (tenses 1, 3, 6, 7, gerund, and imperative)

Present Indicative		*Present Perfect*	
riño	reñimos	he reñido	hemos reñido
riñes	reñís	has reñido	habéis reñido
riñe	riñen	ha reñido	han reñido

Imperfect		*Pluperfect*	
reñía	reñíamos	había reñido	habíamos reñido
reñías	reñíais	habías reñido	habíais reñido
reñía	reñían	había reñido	habían reñido

Preterite		*Preterite Perfect*	
reñí	reñimos	hube reñido	hubimos reñido
reñiste	reñisteis	hubiste reñido	hubisteis reñido
riñió	riñieron	hubo reñido	hubieron reñido

Future		*Future Perfect*	
reñiré	reñiremos	habré reñido	habremos reñido
reñirás	reñiréis	habrás reñido	habréis reñido
reñirá	reñirán	habrá reñido	habrán reñido

Conditional		*Perfect Conditional*	
reñiría	reñiríamos	habría reñido	habríamos reñido
reñirías	reñiríais	habrías reñido	habríais reñido
reñiría	reñirían	habría reñido	habrían reñido

Present Subjunctive		*Present Perfect Subjunctive*	
riña	riñamos	haya reñido	hayamos reñido
riñas	riñáis	hayas reñido	hayáis reñido
riña	riñan	haya reñido	hayan reñido

Imperfect Subjunctive		*Pluperfect Subjunctive*	
riñera	riñéramos	hubiera reñido	hubiéramos reñido
riñeras	riñerais	hubieras reñido	hubierais reñido
riñera	riñeran	hubiera reñido	hubieran reñido
OR			
riñese	riñésemos		
riñeses	riñeseis		
riñese	riñesen		

Imperative

riñe	reñid
riña	riñan

Verb in Action

Se pasan el día entero riñendo. *(They spend the whole day quarreling.)*
Reñimos por una tontería. *(We argued over something stupid.)*
¡No riñan más! *(Stop quarrelling!)*

repetir

(to repeat)

Gerund: repitiendo • **Past Participle:** repetido

Regular -ir verb with stem change: e to i (tenses 1, 3, 6, 7, gerund, and imperative)

Present Indicative		*Present Perfect*	
repito	repetimos	he repetido	hemos repetido
repites	repetís	has repetido	habéis repetido
repite	repiten	ha repetido	han repetido

Imperfect		*Pluperfect*	
repetía	repetíamos	había repetido	habíamos repetido
repetías	repetíais	habías repetido	habíais repetido
repetía	repetían	había repetido	habían repetido

Preterite		*Preterite Perfect*	
repetí	repetimos	hube repetido	hubimos repetido
repetiste	repetisteis	hubiste repetido	hubisteis repetido
repitió	repitieron	hubo repetido	hubieron repetido

Future		*Future Perfect*	
repetiré	repetiremos	habré repetido	habremos repetido
repetirás	repetiréis	habrás repetido	habréis repetido
repetirá	repetirán	habrá repetido	habrán repetido

Conditional		*Perfect Conditional*	
repetiría	repetiríamos	habría repetido	habríamos repetido
repetirías	repetiríais	habrías repetido	habríais repetido
repetiría	repetirían	habría repetido	habrían repetido

Present Subjunctive		*Present Perfect Subjunctive*	
repita	repitamos	haya repetido	hayamos repetido
repitas	repitáis	hayas repetido	hayáis repetido
repita	repitan	haya repetido	hayan repetido

Imperfect Subjunctive		*Pluperfect Subjunctive*	
repitiera	repitiéramos	hubiera repetido	hubiéramos repetido
repitieras	repitierais	hubieras repetido	hubierais repetido
repitiera	repitieran	hubiera repetido	hubieran repetido
OR			
repitiese	repitiésemos		
repitieses	repitieseis		
repitiese	repitiesen		

Imperative	
repite	repetid
repita	repitan

Verb in Action

¿Podría Ud. repetirlo, por favor? *(Could you repeat it, please?)*
Repito que es imposible. *(I repeat that it is impossible.)*
Se lo he repetido mil veces, pero no escucha. *(I've repeated it to him a thousand of times, but he won't listen.)*

reprobar

(to fail, to condemn)

Gerund: reprobando • **Past Participle:** reprobado

Regular -ar verb with stem change: o to ue (tenses 1, 6, and imperative)

Present Indicative

repruebo	reprobamos
repruebas	reprobáis
reprueba	reprueban

Imperfect

reprobaba	reprobábamos
reprobabas	reprobabais
reprobaba	reprobaban

Preterite

reprobé	reprobamos
reprobaste	reprobasteis
reprobó	reprobaron

Future

reprobaré	reprobaremos
reprobarás	reprobaréis
reprobará	reprobarán

Conditional

reprobaría	reprobaríamos
reprobarías	reprobaríais
reprobaría	reprobarían

Present Subjunctive

repruebe	reprobemos
repruebes	reprobéis
repruebe	reprueben

Imperfect Subjunctive

reprobara	reprobáramos
reprobaras	reprobarais
reprobara	reprobaran
OR	
reprobase	reprobásemos
reprobases	reprobaseis
reprobase	reprobasen

Present Perfect

he reprobado	hemos reprobado
has reprobado	habéis reprobado
ha reprobado	han reprobado

Pluperfect

había reprobado	habíamos reprobado
habías reprobado	habíais reprobado
había reprobado	habían reprobado

Preterite Perfect

hube reprobado	hubimos reprobado
hubiste reprobado	hubisteis reprobado
hubo reprobado	hubieron reprobado

Future Perfect

habré reprobado	habremos reprobado
habrás reprobado	habréis reprobado
habrá reprobado	habrán reprobado

Perfect Conditional

habría reprobado	habríamos reprobado
habrías reprobado	habríais reprobado
habría reprobado	habrían reprobado

Present Perfect Subjunctive

haya reprobado	hayamos reprobado
hayas reprobado	hayáis reprobado
haya reprobado	hayan reprobado

Pluperfect Subjunctive

hubiera reprobado	hubiéramos reprobado
hubieras reprobado	hubierais reprobado
hubiera reprobado	hubieran reprobado

Imperative

reprueba	reprobad
repruebe	reprueben

Verb in Action

Él había reprobado dos exámenes. *(He had failed two exams.)*

Si repruebo otra vez, mi papá me mata. *(If I fail again, my father will kill me.)*

Él reprobó a casi la mitad. *(He failed nearly half.)*

resolver

(to solve, to resolve)

Gerund: resolviendo • **Past Participle:** resuelto

Regular -er verb with stem change: o to ue (tenses 1, 6, and imperative) and irregular past participle

Present Indicative

resuelvo	resolvemos
resuelves	resolvéis
resuelve	resuelven

Imperfect

resolvía	resolvíamos
resolvías	resolvíais
resolvía	resolvían

Preterite

resolví	resolvimos
resolviste	resolvisteis
resolvió	resolvieron

Future

resolveré	resolveremos
resolverás	resolveréis
resolverá	resolverán

Conditional

resolvería	resolveríamos
resolverías	resolveríais
resolvería	resolverían

Present Subjunctive

resuelva	resolvamos
resuelvas	resolváis
resuelva	resuelvan

Imperfect Subjunctive

resolviera	resolviéramos
resolvieras	resolvierais
resolviera	resolvieran

OR

resolviese	resolviésemos
resolvieses	resolvieseis
resolviese	resolviesen

Present Perfect

he resuelto	hemos resuelto
has resuelto	habéis resuelto
ha resuelto	han resuelto

Pluperfect

había resuelto	habíamos resuelto
habías resuelto	habíais resuelto
había resuelto	habían resuelto

Preterite Perfect

hube resuelto	hubimos resuelto
hubiste resuelto	hubisteis resuelto
hubo resuelto	hubieron resuelto

Future Perfect

habré resuelto	habremos resuelto
habrás resuelto	habréis resuelto
habrá resuelto	habrán resuelto

Perfect Conditional

habría resuelto	habríamos resuelto
habrías resuelto	habríais resuelto
habría resuelto	habrían resuelto

Present Perfect Subjunctive

haya resuelto	hayamos resuelto
hayas resuelto	hayáis resuelto
haya resuelto	hayan resuelto

Pluperfect Subjunctive

hubiera resuelto	hubiéramos resuelto
hubieras resuelto	hubierais resuelto
hubiera resuelto	hubieran resuelto

Imperative

resuelve	resolved
resuelva	resuelvan

Verb in Action

Trataré de resolver tus dudas. *(I'll try to answer your questions.)*
Enojarse no resuelve nada. *(Getting angry doesn't help at all.)*
Resolvimos el problema entre todos. *(We solved the problem together.)*

respetar

(to respect)

Gerund: respetando • **Past Participle:** respetado
Regular -ar verb

Present Indicative		*Present Perfect*	
respeto	respetamos	he respetado	hemos respetado
respetas	respetáis	has respetado	habéis respetado
respeta	respetan	ha respetado	han respetado

Imperfect		*Pluperfect*	
respetaba	respetábamos	había respetado	habíamos respetado
respetabas	respetabais	habías respetado	habíais respetado
respetaba	respetaban	había respetado	habían respetado

Preterite		*Preterite Perfect*	
respeté	respetamos	hube respetado	hubimos respetado
respetaste	respetasteis	hubiste respetado	hubisteis respetado
respetó	respetaron	hubo respetado	hubieron respetado

Future		*Future Perfect*	
respetaré	respetaremos	habré respetado	habremos respetado
respetarás	respetaréis	habrás respetado	habréis respetado
respetará	respetarán	habrá respetado	habrán respetado

Conditional		*Perfect Conditional*	
respetaría	respetaríamos	habría respetado	habríamos respetado
respetarías	respetaríais	habrías respetado	habríais respetado
respetaría	respetarían	habría respetado	habrían respetado

Present Subjunctive		*Present Perfect Subjunctive*	
respete	respetemos	haya respetado	hayamos respetado
respetes	respetéis	hayas respetado	hayáis respetado
respete	respeten	haya respetado	hayan respetado

Imperfect Subjunctive		*Pluperfect Subjunctive*	
respetara	respetáramos	hubiera respetado	hubiéramos respetado
respetaras	respetarais	hubieras respetado	hubierais respetado
respetara	respetaran	hubiera respetado	hubieran respetado
OR			
respetase	respetásemos		
respetases	respetaseis		
respetase	respetasen		

Imperative

respeta	respetad
respete	respeten

Verb in Action

Ella no se merece que la respeten. *(She doesn't deserve to be respected.)*
Respeto tu decisión. *(I respect your decision.)*
Lo que pasa es que tú no te haces respetar. *(The trouble is that you aren't earning people's respect.)*

responder

(to respond, to answer)

Gerund: respondiendo • **Past Participle:** respondido
Regular -er verb

Present Indicative		*Present Perfect*	
respondo	respondemos	he respondido	hemos respondido
respondes	respondéis	has respondido	habéis respondido
responde	responden	ha respondido	han respondido

Imperfect		*Pluperfect*	
respondía	respondíamos	había respondido	habíamos respondido
respondías	respondíais	habías respondido	habíais respondido
respondía	respondían	había respondido	habían respondido

Preterite		*Preterite Perfect*	
respondí	respondimos	hube respondido	hubimos respondido
respondiste	respondisteis	hubiste respondido	hubisteis respondido
respondió	respondieron	hubo respondido	hubieron respondido

Future		*Future Perfect*	
responderé	responderemos	habré respondido	habremos respondido
responderás	responderéis	habrás respondido	habréis respondido
responderá	responderán	habrá respondido	habrán respondido

Conditional		*Perfect Conditional*	
respondería	responderíamos	habría respondido	habríamos respondido
responderías	responderíais	habrías respondido	habríais respondido
respondería	responderían	habría respondido	habrían respondido

Present Subjunctive		*Present Perfect Subjunctive*	
responda	respondamos	haya respondido	hayamos respondido
respondas	respondáis	hayas respondido	hayáis respondido
responda	respondan	haya respondido	hayan respondido

Imperfect Subjunctive		*Pluperfect Subjunctive*	
respondiera	respondiéramos	hubiera respondido	hubiéramos respondido
respondieras	respondierais	hubieras respondido	hubierais respondido
respondiera	respondieran	hubiera respondido	hubieran respondido
OR			
respondiese	respondiésemos		
respondieses	respondieseis		
respondiese	respondiesen		

Imperative

responde	responded
responda	respondan

Verb in Action

Llamamos a la puerta pero nadie respondió. *(We knocked at the door but no one responded.)*

Si no me hacen caso, no respondo de lo que les pueda pasar a ellos. *(If they don't listen to me, I can't answer for what may happen to them.)*

retirar(se)

(to remove)

Gerund: retirando • **Past Participle:** retirado
Reflexive regular -ar verb

Present Indicative		*Present Perfect*	
retiro	retiramos	he retirado	hemos retirado
retiras	retiráis	has retirado	habéis retirado
retira	retiran	ha retirado	han retirado

Imperfect		*Pluperfect*	
retiraba	retirábamos	había retirado	habíamos retirado
retirabas	retirabais	habías retirado	habíais retirado
retiraba	retiraban	había retirado	habían retirado

Preterite		*Preterite Perfect*	
retiré	retiramos	hube retirado	hubimos retirado
retiraste	retirasteis	hubiste retirado	hubisteis retirado
retiró	retiraron	hubo retirado	hubieron retirado

Future		*Future Perfect*	
retiraré	retiraremos	habré retirado	habremos retirado
retirarás	retiraréis	habrás retirado	habréis retirado
retirará	retirarán	habrá retirado	habrán retirado

Conditional		*Perfect Conditional*	
retiraría	retiraríamos	habría retirado	habríamos retirado
retirarías	retiraríais	habrías retirado	habríais retirado
retiraría	retirarían	habría retirado	habrían retirado

Present Subjunctive		*Present Perfect Subjunctive*	
retire	retiremos	haya retirado	hayamos retirado
retires	retiréis	hayas retirado	hayáis retirado
retire	retiren	haya retirado	hayan retirado

Imperfect Subjunctive		*Pluperfect Subjunctive*	
retirara	retiráramos	hubiera retirado	hubiéramos retirado
retiraras	retirarais	hubieras retirado	hubierais retirado
retirara	retiraran	hubiera retirado	hubieran retirado
OR			
retirase	retirásemos		
retirases	retiraseis		
retirase	retirasen		

Imperative	
retira	retirad
retire	retiren

Verb in Action

El mesero retiró los platos. *(The waiter removed the plates.)*
Apenas hierva, retiras la cacerola del fuego. *(As soon as it reaches a boil, remove the pan off the heat.)*
¿Me has retirado la palabra? *(Aren't you speaking to me?)*

retrasar(se)

(to postpone)

Gerund: retrasando • **Past Participle:** retrasado
Reflexive regular -ar verb

Present Indicative

retraso	retrasamos
retrasas	retrasáis
retrasa	retrasan

Imperfect

retrasaba	retrasábamos
retrasabas	retrasabais
retrasaba	retrasaban

Preterite

retrasé	retrasamos
retrasaste	retrasasteis
retrasó	retrasaron

Future

retrasaré	retrasaremos
retrasarás	retrasaréis
retrasará	retrasarán

Conditional

retrasaría	retrasaríamos
retrasarías	retrasaríais
retrasaría	retrasarían

Present Subjunctive

retrase	retrasemos
retrases	retraséis
retrase	retrasen

Imperfect Subjunctive

retrasara	retrasáramos
retrasaras	retrasarais
retrasara	retrasaran

OR

retrasase	retrasásemos
retrasases	retrasaseis
retrasase	retrasasen

Present Perfect

he retrasado	hemos retrasado
has retrasado	habéis retrasado
ha retrasado	han retrasado

Pluperfect

había retrasado	habíamos retrasado
habías retrasado	habíais retrasado
había retrasado	habían retrasado

Preterite Perfect

hube retrasado	hubimos retrasado
hubiste retrasado	hubisteis retrasado
hubo retrasado	hubieron retrasado

Future Perfect

habré retrasado	habremos retrasado
habrás retrasado	habréis retrasado
habrá retrasado	habrán retrasado

Perfect Conditional

habría retrasado	habríamos retrasado
habrías retrasado	habríais retrasado
habría retrasado	habrían retrasado

Present Perfect Subjunctive

haya retrasado	hayamos retrasado
hayas retrasado	hayáis retrasado
haya retrasado	hayan retrasado

Pluperfect Subjunctive

hubiera retrasado	hubiéramos retrasado
hubieras retrasado	hubierais retrasado
hubiera retrasado	hubieran retrasado

Imperative

retrasa	retrasad
retrase	retrasen

Verb in Action

Tuvieron que retrasar su viaje. *(They had to postpone their trip.)*
Retrasamos los relojes una hora. *(We put the clocks back an hour.)*

#414

reunir

(to bring together)

Gerund: reuniendo • **Past Participle:** reunido

Regular -ir verb with spelling change: u to ú on stressed syllable (tenses 1, 6, and imperative)

Present Indicative

reúno	reunimos
reúnes	reunís
reúne	reúnen

Imperfect

reunía	reuníamos
reunías	reuníais
reunía	reunían

Preterite

reuní	reunimos
reuniste	reunisteis
reunió	reunieron

Future

reuniré	reuniremos
reunirás	reuniréis
reunirá	reunirán

Conditional

reuniría	reuniríamos
reunirías	reuniríais
reuniría	reunirían

Present Subjunctive

reúna	reunamos
reúnas	reunáis
reúna	reúnan

Imperfect Subjunctive

reuniera	reuniéramos
reunieras	reunierais
reuniera	reunieran

OR

reuniese	reuniésemos
reunieses	reunieseis
reuniese	reuniesen

Present Perfect

he reunido	hemos reunido
has reunido	habéis reunido
ha reunido	han reunido

Pluperfect

había reunido	habíamos reunido
habías reunido	habíais reunido
había reunido	habían reunido

Preterite Perfect

hube reunido	hubimos reunido
hubiste reunido	hubisteis reunido
hubo reunido	hubieron reunido

Future Perfect

habré reunido	habremos reunido
habrás reunido	habréis reunido
habrá reunido	habrán reunido

Perfect Conditional

habría reunido	habríamos reunido
habrías reunido	habríais reunido
habría reunido	habrían reunido

Present Perfect Subjunctive

haya reunido	hayamos reunido
hayas reunido	hayáis reunido
haya reunido	hayan reunido

Pluperfect Subjunctive

hubiera reunido	hubiéramos reunido
hubieras reunido	hubierais reunido
hubiera reunido	hubieran reunido

Imperative

reúne	reunid
reúna	reúnan

Verb in Action

Él reunió a todos para comunicarles la noticia. *(He called them all together to tell them the news.)*

Hemos conseguido reunir suficiente dinero. *(We've managed to raise enough money.)*

rezar

(to pray)

Gerund: rezando • **Past Participle:** rezado

Regular -ar verb with spelling change: z to c in front of e (tenses 3, 6, and imperative)

Present Indicative

rezo	rezamos
rezas	rezáis
reza	rezan

Imperfect

rezaba	rezábamos
rezabas	rezabais
rezaba	rezaban

Preterite

recé	rezamos
rezaste	rezasteis
rezó	rezaron

Future

rezaré	rezaremos
rezarás	rezaréis
rezará	rezarán

Conditional

rezaría	rezaríamos
rezarías	rezaríais
rezaría	rezarían

Present Subjunctive

rece	recemos
reces	recéis
rece	recen

Imperfect Subjunctive

rezara	rezáramos
rezaras	rezarais
rezara	rezaran

OR

rezase	rezásemos
rezases	rezaseis
rezase	rezasen

Present Perfect

he rezado	hemos rezado
has rezado	habéis rezado
ha rezado	han rezado

Pluperfect

había rezado	habíamos rezado
habías rezado	habíais rezado
había rezado	habían rezado

Preterite Perfect

hube rezado	hubimos rezado
hubiste rezado	hubisteis rezado
hubo rezado	hubieron rezado

Future Perfect

habré rezado	habremos rezado
habrás rezado	habréis rezado
habrá rezado	habrán rezado

Perfect Conditional

habría rezado	habríamos rezado
habrías rezado	habríais rezado
habría rezado	habrían rezado

Present Perfect Subjunctive

haya rezado	hayamos rezado
hayas rezado	hayáis rezado
haya rezado	hayan rezado

Pluperfect Subjunctive

hubiera rezado	hubiéramos rezado
hubieras rezado	hubierais rezado
hubiera rezado	hubieran rezado

Imperative

reza	rezad
rece	recen

Verb in Action

Reza para que me vaya bien en el examen. *(Just pray that I do all right in the exam.)*
Te pido que reces por ella. *(I would ask you to pray for her.)*
Recemos por la paz. *(Let us pray for peace.)*

robar

(to steal, to rob)

Gerund: robando • **Past Participle:** robado
Regular -ar verb

Present Indicative		*Present Perfect*	
robo	robamos	he robado	hemos robado
robas	robáis	has robado	habéis robado
roba	roban	ha robado	han robado

Imperfect		*Pluperfect*	
robaba	robábamos	había robado	habíamos robado
robabas	robabais	habías robado	habíais robado
robaba	robaban	había robado	habían robado

Preterite		*Preterite Perfect*	
robé	robamos	hube robado	hubimos robado
robaste	robasteis	hubiste robado	hubisteis robado
robó	robaron	hubo robado	hubieron robado

Future		*Future Perfect*	
robaré	robaremos	habré robado	habremos robado
robarás	robaréis	habrás robado	habréis robado
robará	robarán	habrá robado	habrán robado

Conditional		*Perfect Conditional*	
robaría	robaríamos	habría robado	habríamos robado
robarías	robaríais	habrías robado	habríais robado
robaría	robarían	habría robado	habrían robado

Present Subjunctive		*Present Perfect Subjunctive*	
robe	robemos	haya robado	hayamos robado
robes	robéis	hayas robado	hayáis robado
robe	roben	haya robado	hayan robado

Imperfect Subjunctive		*Pluperfect Subjunctive*	
robara	robáramos	hubiera robado	hubiéramos robado
robaras	robarais	hubieras robado	hubierais robado
robara	robaran	hubiera robado	hubieran robado
OR			
robase	robásemos		
robases	robaseis		
robase	robasen		

Imperative

roba	robad
robe	roben

Verb in Action

Me robaron la cartera y el reloj. *(I had my wallet and my watch stolen.)*
Él le había robado dinero. *(He had stolen some money.)*
No dejes la cámara aquí. ¿Quieres que te la roben? *(Don't leave your camera here. Do you want it to be stolen?)*

rogar

(to beg, to pray, to plea)

Gerund: rogando • **Past Participle:** rogado

Regular -ar verb with spelling change: o to ue (tenses 1, 6, and imperative) and spelling change: g to gu in front of e

Present Indicative		*Present Perfect*	
ruego	rogamos	he rogado	hemos rogado
ruegas	rogáis	has rogado	habéis rogado
ruega	ruegan	ha rogado	han rogado

Imperfect		*Pluperfect*	
rogaba	rogábamos	había rogado	habíamos rogado
rogabas	rogabais	habías rogado	habíais rogado
rogaba	rogaban	había rogado	habían rogado

Preterite		*Preterite Perfect*	
rogué	rogamos	hube rogado	hubimos rogado
rogaste	rogasteis	hubiste rogado	hubisteis rogado
rogó	rogaron	hubo rogado	hubieron rogado

Future		*Future Perfect*	
rogaré	rogaremos	habré rogado	habremos rogado
rogarás	rogaréis	habrás rogado	habréis rogado
rogará	rogarán	habrá rogado	habrán rogado

Conditional		*Perfect Conditional*	
rogaría	rogaríamos	habría rogado	habríamos rogado
rogarías	rogaríais	habrías rogado	habríais rogado
rogaría	rogarían	habría rogado	habrían rogado

Present Subjunctive		*Present Perfect Subjunctive*	
ruegue	roguemos	haya rogado	hayamos rogado
ruegues	roguéis	hayas rogado	hayáis rogado
ruegue	rueguen	haya rogado	hayan rogado

Imperfect Subjunctive		*Pluperfect Subjunctive*	
rogara	rogáramos	hubiera rogado	hubiéramos rogado
rogaras	rogarais	hubieras rogado	hubierais rogado
rogara	rogaran	hubiera rogado	hubieran rogado
OR			
rogase	rogásemos		
rogases	rogaseis		
rogase	rogasen		

Imperative

ruega	rogad
ruegue	rueguen

Verb in Action

Les rogamos que acepten nuestras disculpas. *(We begged them to accept our apologies.)*
Me rogó que lo perdonara. *(He begged me to forgive him.)*
Le rogaba a Dios que se curara. *(I prayed to God to make him better.)*

#418

romper

(to break, to tear)

Gerund: rompiendo • **Past Participle:** roto
Regular -er verb with irregular past participle

Present Indicative

rompo	rompemos
rompes	rompéis
rompe	rompen

Present Perfect

he roto	hemos roto
has roto	habéis roto
ha roto	han roto

Imperfect

rompía	rompíamos
rompías	rompíais
rompía	rompían

Pluperfect

había roto	habíamos roto
habías roto	habíais roto
había roto	habían roto

Preterite

rompí	rompimos
rompiste	rompisteis
rompió	rompieron

Preterite Perfect

hube roto	hubimos roto
hubiste roto	hubisteis roto
hubo roto	hubieron roto

Future

romperé	romperemos
romperás	romperéis
romperá	romperán

Future Perfect

habré roto	habremos roto
habrás roto	habréis roto
habrá roto	habrán roto

Conditional

rompería	romperíamos
romperías	romperíais
rompería	romperían

Perfect Conditional

habría roto	habríamos roto
habrías roto	habríais roto
habría roto	habrían roto

Present Subjunctive

rompa	rompamos
rompas	rompáis
rompa	rompan

Present Perfect Subjunctive

haya roto	hayamos roto
hayas roto	hayáis roto
haya roto	hayan roto

Imperfect Subjunctive

rompiera	rompiéramos
rompieras	rompierais
rompiera	rompieran

OR

rompiese	rompiésemos
rompieses	rompieseis
rompiese	rompiesen

Pluperfect Subjunctive

hubiera roto	hubiéramos roto
hubieras roto	hubierais roto
hubiera roto	hubieran roto

Imperative

rompe	romped
rompa	rompan

Verb in Action

La cuerda se va a romper. *(The rope is going to snap.)*
Siempre están rompiendo cosas. *(They're always breaking things.)*
Se había roto una taza. *(A cup had gotten broken.)*

#419

saber

(to know, to find out)

Gerund: sabiendo • **Past Participle:** sabido
Irregular -er verb

Present Indicative

sé	sabemos
sabes	sabéis
sabe	saben

Present Perfect

he sabido	hemos sabido
has sabido	habéis sabido
ha sabido	han sabido

Imperfect

sabía	sabíamos
sabías	sabíais
sabía	sabían

Pluperfect

había sabido	habíamos sabido
habías sabido	habíais sabido
había sabido	habían sabido

Preterite

supe	supimos
supiste	supisteis
supo	supieron

Preterite Perfect

hube sabido	hubimos sabido
hubiste sabido	hubisteis sabido
hubo sabido	hubieron sabido

Future

sabré	sabremos
sabrás	sabréis
sabrá	sabrán

Future Perfect

habré sabido	habremos sabido
habrás sabido	habréis sabido
habrá sabido	habrán sabido

Conditional

sabría	sabríamos
sabrías	sabríais
sabría	sabrían

Perfect Conditional

habría sabido	habríamos sabido
habrías sabido	habríais sabido
habría sabido	habrían sabido

Present Subjunctive

sepa	sepamos
sepas	sepáis
sepa	sepan

Present Perfect Subjunctive

haya sabido	hayamos sabido
hayas sabido	hayáis sabido
haya sabido	hayan sabido

Imperfect Subjunctive

supiera	supiéramos
supieras	supierais
supiera	supieran

OR

supiese	supiésemos
supieses	supieseis
supiese	supiesen

Pluperfect Subjunctive

hubiera sabido	hubiéramos sabido
hubieras sabido	hubierais sabido
hubiera sabido	hubieran sabido

Imperative

sabe	sabed
sepa	sepan

Verb in Action

No lo sé. *(I don't know.)*
¿Cuándo lo supiste? *(When did you find out?)*
Pensaba que lo sabías. *(I thought you knew.)*

sacar

(to take (out))

Gerund: sacando • **Past Participle:** sacado

Regular -ar verb with spelling change: c to qu in front of e

Present Indicative

saco	sacamos
sacas	sacáis
saca	sacan

Imperfect

sacaba	sacábamos
sacabas	sacabais
sacaba	sacaban

Preterite

saqué	sacamos
sacaste	sacasteis
sacó	sacaron

Future

sacaré	sacaremos
sacarás	sacaréis
sacará	sacarán

Conditional

sacaría	sacaríamos
sacarías	sacaríais
sacaría	sacarían

Present Subjunctive

saque	saquemos
saques	saquéis
saque	saquen

Imperfect Subjunctive

sacara	sacáramos
sacaras	sacarais
sacara	sacaran

OR

sacase	sacásemos
sacases	sacaseis
sacase	sacasen

Present Perfect

he sacado	hemos sacado
has sacado	habéis sacado
ha sacado	han sacado

Pluperfect

había sacado	habíamos sacado
habías sacado	habíais sacado
había sacado	habían sacado

Preterite Perfect

hube sacado	hubimos sacado
hubiste sacado	hubísteis sacado
hubo sacado	hubieron sacado

Future Perfect

habré sacado	habremos sacado
habrás sacado	habréis sacado
habrá sacado	habrán sacado

Perfect Conditional

habría sacado	habríamos sacado
habrías sacado	habríais sacado
habría sacado	habrían sacado

Present Perfect Subjunctive

haya sacado	hayamos sacado
hayas sacado	hayáis sacado
haya sacado	hayan sacado

Pluperfect Subjunctive

hubiera sacado	hubiéramos sacado
hubieras sacado	hubierais sacado
hubiera sacado	hubieran sacado

Imperative

saca	sacad
saque	saquen

Verb in Action

Voy a sacar la basura. *(I'm going to take out the trash.)*
¿Me sacas una foto? *(Will you take a photo of me?)*
Estás sacando las cosas de quicio. *(You're blowing things all out of proportion.)*

ESSENTIAL VERB

#421

salir

(to go out, to leave)

Gerund: saliendo • **Past Participle:** salido

Irregular -ir verb

Present Indicative

salgo	salimos
sales	salís
sale	salen

Imperfect

salía	salíamos
salías	salíais
salía	salían

Preterite

salí	salimos
saliste	salisteis
salió	salieron

Future

saldré	saldremos
saldrás	saldréis
saldrá	saldrán

Conditional

saldría	saldríamos
saldrías	saldríais
saldría	saldrían

Present Subjunctive

salga	salgamos
salgas	salgáis
salga	salgan

Imperfect Subjunctive

saliera	saliéramos
salieras	salierais
saliera	salieran

OR

saliese	saliésemos
salieses	salieseis
saliese	saliesen

Present Perfect

he salido	hemos salido
has salido	habéis salido
ha salido	han salido

Pluperfect

había salido	habíamos salido
habías salido	habíais salido
había salido	habían salido

Preterite Perfect

hube salido	hubimos salido
hubiste salido	hubisteis salido
hubo salido	hubieron salido

Future Perfect

habré salido	habremos salido
habrás salido	habréis salido
habrá salido	habrán salido

Perfect Conditional

habría salido	habríamos salido
habrías salido	habríais salido
habría salido	habrían salido

Present Perfect Subjunctive

haya salido	hayamos salido
hayas salido	hayáis salido
haya salido	hayan salido

Pluperfect Subjunctive

hubiera salido	hubiéramos salido
hubieras salido	hubierais salido
hubiera salido	hubieran salido

Imperative

sal	salid
salga	salgan

Verb in Action

Hace tiempo que no salimos. *(We haven't been out for a while.)*
Ella está saliendo con un compañero de trabajo. *(She's going out with a work colleague.)*
Él salía muy tarde de trabajar. *(He used to leave work very late.)*

saltar(se)

(to jump)

Gerund: saltando • **Past Participle:** saltado
Reflexive regular -ar verb

Present Indicative		*Present Perfect*	
salto	saltamos	he saltado	hemos saltado
saltas	saltáis	has saltado	habéis saltado
salta	saltan	ha saltado	han saltado

Imperfect		*Pluperfect*	
saltaba	saltábamos	había saltado	habíamos saltado
saltabas	saltabais	habías saltado	habíais saltado
saltaba	saltaban	había saltado	habían saltado

Preterite		*Preterite Perfect*	
salté	saltamos	hube saltado	hubimos saltado
saltaste	saltasteis	hubiste saltado	hubisteis saltado
saltó	saltaron	hubo saltado	hubieron saltado

Future		*Future Perfect*	
saltaré	saltaremos	habré saltado	habremos saltado
saltarás	saltaréis	habrás saltado	habréis saltado
saltará	saltarán	habrá saltado	habrán saltado

Conditional		*Perfect Conditional*	
saltaría	saltaríamos	habría saltado	habríamos saltado
saltarías	saltaríais	habrías saltado	habríais saltado
saltaría	saltarían	habría saltado	habrían saltado

Present Subjunctive		*Present Perfect Subjunctive*	
salte	saltemos	haya saltado	hayamos saltado
saltes	saltéis	hayas saltado	hayáis saltado
salte	salten	haya saltado	hayan saltado

Imperfect Subjunctive		*Pluperfect Subjunctive*	
saltara	saltáramos	hubiera saltado	hubiéramos saltado
saltaras	saltarais	hubieras saltado	hubierais saltado
saltara	saltaran	hubiera saltado	hubieran saltado
OR			
saltase	saltásemos		
saltases	saltaseis		
saltase	saltasen		

Imperative

salta	saltad
salte	salten

Verb in Action

Saltaban de alegría. *(They were jumping for joy.)*
Él saltó desde la ventana. *(He jumped from the window.)*
Él había saltado a la fama con su primera novela. *(He had jumped into fame with his first novel.)*

saludar

(to greet, to say hello to)

Gerund: saludando • **Past Participle:** saludado
Regular -ar verb

Present Indicative		*Present Perfect*	
saludo	saludamos	he saludado	hemos saludado
saludas	saludáis	has saludado	habéis saludado
saluda	saludan	ha saludado	han saludado

Imperfect		*Pluperfect*	
saludaba	saludábamos	había saludado	habíamos saludado
saludabas	saludabais	habías saludado	habíais saludado
saludaba	saludaban	había saludado	habían saludado

Preterite		*Preterite Perfect*	
saludé	saludamos	hube saludado	hubimos saludado
saludaste	saludasteis	hubiste saludado	hubisteis saludado
saludó	saludaron	hubo saludado	hubieron saludado

Future		*Future Perfect*	
saludaré	saludaremos	habré saludado	habremos saludado
saludarás	saludaréis	habrás saludado	habréis saludado
saludará	saludarán	habrá saludado	habrán saludado

Conditional		*Perfect Conditional*	
saludaría	saludaríamos	habría saludado	habríamos saludado
saludarías	saludaríais	habrías saludado	habríais saludado
saludaría	saludarían	habría saludado	habrían saludado

Present Subjunctive		*Present Perfect Subjunctive*	
salude	saludemos	haya saludado	hayamos saludado
saludes	saludéis	hayas saludado	hayáis saludado
salude	saluden	haya saludado	hayan saludado

Imperfect Subjunctive		*Pluperfect Subjunctive*	
saludara	saludáramos	hubiera saludado	hubiéramos saludado
saludaras	saludarais	hubieras saludado	hubierais saludado
saludara	saludaran	hubiera saludado	hubieran saludado
OR			
saludase	saludásemos		
saludases	saludaseis		
saludase	saludasen		

Imperative

saluda	saludad
salude	saluden

Verb in Action

Salúdame a tu madre, dile que pronto la iré a ver. *(Say hello to your mother for me and tell her that I'll come and see her soon.)*
Lo saludé, pero no me contestó. *(I said hello to him, but he didn't answer.)*

salvar(se)

(to save)

Gerund: salvando • **Past Participle:** salvado
Reflexive regular -ar verb

Present Indicative		*Present Perfect*	
salvo	salvamos	he salvado	hemos salvado
salvas	salváis	has salvado	habéis salvado
salva	salvan	ha salvado	han salvado

Imperfect		*Pluperfect*	
salvaba	salvábamos	había salvado	habíamos salvado
salvabas	salvabais	habías salvado	habíais salvado
salvaba	salvaban	había salvado	habían salvado

Preterite		*Preterite Perfect*	
salvé	salvamos	hube salvado	hubimos salvado
salvaste	salvasteis	hubiste salvado	hubisteis salvado
salvó	salvaron	hubo salvado	hubieron salvado

Future		*Future Perfect*	
salvaré	salvaremos	habré salvado	habremos salvado
salvarás	salvaréis	habrás salvado	habréis salvado
salvará	salvarán	habrá salvado	habrán salvado

Conditional		*Perfect Conditional*	
salvaría	salvaríamos	habría salvado	habríamos salvado
salvarías	salvaríais	habrías salvado	habríais salvado
salvaría	salvarían	habría salvado	habrían salvado

Present Subjunctive		*Present Perfect Subjunctive*	
salve	salvemos	haya salvado	hayamos salvado
salves	salvéis	hayas salvado	hayáis salvado
salve	salven	haya salvado	hayan salvado

Imperfect Subjunctive		*Pluperfect Subjunctive*	
salvara	salváramos	hubiera salvado	hubiéramos salvado
salvaras	salvarais	hubieras salvado	hubierais salvado
salvara	salvaran	hubiera salvado	hubieran salvado
OR			
salvase	salvásemos		
salvases	salvaseis		
salvase	salvasen		

Imperative

salva	salvad
salve	salven

Verb in Action

¡Me salvaste la vida! *(You saved my life!)*
Parecía probable que el paciente se salvara. *(The patient seemed likely to survive.)*
Nos salvamos de milagro. *(We had a miraculous escape.)*

satisfacer

(to satisfy)

Gerund: satisfaciendo • **Past Participle:** satisfecho
Irregular -er verb, c changes to z before an o

Present Indicative

satisfago	satisfacemos
satisfaces	satisfacéis
satisface	satisfacen

Present Perfect

he satisfecho	hemos satisfecho
has satisfecho	habéis satisfecho
ha satisfecho	han satisfecho

Imperfect

satisfacía	satisfacíamos
satisfacías	satisfacíais
satisfacía	satisfacían

Pluperfect

había satisfecho	habíamos satisfecho
habías satisfecho	habíais satisfecho
había satisfecho	habían satisfecho

Preterite

satisfice	satisficimos
satisficiste	satisficisteis
satisfizo	satisficieron

Preterite Perfect

hube satisfecho	hubimos satisfecho
hubiste satisfecho	hubisteis satisfecho
hubo satisfecho	hubieron satisfecho

Future

satisfaré	satisfaremos
satisfarás	satisfaréis
satisfará	satisfarán

Future Perfect

habré satisfecho	habremos satisfecho
habrás satisfecho	habréis satisfecho
habrá satisfecho	habrán satisfecho

Conditional

satisfaría	satisfaríamos
satisfarías	satisfaríais
satisfaría	satisfarían

Perfect Conditional

habría satisfecho	habríamos satisfecho
habrías satisfecho	habríais satisfecho
habría satisfecho	habrían satisfecho

Present Subjunctive

satisfaga	satisfagamos
satisfagas	satisfagáis
satisfaga	satisfagan

Present Perfect Subjunctive

haya satisfecho	hayamos satisfecho
hayas satisfecho	hayáis satisfecho
haya satisfecho	hayan satisfecho

Imperfect Subjunctive

satisficiera	satisficiéramos
satisficieras	satisficierais
satisficiera	satisficieran
OR	
satisficiese	satisficiésemos
satisficieses	satisficieseis
satisficiese	satisficiesen

Pluperfect Subjunctive

hubiera satisfecho	hubiéramos satisfecho
hubieras satisfecho	hubierais satisfecho
hubiera satisfecho	hubieran satisfecho

Imperative

satisfaz or satisface	satisfaced
satisfaga	satisfagan

Verb in Action

No me satisface nada el resultado. *(I'm not at all satisfied with the result.)*
Eso satisfizo mi curiosidad. *(That satisfied my curiosity.)*
Aquella vida satisfacía todas mis necesidades. *(That lifestyle satisfied all my needs.)*

secar(se)

(to dry)

Gerund: secando • **Past Participle:** secado
Reflexive regular -ar verb with spelling change: c to qu in front of e

Present Indicative

seco	secamos
secas	secáis
seca	secan

Imperfect

secaba	secábamos
secabas	secabais
secaba	secaban

Preterite

sequé	secamos
secaste	secasteis
secó	secaron

Future

secaré	secaremos
secarás	secaréis
secará	secarán

Conditional

secaría	secaríamos
secarías	secaríais
secaría	secarían

Present Subjunctive

seque	sequemos
seques	sequéis
seque	sequen

Imperfect Subjunctive

secara	secáramos
secaras	secarais
secara	secaran
OR	
secase	secásemos
secases	secaseis
secase	secasen

Present Perfect

he secado	hemos secado
has secado	habéis secado
ha secado	han secado

Pluperfect

había secado	habíamos secado
habías secado	habíais secado
había secado	habían secado

Preterite Perfect

hube secado	hubimos secado
hubiste secado	hubisteis secado
hubo secado	hubieron secado

Future Perfect

habré secado	habremos secado
habrás secado	habréis secado
habrá secado	habrán secado

Perfect Conditional

habría secado	habríamos secado
habrías secado	habríais secado
habría secado	habrían secado

Present Perfect Subjunctive

haya secado	hayamos secado
hayas secado	hayáis secado
haya secado	hayan secado

Pluperfect Subjunctive

hubiera secado	hubiéramos secado
hubieras secado	hubierais secado
hubiera secado	hubieran secado

Imperative

seca	secad
seque	sequen

Verb in Action

Yo lavo y tú secas. *(I wash and you dry.)*
Sécate el pelo con esta toalla. *(Dry your hair on this towel.)*
La ropa ya se había secado. *(The washing had already dried.)*

seguir

(to follow)

Gerund: siguiendo • **Past Participle:** seguido

Regular -ir verb with stem change: e to i (tenses 1, 3, 6, 7, gerund, and imperative) and spelling change gu to g in front of a and o

Present Indicative

sigo	seguimos
sigues	seguís
sigue	siguen

Present Perfect

he seguido	hemos seguido
has seguido	habéis seguido
ha seguido	han seguido

Imperfect

seguía	seguíamos
seguías	seguíais
seguía	seguían

Pluperfect

había seguido	habíamos seguido
habías seguido	habíais seguido
había seguido	habían seguido

Preterite

seguí	seguimos
seguiste	seguisteis
siguió	siguieron

Preterite Perfect

hube seguido	hubimos seguido
hubiste seguido	hubisteis seguido
hubo seguido	hubieron seguido

Future

seguiré	seguiremos
seguirás	seguiréis
seguirá	seguirán

Future Perfect

habré seguido	habremos seguido
habrás seguido	habréis seguido
habrá seguido	habrán seguido

Conditional

seguiría	seguiríamos
seguirías	seguiríais
seguiría	seguirían

Perfect Conditional

habría seguido	habríamos seguido
habrías seguido	habríais seguido
habría seguido	habrían seguido

Present Subjunctive

siga	sigamos
sigas	sigáis
siga	sigan

Present Perfect Subjunctive

haya seguido	hayamos seguido
hayas seguido	hayáis seguido
haya seguido	hayan seguido

Imperfect Subjunctive

siguiera	siguiéramos
siguieras	siguierais
siguiera	siguieran

OR

siguiese	siguiésemos
siguieses	siguieseis
siguiese	siguiesen

Pluperfect Subjunctive

hubiera seguido	hubiéramos seguido
hubieras seguido	hubierais seguido
hubiera seguido	hubieran seguido

Imperative

sigue	seguid
siga	sigan

Verb in Action

Si sigues así, acabarás mal. *(If you follow on like this, you'll come to a bad end.)*
Él siguió cantando como si nada. *(He went on singing as if there was nothing wrong.)*
Nos habían seguido. *(They had followed us.)*

seleccionar

(to select)

Gerund: seleccionando • **Past Participle:** seleccionado
Regular -ar verb

Present Indicative

selecciono	seleccionamos
seleccionas	seleccionáis
selecciona	seleccionan

Imperfect

seleccionaba	seleccionábamos
seleccionabas	seleccionabais
seleccionaba	seleccionaban

Preterite

seleccioné	seleccionamos
seleccionaste	seleccionasteis
seleccionó	seleccionaron

Future

seleccionaré	seleccionaremos
seleccionarás	seleccionaréis
seleccionará	seleccionarán

Conditional

seleccionaría	seleccionaríamos
seleccionarías	seleccionaríais
seleccionaría	seleccionarían

Present Subjunctive

seleccione	seleccionemos
selecciones	seleccionéis
seleccione	seleccionen

Imperfect Subjunctive

seleccionara	seleccionáramos
seleccionaras	seleccionarais
seleccionara	seleccionaran

OR

seleccionase	seleccionásemos
seleccionases	seleccionaseis
seleccionase	seleccionasen

Present Perfect

he seleccionado	hemos seleccionado
has seleccionado	habéis seleccionado
ha seleccionado	han seleccionado

Pluperfect

había seleccionado	habíamos seleccionado
habías seleccionado	habíais seleccionado
había seleccionado	habían seleccionado

Preterite Perfect

hube seleccionado	hubimos seleccionado
hubiste seleccionado	hubisteis seleccionado
hubo seleccionado	hubieron seleccionado

Future Perfect

habré seleccionado	habremos seleccionado
habrás seleccionado	habréis seleccionado
habrá seleccionado	habrán seleccionado

Perfect Conditional

habría seleccionado	habríamos seleccionado
habrías seleccionado	habríais seleccionado
habría seleccionado	habrían seleccionado

Present Perfect Subjunctive

haya seleccionado	hayamos seleccionado
hayas seleccionado	hayáis seleccionado
haya seleccionado	hayan seleccionado

Pluperfect Subjunctive

hubiera seleccionado	hubiéramos seleccionado
hubieras seleccionado	hubierais seleccionado
hubiera seleccionado	hubieran seleccionado

Imperative

selecciona	seleccionad
seleccione	seleccionen

Verb in Action

Los sujetos fueron seleccionados aleatoriamente. *(The subjects were selected at random.)*

Él esperaba que lo seleccionaran como candidato a presidente. *(He hoped he would be selected as a presidential candidate.)*

ESSENTIAL VERB

#429

sentar(se)

(to seat, to suit)

Gerund: sentando • **Past Participle:** sentado

Reflexive regular -ar verb with stem change: e to ie (tenses 1, 6, and imperative)

Present Indicative

siento	sentamos
sientas	sentáis
sienta	sientan

Imperfect

sentaba	sentábamos
sentabas	sentabais
sentaba	sentaban

Preterite

senté	sentamos
sentaste	sentasteis
sentó	sentaron

Future

sentaré	sentaremos
sentarás	sentaréis
sentará	sentarán

Conditional

sentaría	sentaríamos
sentarías	sentaríais
sentaría	sentarían

Present Subjunctive

siente	sentemos
sientes	sentéis
siente	sienten

Imperfect Subjunctive

sentara	sentáramos
sentaras	sentarais
sentara	sentaran

OR

sentase	sentásemos
sentases	sentaseis
sentase	sentasen

Present Perfect

he sentado	hemos sentado
has sentado	habéis sentado
ha sentado	han sentado

Pluperfect

había sentado	habíamos sentado
habías sentado	habíais sentado
había sentado	habían sentado

Preterite Perfect

hube sentado	hubimos sentado
hubiste sentado	hubisteis sentado
hubo sentado	hubieron sentado

Future Perfect

habré sentado	habremos sentado
habrás sentado	habréis sentado
habrá sentado	habrán sentado

Perfect Conditional

habría sentado	habríamos sentado
habrías sentado	habríais sentado
habría sentado	habrían sentado

Present Perfect Subjunctive

haya sentado	hayamos sentado
hayas sentado	hayáis sentado
haya sentado	hayan sentado

Pluperfect Subjunctive

hubiera sentado	hubiéramos sentado
hubieras sentado	hubierais sentado
hubiera sentado	hubieran sentado

Imperative

sienta	sentad
siente	sienten

Verb in Action

Me senté al lado de la ventana. *(I sat down by the window.)*
El descanso te sentará bien. *(The rest will do you good.)*
Él nos dijo que nos sentáramos en el suelo. *(He told us that we will sit on the floor.)*

sentir(se)

(to feel, to regret)

Gerund: sintiendo • **Past Participle:** sentido
Reflexive regular -ir verb with stem change: (tenses 1, 3, 6, 7, gerund, and imperative)

Present Indicative		*Present Perfect*	
siento	sentimos	he sentido	hemos sentido
sientes	sentís	has sentido	habéis sentido
siente	sienten	ha sentido	han sentido
Imperfect		***Pluperfect***	
sentía	sentíamos	había sentido	habíamos sentido
sentías	sentíais	habías sentido	habíais sentido
sentía	sentían	había sentido	habían sentido
Preterite		***Preterite Perfect***	
sentí	sentimos	hube sentido	hubimos sentido
sentiste	sentisteis	hubiste sentido	hubisteis sentido
sintió	sintieron	hubo sentido	hubieron sentido
Future		***Future Perfect***	
sentiré	sentiremos	habré sentido	habremos sentido
sentirás	sentiréis	habrás sentido	habréis sentido
sentirá	sentirán	habrá sentido	habrán sentido
Conditional		***Perfect Conditional***	
sentiría	sentiríamos	habría sentido	habríamos sentido
sentirías	sentiríais	habrías sentido	habríais sentido
sentiría	sentirían	habría sentido	habrían sentido
Present Subjunctive		***Present Perfect Subjunctive***	
sienta	sentamos	haya sentido	hayamos sentido
sientas	sentáis	hayas sentido	hayáis sentido
sienta	sientan	haya sentido	hayan sentido
Imperfect Subjunctive		***Pluperfect Subjunctive***	
sintiera	sintiéramos	hubiera sentido	hubiéramos sentido
sintieras	sintierais	hubieras sentido	hubierais sentido
sintiera	sintieran	hubiera sentido	hubieran sentido
OR			
sintiese	sintiésemos		
sintieses	sintieseis		
sintiese	sintiesen		

Imperative

siente	sentid
sienta	sientan

Verb in Action

Te vas a sentir sola. *(You are going to feel lonely.)*
Siento mucho lo que pasó. *(I really regret what happened.)*
No sentí nada. *(I didn't feel a thing.)*

separar(se)

(to separate)

Gerund: separando • **Past Participle:** separado
Reflexive regular -ar verb

Present Indicative		Present Perfect	
separo	separamos	he separado	hemos separado
separas	separáis	has separado	habéis separado
separa	separan	ha separado	han separado

Imperfect		Pluperfect	
separaba	separábamos	había separado	habíamos separado
separabas	separabais	habías separado	habíais separado
separaba	separaban	había separado	habían separado

Preterite		Preterite Perfect	
separé	separamos	hube separado	hubimos separado
separaste	separasteis	hubiste separado	hubisteis separado
separó	separaron	hubo separado	hubieron separado

Future		Future Perfect	
separaré	separaremos	habré separado	habremos separado
separarás	separaréis	habrás separado	habréis separado
separará	separarán	habrá separado	habrán separado

Conditional		Perfect Conditional	
separaría	separaríamos	habría separado	habríamos separado
separarías	separaríais	habrías separado	habríais separado
separaría	separarían	habría separado	habrían separado

Present Subjunctive		Present Perfect Subjunctive	
separe	separemos	haya separado	hayamos separado
separes	separéis	hayas separado	hayáis separado
separe	separen	haya separado	hayan separado

Imperfect Subjunctive		Pluperfect Subjunctive	
separara	separáramos	hubiera separado	hubiéramos separado
separaras	separarais	hubieras separado	hubierais separado
separara	separaran	hubiera separado	hubieran separado
OR			
separase	separásemos		
separases	separaseis		
separase	separasen		

Imperative	
separa	separad
separe	separen

Verb in Action

El Muro separaba dos países dentro de una misma nación. *(The Berlin Wall separated two countries within the same nation.)*

No te separes de mí. *(Don't leave my side.)*

#432

ser

(to be)

Gerund: siendo • **Past Participle:** sido
Irregular -er verb

Present Indicative

soy	somos
eres	sois
es	son

Imperfect

era	éramos
eras	erais
era	eran

Preterite

fui	fuimos
fuiste	fuisteis
fue	fueron

Future

seré	seremos
serás	seréis
será	serán

Conditional

sería	seríamos
serías	seríais
sería	serían

Present Subjunctive

sea	seamos
seas	seáis
sea	sean

Imperfect Subjunctive

fuera	fuéramos
fueras	fuerais
fuera	fueran

OR

fuese	fuésemos
fueses	fueseis
fuese	fuesen

Present Perfect

he sido	hemos sido
has sido	habéis sido
ha sido	han sido

Pluperfect

había sido	habíamos sido
habías sido	habíais sido
había sido	habían sido

Preterite Perfect

hube sido	hubimos sido
hubiste sido	hubisteis sido
hubo sido	hubieron sido

Future Perfect

habré sido	habremos sido
habrás sido	habréis sido
habrá sido	habrán sido

Perfect Conditional

habría sido	habríamos sido
habrías sido	habríais sido
habría sido	habrían sido

Present Perfect Subjunctive

haya sido	hayamos sido
hayas sido	hayáis sido
haya sido	hayan sido

Pluperfect Subjunctive

hubiera sido	hubiéramos sido
hubieras sido	hubierais sido
hubiera sido	hubieran sido

Imperative

sé	sed
sea	sean

Verb in Action

Soy colombiano. *(I'm Colombian.)*
Había sido sacerdote. *(He had been a priest.)*
Eso sería maravilloso. *(That would be wonderful.)*

servir(se)

(to serve)

Gerund: sirviendo • **Past Participle:** servido

Reflexive regular -ir verb with stem change: e to i (tenses 1, 3, 6, 7, gerund, and imperative)

Present Indicative		*Present Perfect*	
sirvo	servimos	he servido	hemos servido
sirves	servís	has servido	habéis servido
sirve	sirven	ha servido	han servido
Imperfect		*Pluperfect*	
servía	servíamos	había servido	habíamos servido
servías	servíais	habías servido	habíais servido
servía	servían	había servido	habían servido
Preterite		*Preterite Perfect*	
serví	servimos	hube servido	hubimos servido
serviste	servisteis	hubiste servido	hubisteis servido
sirvió	sirvieron	hubo servido	hubieron servido
Future		*Future Perfect*	
serviré	serviremos	habré servido	habremos servido
servirás	serviréis	habrás servido	habréis servido
servirá	servirán	habrá servido	habrán servido
Conditional		*Perfect Conditional*	
serviría	serviríamos	habría servido	habríamos servido
servirías	serviríais	habrías servido	habríais servido
serviría	servirían	habría servido	habrían servido
Present Subjunctive		*Present Perfect Subjunctive*	
sirva	sirvamos	haya servido	hayamos servido
sirvas	sirváis	hayas servido	hayáis servido
sirva	sirvan	haya servido	hayan servido
Imperfect Subjunctive		*Pluperfect Subjunctive*	
sirviera	sirviéramos	hubiera servido	hubiéramos servido
sirvieras	sirvierais	hubieras servido	hubierais servido
sirviera	sirvieran	hubiera servido	hubieran servido
OR			
sirviese	sirviésemos		
sirvieses	sirvieseis		
sirviese	sirviesen		

Imperative

sirve	servid
sirva	sirvan

Verb in Action

Este cuchillo no sirve para nada. *(This knife is no use for anything.)*

Sírvete más pollo, por favor. *(Please help yourself to more chicken.)*

La experiencia les sirvió de lección a ellos. *(The experience was a useful lesson for them.)*

significar

(to mean)

Gerund: significando • **Past Participle:** significado
Regular -ar verb with spelling change: c to qu in front of e

Present Indicative

significo	significamos
significas	significáis
significa	significan

Imperfect

significaba	significábamos
significabas	significabais
significaba	significaban

Preterite

signifiqué	significamos
significaste	significasteis
significó	significaron

Future

significaré	significaremos
significarás	significaréis
significará	significarán

Conditional

significaría	significaríamos
significarías	significaríais
significaría	significarían

Present Subjunctive

signifique	signifiquemos
signifiques	signifiquéis
signifique	signifiquen

Imperfect Subjunctive

significara	significáramos
significaras	significarais
significara	significaran

OR

significase	significásemos
significases	significaseis
significase	significasen

Present Perfect

he significado	hemos significado
has significado	habéis significado
ha significado	han significado

Pluperfect

había significado	habíamos significado
habías significado	habíais significado
había significado	habían significado

Preterite Perfect

hube significado	hubimos significado
hubiste significado	hubisteis significado
hubo significado	hubieron significado

Future Perfect

habré significado	habremos significado
habrás significado	habréis significado
habrá significado	habrán significado

Perfect Conditional

habría significado	habríamos significado
habrías significado	habríais significado
habría significado	habrían significado

Present Perfect Subjunctive

haya significado	hayamos significado
hayas significado	hayáis significado
haya significado	hayan significado

Pluperfect Subjunctive

hubiera significado	hubiéramos significado
hubieras significado	hubierais significado
hubiera significado	hubieran significado

Imperative

significa	significad
signifique	signifiquen

Verb in Action

¿Qué significa esta palabra? *(What does this word mean?)*
Todo lo que signifique generación de empleo es bueno para el país. *(Anything that means job creation is good for the country.)*
El trasplante significó volver a nacer. *(The transplant was like being born again.)*

simpatizar

(to get along well)

Gerund: simpatizando • **Past Participle:** simpatizado
Regular -ar verb with spelling change: z to c in front of e

Present Indicative

simpatizo	simpatizamos
simpatizas	simpatizáis
simpatiza	simpatizan

Imperfect

simpatizaba	simpatizábamos
simpatizabas	simpatizabais
simpatizaba	simpatizaban

Preterite

simpaticé	simpatizamos
simpatizaste	simpatizasteis
simpatizó	simpatizaron

Future

simpatizaré	simpatizaremos
simpatizarás	simpatizaréis
simpatizará	simpatizarán

Conditional

simpatizaría	simpatizaríamos
simpatizarías	simpatizaríais
simpatizaría	simpatizarían

Present Subjunctive

simpatice	simpaticemos
simpatices	simpaticéis
simpatice	simpaticen

Imperfect Subjunctive

simpatizara	simpatizáramos
simpatizaras	simpatizarais
simpatizara	simpatizaran

OR

simpatizase	simpatizásemos
simpatizases	simpatizaseis
simpatizase	simpatizasen

Present Perfect

he simpatizado	hemos simpatizado
has simpatizado	habéis simpatizado
ha simpatizado	han simpatizado

Pluperfect

había simpatizado	habíamos simpatizado
habías simpatizado	habíais simpatizado
había simpatizado	habían simpatizado

Preterite Perfect

hube simpatizado	hubimos simpatizado
hubiste simpatizado	hubisteis simpatizado
hubo simpatizado	hubieron simpatizado

Future Perfect

habré simpatizado	habremos simpatizado
habrás simpatizado	habréis simpatizado
habrá simpatizado	habrán simpatizado

Perfect Conditional

habría simpatizado	habríamos simpatizado
habrías simpatizado	habríais simpatizado
habría simpatizado	habrían simpatizado

Present Perfect Subjunctive

haya simpatizado	hayamos simpatizado
hayas simpatizado	hayáis simpatizado
haya simpatizado	hayan simpatizado

Pluperfect Subjunctive

hubiera simpatizado	hubiéramos simpatizado
hubieras simpatizado	hubierais simpatizado
hubiera simpatizado	hubieran simpatizado

Imperative

simpatiza	simpatizad
simpatice	simpaticen

Verb in Action

Se conocieron en octubre y simpatizaron inmediatamente. *(They met in October and hit it off immediately.)*
No creo que simpaticen, son muy diferentes. *(I don't think they'll get along; they're very different.)*

situar(se)

(to place, to situate, to position oneself)

Gerund: situando • **Past Participle:** situado
Reflexive regular -ar verb with spelling change: u to ú on stressed syllable (tenses 1, 6, and imperative)

Present Indicative

sitúo	situamos
sitúas	situáis
sitúa	sitúan

Imperfect

situaba	situábamos
situabas	situabais
situaba	situaban

Preterite

situé	situamos
situaste	situasteis
situó	situaron

Future

situaré	situaremos
situarás	situaréis
situará	situarán

Conditional

situaría	situaríamos
situarías	situaríais
situaría	situarían

Present Subjunctive

sitúe	situemos
sitúes	situéis
sitúe	sitúen

Imperfect Subjunctive

situara	situáramos
situaras	situarais
situara	situaran

OR

situase	situásemos
situases	situaseis
situase	situasen

Present Perfect

he situado	hemos situado
has situado	habéis situado
ha situado	han situado

Pluperfect

había situado	habíamos situado
habías situado	habíais situado
había situado	habían situado

Preterite Perfect

hube situado	hubimos situado
hubiste situado	hubisteis situado
hubo situado	hubieron situado

Future Perfect

habré situado	habremos situado
habrás situado	habréis situado
habrá situado	habrán situado

Perfect Conditional

habría situado	habríamos situado
habrías situado	habríais situado
habría situado	habrían situado

Present Perfect Subjunctive

haya situado	hayamos situado
hayas situado	hayáis situado
haya situado	hayan situado

Pluperfect Subjunctive

hubiera situado	hubiéramos situado
hubieras situado	hubierais situado
hubiera situado	hubieran situado

Imperative

sitúa	situad
sitúe	sitúen

Verb in Action

El desempleo se sitúa por debajo de lo esperado en la zona euro. *(Unemployment in the eurozone is lower than expected.)*

Sitúense a ambos lados de los novios. *(Position yourselves on either side of the bride and groom.)*

sobrar

(to be left (over))

Gerund: sobrando • **Past Participle:** sobrado
Regular -ar verb

Present Indicative		*Present Perfect*	
sobro	sobramos	he sobrado	hemos sobrado
sobras	sobráis	has sobrado	habéis sobrado
sobra	sobran	ha sobrado	han sobrado

Imperfect		*Pluperfect*	
sobraba	sobrábamos	había sobrado	habíamos sobrado
sobrabas	sobrabais	habías sobrado	habíais sobrado
sobraba	sobraban	había sobrado	habían sobrado

Preterite		*Preterite Perfect*	
sobré	sobramos	hube sobrado	hubimos sobrado
sobraste	sobrasteis	hubiste sobrado	hubisteis sobrado
sobró	sobraron	hubo sobrado	hubieron sobrado

Future		*Future Perfect*	
sobraré	sobraremos	habré sobrado	habremos sobrado
sobrarás	sobraréis	habrás sobrado	habréis sobrado
sobrará	sobrarán	habrá sobrado	habrán sobrado

Conditional		*Perfect Conditional*	
sobraría	sobraríamos	habría sobrado	habríamos sobrado
sobrarías	sobraríais	habrías sobrado	habríais sobrado
sobraría	sobrarían	habría sobrado	habrían sobrado

Present Subjunctive		*Present Perfect Subjunctive*	
sobre	sobremos	haya sobrado	hayamos sobrado
sobres	sobréis	hayas sobrado	hayáis sobrado
sobre	sobren	haya sobrado	hayan sobrado

Imperfect Subjunctive		*Pluperfect Subjunctive*	
sobrara	sobráramos	hubiera sobrado	hubiéramos sobrado
sobraras	sobrarais	hubieras sobrado	hubierais sobrado
sobrara	sobraran	hubiera sobrado	hubieran sobrado
OR			
sobrase	sobrásemos		
sobrases	sobraseis		
sobrase	sobrasen		

Imperative

sobra	sobrad
sobre	sobren

Verb in Action

Sobró muchísima comida. *(There was a lot of food left over.)*
Más vale que sobre y no que falte. *(Better too much rather than too little.)*
La verdad es que no me sobra el tiempo pero trataré de ayudarla. *(To be honest, I haven't got much time to spare but I'll try to help you.)*

sobreponerse

(to overcome)

Gerund: sobreponiendo • **Past Participle:** sobrepuesto
Reflexive irregular -er verb

Present Indicative

me sobrepongo	nos sobreponemos
te sobrepones	os sobreponéis
se sobrepone	se sobreponen

Imperfect

me sobreponía	nos sobreponíamos
te sobreponías	os sobreponíais
se sobreponía	se sobreponían

Preterite

me sobrepuse	nos sobrepusimos
te sobrepusiste	os sobrepusisteis
se sobrepuso	se sobrepusieron

Future

me sobrepondré	nos sobrepondremos
te sobrepondrás	os sobrepondréis
se sobrepondrá	se sobrepondrán

Conditional

me sobrepondría	nos sobrepondríamos
te sobrepondrías	os sobrepondríais
se sobrepondría	se sobrepondrían

Present Subjunctive

me sobreponga	nos sobrepongamos
te sobrepongas	os sobrepongáis
se sobreponga	se sobrepongan

Imperfect Subjunctive

me sobrepusiera	nos sobrepusiéramos
te sobrepusieras	os sobrepusierais
se sobrepusiera	se sobrepusieran

OR

me sobrepusiese	nos sobrepusiésemos
te sobrepusieses	os sobrepusieseis
se sobrepusiese	se sobrepusiesen

Present Perfect

me he sobrepuesto	nos hemos sobrepuesto
te has sobrepuesto	os habéis sobrepuesto
se ha sobrepuesto	se han sobrepuesto

Pluperfect

me había sobrepuesto	nos habíamos sobrepuesto
te habías sobrepuesto	os habíais sobrepuesto
se había sobrepuesto	se habían sobrepuesto

Preterite Perfect

me hube sobrepuesto	nos hubimos sobrepuesto
te hubiste sobrepuesto	os hubisteis sobrepuesto
se hubo sobrepuesto	se hubieron sobrepuesto

Future Perfect

me habré sobrepuesto	nos habremos sobrepuesto
te habrás sobrepuesto	os habréis sobrepuesto
se habrá sobrepuesto	se habrán sobrepuesto

Perfect Conditional

me habría sobrepuesto	nos habríamos sobrepuesto
te habrías sobrepuesto	os habríais sobrepuesto
se habría sobrepuesto	se habrían sobrepuesto

Present Perfect Subjunctive

me haya sobrepuesto	nos hayamos sobrepuesto
te hayas sobrepuesto	os hayáis sobrepuesto
se haya sobrepuesto	se hayan sobrepuesto

Pluperfect Subjunctive

me hubiera sobrepuesto	nos hubiéramos sobrepuesto
te hubieras sobrepuesto	os hubierais sobrepuesto
se hubiera sobrepuesto	se hubieran sobrepuesto

Imperative

sobreponte	sobreponeos
sobrepóngase	sobrepónganse

Verb in Action

Por suerte él se sobrepuso rápidamente a esa decepción. *(Luckily he quickly overcame that disappointment.)*

Esperemos que él se sobreponga pronto a esta derrota. *(Let's hope he soon overcomes this setback.)*

sobrevivir

(to survive)

Gerund: sobreviviendo • **Past Participle:** sobrevivido
Regular -ir verb

Present Indicative

sobrevivo	sobrevivimos
sobrevives	sobrevivís
sobrevive	sobreviven

Imperfect

sobrevivía	sobrevivíamos
sobrevivías	sobrevivíais
sobrevivía	sobrevivían

Preterite

sobreviví	sobrevivimos
sobreviviste	sobrevivisteis
sobrevivió	sobrevivieron

Future

sobreviviré	sobreviviremos
sobrevivirás	sobreviviréis
sobrevivirá	sobrevivirán

Conditional

sobreviviría	sobreviviríamos
sobrevivirías	sobreviviríais
sobreviviría	sobrevivirían

Present Subjunctive

sobreviva	sobrevivamos
sobrevivas	sobreviváis
sobreviva	sobrevivan

Imperfect Subjunctive

sobreviviera	sobreviviéramos
sobrevivieras	sobrevivierais
sobreviviera	sobrevivieran

OR

sobreviviese	sobreviviésemos
sobrevivieses	sobrevivieseis
sobreviviese	sobreviviesen

Present Perfect

he sobrevivido	hemos sobrevivido
has sobrevivido	habéis sobrevivido
ha sobrevivido	han sobrevivido

Pluperfect

había sobrevivido	habíamos sobrevivido
habías sobrevivido	habíais sobrevivido
había sobrevivido	habían sobrevivido

Preterite Perfect

hube sobrevivido	hubimos sobrevivido
hubiste sobrevivido	hubisteis sobrevivido
hubo sobrevivido	hubieron sobrevivido

Future Perfect

habré sobrevivido	habremos sobrevivido
habrás sobrevivido	habréis sobrevivido
habrá sobrevivido	habrán sobrevivido

Perfect Conditional

habría sobrevivido	habríamos sobrevivido
habrías sobrevivido	habríais sobrevivido
habría sobrevivido	habrían sobrevivido

Present Perfect Subjunctive

haya sobrevivido	hayamos sobrevivido
hayas sobrevivido	hayáis sobrevivido
haya sobrevivido	hayan sobrevivido

Pluperfect Subjunctive

hubiera sobrevivido	hubiéramos sobrevivido
hubieras sobrevivido	hubierais sobrevivido
hubiera sobrevivido	hubieran sobrevivido

Imperative

sobrevive	sobrevivid
sobreviva	sobrevivan

Verb in Action

Ella sobrevivió de milagro. *(It was a miracle that she survived.)*
No creen que él sobreviva. *(They don't think he will survive.)*
Hay gente que sobrevive con mucho menos dinero. *(Some people survive on far less money.)*

soler

(to be in the habit of)

Gerund: soliendo • **Past Participle:** *not used*
Regular -er verb with stem change: o to ue (tenses 1 and 6)

Present Indicative

suelo	solemos
sueles	soléis
suele	suelen

Imperfect

solía	solíamos
solías	solíais
solía	solían

Preterite
NOTE: *Not used*

Future
NOTE: *Not used*

Conditional
NOTE: *Not used*

Present Subjunctive

suela	solamos
suelas	soláis
suela	suelan

Imperfect Subjunctive
NOTE: *Not used*

Present Perfect
NOTE: *Not used*

Pluperfect
NOTE: *Not used*

Preterite Perfect
NOTE: *Not used*

Future Perfect
NOTE: *Not used*

Perfect Conditional
NOTE: *Not used*

Present Perfect Subjunctive
NOTE: *Not used*

Pluperfect Subjunctive
NOTE: *Not used*

Imperative
NOTE: *Not used*

Verb in Action

Suele salir a las ocho. (*He usually leaves at eight.*)
Solíamos ir todos los años a la playa. (*We used to go to the beach every year.*)

soltar

(to let go of, to release)

Gerund: soltando • **Past Participle:** suelto

Regular -ar verb with stem change: o to ue (tenses 1, 6, imperative, and an irregular past participle)

Present Indicative

suelto	soltamos
sueltas	soltáis
suelta	sueltan

Imperfect

soltaba	soltábamos
soltabas	soltabais
soltaba	soltaban

Preterite

solté	soltamos
soltaste	soltasteis
soltó	soltaron

Future

soltaré	soltaremos
soltarás	soltaréis
soltará	soltarán

Conditional

soltaría	soltaríamos
soltarías	soltaríais
soltaría	soltarían

Present Subjunctive

suelte	soltemos
sueltes	soltéis
suelte	suelten

Imperfect Subjunctive

soltara	soltáramos
soltaras	soltarais
soltara	soltaran

OR

soltase	soltásemos
soltases	soltaseis
soltase	soltasen

Present Perfect

he suelto	hemos suelto
has suelto	habéis suelto
ha suelto	han suelto

Pluperfect

había suelto	habíamos suelto
habías suelto	habíais suelto
había suelto	habían suelto

Preterite Perfect

hube suelto	hubimos suelto
hubiste suelto	hubisteis suelto
hubo suelto	hubieron suelto

Future Perfect

habré suelto	habremos suelto
habrás suelto	habréis suelto
habrá suelto	habrán suelto

Perfect Conditional

habría suelto	habríamos suelto
habrías suelto	habríais suelto
habría suelto	habrían suelto

Present Perfect Subjunctive

haya suelto	hayamos suelto
hayas suelto	hayáis suelto
haya suelto	hayan suelto

Pluperfect Subjunctive

hubiera suelto	hubiéramos suelto
hubieras suelto	hubierais suelto
hubiera suelto	hubieran suelto

Imperative

suelta	soltad
suelte	suelten

Verb in Action

Al final ella logró soltarse. *(Eventually she managed to break free.)*
¿Por qué no te sueltas el pelo? *(Why don't you wear your hair down?)*
Habían soltado a los rehenes. *(They had released the hostages.)*

#442

someter(se)

(to submit)

Gerund: sometiendo • **Past Participle:** sometido
Reflexive regular -er verb

Present Indicative

someto	sometemos
sometes	sometéis
somete	someten

Present Perfect

he sometido	hemos sometido
has sometido	habéis sometido
ha sometido	han sometido

Imperfect

sometía	sometíamos
sometías	sometíais
sometía	sometían

Pluperfect

había sometido	habíamos sometido
habías sometido	habíais sometaio
había sometido	habían sometido

Preterite

sometí	sometimos
sometiste	sometisteis
sometió	sometieron

Preterite Perfect

hube sometido	hubimos sometido
hubiste sometido	hubísteis sometido
hubo sometido	hubieron sometado

Future

someteré	someteremos
someterás	someteréis
someterá	someterán

Future Perfect

habré sometido	habremos sometido
habrás sometido	habréis sometido
habrá sometido	habrán sometido

Conditional

sometería	someteríamos
someterías	someteríais
sometería	someterían

Perfect Conditional

habría sometido	habríamos sometido
habrías sometido	habríais sometido
habría sometido	habrían sometido

Present Subjunctive

someta	sometamos
sometas	sometáis
someta	sometan

Present Perfect Subjunctive

haya sometido	hayamos sometido
hayas sometido	hayáis sometido
haya sometido	hayan sometido

Imperfect Subjunctive

sometiera	sometiéramos
sometieras	sometierais
sometiera	sometieran

OR

sometiese	sometiésemos
sometieses	sometieseis
sometiese	sometiesen

Pluperfect Subjunctive

hubiera sometido	hubiéramos sometido
hubieras sometido	hubierais sometido
hubiera sometido	hubieran sometido

Imperative

somete	someted
someta	sometan

Verb in Action

Sometamos el asunto a votación. *(Let's put the matter to a vote.)*
Cada nuevo producto se somete a una serie de pruebas. *(Each new product is subjected to a series of tests.)*
Lo sometieron a muchas humillaciones. *(He was subjected to many humiliations.)*

sonar

(to sound, to ring)

Gerund: sonando • **Past Participle:** sonado

Regular -ar verb with stem change: o to ue (tenses 1, 6, and imperative)

Present Indicative

sueno	sonamos
suenas	sonáis
suena	suenan

Imperfect

sonaba	sonábamos
sonabas	sonabais
sonaba	sonaban

Preterite

soné	sonamos
sonaste	sonasteis
sonó	sonaron

Future

sonaré	sonaremos
sonarás	sonaréis
sonará	sonarán

Conditional

sonaría	sonaríamos
sonarías	sonaríais
sonaría	sonarían

Present Subjunctive

suene	sonemos
suenes	sonéis
suene	suenen

Imperfect Subjunctive

sonara	sonáramos
sonaras	sonarais
sonara	sonaran

OR

sonase	sonásemos
sonases	sonaseis
sonase	sonasen

Present Perfect

he sonado	hemos sonado
has sonado	habéis sonado
ha sonado	han sonado

Pluperfect

había sonado	habíamos sonado
habías sonado	habíais sonado
había sonado	habían sonado

Preterite Perfect

hube sonado	hubimos sonado
hubiste sonado	hubisteis sonado
hubo sonado	hubieron sonado

Future Perfect

habré sonado	habremos sonado
habrás sonado	habréis sonado
habrá sonado	habrán sonado

Perfect Conditional

habría sonado	habríamos sonado
habrías sonado	habríais sonado
habría sonado	habrían sonado

Present Perfect Subjunctive

haya sonado	hayamos sonado
hayas sonado	hayáis sonado
haya sonado	hayan sonado

Pluperfect Subjunctive

hubiera sonado	hubiéramos sonado
hubieras sonado	hubierais sonado
hubiera sonado	hubieran sonado

Imperative

suena	sonad
suene	suenen

Verb in Action

¿Te suena su nombre? *(Does her name sound familiar?)*
Justo en ese momento sonó el timbre. *(Just then the bell rang.)*
Sonabas un poco triste por teléfono. *(You sounded a bit sad on the phone.)*

soñar

(to dream)

Gerund: soñando • **Past Participle:** soñado

Regular -ar verb with stem change: o to ue (tenses 1, 6, and imperative)

Present Indicative

sueño	soñamos
sueñas	soñáis
sueña	sueñan

Imperfect

soñaba	soñábamos
soñabas	soñabais
soñaba	soñaban

Preterite

soñé	soñamos
soñaste	soñasteis
soñó	soñaron

Future

soñaré	soñaremos
soñarás	soñaréis
soñará	soñarán

Conditional

soñaría	soñaríamos
soñarías	soñaríais
soñaría	soñarían

Present Subjunctive

sueñe	soñemos
sueñes	soñéis
sueñe	sueñen

Imperfect Subjunctive

soñara	soñáramos
soñaras	soñarais
soñara	soñaran

OR

soñase	soñásemos
soñases	soñaseis
soñase	soñasen

Present Perfect

he soñado	hemos soñado
has soñado	habéis soñado
ha soñado	han soñado

Pluperfect

había soñado	habíamos soñado
habías soñado	habíais soñado
había soñado	habían soñado

Preterite Perfect

hube soñado	hubimos soñado
hubiste soñado	hubisteis soñado
hubo soñado	hubieron soñado

Future Perfect

habré soñado	habremos soñado
habrás soñado	habréis soñado
habrá soñado	habrán soñado

Perfect Conditional

habría soñado	habríamos soñado
habrías soñado	habríais soñado
habría soñado	habrían soñado

Present Perfect Subjunctive

haya soñado	hayamos soñado
hayas soñado	hayáis soñado
haya soñado	hayan soñado

Pluperfect Subjunctive

hubiera soñado	hubiéramos soñado
hubieras soñado	hubierais soñado
hubiera soñado	hubieran soñado

Imperative

sueña	soñad
sueñe	sueñen

Verb in Action

Él sueña con visitar París. *(He dreams of visiting Paris.)*
Soñé que me casaba. *(I dreamed that I was getting married.)*
Ella sigue soñando con que algún día él vuelva. *(She still dreams about him coming back one day.)*

sonreír(se)

(to smile)

Gerund: sonriendo • **Past Participle:** sonreído

Reflexive regular -ir verb with stem change: (tenses 1, 3, 6, 7, gerund, and imperative) and spelling change: i to í on stressed syllable

Present Indicative

sonrío	sonreímos
sonríes	sonreís
sonríe	sonríen

Imperfect

sonreía	sonreíamos
sonreías	sonreíais
sonreía	sonreían

Preterite

sonreí	sonreímos
sonreíste	sonreísteis
sonrió	sonrieron

Future

sonreiré	sonreiremos
sonreirás	sonreiréis
sonreirá	sonreirán

Conditional

sonreiría	sonreiríamos
sonreirías	sonreiríais
sonreiría	sonreirían

Present Subjunctive

sonría	sonríamos
sonrías	sonríais
sonría	sonrían

Imperfect Subjunctive

sonriera	sonriéramos
sonrieras	sonriérais
sonriera	sonrieran

OR

sonriese	sonriésemos
sonrieses	sonrieseis
sonriese	sonriesen

Present Perfect

he sonreído	hemos sonreído
has sonreído	habéis sonreído
ha sonreído	han sonreído

Pluperfect

había sonreído	habíamos sonreído
habías sonreído	habíais sonreído
había sonreído	habían sonreído

Preterite Perfect

hube sonreído	hubimos sonreído
hubiste sonreído	hubisteis sonreído
hubo sonreído	hubieron sonreído

Future Perfect

habré sonreído	habremos sonreído
habrás sonreído	habréis sonreído
habrá sonreído	habrán sonreído

Perfect Conditional

habría sonreído	habríamos sonreído
habrías sonreído	habríais sonreído
habría sonreído	habrían sonreído

Present Perfect Subjunctive

haya sonreído	hayamos sonreído
hayas sonreído	hayáis sonreído
haya sonreído	hayan sonreído

Pluperfect Subjunctive

hubiera sonreído	hubiéramos sonreído
hubieras sonreído	hubierais sonreído
hubiera sonreído	hubieran sonreído

Imperative

sonríe	sonreíd
sonría	sonrían

Verb in Action

Él nunca sonríe. *(He never smiles.)*
Ella se sonrió cuando nos vio. *(She smiled when she saw us.)*
¡Sonrían para la foto! *(Smile for the photo!)*

soportar

(to endure, to stand)

Gerund: soportando • **Past Participle:** soportado
Regular -ar verb

Present Indicative

soporto	soportamos
soportas	soportáis
soporta	soportan

Present Perfect

he soportado	hemos soportado
has soportado	habéis soportado
ha soportado	han soportado

Imperfect

soportaba	soportábamos
soportabas	soportabais
soportaba	soportaban

Pluperfect

había soportado	habíamos soportado
habías soportado	habíais soportado
había soportado	habían soportado

Preterite

soporté	soportamos
soportaste	soportasteis
soportó	soportaron

Preterite Perfect

hube soportado	hubimos soportado
hubiste soportado	hubisteis soportado
hubo soportado	hubieron soportado

Future

soportaré	soportaremos
soportarás	soportaréis
soportará	soportarán

Future Perfect

habré soportado	habremos soportado
habrás soportado	habréis soportado
habrá soportado	habrán soportado

Conditional

soportaría	soportaríamos
soportarías	soportaríais
soportaría	soportarían

Perfect Conditional

habría soportado	habríamos soportado
habrías soportado	habríais soportado
habría soportado	habrían soportado

Present Subjunctive

soporte	soportemos
soportes	soportéis
soporte	soporten

Present Perfect Subjunctive

haya soportado	hayamos soportado
hayas soportado	hayáis soportado
haya soportado	hayan soportado

Imperfect Subjunctive

soportara	soportáramos
soportaras	soportarais
soportara	soportaran
OR	
soportase	soportásemos
soportases	soportaseis
soportase	soportasen

Pluperfect Subjunctive

hubiera soportado	hubiéramos soportado
hubieras soportado	hubierais soportado
hubiera soportado	hubieran soportado

Imperative

soporta	soportad
soporte	soporten

Verb in Action

No soporto al novio de Carmen. *(I can't stand Carmen's boyfriend.)*
Ya yo no soportaba más el dolor. *(I couldn't endure the pain any more.)*
Tuve que soportar que se riera de mí delante de todos. *(I had to endure with him laughing at me in front of everyone.)*

sorprender(se)

(to surprise)

Gerund: sorprendiendo • **Past Participle:** sorprendido
Reflexive regular -er verb

Present Indicative		***Present Perfect***	
sorprendo	sorprendemos	he sorprendido	hemos sorprendido
sorprendes	sorprendéis	has sorprendido	habéis sorprendido
sorprende	sorprenden	ha sorprendido	han sorprendido
Imperfect		***Pluperfect***	
sorprendía	sorprendíamos	había sorprendido	habíamos sorprendido
sorprendías	sorprendíais	habías sorprendido	habíais sorprendido
sorprendía	sorprendían	había sorprendido	habían sorprendido
Preterite		***Preterite Perfect***	
sorprendí	sorprendimos	hube sorprendido	hubimos sorprendido
sorprendiste	sorprendisteis	hubiste sorprendido	hubisteis sorprendido
sorprendió	sorprendieron	hubo sorprendido	hubieron sorprendido
Future		***Future Perfect***	
sorprenderé	sorprenderemos	habré sorprendido	habremos sorprendido
sorprenderás	sorprenderéis	habrás sorprendido	habréis sorprendido
sorprenderá	sorprenderán	habrá sorprendido	habrán sorprendido
Conditional		***Perfect Conditional***	
sorprendería	sorprenderíamos	habría sorprendido	habríamos sorprendido
sorprenderías	sorprenderíais	habrías sorprendido	habríais sorprendido
sorprendería	sorprenderían	habría sorprendido	habrían sorprendido
Present Subjunctive		***Present Perfect Subjunctive***	
sorprenda	sorprendamos	haya sorprendido	hayamos sorprendido
sorprendas	sorprendáis	hayas sorprendido	hayáis sorprendido
sorprenda	sorprendan	haya sorprendido	hayan sorprendido
Imperfect Subjunctive		***Pluperfect Subjunctive***	
sorprendiera	sorprendiéramos	hubiera sorprendido	hubiéramos sorprendido
sorprendieras	sorprendierais	hubieras sorprendido	hubierais sorprendido
sorprendiera	sorprendieran	hubiera sorprendido	hubieran sorprendido
OR			
sorprendiese	sorprendiésemos		
sorprendieses	sorprendieseis		
sorprendiese	sorprendiesen		

Imperative

sorprende	sorprended
sorprenda	sorprendan

Verb in Action

Me sorprende que no te guste. *(I'm surprised that you don't like it.)*
Su actitud me sorprendió mucho. *(I found his attitude very surprising.)*
Vístete que no te sorprenda en camisón. *(Get dressed if you don't want to be caught in your nightdress.)*

sospechar

(to suspect)

Gerund: sospechando • **Past Participle:** sospechado
Regular -ar verb

Present Indicative		Present Perfect	
sospecho	sospechamos	he sospechado	hemos sospechado
sospechas	sospecháis	has sospechado	habéis sospechado
sospecha	sospechan	ha sospechado	han sospechado

Imperfect		Pluperfect	
sospechaba	sospechábamos	había sospechado	habíamos sospechado
sospechabas	sospechabais	habías sospechado	habíais sospechado
sospechaba	sospechaban	había sospechado	habían sospechado

Preterite		Preterite Perfect	
sospeché	sospechamos	hube sospechado	hubimos sospechado
sospechaste	sospechasteis	hubiste sospechado	hubisteis sospechado
sospechó	sospecharon	hubo sospechado	hubieron sospechado

Future		Future Perfect	
sospecharé	sospecharemos	habré sospechado	habremos sospechado
sospecharás	sospecharéis	habrás sospechado	habréis sospechado
sospechará	sospecharán	habrá sospechado	habrán sospechado

Conditional		Perfect Conditional	
sospecharía	sospecharíamos	habría sospechado	habríamos sospechado
sospecharías	sospecharíais	habrías sospechado	habríais sospechado
sospecharía	sospecharían	habría sospechado	habrían sospechado

Present Subjunctive		Present Perfect Subjunctive	
sospeche	sospechemos	haya sospechado	hayamos sospechado
sospeches	sospechéis	hayas sospechado	hayáis sospechado
sospeche	sospechen	haya sospechado	hayan sospechado

Imperfect Subjunctive		Pluperfect Subjunctive	
sospechara	sospecháramos	hubiera sospechado	hubiéramos sospechado
sospecharas	sospecharais	hubieras sospechado	hubierais sospechado
sospechara	sospecharan	hubiera sospechado	hubieran sospechado
OR			
sospechase	sospechásemos		
sospechases	sospechaseis		
sospechase	sospechasen		

Imperative	
sospecha	sospechad
sospeche	sospechen

Verb in Action

Sospecho que fue Marisa la que se lo dijo. *(I suspect that it was Marisa who told her.)*
¡Ya me sospechaba yo que él nos había mentido! *(I suspected that he had lied to us.)*

sostener

(to maintain, to sustain)

Gerund: sosteniendo • **Past Participle:** sostenido
Irregular -er verb

Present Indicative		*Present Perfect*	
sostengo	sostenemos	he sostenido	hemos sostenido
sostienes	sostenéis	has sostenido	habéis sostenido
sostiene	sostienen	ha sostenido	han sostenido
Imperfect		***Pluperfect***	
sostenía	sosteníamos	había sostenido	habíamos sostenido
sostenías	sosteníais	habías sostenido	habíais sostenido
sostenía	sostenían	había sostenido	habían sostenido
Preterite		***Preterite Perfect***	
sostuve	sostuvimos	hube sostenido	hubimos sostenido
sostuviste	sostuvisteis	hubiste sostenido	hubisteis sostenido
sostuvo	sostuvieron	hubo sostenido	hubieron sostenido
Future		***Future Perfect***	
sostendré	sostendremos	habré sostenido	habremos sostenido
sostendrás	sostendréis	habrás sostenido	habréis sostenido
sostendrá	sostendrán	habrá sostenido	habrán sostenido
Conditional		***Perfect Conditional***	
sostendría	sostendríamos	habría sostenido	habríamos sostenido
sostendrías	sostendríais	habrías sostenido	habríais sostenido
sostendría	sostendrían	habría sostenido	habrían sostenido
Present Subjunctive		***Present Perfect Subjunctive***	
sostenga	sostengamos	haya sostenido	hayamos sostenido
sostengas	sostengáis	hayas sostenido	hayáis sostenido
sostenga	sostengan	haya sostenido	hayan sostenido
Imperfect Subjunctive		***Pluperfect Subjunctive***	
sostuviera	sostuviéramos	hubiera sostenido	hubiéramos sostenido
sostuvieras	sostuvierais	hubieras sostenido	hubierais sostenido
sostuviera	sostuvieran	hubiera sostenido	hubieran sostenido
OR			
sostuviese	sostuviésemos		
sostuvieses	sostuvieseis		
sostuviese	sostuviesen		

Imperative

sostén	sostened
sostenga	sostengan

Verb in Action

Ellos sostenían que había que cancelar la deuda extranjera. *(They maintained that foreign debt ought to be canceled.)*
Ella es quien sostiene económicamente a la familia. *(She is the one who sustains the family financially.)*

subir(se)

(to go/come up, to raise, to put up)

Gerund: subiendo • **Past Participle:** subido
Reflexive regular -ir verb

Present Indicative		*Present Perfect*	
subo	subimos	he subido	hemos subido
subes	subís	has subido	habéis subido
sube	suben	ha subido	han subido

Imperfect		*Pluperfect*	
subía	subíamos	había subido	habíamos subido
subías	subíais	habías subido	habíais subido
subía	subían	había subido	habían subido

Preterite		*Preterite Perfect*	
subí	subimos	hube subido	hubimos subido
subiste	subisteis	hubiste subido	hubisteis subido
subió	subieron	hubo subido	hubieron subido

Future		*Future Perfect*	
subiré	subiremos	habré subido	habremos subido
subirás	subiréis	habrás subido	habréis subido
subirá	subirán	habrá subido	habrán subido

Conditional		*Perfect Conditional*	
subiría	subiríamos	habría subido	habríamos subido
subirías	subiríais	habrías subido	habríais subido
subiría	subirían	habría subido	habrían subido

Present Subjunctive		*Present Perfect Subjunctive*	
suba	subamos	haya subido	hayamos subido
subas	subáis	hayas subido	hayáis subido
suba	suban	haya subido	hayan subido

Imperfect Subjunctive		*Pluperfect Subjunctive*	
subiera	subiéramos	hubiera subido	hubiéramos subido
subieras	subierais	hubieras subido	hubierais subido
subiera	subieran	hubiera subido	hubieran subido
OR			
subiese	subiésemos		
subieses	subieseis		
subiese	subiesen		

Imperative

sube	subid
suba	suban

Verb in Action

Él subió la escalera de dos en dos. *(He went up the stairs two at a time.)*
Sube, estoy aquí en mi cuarto. *(Come on up; I'm in my room.)*
Van a subir los impuestos otra vez. *(They're going to raise taxes again.)*

suceder

(to happen)

Gerund: sucediendo • **Past Participle:** sucedido
Regular -er verb

Present Indicative

sucedo	sucedemos
sucedes	sucedéis
sucede	suceden

Present Perfect

he sucedido	hemos sucedido
has sucedido	habéis sucedido
ha sucedido	han sucedido

Imperfect

sucedía	sucedíamos
sucedías	sucedíais
sucedía	sucedían

Pluperfect

había sucedido	habíamos sucedido
habías sucedido	habíais sucedido
había sucedido	habían sucedido

Preterite

sucedí	sucedimos
sucediste	sucedisteis
sucedió	sucedieron

Preterite Perfect

hube sucedido	hubimos sucedido
hubiste sucedido	hubisteis sucedido
hubo sucedido	hubieron sucedido

Future

sucederé	sucederemos
sucederás	sucederéis
sucederá	sucederán

Future Perfect

habré sucedido	habremos sucedido
habrás sucedido	habréis sucedido
habrá sucedido	habrán sucedido

Conditional

sucedería	sucederíamos
sucederías	sucederíais
sucedería	sucederían

Perfect Conditional

habría sucedido	habríamos sucedido
habrías sucedido	habríais sucedido
habría sucedido	habrían sucedido

Present Subjunctive

suceda	sucedamos
sucedas	sucedáis
suceda	sucedan

Present Perfect Subjunctive

haya sucedido	hayamos sucedido
hayas sucedido	hayáis sucedido
haya sucedido	hayan sucedido

Imperfect Subjunctive

sucediera	sucediéramos
sucedieras	sucedierais
sucediera	sucedieran

OR

sucediese	sucediésemos
sucedieses	sucedieseis
sucediese	sucediesen

Pluperfect Subjunctive

hubiera sucedido	hubiéramos sucedido
hubieras sucedido	hubierais sucedido
hubiera sucedido	hubieran sucedido

Imperative

sucede	suceded
suceda	sucedan

Verb in Action

¿Qué sucede? *(What's happening?)*
Sucedió en la primavera del año pasado. *(It happened last spring.)*
Me dio él una confusa explicación de lo que había sucedido. *(He gave me a confused explanation about what had happened.)*

#452

sufrir

(to suffer)

Gerund: sufriendo • **Past Participle:** sufrido
Regular -ir verb

Present Indicative

sufro	sufrimos
sufres	sufrís
sufre	sufren

Present Perfect

he sufrido	hemos sufrido
has sufrido	habéis sufrido
ha sufrido	han sufrido

Imperfect

sufría	sufríamos
sufrías	sufríais
sufría	sufrían

Pluperfect

había sufrido	habíamos sufrido
habías sufrido	habíais sufrido
había sufrido	habían sufrido

Preterite

sufrí	sufrimos
sufriste	sufristeis
sufrió	sufrieron

Preterite Perfect

hube sufrido	hubimos sufrido
hubiste sufrido	hubisteis sufrido
hubo sufrido	hubieron sufrido

Future

sufriré	sufriremos
sufrirás	sufriréis
sufrirá	sufrirán

Future Perfect

habré sufrido	habremos sufrido
habrás sufrido	habréis sufrido
habrá sufrido	habrán sufrido

Conditional

sufriría	sufriríamos
sufrirías	sufriríais
sufriría	sufrirían

Perfect Conditional

habría sufrido	habríamos sufrido
habrías sufrido	habríais sufrido
habría sufrido	habrían sufrido

Present Subjunctive

sufra	suframos
sufras	sufráis
sufra	sufran

Present Perfect Subjunctive

haya sufrido	hayamos sufrido
hayas sufrido	hayáis sufrido
haya sufrido	hayan sufrido

Imperfect Subjunctive

sufriera	sufriéramos
sufrieras	sufrierais
sufriera	sufrieran
OR	
sufriese	sufriésemos
sufrieses	sufrieseis
sufriese	sufriesen

Pluperfect Subjunctive

hubiera sufrido	hubiéramos sufrido
hubieras sufrido	hubierais sufrido
hubiera sufrido	hubieran sufrido

Imperative

sufre	sufrid
sufra	sufran

Verb in Action

Él sufrió mucho cuando sus padres se separaron. *(He suffered a lot when his parents separated.)*
A ti no te importa que yo sufra. *(You don't care that I suffer.)*
Ella sufría de hipertensión. *(She was suffering from hypertension.)*

sugerir

(to suggest)

Gerund: sugiriendo • **Past Participle:** sugerido
Regular -ir verb with stem change: (tenses 1, 3, 6, 7, gerund, and imperative)

Present Indicative

sugiero	sugerimos
sugieres	sugerís
sugiere	sugieren

Imperfect

sugería	sugeríamos
sugerías	sugeríais
sugería	sugerían

Preterite

sugerí	sugerimos
sugeriste	sugeristeis
sugirió	sugirieron

Future

sugeriré	sugeriremos
sugerirás	sugeriréis
sugerirá	sugerirán

Conditional

sugeriría	sugeriríamos
sugerirías	sugeriríais
sugeriría	sugerirían

Present Subjunctive

sugiera	sugeramos
sugieras	sugeráis
sugiera	sugieran

Imperfect Subjunctive

sugiriera	sugiriéramos
sugirieras	sugirierais
sugiriera	sugirieran

OR

sugiriese	sugiriésemos
sugirieses	sugirieseis
sugiriese	sugiriesen

Present Perfect

he sugerido	hemos sugerido
has sugerido	habéis sugerido
ha sugerido	han sugerido

Pluperfect

había sugerido	habíamos sugerido
habías sugerido	habíais sugerido
había sugerido	habían sugerido

Preterite Perfect

hube sugerido	hubimos sugerido
hubiste sugerido	hubisteis sugerido
hubo sugerido	hubieron sugerido

Future Perfect

habré sugerido	habremos sugerido
habrás sugerido	habréis sugerido
habrá sugerido	habrán sugerido

Perfect Conditional

habría sugerido	habríamos sugerido
habrías sugerido	habríais sugerido
habría sugerido	habrían sugerido

Present Perfect Subjunctive

haya sugerido	hayamos sugerido
hayas sugerido	hayáis sugerido
haya sugerido	hayan sugerido

Pluperfect Subjunctive

hubiera sugerido	hubiéramos sugerido
hubieras sugerido	hubierais sugerido
hubiera sugerido	hubieran sugerido

Imperative

sugiere	sugerid
sugiera	sugieran

Verb in Action

No sé qué pedir. ¿Usted qué me sugiere? *(I don't know what to ask for. What do you suggest?)*
A él le pedí que me sugiriera un buen restaurante en la zona. *(I asked him to suggest me a good restaurant in the area.)*

suponer

(to suppose)

Gerund: suponiendo • **Past Participle:** supuesto
Irregular -er verb

Present Indicative

supongo	suponemos
supones	suponéis
supone	suponen

Present Perfect

he supuesto	hemos supuesto
has supuesto	habéis supuesto
ha supuesto	han supuesto

Imperfect

suponía	suponíamos
suponías	suponíais
suponía	suponían

Pluperfect

había supuesto	habíamos supuesto
habías supuesto	habíais supuesto
había supuesto	habían supuesto

Preterite

supuse	supusimos
supusiste	supusisteis
supuso	supusieron

Preterite Perfect

hube supuesto	hubimos supuesto
hubiste supuesto	hubisteis supuesto
hubo supuesto	hubieron supuesto

Future

supondré	supondremos
supondrás	supondréis
supondrá	supondrán

Future Perfect

habré supuesto	habremos supuesto
habrás supuesto	habréis supuesto
habrá supuesto	habrán supuesto

Conditional

supondría	supondríamos
supondrías	supondríais
supondría	supondrían

Perfect Conditional

habría supuesto	habríamos supuesto
habrías supuesto	habríais supuesto
habría supuesto	habrían supuesto

Present Subjunctive

suponga	supongamos
supongas	supongáis
suponga	supongan

Present Perfect Subjunctive

haya supuesto	hayamos supuesto
hayas supuesto	hayáis supuesto
haya supuesto	hayan supuesto

Imperfect Subjunctive

supusiera	supusiéramos
supusieras	supusierais
supusiera	supusieran
OR	
supusiese	supusiésemos
supusieses	supusieseis
supusiese	supusiesen

Pluperfect Subjunctive

hubiera supuesto	hubiéramos supuesto
hubieras supuesto	hubierais supuesto
hubiera supuesto	hubieran supuesto

Imperative

supón	suponed
suponga	supongan

Verb in Action

Supongo que estarás enterada de lo que pasó. *(I suppose you'll have heard what happened.)*

Supongamos que no nos conceden el crédito. ¿Qué hacemos entonces? *(Suppose they don't let us have credit. What do we do then?)*

surgir

(to arise, to emerge)

Gerund: surgiendo • **Past Participle:** surgido

Regular -ir verb with spelling change: g to j in front of a and o

Present Indicative		***Present Perfect***	
surjo	surgimos	he surgido	hemos surgido
surges	surgís	has surgido	habéis surgido
surge	surgen	ha surgido	han surgido
Imperfect		***Pluperfect***	
surgía	surgíamos	había surgido	habíamos surgido
surgías	surgíais	habías surgido	habíais surgido
surgía	surgían	había surgido	habían surgido
Preterite		***Preterite Perfect***	
surgí	surgimos	hube surgido	hubimos surgido
surgiste	surgisteis	hubiste surgido	hubisteis surgido
surgió	surgieron	hubo surgido	hubieron surgido
Future		***Future Perfect***	
surgiré	surgiremos	habré surgido	habremos surgido
surgirás	surgiréis	habrás surgido	habréis surgido
surgirá	surgirán	habrá surgido	habrán surgido
Conditional		***Perfect Conditional***	
surgiría	surgiríamos	habría surgido	habríamos surgido
surgirías	surgiríais	habrías surgido	habríais surgido
surgiría	surgirían	habría surgido	habrían surgido
Present Subjunctive		***Present Perfect Subjunctive***	
surja	surjamos	haya surgido	hayamos surgido
surjas	surjáis	hayas surgido	hayáis surgido
surja	surjan	haya surgido	hayan surgido
Imperfect Subjunctive		***Pluperfect Subjunctive***	
surgiera	surgiéramos	hubiera surgido	hubiéramos surgido
surgieras	surgierais	hubieras surgido	hubierais surgido
surgiera	surgieran	hubiera surgido	hubieran surgido
OR			
surgiese	surgiésemos		
surgieses	surgieseis		
surgiese	surgiesen		

Imperative

surge	surgid
surja	surjan

Verb in Action

El movimiento surgió en los años veinte. *(The movement emerged in the twenties.)*
Ha surgido un imprevisto. *(Something unforeseen has emerged.)*
Esperemos que no surjan más problemas. *(Let's hope no more problems arise.)*

sustituir

(to substitute, to replace)

Gerund: sustituyendo • **Past Participle:** sustituido
Regular -ir verb with spelling change: add y in front of a, e, or o

Present Indicative

sustituyo	sustituimos
sustituyes	sustituís
sustituye	sustituyen

Present Perfect

he sustituido	hemos sustituido
has sustituido	habéis sustituido
ha sustituido	han sustituido

Imperfect

sustituía	sustituíamos
sustituías	sustituíais
sustituía	sustituían

Pluperfect

había sustituido	habíamos sustituido
habías sustituido	habíais sustituido
había sustituido	habían sustituido

Preterite

sustituí	sustituimos
sustituiste	sustituisteis
sustituyó	sustituyeron

Preterite Perfect

hube sustituido	hubimos sustituido
hubiste sustituido	hubisteis sustituido
hubo sustituido	hubieron sustituido

Future

sustituiré	sustituiremos
sustituirás	sustituiréis
sustituirá	sustituirán

Future Perfect

habré sustituido	habremos sustituido
habrás sustituido	habréis sustituido
habrá sustituido	habrán sustituido

Conditional

sustituiría	sustituiríamos
sustituirías	sustituiríais
sustituiría	sustituirían

Perfect Conditional

habría sustituido	habríamos sustituido
habrías sustituido	habríais sustituido
habría sustituido	habrían sustituido

Present Subjunctive

sustituya	sustituyamos
sustituyas	sustituyáis
sustituya	sustituyan

Present Perfect Subjunctive

haya sustituido	hayamos sustituido
hayas sustituido	hayáis sustituido
haya sustituido	hayan sustituido

Imperfect Subjunctive

sustituyera	sustituyéramos
sustituyeras	sustituyerais
sustituyera	sustituyeran
OR	
sustituyese	sustituyésemos
sustituyeses	sustituyeseis
sustituyese	sustituyesen

Pluperfect Subjunctive

hubiera sustituido	hubiéramos sustituido
hubieras sustituido	hubierais sustituido
hubiera sustituido	hubieran sustituido

Imperative

sustituye	sustituid
sustituya	sustituyan

Verb in Action

La mantequilla se puede sustituir por aceite. *(You can substitute oil for the butter.)*
Nadie sabe quién sustituirá a la ministra en la remódelacion del gobierno. *(No one knows who the minister will be replaced with in the cabinet reshuffle.)*

tapar(se)

(to cover)

Gerund: tapando • **Past Participle:** tapado
Reflexive regular -ar verb

Present Indicative

tapo	tapamos
tapas	tapáis
tapa	tapan

Imperfect

tapaba	tapábamos
tapabas	tapabais
tapaba	tapaban

Preterite

tapé	tapamos
tapaste	tapasteis
tapó	taparon

Future

taparé	taparemos
taparás	taparéis
tapará	taparán

Conditional

taparía	taparíamos
taparías	taparíais
taparía	taparían

Present Subjunctive

tape	tapemos
tapes	tapéis
tape	tapen

Imperfect Subjunctive

tapara	tapáramos
taparas	taparais
tapara	taparan

OR

tapase	tapásemos
tapases	tapaseis
tapase	tapasen

Present Perfect

he tapado	hemos tapado
has tapado	habéis tapado
ha tapado	han tapado

Pluperfect

había tapado	habíamos tapado
habías tapado	habíais tapado
había tapado	habían tapado

Preterite Perfect

hube tapado	hubimos tapado
hubiste tapado	hubisteis tapado
hubo tapado	hubieron tapado

Future Perfect

habré tapado	habremos tapado
habrás tapado	habréis tapado
habrá tapado	habrán tapado

Perfect Conditional

habría tapado	habríamos tapado
habrías tapado	habríais tapado
habría tapado	habrían tapado

Present Perfect Subjunctive

haya tapado	hayamos tapado
hayas tapado	hayáis tapado
haya tapado	hayan tapado

Pluperfect Subjunctive

hubiera tapado	hubiéramos tapado
hubieras tapado	hubierais tapado
hubiera tapado	hubieran tapado

Imperative

tapa	tapad
tape	tapen

Verb in Action

Tapa la cacerola. *(Put the lid on the saucepan.)*
El niño se durmió y él lo tapó con su abrigo. *(The boy fell asleep and he covered him with his coat.)*
La falda le tapaba las rodillas a ella. *(The skirt covered her knees.)*

tardar

(to take a long time, to be late, to delay)

Gerund: tardando • **Past Participle:** tardado
Regular -ar verb

Present Indicative		*Present Perfect*	
tardo	tardamos	he tardado	hemos tardado
tardas	tardáis	has tardado	habéis tardado
tarda	tardan	ha tardado	han tardado
Imperfect		*Pluperfect*	
tardaba	tardábamos	había tardado	habíamos tardado
tardabas	tardabais	habías tardado	habíais tardado
tardaba	tardaban	había tardado	habían tardado
Preterite		*Preterite Perfect*	
tardé	tardamos	hube tardado	hubimos tardado
tardaste	tardasteis	hubiste tardado	hubisteis tardado
tardó	tardaron	hubo tardado	hubieron tardado
Future		*Future Perfect*	
tardaré	tardaremos	habré tardado	habremos tardado
tardarás	tardaréis	habrás tardado	habréis tardado
tardará	tardarán	habrá tardado	habrán tardado
Conditional		*Perfect Conditional*	
tardaría	tardaríamos	habría tardado	habríamos tardado
tardarías	tardaríais	habrías tardado	habríais tardado
tardaría	tardarían	habría tardado	habrían tardado
Present Subjunctive		*Present Perfect Subjunctive*	
tarde	tardemos	haya tardado	hayamos tardado
tardes	tardéis	hayas tardado	hayáis tardado
tarde	tarden	haya tardado	hayan tardado
Imperfect Subjunctive		*Pluperfect Subjunctive*	
tardara	tardáramos	hubiera tardado	hubiéramos tardado
tardaras	tardarais	hubieras tardado	hubierais tardado
tardara	tardaran	hubiera tardado	hubieran tardado
OR			
tardase	tardásemos		
tardases	tardaseis		
tardase	tardasen		

Imperative

tarda	tardad
tarde	tarden

Verb in Action

Espero que no tarden en llegar los invitados. *(I hope the guests won't be late in getting here.)*
Le pedí a ella que no tardara en volver. *(I asked her to not delay in returning.)*
La ambulancia no tardó en llegar. *(The ambulance didn't take long to arrive.)*

temblar

(to tremble, to shiver)

Gerund: temblando • **Past Participle:** temblado
Regular -ar verb with stem change: e to ie (tenses 1, 6, and imperative)

Present Indicative

tiemblo	temblamos
tiemblas	tembláis
tiembla	tiemblan

Imperfect

temblaba	temblábamos
temblabas	temblabais
temblaba	temblaban

Preterite

temblé	temblamos
temblaste	temblasteis
tembló	temblaron

Future

temblaré	temblaremos
temblarás	temblaréis
temblará	temblarán

Conditional

temblaría	temblaríamos
temblarías	temblaríais
temblaría	temblarían

Present Subjunctive

tiemble	temblemos
tiembles	tembléis
tiemble	tiemblen

Imperfect Subjunctive

temblara	tembláramos
temblaras	temblarais
temblara	temblaran

OR

temblase	temblásemos
temblases	temblaseis
temblase	temblasen

Present Perfect

he temblado	hemos temblado
has temblado	habéis temblado
ha temblado	han temblado

Pluperfect

había temblado	habíamos temblado
habías temblado	habíais temblado
había temblado	habían temblado

Preterite Perfect

hube temblado	hubimos temblado
hubiste temblado	hubisteis temblado
hubo temblado	hubieron temblado

Future Perfect

habré temblado	habremos temblado
habrás temblado	habréis temblado
habrá temblado	habrán temblado

Perfect Conditional

habría temblado	habríamos temblado
habrías temblado	habríais temblado
habría temblado	habrían temblado

Present Perfect Subjunctive

haya temblado	hayamos temblado
hayas temblado	hayáis temblado
haya temblado	hayan temblado

Pluperfect Subjunctive

hubiera temblado	hubiéramos temblado
hubieras temblado	hubierais temblado
hubiera temblado	hubieran temblado

Imperative

tiembla	temblad
tiemble	tiemblen

Verb in Action

Él temblaba de frío. *(He was shivering with cold.)*
El pobrecito está temblando de miedo. *(The poor little thing is trembling with fear.)*
Mira cómo me tiemblan las manos. *(See how my hands are shivering.)*

#460

temer

(to fear, to be afraid)

Gerund: temiendo • **Past Participle:** temido
Regular -er verb

Present Indicative		*Present Perfect*	
temo	tememos	he temido	hemos temido
temes	teméis	has temido	habéis temido
teme	temen	ha temido	han temido

Imperfect		*Pluperfect*	
temía	temíamos	había temido	habíamos temido
temías	temíais	habías temido	habíais temido
temía	temían	había temido	habían temido

Preterite		*Preterite Perfect*	
temí	temimos	hube temido	hubimos temido
temiste	temisteis	hubiste temido	hubisteis temido
temió	temieron	hubo temido	hubieron temido

Future		*Future Perfect*	
temeré	temeremos	habré temido	habremos temido
temerás	temeréis	habrás temido	habréis temido
temerá	temerán	habrá temido	habrán temido

Conditional		*Perfect Conditional*	
temería	temeríamos	habría temido	habríamos temido
temerías	temeríais	habrías temido	habríais temido
temería	temerían	habría temido	habrían temido

Present Subjunctive		*Present Perfect Subjunctive*	
tema	temamos	haya temido	hayamos temido
temas	temáis	hayas temido	hayáis temido
tema	teman	haya temido	hayan temido

Imperfect Subjunctive		*Pluperfect Subjunctive*	
temiera	temiéramos	hubiera temido	hubiéramos temido
temieras	temierais	hubieras temido	hubierais temido
temiera	temieran	hubiera temido	hubieran temido
OR			
temiese	temiésemos		
temieses	temieseis		
temiese	temiesen		

Imperative

teme	temed
tema	teman

Verb in Action

Él no le teme a nadie. *(He's not afraid of anyone.)*
Temían por su seguridad. *(They feared for their safety.)*
No temas. *(Don't be afraid.)*

tender(se)

(to hang out, to spread, to tend)

Gerund: tendiendo • **Past Participle:** tendido

Reflexive regular -er verb with stem change: e to ie (tenses 1, 6, and imperative)

Present Indicative

tiendo	tendemos
tiendes	tendéis
tiende	tienden

Imperfect

tendía	tendíamos
tendías	tendíais
tendía	tendían

Preterite

tendí	tendimos
tendiste	tendisteis
tendió	tendieron

Future

tenderé	tenderemos
tenderás	tenderéis
tenderá	tenderán

Conditional

tendería	tenderíamos
tenderías	tenderíais
tendería	tenderían

Present Subjunctive

tienda	tendamos
tiendas	tendáis
tienda	tiendan

Imperfect Subjunctive

tendiera	tendiéramos
tendieras	tendierais
tendiera	tendieran

OR

tendiese	tendiésemos
tendieses	tendieseis
tendiese	tendiesen

Present Perfect

he tendido	hemos tendido
has tendido	habéis tendido
ha tendido	han tendido

Pluperfect

había tendido	habíamos tendido
habías tendido	habíais tendido
había tendido	habían tendido

Preterite Perfect

hube tendido	hubimos tendido
hubiste tendido	hubisteis tendido
hubo tendido	hubieron tendido

Future Perfect

habré tendido	habremos tendido
habrás tendido	habréis tendido
habrá tendido	habrán tendido

Perfect Conditional

habría tendido	habríamos tendido
habrías tendido	habríais tendido
habría tendido	habrían tendido

Present Perfect Subjunctive

haya tendido	hayamos tendido
hayas tendido	hayáis tendido
haya tendido	hayan tendido

Pluperfect Subjunctive

hubiera tendido	hubiéramos tendido
hubieras tendido	hubierais tendido
hubiera tendido	hubieran tendido

Imperative

tiende	tended
tienda	tiendan

Verb in Action

¿Me ayudas a tender la ropa? *(Will you help me hang out the washing?)*

Ellos le habían tendido una trampa a ella. *(They had spread a trap for her.)*

Él es el tipo de persona que tiende a preocuparse por todo. *(He's the sort of person that tends to worry about everything.)*

#462

tener

(to have, to hold)

Gerund: teniendo • **Past Participle:** tenido
Irregular -er verb

Present Indicative

tengo	tenemos
tienes	tenéis
tiene	tienen

Present Perfect

he tenido	hemos tenido
has tenido	habéis tenido
ha tenido	han tenido

Imperfect

tenía	teníamos
tenías	teníais
tenía	tenían

Pluperfect

había tenido	habíamos tenido
habías tenido	habíais tenido
había tenido	habían tenido

Preterite

tuve	tuvimos
tuviste	tuvisteis
tuvo	tuvieron

Preterite Perfect

hube tenido	hubimos tenido
hubiste tenido	hubisteis tenido
hubo tenido	hubieron tenido

Future

tendré	tendremos
tendrás	tendréis
tendrá	tendrán

Future Perfect

habré tenido	habremos tenido
habrás tenido	habréis tenido
habrá tenido	habrán tenido

Conditional

tendría	tendríamos
tendrías	tendríais
tendría	tendrían

Perfect Conditional

habría tenido	habríamos tenido
habrías tenido	habríais tenido
habría tenido	habrían tenido

Present Subjunctive

tenga	tengamos
tengas	tengáis
tenga	tengan

Present Perfect Subjunctive

haya tenido	hayamos tenido
hayas tenido	hayáis tenido
haya tenido	hayan tenido

Imperfect Subjunctive

tuviera	tuviéramos
tuvieras	tuvierais
tuviera	tuvieran

OR

tuviese	tuviésemos
tuvieses	tuvieseis
tuviese	tuviesen

Pluperfect Subjunctive

hubiera tenido	hubiéramos tenido
hubieras tenido	hubierais tenido
hubiera tenido	hubieran tenido

Imperative

ten	tened
tenga	tengan

Verb in Action

Tengo dos hermanos. *(I have two brothers.)*
Ella había tenido la gripa muy fuerte. *(She had the flu very bad.)*
Tuvimos que irnos. *(We had to leave.)*

teñir(se)

(to dye)

Gerund: tiñendo • **Past Participle:** teñido

Reflexive regular -ir verb with stem change: i to e (tenses 1, 3, 6, 7, gerund, and imperative)

Present Indicative		*Present Perfect*	
tiño	teñimos	he teñido	hemos teñido
tiñes	teñís	has teñido	habéis teñido
tiñe	tiñen	ha teñido	han teñido

Imperfect		*Pluperfect*	
teñía	teñíamos	había teñido	habíamos teñido
teñías	teñíais	habías teñido	habíais teñido
teñía	teñían	había teñido	habían teñido

Preterite		*Preterite Perfect*	
teñí	teñimos	hube teñido	hubimos teñido
teñiste	teñisteis	hubiste teñido	hubisteis teñido
tiñió	tiñieron	hubo teñido	hubieron teñido

Future		*Future Perfect*	
teñiré	teñiremos	habré teñido	habremos teñido
teñirás	teñiréis	habrás teñido	habréis teñido
teñirá	teñirán	habrá teñido	habrán teñido

Conditional		*Perfect Conditional*	
teñiría	teñiríamos	habría teñido	habríamos teñido
teñirías	teñiríais	habrías teñido	habríais teñido
teñiría	teñirían	habría teñido	habrían teñido

Present Subjunctive		*Present Perfect Subjunctive*	
tiña	tiñamos	haya teñido	hayamos teñido
tiñas	tiñáis	hayas teñido	hayáis teñido
tiña	tiñan	haya teñido	hayan teñido

Imperfect Subjunctive		*Pluperfect Subjunctive*	
tiñera	tiñéramos	hubiera teñido	hubiéramos teñido
tiñeras	tiñerais	hubieras teñido	hubierais teñido
tiñera	tiñeran	hubiera teñido	hubieran teñido
OR			
tiñese	tiñésemos		
tiñeses	tiñeseis		
tiñese	tiñesen		

Imperative

tiñe	teñid
tiña	tiñan

Verb in Action

Voy a teñir este vestido de azul oscuro. *(I'm going to dye this dress dark blue.)*
¿Te tiñes el pelo? *(Do you dye your hair?)*
Ella usa henna para teñirse el cabello. *(She uses henna to dye her hair.)*

#464

terminar

(to finish, to end)

Gerund: terminando • **Past Participle:** terminado
Regular -ar verb

Present Indicative

termino	terminamos
terminas	termináis
termina	terminan

Imperfect

terminaba	terminábamos
terminabas	terminabais
terminaba	terminaban

Preterite

terminé	terminamos
terminaste	terminasteis
terminó	terminaron

Future

terminaré	terminaremos
terminarás	terminaréis
terminará	terminarán

Conditional

terminaría	terminaríamos
terminarías	terminaríais
terminaría	terminarían

Present Subjunctive

termine	terminemos
termines	terminéis
termine	terminen

Imperfect Subjunctive

terminara	termináramos
terminaras	terminarais
terminara	terminaran
OR	
terminase	terminásemos
terminases	terminaseis
terminase	terminasen

Present Perfect

he terminado	hemos terminado
has terminado	habéis terminado
ha terminado	han terminado

Pluperfect

había terminado	habíamos terminado
habías terminado	habíais terminado
había terminado	habían terminado

Preterite Perfect

hube terminado	hubimos terminado
hubiste terminado	hubisteis terminado
hubo terminado	hubieron terminado

Future Perfect

habré terminado	habremos terminado
habrás terminado	habréis terminado
habrá terminado	habrán terminado

Perfect Conditional

habría terminado	habríamos terminado
habrías terminado	habríais terminado
habría terminado	habrían terminado

Present Perfect Subjunctive

haya terminado	hayamos terminado
hayas terminado	hayáis terminado
haya terminado	hayan terminado

Pluperfect Subjunctive

hubiera terminado	hubiéramos terminado
hubieras terminado	hubierais terminado
hubiera terminado	hubieran terminado

Imperative

termina	terminad
termine	terminen

Verb in Action

Avísame cuando termines de comer. *(Let me know when you've finished having lunch.)*
Nos fuimos antes de que terminara la conferencia. *(We left before the conference finished.)*

tirar(se)

(to throw, to shoot)

Gerund: tirando • **Past Participle:** tirado
Reflexive regular -ar verb

Present Indicative		*Present Perfect*	
tiro	tiramos	he tirado	hemos tirado
tiras	tiráis	has tirado	habéis tirado
tira	tiran	ha tirado	han tirado

Imperfect		*Pluperfect*	
tiraba	tirábamos	había tirado	habíamos tirado
tirabas	tirabais	habías tirado	habíais tirado
tiraba	tiraban	había tirado	habían tirado

Preterite		*Preterite Perfect*	
tiré	tiramos	hube tirado	hubimos tirado
tiraste	tirasteis	hubiste tirado	hubisteis tirado
tiró	tiraron	hubo tirado	hubieron tirado

Future		*Future Perfect*	
tiraré	tiraremos	habré tirado	habremos tirado
tirarás	tiraréis	habrás tirado	habréis tirado
tirará	tirarán	habrá tirado	habrán tirado

Conditional		*Perfect Conditional*	
tiraría	tiraríamos	habría tirado	habríamos tirado
tirarías	tiraríais	habrías tirado	habríais tirado
tiraría	tirarían	habría tirado	habrían tirado

Present Subjunctive		*Present Perfect Subjunctive*	
tire	tiremos	haya tirado	hayamos tirado
tires	tiréis	hayas tirado	hayáis tirado
tire	tiren	haya tirado	hayan tirado

Imperfect Subjunctive		*Pluperfect Subjunctive*	
tirara	tiráramos	hubiera tirado	hubiéramos tirado
tiraras	tirarais	hubieras tirado	hubierais tirado
tirara	tiraran	hubiera tirado	hubieran tirado
OR			
tirase	tirásemos		
tirases	tiraseis		
tirase	tirasen		

Imperative

tira	tirad
tire	tiren

Verb in Action

Tiré las sobras a la basura. *(I threw the leftovers in the garbage.)*
Tírame la pelota. *(Throw me the ball.)*
Él se tiró al agua vestido. *(He dived into the water fully clothed.)*

tocar

(to touch, to play (an instrument))

Gerund: tocando • **Past Participle:** tocado
Regular -ar verb with spelling change: c to qu in front of e

Present Indicative

toco	tocamos
tocas	tocáis
toca	tocan

Imperfect

tocaba	tocábamos
tocabas	tocabais
tocaba	tocaban

Preterite

toqué	tocamos
tocaste	tocasteis
tocó	tocaron

Future

tocaré	tocaremos
tocarás	tocaréis
tocará	tocarán

Conditional

tocaría	tocaríamos
tocarías	tocaríais
tocaría	tocarían

Present Subjunctive

toque	toquemos
toques	toquéis
toque	toquen

Imperfect Subjunctive

tocara	tocáramos
tocaras	tocarais
tocara	tocaran

OR

tocase	tocásemos
tocases	tocaseis
tocase	tocasen

Present Perfect

he tocado	hemos tocado
has tocado	habéis tocado
ha tocado	han tocado

Pluperfect

había tocado	habíamos tocado
habías tocado	habíais tocado
había tocado	habían tocado

Preterite Perfect

hube tocado	hubimos tocado
hubiste tocado	hubisteis tocado
hubo tocado	hubieron tocado

Future Perfect

habré tocado	habremos tocado
habrás tocado	habréis tocado
habrá tocado	habrán tocado

Perfect Conditional

habría tocado	habríamos tocado
habrías tocado	habríais tocado
habría tocado	habrían tocado

Present Perfect Subjunctive

haya tocado	hayamos tocado
hayas tocado	hayáis tocado
haya tocado	hayan tocado

Pluperfect Subjunctive

hubiera tocado	hubiéramos tocado
hubieras tocado	hubierais tocado
hubiera tocado	hubieran tocado

Imperative

toca	tocad
toque	toquen

Verb in Action

Él toca el violín. *(He plays the violin.)*
Me tocaba tirar a mí. *(It was my turn to throw.)*
No lo toques. *(Don't touch it.)*

tomar(se)

(to take, to have)

Gerund: tomando • **Past Participle:** tomado
Reflexive regular -ar verb

Present Indicative		*Present Perfect*	
tomo	tomamos	he tomado	hemos tomado
tomas	tomáis	has tomado	habéis tomado
toma	toman	ha tomado	han tomado

Imperfect		*Pluperfect*	
tomaba	tomábamos	había tomado	habíamos tomado
tomabas	tomabais	habías tomado	habíais tomado
tomaba	tomaban	había tomado	habían tomado

Preterite		*Preterite Perfect*	
tomé	tomamos	hube tomado	hubimos tomado
tomaste	tomasteis	hubiste tomado	hubisteis tomado
tomó	tomaron	hubo tomado	hubieron tomado

Future		*Future Perfect*	
tomaré	tomaremos	habré tomado	habremos tomado
tomarás	tomaréis	habrás tomado	habréis tomado
tomará	tomarán	habrá tomado	habrán tomado

Conditional		*Perfect Conditional*	
tomaría	tomaríamos	habría tomado	habríamos tomado
tomarías	tomaríais	habrías tomado	habríais tomado
tomaría	tomarían	habría tomado	habrían tomado

Present Subjunctive		*Present Perfect Subjunctive*	
tome	tomemos	haya tomado	hayamos tomado
tomes	toméis	hayas tomado	hayáis tomado
tome	tomen	haya tomado	hayan tomado

Imperfect Subjunctive		*Pluperfect Subjunctive*	
tomara	tomáramos	hubiera tomado	hubiéramos tomado
tomaras	tomarais	hubieras tomado	hubierais tomado
tomara	tomaran	hubiera tomado	hubieran tomado
OR			
tomase	tomásemos		
tomases	tomaseis		
tomase	tomasen		

Imperative	
toma	tomad
tome	tomen

Verb in Action

Tómate otra cerveza antes de irte. *(Have another beer before you go.)*
Ellos siempre tomaban vino con la cena. *(They always had wine with dinner.)*
Dile a él que no tome demasiado, que mañana tiene que trabajar. *(Tell him not to drink too much; he has to work tomorrow.)*

#468

torcer

(to twist)

Gerund: torciendo • **Past Participle:** torcido

Regular -er verb with stem change: e to ue (tenses 1, 6, and imperative) and spelling change: c to z in front of a and o

Present Indicative		*Present Perfect*	
tuerzo	torcemos	he torcido	hemos torcido
tuerces	torcéis	has torcido	habéis torcido
tuerce	tuercen	ha torcido	han torcido

Imperfect		*Pluperfect*	
torcía	torcíamos	había torcido	habíamos torcido
torcías	torcíais	habías torcido	habíais torcido
torcía	torcían	había torcido	habían torcido

Preterite		*Preterite Perfect*	
torcí	torcimos	hube torcido	hubimos torcido
torciste	torcisteis	hubiste torcido	hubisteis torcido
torció	torcieron	hubo torcido	hubieron torcido

Future		*Future Perfect*	
torceré	torceremos	habré torcido	habremos torcido
torcerás	torceréis	habrás torcido	habréis torcido
torcerá	torcerán	habrá torcido	habrán torcido

Conditional		*Perfect Conditional*	
torcería	torceríamos	habría torcido	habríamos torcido
torcerías	torceríais	habrías torcido	habríais torcido
torcería	torcerían	habría torcido	habrían torcido

Present Subjunctive		*Present Perfect Subjunctive*	
tuerza	torzamos	haya torcido	hayamos torcido
tuerzas	torzáis	hayas torcido	hayáis torcido
tuerza	tuerzan	haya torcido	hayan torcido

Imperfect Subjunctive		*Pluperfect Subjunctive*	
torciera	torciéramos	hubiera torcido	hubiéramos torcido
torcieras	torcierais	hubieras torcido	hubierais torcido
torciera	torcieran	hubiera torcido	hubieran torcido
OR			
torciese	torciésemos		
torcieses	torcieseis		
torciese	torciesen		

Imperative

tuerce	torced
tuerza	tuerzan

Verb in Action

El sendero tuerce luego a la derecha. *(Later on the path curves around to the right.)*
Me torció la muñeca. *(He twisted my wrist.)*
Tuerza a la izquierda. *(Turn left.)*

tostar(se)

(to toast, to get tanned)

Gerund: tostando • **Past Participle:** tostado
Reflexive regular -ar verb with stem change: o to ue (tenses 1, 6, and imperative)

Present Indicative		*Present Perfect*	
tuesto	tostamos	he tostado	hemos tostado
tuestas	tostáis	has tostado	habéis tostado
tuesta	tuestan	ha tostado	han tostado

Imperfect		*Pluperfect*	
tostaba	tostábamos	había tostado	habíamos tostado
tostabas	tostabais	habías tostado	habíais tostado
tostaba	tostaban	había tostado	habían tostado

Preterite		*Preterite Perfect*	
tosté	tostamos	hube tostado	hubimos tostado
tostaste	tostasteis	hubiste tostado	hubisteis tostado
tostó	tostaron	hubo tostado	hubieron tostado

Future		*Future Perfect*	
tostaré	tostaremos	habré tostado	habremos tostado
tostarás	tostaréis	habrás tostado	habréis tostado
tostará	tostarán	habrá tostado	habrán tostado

Conditional		*Perfect Conditional*	
tostaría	tostaríamos	habría tostado	habríamos tostado
tostarías	tostaríais	habrías tostado	habríais tostado
tostaría	tostarían	habría tostado	habrían tostado

Present Subjunctive		*Present Perfect Subjunctive*	
tueste	tostemos	haya tostado	hayamos tostado
tuestes	tostéis	hayas tostado	hayáis tostado
tueste	tuesten	haya tostado	hayan tostado

Imperfect Subjunctive		*Pluperfect Subjunctive*	
tostara	tostáramos	hubiera tostado	hubiéramos tostado
tostaras	tostarais	hubieras tostado	hubierais tostado
tostara	tostaran	hubiera tostado	hubieran tostado
OR			
tostase	tostásemos		
tostases	tostaseis		
tostase	tostasen		

Imperative	
tuesta	tostad
tueste	tuesten

Verb in Action

Tuéstame otra rebanada de pan. *(Make me another piece of toast.)*
Cientos de turistas se tostaban panza arriba en las playas de la isla. *(Hundreds of tourists were lying on their backs tanning themselves on the island's beaches.)*

#470

trabajar

(to work)

Gerund: trabajando • **Past Participle:** trabajado
Regular -ar verb

Present Indicative

trabajo	trabajamos
trabajas	trabajáis
trabaja	trabajan

Imperfect

trabajaba	trabajábamos
trabajabas	trabajabais
trabajaba	trabajaban

Preterite

trabajé	trabajamos
trabajaste	trabajasteis
trabajó	trabajaron

Future

trabajaré	trabajaremos
trabajarás	trabajaréis
trabajará	trabajarán

Conditional

trabajaría	trabajaríamos
trabajarías	trabajaríais
trabajaría	trabajarían

Present Subjunctive

trabaje	trabajemos
trabajes	trabajéis
trabaje	trabajen

Imperfect Subjunctive

trabajara	trabajáramos
trabajaras	trabajarais
trabajara	trabajaran

OR

trabajase	trabajásemos
trabajases	trabajaseis
trabajase	trabajasen

Present Perfect

he trabajado	hemos trabajado
has trabajado	habéis trabajado
ha trabajado	han trabajado

Pluperfect

había trabajado	habíamos trabajado
habías trabajado	habíais trabajado
había trabajado	habían trabajado

Preterite Perfect

hube trabajado	hubimos trabajado
hubiste trabajado	hubisteis trabajado
hubo trabajado	hubieron trabajado

Future Perfect

habré trabajado	habremos trabajado
habrás trabajado	habréis trabajado
habrá trabajado	habrán trabajado

Perfect Conditional

habría trabajado	habríamos trabajado
habrías trabajado	habríais trabajado
habría trabajado	habrían trabajado

Present Perfect Subjunctive

haya trabajado	hayamos trabajado
hayas trabajado	hayáis trabajado
haya trabajado	hayan trabajado

Pluperfect Subjunctive

hubiera trabajado	hubiéramos trabajado
hubieras trabajado	hubierais trabajado
hubiera trabajado	hubieran trabajado

Imperative

trabaja	trabajad
trabaje	trabajen

Verb in Action

Él trabajaba para una empresa británica. *(He was working for a British company.)*
Trabajé de guía turística unos meses. *(I spent some months working as a tourist guide.)*

traducir

(to translate)

Gerund: traduciendo • **Past Participle:** traducido

Regular -ir verb with spelling change: c to zc in front of a and o except tenses 3 and 7

Present Indicative

traduzco	traducimos
traduces	traducís
traduce	traducen

Imperfect

traducía	traducíamos
traducías	traducíais
traducía	traducían

Preterite

traduje	tradujimos
tradujiste	tradujisteis
tradujo	tradujeron

Future

traduciré	traduciremos
traducirás	traduciréis
traducirá	traducirán

Conditional

traduciría	traduciríamos
traducirías	traduciríais
traduciría	traducirían

Present Subjunctive

traduzca	traduzcamos
traduzcas	traduzcáis
traduzca	traduzcan

Imperfect Subjunctive

tradujera	tradujéramos
tradujeras	tradujerais
tradujera	tradujeran

OR

tradujese	tradujésemos
tradujeses	tradujeseis
tradujese	tradujesen

Present Perfect

he traducido	hemos traducido
has traducido	habéis traducido
ha traducido	han traducido

Pluperfect

había traducido	habíamos traducido
habías traducido	habíais traducido
había traducido	habían traducido

Preterite Perfect

hube traducido	hubimos traducido
hubiste traducido	hubisteis traducido
hubo traducido	hubieron traducido

Future Perfect

habré traducido	habremos traducido
habrás traducido	habréis traducido
habrá traducido	habrán traducido

Perfect Conditional

habría traducido	habríamos traducido
habrías traducido	habríais traducido
habría traducido	habrían traducido

Present Perfect Subjunctive

haya traducido	hayamos traducido
hayas traducido	hayáis traducido
haya traducido	hayan traducido

Pluperfect Subjunctive

hubiera traducido	hubiéramos traducido
hubieras traducido	hubierais traducido
hubiera traducido	hubieran traducido

Imperative

traduce	traducid
traduzca	traduzcan

Verb in Action

Tradujimos el documento al inglés. *(We translated the document into English.)*
Es muy difícil traducir poemas. *(Translating poems is very difficult.)*
Él tradujo la expresión literalmente. *(He translated the expression literally.)*

#472

traer

(to bring, to carry, to wear)

Gerund: trayendo • **Past Participle:** traído
Irregular -er verb

Present Indicative

traigo	traemos
traes	traéis
trae	traen

Imperfect

traía	traíamos
traías	traíais
traía	traían

Preterite

traje	trajimos
trajiste	trajisteis
trajo	trajeron

Future

traeré	traeremos
traerás	traeréis
traerá	traerán

Conditional

traería	traeríamos
traerías	traeríais
traería	traerían

Present Subjunctive

traiga	traigamos
traigas	traigáis
traiga	traigan

Imperfect Subjunctive

trajera	trajéramos
trajeras	trajerais
trajera	trajeran

OR

trajese	trajésemos
trajeses	trajeseis
trajese	trajesen

Present Perfect

he traído	hemos traído
has traído	habéis traído
ha traído	han traído

Pluperfect

había traído	habíamos traído
habías traído	habíais traído
había traído	habían traído

Preterite Perfect

hube traído	hubimos traído
hubiste traído	hubisteis traído
hubo traído	hubieron traído

Future Perfect

habré traído	habremos traído
habrás traído	habréis traído
habrá traído	habrán traído

Perfect Conditional

habría traído	habríamos traído
habrías traído	habríais traído
habría traído	habrían traído

Present Perfect Subjunctive

haya traído	hayamos traído
hayas traído	hayáis traído
haya traído	hayan traído

Pluperfect Subjunctive

hubiera traído	hubiéramos traído
hubieras traído	hubierais traído
hubiera traído	hubieran traído

Imperative

trae	traed
traiga	traigan

Verb in Action

¿Me puedes traer una toalla? *(Can you bring me a towel?)*
¿Trajiste lo que te pedí? *(Did you bring what I asked for?)*

tranquilizar(se)

(to calm down)

Gerund: tranquilizando • **Past Participle:** tranquilizado
Reflexive regular -ar verb with spelling change: z to c in front of e

Present Indicative

tranquilizo	tranquilizamos
tranquilizas	tranquilizáis
tranquiliza	tranquilizan

Imperfect

tranquilizaba	tranquilizábamos
tranquilizabas	tranquilizabais
tranquilizaba	tranquilizaban

Preterite

tranquilicé	tranquilizamos
tranquilizaste	tranquilizasteis
tranquilizó	tranquilizaron

Future

tranquilizaré	tranquilizaremos
tranquilizarás	tranquilizaréis
tranquilizará	tranquilizarán

Conditional

tranquilizaría	tranquilizaríamos
tranquilizarías	tranquilizaríais
tranquilizaría	tranquilizarían

Present Subjunctive

tranquilice	tranquilicemos
tranquilices	tranquilicéis
tranquilice	tranquilicen

Imperfect Subjunctive

tranquilizara	tranquilizáramos
tranquilizaras	tranquilizarais
tranquilizara	tranquilizaran

OR

tranquilizase	tranquilizásemos
tranquilizases	tranquilizaseis
tranquilizase	tranquilizasen

Present Perfect

he tranquilizado	hemos tranquilizado
has tranquilizado	habéis tranquilizado
ha tranquilizado	han tranquilizado

Pluperfect

había tranquilizado	habíamos tranquilizado
habías tranquilizado	habíais tranquilizado
había tranquilizado	habían tranquilizado

Preterite Perfect

hube tranquilizado	hubimos tranquilizado
hubiste tranquilizado	hubisteis tranquilizado
hubo tranquilizado	hubieron tranquilizado

Future Perfect

habré tranquilizado	habremos tranquilizado
habrás tranquilizado	habréis tranquilizado
habrá tranquilizado	habrán tranquilizado

Perfect Conditional

habría tranquilizado	habríamos tranquilizado
habrías tranquilizado	habríais tranquilizado
habría tranquilizado	habrían tranquilizado

Present Perfect Subjunctive

haya tranquilizado	hayamos tranquilizado
hayas tranquilizado	hayáis tranquilizado
haya tranquilizado	hayan tranquilizado

Pluperfect Subjunctive

hubiera tranquilizado	hubiéramos tranquilizado
hubieras tranquilizado	hubierais tranquilizado
hubiera tranquilizado	hubieran tranquilizado

Imperative

tranquiliza	tranquilizad
tranquilice	tranquilicen

Verb in Action

A ver si logras tranquilizar a tu madre. *(Perhaps you can calm your mother down.)*
El medicamento te tranquiliza y te relaja. *(The medication makes you calm and relaxed.)*

tropezar(se)

(to trip, to stumble)

Gerund: tropezando • **Past Participle:** tropezado

Reflexive regular -ar verb with stem change: e to ie (tenses 1, 6, and imperative) and spelling change: z to c in front of e

Present Indicative

tropiezo	tropezamos
tropiezas	tropezáis
tropieza	tropiezan

Imperfect

tropezaba	tropezábamos
tropezabas	tropezabais
tropezaba	tropezaban

Preterite

tropecé	tropezamos
tropezaste	tropezasteis
tropezó	tropezaron

Future

tropezaré	tropezaremos
tropezarás	tropezaréis
tropezará	tropezarán

Conditional

tropezaría	tropezaríamos
tropezarías	tropezaríais
tropezaría	tropezarían

Present Subjunctive

tropiece	tropecemos
tropieces	tropecéis
tropiece	tropiecen

Imperfect Subjunctive

tropezara	tropezáramos
tropezaras	tropezarais
tropezara	tropezaran

OR

tropezase	tropezásemos
tropezases	tropezaseis
tropezase	tropezasen

Present Perfect

he tropezado	hemos tropezado
has tropezado	habéis tropezado
ha tropezado	han tropezado

Pluperfect

había tropezado	habíamos tropezado
habías tropezado	habíais tropezado
había tropezado	habían tropezado

Preterite Perfect

hube tropezado	hubimos tropezado
hubiste tropezado	hubisteis tropezado
hubo tropezado	hubieron tropezado

Future Perfect

habré tropezado	habremos tropezado
habrás tropezado	habréis tropezado
habrá tropezado	habrán tropezado

Perfect Conditional

habría tropezado	habríamos tropezado
habrías tropezado	habríais tropezado
habría tropezado	habrían tropezado

Present Perfect Subjunctive

haya tropezado	hayamos tropezado
hayas tropezado	hayáis tropezado
haya tropezado	hayan tropezado

Pluperfect Subjunctive

hubiera tropezado	hubiéramos tropezado
hubieras tropezado	hubierais tropezado
hubiera tropezado	hubieran tropezado

Imperative

tropieza	tropiezad
tropiece	tropiecen

Verb in Action

Tropezábamos con una nueva dificultad todos los días. *(We stumble upon a new problem every day.)*

Él salió del bar tropezándose y dejando la puerta abierta. *(He stumbled out of the bar leaving the door open.)*

turnarse

(to take turns, to take it in turns)

Gerund: turnando • **Past Participle:** turnado
Reflexive regular -ar verb

Present Indicative

me turno	nos turnamos
te turnas	os turnáis
se turna	se turnan

Imperfect

me turnaba	nos turnábamos
te turnabas	os turnabais
se turnaba	se turnaban

Preterite

me turné	nos turnamos
te turnaste	os turnasteis
se turnó	se turnaron

Future

me turnaré	nos turnaremos
te turnarás	os turnaréis
se turnará	se turnarán

Conditional

me turnaría	nos turnaríamos
te turnarías	os turnaríais
se turnaría	se turnarían

Present Subjunctive

me turne	nos turnemos
te turnes	os turnéis
se turne	se turnen

Imperfect Subjunctive

me turnara	nos turnáramos
te turnaras	os turnarais
se turnara	se turnaran

OR

me turnase	nos turnásemos
te turnases	os turnaseis
se turnase	se turnasen

Present Perfect

me he turnado	nos hemos turnado
te has turnado	os habéis turnado
se ha turnado	se han turnado

Pluperfect

me había turnado	nos habíamos turnado
te habías turnado	os habíais turnado
se había turnado	se habían turnado

Preterite Perfect

me hube turnado	nos hubimos turnado
te hubiste turnado	os hubisteis turnado
se hubo turnado	se hubieron turnado

Future Perfect

me habré turnado	nos habremos turnado
te habrás turnado	os habréis turnado
se habrá turnado	se habrán turnado

Perfect Conditional

me habría turnado	nos habríamos turnado
te habrías turnado	os habríais turnado
se habría turnado	se habrían turnado

Present Perfect Subjunctive

me haya turnado	nos hayamos turnado
te hayas turnado	os hayáis turnado
se haya turnado	se hayan turnado

Pluperfect Subjunctive

me hubiera turnado	nos hubiéramos turnado
te hubieras turnado	os hubierais turnado
se hubiera turnado	se hubieran turnado

Imperative

túrnate	turnaos
turnese	túrnense

Verb in Action

Él nos dijo que nos turnáramos para atender el teléfono. *(He told us to take turns answering the telephone.)*

Dos excelentes actrices se turnan en el papel de Julieta. *(Two excellent actresses take turns playing Juliet.)*

tutear(se)

(to address as 'tú', to address familiarly)

Gerund: tuteando • **Past Participle:** tuteado
Reflexive regular -ar verb

Present Indicative

tuteo	tuteamos
tuteas	tuteáis
tutea	tutean

Present Perfect

he tuteado	hemos tuteado
has tuteado	habéis tuteado
ha tuteado	han tuteado

Imperfect

tuteaba	tuteábamos
tuteabas	tuteabais
tuteaba	tuteaban

Pluperfect

había tuteado	habíamos tuteado
habías tuteado	habíais tuteado
había tuteado	habían tuteado

Preterite

tuteé	tuteamos
tuteaste	tuteasteis
tuteó	tutearon

Preterite Perfect

hube tuteado	hubimos tuteado
hubiste tuteado	hubisteis tuteado
hubo tuteado	hubieron tuteado

Future

tutearé	tutearemos
tutearás	tutearéis
tuteará	tutearán

Future Perfect

habré tuteado	habremos tuteado
habrás tuteado	habréis tuteado
habrá tuteado	habrán tuteado

Conditional

tutearía	tutearíamos
tutearías	tutearíais
tutearía	tutearían

Perfect Conditional

habría tuteado	habríamos tuteado
habrías tuteado	habríais tuteado
habría tuteado	habrían tuteado

Present Subjunctive

tutee	tuteemos
tutees	tuteéis
tutee	tuteen

Present Perfect Subjunctive

haya tuteado	hayamos tuteado
hayas tuteado	hayáis tuteado
haya tuteado	hayan tuteado

Imperfect Subjunctive

tuteara	tuteáramos
tutearas	tutearais
tuteara	tutearan

OR

tutease	tuteásemos
tuteases	tuteaseis
tutease	tuteasen

Pluperfect Subjunctive

hubiera tuteado	hubiéramos tuteado
hubieras tuteado	hubierais tuteado
hubiera tuteado	hubieran tuteado

Imperative

tutea	tutead
tutee	tuteen

Verb in Action

En su colegio los alumnos tutean a los profesores. *(At her school the students call the teachers by the familiar 'tú'.)*

Yo no te di permiso para que me tutearas. *(I didn't give you permission to call me 'tú'.)*

ubicar(se)

(to find, to place)

Gerund: ubicando • **Past Participle:** ubicado
Reflexive regular -ar verb with spelling change: c to qu in front of e

Present Indicative

ubico	ubicamos
ubicas	ubicáis
ubica	ubican

Imperfect

ubicaba	ubicábamos
ubicabas	ubicabais
ubicaba	ubicaban

Preterite

ubiqué	ubicamos
ubicaste	ubicasteis
ubicó	ubicaron

Future

ubicaré	ubicaremos
ubicarás	ubicaréis
ubicará	ubicarán

Conditional

ubicaría	ubicaríamos
ubicarías	ubicaríais
ubicaría	ubicarían

Present Subjunctive

ubique	ubiquemos
ubiques	ubiquéis
ubique	ubiquen

Imperfect Subjunctive

ubicara	ubicáramos
ubicaras	ubicarais
ubicara	ubicaran

OR

ubicase	ubicásemos
ubicases	ubicaseis
ubicase	ubicasen

Present Perfect

he ubicado	hemos ubicado
has ubicado	habéis ubicado
ha ubicado	han ubicado

Pluperfect

había ubicado	habíamos ubicado
habías ubicado	habíais ubicado
había ubicado	habían ubicado

Preterite Perfect

hube ubicado	hubimos ubicado
hubiste ubicado	hubisteis ubicado
hubo ubicado	hubieron ubicado

Future Perfect

habré ubicado	habremos ubicado
habrás ubicado	habréis ubicado
habrá ubicado	habrán ubicado

Perfect Conditional

habría ubicado	habríamos ubicado
habrías ubicado	habríais ubicado
habría ubicado	habrían ubicado

Present Perfect Subjunctive

haya ubicado	hayamos ubicado
hayas ubicado	hayáis ubicado
haya ubicado	hayan ubicado

Pluperfect Subjunctive

hubiera ubicado	hubiéramos ubicado
hubieras ubicado	hubierais ubicado
hubiera ubicado	hubieran ubicado

Imperative

ubica	ubicad
ubique	ubiquen

Verb in Action

No pude ubicar el pueblo. *(I couldn't find the village.)*
Ubica a Teresa y dile que venga inmediatamente. *(Get hold of Teresa and tell her to come here at once.)*
Ellos se ubicaron en los mejores lugares. *(They got the best places.)*

#478

unir(se)

(to unite, to join)

Gerund: uniendo • **Past Participle:** unido
Reflexive regular -ir verb

Present Indicative		*Present Perfect*	
uno	unimos	he unido	hemos unido
unes	unís	has unido	habéis unido
une	unen	ha unido	han unido

Imperfect		*Pluperfect*	
unía	uníamos	había unido	habíamos unido
unías	uníais	habías unido	habíais unido
unía	unían	había unido	habían unido

Preterite		*Preterite Perfect*	
uní	unimos	hube unido	hubimos unido
uniste	unisteis	hubiste unido	hubisteis unido
unió	unieron	hubo unido	hubieron unido

Future		*Future Perfect*	
uniré	uniremos	habré unido	habremos unido
unirás	uniréis	habrás unido	habréis unido
unirá	unirán	habrá unido	habrán unido

Conditional		*Perfect Conditional*	
uniría	uniríamos	habría unido	habríamos unido
unirías	uniríais	habrías unido	habríais unido
uniría	unirían	habría unido	habrían unido

Present Subjunctive		*Present Perfect Subjunctive*	
una	unamos	haya unido	hayamos unido
unas	unáis	hayas unido	hayáis unido
una	unan	haya unido	hayan unido

Imperfect Subjunctive		*Pluperfect Subjunctive*	
uniera	uniéramos	hubiera unido	hubiéramos unido
unieras	unierais	hubieras unido	hubierais unido
uniera	unieran	hubiera unido	hubieran unido
OR			
uniese	uniésemos		
unieses	unieseis		
uniese	uniesen		

Imperative

une	unid
una	unan

Verb in Action

Los unía una amistad de muchos años. *(They were united by a longstanding friendship.)*
El nuevo modelo une funcionalidad con elegancia. *(The new model joins functionality with elegance.)*

usar

(to use)

Gerund: usando • **Past Participle:** usado
Regular -ar verb

Present Indicative		*Present Perfect*	
uso	usamos	he usado	hemos usado
usas	usáis	has usado	habéis usado
usa	usan	ha usado	han usado

Imperfect		*Pluperfect*	
usaba	usábamos	había usado	habíamos usado
usabas	usabais	habías usado	habíais usado
usaba	usaban	había usado	habían usado

Preterite		*Preterite Perfect*	
usé	usamos	hube usado	hubimos usado
usaste	usasteis	hubiste usado	hubisteis usado
usó	usaron	hubo usado	hubieron usado

Future		*Future Perfect*	
usaré	usaremos	habré usado	habremos usado
usarás	usaréis	habrás usado	habréis usado
usará	usarán	habrá usado	habrán usado

Conditional		*Perfect Conditional*	
usaría	usaríamos	habría usado	habríamos usado
usarías	usaríais	habrías usado	habríais usado
usaría	usarían	habría usado	habrían usado

Present Subjunctive		*Present Perfect Subjunctive*	
use	usemos	haya usado	hayamos usado
uses	uséis	hayas usado	hayáis usado
use	usen	haya usado	hayan usado

Imperfect Subjunctive		*Pluperfect Subjunctive*	
usara	usáramos	hubiera usado	hubiéramos usado
usaras	usarais	hubieras usado	hubierais usado
usara	usaran	hubiera usado	hubieran usado
OR			
usase	usásemos		
usases	usaseis		
usase	usasen		

Imperative

usa	usad
use	usen

Verb in Action

Nunca uso un reloj. *(I never use a watch.)*
¿Vas a usar las tijeras? *(Are you going to be using the scissors?)*
No me uses las cosas sin pedirme permiso. *(Don't use my things without asking for my permission.)*

utilizar

(to use)

Gerund: utilizando • **Past Participle:** utilizado
Regular -ar verb with spelling change: z to c in front of e

Present Indicative

utilizo	utilizamos
utilizas	utilizáis
utiliza	utilizan

Present Perfect

he utilizado	hemos utilizado
has utilizado	habéis utilizado
ha utilizado	han utilizado

Imperfect

utilizaba	utilizábamos
utilizabas	utilizabais
utilizaba	utilizaban

Pluperfect

había utilizado	habíamos utilizado
habías utilizado	habíais utilizado
había utilizado	habían utilizado

Preterite

utilicé	utilizamos
utilizaste	utilizasteis
utilizó	utilizaron

Preterite Perfect

hube utilizado	hubimos utilizado
hubiste utilizado	hubisteis utilizado
hubo utilizado	hubieron utilizado

Future

utilizaré	utilizaremos
utilizarás	utilizaréis
utilizará	utilizarán

Future Perfect

habré utilizado	habremos utilizado
habrás utilizado	habréis utilizado
habrá utilizado	habrán utilizado

Conditional

utilizaría	utilizaríamos
utilizarías	utilizaríais
utilizaría	utilizarían

Perfect Conditional

habría utilizado	habríamos utilizado
habrías utilizado	habríais utilizado
habría utilizado	habrían utilizado

Present Subjunctive

utilice	utilicemos
utilices	utilicéis
utilice	utilicen

Present Perfect Subjunctive

haya utilizado	hayamos utilizado
hayas utilizado	hayáis utilizado
haya utilizado	hayan utilizado

Imperfect Subjunctive

utilizara	utilizáramos
utilizaras	utilizarais
utilizara	utilizaran
OR	
utilizase	utilizásemos
utilizases	utilizaseis
utilizase	utilizasen

Pluperfect Subjunctive

hubiera utilizado	hubiéramos utilizado
hubieras utilizado	hubierais utilizado
hubiera utilizado	hubieran utilizado

Imperative

utiliza	utilizad
utilice	utilicen

Verb in Action

Yo sentía que me estaban utilizando. *(I felt that I was being used.)*
Utilizaron parte del dinero para comprar computadoras para los alumnos. *(They used part of the money to buy computers for the students.)*
Él utiliza un vocabulario muy rico. *(He uses a very rich vocabulary.)*

vacacionar

(to vacation)

Gerund: vacacionando • **Past Participle:** vacacionado
Regular -ar verb

Present Indicative

vacaciono	vacacionamos
vacacionas	vacacionáis
vacaciona	vacacionan

Present Perfect

he vacacionado	hemos vacacionado
has vacacionado	habéis vacacionado
ha vacacionado	han vacacionado

Imperfect

vacacionaba	vacacionábamos
vacacionabas	vacacionabais
vacacionaba	vacacionaban

Pluperfect

había vacacionado	habíamos vacacionado
habías vacacionado	habíais vacacionado
había vacacionado	habían vacacionado

Preterite

vacacioné	vacacionamos
vacacionaste	vacacionasteis
vacacionó	vacacionaron

Preterite Perfect

hube vacacionado	hubimos vacacionado
hubiste vacacionado	hubisteis vacacionado
hubo vacacionado	hubieron vacacionado

Future

vacacionaré	vacacionaremos
vacacionarás	vacacionaréis
vacacionará	vacacionarán

Future Perfect

habré vacacionado	habremos vacacionado
habrás vacacionado	habréis vacacionado
habrá vacacionado	habrán vacacionado

Conditional

vacacionaría	vacacionaríamos
vacacionarías	vacacionaríais
vacacionaría	vacacionarían

Perfect Conditional

habría vacacionado	habríamos vacacionado
habrías vacacionado	habríais vacacionado
habría vacacionado	habrían vacacionado

Present Subjunctive

vacacione	vacacionemos
vacaciones	vacacionéis
vacacione	vacacionen

Present Perfect Subjunctive

haya vacacionado	hayamos vacacionado
hayas vacacionado	hayáis vacacionado
haya vacacionado	hayan vacacionado

Imperfect Subjunctive

vacacionara	vacacionáramos
vacacionaras	vacacionarais
vacacionara	vacacionaran
OR	
vacacionase	vacacionásemos
vacacionases	vacacionaseis
vacacionase	vacacionasen

Pluperfect Subjunctive

hubiera vacacionado	hubiéramos vacacionado
hubieras vacacionado	hubierais vacacionado
hubiera vacacionado	hubieran vacacionado

Imperative

vacaciona	vacacionad
vacacione	vacacionen

Verb in Action

¿Dónde piensan vacacionar este verano? *(Where are you thinking of vacationing this summer?)*

Hace años que vacacionamos en la costa del Pacífico. *(We've been vacationing on the Pacific coast for years.)*

#482

valer

(to be worth, to cost)

Gerund: valiendo • **Past Participle:** valido
Irregular -er verb

Present Indicative		*Present Perfect*	
valgo	valemos	he valido	hemos valido
vales	valéis	has valido	habéis valido
vale	valen	ha valido	han valido

Imperfect		*Pluperfect*	
valía	valíamos	había valido	habíamos valido
valías	valíais	habías valido	habíais valido
valía	valían	había valido	habían valido

Preterite		*Preterite Perfect*	
valí	valimos	hube valido	hubimos valido
valiste	valisteis	hubiste valido	hubisteis valido
valió	valieron	hubo valido	hubieron valido

Future		*Future Perfect*	
valdré	valdremos	habré valido	habremos valido
valdrás	valdréis	habrás valido	habréis valido
valdrá	valdrán	habrá valido	habrán valido

Conditional		*Perfect Conditional*	
valdría	valdríamos	habría valido	habríamos valido
valdrías	valdríais	habrías valido	habríais valido
valdría	valdrían	habría valido	habrían valido

Present Subjunctive		*Present Perfect Subjunctive*	
valga	valgamos	haya valido	hayamos valido
valgas	valgáis	hayas valido	hayáis valido
valga	valgan	haya valido	hayan valido

Imperfect Subjunctive		*Pluperfect Subjunctive*	
valiera	valiéramos	hubiera valido	hubiéramos valido
valieras	valierais	hubieras valido	hubierais valido
valiera	valieran	hubiera valido	hubieran valido
OR			
valiese	valiésemos		
valieses	valieseis		
valiese	valiesen		

Imperative

vale	valed
valga	valgan

Verb in Action

¿Cuánto vale eso? *(How much is that?)*
Él no puede valerse por sí mismo. *(He can't look after himself.)*
No valía la pena. *(It wasn't worth it.)*

valorar

(to value, to assess)

Gerund: valorando • **Past Participle:** valorado
Regular -ar verb

Present Indicative		Present Perfect	
valoro	valoramos	he valorado	hemos valorado
valoras	valoráis	has valorado	habéis valorado
valora	valoran	ha valorado	han valorado

Imperfect		Pluperfect	
valoraba	valorábamos	había valorado	habíamos valorado
valorabas	valorabais	habías valorado	habíais valorado
valoraba	valoraban	había valorado	habían valorado

Preterite		Preterite Perfect	
valoré	valoramos	hube valorado	hubimos valorado
valoraste	valorasteis	hubiste valorado	hubisteis valorado
valoró	valoraron	hubo valorado	hubieron valorado

Future		Future Perfect	
valoraré	valoraremos	habré valorado	habremos valorado
valorarás	valoraréis	habrás valorado	habréis valorado
valorará	valorarán	habrá valorado	habrán valorado

Conditional		Perfect Conditional	
valoraría	valoraríamos	habría valorado	habríamos valorado
valorarías	valoraríais	habrías valorado	habríais valorado
valoraría	valorarían	habría valorado	habrían valorado

Present Subjunctive		Present Perfect Subjunctive	
valore	valoremos	haya valorado	hayamos valorado
valores	valoréis	hayas valorado	hayáis valorado
valore	valoren	haya valorado	hayan valorado

Imperfect Subjunctive		Pluperfect Subjunctive	
valorara	valoráramos	hubiera valorado	hubiéramos valorado
valoraras	valorarais	hubieras valorado	hubierais valorado
valorara	valoraran	hubiera valorado	hubieran valorado

OR

valorase	valorásemos
valorases	valoraseis
valorase	valorasen

Imperative

valora	valorad
valore	valoren

Verb in Action

Él no valora lo que haces por él. *(He doesn't value what you do for him.)*
Valoro mucho tu amistad. *(I greatly value your friendship.)*

#484

variar

(to vary, to alter)

Gerund: variando • **Past Participle:** variado
Regular -ar verb with spelling change: i to í on stressed syllable

Present Indicative		*Present Perfect*	
varío	variamos	he variado	hemos variado
varías	variáis	has variado	habéis variado
varía	varían	ha variado	han variado

Imperfect		*Pluperfect*	
variaba	variábamos	había variado	habíamos variado
variabas	variabais	habías variado	habíais variado
variaba	variaban	había variado	habían variado

Preterite		*Preterite Perfect*	
varié	variamos	hube variado	hubimos variado
variaste	variasteis	hubiste variado	hubisteis variado
varió	variaron	hubo variado	hubieron variado

Future		*Future Perfect*	
variaré	variaremos	habré variado	habremos variado
variarás	variaréis	habrás variado	habréis variado
variará	variarán	habrá variado	habrán variado

Conditional		*Perfect Conditional*	
variaría	variaríamos	habría variado	habríamos variado
variarías	variaríais	habrías variado	habríais variado
variaría	variarían	habría variado	habrían variado

Present Subjunctive		*Present Perfect Subjunctive*	
varíe	variemos	haya variado	hayamos variado
varíes	variéis	hayas variado	hayáis variado
varíe	varíen	haya variado	hayan variado

Imperfect Subjunctive		*Pluperfect Subjunctive*	
variara	variáramos	hubiera variado	hubiéramos variado
variaras	variarais	hubieras variado	hubierais variado
variara	variaran	hubiera variado	hubieran variado
OR			
variase	variásemos		
variases	variaseis		
variase	variasen		

Imperative

varía	variad
varíe	varíen

Verb in Action

La palabra española 'crisis' no varía en el plural. *(The Spanish word 'crisis' doesn't alter in the plural.)*

Es probable que el precio varíe de una región a otra. *(The price is likely to vary from one region to another.)*

vencer

(to win, to beat)

Gerund: venciendo • **Past Participle:** vencido
Regular -er verb with spelling change: c to z in front of a and o

Present Indicative

venzo	vencemos
vences	vencéis
vence	vencen

Present Perfect

he vencido	hemos vencido
has vencido	habéis vencido
ha vencido	han vencido

Imperfect

vencía	vencíamos
vencías	vencíais
vencía	vencían

Pluperfect

había vencido	habíamos vencido
habías vencido	habíais vencido
había vencido	habían vencido

Preterite

vencí	vencimos
venciste	vencisteis
venció	vencieron

Preterite Perfect

hube vencido	hubimos vencido
hubiste vencido	hubisteis vencido
hubo vencido	hubieron vencido

Future

venceré	venceremos
vencerás	venceréis
vencerá	vencerán

Future Perfect

habré vencido	habremos vencido
habrás vencido	habréis vencido
habrá vencido	habrán vencido

Conditional

vencería	venceríamos
vencerías	venceríais
vencería	vencerían

Perfect Conditional

habría vencido	habríamos vencido
habrías vencido	habríais vencido
habría vencido	habrían vencido

Present Subjunctive

venza	venzamos
venzas	venzáis
venza	venzan

Present Perfect Subjunctive

haya vencido	hayamos vencido
hayas vencido	hayáis vencido
haya vencido	hayan vencido

Imperfect Subjunctive

venciera	venciéramos
vencieras	vencierais
venciera	vencieran

OR

venciese	venciésemos
vencieses	vencieseis
venciese	venciesen

Pluperfect Subjunctive

hubiera vencido	hubiéramos vencido
hubieras vencido	hubierais vencido
hubiera vencido	hubieran vencido

Imperative

vence	venced
venza	venzan

Verb in Action

Tienes que vencer el miedo. *(You must overcome your fear.)*
Finalmente lo venció el sueño. *(He was finally overcome by sleep.)*
Nuestro ejército vencerá. *(Our army will win.)*

vengar(se)

(to avenge)

Gerund: vengando • **Past Participle:** vengado
Reflexive regular -ar verb with spelling change: g to gu in front of e

Present Indicative

vengo	vengamos
vengas	vengáis
venga	vengan

Present Perfect

he vengado	hemos vengado
has vengado	habéis vengado
ha vengado	han vengado

Imperfect

vengaba	vengábamos
vengabas	vengabais
vengaba	vengaban

Pluperfect

había vengado	habíamos vengado
habías vengado	habíais vengado
había vengado	habían vengado

Preterite

vengué	vengamos
vengaste	vengasteis
vengó	vengaron

Preterite Perfect

hube vengado	hubimos vengado
hubiste vengado	hubisteis vengado
hubo vengado	hubieron vengado

Future

vengaré	vengaremos
vengarás	vengaréis
vengará	vengarán

Future Perfect

habré vengado	habremos vengado
habrás vengado	habréis vengado
habrá vengado	habrán vengado

Conditional

vengaría	vengaríamos
vengarías	vengaríais
vengaría	vengarían

Perfect Conditional

habría vengado	habríamos vengado
habrías vengado	habríais vengado
habría vengado	habrían vengado

Present Subjunctive

vengue	venguemos
vengues	venguéis
vengue	venguen

Present Perfect Subjunctive

haya vengado	hayamos vengado
hayas vengado	hayáis vengado
haya vengado	hayan vengado

Imperfect Subjunctive

vengara	vengáramos
vengaras	vengarais
vengara	vengaran

OR

vengase	vengásemos
vengases	vengaseis
vengase	vengasen

Pluperfect Subjunctive

hubiera vengado	hubiéramos vengado
hubieras vengado	hubierais vengado
hubiera vengado	hubieran vengado

Imperative

venga	vengad
vengue	venguen

Verb in Action

Juraron vengar la muerte de su hermano. *(They swore to avenge the death of their brother.)*

Él sentía que había vengado a su familia. *(He felt that he had avenged his family.)*

ESSENTIAL VERB

#487

venir

(to come)

Gerund: veniendo • **Past Participle:** venido

Irregular -ir verb

Present Indicative

vengo	venimos
vienes	venís
viene	vienen

Imperfect

venía	veníamos
venías	veníais
venía	venían

Preterite

vine	vinimos
viniste	vinisteis
vino	vinieron

Future

vendré	vendremos
vendrás	vendréis
vendrá	vendrán

Conditional

vendría	vendríamos
vendrías	vendríais
vendría	vendrían

Present Subjunctive

venga	vengamos
vengas	vengáis
venga	vengan

Imperfect Subjunctive

viniera	viniéramos
vinieras	vinierais
viniera	vinieran

OR

viniese	viniésemos
vinieses	vinieseis
viniese	viniesen

Present Perfect

he venido	hemos venido
has venido	habéis venido
ha venido	han venido

Pluperfect

había venido	habíamos venido
habías venido	habíais venido
había venido	habían venido

Preterite Perfect

hube venido	hubimos venido
hubiste venido	hubisteis venido
hubo venido	hubieron venido

Future Perfect

habré venido	habremos venido
habrás venido	habréis venido
habrá venido	habrán venido

Perfect Conditional

habría venido	habríamos venido
habrías venido	habríais venido
habría venido	habrían venido

Present Perfect Subjunctive

haya venido	hayamos venido
hayas venido	hayáis venido
haya venido	hayan venido

Pluperfect Subjunctive

hubiera venido	hubiéramos venido
hubieras venido	hubierais venido
hubiera venido	hubieran venido

Imperative

ven	venid
venga	vengan

Verb in Action

Vengo aquí a menudo. *(I come here often.)*

Él vino en taxi. *(He came by taxi.)*

¿Crees que vendrá? *(Do you think he'll come?)*

ver

(to see, to watch)

Gerund: viendo • **Past Participle:** visto
Irregular -er verb

Present Indicative

veo	vemos
ves	veis
ve	ven

Imperfect

veía	veíamos
veías	veíais
veía	veían

Preterite

vi	vimos
viste	visteis
vio	vieron

Future

veré	veremos
verás	veréis
verá	verán

Conditional

vería	veríamos
verías	veríais
vería	verían

Present Subjunctive

vea	veamos
veas	veáis
vea	vean

Imperfect Subjunctive

viera	viéramos
vieras	vierais
viera	vieran
OR	
viese	viésemos
vieses	vieseis
viese	viesen

Present Perfect

he visto	hemos visto
has visto	habéis visto
ha visto	han visto

Pluperfect

había visto	habíamos visto
habías visto	habíais visto
había visto	habían visto

Preterite Perfect

hube visto	hubimos visto
hubiste visto	hubisteis visto
hubo visto	hubieron visto

Future Perfect

habré visto	habremos visto
habrás visto	habréis visto
habrá visto	habrán visto

Perfect Conditional

habría visto	habríamos visto
habrías visto	habríais visto
habría visto	habrían visto

Present Perfect Subjunctive

haya visto	hayamos visto
hayas visto	hayáis visto
haya visto	hayan visto

Pluperfect Subjunctive

hubiera visto	hubiéramos visto
hubieras visto	hubierais visto
hubiera visto	hubieran visto

Imperative

ve	ved
vea	vean

Verb in Action

No veo muy bien. *(I can't see very well.)*
Están viendo la televisión. *(They're watching TV.)*
Yo no la había visto. *(I hadn't seen her.)*

verter

(to pour, to dump)

Gerund: vertiendo • **Past Participle:** vertido

Regular -er verb with stem change: e to ie (tenses 1, 6, and imperative)

Present Indicative

vierto	vertemos
viertes	vertéis
vierte	vierten

Imperfect

vertía	vertíamos
vertías	vertíais
vertía	vertían

Preterite

vertí	vertimos
vertiste	vertisteis
vertió	vertieron

Future

verteré	verteremos
verterás	verteréis
verterá	verterán

Conditional

vertería	verteríamos
verterías	verteríais
vertería	verterían

Present Subjunctive

vierta	vertamos
viertas	vertáis
vierta	viertan

Imperfect Subjunctive

vertiera	vertiéramos
vertieras	vertierais
vertiera	vertieran

OR

vertiese	vertiésemos
vertieses	vertieseis
vertiese	vertiesen

Present Perfect

he vertido	hemos vertido
has vertido	habéis vertido
ha vertido	han vertido

Pluperfect

había vertido	habíamos vertido
habías vertido	habíais vertido
había vertido	habían vertido

Preterite Perfect

hube vertido	hubimos vertido
hubiste vertido	hubisteis vertido
hubo vertido	hubieron vertido

Future Perfect

habré vertido	habremos vertido
habrás vertido	habréis vertido
habrá vertido	habrán vertido

Perfect Conditional

habría vertido	habríamos vertido
habrías vertido	habríais vertido
habría vertido	habrían vertido

Present Perfect Subjunctive

haya vertido	hayamos vertido
hayas vertido	hayáis vertido
haya vertido	hayan vertido

Pluperfect Subjunctive

hubiera vertido	hubiéramos vertido
hubieras vertido	hubierais vertido
hubiera vertido	hubieran vertido

Imperative

vierte	verted
vierta	viertan

Verb in Action

Primero viertes el contenido del sobre en un tazón. *(First you empty the contents of the envelope into a bowl.)*

Él vertió un poco de leche en la cacerola. *(He poured some milk into the saucepan.)*

vestir(se)

(to wear, to dress)

Gerund: vistiendo • **Past Participle:** vestido
Reflexive regular -ir verb with stem change: e to i (tenses 1, 3, 6, 7, gerund, and imperative)

Present Indicative		*Present Perfect*	
visto	vestimos	he vestido	hemos vestido
vistes	vestís	has vestido	habéis vestido
viste	visten	ha vestido	han vestido
Imperfect		*Pluperfect*	
vestía	vestíamos	había vestido	habíamos vestido
vestías	vestíais	habías vestido	habíais vestido
vestía	vestían	había vestido	habían vestido
Preterite		*Preterite Perfect*	
vestí	vestimos	hube vestido	hubimos vestido
vestiste	vestisteis	hubiste vestido	hubisteis vestido
vistió	vistieron	hubo vestido	hubieron vestido
Future		*Future Perfect*	
vestiré	vestiremos	habré vestido	habremos vestido
vestirás	vestiréis	habrás vestido	habréis vestido
vestirá	vestirán	habrá vestido	habrán vestido
Conditional		*Perfect Conditional*	
vestiría	vestiríamos	habría vestido	habríamos vestido
vestirías	vestiríais	habrías vestido	habríais vestido
vestiría	vestirían	habría vestido	habrían vestido
Present Subjunctive		*Present Perfect Subjunctive*	
vista	vistamos	haya vestido	hayamos vestido
vistas	vistáis	hayas vestido	hayáis vestido
vista	vistan	haya vestido	hayan vestido
Imperfect Subjunctive		*Pluperfect Subjunctive*	
vistiera	vistiéramos	hubiera vestido	hubiéramos vestido
vistieras	vistierais	hubieras vestido	hubierais vestido
vistiera	vistieran	hubiera vestido	hubieran vestido
OR			
vistiese	vistiésemos		
vistieses	visitieseis		
vistiese	vistiesen		

Imperative

viste	vestid
vista	vistan

Verb in Action

Yo estaba vistiendo a los niños. *(I was dressing the children.)*
Me vestí en cinco minutos. *(I got dressed in five minutes.)*
Él vestía jeans y una camiseta. *(He was wearing jeans and a shirt.)*

viajar

(to travel)

Gerund: viajando • **Past Participle:** viajado
Regular -ar verb

Present Indicative

viajo	viajamos
viajas	viajáis
viaja	viajan

Imperfect

viajaba	viajábamos
viajabas	viajabais
viajaba	viajaban

Preterite

viajé	viajamos
viajaste	viajasteis
viajó	viajaron

Future

viajaré	viajaremos
viajarás	viajaréis
viajará	viajarán

Conditional

viajaría	viajaríamos
viajarías	viajaríais
viajaría	viajarían

Present Subjunctive

viaje	viajemos
viajes	viajéis
viaje	viajen

Imperfect Subjunctive

viajara	viajáramos
viajaras	viajarais
viajara	viajaran

OR

viajase	viajásemos
viajases	viajaseis
viajase	viajasen

Present Perfect

he viajado	hemos viajado
has viajado	habéis viajado
ha viajado	han viajado

Pluperfect

había viajado	habíamos viajado
habías viajado	habíais viajado
había viajado	habían viajado

Preterite Perfect

hube viajado	hubimos viajado
hubiste viajado	hubisteis viajado
hubo viajado	hubieron viajado

Future Perfect

habré viajado	habremos viajado
habrás viajado	habréis viajado
habrá viajado	habrán viajado

Perfect Conditional

habría viajado	habríamos viajado
habrías viajado	habríais viajado
habría viajado	habrían viajado

Present Perfect Subjunctive

haya viajado	hayamos viajado
hayas viajado	hayáis viajado
haya viajado	hayan viajado

Pluperfect Subjunctive

hubiera viajado	hubiéramos viajado
hubieras viajado	hubierais viajado
hubiera viajado	hubieran viajado

Imperative

viaja	viajad
viaje	viajen

Verb in Action

Ella había viajado mucho por todo el mundo. *(She had traveled a lot all over the world.)*
El mes pasado él viajó a Japón para una reunión de negocios. *(He went to Japan for a business meeting last month.)*

visitar

(to visit)

Gerund: visitando • **Past Participle:** visitado
Regular -ar verb

Present Indicative		*Present Perfect*	
visito	visitamos	he visitado	hemos visitado
visitas	visitáis	has visitado	habéis visitado
visita	visitan	ha visitado	han visitado
Imperfect		*Pluperfect*	
visitaba	visitábamos	había visitado	habíamos visitado
visitabas	visitabais	habías visitado	habíais visitado
visitaba	visitaban	había visitado	habían visitado
Preterite		*Preterite Perfect*	
visité	visitamos	hube visitado	hubimos visitado
visitaste	visitasteis	hubiste visitado	hubisteis visitado
visitó	visitaron	hubo visitado	hubieron visitado
Future		*Future Perfect*	
visitaré	visitaremos	habré visitado	habremos visitado
visitarás	visitaréis	habrás visitado	habréis visitado
visitará	visitarán	habrá visitado	habrán visitado
Conditional		*Perfect Conditional*	
visitaría	visitaríamos	habría visitado	habríamos visitado
visitarías	visitaríais	habrías visitado	habríais visitado
visitaría	visitarían	habría visitado	habrían visitado
Present Subjunctive		*Present Perfect Subjunctive*	
visite	visitemos	haya visitado	hayamos visitado
visites	visitéis	hayas visitado	hayáis visitado
visite	visiten	haya visitado	hayan visitado
Imperfect Subjunctive		*Pluperfect Subjunctive*	
visitara	visitáramos	hubiera visitado	hubiéramos visitado
visitaras	visitarais	hubieras visitado	hubierais visitado
visitara	visitaran	hubiera visitado	hubieran visitado
OR			
visitase	visitásemos		
visitases	visitaseis		
visitase	visitasen		

Imperative

visita	visitad
visite	visiten

Verb in Action

Visitamos varias ciudades andaluzas. *(We visited several Andalusian towns.)*
Cuando vaya a Buenos Aires te voy a visitar. *(When I go to Buenos Aires, I'll visit you.)*

ESSENTIAL VERB

#493

vivir

(to live)

Gerund: viviendo • **Past Participle:** vivido
Regular -ir verb

Present Indicative

vivo	vivimos
vives	vivís
vive	viven

Imperfect

vivía	vivíamos
vivías	vivíais
vivía	vivían

Preterite

viví	vivimos
viviste	vivisteis
vivió	vivieron

Future

viviré	viviremos
vivirás	viviréis
vivirá	vivirán

Conditional

viviría	viviríamos
vivirías	viviríais
viviría	vivirían

Present Subjunctive

viva	vivamos
vivas	viváis
viva	vivan

Imperfect Subjunctive

viviera	viviéramos
vivieras	vivierais
viviera	vivieran

OR

viviese	viviésemos
vivieses	vivieseis
viviese	viviesen

Present Perfect

he vivido	hemos vivido
has vivido	habéis vivido
ha vivido	han vivido

Pluperfect

había vivido	habíamos vivido
habías vivido	habíais vivido
había vivido	habían vivido

Preterite Perfect

hube vivido	hubimos vivido
hubiste vivido	hubisteis vivido
hubo vivido	hubieron vivido

Future Perfect

habré vivido	habremos vivido
habrás vivido	habréis vivido
habrá vivido	habrán vivido

Perfect Conditional

habría vivido	habríamos vivido
habrías vivido	habríais vivido
habría vivido	habrían vivido

Present Perfect Subjunctive

haya vivido	hayamos vivido
hayas vivido	hayáis vivido
haya vivido	hayan vivido

Pluperfect Subjunctive

hubiera vivido	hubiéramos vivido
hubieras vivido	hubierais vivido
hubiera vivido	hubieran vivido

Imperative

vive	vivid
viva	vivan

Verb in Action

Me gusta vivir sola. *(I like living on my own.)*
¿Dónde vives? *(Where do you live?)*
Viviremos en el centro de la ciudad. *(We'll live downtown.)*

#494

volar

(to fly)

Gerund: volando • **Past Participle:** volado

Regular -ar verb with spelling change: o to ue (tenses 1, 6, and imperative)

Present Indicative

vuelo	volamos
vuelas	voláis
vuela	vuelan

Present Perfect

he volado	hemos volado
has volado	habéis volado
ha volado	han volado

Imperfect

volaba	volábamos
volabas	volabais
volaba	volaban

Pluperfect

había volado	habíamos volado
habías volado	habíais volado
había volado	habían volado

Preterite

volé	volamos
volaste	volasteis
voló	volaron

Preterite Perfect

hube volado	hubimos volado
hubiste volado	hubisteis volado
hubo volado	hubieron volado

Future

volaré	volaremos
volarás	volaréis
volará	volarán

Future Perfect

habré volado	habremos volado
habrás volado	habréis volado
habrá volado	habrán volado

Conditional

volaría	volaríamos
volarías	volaríais
volaría	volarían

Perfect Conditional

habría volado	habríamos volado
habrías volado	habríais volado
habría volado	habrían volado

Present Subjunctive

vuele	volemos
vueles	voléis
vuele	vuelen

Present Perfect Subjunctive

haya volado	hayamos volado
hayas volado	hayáis volado
haya volado	hayan volado

Imperfect Subjunctive

volara	voláramos
volaras	volarais
volara	volaran

OR

volase	volásemos
volases	volaseis
volase	volasen

Pluperfect Subjunctive

hubiera volado	hubiéramos volado
hubieras volado	hubierais volado
hubiera volado	hubieran volado

Imperative

vuela	volad
vuele	vuelen

Verb in Action

Volamos a Nueva York al día siguiente. *(The following day we flew to New York.)*
¡Cómo vuela el tiempo! *(How time flies!)*
El avión volaba muy bajo. *(The plane was flying very low.)*

volcar

(to knock over, to overturn)

Gerund: volcando • **Past Participle:** volcado

Regular -ar verb with stem change: o to ue (tenses 1, 6, and imperative) and spelling change: c to qu in front of e

Present Indicative

vuelco	volcamos
vuelcas	volcáis
vuelca	vuelcan

Imperfect

volcaba	volcábamos
volcabas	volcabais
volcaba	volcaban

Preterite

volqué	volcamos
volcaste	volcasteis
volcó	volcaron

Future

volcaré	volcaremos
volcarás	volcaréis
volcará	volcarán

Conditional

volcaría	volcaríamos
volcarías	volcaríais
volcaría	volcarían

Present Subjunctive

vuelque	volquemos
vuelques	volquéis
vuelque	vuelquen

Imperfect Subjunctive

volcara	volcáramos
volcaras	volcarais
volcara	volcaran

OR

volcase	volcásemos
volcases	volcaseis
volcase	volcasen

Present Perfect

he volcado	hemos volcado
has volcado	habéis volcado
ha volcado	han volcado

Pluperfect

había volcado	habíamos volcado
habías volcado	habíais volcado
había volcado	habían volcado

Preterite Perfect

hube volcado	hubimos volcado
hubiste volcado	hubisteis volcado
hubo volcado	hubieron volcado

Future Perfect

habré volcado	habremos volcado
habrás volcado	habréis volcado
habrá volcado	habrán volcado

Perfect Conditional

habría volcado	habríamos volcado
habrías volcado	habríais volcado
habría volcado	habrían volcado

Present Perfect Subjunctive

haya volcado	hayamos volcado
hayas volcado	hayáis volcado
haya volcado	hayan volcado

Pluperfect Subjunctive

hubiera volcado	hubiéramos volcado
hubieras volcado	hubierais volcado
hubiera volcado	hubieran volcado

Imperative

vuelca	volcad
vuelque	vuelquen

Verb in Action

La camioneta volcó. *(The van overturned.)*
Ella se vuelca en su trabajo. *(She throws herself into her work.)*
Si sigues moviéndote, harás que vuelque el bote. *(If you keep on moving like that, you'll make the boat capsize.)*

voltear(se)

(to turn over)

Gerund: volteando • **Past Participle:** volteado
Reflexive regular -ar verb

Present Indicative		*Present Perfect*	
volteo	volteamos	he volteado	hemos volteado
volteas	volteáis	has volteado	habéis volteado
voltea	voltean	ha volteado	han volteado

Imperfect		*Pluperfect*	
volteaba	volteábamos	había volteado	habíamos volteado
volteabas	volteabais	habías volteado	habíais volteado
volteaba	volteaban	había volteado	habían volteado

Preterite		*Preterite Perfect*	
volteé	volteamos	hube volteado	hubimos volteado
volteaste	volteasteis	hubiste volteado	hubisteis volteado
volteó	voltearon	hubo volteado	hubieron volteado

Future		*Future Perfect*	
voltearé	voltearemos	habré volteado	habremos volteado
voltearás	voltearéis	habrás volteado	habréis volteado
volteará	voltearán	habrá volteado	habrán volteado

Conditional		*Perfect Conditional*	
voltearía	voltearíamos	habría volteado	habríamos volteado
voltearías	voltearíais	habrías volteado	habríais volteado
voltearía	voltearían	habría volteado	habrían volteado

Present Subjunctive		*Present Perfect Subjunctive*	
voltee	volteemos	haya volteado	hayamos volteado
voltees	volteéis	hayas volteado	hayáis volteado
voltee	volteen	haya volteado	hayan volteado

Imperfect Subjunctive		*Pluperfect Subjunctive*	
volteara	volteáramos	hubiera volteado	hubiéramos volteado
voltearas	voltearais	hubieras volteado	hubierais volteado
volteara	voltearan	hubiera volteado	hubieran volteado
OR			
voltease	volteásemos		
volteases	volteaseis		
voltease	volteasen		

Imperative	
voltea	voltead
voltee	volteen

Verb in Action

Volteen la página. *(Turn over the page.)*
Me ayudó él a voltear el colchón. *(He helped me turn over the mattress.)*
Él se volteó y me miró furioso. *(He turned around and gave me a furious look.)*

#497

volver(se)

(to return, to turn, to become)

Gerund: volviendo • **Past Participle:** vuelto

Reflexive regular -er verb with stem change: o to ue (tenses 1, 6, and imperative) and irregular past participle

Present Indicative		*Present Perfect*	
vuelvo	volvemos	he vuelto	hemos vuelto
vuelves	volvéis	has vuelto	habéis vuelto
vuelve	vuelven	ha vuelto	han vuelto

Imperfect		*Pluperfect*	
volvía	volvíamos	había vuelto	habíamos vuelto
volvías	volvíais	habías vuelto	habíais vuelto
volvía	volvían	había vuelto	habían vuelto

Preterite		*Preterite Perfect*	
volví	volvimos	hube vuelto	hubimos vuelto
volviste	volvisteis	hubiste vuelto	hubisteis vuelto
volvió	volvieron	hubo vuelto	hubieron vuelto

Future		*Future Perfect*	
volveré	volveremos	habré vuelto	habremos vuelto
volverás	volveréis	habrás vuelto	habréis vuelto
volverá	volverán	habrá vuelto	habrán vuelto

Conditional		*Perfect Conditional*	
volvería	volveríamos	habría vuelto	habríamos vuelto
volverías	volveríais	habrías vuelto	habríais vuelto
volvería	volverían	habría vuelto	habrían vuelto

Present Subjunctive		*Present Perfect Subjunctive*	
vuelva	volvamos	haya vuelto	hayamos vuelto
vuelvas	volváis	hayas vuelto	hayáis vuelto
vuelva	vuelvan	haya vuelto	hayan vuelto

Imperfect Subjunctive		*Pluperfect Subjunctive*	
volviera	volviéramos	hubiera vuelto	hubiéramos vuelto
volvieras	volvierais	hubieras vuelto	hubierais vuelto
volviera	volvieran	hubiera vuelto	hubieran vuelto
OR			
volviese	volviésemos		
volvieses	volvieseis		
volviese	volviesen		

Imperative	
vuelve	volved
vuelva	vuelvan

Verb in Action

Mi padre vuelve mañana. *(My father is coming back tomorrow.)*
Él volvió a casa. *(He went back home.)*
Todo volverá a la normalidad. *(Everything will return to normal.)*

votar

(to vote, to vote for)

Gerund: votando • **Past Participle:** votado
Regular -ar verb

Present Indicative

voto	votamos
votas	votáis
vota	votan

Present Perfect

he votado	hemos votado
has votado	habéis votado
ha votado	han votado

Imperfect

votaba	votábamos
votabas	votabais
votaba	votaban

Pluperfect

había votado	habíamos votado
habías votado	habíais votado
había votado	habían votado

Preterite

voté	votamos
votaste	votasteis
votó	votaron

Preterite Perfect

hube votado	hubimos votado
hubiste votado	hubisteis votado
hubo votado	hubieron votado

Future

votaré	votaremos
votarás	votaréis
votará	votarán

Future Perfect

habré votado	habremos votado
habrás votado	habréis votado
habrá votado	habrán votado

Conditional

votaría	votaríamos
votarías	votaríais
votaría	votarían

Perfect Conditional

habría votado	habríamos votado
habrías votado	habríais votado
habría votado	habrían votado

Present Subjunctive

vote	votemos
votes	votéis
vote	voten

Present Perfect Subjunctive

haya votado	hayamos votado
hayas votado	hayáis votado
haya votado	hayan votado

Imperfect Subjunctive

votara	votáramos
votaras	votarais
votara	votaran
OR	
votase	votásemos
votases	votaseis
votase	votasen

Pluperfect Subjunctive

hubiera votado	hubiéramos votado
hubieras votado	hubierais votado
hubiera votado	hubieran votado

Imperative

vota	votad
vote	voten

Verb in Action

No voté en las últimas elecciones. *(I didn't vote in the last elections.)*
Me pidió que votara por él. *(He asked me to vote for him.)*
Votaron en contra de la reforma. *(They voted against the change.)*

zumbar

(to buzz, to whir, to hum)

Gerund: zumbando • **Past Participle:** zumbado
Regular -ar verb

Present Indicative

zumbo	zumbamos
zumbas	zumbáis
zumba	zumban

Imperfect

zumbaba	zumbábamos
zumbabas	zumbabais
zumbaba	zumbaban

Preterite

zumbé	zumbamos
zumbaste	zumbasteis
zumbó	zumbaron

Future

zumbaré	zumbaremos
zumbarás	zumbaréis
zumbará	zumbarán

Conditional

zumbaría	zumbaríamos
zumbarías	zumbaríais
zumbaría	zumbarían

Present Subjunctive

zumbe	zumbemos
zumbes	zumbéis
zumbe	zumben

Imperfect Subjunctive

zumbara	zumbáramos
zumbaras	zumbarais
zumbara	zumbaran

OR

zumbase	zumbásemos
zumbases	zumbaseis
zumbase	zumbasen

Present Perfect

he zumbado	hemos zumbado
has zumbado	habéis zumbado
ha zumbado	han zumbado

Pluperfect

había zumbado	habíamos zumbado
habías zumbado	habíais zumbado
había zumbado	habían zumbado

Preterite Perfect

hube zumbado	hubimos zumbado
hubiste zumbado	hubisteis zumbado
hubo zumbado	hubieron zumbado

Future Perfect

habré zumbado	habremos zumbado
habrás zumbado	habréis zumbado
habrá zumbado	habrán zumbado

Perfect Conditional

habría zumbado	habríamos zumbado
habrías zumbado	habríais zumbado
habría zumbado	habrían zumbado

Present Perfect Subjunctive

haya zumbado	hayamos zumbado
hayas zumbado	hayáis zumbado
haya zumbado	hayan zumbado

Pluperfect Subjunctive

hubiera zumbado	hubiéramos zumbado
hubieras zumbado	hubierais zumbado
hubiera zumbado	hubieran zumbado

Imperative

zumba	zumbad
zumbe	zumben

Verb in Action

Una bala que zumba no mata. *(A bullet that buzzes doesn't kill.)*
Prefiero zumbar en vez de cantar. (*I prefer to hum rather than sing.*)
Cuando él está zumbando está de buen humor. (*When he's humming he's in a good mood.*)

#500

zurcir

(to darn, to mend)

Gerund: zurciendo • **Past Participle:** zurcido

Regular -ir verb with spelling change: c to z in front of a and o

Present Indicative		*Present Perfect*	
zurzo	zurcimos	he zurcido	hemos zurcido
zurces	zurcís	has zurcido	habéis zurcido
zurce	zurcen	ha zurcido	han zurcido

Imperfect		*Pluperfect*	
zurcía	zurcíamos	había zurcido	habíamos zurcido
zurcías	zurcíais	habías zurcido	habíais zurcido
zurcía	zurcían	había zurcido	habían zurcido

Preterite		*Preterite Perfect*	
zurcí	zurcimos	hube zurcido	hubimos zurcido
zurciste	zurcisteis	hubiste zurcido	hubisteis zurcido
zurció	zurcieron	hubo zurcido	hubieron zurcido

Future		*Future Perfect*	
zurciré	zurciremos	habré zurcido	habremos zurcido
zurcirás	zurciréis	habrás zurcido	habréis zurcido
zurcirá	zurcirán	habrá zurcido	habrán zurcido

Conditional		*Perfect Conditional*	
zurciría	zurciríamos	habría zurcido	habríamos zurcido
zurcirías	zurciríais	habrías zurcido	habríais zurcido
zurciría	zurcirían	habría zurcido	habrían zurcido

Present Subjunctive		*Present Perfect Subjunctive*	
zurza	zurzamos	haya zurcido	hayamos zurcido
zurzas	zurzáis	hayas zurcido	hayáis zurcido
zurza	zurzan	haya zurcido	hayan zurcido

Imperfect Subjunctive		*Pluperfect Subjunctive*	
zurciera	zurciéramos	hubiera zurcido	hubiéramos zurcido
zurcieras	zurcierais	hubieras zurcido	hubierais zurcido
zurciera	zurcieran	hubiera zurcido	hubieran zurcido
OR			
zurciese	zurciésemos		
zurcieses	zurcieseis		
zurciese	zurciesen		

Imperative	
zurce	zurcid
zurza	zurzan

Verb in Action

¿Quién le zurce los calcetines? *(Who darns his socks?)*
Las sábanas estaban zurcidas. *(The sheets had been mended.)*

Part III
The Part of Tens

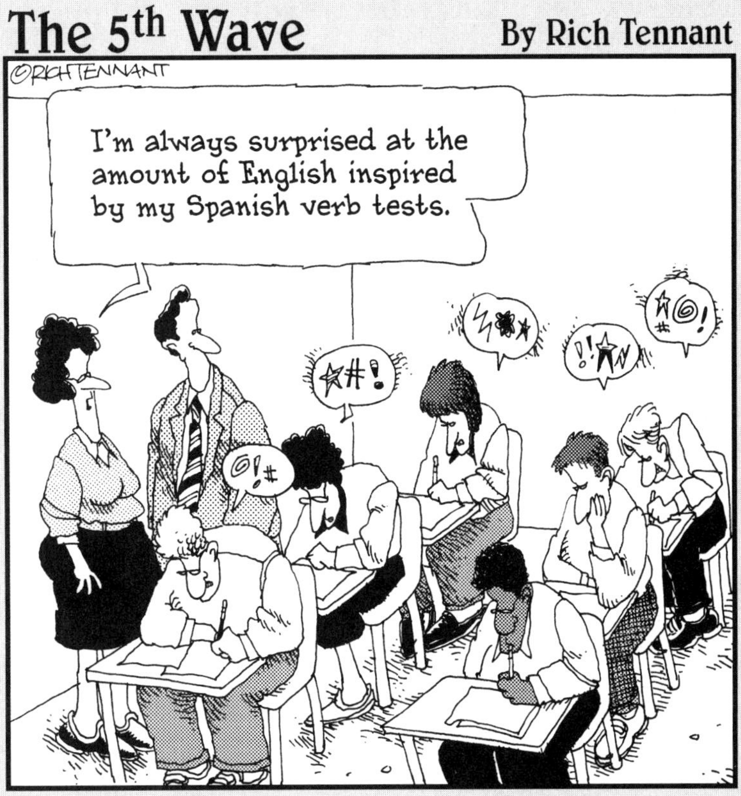

The 5th Wave
By Rich Tennant
©RICH TENNANT
I'm always surprised at the amount of English inspired by my Spanish verb tests.

In this part . . .

If you're ready to take a break from the heavy-duty reference material, you've come to the right place. Here you find ten common verbs for travelling to Spanish-speaking countries and ten verbs for eating out.

Chapter 4

Ten Common Verbs for Traveling

In This Chapter

- Traveling with **viajar**
- Flying with **volar**
- Describing actions with other on-the-go verbs

When you're preparing to depart to your favorite Spanish-speaking destination, being prepared before and during your trip is essential to having a fun and stress-free trip. Be sure to pack the ten common travel verbs covered in this chapter.

planear (to plan)

Before you depart for your trip, you need to do some planning, so brush up on the conjugations of the verb **planear** (*to plan*).

planear = to plan	
yo planeo (*I plan*)	**nosotros, nosotras planeamos** (*we plan*)
tú planeas (*you singular, informal plan*)	**vosotros, vosotras planeáis** (*you plural, informal plan*)
él, ella, usted planea (*he, she plans or you singular, formal plan*)	**ellos, ellas, ustedes planean** (*they or you plural, formal plan*)
Nosotros planeamos ir a sudamérica el próximo verano. (*We plan to go to South America next summer.*)	

viajar (to travel)

Whenever you're telling people where you're traveling or have travelled, use **viajar** (*to travel*).

viajar = to travel	
yo viajo (*I travel*)	**nosotros, nosotras viajamos** (*we travel*)
tú viajas (*you singular, informal travel*)	**vosotros, vosotras viajáis** (*you plural, informal travel*)
él, ella, usted viaja (*he, she travels or you singular, formal travel*)	**ellos, ellas, ustedes viajan** (*they or you plural, formal travel*)
Ellos viajan a México mucho. (*They travel to Mexico a lot.*)	

volar (to fly)

Whether you're planning to fly or just talking about it, use the verb **volar** (*to fly*).

volar = to fly	
yo vuelo (*I fly*)	**nosotros, nosotras volamos** (*we fly*)
tú vuelas (*you singular, informal fly*)	**vosotros, vosotras voláis** (*you plural, informal fly*)
él, ella, usted vuela (*he, she flies or you singular, formal fly*)	**ellos, ellas, ustedes vuelan** (*they or you plural, formal fly*)
Mañana volamos a Colombia. (*Tomorrow we fly to Colombia.*)	

tomar (to take)

Regardless of where you're going, you'll probably need to take some form of transportation, such as a taxi, plane, or train, to get around to different destinations. When you do, take along the verb **tomar** (*to take*).

tomar = to take, as in a taxi, plane, or train	
yo tomo (*I take*)	**nosotros, nosotras tomamos** (*we take*)
tú tomas (*you singular, informal take*)	**vosotros, vosotras tomáis** (*you plural, informal take*)
él, ella, usted toma (*he, she takes, you singular, formal take*)	**ellos, ellas, ustedes toman** (*they, you plural, formal take*)
Tomas un tren del aeropuerto al centro. (*You take a train from the airport to the downtown.*)	

ir (to go)

The verb "to go" is a great generic verb that comes in handy when you can't recall a specific mode of travel. You can go to the restroom, go to dinner, or go to another country with the verb **ir** (*to go*). This verb is quite irregular, so take the time to memorize its conjugation.

ir = to go	
yo voy (*I go*)	**nosotros, nosotras vamos** (*we go*)
tú vas (*you singular, informal go*)	**vosotros, vosotras vais** (*you plural, informal go*)
él, ella, usted va (*he, she goes, you singular, formal go*)	**ellos, ellas, ustedes van** (*they, you plural, formal go*)
Ella va a España cada año a visitar a su familia. (*She goes to Spain every year to visit her family.*)	

gastar (to spend, as in money)

Travel and spending money go hand in hand . . . or more accurately from your hand to someone else's. When you're in the mood to spend some money, do so with the verb **gastar** (*to spend*).

gastar = to spend	
yo gasto (*I spend*)	**nosotros, nosotras gastamos** (*we spend*)
tú gastas (*you singular, informal spend*)	**vosotros, vosotras gastáis** (*you plural, informal spend*)
él, ella, usted gasta (*he, she spends, you singular, formal spend*)	**ellos, ellas, ustedes gastan** (*they, you plural, formal spend*)
Ellos gastan mucho dinero de vacaciones. (*They spend a lot of money on vacation.*)	

pagar (to pay)

You'll probably need to pay many of the fine folks you'll meet on your journeys, so you'll need to know and understand the verb **pagar** (*to pay*).

pagar = to pay	
yo pago (*I pay*)	**nosotros, nosotras pagamos** (*we pay*)
tú pagas (*you singular, informal pay*)	**vosotros, vosotras pagáis** (*you plural, informal pay*)
él, ella, usted paga (*he, she pays, you singular, formal pay*)	**ellos, ellas, ustedes pagan** (*they, you plural, formal pay*)
Él siempre paga con su tarjeta de crédito. (*He always pays with his credit card.*)	

visitar (to visit)

Whether you're visiting places or people, use the verb **visitar** (*to visit*).

visitar = to visit	
yo visito (*I visit*)	**nosotros, nosotras visitamos** (*we visit*)
tú visitas (*you singular, informal visit*)	**vosotros, vosotras visitáis** (*you plural, informal visit*)
él, ella, usted visita (*he, she visits, you singular, formal visit*)	**ellos, ellas, ustedes visitan** (*they, you plural, formal visit*)
Ustedes visitan las ruinas Aztecas en México. (*You visit the Aztec ruins in Mexico.*)	

telefonear (to telephone)

Whether you need to call home, place an emergency call, or call a restaurant for reservations, **telefonear** (*to telephone*) comes in handy.

telefonear = to telephone	
yo telefoneo (*I telephone*)	**nosotros, nosotras telefoneamos** (*we telephone*)
tú telefoneas (*you singular, informal telephone*)	**vosotros, vosotras telefoneáis** (*you plural, informal telephone*)
él, ella, usted telefonea (*he, she telephones, you singular, formal telephone*)	**ellos, ellas, ustedes telefonean** (*they, you plural, formal telephone*)
Tú telefoneas a casa todos los días. (*You telephone home everyday.*)	

pasar (to spend or pass, as in time)

Whether you're spending time or passing the time, use the verb **pasar** (*to spend or pass*).

pasar = to spend or pass	
yo paso (*I spend*)	**nosotros, nosotras pasamos** (*we spend*)
tú pasas (*you singular, informal spend*)	**vosotros, vosotras pasáis** (*you plural, informal spend*)
él, ella, usted pasa (*he, she spends, you singular, formal spend*)	**ellos, ellas, ustedes pasan** (*they, you plural, formal spend*)
Yo paseo mucho tiempo en la playa. (*I spend a lot of time at the beach.*)	

Chapter 5

Ten Essential Verbs for Eating Out

In This Chapter

- Eating and drinking with **comer, tomar,** and **beber**
- Preparing a meal with **preparar**

While you're out and about visiting a Spanish-speaking country, you're sure to work up an appetite. The verbs in this chapter help you maneuver in the restaurants, cafés, or taverns that you might encounter.

comer (to eat)

Menus vary a great deal depending on which Spanish-speaking country you're in, but they all eat with the verb **comer** (*to eat*).

comer = to eat	
yo como (*I eat*)	**nosotros, nosotras comemos** (*we eat*)
tú comes (*you singular, informal eat*)	**vosotros, vosotras coméis** (*you plural, informal eat*)
él, ella, usted come (*he, she eats or you singular, formal eat*)	**ellos, ellas, ustedes comen** (*they or you plural, formal eat*)
Mi amigo Juan siempre come un filete. (*My friend Juan always eats a steak.*)	

tomar (to eat or to drink)

Although the verb **comer** is specifically for eating, you may find the occasion when the more generic word **tomar** (*to eat* or *to drink*) comes in handy.

tomar = to eat or to drink	
yo tomo (*I eat/drink*)	**nosotros, nosotras tomamos** (*we eat/drink*)
tú tomas (*you singular, informal eat/drink*)	**vosotros, vosotras tomáis** (*you plural, informal eat/drink*)
él, ella, usted toma (*he, she eats/drinks or you singular, formal eat/drink*)	**ellos, ellas, ustedes toman** (*they or you plural, formal eat/drink*)
Yo tomo una limonada. (*I am drinking a lemonade.*)	

beber (to drink)

Whether you're drinking a cocktail, a glass of wine, a soda, or a glass of milk, you *drink* with the verb **beber**.

beber = to drink	
yo bebo (*I drink*)	**nosotros, nosotras bebemos** (*we drink*)
tú bebes (*you singular, informal drink*)	**vosotros, vosotras bebéis** (*you plural, informal drink*)
él, ella, usted bebe (*he, she drinks or you singular, formal drink*)	**ellos, ellas, ustedes beben** (*they or you plural, formal drink*)
Él bebe una cerveza. (*He is drinking a beer.*)	

pedir (to order, to ask for)

When you're eating out, one of the most helpful verbs is **pedir** (*to order* or *ask for*). Note that it's a stem-changing verb.

pedir = to order, to ask for	
yo pido (*I order*)	**nosotros, nosotras pedimos** (*we order*)
tú pides (*you singular, informal order*)	**vosotros, vosotras pedís** (*you plural, informal order*)
él, ella, usted pide (*he, she orders or you singular, formal order*)	**ellos, ellas, ustedes piden** (*they or you plural, formal order*)
Casi siempre pedimos unas tapas para empezar. (*We almost always order some hors d' oeuvres to start.*)	

servir (to serve)

One restaurant may serve excellent entrees while another specializes in serving desserts. As you discuss your options, the verb **servir** (*to serve*) may come in handy. ***Note:*** This is a stem-changing verb.

servir = to serve	
yo sirvo (*I serve*)	**nosotros, nosotras servimos** (*we serve*)
tú sirves (*you singular, informal serve*)	**vosotros, vosotras servís** (*you plural, informal serve*)
él, ella, usted sirve (*he, she serves or you singular, formal serve*)	**ellos, ellas, ustedes sirven** (*they or you plural, formal serve*)
Este restaurante sirve unos postres excelentes. (*This restaurant serves some excellent desserts.*)	

encontrar (to meet)

Whether you're travelling with friends and family or hanging out with new friends, you'll probably have the occasion to meet them at a certain restaurant. When you do, use the stem-changing verb **encontrar** (*to meet*).

encontrar = to meet	
yo encuentro (*I meet*)	**nosotros, nosotras encontramos** (*we meet*)
tú encuentras (*you singular, informal meet*)	**vosotros, vosotras encontráis** (*you plural, informal meet*)
él, ella, usted encuentra (*he, she meets or you singular, formal meet*)	**ellos, ellas, ustedes encuentran** (*they or you plural, formal meet*)
Yo siempre encuentro con mis amigos en un restaurante los viernes. (*I always meet with my friends at a restaurant on Fridays.*)	

hacer una reservación (to make a reservation)

The best restaurants are always the busiest, so call ahead for reservations. To make a reservation in Spanish, use the phrase **hacer una reservación.** Note that **hacer** is an irregular verb.

hacer una reservación = to make a reservation	
yo hago (*I make*)	**nosotros, nosotras hacemos** (*we make*)
tú haces (*you singular, informal make*)	**vosotros, vosotras hacéis** (*you plural, informal make*)
él, ella, usted hace (*he, she makes or you singular, formal make*)	**ellos, ellas, ustedes hacen** (*they or you plural, formal make*)
Ella hace una reservación para las ocho. (*She is making a reservation for 8:00.*)	

pasar (to pass, as in the salt)

Reaching for anything when you're dining with others isn't polite, so ask them to pass whatever you need with the verb **pasar** (*to pass*).

pasar = to pass, as in the salt	
yo paso (*I pass*)	**nosotros, nosotras pasamos** (*we pass*)
tú pasas (*you singular, informal pass*)	**vosotros, vosotras pasáis** (*you plural, informal pass*)
él, ella, usted pasa (*he, she passes or you singular, formal pass*)	**ellos, ellas, ustedes pasan** (*they pass or you plural, formal pass*)
¿Me pasas las papas por favor? (*Could you pass me the potatoes please?*)	

costar (to cost)

Because of its definition the stem-changing verb **costar** (*to cost*) is primarily used in the third person singular or plural forms: **cuesta** *it cost* or **cuestan** *they cost.*

Examples: **¿Cuánto cuesta una hamburguesa?** (*How much does a hamburger cost?*)

¿Cuánto cuestan las manzanas? (*How much do the apples cost?*)

preparar (to prepare)

When you're eating out and curious as to how the cook prepared a certain dish, ask with the verb **preparar** (*to prepare*).

preparar = to prepare	
yo preparo (*I prepare*)	**nosotros, nosotras preparamos** (*we prepare*)
tú preparas (*you singular, informal prepare*)	**vosotros, vosotras preparáis** (*you plural, informal prepare*)
él, ella, usted prepara (*he, she prepares or you singular, formal prepare*)	**ellos, ellas, ustedes preparan** (*they or you plural, formal prepare*)
¿Cómo preparan el pescado? (*How do you prepare the fish?*)	

Part IV
Verb Indexes

The 5th Wave By Rich Tennant

"Maybe next time you'll learn your negative verbs in Spanish before having a suit made in Madrid."

In this part . . .

Spanish verb books are notorious for boasting the number of verbs they cover. I've seen books that cover Spanish verbs numbering 333, 501, 575, 601, 2,000+, and even a whopping 15,000!

I'm not about to try to compete with that 15,000 mark, but this part adds 1,300-plus verbs to the 500 covered in Part II to provide a total of more than 1,800 of the most commonly used Spanish verbs — way more than enough to get you through your next dinner conversation.

Unlike in Part II, however, you don't get a full page for each verb. Instead, you get the verb, its English equivalent, and a reference to a verb in Part II that conjugates just like it.

This part presents these verbs in two indexes: English to Spanish and Spanish to English, so you can easily find the verb you're looking for regardless of which language you're translating from and to.

English-to-Spanish Index

change **cambiar** (110)
channel **canalizar** (166)
characterize **caracterizar** (166)
charge **acusar** (113), **cargar** (114), **cobrar** (125)
chase **perseguir** (348)
chat **charlar** (113), **platicar** (352)
cheat **trampear** (113)
cheat (on) **engañar** (213)
check **checar** (120), **chequear** (121), **comprobar** (150), **repasar** (113)
check in **facturar** (113)
cheer up **alegrar** (37), **animar** (46)
chew **masticar** (350)
chill **enfriar** (212), **refrigerar** (113)
choke **atorarse** (113)
choose **elegir** (203), **escoger** (223), **optar** (113), **seleccionar** (428)
circulate **circular** (113)
claim **alegar** (335), **pretender** (366), **reclamar** (113)
clarify **aclarar** (113), **puntualizar** (166)
clash (sounds) **desentonar** (113)
classify **clasificar** (124)
clean **limpiar(se)** (291)
clear **despejar** (113)
climb **escalar** (113), **trepar** (113)
clink **tintinear** (113)
close **cerrar** (119)
cloud over **nublarse** (113)
coach **entrenar** (113)
cohabitate **convivir** (338)
coincide **coincidir** (338)
collaborate **colaborar** (113)
collapse **hundirse** (338)
collect **coleccionar** (113), **juntar** (113), **recaudar** (113), **recoger** (391)
collide **chocar** (122)
colonize **colonizar** (166)
color **colorear** (113)
comb **peinar(se)** (113)
combine **aunar** (87), **combinar** (113), **conjugar** (335)
come **venir** (487)
come up **acudir** (338)
come down **bajar** (95)
come from **provenir** (487)
come in **entrar** (218)
come near(er) **aproximarse** (113)
come on **encenderse** (207)
come out on top **zafar** (113)
comfort **reconfortar** (113)
command **imperar** (113)
commemorate **conmemorar** (113)
comment **comentar** (113)
commercialize **comercializar** (166)
commit **cometer** (131)
commit suicide **suicidarse** (113)
communicate **comunicar** (350)
communion, take **comulgar** (335)
compare **comparar** (113)
compensate **compensar** (113), **indemnizar** (166)
compete **competir** (133)
complain **protestar** (378), **quejarse** (383)
complete **completar** (113)
complicate **complicar(se)** (135), **enredar** (113)
compose **componer** (136)
comprise **comprometer** (460)
compromise **comprender** (460), **transar** (113), **transigir** (190)
conceal **ocultar** (113)
concede **conceder** (460)
conceive **concebir** (138)
concentrate **concentrar(se)** (139)
conclude **concluir** (262)
concur **concurrir** (338)
condemn **condenar** (113), **reprobar** (408)
confer **conferir** (430)
confess **confesar** (113)
confide **confiar** (142), **fiar** (221)
confident, be **confiarse** (142)
confirm **confirmar** (113), **revalidar** (113)
confiscate **confiscar** (350)
confront **afrontar** (113), **enfrentar** (211)
confront each other **enfrentarse** (211)
confuse **confundir** (143)
confuse **despistar** (113)
congratulate **felicitar** (244)
conjugate **conjugar** (335)
connect **conectarse** (113), **empalmar** (113), **relacionar** (113)
conquer **conquistar** (113)
consecrate **consagrar** (113)
consent to **consentir** (430)
conserve **conservar** (113)
consider **considerar** (113)
consist **componerse** (136), **consistir** (338), **constar** (113)
console **consolar** (147)
conspire **conspirar** (113)
constitute **constituir** (148)
consult **consultar** (113)
consume **consumir** (338)
contact **contactar** (113)
contain **contener(se)** (151), **encerrar** (119)
contaminate **contaminar** (113)
contemplate **contemplar** (113)
continue **continuar** (153), **proseguir** (427)
contract **contraer** (472), **contratar** (113)
contradict **contradecir** (173)
contrast **contrastar** (113)
contribute **aportar** (113), **contribuir** (154)
control **controlar** (113)
convelesce **convalecer** (145)
converse **dialogar** (335)
convert **convertirse** (157)
convict **condenar** (113)
convince **convencerse** (155)
convince oneself **sugestionarse** (113)
cook **cocer** (126), **cocinar** (113)
cooperate **cooperar** (113)
copy **copiar** (158), **duplicar** (350)
correct **corregir** (159)
correspond **corresponder** (460)
corrupt **pervertir** (430)
corrupt **viciarse** (113)
cost **costar** (162), **valer** (482)
cough **toser** (460)
count **contar** (150)
cover **abarcar** (2), **cubrir** (167), **recorrer** (395), **revestir** (341), **tapar** (457)
covet **codiciar** (113)

crack **cascar** (350), **resquebrajar(se)** (113)
crash **chocar** (122), **estrellar(se)** (113)
crawl **gatear** (113)
creak **chirriar** (221)
crease **arrugar** (335)
creased, get **arrugarse** (335)
create **crear** (113)
cremate **incinerar** (113)
criticize **criticar** (165)
cross **atravesar** (82), **cruzar** (166)
cross out **tachar** (113)
cross yourself **santiguarse** (91)
crouch **agazaparse** (113)
crowd together **aglomerarse** (113), **amontonarse** (113)
crucify **crucificar** (350)
crush **aplastar** (113), **machacar** (350)
cry **llorar** (297)
curdle **cuajar** (113)
cure **sanar** (113)
cure (illness) **curar** (113)
curl **enchinar(se)** (113), **rizar** (166)
curl up **acurrucarse** (350)
curse **maldecir** (173)
cut **cortar** (161)
cut (down) **segar** (119)/(335)
cut down **talar** (113)
cut off **amputar** (113), **cortar** (161)
cut oneself **cortarse** (161)
cut out **recortar** (113)
cut short **abreviar** (113)
cut short **acortar** (113)
cut the throat of **degollar** (150)
cut up **trocear** (113)
cut yourself off **aislarse** (35)

D

damage **amolar** (150), **dañar** (113), **perjudicar** (350)
dampen **mojar** (113)
dance **bailar** (94), **danzar** (166)
dare **atreverse** (83), **osar** (113)
dark, become **oscurecer** (145)
dark, get **anochecer** (47)
dark, get **atardecer** (77)
darn **zurcir** (500)
dazzle **deslumbrar** (113)
deal **negociar** (113), **transar** (113)
deal (as in sell) **traficar** (350)
deal with **tratar** (113)
debate **debatir** (338)
debt, get into **endeudar(se)** (209)
deceive **burlarse** (113), **engañar** (213)
decide **decidir(se)** (172)
declare **declarar** (113)
declare oneself **pronunciarse** (375)
decode **descifrar** (113)
decompose **descomponer** (355)
decorate **adornar** (113), **decorar** (113)
dedicate **dedicar** (374)
deduce **deducir** (396), **inferir** (430), **sobrentender** (345)
deduct **descontar** (150)
deepen **profundizar** (166)
defame **difamar** (113)
defeat **derrotar** (113)
defend **defender(se)** (175)
define **definir** (338)
deflate **desinflar** (113)
deform **deformar** (113)
defrost **descongelar** (113)
dehydrate **deshidratar** (113)
dehydrated, get **deshidratarse** (113)
deign (to) **dignarse** (113)
delay **atrasar** (81), **demorar** (177)
delayed, be **retrasarse** (413)
delegate **delegar** (335)
delirious, be **delirar** (113)
delight **encantar** (205)
deliver **entregar** (219)
demand **exigir** (239), **reclamar** (113)
demolish **demoler** (314), **derrumbar** (113)
demonstrate **demostrar** (150)
demoralize **desmoralizarse** (166)
denounce **delatar** (113), **denunciar** (113)
dent **abollar** (113)
deny **desmentir** (307), **negar** (320), **renegar** (119)/(335)
depend **depender** (178)
depose **deponer** (355)
deposit **depositar** (113)
depress **deprimir** (338)
deprive **privar** (369)
deprive oneself **privarse** (369)
derive **derivar** (113)
descend **descender** (345)
describe **describir** (183)
desert **desertar** (113)
deserve **ameritar** (113), **merecer(se)** (308)
design **diseñar** (113)
desist **desistir** (338)
despair **desesperar** (113)
despise **despreciar** (113)
destroy **aniquilar** (113), **destruir** (187)
detach **desprender** (460)
detail **detallar** (113)
detain **detener** (188)
detect **detectar** (113)
deteriorate **viciarse** (113)
determine **determinar** (113)
detest **detestar** (113)
develop **desarrollar(se)** (113)
devise **ingeniar** (113)
devote **consagrar** (113)
devote oneself **dedicarse** (174)
devour **devorar** (113)
dial **marcar** (350)
dictate **dictar** (113)
die **fallecer** (145), **morir** (312)
differentiate **diferenciar** (113)
difficult, make **dificultar** (113)
dig **cavar** (113), **excavar** (113)
digest **digerir** (430)
dilute **diluir** (262)
diminish **disminuir** (193)
dine (have dinner) **cenar** (118)
dip **remojar** (113)
direct **dirigir** (190), **encaminar** (113)
dirty, be **ensuciar** (113)
disappear **desaparecer** (337)
disappoint **decepcionar** (113), **defraudar** (113), **desilusionar** (113)
discern **discernir** (114)
discharge **descargar** (335)
disconcert **desconcertar** (119)
disconnect **desconectar** (113)
discount **descontar** (150)
discourage **desanimar** (46)
discover **descubrir** (184)
discredit **desprestigiar** (113)

E

evacuate **evacuar** (235)
evade **eludir** (338), **evadir** (338)
evaluate **evaluar** (19)
evaporate **evaporar(se)** (113)
even out **nivelar** (113)
evict **desalojar** (113)
evident, be **constar** (113)
evolve **evolucionar** (113)
exaggerate **exagerar** (237)
examine **examinar** (113)
excavate **excavar** (113)
exceed **exceder** (460), **rebasar** (97), **sobrepasar** (113)
excel **relucir** (293)
excel oneself **lucirse** (293)
exchange **canjear** (113), **intercambiar** (113)
excite **apasionarse** (113), **emocionarse** (113), **excitarse** (113), **ilusionarse** (113)
exclaim **exclamar** (113)
exclude **excluir** (238)
excommunicate **excomulgar** (335)
excuse **disculpar** (191), **excusar** (113)
execute **ejecutar** (113)
exercise **ejercer** (485)
exhausted, get **agotarse** (30)
exhibit **exhibir** (338), **exponer** (355)
exile **desterrar** (119)
exist **existir** (338)
expand **ensanchar** (113)
expedite **facilitar** (113)
expel **expulsar** (113)
experience **experimentar** (113)
experiment **experimentar** (113)
expire **caducar** (107)
explain **explicar** (240)
explain oneself **explicarse** (240)
explode **estallar** (113), **explotar** (113)
explode **reventar(se)** (119)
exploit **explotar** (113)
explore **explorar** (113)
export **exportar** (113)
express **expresar** (241)
express oneself **expresarse** (241)
extend **alargar** (335), **ampliar** (44), **extender** (345)
exterminate **exterminar** (113)
extinguish **extinguir** (194)
extract **extraer** (472)

F

face **enfrentar** (211)
face each other **enfrentarse** (211)
facilitate **facilitar** (113)
fade **desteñir** (341)
fade away **esfumarse** (113)
fail **fallar** (113), **fracasar** (113), **reprobar** (408), **suspender** (460)
faint **desmayarse** (113)
fake **fingir** (190)
fall **caer** (108)
fall in love **enamorarse** (113)
familiar terms with, be on **tutearse** (476)
familiarize **familiarizarse** (166)
fan **abanicar** (350)
fancy **antojarse** (49), **apetecer** (145)
fascinate **fascinar** (113)
fashion, be in **estilarse** (113)
fast **ayunar** (113)
fasten **asegurar** (71), **sujetar** (113)
fattening, be **engordar** (214)
favor **favorecer** (145), **privilegiar** (113)
fear **temer** (460)
feed **alimentar** (113)
feel **sentir(se)** (430)
feel like **antojarse** (49)
feel sorry **sentir** (430)
feel sorry for **compadecerse de** (132)
feign **aparentar** (53)
fell (as a tree) **talar** (113)
fence in **cercar** (350)
fertilize **abonar** (113)
fight **luchar** (113), **pegarse** (342), **pelear(se)** (343)
fight bulls **torear** (113)
file **archivar** (113), **fichar** (113)
file (down) **limar** (113)
fill **llenar** (113), **poblarse** (353)
fill out **rellenar** (113)
film **filmar** (113)
filter **filtrar** (113)
finance **financiar** (113)
find **encontrar** (208)
find one's way around **ubicarse** (477)
find out **averiguar** (91), **enterarse** (113), **informarse** (271), **saber** (419)
fine **multar** (113)
finish **acabar** (9), **apurar** (64), **terminar** (464)
finish off **rematar** (113)
fire **disparar** (113)
fish (for) **pescar** (350)
fit **adaptar** (113), **caber** (106), **encajar** (113)
fix **apañarse** (113), **arreglar** (67), **fijar** (113)
flash with lightning **relampaguear** (113)
flatten **arrasar** (113)
flatter **adular** (113), **halagar** (335)
flee **fugarse** (335), **huir** (262)
flirt **coquetear** (113)
float **flotar** (113)
flood **inundar** (113)
flourish **florecer** (145)
flow **fluir** (262)
flower **florecer** (145)
fluctuate **fluctuar** (19), **oscilar** (113)
fly **ondear** (113), **volar** (494)
fly (an airplane) **tripular** (113)
focus **enfocar** (350)
foil **frustrar** (247)
fold **doblar** (198), **plegar** (119)/(335)
follow **seguir** (427), **sobrevenir** (487)
force **forzar** (150)/(166)
force **obligar** (325)
forecast **predecir** (358)
foresee **prever** (368)
forge **falsificar** (350)
forget **olvidar(se)** (332)
forgive **perdonar** (346)
fork **bifurcarse** (350)
form **configurar** (113), **formar** (113)
form an alliance **aliarse** (221)
format **formatear** (113)
foul **faulear** (113)
found **fundar** (113)
frame **enmarcar** (350)
free **liberar** (113)
freeze **congelar** (113), **helar(se)** (119)
frequent **frecuentar** (113)

illuminate **iluminar** (113)
illustrate **ilustrar** (113)
imagine **figurarse** (113), **imaginar(se)** (263)
imitate **imitar** (113)
immerse **sumergir** (190)
immigrate **inmigrar** (272)
immortalize **inmortalizar** (166)
impair **perjudicar** (350)
implore **implorar** (113)
imply **implicar** (350), **insinuar** (273)
import **importar** (266)
impose **imponer** (265)
impoverish **empobrecer** (145)
impress **impresionar** (113)
imprison **aprisionar** (113), **encarcelar** (113), **recluir** (262)
improve **mejorar(se)** (306), **perfeccionar** (113)
improvise **improvisar** (113)
inaugurate **inaugurar** (113)
incite **incitar** (113)
incline **inclinar** (113)
include **abarcar** (2), **incluir** (268)
inconvenience **incomodar** (113)
incorporate **incorporar** (113), **integrar** (113)
increase **aumentar** (86)
increase **multiplicar(se)** (316)
incubate **incubar** (113)
independent, become **independizarse** (166)
independent, make **independizar** (166)
indicate **indicar** (269), **señalar** (113), **señalizar** (166)
induce **inducir** (396)
infect **contagiar** (113), **infectar** (113)
infected, become **infectarse** (113)
infer **inferir** (430)
infest **infestarse** (113)
inflame **inflamarse** (113)
inflate **inflar** (113)
influence **influenciar** (113), **influir** (270), **sugestionarse** (113)
inform **informar** (271)
ingest **ingerir** (430)
inhabit **habitar** (113)
inhale **inhalar** (113), **inspirar** (113)
inherit **heredar** (113)
inhibit **cohibir** (338), **inhibir** (338)
initiate **iniciar(se)** (113)
inject **inyectar** (113)
injure **herir** (260)
injured, be **accidentarse** (113)
inquire into **indagar** (335)
insert **introducir** (278)
insinuate **insinuar** (273)
insist **empeñarse** (113), **insistir** (338), **porfiar** (221)
inspect **inspeccionar** (113)
inspire **inspirarse** (113)
install **instalar** (274)
instruct **instruir** (262)
insulate **aislar** (35)
insult **insultar** (113)
integrate **integrar** (113)
intend **proponerse** (376)
intercede **interceder** (460)
intercept **interceptar** (113)
interest **interesar** (275)
interest, take an **interesarse** (275)
interfere **entrometerse** (460), **interferir** (276), **meterse** (309)
interpret **interpretar** (113)
interrogate **interrogar** (335)
interrupt **interrumpir** (338)
intervene **intervenir** (277)
interview **entrevistar** (113)
intimidate **intimidar** (113)
intrigue **intrigar** (335)
introduce **implantar** (113), **introducir** (278), **presentar** (364)
introduce oneself **presentarse** (364)
invade **invadir** (338)
invent **inventar** (113)
invert **invertir** (279)
invest **invertir** (279)
investigate **indagar** (335), **investigar** (335)
invite **invitar** (280)
invoice for **facturar** (113)
involve **implicar** (350)
involve oneself **meterse** (309)
involved in, be **protagonizar** (166)
isolate **aislar** (35)
itch **picar** (350)

J

join **afiliarse** (113), **unir** (478)
join together **juntar(se)** (284), **unirse** (478)
joke **bromear** (113), **burlarse** (113)
jostle **zarandear** (113)
judgc **juzgar** (335)
jump **saltar** (422)
justify **justificar** (350)
juxtapose **yuxtaponer** (355)

K

keep **guardarse** (253), **mantener** (302), **reservar** (113)
keep awake **desvelar** (113)
key in **teclear** (113)
kick **patear** (113)
kidnap **raptar** (113)
kidnap **secuestrar** (113)
kill **matar** (304)
kill oneself **matarse** (304)
kiss **besar(se)** (101)
knead **amasar** (113)
kneel **arrodillarse** (113)
knock down **atropellar** (85), **derribar** (113), **tumbar** (113)
knock over **atropellar** (85), **volcar** (495)
knot **anudar** (113)
know **conocer** (145)
know **saber** (419)

L

lack **carecer** (145)
lacking, be **faltar** (243)
land **aterrizar** (79)
lasso **enlazar** (166)
last **durar** (201)
late, be **atrasarse** (81), **tardar** (458)
laugh **reír(se)** (402)
lead **conducir** (141), **encabezar** (166), **inducir** (396)
leaf through **hojear** (113)
lean **apoyar** (57), **recostar** (150)
leap **brincar** (103)
learn **aprender** (59)
learn a lesson **escarmentar** (119)
leave **abandonar** (1), **dejar** (176), **salir** (421)

prevent **evitar** (236), **impedir** (264), **prevenir** (367)
prick **pinchar** (113)
print **imprimir** (267)
privatize **privatizar** (166)
proceed **proceder** (460)
proclaim **proclamar** (113)
produce **producir** (372), **rendir(se)** (338)
program **programar** (113)
progress **adelantar** (113), **progresar** (113)
prohibit **prohibir** (373)
project **proyectar** (113)
prolong **alargar** (335), **prolongar** (335)
promise **prometer** (374)
promote **fomentar** (113), **promocionar** (113), **promover** (314)
pronounce **pronunciar** (375)
prophesy **profetizar** (166)
propogate **propagar(se)** (335)
propose **proponer(se)** (376)
prosecute **procesar** (113)
prosper **prosperar** (113)
protect **proteger** (377)
protect oneself **protegerse** (377)
protest **protestar** (378)
proud, be **enorgullecerse** (145)
prove **probar** (370)
provide **aducir** (396), **proveer** (379)
provoke **provocar** (380)
prune **podar** (113)
publicize **publicar** (350)
publish **editar** (113)
publish **publicar** (350)
puff **resoplar** (113)
pull **jalar** (282)
pull out **arrancar** (66)
pulsate **pulsar** (113)
puncture **pinchar** (113), **ponchar(se)** (113)
punish **castigar** (335)
purchase **adquirir** (23)
purr **ronronear** (113)
pursue **acosar** (113), **perseguir** (348)
push **aventar** (89), **empujar** (113)
put **echar(se)** (202), **meter** (309), **plantar** (113), **poner** (355)
put away **guardar** (253)
put back **atrasar(se)** (81)
put in front of **anteponer** (355)
put on **ceñirse** (341)/(252)
put on the agenda **agendar** (29)
put on shoes **calzar** (166)
put on weight **engordar** (214)
put out **apagar** (51)
put to bed **acostar(se)** (17)
put up **hospedar** (113), **subir** (450)

Q

quack **graznar** (113)
qualified, get **capacitarse** (113)
qualify **calificar** (350), **capacitar** (113), **clasificarse** (124), **recibirse** (390)
quarrel **averiguar** (91), **reñir** (406)
question **interrogar** (335)
quiet, keep **callar** (113)
quote **citar(se)** (123), **cotizar** (166)

R

raffle **rifar** (113)
raffle **sortear** (113)
rain **llover** (298)
raise **alzar** (166), **criar** (221), **educar** (350)
raise **elevar** (113), **subir** (450)
ransack **saquear** (113)
rape **violar** (113)
ration **racionar** (113)
rationalize **racionalizar** (166)
reach **alcanzar** (36)
react **reaccionar** (388)
read **leer** (289)
reap **segar** (119)/(335)
reason **razonar** (113)
reassess **revalorizar** (166)
rebel **rebelarse** (113)
rebroadcast **retransmitir** (338)
receive **recibir** (390)
recharge **recargar** (114)
recite **recitar** (113)
recognize **reconocer** (393)
recommend **recomendar** (392)
reconcile **reconciliar(se)** (113)
reconsider **recapacitar** (113)
reconstruct **reconstruir** (262)
record in agenda **agendar** (29)
recount **narrar** (113)
recover **recobrar** (113), **reponerse** (355)
rectify **rectificar** (350)
recuperate **recuperar** (113)
recur **reproducir(se)** (396)
recycle **reciclar** (113)
red, make **enrojecer** (145)
redo **rehacer** (258)
reduce **rebajar** (389), **reducir** (396)
reduce swelling **deshinchar** (113)
reestablish **restablecer** (145)
refer **referir(se)** (397)
refill **rellenar** (113)
refine **afinar** (113)
reflect **reflejar(se)** (113)
reflect (on) **reflexionar** (113)
reform **reformar** (113)
refrain **abstenerse** (462)
refresh **refrescar** (350)
refrigerate **refrigerar** (113)
refuel **repostar** (113)
refuge, take **refugiarse** (113)
refund **reembolsar** (113)
refuse **negar** (320), **rehusar** (401)
register **inscribir(se)** (338), **matricular(se)** (113)
regret **lamentar(se)** (285), **sentir** (430)
regulate **regular** (113)
reign **reinar** (113)
reimburse **reembolsar** (113)
reinforce **reforzar** (150)/(166)
reject **descartar** (113), **desechar** (113), **rechazar** (166)
rejuvenate **rejuvenecer** (145)
relapse **recaer** (108)
relate **relacionar** (113)
relate **relatar** (113)
relax **desahogarse** (335), **relajar** (113)
release **largar** (286), **soltar** (441)
reload **recargar** (114)
rely on **fiarse de** (221)
remain **permanecer** (145), **quedar(se)** (382)

S

T

tear **rasgar** (335), **romper** (418)
tear up **desgarrar** (113)
telephone **telefonear** (113)
televise **televisar** (113)
tell **avisar** (92), **contar** (150), **decir** (173), **narrar** (113), **referir** (397), **relatar** (113)
tell off **regañar** (399), **reñir** (406), **retar** (113)
tempt **tentar** (119)
terrify **aterrorizar** (166)
testify **testificar** (350)
thaw **derretir** (341)
there are **hay** (259)
there is **hay** (259)
thank **agradecer** (32)
think **creer(se)** (164), **pensar** (344)
thrash **apalear** (113), **zurrar** (113)
threaten **amenazar** (43)
throw **botar** (102), **echar** (202), **lanzar** (166), **tirar** (465)
throw oneself **tirarse** (465)
throw oneself down **zamparse** (113)
throw out **botar** (102)
throw stones at **apedrear** (113)
throw yourself **echarse** (202)
thunder **tronar** (150)
tidy (up) **ordenar** (334)
tidy up **arreglar** (67)
tidy up (yourself) **asearse** (113)
tie **anudar** (113), **atar** (113), **enlazar** (166), **ligar** (335)
tie (score) **empatar** (113)
tie up **atar** (113), **liar** (221)
tie up (moor) **amarrar** (113)
tighten **apretar** (61), **estrechar** (113)
tinkle **tintinear** (113)
tip over **voltearse** (496)
tire **cansar** (112), **fatigar** (335)
tire out **desfallecer** (145)
tired, get **cansarse** (112), **fatigarse** (335)
toast **tostar** (469)
toast (drink a) **brindar** (104)
tolerate **tolerar** (113)
too much for, be **hartar** (113)
torment **atormentar** (113)
torture **atormentar** (113), **torturar** (113)
touch **tocar** (466)
touch up **retocar** (350)
trace **trazar** (166)
track **rastrear** (113)
traffic (as in sell) **traficar** (350)
train **entrenarse** (113), **instruir** (262)
transcend **trascender** (460), **transferir** (430), **trasladar** (113)
transform **transformar** (113)
translate **traducir** (471)
transmit **transmitir** (338)
transplant **trasplantar** (113), **transportar** (113)
trap **atrapar** (113)
travel **desplazarse** (166), **transitar** (113), **viajar** (491)
travel around **recorrer** 395
tread (on) **pisar** (113)
treat **tratar** (113)
treat (illness) **curar** (113)
treble **triplicar** (350)
tremble **temblar** (459)
trip **tropezar** (474)
triumph **triunfar** (113)
trivialize **trivializar** (166)
trot **trotar** (113)
trouble oneself **molestarse** (311)
trust **confiar** (142), **fiarse de** (221)
try **intentar** (113), **probar** (370)
try (court case) **juzgar** (335)
try on **probarse** (370)
try to **pretender** (366), **procurar** (371)
tune **afinar** (113)
tune in **sintonizar** (166)
tune, be out of **desafinar** (113)
tune, go out of **desafinar** (113)
turn **girar** (113), **volver** (497)
turn around **voltearse** (496), **volverse** (497)
turn back **doblar** (198)
turn over **voltear** (496)
turn up **aparecer** (52), **presentarse** (364)
turn upside down **revolver** (314)
twist **retorcer** (314)/(485), **torcer** (468)
type **digitar** (113)
type up **teclear** (113)

U

unaware of, be **desconocer** (182)
uncork **descorchar** (113)
uncover **destapar** (113)
underestimate **subestimar** (113)
underline **subrayar** (113)
understand **comprender** (460), **entender** (217), **explicarse** (240), **sobrentender** (345)
undertake **acometer** (460), **emprender** (460)
undo **desatar** (113)
undress **desnudar** (113), **desvestir(se)** (341)
undressed, get **desnudarse** (113)
unfold **desdoblar** (113), **desenvolverse** (314), **desplegar** (119)/(335)
unite **unir** (478)
unleash **desencadenar** (113)
unload **descargar** (114), **desembarcar** (350)
unmask **desenmascarar** (113)
unplug **desconectar** (113), **desenchufar** (113)
unroll **desenrollar** (113)
unscrew **desenroscar** (350), **destornillar** (113)
unstick **despegar** (335)
unstitch **descoser** (460)
untangle **desenredar** (113)
untie **desatar** (113)
unwrap **desenvolver** (314)
update **actualizar** (166)
upset **afectar** (25), **afligir** (27)
upset stomach, get **empacharse** (113)
upset, get **disgustarse** (255), **molestarse** (311)
upset, get or be **afligirse** (27)
urgent, be **urgir** (190)
urinate **mear** (113), **orinar** (113)
use **emplear** (113), **usar** (479), **utilizar** (480)
use up **agotar** (30)
usurp **usurpar** (113)
utter **proferir** (430)

V

vacate **desocupar** (113)
vacation **vacacionar** (481)

W

Y

Z

Spanish-to-English Index

A

alzar raise, lift up (166)
amamantar suckle (113)
amanecer get light, wake up (42)
amar love (113)
amargar(se) embitter (335)
amarrar tie up (113)
amasar amass (113)
ambicionar aspire to (113)
amenazar threaten (43)
ameritar deserve (113)
amolar damage (150)
amoldar mould (113)
amontonar(se) pile up (113)
ampliar extend, enlarge (44)
amplificar amplify (350)
amputar amputate (113)
amueblar furnish (113)
añadir add (338)
analizar analyze (166)
anclar anchor (113)
andar walk, go (45)
angustiar(se) distress (113)
anhelar long to/for (113)
animar(se) cheer up, encourage (46)
aniquilar annihilate (113)
anochecer get dark (47)
anotar(se) note down (48)
anteceder preced (460)
anteponer put in front (355)
anticipar anticipate (113)
antojarse feel like, fancy (49)
anudar knot, tie (113)
anular annul (113)
anunciar announce (50)
apagar(se) switch off, put out (51)
apalear thrash (113)
apañar(se) fix (113)
aparecer appear, turn up (52)
aparentar look, feign (53)
apartar separate (113)
apasionar(se) excite (113)
apelar appeal (113)
apellidarse be called (113)
apenar(se) embarrass, sadden (54)
apestar stink (113)
apetecer long for (145)
apiadarse have pity (113)
aplastar crush (113)
aplaudir applaud (338)
aplazar postpone (166)
aplicar apply (350)
apoderarse take possession (55)
aportar contribute (113)
apostar bet (56)
apoyar(se) lean, support (57)
apreciar appreciate (58)
aprender learn (59)
apresurar(se) hurry (60)
apretar(se) press, tighten (61)
aprisionar imprison (113)
aprobar pass, approve of (62)
apropiarse appropriate (113)
aprovechar(se) make the most of, take advantage of (63)
aproximar(se) bring near(er) (113)
apuñalar stab (113)
apuntar point at (113)
apurar(se) hurry, finish (64)
arañar scratch (113)
arar plow (113)
archivar file (113)
arder burn, sting (65)
armar arm, assemble (113)
armonizar harmonize (166)
arraigar(se) take root (335)
arrancar pull out, start (66)
arrasar flatten (113)
arrastrar drag (113)
arreglar(se) fix, tidy up (67)
arrendar rent, hire (119)
arrepentirse be sorry (68)
arrestar arrest (113)
arriesgar(se) risk, put at risk (69)
arrimar(se) bring close (113)
arrodillarse kneel (113)
arrugar(se) wrinkle, crease (335)
arruinar(se) ruin (113)
asaltar assault (70)
asar roast (113)
ascender ascend (345)
asegurar(se) insure, fasten, assure (71)
asemejarse be alike (113)
asentir agree (430)
asfixiar(se) asphyxiate (113)
asimilar assimilate (113)
asir seize (338)
asistir attend, help (72)
asociar(se) associate (113)
asomar(se) show, stick out (73)
asombrar(se) amaze, be amazed (74)
aspirar aspire (113)
asumir assume (338)
asustar(se) frighten, scare (75)
atacar(se) attack (76)
atar tie, tie up (113)
atardecer get dark (77)
atender attend to, pay attention (78)
atenuar lessen, minimize (19)
aterrizar land (79)
aterrorizar terrify (166)
atorarse choke (113)
atormentar torture, torment (113)
atornillar screw on (113)
atracar hold up, dock (350)
atraer attract (80)
atrapar trap (113)
atrasar(se) delay, put back (81)
atravesar cross (82)
atreverse dare (83)
atribuir(se) attribute (84)
atropellar(se) knock down, knock over (85)
aturdir stun (338)
aumentar increase, enlarge (86)
aunar combine (87)
autorizar authorize (88)
avanzar advance (166)
aventar(se) throw, push (89)
avergonzar(se) shame, embarrass (90)
averiguar find out, quarrel (91)
avisar tell, warn (92)
ayudar help (93)
ayunar fast (113)
azotar whip (113)

B

bailar dance (94)
bajar(se) go down, come down (95)
balacear shoot (113)
balbucir stammer (293)
bañar(se) bathe, swim (96)
barnizar varnish (166)
barrer sweep (460)
basar(se) base (97)
bastar be enough (98)
batir beat (338)
bautizar baptize (166)
beber(se) drink (99)
bendecir bless (100)
beneficiar benefit (113)
besar(se) kiss (101)
bifurcarse fork (350)
blasfemar blaspheme (113)
bloquear block (113)
blufear bluff (113)
boicotear boycott (113)
bolsear pick pockets (113)
bombardear bomb (113)
bordar embroider (113)
borrar erase (113)
bostezar yawn (166)
botar(se) throw out, throw (102)
boxear box (113)

C

contar tell, count (150)
contemplar contemplate (113)
contener(se) contain (151)
contentar satisfy (113)
contestar answer (152)
continuar continue (153)
contradecir contradict (173)
contraer contract (472)
contrastar contrast (113)
contratar hire, contract (113)
contribuir contribute (154)
controlar control (113)
convalecer convalesce (145)
convencer convince (155)
convenir suit, agree (156)
conversar talk (113)
convertir(se) convert (157)
convivir live together (338)
cooperar cooperate (113)
copiar copy (158)
coquetear flirt (113)
corregir correct, grade (159)
correr run (160)
corresponder correspond (460)
cortar(se) cut, cut off (161)
cosechar harvest (113)
coser sew (460)
costar cost (162)
crear create (113)
crecer grow, rise (163)
creer(se) think, believe (164)
criar raise, grow (221)
criticar criticize (165)
crucificar crucify (350)
cruzar cross (166)
cuadrar tally, square (113)
cuajar curdle (113)
cubrir cover (167)
cuchichear whisper (113)
cuidar(se) look after, take care of (168)
culpar blame (113)
cultivar cultivate (113)
cumplir(se) carry out, achieve (169)
curar treat, cure (113)

D

dañar damage (113)
danzar dance (166)
dar give (170)
debatir debate (338)
deber owe, have to (171)
debilitar weaken (113)
debutar debut (113)
decepcionar disappoint (113)
decidir(se) decide (172)
decir say, tell (173)
declarar declare (113)
decorar decorate (113)
dedicar(se) dedicate, devote (174)
deducir deduce (396)
defender(se) defend (175)
definir define (338)
deformar deform (113)
defraudar disappoint (113)
degollar cut the throat of (150)
dejar let, leave (176)
delatar denounce, accuse (113)
delegar delegate (335)
deletrear spell (113)
deliberar deliberate (113)
delirar be delirious (113)
demoler demolish (314)
demorar(se) delay (177)
demostrar demonstrate (150)
denunciar report, denounce (113)
depender depend (178)
depilar(se) remove hair from, wax (113)
deponer depose (355)
depositar deposit (113)
deprimir(se) depress (338)
derivar derive (113)
derramar spill (113)
derretir melt, thaw (341)
derribar knock down (113)
derrochar squander (113)
derrotar defeat (113)
derrumbar knock down (113)
desafiar challenge (221)
desafinar be out of tune (113)
desagradar displease (113)
desahogarse relax (335)
desalojar evacuate (113)
desanimar discourage (46)
desaparecer disappear (337)
desaprovechar waste (113)
desarrollar(se) develop (113)
desatar untie, undo (113)
desayunar have breakfast, have for breakfast (179)
desbordar(se) overflow (113)
descalzar(se) remove the shoes of (166)
descansar rest (180)
descargar unload, discharge (114)
descartar reject (113)
descender descend (345)
descifrar decode (113)
descolgar take down (150)/(335)
descomponer(se) decompose (355)
desconcertar disconcert (119)
desconectar disconnect, unplug (113)
desconfiar distrust, suspect (181)
descongelar defrost (113)
desconocer be unaware of (182)
descontar deduct, discount (150)
descorchar uncork (113)
descoser unstitch (460)
describir describe (183)
descubrir discover (184)
descuidar neglect (113)
desdeñar scorn (113)
desdoblar unfold (113)
desear want, wish (185)
desechar reject (113)
desempatar break deadlock (113)
desempeñar carry out (113)
desencadenar unleash (113)
desenchufar unplug (113)
desengañar disillusion (113)
desenmascarar unmask (113)
desenredar untangle (113)
desenrollar unroll (113)
desenroscar unscrew (350)
desentenderse + de wash your hands of (345)
desentonar sing/play out of tune, clash (113)
desenvolver(se) unwrap, unfold (314)
desertar desert (113)
desesperar despair (113)
desfallecer tire out (145)
desfilar parade (113)
desgarrar tear up (113)
desgastar wear out, wear away (113)
desgravar be tax-deductible (113)
deshacer take apart (258)
desheredar disinherit (113)
deshidratar(se) dehydrate (113)
deshinchar let down, reduce the swelling in (113)
desilusionar(se) disillusion, disappoint (113)
desinfectar disinfect (113)
desinflar deflate (113)
desistir stop, desist (338)
deslumbrar dazzle (113)
desmayarse faint (113)
desmentir deny (307)
desmontar dismantle (113)
desmoralizar(se) demoralize (166)

E

endurecer harden (145)
enemistar(se) make enemies of (113)
enfermar(se) make ill (210)
enfocar approach, focus (350)
enfrentar(se) face, confront (211)
enfriar(se) chill (212)
enfurecer(se) enrage (145)
engañar deceive, cheat (213)
enganchar hook up (113)
engordar be fattening, put on weight (214)
engrasar grease, oil (113)
enjabonar soap (113)
enjaular cage (113)
enjuagar rinse (113)
enlazar tie, lasso (166)
enloquecer(se) drive mad (145)
enmarcar frame (350)
enmendar correct, amend (119)
enmudecer silence (145)
enojarse get annoyed, become angry (215)
enorgullecerse be proud (145)
enredar(se) entangle, complicate (113)
enriquecer(se) make rich (145)
enrojecer(se) make red, make blush (145)
enrollar roll up (113)
enroscar screw on/in (350)
ensanchar widen, expand (113)
enseñar teach, show (216)
ensuciar dirty (113)
entender understand (217)
enterarse find out (113)
enterrar bury (113)
entonar sing in tune (113)
entornar leave ajar, half-close (113)
entrar come in, go in (218)
entregar(se) deliver (219)
entrenar(se) train, coach (113)
entretener(se) entertain, amuse (220)
entrevistar interview (113)
entristecer(se) sadden (145)
entrometerse interfere (460)
enumerar enumerate (113)
envejecer get old, age (145)
envenenar(se) poison (113)
enviar send (221)
envidiar envy (113)
enviudar be widowed (113)
envolver wrap (up) (314)
enyesar plaster (113)
equivaler be equivalent (482)
equivocarse make mistake (222)
erigir erect, build (190)
erradicar eradicate (350)
eructar belch (113)
escalar climb (113)
escandalizar(se) shock (166)
escapar escape (113)
escarbar scavenge (113)
escatimar skimp (113)
escoger choose (223)
esconder(se) hide (224)
escribir write (225)
escuchar listen (to) (226)
escupir spit (338)
escurrir drain, wring out (338)
esforzarse make an effort (227)
esfumarse vanish, fade away (113)
espantar frighten (113)
esparcir(se) spread, scatter (228)
especializarse specialize (166)
especificar specify (350)
esperar hope, wait (for) (229)
espiar spy (221)
espirar breathe out (113)
espolvorear dust, sprinkle (113)
esquiar ski (221)
esquilar shear (113)
establecer(se) establish (230)
estacionar(se) park (231)
estafar swindle (113)
estallar burst, explode (113)
estar be (232)
esterilizar sterilize (166)
estilarse be in fashion (113)
estimar estimate, esteem (113)
estimular encourage (113)
estirar stretch (113)
estorbar obstruct (113)
estornudar sneeze (113)
estrangular strangle (113)
estrechar hug, tighten (113)
estrenar(se) premier (233)
estropear ruin (113)
estudiar study (234)
evacuar evacuate (235)
evadir avoid, evade (338)
evaluar evaluate (19)
evaporar(se) evaporate (113)
evitar avoid, prevent (236)
evolucionar evolve (113)
exagerar exaggerate (237)
examinar examine (113)
excavar dig, excavate (113)
exceder exceed, surpass (460)
excitar(se) excite (113)
exclamar exclaim (113)
excluir exclude, omit (238)
excomulgar excommunicate (335)
excusar(se) excuse (113)
exhibir exhibit, show (338)
exigir demand (239)
existir exist (338)
experimentar experience, experiment (113)
explicar(se) explain (240)
explorar explore (113)
explotar exploit, explode (113)
exponer exhibit, display (355)
exportar export (113)
expresar(se) express (241)
expulsar expel (113)
extender extend, spread out (345)
exterminar exterminate (113)
extinguir extinguish (194)
extirpar remove (113)
extraer extract, take out (472)
extrañar(se) miss (242)
extraviar lose, mislay (221)

F

fabricar manufacture, make (350)
facilitar facilitate, expedite (113)
facturar invoice (for), check in (113)
fallar fail (113)
fallecer die (145)
falsificar forge (350)
faltar be missing, be lacking (243)
familiarizar(se) familiarize (166)
fascinar fascinate (113)
fastidiar annoy, bore (113)
fatigar(se) tire (335)
faulear foul (113)
favorecer favor, suit (145)
felicitar congratulate (244)
festejar celebrate (245)
fiar entrust, confide (221)
fichar file (113)
figurar(se) appear (113)
fijar fix (113)
filmar film (113)

introducir introduce, insert (278)
inundar flood (113)
invadir invade (338)
inventar invent (113)
invertir invert, invest (279)
investigar investigate (335)
invitar invite (280)
inyectar inject (113)
ir go (281)
izar hoist (166)

J

jactarse brag (113)
jadear pant (113)
jalar pull (282)
jubilarse retire (113)
jugar play (283)
juntar(se) join together, collect (284)
jurar swear (113)
justificar justify (350)
juzgar try, judge (335)

L–LL

ladrar bark (113)
lamentar(se) regret (285)
lamer lick (460)
lanzar throw (166)
largar(se) release (286)
lastimar(se) hurt (287)
lavar(se) wash (288)
leer read (289)
legalizar legalize, authenticate (166)
legislar legislate (113)
levantar(se) lift (290)
liar tie up (221)
liberar free (113)
licuar liquefy (113/19)
ligar tie, bind (335)
limar file, polish (113)
limitar limit (113)
limpiar(se) clean, wipe (291)
liquidar liquify, liquidate (113)
localizar locate (166)
lograr get, achieve (292)
luchar fight (113)
lucir(se) shine, wear (293)
lustrar shine, polish (113)
llamar(se) call (295)
llegar arrive (294)
llenar fill (113)
llevar(se) carry, wear (296)
llorar cry, weep (297)
lloriquear whimper (113)
llover rain (298)
lloviznar drizzle (113)

M

machacar crush (350)
madrugar get up early (299)
madurar mature, ripen (113)
maldecir curse (173)
malgastar waste (113)
malograr ruin, spoil (292)
maltratar ill-treat (113)
mamar suckle (113)
manchar stain (113)
mandar send, order (300)
manejar(se) manage, drive (301)
manifestar(se) show (119)
manipular manipulate (113)
mantener(se) maintain, keep (302)
maquillar(se) make up (113)
maravillar(se) amaze (113)
marcar mark, dial (350)
marchar(se) go, work, march (303)
marear sicken (113)
marginar marginalize (113)
masticar chew (350)
matar(se) kill (304)
matizar blend (166)
matricular(se) register, enroll (113)
maullar mew (19)
mear urinate (113)
medir measure (305)
mejorar(se) improve, get better (306)
memorizar memorize (166)
mencionar mention (113)
mendigar beg (335)
menospreciar scorn (113)
mentalizar(se) prepare mentally (166)
mentir lie (307)
merecer(se) deserve (308)
meter(se) put (309)
mezclar mix (113)
militar serve (113)
mimar spoil, pamper (113)
mirar(se) look (at) (310)
mitigar mitigate (335)
modelar model (113)
moderar moderate, restrain (113)
modernizar modernize (166)
modificar modify (350)
mojar(se) dampen, moisten (113)
moler grind (314)
molestar(se) bother, disturb (311)
monopolizar monopolize (166)
montar mount, set up (113)
morder bite (314)
morir die (312)
mostrar(se) show (313)
motivar motivate (113)
mover(se) move (314)
movilizar mobilize (166)
mudarse move (315)
multar fine (113)
multiplicar(se) multiply, increase (316)
murmurar murmur, whisper (113)
mutilar mutilate, maim (113)

N

nacer be born (317)
nacionalizar nationalize (166)
nadar swim (318)
narrar tell, recount (113)
navegar sail (335)
necesitar need (319)
negar deny, refuse (320)
negociar negotiate, deal (113)
neutralizar neutralize (166)
nevar snow (321)
nivelar level, even out (113)
nombrar name, appoint (322)
normalizar(se) restore to normal (166)
notar notice (323)
notificar notify (350)
nublarse cloud over (113)
numerar number (113)
nutrir nourish (338)

O

obedecer obey (324)
obligar oblige, force (325)
obrar work (113)
observar observe (326)
obsesionar obsess (113)
obtener obtain (327)
ocasionar cause (113)
ocultar conceal, hide (113)
ocupar(se) occupy (328)
ocurrir happen (338)
odiar hate (113)
ofender offend (460)
ofrecer(se) offer (329)
oír hear, listen to (330)
oler smell (331)
olvidar(se) forget (332)
omitir omit (338)
ondear fly, wave (113)
operar operate (on) (113)

R

racionalizar rationalize (166)
racionar ration (113)
radicar(se) take root, be located (350)
rajar(se) split (113)
ramificarse branch (out) (350)
raptar kidnap (113)
rascar scratch, scrape (350)
rasgar tear (335)
rasguñar scratch, sketch (113)
rastrear track (113)
rasurar(se) shave (387)
rayar underline (113)
razonar reason (113)
reaccionar react (388)
realizar fulfill, carry out (166)
reanimar revive, encourage (46)
rebajar(se) reduce (389)
rebasar pass, exceed (97)
rebelarse rebel (113)
rebosar overflow (113)
rebotar bounce (113)
recaer relapse (108)
recalcar emphasize (350)
recapacitar reconsider (113)
recargar recharge, reload (114)
recaudar collect (113)
recetar prescribe (113)
rechazar reject (166)
recibir(se) receive, get (390)
reciclar recycle (113)
recitar recite (113)
reclamar claim, demand (113)
recluir shut away, imprison (262)
recobrar recover (113)
recoger collect, pick up (391)
recomendar recommend, advise (392)
recompensar reward (113)
reconciliar(se) reconcile (113)
reconfortar comfort (113)
reconocer recognize, admit (393)
reconstruir reconstruct (262)
recordar remember, remind (394)
recorrer travel around, cover (395)
recortar cut out (113)
recostar(se) lean (150)
rectificar rectify (350)
recuperar recuperate (113)
recurrir resort, appeal (338)
redactar write (113)
reducir reduce, cut (396)
reembolsar reimburse (113)
reemplazar replace (166)
referir(se) refer, tell (397)
reflejar(se) reflect (113)
reflexionar reflect (on) (113)
reformar reform (113)
reforzar reinforce (150)/(166)
refregar scrub (119)/(335)
refrescar refresh (350)
refrigerar chill, refrigerate (113)
refugiarse take refuge (113)
regalar give (as a gift) (398)
regañar tell off (399)
regar water, sprinkle (119)/(335)
regatear bargain, haggle (113)
registrar register (113)
regresar(se) return (400)
regular regulate (113)
rehacer redo, repair (258)
rehuir shun (262)
rehusar refuse (401)
reinar reign (113)
reír(se) laugh (402)
rejuvenecer rejuvenate (145)
relacionar relate, connect (113)
relajar relax (113)
relampaguear flash with lightning (113)
relatar relate, tell (113)
rellenar refill, fill out (113)
relucir shine, excel (293)
remar row (113)
remediar remedy (113)
remendar mend (119)
remitir send (338)
remojar soak, dip (113)
remover stir (314)
rendir(se) produce, yield (403)
renegar deny, renounce (119)/(335)
renovar renovate (150)
renquear limp (113)
rentar rent, rent out (404)
renunciar renounce, resign (405)
reñir tell off, quarrel (406)
reparar repair (113)
repartir distribute (338)
repasar check, review (113)
repercutir reverberate (338)
repetir repeat (407)
reponerse recover (355)
repostar refuel (113)
representar represent, perform (113)
reprobar fail, condemn (408)
reprochar reproach (113)
reproducir(se) reproduce (396)
repugnar disgust (113)
requerir need, require (430)
resaltar stick out, stand out (113)
resbalar slide, slip (113)
rescatar rescue (113)
resentirse suffer (430)
reservar keep, reserve (113)
resfriarse catch a cold (221)
residir reside (338)
resignarse resign yourself (113)
resistir(se) resist, withstand (338)
resolver solve, resolve (409)
resoplar snort, puff (113)
respaldar support (113)
respetar respect (410)
respirar breathe (113)
resplandecer shine (145)
responder respond, answer (411)
responsabilizar(se) hold responsible (166)
resquebrajar(se) crack, split (113)
restablecer reestablish (145)
restar subtract (113)
restaurar restore (113)
restituir restore (262)
restregar scrub (119)/(335)
resucitar resuscitate (113)
resultar be (113)
resumir summarize (338)
retar tell off (113)
retener retain (462)
retirar(se) remove (412)
retocar touch up (350)
retorcer twist, wring (314)/(485)
retornar return (113)
retransmitir broadcast, rebroadcast (338)
retrasar(se) postpone (413)
retratar make a portrait of, portray (113)
retribuir reward, pay (262)
retroceder move back, back down (460)
reunir bring together (414)
revalidar confirm (113)
revalorizar reassess (166)
revelar reveal (113)

U

V

Y

Z